네가 나의 영광을 짓밟았다!

진정 하나님의 영광을 위해 살고 싶었던 선교사의 아픈 고백

네가 나의영광을 짓밟았다!

최요나

규장

분주함을 내려놓고 사귐의 축복으로

최요나 선교사님의 글을 읽으면서 많은 울림이 있었다. 이 글은 너무도 정직한 신앙고백이기 때문이다. 정직한 영의 소유자만이 줄 수 있는 메시지이다.

모든 풀타임 사역자들, 오래된 전문 사역자들, 교계에서 잔뼈가 굵어진 전문가들이 모두 새겨들어야 할 메시지이다. 특별히 영혼 구원의 사명을 띠고 남들이 가지 않는 오지에서 평생을 보내고 계신 선교사님들이 한 번은 꼭 읽어볼 만한 가치가 있는 책이다. 자신을 돌아보지 않고 분주하게 사역하는 가운데 호랑이 꼬리를 잡은 사람처럼 살아가는 분주한 사역자들은 모든 것을 내려놓고 잠시 묵상할 만한 책이다.

선교 현장에서 탈진한 선교사님들의 아픈 소식이 종종 들려온다. 아이들이 자살하는 슬픈 소식도 들려온다. 방황하는 선교사 자녀들의 독특한 고독을 이해하게 된다. 이 모든 것이 누구의 책임인가? 우리 모두의 책임이다. 그래서 우리 모두가 이 고백서를 읽기 바란다.

그러면 모든 문제의 근원이 바로 요-나에게 있음을 깨닫게 될 것이다. 나를 알면 더 알 것이 없다. 그래서 우리는 하나님께 돌아오기 전에 먼저 나 자신에게 돌아와야 한다. 나에게 돌아온 사람만이 하나님의 품으로 돌아올 수 있기 때문이다.

하나님과 친밀하게 사귀며 교제하는 가운데 온전해지는 것보다 중요한 것은 없다. 사역보다 귀한 일이 사귐이다. 최고의 복이 아버지와 아들과 더불어 사귐의 축복을 누리는 것임을 이 책을 통해서 다시 깨닫는 온전한 사역자들이 많아지기를 기도하며 이 책을 모든 그리스도인에게 추천한다.

임현수 목사 | 캐나다 큰빛교회 선교사,
《내가 누구를 두려워하리요》 저자

실패를 나누어 유익과 도전을 주는 길라잡이

이 책의 제목은 무척이나 자극적이고 충격적입니다. 모든 성도가 하나같이 하나님의 영광을 위한 삶을 살기 원하는데, 오랜 세월 동안 선교를 준비하고 적지 않은 세월을 선교지에서 보낸 선교사님이 쓰신 책의 제목이 《네가 나의 영광을 짓밟았다!》이니 놀랍고 생소하게 여겨질 수 있습니다.

그러나 이 책의 초점은 꼭 무엇을 잘못했다고 지적하는 것에 있기보다 하나님과의 사귐과 인도하심, 말씀을 통한 자기 점검이 없으면 누구라도 쉽게 빠지게 되는 함정이기도 하니 잘 돌아보아 하나님의 영광을 위하는 삶을 참으로 살라고 격려하고 도전하는 책입니다.

저자 자신의 부끄러운 실패를 가감 없이 열어 나누면서 후배 선교사 지망생들과 훈련생들이 동일한 실패를 반복하지 않는 일에 좋은 길라잡이와 도움이 될 것이 틀림없다고 여겨집니다. 또한 스스로 실패하고 있다고 여기는 현장에 계신 귀한 선교사님들에게도 큰 위로와 소망이 될 책입니다.

주님과의 바른 관계에 머물러, 매일 주와 동행하면서 하나님의 영광을 위해 살기를 사모하는 모든 성도에게도 큰 유익과 도전이 될 줄 알기에 조금의 주저함도 없이 큰 즐거움으로 이 책을 모든 분에게 추천합니다.

화종부 목사 | 남서울교회 담임

6

신앙의 본질을 마음에 새겨주는 고마운 책

이 책이 출간되기 전에 최요나 선교사님으로부터 추천의 글을 부탁받으면서 원고를 건네받았다. 파일을 열자 도발적인 제목이 눈에 확 들어왔다.

"네가 나의 영광을 짓밟았다!"

이게 뭔가 싶었는데 저자 자신도 처음에는 부정하고 싶었던 하나님의 음성임을 밝힌 대목을 접하며 나도 모르게 빠져들어 문장 하나하나, 그리고 단어 하나하나를 놓칠 수 없었다.

어느 날 하나님이 불현듯 저자 자신에게 던지셨던 그 말씀은 나를 향한 메시지였다. 그리고 모든 선교사와 목회자, 더 나아가 모든 그리스도인을 향한 메시지였다. 예리한 말씀이 마치 날선 검처럼 내 마음의 깊은 곳까지 파헤치기 시작했다. 말씀과 더불어 성령의 빛이 마치 엑스레이처럼 내 속사람의 실상을 낱낱이 드러내고 말았다.

그렇다! 저자의 솔직한 고백과 도전적인 메시지는 우리가 잘 알고 있으면서도 그대로 살지 못했던 신앙의 본질을 일깨워준다. 저자의 표현대로 나 자신이 선교의 장애물이었고 목회의 장애물이었음을 깨닫는다. '타'(他) 민족이 문제가 아니라 '나'(Myself) 민족이 문제라는 표현에 공감한다. 남에게 말씀을 전하기 전에 '나 자신'이 먼저 주인 되신 '하나님'의 임재 안에 사는 것이 신앙의 본질임을 심비에 각인시켜주는 구구절절이 아프기도 하고 고맙기도 하다.

저자의 메시지가 고마운 이유는 누구를 공박하려는 게 아니라 이스라엘 선교사의 타이틀과 커리어를 내려놓고 벌거벗은 모습으로 외친 절규이기 때문이다. 그리스도인으로서 마땅히 살아야 할 모습은 바로 내가 사는 게 아닌 내 안에 그리스도가 사시는 것(갈 2:20)임을 잊지 않고 평생 그렇게 살리라 다시 결단한다. 하지만 그 결단조차 내 스스로 지킬 수 없기에 아버지 앞에 엎드려 성령의 도우심을 간구한다.

타성에 젖어 잠자던 영혼을 각성시키며 다시 초심으로 돌아가자고 초청하는 저자의 눈물 어린 고백과 메시지를 되새기며 모든 하나님의 자녀들에게 정독을 부탁드린다. 아울러 성령께서 친히 독자들에게 큰 깨달음과 결단, 그리고 말씀대로 살 수 있는 능력을 부어주시기를 간절히 기원한다.

Soli Deo Gloria!

홍문수 목사 | 신반포교회 담임
한국 오엠선교회 부이사장

선교사들의 삶과 애환을 알고 기도하게 하는 책

2019년 8월 19일부터 21일까지 강원도 횡성에 위치한 송호대학교에서 '미자립교회 목회자 힐링캠프'를 실시하였는데, 그때 이스라엘에서 사역하고 계시는 최요나 선교사님 부부를 만나게 되었다.

캠프 둘째 날 이스라엘 선교에 대한 강의를 부탁드렸는데, 많은 목회자와 가족들이 모인 그 자리에서 선교사님은 하나님 앞에 바로 서지 못했던 자신의 연약함과 사역의 실패를 너무나도 리얼하게 말씀하셨다. 사역에 대한 내용을 과장하거나 불리한 것을 빼서 이야기하지 않고 오히려 진솔하게 자신의 삶을 오픈하며, 가장 중요한 사역이자 부르심인 '하나님과의 친밀한 교제'를 놓치며 살았던 지난날의 아픔을 눈물과 가슴 시린 통곡으로 부르짖으셨다.

저자가 쓴 책의 제목이 《네가 나의 영광을 짓밟았다!》인데, 처음 본 순간 무척이나 당황스러웠다. 그러나 읽어보면 내용 하나하나가 하나님 앞에서 발가벗고 서 있는 저자의 진솔한 사역 이야기를 넘어, 하나님의 은혜가 아니면 살아갈 수 없는 연약한 존재임을 스스로 고백하고 있다.

이 책은 선교사의 비전을 가진 이들의 길잡이가 되고, 읽는 모든 분에게는 선교사들의 삶과 애환을 조금이나마 알아가며 기도할 수 있게 하는 소중한 책이라 생각한다.

모든 그리스도인에게 이 책을 추천해드리며 정말 선교가 필요한 대상이 바로 '나 자신'임을, 사역을 가로막고 있는 장애물이 바로 '나 자신'임을 깨닫는 은혜가 있기를 간절히 기도하며 하나님께 감사를 드린다.

이정림 사모 | 찬양사역자

하나님의 영광인가, 나의 영광인가

책 제목이 너무 과격하다 못해 무척 당황스럽다. 선교사이든 목회자이든 성도로 부르심을 받은 모든 사람이 가장 최고로 여기는 일은 바로 '하나님의 영광'을 위한 일이 아니던가! 그런데 "하나님의 영광을 짓밟았다"라니! 너무나 어처구니가 없는 제목이라 생각해서 얼른 덮어버리고 싶은 마음이 올라올 수도 있을 것이다. '하나님의 영광'을 위하여 매일 매일 살아도 부족한데 말이다. 이러한 책 제목이 나오게 된 데는 다음과 같은 사연이 있다.

2016년 10월 말에 우리 가족은 6년간의 이스라엘 선교사역을 잠시 마무리하고, 한국에 안식년 차 나오게 되었다. 그 시점에 2017년 종교 개혁 500주년을 기념하는 집회가 있었는데 '오직 믿음으로', '오직 성경으로', '오직 하나님의 영광을 위하여' 함께 기도하며 예배하는 모임이었다.

이스라엘에서 좌충우돌하며 지내온 많은 시간 속에 한 번도 나 자신을 정직하게 말씀으로 비추어보지 못하고 분주함으로 달려온 나는 그날도 여전히 별 감흥 없이 중간 정도 되는 자리에 앉아서 예배를 드리고 있었다.

예배를 인도하는 어느 선교사님이 '하나님의 영광'을 구하는 기도를 하기 시작하였다. 너무나 익숙한 예배 분위기, 사람들의 외침, 기도 소리, 악기의 울림들…. 어느 것 하나 내 마음을 움직이는 것은 없었다. 다만, 목이 곧은 패역한 죄인 중 한 사람이 아무 감동 없이 그저 앉아만 있던 어느 순간이었다.

폭풍과도 같은 주님의 사형 선고

가슴을 때리는 깊은 그분의 음성이 나의 내면을 파고들었다. 너무나 당혹스러운 말씀에, 너무나 어처구니가 없는 그분의 말씀에 아연실색하며 엎어지고 말았다.

"너는 나의 영광을 짓밟았다!"

너무나 명확하고 분명한 그분의 음성이었다. 내가 그분의 영광을 짓밟았다니 있을 수 없는 일이었다. 도무지 받아들이기 힘든 그분의 판결이었다.

선교사로 나가기 위해 수많은 훈련을 받고 세미나, 캠프, 집회에 참여하였으며 신학교에 입학하여 신학을 공부하고 교회 사역을 해온 21년의 시간, 그리고 선교지에서 사역한 6년까지 27년 동안 드린 헌신에 대한 주님의 판결은 "너는 나의 영광을 짓밟았다!"라는 단 한마디였다. 짧은 시간이었지만, 말씀이 임한 그 순간은 마치 영원에 잇댄 듯한 하나님의 카이로스 시간이었다.

'내가 어떻게 주님의 영광을 짓밟았다는 말인가?'

'내가 어떻게 주님의 영광을 짓밟은 선교사로 선교지에 가 있었단 말인가?'

'내가 지금까지 헌신하고, 훈련받고, 선교지에 나가서 이렇게 살아온 이유는 오직 하나님의 영광을 위한 것이었는데 어떻게 내게 이런 말씀을 하실 수 있는가?'

 그런 생각이 물밀 듯 밀려오면서, 어찌할 수 없는 격한 감정의 충돌로 눈물이 쏟아지고 회한과 절규가 내 속에서 터져 나오기 시작했다. 이것은 기도가 아니라 짐승이 울부짖는 절규에 가까웠다.

 "내가 무엇을 잘못했는가?"

 "내가 어떻게 했길래 하나님의 영광을 짓밟았다고 그러시는가?"

 나 자신을 스스로 위로하고, 안위하고, 변명하고, 핑계를 대고 싶었지만, 그것은 거추장스러운 무화과나무 잎을 엮어 치마로 삼고, 나 자신을 보호하려는 아담의 본성에 불과하다는 것을 곧 깨달았다.

 결국 '나'(Myself)라는 자아를 끊임없이 부추기며 하나님의 낯을 피하여 철저히 나 중심적으로, 옛 자아의 반응으로 살아온 삶과 사역에 대해 하나님은 '사형 선고'를 하신 것이다. 그 사람이 목회자이든 선교사이든 사역자이든 상관없이.

　나는 하나님을 위해서 일한다고 했지만, 실상은 하나님을 이용해서 하나님의 영광을 짓밟은 자임을 성령께서 깨닫게 해주셨다.

괜찮은 선교사인 척 가면을 쓰고 있던 나의 실체

얼마나 울었을까…. 얼마나 고통스럽게 절규했는지 모른다. 나 같은 선교사는 '지옥'에 들어가겠다는 두렵고 떨리는 마음이 엄습해 왔다. 선교지에서 보낸 그 많은 시간이 정말 파노라마처럼 지나갔다.

　하나님의 인도하심이 없이 내가 원하는 대로 했던 사역들, 하나님의 음성 없이 내 음성을 마치 하나님의 음성인 양 포장해서 일하기도 하고 하나님의 뜻과는 상관없이 나의 뜻, 나의 주장, 나의 종교성에 현혹되어 보낸 많은 시간이 주마등처럼 지나갔다. 너무나 부끄럽고 선교사답지 못한 거친 언행들, 자녀들에게 본이 되지 못한 수많은 연약함, 아내와의 갈등들이 스쳐 지나갔다.

　무엇보다 선교사답지 못하게 살면서 스스로 선교사인 척하며 나 자신을 위로하고 철저히 자기중심적으로 살면서도 아무 문제가 없는 척, 괜찮은 척, 영성 있는 척 가면을 쓰고 있는 나의 실체를 하나님은 폭로하셨다.

　"아버지가 내 안에 계시고 내가 아버지 안에 있어서 아들은 아버지가 하는 것을 보고 동일하게 일한다"라고 하신 예수님의 사역 원칙이 내 삶에서는 전혀 드러나지 않았다.

　선교사로 나가기 위해 훈련받고 선교지에 나가서 사역한 27년간의 세월에 대해서 하나님은 나와 다른 관점과 시각을 가지고 계셨다. 나는 철저히 마귀의 종노릇을 한 '마귀 사역자'이지 '주님의 사역자'는 아니었던 것이다.

　어디론가 도망을 치고 싶었다. 너무 얼굴이 뜨거워져서 고개를 들지 못하였다. 정말 쥐구멍이라도 있으면 들어가 숨고 싶은 것이 그때의 솔직한 심정이었다.

'왜 이렇게 되었을까?'

'어쩌다가 이렇게까지 망가졌을까?'

'주님의 영광을 위해서 살아온 수많은 세월에 대해 왜 하나님은 이 토록 잔인하게(?) '사형 선고'를 하시는가?'

그렇게 폭풍과도 같은 주님과의 만남이 있고 난 후, 주님은 한 가지 한 가지씩 나의 삶을 새로운 차원에서 가르쳐주고 계신다. 그리고, 나와 같은 동일한 아픔과 연약함을 가지고 계신 선교사님들을 만나게 하시면서 그분들을 다시 세우게 하심을 본다.

진정 하나님 영광을 위해 살고 싶은 선교사의 고백

이 책은 '하나님의 영광을 짓밟은 선교사의 이야기'가 아니다. 오히려 '하나님의 영광을 위해 살고 싶은 선교사의 이야기'이다.

주님과의 관계가 바르지 못하거나 매일 주 안에 머물지 않으면 어떻게 되는지, 하나님은 광야에서 이스라엘 백성들을 훈련하며 가르쳐주셨듯이 나의 삶 속에서도 동일한 원리로 가르쳐주고 계신다. 나의 가슴 아픈 실패와 경험담들이 선교사로 나가기 위해 준비하고 있는 선교 지망생들과 훈련생들에게 작은 도움과 길잡이가 되기를 진심으로 원한다.

또한, 주님 오실 길을 예비하는 수많은 선교사님들 가운데는 자신의 연약함과 부족함 때문에 매일 괴로워하고 쓰러지고 힘겨운 싸움을 하는 분들이 있다는 것을 알고 있다. 이 나눔을 통해 주님이 주시는 '용납'과 '회복'의 메시지가 전달되기를 간절히 원한다.

그리고 하나님의 영광을 위해서 너무나 살고 싶은 분들께 잠시 발걸음을 멈추고 자신에게 정직한 질문을 던져보라고 권면하고 싶다.

"도대체 하나님의 일은 무엇을 말하는가?"

"하나님의 영광을 위해서 산다는 것은 무슨 뜻인가?"

예수께서 대답하여 이르시되 하나님께서 보내신 이를 믿는 것이 하나님의
일이니라 하시니 요 6:29

마지막으로, 나 자신이 용납되지 않아 끊임없이 아파하고 자신을
학대하며 괴로워하는, 특히 사역에 있어서 '나는 실패했다'라고 생각
하는 모든 분에게 폴 틸리히(Paul Tillich)가 한 말을 전해주고 싶다.
내게는 이분의 말씀이 다시 아버지께 나아가 담대함을 얻게 한 동기
가 되었다.

"나조차도 나 자신이 용납이 안 되지만, 그런 나를 용납해주시는 하
나님을 용납할 수 있는 피조물의 용기가 바로 믿음이다!"

무명(無名)의 선교사 이야기에 귀를 기울여주시고, 많은 사람에게
나눌 수 있도록 축복의 통로가 되어주신 규장출판사 여진구 대표님

과 편집, 디자인 그리고 기도로 함께 동역해준 규장의 모든 식구들에게 깊은 감사의 마음을 전한다.

끝으로, 다시 오실 예수 그리스도를 사모하며 주의 심장을 가지고 묵묵히 자신에게 맡겨진 일을 감당하고 계시는 모든 하나님의 사람들에게 감사와 존경의 마음을 담아 이 책을 드린다.

하늘의 불이 내린 갈멜산에서

최 요 나

CONTENTS

추천사
프롤로그

1

가장 선교하기 힘든 민족

2

사역인가 사귐인가

3

선인장 같은 이스라엘을 품다

4

나를 다듬어가는 가족

5

선교사를 세우는 말, 넘어뜨리는 말

6 나는 너부터 선교하고 싶다

에필로그

CHAPTER **1**

가장
선교하기
힘든 민족

너 여기 왜 왔니?

2011년 1월 29일, 꿈에도 그리던 성지 이스라엘 땅에 도착하였다. 한국에서 11시간 30분 정도 걸리는 그 긴 여정 끝에 부푼 꿈과 기대와 설렘으로 이스라엘에 들어갔다. 파송 교회는 없었지만, 주님의 보내심을 믿고 순종함으로 들어간 땅이었다.

어떤 사람들은 평생 한 번 '성지 순례' 가는 것이 소원인데, 우리가 그 땅에 선교사로 부름을 받아 들어가서 사역할 수 있다는 것이 너무나 감격스러웠다.

언어가 다르고, 문화가 다르고, 가치관과 생활 양식이 전혀 다른 나라에 가족들이 함께 와서 주님의 영광을 위해서 사는 '선교사의 삶'이 실현되는 모습을 본다는 것은 너무나 가슴 떨리며 벅찬 일이었다. 좌충우돌하며 여러 사건을 겪고, 집을 구하고 아이들이 다닐 학교도 구하면서 하루하루 주의 은혜를 경험하였다.

소속된 선교단체 안에서 진행하는 여러 가지 훈련들을 소화하면서, 오전에는 하이파 대학교(Haifa University)에서 히브리어 언어 과정을 밟으며 히브리어를 배우고, 오후에는 팀 사역과 노방전도를 하면서 열심히 사역을 감당하였다.

선교사로 나가기 위해 그동안 훈련받으며 준비한 시간을 생각해보면 참으로 감격스럽고 감사한 일이 많았다. 이제 그 꿈을 이루기 위해 왕의 부르심에 순종하여 '선교지'(Mission Field)에 와 있다는 것 자체가 얼마나 놀라운 특권인가!

2년 동안 맡겨진 학업과 사역 그리고 가정생활을 병행하면서 나는 '이스라엘의 선교 완성'과 '유대인의 진정한 회개와 부흥'을 꿈꾸며 달려갔다. 그러나, 대부분의 선교사들이 경험하는 일이 나에게도 일어났는데, 2년 만에 탈진(Burn-Out)하고 만 것이다. 그렇게 사랑하고 눈물을 흘리며, 대가를 지불해서 찾아간 성지 이스라엘의 유대인 선교에 깊은 회의와 좌절감이 찾아왔다.

3-4개월마다 교회에 보고해야 할 '선교 편지', 맡겨진 사역에 대한 부담감들, 현지 언어 습득의 '느린 진보', 가정 안에서 일어나는 갈등들, 자녀들이 선교지에서 겪는 여러 가지 스트레스와 학교 부적응 등으로 인한 아픔들이 겹치면서, 나는 배가 점점 좌초되는 경험을 하게 되었다.

그러던 어느 날 나는 버스를 타고 집으로 돌아오는 길에 뜻밖의 주님 음성을 듣게 되었다.

"너는 여기 왜 왔니?"

무슨 이런 뚱딴지같은 소리인지, 처음에는 고개를 갸우뚱하면서 그 음성이 정말 주님의 음성인지 의구심이 들 정도였다. 내가 여기에 왜 왔는지 가장 잘 아시는 분이 하나님이신데 그런 질문을 하셨다는 것에 나는 굉장히 당황스러웠고 분노마저 느껴졌다.

"아니, 몰라서 물으세요?"

주님이 이곳 이스라엘 선교사로 부르셨고, 유대인의 회개와 선교 완성을 위해 온 것을 정말 몰라서 물으시는가! 그동안의 희생과 대가 지불과 시간과 훈련들이 다 주님을 위해서 드린 나의 사랑이고 헌신 이었는데 그렇게 말씀하시니 정말 어이가 없을 정도였다. 왜 이런 질문을 하는지 이해가 되지 않았다. 그런데 그것은 시작에 불과했다.

"내가 너를 왜 이곳 이스라엘로 불렀는지 아느냐?"

나는 구구절절 내가 아는 범위에서 말씀을 드렸다. 유대인 선교를 위해서, 이스라엘의 진정한 회복과 회개 그리고 부흥을 보기 위해서 주님이 나를 이곳 이스라엘로 부르신 거라고 항변했다. 그리고 나의 설명은 분명히 옳았다고 믿었다.

"하나님, 저 유대인 선교사입니다. 저는 이스라엘의 진정한 부흥과 회개, 유대인의 변화를 위해서 온 선교사입니다! 제가 당신을 위해 헌신한 그 많은 시간을 알고 계시면서 왜 이런 질문을 하십니까?"

그 말이 마치기 무섭게, 주님은 내가 상상하지도 못한 말씀으로 선교에 대한 나의 패러다임을 바꾸셨다.

"그건 네가 정의한 선교이고, 나와 상관없다! 너는 유대인을 변화시키고 선교하려고 이곳 이스라엘로 왔지. 그런데 사랑하는 아들아! 나는 너부터 먼저 선교하고 싶구나!"

할 말이 없었다. 어떻게 무슨 말을 해야 할지 몰랐다. 하나님이 '나' 먼저 선교하시기 위해 나를 이곳 이스라엘로 부르셨다는 것이다. 이게 무슨 의미인지, 그때 당시에는 무슨 말인지 잘 몰랐다. 나중에 알게 된 충격적인 사실은 '유대인'들이 아니라 '나 자신'이 선교의 대상이기 때문에 하나님이 나를 이곳으로 부르셨다는 것이다.

'나 민족'에 대해서 들어보셨나요?

하나님의 두 번째 질문이 이어졌다.

"전 세계에서 복음이 전해지기 가장 어려운 민족이 어디인 줄 아느냐?"

전 세계에 복음을 받아들이지 않은 미전도 지역과 나라가 얼마나 많은가! 하나님의 이러한 도발적(?)인 질문이 나는 이해가 되지 않았다. 그러나 주님의 말씀은 명확하고 분명하였다.

"타민족이 아니라, '나' 민족이다!"

'나' 민족? 이건 또 무슨 말씀인가! 수많은 타민족, 미전도 지역이 있는데, '나'(?) 민족은 처음 들어보는 말이었다. 그러나 가만히 생각해보니 지역적으로 가장 가깝고 가장 익숙하지만 복음을 거부하고 복음에 대해 적대적이며 하나님을 주(Lord)로 인정하지 않는 곳! 그곳이야말로 가장 복음이 전해지기 어려운 곳이 아니겠는가!

다름 아닌 '나 자신'(myself)인 것이다. 변화 받기 싫어하고, 복음에 대해 불순종하며, 내 마음대로 살아가고픈 '나' 민족이야말로 가장 복음이 필요한 '미전도 지역'이라고 말씀하신 것이다.

우리는 우리 자신을 결코 '선교 대상지'로 생각하지 않는다. '나는 예수님을 만났고 변화되었고 주님의 나라를 위해 일하는 사람'이라고 생각하기 때문에, 자신에 대해 엄격한 기준과 자기 성찰이 부족할 때가 많은 것 같다.

그러면 어떠하냐 우리는 나으냐 결코 아니라 유대인이나 헬라인이나 다 죄 아래에 있다고 우리가 이미 선언하였느니라 기록된 바 의인은 없나니 하나도 없으며 깨닫는 자도 없고 하나님을 찾는 자도 없고 다 치우쳐 함께 무익하게 되고 선을 행하는 자는 없나니 하나도 없도다 그들의 목구멍은 열린 무덤이요 그 혀로는 속임을 일삼으며 그 입술에는 독사의 독이 있고 그 입에는 저주와 악독이 가득하고 그 발은 피 흘리는 데 빠른지라 파멸과 고생이 그 길에 있어 평강의 길을 알지 못하였고 그들의 눈앞에 하나님을 두려워함이 없느니라 함과 같으니라 롬 3:9-18

"그러면 어떠하냐?"

사도 바울의 무거운 질책이 우리의 마음을 후벼판다. 선교사라고, 목회자라고, 사역자라고 우리는 나은가? 위에 언급된 모습이 우리의 모습이 아니라고 감히 말할 수 있을까?

사도 바울은 로마서 1장에서 악을 행하는 이방인들의 삶의 모습들을 나열하고 있다.

또한 그들이 마음에 하나님 두기를 싫어하매 하나님께서 그들을 그 상실한 마음대로 내버려 두사 합당하지 못한 일을 하게 하셨으니 곧 모든 불의, 추악, 탐욕, 악의가 가득한 자요 시기, 살인, 분쟁, 사기, 악독이 가득한 자요 수군수군하는 자요 비방하는 자요 하나님께서 미워하시는 자요 능욕하는 자요 교만한 자요 자랑하는 자요 악을 도모하는 자요 부모를 거역하는 자요 우매한 자요 배약하는 자요 무정한 자요 무자비한 자라 롬 1:28-31

이러한 이방인들의 모습을 보며 박수치고 "우리는 이방인들보다 괜찮다"라고 자만하는 유대인들을 향해서도 동일하게 비판한다. 유대인이라 불리는 그들이 이방인들 못지않게 똑같은 죄를 범하면서 하나님의 심판을 피할 줄로 생각하는 것이다. 바울은 율법을 자랑하며 하나님의 말씀을 맡은 자들이 오히려 율법을 범함으로 하나님을 욕되게 하고 있는 이중성을 고발한다.

그러면 다른 사람을 가르치는 네가 네 자신은 가르치지 아니하느냐 도둑질하지 말라 선포하는 네가 도둑질하느냐 간음하지 말라 말하는 네가 간음하느냐 우상을 가증히 여기는 네가 신전 물건을 도둑질하느냐 율법을 자랑하는 네가 율법을 범함으로 하나님을 욕되게 하느냐 롬 2:21-23

나는 자신이 없다. 가끔 내 안에 하나님을 두려워함이 없는 내 모습을 보기 때문이다. 그리고, 이어진 하나님의 세 번째 질문에 나는 더 이상 아무 말도 할 수 없었다.

"선교를 함에 있어서 가장 큰 장애물이 무엇인지 아느냐?"

선교에 장애물이 얼마나 많은가! 건강, 언어, 재정, 교회, 현지인들과의 관계, 자녀 문제, 자녀 교육 등 외적인 요인도 많고 내적인 요인과 갈등도 많은 것은 두말할 나위가 없다. 그런데 하나님께서 말씀하시는 장애물은 다름 아닌 '선교사 자신'이라는 것이다.

"선교를 함에 있어서 가장 큰 장애물은 바로 선교를 하러 간 선교사 자신이다!"

"목회를 함에 있어서 가장 큰 장애물은 바로 목회를 하고 있는 목회자 자신이다!"

무슨 말을 더 하리요!

"선교사들이 선교를 가로막고 있는 장애물이다!"

"목회자들이 목회를 가로막고 있는 장애물이다!"

주님을 위해서 모든 것을 내려놓고 모든 대가를 지불하고 간 선교지에서 정작 십자가의 원수로 살아가고 있는 사람들이 바로 '나 자신', '나 민족'이라고 하신다!

복음을 전하기 전에, 현지인들을 변화시키기 전에, 선교지에 가서 선교사 노릇 하기 전에 복음은 '나 자신'에게, 선교사와 목회자 자신에게 먼저 전해져야 한다.

사도 바울이 옥중에서 쓴 빌립보서는 '기쁨의 서신'이라고 한다. 빌립보 교회는 복음으로 인한 바울의 매임과 변명함과 확정함에 처음부터 참여한 교회였다(빌 1:5,7). 그러나 바울이 전한 복음과는 반대로 여러 사람이 그리스도의 십자가의 원수로 행하며 바울의 마음을 아프게 하였다. 우리는 스스로 '십자가의 전달자'라고 생각하지 '십자가의 원수'라고는 생각하지 않는다!

내가 여러 번 너희에게 말하였거니와 이제도 눈물을 흘리며 말하노니 여러 사람들이 그리스도의 십자가의 원수로 행하느니라 빌 3:18

주님이 지난 사역에 대해 '사형 선고'의 판결을 하시기 전까지는 나 또한 마찬가지였다. 나는 '유대인들'이 사역의 대상이라고 생각했고, 유대인의 회복과 구원을 위해 하나님께서 나를 이스라엘 선교사로 부르셨다고 믿었다. 그리고 최선을 다해 유대인들을 바꾸기 위해 노방 전도하고, 길거리에서 찬양하며 전단지를 배포하고, 히브리어를 공부하며 나름 선교사적 삶을 살았다고 자부하였다. 그러나 바뀌지 않는 유대인들을 보며 내 안에 그들을 향한 사랑이 점점 식어갔고, 오히려 싫증과 미움이 자라나는 것을 보게 되었다.

복음이 가장 필요한 사람은 '나 자신'이며, 가장 복음에 대해 대적하고, 거부하고, 순종하기를 싫어하는 사람은 유대인들이 아니라 선교사 자신이라는 사실에 아무 말도 할 수 없었다.

우리는 '타민족'에 대한 사랑과 열정을 가지고 그동안 복음을 전하며 사역을 감당해 왔지만, 이제는 '나' 민족에 대해 성찰하고, 말씀 앞에 엎드려야 한다고 생각한다.

마음이 아프지만, 자존심이 상하지만, 인정하고 싶지 않고 피하고 싶지만, 이제는 '가면무도회'를 마칠 시간이 다가오고 있다. 정직히 나의 내면을 말씀 앞에 비추어, 도무지 깨어지지 않을 정도로 견고한 진이 되어버린 '나' 민족의 종교적 가면을 벗어버려야 한다.

우리의 싸우는 무기는 육신에 속한 것이 아니요 오직 어떤 견고한 진도 무너뜨리는 하나님의 능력이라 모든 이론을 무너뜨리며 하나님 아는 것을 대적하여 높아진 것을 다 무너뜨리고 모든 생각을 사로잡아 그리스도에게 우리 안에 있는 모든 이론이 무너져야 한다!

우리 안에 하나님을 대적하며 높아진 모든 견고한 진들은 무너져야 한다!

우리 안의 모든 생각은 그리스도께 무릎 꿇고 사로잡혀야 한다!

왜냐하면, 어떠한 견고한 진도 무너뜨리는 하나님의 능력은 이렇게 '자기의'(self-righteousness)가 허물어지고 그리스도로 인해 새로워진 사람을 통해 흘러가기 때문이다.

왜 하필 선교사 명이 '요나'예요?

선교사로 헌신하고 선교지 현장에 나가기 위해서는 여러 가지 훈련과 과정들이 필요하다. 함께 사역할 선교단체도 구해야 하고, 파송 교회 및 기도와 재정의 후원자도 찾아야 하는 등 준비할 일이 많다.

선교지가 정해지면 대부분의 선교사님들은 '선교사 명(名)' 혹은 '예명'(필드에서 사용할 가명)을 짓게 되는데, 나의 경우는 '요나'(Jonah)이다. 물론 처음부터 요나는 아니었다. 누구나 처음에는 아름답고 멋진 '선교사 명'을 가지고 싶어 한다.

성경을 읽다 보면 하나님께서 사용하신 위대한 인물들이 얼마나 많은가! 아브라함, 요셉, 모세, 다윗, 사무엘, 이사야, 예레미야, 다니엘, 에스겔, 요한, 베드로, 바울 등 하나님의 손에 붙들려 위대한 주의 나라를 선포한 사람들의 이름을 인용하며 선교사 명으로 쓰는 경우가 많이 있다.

그런데 '야곱'이나 '요나'를 선교사 명으로 쓰는 분은 거의 만나지 못했다. 모르긴 해도 야곱은 '발꿈치를 잡다'라는 뜻이고, 그의 인생이 '험한 세월'로 대표되다 보니 '야곱'이라는 선교사 명을 피하는 것은 아닐까 싶다. 요나 또한 이름 자체는 '비둘기'라는 좋은 의미지만, 그의 인생을 보면 한마디로 '불순종의 아이콘'이 아니던가! 그래서인지 주변에서 '요나 선교사'라는 이름을 가진 분은 한 번도 보지도 듣지도 못했다.

처음에 주를 믿고 헌신한 뒤에는 '바울'이라고 지었다. 바울이 쓴 바울 서신을 보며 그의 헌신과 복음에 대한 열정을 너무 닮고 싶었기 때문이었지만, 신앙생활을 하고 훈련을 받으면서 그 이름을 차용할 만한 수준이 못 된다는 것을 아는 데는 많은 시간이 걸리지 않았다. 두 번째 선택한 이름은 '요셉'이었다. 정말 '주님이 늘 함께하심으로 형통한 자'의 아이콘인 요셉처럼 살고 싶었다. 그러나 창세기를 묵상하면서 '요셉'이라는 이름 또한 차용할 만한 수준이 못 된다는 것을 알게 되었다.

선교지가 정해지고 난 뒤에 주 앞에 깊이 머물며 선교사 명을 구하고 찾게 되었다. 그런데 나의 인격과 삶과 사역에 가장 알맞은 이름을 달라고 기도하던 중에 받은 이름이 바로 '요나'였다. '많고 많은 성경 인물 중에 왜 하필 요나일까?' 하는 의문을 가지면서 나의 얼굴을 물끄러미 쳐다보시는 분들을 보면 마치 무언의 메시지를 나에게 던지시는 것 같았다.

'요나처럼 말 되게 안 들었나 보다!'

'요나처럼 고집이 엄청 센 분인가 봐.'

요나처럼 순종 않고 곁길 갔던 나의 모습
야곱처럼 간사하여 주님 말씀 배반해도
우리 주님 사랑으로 오래도록 참으시고
주님 예수 십자가로 죄인 구원하시었네

– 찬송가 281장 〈요나처럼 순종 않고〉

"요나처럼 순종 않고"라는 찬송가에 등장할 정도로 '요나'는 '불순종의 아이콘'이다. '요나'라는 선교사 명을 가지게 된 데에는 이런 배경이 있지만, 정작 중요한 주님의 가르침은 다른 데 있었다.

불순종의 대명사가 '요나'가 아니라 사실 '나 자신'은 아닌지!

"요 - 나(요)!"

곁길로 가기 원해서 내 마음대로 살고 싶었던 사람은 '요나'가 아니라 '나 자신'은 아닌지!

"요 - 나(요)!"

우리 모두 '요나 신드롬'(Jonah Syndrome)을 가지고 있다. 다만 드러내고 싶지 않을 뿐이다. 사람들이 내 이름을 불러줄 때마다 나는 늘 기억하려고 한다. 나 같은 죄인 살려서 선교사로 불러주신 주님,

선지자 요나를 어르고 달래서 그의 원수인 나라 앗수르의 수도 '니느웨'에 보내어 단 한 사람이라도 건져내고픈 아버지의 애끓는 마음이 '요나'라는 이름에 담겨 있다(욘 4:1-11).

그래서 나는 나의 선교사 명인 '요나'라는 이름을 정말 사랑한다. 이 이름 속에는 아버지의 눈물과 인내가 숨겨져 있기 때문이다.

요나가 매우 싫어하고 성내며 말한다(욘 4:1).

"여호와여 원하건대 이제 내 생명을 거두어 가소서 사는 것보다 죽는 것이 내게 나음이니이다"(욘 4:3).

"네가 성내는 것이 옳으냐?"(욘 4:4)

"[스스로 죽기를 구하여 이르되] 사는 것보다 죽는 것이 내게 나으니이다"(욘 4:9).

"네가 이 박넝쿨로 말미암아 성내는 것이 어찌 옳으냐?"(욘 4:9)

"내가 성내어 죽기까지 할지라도 옳으니이다"(욘 4:9).

"[여호와께서 이르시되] 네가 수고도 아니하였고 재배도 아니하였고 하룻밤에 났다가 하룻밤에 말라버린 이 박넝쿨을 아꼈거든 하물며 이 큰 성읍 니느웨에는 좌우를 분변하지 못하는 자가 십이만여 명이요 가축도 많이 있나니 내가 어찌 아끼지 아니하겠느냐"(욘 4:11).

"……"(욘 4:12).

요나서 4장 12절은 성경에 없다! 왜냐하면 요나가 대답할 말이 없기 때문이다!

차라리 복음을 전하지 말라!

얼마 전에 나의 피부병에 관한 이야기를 읽고 A국에서 사역하시는 선교사님 한 분이 가슴 아픈 이야기를 카톡으로 보내오셨다. 그동안 복음을 배우고 훈련받고 했지만, 자신의 병든 자아와 복음 사이에서 고민하고 갈등하는 모습들, 여전히 상황과 환경에 반응하며 바닥을 치고 있는 자신의 모습을 보며 '아, 나는 복음을 글로 배웠구나!'라는 것을 깨달으셨다고 한다.

더 가슴 아프고 개탄스러운 소식을 함께 전해주셨는데, 그 지역에서 사역하시는 선교사님들이 교회 파송 선교사는 선교사로 인정하지 않겠다고 했다는 것이다. 선교사님들 안에서조차 의견이 분분하여 급기야 얼굴을 붉히는 일까지 발생했다고 한다.

결국 이 문제는 뜻이 맞는 분들이 '한인 선교사회'를 만들고 그 선교회에 등록하지 않으면 선교사로 인정해주지 않는 것으로 결정이 났고, 가입하지 않은 몇 분의 선교사님과 이제 정식으로 파송 받고 온 분들은 관련 서류를 제출해야 선교사로 불러주겠다 하는 권면이 있었다고 한다.

누가 누구를 선교해야 할까? 선교사들이 현지에 가서 현지인들을 바꾸기 위해 선교해야 하는 것일까, 아니면 선교사를 먼저 선교해야 하는 것일까. 복음을 전하러 간 선교사가 복음을 가로막고 있는 장애물이 되는 것은 아닐까? 그럴 바에는 차라리 복음을 전하지 말고, 복음으로 사는 것이 더 좋지 않을까?

그 분의 글을 읽으면서 나는 한 가지 분명한 결론에 이르게 되었다. "선교를 가장 시급하게, 먼저 해야 할 미전도 종족은 바로 나 종족(self-tribe)이며, 선교적인 메시지를 가장 먼저 들어야 할 민족은 바로 나 민족(self-nation)"이라고.

나는 지금도 버스 안에서 주님의 책망을 들었던 그때의 음성과 사건을 기억한다.

"내가 너를 왜 이 땅 이스라엘로 불렀는지 알고 있느냐? 너는 유대인들을 변화시키겠다고 선교사로 왔지만, 그것은 선교가 아니다! 나 여호와가 원하는 선교 대상자 1순위는 바로 너 자신이다. 나는 너부터 먼저 바꾸고 싶다!"

그때의 충격과 주님의 음성은 나의 모든 사역과 선교의 관점을 송두리째 바꾸어 놓으셨다.

목회의 부르심을 입고 목회의 현장에서 목양을 감당하고 있는 분들이나, 선교지 사역의 현장에서 구슬땀을 흘리는 우리는 모두 다음과 같은 기도 제목으로 먼저 기도해야 한다고 믿는다.

"주님! 저를 먼저 선교해주십시오!"

"주님! 제가 먼저 복음을 듣게 하소서!"

"주님! 사역자의 가면을 벗고, 그리스도로 옷 입게 하소서!"

"주님! 복음을 전하러 간 선교사들이 하나 되지 못하는 것에 대해 애통해하는 마음을 주소서!"

나는 솔직히 광야의 소리가 되고 싶지 않다

오늘 예루살렘에서 수업이 있어 기차를 타고 올라가는 중에, 주님이 내 마음을 흔드시며 이런 질문을 하시는 것 같았다.

"너는 정말 외치는 자의 소리로 살다가 홀연히 무대 뒤로 퇴장하고 싶으냐? 아니면 소리인 척하지만 정작 사람들의 이목과 칭찬을 그리워하며 주인공 노릇을 하고 싶으냐?"

소리는 사라져야 한다. 그런데 나는 사라지려고 하지 않고, 오히려 무대 중앙에서 스포트라이트를 받고 싶은 마음에 진짜 주인공을 밀어내고 있다.

"주의 영광을 위하여, 민족 복음화를 위하여, 열방을 향하여!"

수많은 신앙적 미사여구를 사용하면서 그렇게 '외치는 자의 소리'로 살기를 원했지만, '소리'로 살아가는 인생은 달갑지 않아서 오늘도 사람들의 주목과 인정과 칭찬을 갈망하는 나의 모습을 본다.

나는 한국 교회에서 잊혀진 존재로 살아가는 것이 두렵다. 사람들의 기억에서 멀어져 가는 내 모습이 너무 낯설다. 진짜 주인공을 밀어내고 무대 위에 서고 싶은 욕구가 올라온다. 사람들의 이목과 칭찬을 그리워하는 옛 자아의 모습을 보게 된다.

설교단에 서야 하는데, 찬양 인도를 해야 하는데, 무슨 모임을 인도해야 나의 정체성과 안정감을 느끼는데 그러지 못하는 나의 모습을 보며 열등감에 빠지기도 한다. 입술로는 광야에서 외치는 자의 소리로 살고 싶다고 고백하지만, 마음은 광야를 떠나 다른 곳으로 가고 싶기도 하다. 누구도 알아주지 않는 '잊혀진 존재'로 타국에서 산다는 것은 괴롭고 아픈 현실이며 매일의 싸움이다.

모세의 인생을 흔히 120년으로 계산한다. 그중 3분의 2에 해당하는 시간을 모세는 광야에서 보내게 된다. 바로의 왕궁에서 화려한 인생을 살았던 그가 자신의 힘과 능력으로 자기 민족을 구원하려고 했지만, 결국 사람을 죽이고 바로의 낯을 피해서 미디안 땅에 머물며 도망자의 인생을 살게 되지 않던가!

40년 동안 그가 한 일은 광야에서 '잊혀진 존재'로 그의 장인인 미디안 제사장 이드로의 양 떼를 치고 자녀를 키우며 일상의 삶을 사는 것이었다. 그는 타국에서 완전히 나그네의 인생을 살았다. 오죽하면 첫아들의 이름을 나그네라는 뜻의 '게르솜'이라고 지었겠는가.

그런 모세에게, 살인자요 도망자요 잊혀진 존재로 광야에서 양 떼를 치며 하루하루 살던 모세에게 하나님께서 그를 잊지 않고 찾아오셨다(출 3:1,2).

광야에서 외치는 자의 소리가 되기 위해서는 먼저 양 떼의 소리를 들을 줄 알아야 한다. 모세는 먼저 양 떼를 돌보는 목자의 마음을 배워야 했다. 하나님의 시간과 우리의 시간이 얼마나 다른가! 하나님의 관점과 우리의 관점이 얼마나 다른가!

나는 소리인가? 아니면 소리인 척하다 진짜 주인공을 밀어내고 내가 그 자리를 차지하고 싶은 왕의 남자인가? 나는 솔직히 광야의 외치는 자의 소리로 살고 싶지 않다! 광야에는 나의 외치는 소리를 들어 줄 사람들이 없고, 그곳에서는 주목을 받지 못하기 때문이다.

그러나 나는 오늘 다시 신발 끈을 조여 매고 '광야'로 나가 창조주를 독대하려 한다. 내가 하늘의 생명을 누리며 그 양식으로 사는 유일한 장소이자 통로가 그곳이기 때문이다.

광야에서 주의 오실 길을 예비한 세례 요한은 자신을 "그리스도가 아니며, 그의 앞에 보내심을 받은 자"라고 말한다. 또한 신부를 취하는 자는 신랑이지만, 신랑의 음성을 듣고 크게 기뻐하는 것으로 충만하다고 한다. 신랑이신 주님의 음성을 듣고, 그분의 길을 예비하며, 광야에 외치는 자의 소리로 한평생을 산 세례 요한은 이러한 기쁨으로 충만하였다.

그래서 그는 "나는 점점 쇠하여야 하고, 주님은 점점 흥하여야 한다"(요 3:30)라고 하였다. 나는 이 말씀이 "나는 점점 흥해야 하고, 주님은 점점 쇠하여야 한다"라는 것으로 내 삶 속에서 거꾸로 작동되지 않기를 매일 기도한다.

도대체 나는 누구인가?

남들은 종종 내가 이스라엘에서 '파송 교회' 없이 어떻게 지난 9년 동안 살 수 있었는지 신기해하면서 대단하다고 말한다.

'그런데 나는 누구인가?'

남들은 종종 내가 이스라엘에서 중고차도 없이 어떻게 지난 8년 동안 살 수 있었는지 대견해 한다.

'그런데 그 말을 듣고 있는 나는 누구인가?'

남들은 종종 내게 유대인을 품고 이스라엘 선교사로 나간 것이 도전이 된다고 하면서 격려하기도 하고, 하나님의 종이라 귀한 사역자라 칭찬의 말을 하기도 한다.

'그런데 그런 칭찬을 받을 때 진짜 나는 누구인가?'

2011년 1월 29일, 이스라엘 땅에 가족을 데리고 들어올 때 나에게는 꿈이 있었고, 비전이 있었고, 이 땅에서 뭔가 엄청난 사역을 할 수 있을 것이라는 장밋빛 희망이 있었다. 그리고 열심히 히브리어 배우고 사역하고 아이들을 현지 유대인 학교에 보내는 것을 나의 자랑, 아니나의 선교사 됨의 기준으로 여기며 스스로 만족하기도 하였다.

'그런데 나는 정말 누구인가?'

하나님을 위해서 대가 지불을 했다고 생각하면서 뭔가 하나님으로부터 받을 것을 생각하고 있는 나!

하나님의 선교 완성과 이스라엘의 부흥을 위해 어떤 일을 하고 있다고 스스로 믿고, 스스로 변명하고, 스스로 합리화하고, 스스로 포장하며 가면을 쓰고 있는 나!

하나님의 영광을 위해서 산다고 말은 하지만, 정작 하나님의 이름과 영광을 짓밟고 있는 나!

사람들의 인정과 칭찬을 은근히 갈구하는 나!

누군가 나를 불쾌하게 대하거나 모욕과 비난의 태도를 보일 때, 말할 수 없는 분노를 품고 있는 나!

나는 정말 누구인가? 사람들이 평가하는 모습이 나인가, 아니면 내가 아는 내 모습이 진짜 나인가?

지난 9년간 이스라엘에서 처절히 몸부림치며 눈물 흘리며 뼈 아프게 배운 한 가지 진리가 있다. 그 한 가지를 배우게 하시려고 하나님은 나와 우리 가정을 지난 9년 동안 그렇게 다루어 오신 것 같다. 그것은 하나님은 유대인을 선교하기 전에 나를 먼저 선교하신다는 사실이다!

이런저런 일들로 나의 자존심이 짓밟혔다. 어떤 때는 나의 자아가 깨어지면서 심히 아파하기도 하고, 잠을 이루지 못하고 뒤척이며 분노하기도 하고, 나 자신을 용납하지 못하고, 더욱이 그런 나 같은 자를 용납하시는 하나님을 받아들이지 못하는 있는 옹졸함이 내 안에 있다는 사실에 치를 떨기도 하였다.

도대체 나는 누구인가?

날카로운 질문이 나를 조롱한다. 내가 아무리 '나는 누구인가?'라는 질문을 해도 내 안에서는 온전한 대답이 나오지 않는다. 왜냐하면 내 안에는 그 질문에 대답해줄 근거가 하나도 없기 때문이다.

나는 누구의 것인가?

너희는 하나님으로부터 나서 그리스도 예수 안에 있고 예수는 하나님으로부터 나와서 우리에게 지혜와 의로움과 거룩함과 구원함이 되셨으니

고전 1:30

"예수 그리스도 안에 있는 나는 아버지의 것이다!"

이것 하나면 충분하지 않겠는가!

그것은 비겁한 변명입니다

수년 전 나는 안양에 있는 한 교회에서 교역자로 학생부를 지도하고 있었다. 토요일 오후, 교회 봉고차를 운전하고 가다가 시장 안경점 옆에 세워진 승용차 옆 부위를 긁게 되었다. 그것도 교회 이름이 적혀 있는 교회 봉고차로 출고한 지 얼마 안 된 새 차의 옆 부분을 긁은 것이다.

갑작스러운 사고에 두려움이 엄습해 오자 나는 보기 좋게 줄행랑을 쳤다. 두근거리는 가슴을 진정시키며, 아무도 못 보았을 것이라는 안도감을 갖고 다른 곳에 주차하는데 부목사님에게서 전화가 왔다.

"최 전도사, 지금 어디야?"

"네, 목사님. 잠시 나와 있습니다."

"아니, 무슨 사고 쳤어? 누가 교회로 신고를 했는데 우리 교회 봉고차가 사고를 내고 도망을 쳤다는데!"

"아, 네…."

"운전하다가 사고 냈으면 빨리 가서 조치해야지."

"네, 목사님. 처리하고 가겠습니다. 죄송합니다."

안경점으로 다시 차를 몰고 가니, 새 차 주인이 고래고래 고함을 치며 교회를 욕하고 나를 비난하시는데 고개를 들 수가 없었다. 얼마나 한심스러운 상황인지…. 200퍼센트 나의 잘못이었다. 정말 도망치고 싶은 심정뿐이었다. 그것도 교회 근처에 있는 시장통에서 일어난 일이니 교회 망신을 단단히 시킨 셈이다. 뺑소니범으로 경찰서에 가서 조서를 써도 할 말이 없는 상황이었다.

사건을 마무리하고 집으로 돌아가는 길이 천근만근이었다. 내일은 주일이고 학생부 설교를 해야 하는 날인데, 설교도 문제지만 그동안 학생들에게 '복음'으로 살라고 그렇게 자신만만하게 소리치고, 복음으로 살지 않고 세상과 적당히 타협하며 지내고 있는 학생들을 비판하며 영적으로 일깨우고 있다고 자부한 나 자신이 얼마나 부끄러운 일을 했는지 죽을 맛이었다.

집에 들어가자마자 아내에게 자초지종을 설명하고 잠시 자리를 비켜 달라고 했다. 방문을 걸어 잠그고 얼마나 애통해하며 비참한 마음으로 눈물을 흘렸는지 모른다. 나 자신이 이것밖에 되지 않는다는 사실과 그동안 그렇게 입으로는 복음을 외쳤으나 그 복음이 내 삶 속에 드러나지 않았다는 자괴감에 큰 충격과 고통이 밀려왔다. 나 자신을 향한 철저한 절망감과 패배 의식, 그리고 사단의 조소와 비웃음에 무방비로 당하고 있는 내 모습에 절규했다.

밤새 뒤척이다 주일을 맞았다. 물론 학생부 설교 원고는 준비되지 못했다. 아니, 이런 상태로 설교를 한다는 것이 용납되지 않았다. 아내에게 "여보! 학생부 아이들한테 무슨 설교를 해야 할지 모르겠어요"라고 하자 아내는 "가장 중요한 것은 당신이 하나님 앞에 정직하게 반응하는 거예요"라고 대답했다.

"어제 사고 내고 두려운 마음에 감추고 싶어서 도망을 쳤다는 것을 인정하고 솔직하게 아이들 앞에서 고백하면 좋겠어요. 당신이 참으로 하나님을 두려워하고 경외하는 사람이라면 말입니다."

마치 사형수가 사형장에 끌려가는 모습처럼 학생부 아이들 앞에 섰다. 자신만만하게 설교하던 모습은 온데간데없고, 너무나 두렵고 떨리는 마음으로 하나님의 심판대에 서 있는 감정을 느꼈다. 아이들 앞에서 나의 잘못을 인정하고, 설교자로서 사역자로서 바르게 서 있지 못했던 모습을 참회하며, 무릎을 꿇고 용서를 구했다. 비겁한 변명을 더 이상 하지 않고, 빛 가운데 드러낼 수 있게 한 하나님의 최고의 선물은 '온전한 사랑'이었다.

> 사랑 안에 두려움이 없고 온전한 사랑이 두려움을 내쫓나니 두려움에는 형벌이 있음이라 두려워하는 자는 사랑 안에서 온전히 이루지 못하였느니라
> 요일 4:18

나 자신의 연약함과 부끄러움이 드러났을 때, 가장 용납하기 힘든 존재가 바로 '나 자신'이었다. 더욱이 그러한 나를 받아주시고 용납해 주시는 주님의 사랑을 받아들이기 힘든 존재 또한 '나 자신'이었다! 그러나 온전하신 주님의 사랑이 덮으시면 나는 보이지 않고 구속하신 주님만 보이게 된다. 그것이 그분의 사랑이다.

주 안에 기쁨 누림으로 마음의 풍랑이 잔잔하니
세상과 나는 간 곳 없고 구속한 주만 보이도다

– 찬송가 288장 〈예수를 나의 구주 삼고〉

두려움은 비겁한 변명을 가지고 온다. 그러나 두려움을 이기는 방법은 의외로 간단하다. '두려움'은 '더 큰 두려움'으로 이길 수 있다! 하나님을 향한 진정한 두려움(fear, 경외함)을 가지고 있으면 이 세상에서 일어나는 여러 가지 두려운 일들은 온데간데없이 사라질 것이다. 하나님을 경외하는 두려움이야말로, 이 세상에서 일어나고 있는 모든 두려운 일들을 집어삼킬 수 있는 가장 강력한 능력이기 때문이다. 마찬가지로 '죽음'도 '죽음'으로써 정복하는 것이다.

> 자녀들은 혈과 육에 속하였으매 그도 또한 같은 모양으로 혈과 육을 함께 지니심은 죽음을 통하여 죽음의 세력을 잡는 자 곧 마귀를 멸하시며 또 죽기를 무서워하므로 한평생 매어 종 노릇하는 모든 자들을 놓아주려 하심이니 히 2:14,15

예수님이 이 세상에서 혈과 육을 함께 지니신 이유는 '죽음을 통해' 죽음의 세력을 잡은 자 마귀를 멸하시기 위해서이다. 마찬가지로 '두려움'을 내어 쫓는 유일한 방법도 '하나님을 경외하는 두려운 마음'을 가지는 것이다.

그 사건을 통해 하나님이 오늘까지 나를 다루시고 가르치는 삶의 중요한 영역은 이것이다. '두려운 일'은 이 세상의 삶 속에서 항상 일어나고 있지만, 주님만을 참으로 두려워하는 '경외함' 속에 머무는 한, 나는 '항상' 안전하다는 것이다!

힘을 뺄 것인가, 힘을 줄 것인가?

3일간의 '멘붕'(멘탈 붕괴의 준말이라고 한다) 상태가 이어지고 있다. '내가 무엇을 잘못했지'라는 자책감과 자괴감에 밤잠을 설쳤다. 노트북 바탕화면에 있던 나의 소중한 자료들이 순식간에 사라졌다! 그것도 가장 아끼던 사진들과 학교 수업과 관련된 중요한 과제물, 논문, PDF 파일들이 모두 없어진 것이다.

다른 소중하지 않은 자료들은 백업해 두었는데 정작 가장 필요하고 늘 사용해 오던 자료들은 백업을 해두지 못한 내 책임이 가장 크다. 아! 어찌해야 하나. 이건 정말 상상 이상이다. 3일간 정신이 나갔다는 표현이 맞을 정도로 그 자료들을 찾기 위해 이리 뛰고 저리 뛰고 노력했지만 결국 찾지 못했다.

힘들게 시간을 쪼개어 준비하고 공부한 자료들이 한꺼번에 사라지고 나니 내 손에 남은 것이 하나도 없었다! 삶의 마지막 순간에 내가 가지고 갈 수 있는 것이 이렇게 하나도 없지 않을까 하는 생각을 해보았다.

감사한 것은 내가 그리 소중하게 생각하고, 나를 뭐가 된 사람처럼 느끼게 해주는 그런 자료들이 사라지고 나니, 내 어깨에 힘이 많이 빠지게 되는 유익이 있었다.

수영장에 가서 처음 수영을 배울 때나 침을 맞을 때, 혹은 두려움 속에 있을 때는 흔히 목과 어깨에 힘을 주게 된다. 그만큼 많이 긴장하고 있다는 뜻이기도 하다. 긴장을 풀고 여유 있는 자세가 가장 편안하고 건강에도 좋은 자세라고 한다.

신앙생활도 마찬가지가 아닐까? 이스라엘 백성이 광야에서 40년간 훈련을 받은 것은 어찌 보면 그들의 어깨와 목에서 힘을 빼기 위한 과정이 아니었을까 싶다. 우리 육신에서 들을 수 있는 최고의 소리는 "힘 줘!"이다. 우리가 살기 위해, 우리의 '의'를 드러내기 위해, 우리의 힘으로 주의 일을 하기 위해 우리는 매일 '힘을 주면서' 살아야 하지만, 주 안에 있는 자들은 항상 '힘을 빼고' 살아간다.

그 놀라운 원리를 알고 체득한 사람이 바로 사도 바울이다. 힘을 뺀다는 말은 내가 그리스도 안에서 죽고, 그리스도께서 내 안에 사셔서 내가 사는 것이 아니라 그리스도의 영으로, 그리스도의 임재 가운데 나를 통해 살아가시는 것을 의미한다.

내가 그리스도와 함께 십자가에 못 박혔나니 그런즉 이제는 내가 사는 것이 아니요 오직 내 안에 그리스도께서 사시는 것이라 이제 내가 육체 가운데 사는 것은 나를 사랑하사 나를 위하여 자기 자신을 버리신 하나님의 아들을 믿는 믿음 안에서 사는 것이라 갈 2:20

힘을 주며 살 것인가, 아니면 힘을 빼고 살 것인가. 그 기로에 우리는 매일 서게 된다. 세상은 나에게 "힘 줘!"라고 외친다. 그러나 주님은 나에게 "힘 빼!"라고 하신다.

예수 그리스도 안에서 진정한 승리의 비결이 바로 '힘 빼'면서 사는 길임을 아는가? 사도 바울이 그리스도 안에서 힘을 온전히 빼고 연합된 자로 살아가면서 내린 결론이자 고백이다.

> 그러나 내게는 우리 주 예수 그리스도의 십자가 외에 결코 자랑할 것이 없으니 그리스도로 말미암아 세상이 나를 대하여 십자가에 못 박히고 내가 또한 세상을 대하여 그러하니라 갈 6:14

나는 예수 믿는 사람들이 무섭다

우리는 원초적으로 '실패'했다. 신학적으로 표현하면 '죄악 중에 태어났기' 때문에 우리는 영적인 '실패'를 안고 이 세상에 나오게 되었다. 그래서 우리는 부지런히 우리의 '실패'를 만회하기 위해 수많은 '무화과나무 잎'을 엮어서 자신의 약점, 실수, 부족함을 가리기 위한 투쟁을 평생 하다가 '흙'으로 돌아가는 인생을 살게 된다. 어느 누구도 예외가 없다!

나는 가끔 예수 믿는 사람들이 무서울 때가 있다. 특히 신앙적인 열심이 특별한 분들을 볼 때마다 더 그러한 감정을 느낀다. 아무

조건 없이 '은혜'로 구원을 받았다고 고백하면서, 구원받고 난 이후에는 철저히 외모로, 드러난 겉모습으로 사람을 대한다. 나보다 못하면 어깨를 으쓱대고, 나보다 잘하면 지독한 열등감에 빠진다. 아무 조건 없이 주님이 우리를 구원해 주셨는데, 왜 우리는 수많은 조건으로 사람을 평가하는가?

주의 '긍휼'을 힘입어 하루하루 산다고 고백하면서, 주의 긍휼을 경험하고 난 이후에는 긍휼 없는 심판을 다른 사람에게 아무렇지 않게 집행한다. 주의 긍휼을 힘입고 하루하루의 삶이 감사하다 하면서 왜 우리는 타인에 대해서 이렇게 저렇게 평가하며 사람을 대하는가?

'말씀'에 은혜를 받았다고 고백하면서, 말씀으로 다른 이를 판단하며 정죄한다. 주의 말씀은 사람을 살리고 회복시키는 영이 아닌가. 그런데 왜 우리는 말씀으로 그 사람을 재단하는 것에 대해 양심의 가책을 못 느끼는가!

'기도'를 통해 주의 음성을 들었다고 한다. 그런데 기도한 후에는 기도의 영성으로 다른 이의 영성을 함부로 평가해버린다. 기도는 다른 이의 영성과 삶에 이러쿵저러쿵 말하기보다는 하나님 앞에서 자신을 돌아보라고 허락하신 주의 선물이 아니던가!

'선교'를 열심히 했다고 하는 사람들이 있다. 그런데 선교한 후에는 다른 사역자들의 열매 유무를 자기 나름의 기준으로 미주알고주알하며 입에 올린다.

나는 예수 믿는 사람들이 어떤 때는 불신자들보다 더 무섭고 교제가 꺼려질 때가 있다. 여기에 언급된 무서운 사람은 타인이 아니라

'나 자신'이라는 사실이 더 가슴 시리게 아프고 괴롭다. 오늘도 주님은 나에게 이렇게 말씀하시는 것 같다.

"난 지금까지 너를 그렇게 대하지 않았는데, 너는 왜 그 사람을 너의 기준과 생각으로 대하느냐?"

도대체 왜 '가십'을 하지?

한때 교회에서 "모이면 기도하고, 나가면 전도하자!"라는 표어가 유행한 적이 있었다. 안타깝게도 이런 표어가 이제는 많이 사라진 것 같다. 이제는 "모이면 '가십'(gossip)하고, 나가면 퍼뜨리자!"라는 말이 대신하는 것은 아닐까? 개인의 사생활에 대하여 소문이나 험담 따위를 흥미 위주로 신문이나 잡지에 올리는 기사 내용을 '가십'이라고 한다.

누군가에 대하여 그 사람 자체보다 관련된 소문 따위에 관심을 보이는 것은 메인요리보다 곁가지메뉴(side menu)에 더 관심 갖는 셈인데 왜 우리는 상대방에 대한 '가십'을 아무렇지도 않게 할까? 상대방이 그 자리에 있지도 않은데, 우리는 너무 쉽게 다른 사람의 이야기를 한다! 나 또한 '가십'을 무의식적으로 한 적이 있고, '가십'을 하는 사람들 틈바구니에 있기도 했다.

아내는 나에게 사람들과 대화를 나누다가 그 자리에 없는 다른 사람 이야기를 하지 않도록 아주 조심하라고 여러 번 당부하곤 했다.

상대가 있지도 않은 자리에서 그 사람의 이름을 들먹이고 이러쿵저러쿵 입에 올리며 가십거리로 삼지 말라는 것이다. 그것은 참으로 소중한 가르침이자 교훈이었다. 나 자신을 보호하고 상대방을 보호하기 위해서는 특히 '혀'를 조심해야 한다.

야고보서 3장 6-9절에는 '혀'에 대한 언급이 나온다. 우리 지체 중에서 온몸을 더럽히고 삶의 수레바퀴를 불사르는데 그 사르는 것이 '지옥 불'에서 나는 것이라고 한다. 또한 모든 종류의 짐승과 새와 벌레와 바다의 생물은 다 사람이 길들일 수 있고, 길들여 왔지만 '혀'는 능히 길들일 사람이 없다는 것이다.

왜냐하면 '혀'는 쉬지 아니하는 악이요 죽이는 것이 가득한 것인데, 이것으로 우리가 주 하나님을 찬송하고 또 이것으로 하나님의 형상대로 지음을 받은 사람을 저주하기 때문이다.

이러한 경계는 특히 선교지에서는 당연하고, 교회에서는 두말할 나위가 없다. 소문에 소문이 더해지고 말이 부풀려져서 처음 이야기했던 내용과는 상관없이 완전히 엉뚱하고 왜곡된 내용들이 다른 사람들의 입에 여과 없이 오르내리는 모습을 보거나 들을 때마다 나는 마음이 무척이나 어렵고 불편함을 느낀다.

"가십은 죄이다!"

그런데 참으로 맛있는 '별미'(delicacy)와 같다. 그래서 '가십'하는 것이 짜릿하고, 묘한 재미(?)를 가져다준다. 우리는 본성적으로 남을 깎아내리고 남이 나보다 못한 열등한 존재라는 것을 은근히 드러내고 싶어 하기에 '가십'을 '별미'로 매일 먹으려고 하는 것은 아닐까!

우리가 '가십'을 하는 이유가 몇 가지 있다고 생각한다.

첫째, '가십' 하는 것이 내가 맛있게 먹는 '별미'이기 때문이다.

둘째, '가십' 하는 것이 죄라고 생각하지 않기 때문이다.

셋째, '가십' 함으로써 나의 '존재감'을 드러내고 싶기 때문이다.

넷째, '가십' 할 정도로 나와 하나님과의 관계가 바르지 못하기 때문이다.

다섯째, '가십' 하고 있는 상대방에 대한 배려가 내 안에 없기 때문이다.

모세가 구스 여자를 취함으로 미리암과 아론이 비방했을 때(의역: 가십했을 때) '여호와께서 이 말을 들으셨다'(민 12:2)라는 표현이 나온다.

모세가 구스 여자를 취하였더니 그 구스 여자를 취하였으므로 미리암과 아론이 모세를 비방하니라 그들이 이르되 여호와께서 모세와만 말씀하셨느냐 우리와도 말씀하지 아니하셨느냐 하매 여호와께서 이 말을 들으셨더라 민 12:1,2

구스 여자를 취한 것이 옳은지 그른지에 대해서는 한마디도 하지 않으시고, 하나님은 모세를 비방하는 것이 자신을 비방하는 것과 같다는 원칙을 가르쳐주신다.

또한 하나님은 이스라엘 자손들이 하나님에 대하여 원망하는 바 그 원망하는 말을 들으시고, 그들의 말이 하나님의 귀에 들린 대로 시행하겠다고 하신다. 다시 말해, 하나님에 대하여 원망하고 불평하며 험담한 자들이 광야에서 시체가 되어 나올 것이라는 말씀이다.

가십은 입으로 나오지만, 입으로 나오는 그 가십이 머무는 장소는 우리의 마음과 생각이다.

예수님은 흠도 점도 없으신 분이시고 또한 말에 실수가 없는 분이셨다. 어떻게 가능했는가? 그것은 아버지의 생명으로 사셨고, 아버지께서 말씀하라고 하신 그 말씀만 전하셨고, 하라고 하신 그 일만 하셨기 때문이다. 하나님은 그런 아들을 통해 자신의 영광을 보여주셨고, 선포케 하셨다. 아들은 아버지 안에 거하고 아버지는 아들 안에 거해서, 아버지가 하는 일이 아들이 하는 일이요 아들이 하는 일이 아버지가 하는 일이 되었던 것이다. 하늘 아버지와 진정한 '연합'의 관계에서 사신 예수님은 말이나 행동에 있어서 실수가 없으셨다.

그런데 예수님을 믿는다고 고백하는 우리가 '가십' 하는 혀로 주 아버지를 찬송하고 또 이것으로 하나님의 형상대로 지음을 받은 사람을 저주하고 있는 '이중성의 모습'은 어찌 됨인가? 지금까지 신앙생활 하면서 경건의 삶을 살았다고 자부하는 우리의 경건이 주 앞에서 '헛것'(worthless)이 아니기를….

누구든지 스스로 경건하다 생각하며 자기 혀를 재갈 물리지 아니하고 자기 마음을 속이면 이 사람의 경건은 헛것이라 약 1:26

나는 좀비 크리스천인가?

좀비(Zombie) 영화를 보면 세 가지 공통적인 특징이 있다. 첫째는 멀쩡하던 사람이 어떤 바이러스나 기후 그리고 환경의 변화 등 외부적인 요인에 의해 이상하게 바뀌게 된다. 둘째, 밤에만 활동하고 햇빛이 비치는 낮에는 어두운 데서 나오지 않는다. 셋째, 사람을 물어뜯어 먹는 무서운 존재라는 것이다.

이러한 영화를 보고 나면 기분이 찜찜하고 그리 유쾌하지 않다. 그런데 미묘하게도 우리 크리스천의 삶을 다른 각도에서 표현하고 있다는 생각이 들곤 하는데, 좀비의 삶과 크리스천의 삶이 어떤 면에서는 너무 비슷하기 때문이다.

첫째, 예수님을 진정으로 만나 물과 성령으로 거듭나면 주변에 있는 사람들에게 오해와 이상한 사람 취급을 받는다.

"너 왜 이래?"

"참 많이 바뀌었다!"

"옛날에는 안 그랬잖아!"

육신에 속하여 땅의 것을 평생 추구하며 인생의 목표로 삼던 자가 눈과 귀와 마음에 성령으로 할례를 받아 완전히 새로운 피조물로 거듭났기 때문이다.

예수께서 대답하시되 진실로 진실로 네게 이르노니 사람이 물과 성령으로 나지 아니하면 하나님의 나라에 들어갈 수 없느니라 요 3:5

둘째, 밤에만 다니고 어두움의 자식으로 평생 죄와 사망의 종노릇 하며 살던 사람이 성령에 의해 변화를 받으면 이제는 낮에 다니고 빛의 자녀로 살아가게 된다. 더는 어두움에 속하지 않고, 주의 음성을 들으며 주님이 원하시는 자리에 서서 주님만을 경배하며 주목하는 삶을 살게 되는 것이다.

> 너희가 전에는 어둠이더니 이제는 주 안에서 빛이라 빛의 자녀들처럼 행하라 빛의 열매는 모든 착함과 의로움과 진실함에 있느니라 엡 5:8,9

셋째, 사람을 물어뜯고 세상의 욕심에 취해 남을 짓밟고 오직 자신의 성공과 출세에 올인하여 살던 인생이 남을 세우고, 남을 위해 자신의 시간과 재정을 소비하며 한 사람의 소중함을 주의 마음으로 품고 섬기는 삶이 된다.

그런데 아이러니하게도, 우리는 분명 '사람'인데, 아니 '주의 형상'으로 지음을 받은 새로운 피조물인데, 내 모습 속에, 우리가 속한 교회와 공동체 안에 '좀비 바이러스'가 있음은 어찌 된 일인가!

지금까지 어두움의 자식으로 살아온 것으로도 충분하고, 지금까지 죄에 종 노릇하며 사단의 음성에 귀를 기울이고 내 욕심을 따라 살아온 것으로도 충분하며, 지금까지 다른 이를 짓밟고 물어뜯고 나의 욕망과 이기심을 따라 살아온 것으로도 충분한데 말이다!

좀비 영화 말미에 그러한 좀비들을 물리치는 특효약이 등장하는데, 그것은 의외로 매우 간단하다. 바로 '빛'이다! 좀비 바이러스에 의해 분별력을 상실하고, 괴물이 되어 물어뜯고, 욕심과 이기심을 향해 폭주하는 기차를 멈추는 단 한 가지 방법은 '말씀의 빛'이 날마다 우리를 비추는 것이다.

내가 말씀을 읽고 공부하는 줄 알았는데, 어느 순간부터 말씀이신 주님이 내 삶을 비추고 말씀으로 해석하고 조명해주실 때 우리 안에 있는 '좀비 바이러스'가 사라진다. 우리를 진정으로 자유롭게 하는 유일한 통로는 '말씀의 빛'이 우리를 비추는 것이고, 그 빛 안에 날마다 거하는 것이다.

오늘 말씀 안에 거했다고 안주하지 말고, 나를 본향에 부르실 그 날까지 매일 이 빛 안에 거하길 소망한다. 아들이신 예수님은 날마다 아버지 안에 거하고 아버지는 아들 안에 거해서, 아들은 아버지가 하시는 일을 보고 동일하게 일하셨다. 그러므로 아들이 하는 일은 실상은 아버지께서 아들을 통해 하신 것이지, 아들 스스로 하는 것이 아니었다.

이러한 아버지와 아들과의 진정한 연합과 섬김을 통해 하나님은 아들을 존귀하게 하셨고, 아들은 아버지의 이름을 영광스럽게 하셨다. 우리 모두 이러한 놀라운 부르심 앞에 서 있다!

CHAPTER **2**

사역인가
사귐인가

목사님, 많이 바쁘세요?

가끔 한국을 방문하면 그동안 후원해주시고 기도로 동역해주신 교회들을 방문하며 인사드리곤 한다. 그 가운데 주 안에서 교제하는 한 목사님이 계신다. 그 분을 뵈면 나는 당연히 바쁘실 것으로 알고 "목사님! 많이 바쁘세요?" 하고 인사를 드리는데 목사님은 "아니, 하나도 안 바빠! 난 바쁜 사람 싫어해!" 하신다.

한국에서 목회한다는 것이 얼마나 바쁜 일인지 나는 잘 안다. 저렇게 바쁘게 일하시고 목회를 하면 건강은 어떻게 돌보실까 할 정도로 염려될 때가 참으로 많다. 그런데 오히려 정반대로 말씀하시는 분을 보면 질문한 내가 어리둥절할 때가 많다. 그렇다고 그 목사님이 바쁘지 않은 것이 아닐 텐데, 늘 돌아오는 대답은 동일하다.

"아니, 바쁠 것 하나도 없어! 난 바쁜 사람 싫어해!"

"주 안에 머물고 있으면 내가 너무 편해!"

"주 안에 머물지 않고 분주하게 지내면 내 영혼이 너무 궁핍해져."

"최 선교사님! 바쁘지 마세요. 늘 주 안에 머물며, 주님이 뭐라고 하시는지 듣고 순종하면 주님이 주님의 일을 하시니까. 할렐루야!"

목사님은 목회자로서 자기 평생에 가장 두렵고 무서워하는 한 가지가 있어서 매일 그것을 기도제목으로 삼고 기도한다고 하신다.

"주의 음성 듣지 않고, 주의 일을 하는 것!"

순간 나의 영혼이 움찔했다. 나 또한 주의 음성을 듣지 않고 내 마음대로, 내가 하고 싶은 대로 주의 일을 할 때가 얼마나 많았는가!

바쁘게 주의 일을 하는 것보다 훨씬 더 중요한 것은 이 일이 주의 일이 맞는지, 주님이 원하시는 건지, 혹시 주의 이름을 빙자해서 내가 하고 싶은 일을 하는 것은 아닌지 그분 앞에 말씀의 조명을 받고 인도함을 구하는 것이다.

이것이 평생에 걸친 가장 중요한 사역의 원칙이라는 것이다. 그렇지 않으면 마지막 때에 내가 주님으로부터 버림을 받고, 무서운 심판 아래 있게 된다는 것을 성경은 경고하고 있지 않은가!

이와 같이 좋은 나무마다 아름다운 열매를 맺고 못된 나무가 나쁜 열매를 맺나니 좋은 나무가 나쁜 열매를 맺을 수 없고 못된 나무가 아름다운 열매를 맺을 수 없느니라 아름다운 열매를 맺지 아니하는 나무마다 찍혀 불에 던져지느니라 이러므로 그들의 열매로 그들을 알리라 마 7:17-20

열매를 맺는 것도 중요하지만, 어떤 나무가 먼저 되어야 하는지 사역자로서 깊이 숙고해야 할 문제라고 생각한다. 이 문제는 죽고 사는 문제를 넘어 '영원'의 문제이기 때문이다!

말씀의 통치, 성령의 인도

오래전에 〈믿음의 승부〉(Facing the Giants, 2006)라는 영화를 본 적이 있다. 매번 볼 때마다 새롭고 은혜가 되는 귀한 영화인데 이스라엘에 도착해서 짐을 옮기고 정리하면서 앞으로의 일정과 해야 할 여러 가지 일들에 대해 고민할 때 이 영화를 다시 한번 봐야겠다는 생각이 뇌리를 스쳤다.

영화는 미국 고등학교 풋볼 코치와 그의 가정 그리고 학교와 이웃 사람들과의 관계에 대해서 나오는 이야기다. 결론적으로 이 코치의 인생은 절망적이었다. 그는 '루저'(loser)였다. 우승도 못 하고 매번 지기만 하는 실패자였다.

타고 다니는 차는 너무 오래되어 자꾸 고장이 나는데, 그 고장 난 자동차가 마치 그의 인생을 대변하는 것 같았다. 결혼해서 아이를 간절히 갖고 싶었지만, 불임 판정으로 남자로서 가장으로서 너무 비참한 마음 상태가 되어버린 그 코치의 모습은 정말 내 모습을 보는 것 같았다. 지불해야 할 공과금 고지서들은 더 쌓이고, 패배자의 꼬리는 붙어 다니고, 학교에서 그는 직업을 잃을 위기에 처한다. 마침내 그는 벼랑 끝에 몰려서 어떻게 해야 할지 몰라 울부짖는다.

"하나님! 어디에 계십니까?"

"나를 도와주세요! 뭔가 일을 해주세요!!"

그가 취한 행동은 오직 한 가지, '말씀 앞에 엎드리는 것'이었다. 나의 생각, 나의 계획, 나의 비전, 나의 꿈, 나의 열정, 나의 헌신, 나의 고민과 걱정의 보따리들을 '말씀의 통제' 안에 두기로 한 것이다.

"말씀의 지배를 받는 자, 말씀의 통치를 받겠다고 결단하는 자, 성령의 인도를 받고 그 영으로 살고 싶은 자, 어디에 있는가?"

그는 그렇게 살기 원했다! 너무나 간절히 원했다! 그리고 풋볼 게임에서 이기기 위해 평생을 살았을 그가 진정으로 원한 것은 '하나님의 영광'이었다. 풋볼 게임에서 이기고 지는 것이 더 이상 목표가 되지 않았기 때문이다.

정말 나에게 진솔한 질문을 던지고 싶다.

"내가 이스라엘 선교사로 이 땅에 존재하는 목적은 무엇일까?"

"내가 사역자로 이 교회에 있는 이유는 무엇일까?"

"나는 무엇 때문에 이곳에서 살고 있는가?"

"어떻게 대답해야 하나님께서 원하시는 대답이 될까?"

"'○○사역을 하기 위해 이 땅에 존재합니다!'라고 대답하면 될까?"

어떤 사역을 하기 위해 이 땅에 존재한다는 것에 나는 동의가 되지 않는다. 나는 '사역의 노예'가 아니라 '말씀의 노예', '성령의 노예'가 되고 싶다! 말씀의 통치를 받고 성령의 인도를 받으면 그분이 나를 통해 하나님의 선교와 사역을 하실 것을 알기 때문이다.

그렇게 사역하는 것이 주님이 이 땅에서 사역하신 원칙이라 나는 믿는다. 아들이신 주님은 늘 "아무것도 스스로 할 수 없다"라고 하셨다. 아버지 안에 늘 거하고 계셨기에 아버지께서 일하지 않으시면 아들도 일하지 않으셨고, 아버지께서 일하시면 아들도 그 하는 일을 보고 그와 같이 행하셨기 때문이다.

> 그러므로 예수께서 그들에게 이르시되 내가 진실로 진실로 너희에게 이르노니 아들이 아버지께서 하시는 일을 보지 않고는 아무것도 스스로 할 수 없나니 아버지께서 행하시는 그것을 아들도 그와 같이 행하느니라 아버지께서 아들을 사랑하사 자기가 행하시는 것을 다 아들에게 보이시고 또 그보다 더 큰 일을 보이사 너희로 놀랍게 여기게 하시리라 요 5:19,20

아버지는 아들을 사랑하셨고, 아들은 아버지를 공경하셨다. 이 두 분의 관계는 '사랑'과 '생명'의 연합의 관계에서 오는 진정한 '하나 됨'(Unity)이었다. 그래서 예수님은 늘 아버지 품 안에 거하시며, 그분의 마음을 따라 사람을 만나고, 사역을 진행하시고, 장소를 옮기기도 하셨다. 그래서 예수님의 사역은 항상 아버지의 뜻 안에 이루어진 일이기에 하나님은 아들이 하는 일을 항상 기뻐하신 것이다.

우리 모든 사역자가 꿈을 꾸고 바라는 것이 있다면 '부흥'(Revival)일 것이다. 하늘의 생기로 온 땅을 충만하게 하며, 하나님을 아는 지식이 가득한 그러한 '영적 부흥'을 우리는 갈망하며 고대한다. 예수님의 사역 원칙이 우리의 삶에도 동일하게 적용되고 나타난다면 하늘에서는 놀라운 영적 부흥의 비가 내리게 될 것이다.

나는 지금 그 '비'를 맞을 준비를 하고 있다. 비는 하늘에서 내리는 것이니 하나님께서 하실 때까지 기다릴 것이다. 하나님께서 일하시는 것을 보고 아들인 나도 그렇게 움직이며 반응할 것이다. 그러면 루저 같은 내 인생을 '기적의 일꾼'(Miracle worker)으로 바꾸어 많은 영혼을 살리는 데 쓰실 것이라 믿는다.

내 평생의 가장 큰 갈망은

새로운 한 해가 시작될 때마다 많은 사람이 새로운 꿈을 꾼다. 지나간 과거를 강물에 흘려보내고 아프고 힘들었던 기억을 떠오르는 태양에 던져 버리며 새로운 소망을 품기도 한다.

내 평생에 가장 큰 갈망이 있다. 그러나 가장 하고 싶지 않은 일이기도 하다. 그것은 매일의 일상에서 '나의 내면을 살피며 사는 것'이다. 성 어거스틴의 《고백록》 10장에는 이러한 내용이 나온다.

"인간은 산 정상에 올라 아름다운 광경에 넋을 잃고, 풍랑이 이는 바다를 바라보면서, 굽이치며 흘러가는 강물을 바라보면서, 세상을 휘몰아치는 큰 대양을 바라보면서, 밤하늘을 가로지르는 별들의 운행을 바라보면서 넋을 잃지만, 정작 인간 내면에 대해서는 진지하게 생각하지 않는다."

— 성 어거스틴의 《고백록》 제10장 중에서

하나님은 모든 피조물 안에 그분을 알만한 것들을 심어두셨다. 창세로부터 그의 보이지 않는 영원하신 능력과 신성이 모든 만물 안에 가득하다고 성경은 기록하고 있다. 그래서 우리는 산 정상에 올라 그 아름다운 광경에 넋을 잃기도 한다. 풍랑 이는 바다와 강물과 세상을 휘몰아치는 큰 대양을 보며 감탄하기도 하고, 우주에 떠 있는 수많은 별을 보며 창조주의 신비한 능력에 압도되기도 한다.

하나님이 모든 것을 지으시되 때를 따라 아름답게 하셨고 사람들에게 영원을 사모하는 마음을 지어 주셨는데, 정작 우리는 그 어떤 것보다도 가장 아름답게 지으신 우리 마음을 살피려 하지 않는다!

우리는 늘 세상 안에 갇힌 존재물로 살아가면서 상황과 환경에 늘 영향을 받기 때문에 가장 중요한 우리의 내면을 성찰하고 가꾸는 일에는 신경을 쓰지 않는 오류를 범한다. 나의 입에서 나오는 말이나 밖으로 표출되는 행동의 근원은 결국 우리가 품고 있는 '마음의 결과'이다. 우리의 마음에 무엇이 가득 차 있는가에 따라 밖으로 나오는 것이 선한 말이기도 하고, 악한 것이 나오기도 한다.

주님은 늘 우리의 '마음'을 다루시는 분이다. 우리 마음에 가득한 더러운 악을 날마다 말씀의 샘에 가서 정결케 하고 우리의 내면이 주의 영이 거하시는 아름다운 처소로 삼는 일, 날마다 말씀으로 나의 내면을 가꾸는 일이야말로 내 평생의 가장 큰 갈망이자 소망이다.

'아둘람 선교 콘퍼런스'를 열고 싶다

'아둘람'(Adullam)은 히브리어로 '은신처, 피난처, 격리된 장소'라는 뜻을 가진 석회암이 많은 지역이다. '아둘람 굴'은 우리가 익히 잘 아는 성경의 지명이다.

> 그러므로 다윗이 그곳을 떠나 아둘람 굴로 도망하매 그의 형제와 아버지의 온 집이 듣고 그리로 내려가서 그에게 이르렀고 환난 당한 모든 자와 빚진 모든 자와 마음이 원통한 자가 다 그에게로 모였고 그는 그들의 우두머리가 되었는데 그와 함께한 자가 사백 명가량이었더라 삼상 22:1,2

다윗은 사울을 피해 여러 곳을 돌아다니는 '도망자'의 신세였다. 놀라운 사실은 그의 형제와 아버지의 온 집이 듣고 그와 함께 거주하였는데, 환난 당한 자, 빚진 모든 자와 마음이 원통한 자가 다윗에게로 모여들었다는 것이다. 그리고 다윗은 그들의 우두머리가 되었다. 환난 당한 자들과 빚진 자들과 마음이 원통한 자들의 '대표'가 된 것이다.

우리는 모두 성공한 집단, 단체, 회사, 기업 심지어 교회의 멤버가 되고 싶어 하고, 그 교회에서 덕망 있고 존경받는 사람이기를 원한다. 누가 환난 당한 자, 빚진 자, 마음이 원통한 자들의 대표가 되고 싶을까? 이러한 사람들이 나에게 모여든다면 자리를 피하는 것이 상책이 아닐까? 이러한 모임의 수장이 된다는 것은 오늘의 시대에 비추어보면 별로 도움이 되지 못한다. 누가 이러한 리더를 인정해주겠는가?

어쩌면, 이렇게 마음이 아프고 삶의 고통 가운데 있는 영혼들을 보듬어줄 수 있는 사람이 다윗 말고는 없었기 때문에 하나님은 다윗에게로 이러한 사람들을 이끌어주신 것은 아닐까? 다윗은 아픈 자들, 상처 입은 자들, 연약한 자들에 대하여 '목자의 마음'을 가진 하나님의 사람이었기 때문이다.

최근에 어느 목사님과 교제하는 중에 무척이나 인상 깊은 말씀을 들었다. 그 목사님은 목회하면서 잘 따라오는 사람, 훈련을 잘 받고 있는 사람, 신앙이 좋은 사람들보다는 뒤처지는 사람, 신앙생활을 잘 못 하는 사람, 어려운 상황과 환경 가운데 있는 사람이 눈에 밟힌다고 하셨다. 교회도 잘 나오고 신앙생활도 잘하는 사람은 그냥 놔두어도 잘하기 마련이기에, 늘 뒤처지고 연약하고 힘겨워하는 성도들에게 마음이 많이 간다고 하셨다.

내 눈에는 아직 그러한 사람들이 자주 밟히지 못하고 있으니 나는 아직도 가야 할 길이 참으로 멀다는 생각이 든다. 양을 잡아먹는 사람이 아니라 양을 잡아먹으려는 사자와 곰의 입에서 양을 지키고 자기 생명으로 보호하려 한 다윗은 하나님이 보실 때 '목자의 심장'을 가진, '하나님의 마음'에 합한 사람이었다.

폐하시고 다윗을 왕으로 세우시고 증언하여 이르시되 내가 이새의 아들 다윗을 만나니 내 마음에 맞는 사람이라 내 뜻을 다 이루리라 하시더니

행 13:22

선교지에서는 '선교 대회' 혹은 '선교 콘퍼런스' 같은 대회가 열리곤 한다. 참여해보면, 대부분은 앞으로의 선교 전략이나 선교에 필요한 여러 방법 등에 관한 강의들을 초청된 외부 강사를 통해 듣게 된다. 어느 날부터인가 내 마음속에 '아둘람 선교 콘퍼런스'를 열고 싶다는 생각이 들었다. 선교지에 살면서 억울하고, 원통하고, 환난 당해 도망치고 싶고, 포기하고 싶은 사람들끼리 모여 우리의 진정한 '아둘람'이 되시는 주의 말씀 앞에 서로의 '약점'과 '아픔'을 빛 가운데 드러내고, 서로를 안아주고 보듬어주는 콘퍼런스를 하고 싶은 것이다. 이 콘퍼런스에 참여할 수 있는 사람의 기준은 딱 한 가지이다.

"나는 사역에 있어서 실패한 사람입니다!"

"나는 가정에 있어서 실패한 사람입니다!"

"나는 관계에 있어서 실패한 사람입니다!"

"나는 자녀 양육에 있어서 실패한 사람입니다!"

이 고백들 중에 하나라도 해당하는 사람이면 누구나 참여할 수 있다. 그런데 어쩌나. 나는 위의 고백들 중에서 한 가지만이 아니라 네 가지에 다 해당하는 사람이니 말이다.

누가 '실패자'의 딱지를 붙이는가?

어느 날 아침, 아내가 무척 우울한 얼굴로 자신은 내세울 것이 없는 사람이라면서 너무 슬프다고 나에게 말했다. 자격도 없고, 학위도 없고, 실력도 없고, 가문도 내세울 것이 없고, 뭐 하나 잘하는 것이 없는 자신의 모습을 보며 '나는 왜 잘하는 것이 하나도 없지?'라는 생각이 들어 슬프다는 것이다. 그런 아내의 모습을 보며 나는 하나님 아버지의 애잔한 마음을 느끼게 되었다.

하나님은 우리를 매우 특별하게 지으셨는데, 우리는 왜 열등감에 빠질까? 하나님은 우리에게 실패자의 딱지를 붙이지 않으시는데, 우리는 왜 스스로 패배자로 생각할까? 하나님은 우리를 있는 모습 그대로 받으시는데, 우리는 왜 자신을 종교적으로 학대할까?

그런 아내의 모습을 보다가 문득 떠오른 인물이 있었다. 맥스 루케이도 목사님이 쓰신 《넌 정말 특별하단다》(You are special, 몽당연필)에 등장하는 '펀치넬로'이다.

펀치넬로의 마을에 사는 나무 사람 '웸믹'들은 성공을 위해, 사람들의 인정과 칭찬을 받기 위해 자기가 할 수 있는 최선의 노력을 다한다. 두 개의 스티커 상자를 갖고 다니며, 잘하면 '황금 별 스티커'를, 못하면 '회색 점 스티커'를 서로에게 붙여주는데, 펀치넬로는 온몸에 '벌점'을 받은, 한 마디로 형편없는 아이였다.

그런 그가 나중에 '엘리'라는 목수(창조주)를 만나면서 그에게 붙어 있던 딱지가 하나씩 하나씩 떨어져 나가는 이야기인데, 지금도 그 책에 나온 내용 중에 나의 뇌리에서 떠나지 않는 주님의 음성이 있다.

"매일 나를 만나러 오렴! 내가 얼마나 너를 사랑하는지 들려주마!"

엘리 아저씨에게서 그 이야기를 들은 펀치넬로는 길을 가면서 아저씨의 말이 사실일지도 모른다는 믿음이 생기게 되었고, 그러면서 그의 몸에 붙어 있던 스티커들이 떨어져 나가게 된다.

아! 그렇다. 중요한 것은 하나님이 우리를 얼마나 사랑하는지가 포인트가 아니다. '매일 주님을 만나러 가는 그 시간'이 우리를 살게 하는 것이다! 우리는 다른 사람들의 시선과 평가에 무척이나 민감하게 반응한다. 그래서 실력을 쌓아야 하고, 자격을 갖추어야 한다. 좋은 학교와 사람들의 인정을 받을 만한 어떤 위치와 능력을 보일 때 우리는 사람들에게 '금 스티커'를 받는다. 받으면 성공한 사람, 못 받으면 실패한 사람이 되는 것이다.

아내에게 이렇게 권면하였다.

"여보! 펀치넬로는 다른 사람들이 딱지를 붙이는데, 당신은 당신 스스로 실패자의 딱지를 붙이는 것 같아요! 왜 스스로 실패자의 딱지를 붙여요? 하나님은 당신을 그렇게 만들지 않으셨는데."

교회 사역을 하는 것도, 목회 활동을 하는 것도, 그리고 선교사역을 하는 것도 나는 실패한 사람이 아니라고 자기 존재의 가치를 증명하기 위해서 일하고 있는 것은 아닐까?

만일 아니라면, 사역의 실패와 성공에 대해 일희일비할 필요가 전혀 없을 것이다. 단! 매일 창조주를 만나러 가야 한다. 그러면 이 부분에 대해서 완전한 자유와 기쁨을 누릴 수 있을 것이기 때문이다.

아내에게는 다른 사역자들이 너무나 부러워하는 아주 귀한 은사가 있다. 이스라엘 선교사로 살면서 교제한 많은 유대인 할아버지, 할머니들이 아내를 보며 그렇게 칭찬한 것이 있다.

"많은 사람이 다 자신의 목적과 나름의 동기를 가지고 사람들에게 접근하고, 원하는 것을 얻어내려고 한다네. 그런데 자네 아내를 볼 때마다 참 특별한 것이 있다네. 내가 수년간 보아왔는데, 자네 아내에게서 가식이나 어떤 동기가 없이 사람의 영혼을 있는 모습 그대로 사랑하고 섬기는 마음을 본다네. 이것은 돈을 주고도 살 수 없는 너무나 귀한 보석과도 같은 것인데, 그 보석을 자네 아내가 가지고 있다네. 요나! 자네 참 결혼을 잘했네."

사람의 마음을 움직이고, 그들의 눈에서 눈물을 흐르게 하는 사랑의 마음은 그 어떤 능력이나 학위보다 가장 가치 있는 것이다. 그런데 사람들은 그런 내적인 내용보다 외적으로 보여지는 모습에 더 많은 시간과 열정을 쏟아붓는 것 같아 안타깝다. 진짜 선교지에서 필요한 최고의 보석은 '영혼을 사랑하는 아버지의 마음'이라는 것을 배우게 하신다.

사역자들이 가장 회피하고 싶은 성경 구절

사역을 하다 보면 문득문득 가슴을 시리게 하는 성경 구절이 있다. 애써 외면하고 싶고, 어떤 때는 이런 구절이 나의 발목을 잡는 것 같아 무척 불편하게 느껴지기도 한다.

나더러 주여 주여 하는 자마다 다 천국에 들어갈 것이 아니요 다만 하늘에 계신 내 아버지의 뜻대로 행하는 자라야 들어가리라 그날에 많은 사람이

나더러 이르되 주여 주여 우리가 주의 이름으로 선지자 노릇 하며 주의 이름으로 귀신을 쫓아 내며 주의 이름으로 많은 권능을 행하지 아니하였나이까 하리니 그 때에 내가 그들에게 밝히 말하되 내가 너희를 도무지 알지 못하니 불법을 행하는 자들아 내게서 떠나가라 하리라 마 7:21-23

"주여! 주여!" 한다고 들어가지 못한다!

"다" 천국에 들어가지는 못한다고 하신다!

그날에 "많은 사람"이 천국에 들어가지 못한다고 하신다!

"주의 이름으로" 놀라운 일을 행했다고 하는데 "불법을 행한 자들"이라고 책망하신다.

"'다만' 하늘에 계신 내 아버지의 뜻대로 행하는 자라야 들어가리라!"

'다' 천국에 들어가지 못하고, '다만!' 내 아버지의 뜻대로 행하는 자라야 들어간다는 말씀이 눈에 밟힌다. 여기서 언급된 많은 사람은 다 주의 이름으로 사역을 한 사람들이다. 주의 이름으로 선지자 노릇 하고 귀신 내쫓고 많은 권능을 행하였기에 그들은 당연히 천국에 들어갈 것으로 생각했으나, 주님의 심판은 무섭고도 두렵게 선고되었다.

주님은 그들에게 "밝히" 말씀하셨다!

주님은 그들에게 "도무지" 알지 못한다고 하셨다!

주님은 그들이 "불법을 행하는 자"라고 하셨다!

주님은 그들에게 "내게서 떠나가라"라고 하셨다!

분명 주님의 이름으로 주님을 위해서 한 사역들인데, 어떻게 이러한 일들을 '불법'이라고 하실까? 주님은 반석 위에 지은 집과 모래 위에 지은 집에 대한 비유를 들면서 말씀하신다.

> 그러므로 누구든지 나의 이 말을 듣고 행하는 자는 그 집을 반석 위에 지은 지혜로운 사람 같으리니 비가 내리고 창수가 나고 바람이 불어 그 집에 부딪치되 무너지지 아니하나니 이는 주추를 반석 위에 놓은 까닭이요 나의 이 말을 듣고 행하지 아니하는 자는 그 집을 모래 위에 지은 어리석은 사람 같으리니 비가 내리고 창수가 나고 바람이 불어 그 집에 부딪치매 무너져 그 무너짐이 심하니라 마 7:24-27

주님의 음성을 분명히 듣고 행하는 자는 그 집을 반석 위에 지은 지혜로운 사람이다. 집을 지었는데 비가 내리고 창수가 나고 바람이 불어도 무너지지 않는다. 이유는 간단하다! 그 집을 '반석 위에' 지었기 때문에 어떠한 어려움도 그 집을 흔들어 버릴 수 없다.

그러나 주님의 말씀을 듣지 않고 행하는 자는 그 집을 '모래 위에' 지었기 때문에 어리석은 자라고 하신다. 세상에 누가 '모래 위에' 집을 지을까?

주의 이름으로 귀신을 내어쫓고 주의 이름으로 선지자 노릇을 하고 주의 이름으로 많은 권능을 행한 자들은 분명 '주의 이름으로 행한 자들'임에 틀림없다. 문제는 그들이 '주님의 말씀을 듣고' 행하였는가, 아니면 '주님의 말씀을 듣지 않고' 행하였는가? 이다. 주님을 위해서 일하고 주님의 영광을 위해서 행해지는 수많은 종교적인 열심들, 행사들, 일들을 볼 때마다 내 안에 두려운 마음이 늘 앞선다.

제대로 듣고 행하는 것일까? 혹시 제대로 듣지도 않고 내 마음대로 행하면서 마치 주님이 말씀하셔서 행하고 있다고 나 스스로 속이며 눈을 감고 있는 것은 아닐까? 마지막 날 심판대에 섰을 때 나는 주님이 "불법을 행하는 자들아 내게서 떠나가라!" 이 말씀을 나에게 하실지도 모른다는 생각에 밤잠을 설친 적이 있다.

"주님! 사역을 행하기 전에 주님 음성을 먼저 듣게 하소서!" 아멘.

은혜가 떨어지면 짐승이 된다네

다른 나라에서 오랫동안 선교사로 계시다가 국내로 돌아와 섬기시는 선배 선교사님과 교제할 시간이 있었다. 그분의 간증, 선교지에서의 경험들, 그리고 복음의 교제는 나에게 많은 깨달음을 주고 위로와 권면이 되었다.

나 또한 이스라엘에서 하나님이 깨닫게 하시고, 가르쳐주신 삶의 작은 부분을 나누었다. '선교는 내가 하는 것이 아니라, 내 안에 그리스도가 하시는 일'이라는 것과 '내가 유대인들을 변화시키고 바꾸는 것이 선교인 줄 알았는데, 하나님은 선교의 대상인 나를 먼저 바꾸시기를 원하신다'라는 것을 알게 되었다고 말씀드렸다.

선배 목사님은 지긋이 웃으시면서 "최 선교사님, 평생 살아도 그걸 모르는 사람들이 많은데, 주님이 은혜를 주셨네요" 하시고는 이렇게 조언해주셨다.

"내가 수많은 사역자들과 선교사님들, 목회자분들을 보고 느끼면서 한 가지 내린 결론이 있는데, 이것이 가장 중요한 사역이니 정말 날마다 충실히 하면 좋겠어요."

"네, 목사님. 뭡니까?"

"은혜 떨어지면 직분과는 상관없이 사람들이 짐승이 된다네! 나의 과거 신앙 이력, 영적 체험, 교회에서의 직분, 사역지에서의 기간, 사역 내용과는 상관없이 내가 주님으로부터 버림받을 수 있다는 것을 늘 기억하고 살기를 바랍니다."

지난날 은혜가 떨어졌을 때 주님과의 관계가 건강하지 못하고, 친밀함 속에 머물지 못했을 때 나는 정말 부끄러운 자였다!

"은혜가 떨어지면 사람이 짐승이 될 수 있구나!"

나는 오늘도 주님과의 친밀함을 놓치지 않기 위해 몸부림친다. 은혜 없이, 주의 임재 없이, 그분과의 친밀함 없이 '사역'을 할 수 있는 위험이 늘 도사리고 있기 때문이다.

사역하는 것보다 그 사역의 주인 되신 예수님을 주목하는 것이 훨씬 더 중요하다! 성령의 은사를 받는 것보다 그 은사의 주인 되신 예수님을 주목하는 것이 훨씬 더 중요하다!

우리가 아는 것처럼, 이스라엘의 사울 왕은 처음부터 교만한 왕은 아니었다. 그는 자신이 가장 작은 베냐민 지파 모든 가족 중에 가장 미약한 자임을 알고 있었다. 사무엘이 미스바에서 왕을 뽑을 때 베냐민 지파가 뽑혔고, 가족별로 뽑을 때 마드리의 가족이 뽑혔고, 그중에서 기스의 아들 사울이 뽑혔지만, 그는 짐보따리들 사이에 숨어 있었다(삼상 10장).

더욱이 그가 성령에 감동이 되어 자신의 집인 기브아로 내려갈 때 어떤 불량배들이 시비를 걸고 악담을 할 때도 그는 잠잠했던 하나님의 사람이었다.

> 어떤 불량배는 이르되 이 사람이 어떻게 우리를 구원하겠느냐 하고 멸시하며 예물을 바치지 아니하였으나 그는 잠잠하였더라 삼상 10:27

암몬 사람 나하스가 올라와 길르앗 야베스에 맞서 진을 치고 온 이스라엘을 모욕하려고 했을 때 그 말을 들은 사울은 하나님의 영에 크게 감동이 되었고, 여호와의 두려움이 온 백성에게 임하게 할 정도로 하나님께 쓰임 받았다. 그 결과 사울이 백성을 삼 대로 나누고 새벽에 적진 한가운데로 들어가 날이 더울 때까지 암몬 사람을 쳐서, 남은 자가 다 흩어져 둘도 함께한 자가 없게 한 이스라엘의 영웅이 되었다(삼상 11:1-11).

사울을 비방하고 무시하고 경멸하며 못 미더워한 자들을 죽이겠다고 했을 때 사울의 반응을 보라. 그에게 무슨 교만함이 있는가? 하나님께서 이스라엘 중에 구원을 베푸셨음을 선포(삼상 11:12,13)하고 있지 않은가!

은혜에 붙들린 사울은 쓰임 받았던 하나님의 사람, 성령의 사람, 이스라엘의 영웅이었다. 다만 그 기간이 2년에 불과했다는 것이 무척 슬픈 사실이지만 말이다. 우리는 사울을 비방해서는 안 된다. 왜냐하면, 우리 모두에게도 '사울 신드롬'(Saul syndrome)과 같은 연약함이 있고, 우리 자신도 직분과 지위와는 상관없이 은혜가 떨어지면 짐승이 될 수도 있기 때문이다. 사역자로서 가장 두려워하며 가슴 떨리게 날마다 해야 하는 기도는 이것이라고 생각한다.

"오, 주님! 당신에게서 버림받은 사역자가 되지 않게 하소서." 아멘.

만 가지 기술을 가진 사람보다

어떤 분야에 '고수'가 되려면 '1만 시간의 법칙'이 있다고 한다. 매일 하루에 3시간을 투자하고 10년 동안 하면 1만 시간이 되는데, 어떤 일에 그만큼의 시간을 들이면 그 분야에 고수가 된다고 하는 말이다. 많은 사람이 자신들의 꿈과 목표를 향해 지금 주어진 시간 속에 무언가를 열심히 하고 있다. 좀 더 열심히 하는 사람, 조금 덜 하는 사람들이 있을 뿐이다.

무심코 지나가면서 본 글귀가 내 눈을 사로잡았다.

"나는 1만 가지 발차기 기술을 하는 사람을 두려워하지 않는다.
나는 한 가지 발차기 기술을 1만 번 연습한 사람이 두렵다."

― 이소룡(Bruce Lee)

당대 최고의 액션 배우이자 무술가이면서 오늘날까지 수많은 사람에게 영향을 끼치고 있는 이소룡이 한 말이다. 한참 동안 우두커니 서서 그 글귀를 읽고 또 읽고 의미를 생각해보았다. 그런데 그 여운이 상당히 오랫동안 지속되었다.

그의 말이 하나님을 믿고 신앙생활을 하는 우리에게 무슨 의미가 있을까? 요즘은 목사로서, 선교사로서 한 가지만 잘하면 실패한 사람이다. 한 가지 분야가 아니라 모든 분야에서 이것저것을 다 잘하고 다재다능해야 사람들에게 인정을 받는 게 서글픈 현실이지 않은가!

요즘 기준에서 적어도 목사로서 영향력을 끼칠 수 있는 사람이 되려면 이런 기준이 필요하지 않을까 생각을 해보았다.

첫째, 설교를 통해 성도들에게 은혜를 끼쳐야 한다.

둘째, 유머 감각도 있어야 하고, 인간관계를 잘해야 한다. 모가 나고, 불편한 설교를 하는 사람은 교회에서 오래 사역하기 힘들다.

셋째, 컴퓨터 작업에도 능숙해야 하고, 파워포인트, 엑셀, 그리고 영상 편집 기술까지 있어야 한다.

넷째, 교회를 부흥시키고 숫자를 증가시킬 어떤 '특별 무기'(?)가 있어야 한다.

다섯째, 나이가 젊고 사역에 대한 다양한 경험이 있어야 한다.

여섯째, 주님을 특별히(?) 사랑해야 한다.

이런 기준에 의하면 예수님은 오늘날 교회에서 사역하기 힘드실 것 같다. 사역자들은 다방면에 모든 것을 잘해야 한다는 부담감이 있는 것 같다. 1만 가지 기술을 가져야만 사람들이 주목하고 인정하는 것은 예나 지금이나 별반 차이가 없는 것 같다. 나의 경우에는 사람들이 다음과 같은 기대감을 가지고 있는 것 같다.

첫째, 히브리어도 능통해서 동시통역까지 할 실력이 되어야 한다.
둘째, 사역을 크게 해서 선교 편지에도 올려야 한다.
셋째, 가정생활을 잘해서 주변에 칭찬을 받아야 한다.
넷째, 선교사 자녀인 아이들을 남부럽지 않게 주의 말씀과 훈계로 잘 키워야 한다.
다섯째, 학업에서도 어떤 성과를 올려야 한다.
여섯째, 악기 한두 가지 정도는 연주해서 찬양 인도 혹은 예배 인도를 할 수 있어야 한다.
일곱째, 전도도 열심히 해서 회심하는 영혼들이 셀 수 없이 많아야 하고, 세례를 베풀어야 한다.
여덟째, 교회에 선교 보고를 할 만한 어떤 가시적인 큰 열매를 내놓을 수 있어야 한다.

그런데 이것저것 다하기에는 우리는 너무나 유약한 존재들이 아닌가. 왜 우리는 '1만 가지 기술'을 요구할까? 왜 우리는 다재다능한 사역자를 요구할까? '한 가지 기술을 1만 번 연습한 사람'은 어디에 있는가?

다른 것은 잘하지 못해도, 이 땅에서 그리고 불러주신 곳에서 믿음 잃지 않고, 그 주님 바라보며 하루하루 '경건의 연습'을 쌓아가는 그 한 사람이 되면 안 될까? 나는 그러한 사람을 만나고 싶다. 다방면에서 뛰어나고 모든 것을 잘하는 사람보다, 한 가지라도 1만 번 연습한 사람을 오늘 만나고 싶다! 만일 주변에 그런 사람이 없다면, 내가 그런 사람이 되길 간절히 원한다! 아멘.

세상이 감당할 수 없는 모세의 광야 이력서

나는 모세보다 나은 이력서를 가지고 있다고 자부한 적이 있었다. 요즘은 그것을 흔히 '스펙'이라고 부르는데, 사실 콩글리쉬이며 틀린 표현이다. '스펙'(spec)은 제품의 사양을 묘사할 때 사용되고, 어떤 사람의 실력, 수준, 능력을 통틀어서 말할 때는 '스펙'보다는 '자격'(qualification)이라는 단어를 사용한다. 여하튼 '자격'이 있어야 나름 사람들에게서 인정을 받고, 무슨 말을 하더라도 어필이 되는 것은 예나 지금이나 별 차이가 없는 것 같다.

내가 모세보다 우월한 이력서를 가지고 있다고 자부한 이유는 다음과 같은 사실 때문이었다. 나는 모세처럼 이집트의 노예로 태어나서 강물에 버려지지 않았고(출 2:3) 사람을 죽이지 않았으며(출 2:12) 살기 위해 미디안 광야로 도망치지 않았고(출 2:15) 광야에서 40년간 양과 염소를 키우며 유목하는 베두인의 삶을 살지 않았다(출 3:1).

나는 초, 중, 고, 대학교를 졸업했고, 신학대학원을 나와 교회에서 사역하며 살았기에 어찌 보면 나의 이력은 모세보다 낫지 않을까 하는 생각을 가졌다.

오늘날 모세가 교회 사역자로 지원한다면 100퍼센트 '자격 미달'이라고 생각하였다. 애굽 사람의 모든 지혜를 배워 말과 하는 일들이 능했지만, 광야에 살면서 나이를 먹어가는 동안 다 잊어버려서 말도 더듬고, 광야에 나가 목동으로 그저 하루하루 사는 것 말고는 달리 어떤 자격이 없는 사람이 모세였기 때문이다.

그런데 우리를 당황스럽게 하는 것은 그런 모세를 하나님이 쓰신다는 것이다. 사람들에게 잊힌 존재로 40년간 목동으로 살았던 모세를 하나님은 잊지 않고 불러 사용하시는 것을 볼 때 내가 가진 알량한 자격이라는 것이, 신앙 경력이라는 것이 하나님의 손에 있지 않은 한 아무 소용이 없음을 깨닫게 된다.

광야에서 배운 사람 모세, 광야에서 배운 사람 다윗, 광야에서 배운 사람 요나가 되기를 원한다. 학력에서 밀리고, 자격에서 밀리고, 가문에서 밀리고, 실력에서 밀리고, 재정에서 밀리고, 내세울 것 없는 이력서지만, 이스라엘 선교사로 '광야'에서 혹독하게 훈련받은 것이 나중에 가장 탁월한 이력서를 이룰 수도 있지 않을까!

하나님께서 모세를 찾아오셨다. 하나님은 우리가 흔히 이야기하는 신앙 경력이나 이력을 가지고 부르시는 것이 아니라, 하나님의 방법과 시기에 따라 하나님의 사람을 찾아오시고, 부르시고, 말씀하신다. 우리가 볼 때 모세는 이미 잊힌 사람인데 하나님은 이미 쓸 수 없고 자격 미달일 것 같은 그를 찾아오셔서 회복시키고 구원해 내신다. 나는 하나님의 일하시는 방법은 늘 우리를 당황스럽게 하신다는 것을 배우게 된다.

사십 년이 차매 천사가 시내 산 광야 가시나무 떨기 불꽃 가운데서 그에게 보이거늘 모세가 그 광경을 보고 놀랍게 여겨 알아보려고 가까이 가니 주의 소리가 있어 나는 네 조상의 하나님 즉 아브라함과 이삭과 야곱의 하나님이라 하신대 모세가 무서워 감히 바라보지 못하더라 주께서 이르시되 네 발의 신을 벗으라 네가 서 있는 곳은 거룩한 땅이니라 행 7:30-33

'살인자'였던 모세의 이름을 하나님은 부르셨다!

'도망자'였던 모세를 하나님은 찾아오셨다!

하나님께서 모세에게 요구하신 것은 단 한 가지였다.

"네 발에서 신을 벗으라!"

하나님이 우리 삶에 찾아오실 때마다, 우리는 우리의 '신발'을 벗어 주님께 양도해 드리면 된다. 나는 나의 이력서가 모세의 이력서보다 훨씬 낫다고 생각한 적이 있지만, 광야에서 양 떼의 울음소리를 들으며 목자의 심령을 40년 동안 배우고 자신의 신을 벗어 주님께 양도해 드린 모세의 이력은 누구도 감히 흉내 낼 수 없는 유일무이한 이력서가 되었다.

그가 한 일이 뭐가 있다고?

십자가에 못 박혀 죽음을 앞둔 강도가 한 일이 무엇이기에 그가 예수님의 초대를 받을 수 있었는지 나는 늘 궁금하다 못해 은혜가 되지 않은 적이 많았다.

'그 강도가 아침에 일어나 묵상을 하며 주 앞에 나아갔던 적이 있었는가? 길거리에 나가서 노방 전도를 하며 구령의 열정에 불탔던 적이 있었는가? 주의 나라와 선교 완성을 위해 선교사로 헌신한 적이 있었는가? 열방에 나가 복음을 전한 적이 있었는가? 매주 교회 공적 모임과 예배에 참석한 적이 있었는가? 헌금을 많이 해서 수십 개의 교회를 개척하며 주 앞에 영광을 돌린 적이 있었는가?'

수많은 질문이 꼬리에 꼬리를 물고 나의 마음을 뒤흔든다. 그가 도대체 주를 위해 무엇을 하였는지 아무리 성경을 읽어보아도 한 일이 없다! 그는 강도였고, 주와 함께 십자가에 못 박혀 죽음을 기다리던 사형수였을 뿐이다. 어떤 악행을 했기에 사형 선고를 받았는지 자세히 나오지는 않지만 분명한 것은 십자가에 달린 것이 그의 인생의 최종 결과물인 것이다. 다만, 그는 자신이 저지른 악행과 자신이 사형 받기에 합당한 자임을 인정하고 주께 '긍휼'을 구한 것밖에 없다.

하나는 그 사람을 꾸짖어 이르되 네가 동일한 정죄를 받고서도 하나님을 두려워하지 아니하느냐 우리는 우리가 행한 일에 상당한 보응을 받는 것이니 이에 당연하거니와 이 사람이 행한 것은 옳지 않은 것이 없느니라 하고

이르되 예수여 당신의 나라에 임하실 때에 나를 기억하소서 하니 예수께서
이르시되 내가 진실로 네게 이르노니 오늘 네가 나와 함께 낙원에 있으리라
하시니라 눅 23:40-43

한 일이 없을지라도 하나님께 의로 여기심을 받는 자가 복이 있다
고 한 말씀은 이 강도에게 해당되는 말씀은 아닐까?

일을 아니할지라도 경건하지 아니한 자를 의롭다 하시는 이를 믿는 자에
게는 그의 믿음을 의로 여기시나니 일한 것이 없이 하나님께 의로 여기심을
받는 사람의 복에 대하여 다윗이 말한 바 불법이 사함을 받고 죄가 가리어
짐을 받는 사람들은 복이 있고 주께서 그 죄를 인정하지 아니하실 사람은
복이 있도다 함과 같으니라 롬 4:5-8

십자가에 달린 이 강도는 경건하지 아니한 자였다. 그는 의롭다 함
을 받을 자격이 없었다! 그러나 이 강도의 불법은 사함을 받았다. 그
의 죄는 가리어짐을 받게 되었다. 주님은 이 강도의 죄를 인정하지 않
으셨다!

결국, 나의 인생도 '강도' 같은 삶이었기에, 오늘도 내가 할 수 있는
최선의 고백을 드린다. 나는 이 신앙의 고백이 가장 아름다운 '하늘의
언어'라고 믿는다.

"예수여! 당신의 나라에 임하실 때에 나를 기억하소서!"(눅 23:42)
아멘.

하나님의 은혜를 갚겠다고?

단(Dan) 장로님과 달리야(Daliya) 사모님은 정말 우리 가정을 가족처럼 생각하고 지금까지 함께 이스라엘에서 사역을 함께한 동역자요 친구요 부모님과 같은 분들이다. 그분들에게는 2남 1녀의 자녀가 있는데 그들의 결혼식에 우리 가정이 다 참석하고 교제를 할 정도면 정말 주님이 붙여주신 귀한 하늘 가족임을 부인할 수 없다.

어느 날, '예수님을 믿는 유대인'의 결혼식이 있어서 단 장로님 내외분이 '미쯔페 라몬'(Mitzpe Ramon)에서 올라와 내 아내와 함께 그 결혼식에 참석한 후 우리 집에서 하룻밤을 묵게 되었다.

아내가 갑자기 나에게 20세켈(한화로 약 7,000원 정도)을 달라고 하였다. 아이들이 학교에서 쓸 돈인 줄 알았는데, 알고 보니 아내가 결혼식에 참석하면서 그분들에게 돈을 빌려서 집에 돌아와 그 돈을 갚으려고 한 것이다. 아내가 어제 빌린 돈 여기 있다며 20세켈을 내밀자 그분들은 당황하고 굉장히 멋쩍어하셨다.

"야엘! 무슨 말을 하는 거야. 우리는 가족 같은 사람인데 20세켈을 갚으려고 하다니, 갚을 필요가 없어요."

아내의 마음을 모르는 바가 아니지만, 그 상황을 통해 하나님께서 나에게 무언가를 가르쳐주고 계신다는 것을 알 수 있었다. 우리가 하나님의 은혜를 '20세켈'로 갚으려고 한다는 사실이다! '갚을 수 없는 은혜'을 우리는 끊임없이 내가 할 수 있는 한, 내 선에서 최선으로 '갚아보려고' 한다는 것이다!

그런데 하나님이 지금까지 베풀어주신 '은혜'와 '용서'와 '긍휼하심'을 무엇으로 어떻게 갚을 수 있단 말인가? 설령 만약 내가 죽을 때까지 1년 365일 하루도 빠지지 않고 기도하고 말씀 읽고 암송하며, 매 주일 교회에 나가 예배 참석하고 헌금하더라도 그 은혜를 갚을 수 없다는 것을 잘 안다. '갚을 수 없는 존재'가 어떻게 갚아보겠다고 할 수 있겠는가?

만일 내가 하나님께 받은 은혜를 갚아보겠다고 하는 순간, 나는 하나님의 얼굴에 먹칠하는 존재가 될 것이다. 왜냐하면, 하나님이 가장 불쾌하게 여기시는 것은 바로 이 말이기 때문이다.

"하나님! 내가 그동안 받은 은혜 갚으려고 합니다. 얼마예요?"

그런데 참으로 슬프게도 우리는 이런 자세로 하나님을 대할 때가 많다. 누가복음 18장에서 주님은 두 사람이 기도하러 성전에 올라가는 비유를 말씀하신다.

두 사람이 기도하러 성전에 올라가니 하나는 바리새인이요 하나는 세리라 바리새인은 서서 따로 기도하여 이르되 하나님이여 나는 다른 사람들 곧 토색, 불의, 간음을 하는 자들과 같지 아니하고 이 세리와도 같지 아니함을 감사하나이다 나는 이레에 두 번씩 금식하고 또 소득의 십일조를 드리나이다 하고 세리는 멀리 서서 감히 눈을 들어 하늘을 쳐다보지도 못하고 다만 가슴을 치며 이르되 하나님이여 불쌍히 여기소서 나는 죄인이로소이다 하였느니라 눅 18:10-13

기도하러 성전에 올라갈 때 두 사람의 기분은 어떠했을까? 분명 바리새인은 어깨에 힘이 들어갈 정도로 자신의 의로움으로 충만한 상태로 얼굴을 들고 올라갔을 것이다. 이 비유는 예수님이 '자기를 의롭다고 믿고 다른 사람들을 멸시하는 자들'에게 하시는 말씀이기 때문이다.

더욱이 그는 하나님 앞에 내세울 '종교성 무기'가 있었다. 그것은 다름 아닌 '자신의 의'였다. 따로 서서 기도하며, 토색, 불의, 간음하는 자들과 같지 아니하고, 이 세리와 같지 아니함을 감사하고 있다! 하나님께 감사할 제목들이 그렇게 많이 있을 텐데, 얼마나 '자기의'가 충만하면 이 부분을 가지고 감사 기도를 하고 있을까?

나는 다르다는 것이다. 나는 이 세리와 같은 죄인이 아니라는 것이다. 나는 '당신 앞에 설 자격이 있는 사람'이라는 것이다! 일주일 중에 두 번씩 금식하고, 소득의 십일조를 드리는 자신의 종교 행위까지 드러낸다. 이 바리새인은 '하나님의 은혜'를 갚아보겠다고 두 팔을 걷어붙이고 있다. 하나님이 가장 불쾌하게 생각하시는 그 일을 지금 하고 있는 것이다.

반면에 세리는 어깨는 축 늘어진 상태로, 얼굴도 들지 못한 채 성전에 올라갔을 것이다. 그는 멀리 서서, 감히 눈을 들어 하늘을 쳐다보지도 못하고, '다만!' 가슴을 쳤다고 한다.

왜 멀리 서서 감히 눈을 들지 못했을까? 왜 하늘을 쳐다보지 못하고 다만 가슴을 쳐야 했을까? 일주일 중에 두 번씩 금식을 하지 못해서일까? 소득의 십일조를 드리지 못한 것 때문에 송구스러워서 눈을 들지 못한 것일까?

이 세리는 내세울 것이 아무것도 없는 사람이었다. 그에게는 자기 스스로가 하나님의 은혜를 갚을 수 없는 존재라는 깊은 자기 인식이 있었다. 그런 그가 거룩하신 하나님이 머무시는 성전에 올라가서 기도하는데 무슨 기도를 할 수 있겠는가? 그는 자기 자신을 낮추며 주의 긍휼을 구했다.

나는 이 고백이 세상에서 가장 아름다운 말이라 믿는다. 왜냐하면, 이 고백을 통해 주의 긍휼을 구한 '세리'는 하나님께 의롭다 하심을 받고 집으로 내려갔기 때문이다. 이 고백이면 충분하지 않겠는가!

그런데 주님을 만나 회심을 경험하고 신앙생활을 오래 할수록 왜 우리는 '세리'와 같은 가난한 심령으로 주 앞에 나오지 못하고, '바리새인의 영성'을 가지고 '나의 의'를 자꾸 드러내려고 하는 것일까? 설마, 하나님께 받은 은혜를 내 선에서 갚아보려고 하는 '바리새인적 종교 행위'는 아니길 바랄 뿐이다.

내가 부러워하는 단 한 사람

신대원에 입학한 뒤 안양에 있는 교회에 가서 전도사로서 학생부 사역을 시작하였다. 교회에 대해서, 설교에 대해서, 찬양 인도에 대해서 아무것도 모르는 정말 '초짜'였다. 전도사들은 한 달에 한 번 설교를 하였는데, 생전 처음으로 성도들 앞에서, 주일 오후 예배 때 설교를 하게 되었다.

두렵고 떨리는 마음으로 설교 원고를 준비하면서 나는 '하나님 아버지의 마음'을 나누기로 했다. 하나님께서 나 같이 망가지고 깨어진 인생을 찾아오셔서 어떻게 사랑하셨는지, 어떻게 품어주셨는지, 어떻게 자신의 사랑을 드러내어 주셨는지 나누고 싶었다. 어설픈 제스처, 목소리, 억양으로 말을 더듬거리며, 설교자로서 처음 강단에 서서 말씀을 선포하였다. 설교 시간 30분 중에 많은 시간을 그 자리에서 울었던 것이 지금도 생생히 기억난다.

"나는 포기했는데, 그분은 포기하지 않으셨습니다!"

"나는 죽고 싶었는데, 그분은 나의 손을 놓지 않으셨습니다!"

"나는 피부병 환자로서, 피가 나도록 긁고, 삶의 소망이 없었는데 사랑한다고 품어주셨습니다!"

나는 개인적으로 초등학교 때부터 시작해서 지금까지 '소레아시스'(Psoriasis 심상선 건선 피부병)라는 피부병을 앓고 있다. 그래서 개인적으로 공중목욕탕이나 해변에 가서 옷을 벗고 수영을 한 적이 없었다. 그런데 훈련을 받던 어느 날, 팀 동료들과 함께 아름다운 해변에 가서 옷을 걸치고(피부병을 보이지 않으려고) 생애 처음으로 바다에서 수영을 하였다.

너무나 아름다운 해변과 일몰을 보면서 느낀 감동은 무슨 말로도 표현하기가 어려울 정도였다. 그런데 일몰을 보고 있는 나의 마음을 주의 음성이 두드리셨다.

"내가 이 아름다운 해변을 왜 만들었는지 아니?"

"글쎄요… 잘 모르겠습니다."

"사랑하는 아들아! 이 해변은 내가 너를 위해서 만들었단다!"

그 말씀에 나는 아무 말도 할 수가 없었다. 주님의 음성을 들은 그 일은 지금도 내 삶이 힘들고 곤고할 때마다 되새기곤 하는 가장 아름다운 기억 중 한 가지이다.

그때 첫 설교를 어떻게 마무리했는지 기억이 나지 않지만, '초짜 전도사'의 설교를 담임 목사님이 들으시고 함께 우셨다는 말씀을 나를 보실 때마다 하곤 하신다.

신학도 필요하고 설교학도 필요하고 학위도 필요하고 사역 경험도 필요하고, 사역자로서 갖출 것을 갖추어야 사람의 인정을 받는 시대지만, 예전에도 그렇고 지금도 그렇고 앞으로도 그럴 것이라 확신하는 것이 한 가지 있다! 설교할 때, 찬양 인도할 때 '아버지의 사랑' 때문에 '눈물'이 흐르는 사람, 그 한 사람을 통해 하나님은 '부흥'을 가져오실 것이라고 나는 믿는다.

내가 이 세상에서 정말 부러워하는 단 한 사람은 바로 '눈물'을 흘리며 설교하는 사람이다. 눈물을 흘리며 찬양 가운데 나아가는 그 한 사람이 되기를 간절히 원하며 기도한다.

올해로 신앙생활을 한 지 29년째이다. 주님을 처음 만나고 그 구원의 감격에 목이 메어 눈물 흘리며 춤을 추며 주님을 예배하고 찬양한 것을 이제 한낱 과거요, 신앙의 추억으로 남기고 싶지 않다.

나는 지금 눈물 흘리며 설교하기 원한다!

나는 지금 눈물 흘리며 찬양하기 원한다!

"주님! 제가 다른 것은 잘 못 해도, 당신의 사랑 때문에, 제 눈에 눈물이 메마르지 않게 해주세요." 아멘.

CHAPTER 3

선인장 같은 이스라엘을 품다

광야로부터 식탁의 초대를 받다

성경 전체에 나타난 하나님의 소원을 한마디로 요약한다면 그것은 "나는 너희의 하나님이 되고 너희는 나의 백성이 되는 것"이다.

그러므로 이스라엘 자손에게 말하기를 나는 여호와라 내가 애굽 사람의 무거운 짐 밑에서 너희를 빼내며 그들의 노역에서 너희를 건지며 편 팔과 여러 큰 심판들로써 너희를 속량하여 너희를 내 백성으로 삼고 나는 너희의 하나님이 되리니 나는 애굽 사람의 무거운 짐 밑에서 너희를 빼낸 너희의 하나님 여호와인 줄 너희가 알리라 출 6:6,7

이 일을 하시기 위해 선택한 특별한 장소가 있는데, 바로 '광야'(히, 미드바르)이다. 광야에서 하나님은 이스라엘 역사 가운데 가장 놀라운 기적과 이적을 행해주셨다. 이스라엘 백성들을 위해 만나와 메추라기로 먹여주시고, 마실 물이 없을 때 반석에서 물을 내어 갈증을 해결해주신 놀라운 장소가 바로 광야이다. 낮에는 덥다고 구름 기둥으로, 밤에는 춥다고 불기둥으로 온도 조절을 해서 살게 해주신 곳이다. 그런데 참으로 아이러니한 사실은 하나님의 진노와 심판이 가장 맹렬했던 곳이 또한 광야였다.

그들 모두 '세례 교인'이었고, 신령한 음식을 먹었고 그들을 따르던 신령한 반석으로부터 신령한 음료를 마셨다. 사도 바울은 그들을 따르던 신령한 반석을 '그리스도'라고 해석하였다. 그러나 우상 숭배와 음행과 주를 시험함과 원망함으로 광야에서 멸망당했다고 한다.

형제들아 나는 너희가 알지 못하기를 원하지 아니하노니 우리 조상들이 다 구름 아래에 있고 바다 가운데로 지나며 모세에게 속하여 다 구름과 바다에서 세례를 받고 다 같은 신령한 음식을 먹으며 다 같은 신령한 음료를 마셨으니 이는 그들을 따르는 신령한 반석으로부터 마셨으매 그 반석은 곧 그리스도시라 그러나 그들의 다수를 하나님이 기뻐하지 아니하셨으므로 그들이 광야에서 멸망을 받았느니라 고전 10:1-5

'기적'과 '심판'이 공존하는 '광야'는 우리에게 참으로 많은 것을 시사해준다고 생각한다.

그들 가운데 어떤 사람들과 같이 너희는 우상 숭배하는 자가 되지 말라 기록된 바 백성이 앉아서 먹고 마시며 일어나서 뛰논다 함과 같으니라 그들 세례를 받았다고 '안심'할 수 없다!
성찬식에 참여했다고 '안도'할 수 없다!
기적을 경험했다고 '안주'할 수 없다!
중요한 것은 광야에서 말씀하시는 하나님의 말씀에 그들의 믿음이 화합되지 못했다는 사실이다.

홍해를 마른 땅처럼 나오고, 기적을 경험하고, 하나님의 선택을 받아 이집트에서 탈출했음에도 불구하고, 이십 세 이상으로서 계수된 자 곧 하나님을 원망한 모든 자가 광야에서 죽임을 당했다. 오직 여분네의 아들 갈렙과 여호수아만이 약속의 땅에 들어갈 수 있었다는 사실은 참으로 우리의 마음을 불편하게 하는 두려움으로 다가온다.

나는 광야를 사랑한다. 광야는 나의 자존심을 허물어주는 곳, 내가 아무것도 아닌 것을 가장 적나라하게 보여주는 곳, 내가 한낱 티끌이요 먼지요 흙으로 지어진 존재라는 것을 일깨워주는 곳, 내가 경험한 신앙 체험과 경력이 통하지 않는 곳, 그리고 하나님의 숨결과 말씀의 신비가 머무는 곳이다! 그래서 나는 광야를 사랑한다.

이스라엘을 처음 방문하시는 분들이 유대(Judean) 광야와 네게브(Negev) 광야를 보면서 감탄한다. 멀리서 바라보면 멋있고 아름다워 보이는 그곳에서 이국적으로 드러난 지형을 보며 걷기도 하고 사진도 찍는다. 이때 가장 많이 부르는 대표적인 찬송가는 '주 하나님 지으신 모든 세계'(79장)이다. 그러나 조금만 걸어보면 이게 장난이 아니라는 것을 깨닫게 되기까지는 많은 시간이 걸리지 않는다.

"자! 이제 우리 한번 광야를 체험해 보겠습니다. 썬크림 바르시고, 물병 챙기시고, 모자 쓰고 내리서서 광야 길을 한번 걸어보겠습니다."

드디어 광야 길이 눈 앞에 펼쳐진다. 모두 다 흥분과 설레는 마음으로 걸으며 주님의 아름다우심과 위대하심을 찬양한다. "주님의 높고 위대하심을 내 영혼이 찬양하네!"라는 찬송은 우리의 진실한(?) 고백이었다. 광야 길을 걷기 전, 에어컨 바람이 나오고 물과 먹을 음식이 있는 버스 안에서 드린….

그러나 30분 정도만 걷다 보면 내 입술에 찬양은 온데간데없고 침묵의 시간이 다가온다. 숨이 턱턱 막히는 광활한 광야를 보며, 뜨거운 태양과 거친 길에서 뿜어져 나오는 묘한 매력에 나 자신을 조금씩 돌아보게 된다. 멀리서 볼 때는 그렇게 아름답게 보이고 매력적으로 보이던 광야가 결국 나의 자아를 무너뜨리는 최적의 훈련 장소라는 것을 깨닫게 되는 것이다.

그때나 지금이나 원망과 불평은 만국 공통 언어이다. 사흘 길이 아니라 몇 시간, 아니 몇 분도 안 되어 우리는 불평할 것이다. 물을 달라고, 양식을 달라고, 우리를 여기서 죽게 할 것이냐고. 우리도 얼마 지나지 않아서 이스라엘 백성들처럼 돌을 들고 모세를 죽이려고 하지 않았을까?

하나님은 광야에서 말씀하시는 분이다! 왜냐하면 광야에는 하나님의 말씀만 있기 때문이다. 나의 자아를 허물어버리고 광야에서 불어오는 하늘의 입김, 그 말씀으로 내 영혼을 새롭게 하시는 장소가 광야이기에, 하나님은 오늘도 나를 광야로 초대하신다!

내 자아는 그렇게 요란하고 변질되고 오염되는데, 광야에서 불어오는 바람과 돌들은 변함없이 나를 반갑게 맞이하면서 언제든지 나의 자아를 깨뜨리기 위해 준비하고 있다. 나는 오늘도 광야에서 하나님과 독대하는 은혜를 누린다. 하나님은 지금 이 시간에도 우리를 당신의 말씀이 있는 '광야'로 초청하고 계신다. 하나님의 말씀이 있고, 우리를 깨뜨리기 위해 준비된 '광야의 식탁'으로 들어가 그분이 준비하신 말씀을 다시 먹어야 한다.

네 하나님 여호와께서 이 사십 년 동안에 네게 광야 길을 걷게 하신 것을 기억하라 이는 너를 낮추시며 너를 시험하사 네 마음이 어떠한지 그 명령을 지키는지 지키지 않는지 알려 하심이라 너를 낮추시며 너를 주리게 하시며

또 너도 알지 못하며 네 조상들도 알지 못하던 만나를 네게 먹이신 것은 사
람이 떡으로만 사는 것이 아니요 여호와의 입에서 나오는 모든 말씀으로
사는 줄을 네가 알게 하려 하심이니라 신 8:2,3

누가 '목이 곧은' 백성들인가?

이스라엘 네게브(남방) 광야의 여름은 40도를 웃도는 아주 무더운
날씨이다. 가장 덥다고 하는 8월 1일부터 열흘간, 가족들과 함께 네
게브 지역에서 광야 순례를 하였다. 숙박 시설이 여의치 않아 텐트를
가지고 다니면서 8일은 텐트에서 자고 이틀은 유스호스텔에서 묵었
다. 지금 다시 하라고 하면 두 번 다시 못할 '여름 광야 체험'을 한 것
이다.

막상 광야에서 가족을 데리고 텐트 치면서 이동하고 숙식을 해결해
가면서 느낀 점이 참으로 많았다. 우선은, 내가 가장 믿음이 없는 사
람이라는 것이다. 텐트에서 잘 때 주변에서 들리는 야생 동물들 소리,
바스락거리는 소리, 바람 소리에 밤잠을 설치면서 거의 뜬눈으로 밤
을 지새웠다.

가족을 광야에서 지켜야 한다는 부성애 때문인지 가장의 역할을 해
야 하는 책임감 때문인지는 몰라도, 지금 생각해보면 내가 가장 무서
워 떨며 잠을 설친 사람이고, 아내와 아이들은 너무나 편안히 깊은 잠
을 잔 가장 믿음 좋은 사람들이었다.

많은 사람이 이스라엘 백성을 '놀라운 기적을 경험했음에도 불구하고, 광야에서 불평하고 원망한 목이 곧고 패역한 민족'이라고 생각한다. 아마도 그러한 인식은 그들이 광야에서 너무도 많은 원망과 불평을 하였고, 그로 인한 심판을 받았기 때문에 생긴 것 같다.

> 그러므로 네가 알 것은 네 하나님 여호와께서 네게 이 아름다운 땅을 기업으로 주신 것이 네 공의로 말미암음이 아니니라 너는 목이 곧은 백성이니라 너는 광야에서 네 하나님 여호와를 격노하게 하던 일을 잊지 말고 기억하라 네가 애굽 땅에서 나오던 날부터 이곳에 이르기까지 늘 여호와를 거역하였으되 신 9:6,7

그런데 우리 자녀들을 데리고 이스라엘 광야 체험을 열흘간 하면서 내린 결론은 '결코 쉽지 않다!'라는 것이다. 더욱이 그 광야 길을 걸으면서 소스라치게 놀란 일이 있었다. 이스라엘 백성이 모세에게 불평하고 원망한 것처럼, 우리 아이들도 광야 길을 걷기 시작한 지 몇 분도 안 되어 원망과 불평을 쏟아 놓기 시작하는데 어쩌면 그렇게 이스라엘 백성과 똑같은지! 어쩌면 그렇게 이스라엘 백성과 똑같이 원망과 불평을 하는지 정말 놀라웠다.

"아빠! 물 좀 줘."

"아빠! 우리 어디가?"

"아빠! 배고파!"

"아빠! 우리 여기 왜 왔어?"

"아빠! 날씨가 왜 이렇게 더워?"

"아빠! 우리 언제까지 가야 해?"

"아빠! 힘들어. 그만 집에 가자."

어디서 많이 듣던 말이 아닌가?

이스라엘 자손 온 회중이 그 광야에서 모세와 아론을 원망하여 이스라엘 자손이 그들에게 이르되 우리가 애굽 땅에서 고기 가마 곁에 앉아 있던 때와 떡을 배불리 먹던 때에 여호와의 손에 죽었더라면 좋았을 것을 너희가 이 광야로 우리를 인도해 내어 이 온 회중이 주려 죽게 하는도다 출 16:2,3

다행히 우리 아이들은 아빠인 나에게 돌을 던지지는 않았지만, 이스라엘 백성들이 한 말들과 행동을 그대로 하는 모습을 보고 참으로 놀랐다! 하나님께서 광야 가운데 이스라엘 백성들을 구름 기둥으로 해를 가려주시고, 불기둥으로 밤에 보호를 해주지 않으시면 도저히 살 수 없는 곳이 광야임을 다시금 상기하게 되면서 '광야 학교'야말로 하나님을 깊이 만나며, 인간의 교만함과 죄성을 깊이 바라볼 수 있는 최적의 장소가 아닐까 생각하게 되었다.

'난 이스라엘 백성들과는 다르다'라고 굳게 믿고 있는 분이 있다면 이스라엘 '광야 학교'로 초청하고 싶다. 광야 체험을 해보지 않고는 광야에서 원망하고 불평한 이스라엘 백성들을 함부로 폄하하지 않았으면 좋겠다. 왜냐하면, 내가 그들보다 더하면 더했지 결코 덜하지 않을 것을 알기 때문이다. 지금까지 이스라엘 광야 길을 걸으셨던 분들은 한결같이 "내가 바로 '목이 곧은'(stiffed necked) 백성"이라는 것을 몸소 증명하고 고백하셨기 때문이다.

역사에서 배우지 않으면 반복하게 된다

몇 년 전 아우슈비츠 수용소를 방문했다. 이스라엘 선교사라면, 유대인을 품고 사역을 한다면 나에게 이 장소는 꼭 가야 할 곳이었다. 물론 선교사가 아닐지라도 우리 모두 꼭 가보아야 할 장소라고 생각한다. 그때의 방문은 지금까지도 나의 뇌리에서 떠나지 않는다.

잘린 숱한 머리카락들, 안경들, 지갑들, 신발들과 옷가지들, 그리고 목을 매달아 죽인 곳과 총살한 장소, 가스실과 시체 소각장을 돌아보는 것은 참으로 인간으로 견디기 힘든 참혹한 실상을 마주하는 일이었기에, 그 역사의 현장에서 일어난 일들을 보는 마음은 '참담함'과 '분노'와 '슬픔'을 넘어 감정으로 표현할 수조차 없었다.

공교롭게도, 방문한 그 날에는 비가 주룩주룩 내리고 있었다. 하나님 아버지께서 울고 계시는 눈물이 아닐까, 혼자만의 상상을 하면서 길을 걷다가 나는 많은 유대인을 그 장소에서 만나게 되었다. 이스라엘 국기를 흔들거나 몸에 두르고, 함께 어깨동무하고 희망의 노래를 부르며, 자신들의 과거 아픈 역사를 되새기며 민족의 정체성을 일깨우는 모습에 정말 깊은 인상을 받았다.

매년 이스라엘은 '욤 하쇼아'(홀로코스트 기념일)를 지킨다. 많은 학교와 기관에서 '홀로코스트(Holocaust) 대학살 기념일'을 기억하며 지키는 행사를 하는데, '용서'는 하였으나 불행한 '과거'를 잊지 않는 유대인들의 모습을 보며 나는 오늘도 배우게 된다. "역사를 통해 배우지 않은 사람과 민족은 그 역사를 다시 반복한다"라는 것을 알기 때문이다.

나는 용서하기보다는 용서받기 좋아하고, 주님이 행하신 과거의 일을 너무 쉽게 잊어버리며 산다.

"하나님께서 우리를 어떻게 구원해 주셨는지!"

"하나님께서 우리의 죄와 허물을 덮어주시기 위해 어떤 대가를 지불하셨는지!"

"하나님께서 광야에서 자기의 아들을 안음같이 우리를 어떻게 안고 인도해 오셨는지!"

"하나님께서 어떻게 황무지 같은 내 인생에 찾아오셔서 호위하시고 보호하시며 자기의 눈동자같이 지켜주셨는지!"

우리는 너무나 쉽게, 자주 하나님을 잊어버리며 산다. 그리고 원망하며 불평한다. 하나님이 우리를 버리신 것이 아니라 우리가 매일 그 주님을 부인하고 버리며 사는 것은 아닐까?

하늘이여 들으라 땅이여 귀를 기울이라 여호와께서 말씀하시기를 내가 자식을 양육하였거늘 그들이 나를 거역하였도다 소는 그 임자를 알고 나귀는 주인의 구유를 알건마는 이스라엘은 알지 못하고 나의 백성은 깨닫지 못하는도다 하셨도다 사 1:2,3

하나님은 이스라엘 역사를 통해 우리에게 항상 가르쳐주신다. 그러나 진리에 이르지 못하는 경우가 너무 많은 것은 "항상 마음이 미혹되어" 하나님의 길을 알지 못하였기 때문이라고 히브리서 기자가 기록하고 있다. 결국 그들은 하나님을 믿지 않았고, 믿지 않은 것은 '불순종'의 삶의 열매로 드러난 것이다.

> 그러므로 성령이 이르신 바와 같이 오늘 너희가 그의 음성을 듣거든 광야에서 시험하던 날에 거역하던 것같이 너희 마음을 완고하게 하지 말라 거기서 너희 열조가 나를 시험하여 증험하고 사십 년 동안 나의 행사를 보았느니라 그러므로 내가 이 세대에게 노하여 이르기를 그들이 항상 마음이 미혹되어 내 길을 알지 못하는도다 하였고 내가 노하여 맹세한 바와 같이 그들은 내 안식에 들어오지 못하리라 하였다 하였느니라 히 3:7-11

마음을 완고하게 하면 하나님을 시험하게 된다. 그런데 40년 동안 하나님께서 행하시는 일을 보았는데도 하나님에 대해서 반역하며 불순종하게 하는 것은 바로 완고한 마음 때문이었다. 참으로 아이러니하다! 하나님의 일을 광야에서 40년 동안이나 보고도 하나님의 '길'을 알지 못하는 것이다.

하나님을 격노하시게 한 자들이 누구인가?

"모세를 따라 애굽에서 나온 모든 사람이 아니냐"(히 3:16).

하나님이 40년간 누구에게 노하셨는가?

"그들의 시체가 광야에 엎드러진 범죄한 자들에게가 아니냐"(히

3:17).

하나님이 누구에게 맹세하사 안식에 들어오지 못하게 하셨는가?

"순종하지 아니하던 자들에게가 아니냐"(히 3:18).

히브리서 기자는 모세를 따라 이집트를 나온 사람들을 '광야에 엎드러진 범죄한 자들' 혹은 '순종하지 아니하던 자들'이라고 말한다.

아. 뿔. 싸!

약속의 땅에 들어가는 데 실패한 이들은 하나님의 약속을 들었던 사람들이다. 그러나 역설적이게도 그들은 하나님이 약속하신 것을 믿고 순종하기를 거부했던 사람들이기도 하다. 그 결과 진노하신 하나님은 여호수아와 갈렙을 제외한 출애굽 1세대 전체가 가나안 땅으로 들어가지 못하게 하셨다. 이스라엘 역사를 통해 배우기는 하지만, 우리의 마음도 부패해서 믿음에 관하여 버림받을 수 있다는 사실이 두려움으로 다가온다.

비자 인터뷰

당연한 것은 없다

2011년 1월 29일, 이스라엘에 온 이후로 우리 가정은 '비자'(visa) 문제의 어려움 없이 비교적 은혜 가운데 잘 지낼 수 있었다. 매년 '이민국'(Minstry of Interior)에 가서 비자 인터뷰를 해야 하지만 지금까지 어떤 곤란한 상황에 처해본 적이 없었기 때문에 이번에도 당연히(?)

1년 비자가 나올 것이라 확신하고 있었다.

비자에 필요한 학교 서류와 재정을 준비하고, 아침 일찍 서둘러 예루살렘 이민국에 가서 줄을 섰다. 며칠 뒤에는 아내와 딸이 한국을 방문해야 하는 일정이 있었다. 그래서 1년 비자를 반드시 받고 출국하는 것이 훨씬 안전하기에 이번 인터뷰는 무척이나 중요했다. 번호표를 뽑고 순서를 기다리는 중에 나에게는 한 치의 두려움이나 의심이 없었다.

드디어 나의 번호가 불려서 55번 창구로 갔다. 비자 인터뷰를 하는 면접관 앞에 앉아서 심사를 받게 되었는데 그의 얼굴을 보는 순간 왠지 모르게 기분이 찜찜하였다.

그는 내가 준비해 간 학교 서류를 하나도 보지 않고 여권만 확인하고는 갑자기 자신의 상사에게 전화해서 나의 학교 서류와 기간에 문제가 있다고 했다. 결국 나는 1년 비자를 받지 못하고, 재심사 통보를 받았다.

너무 당황스러웠고 앞으로 어떻게 해야 할지 순간 눈앞이 캄캄해졌다. 시간도 얼마 남지 않았는데 이런 일이 발생한 것이다. 나의 믿음이 좋았던 것이 아니라 너무 교만하여 안일하였고, 나태하여 기도함으로 주의 얼굴을 구하지 못한 결과였던 것이다!

이민국을 나오는 발걸음이 무거웠다. 복잡해진 머리로 집에서 비자 인터뷰 결과를 기다리는 아내에게 전화하였다.

비자의 문제가 아니었다

"여보! 비자 못 받았습니다. 무슨 문제가 있다고 해서 다시 재심사 해야 한다고 합니다."

"할렐루야! 주님께 예배하며 기도하라는 사인입니다!"

"당신과 보배가 한국 들어가기 전에 비자를 받아야 하는데 상황이 좀 난처합니다."

"여보! 문제 될 것 하나도 없어요! 주님이 비자를 주셔서 일을 맡기시면 있는 거고, 할 일을 다 마무리했다고 하셔서 비자 안 주시면 떠나면 됩니다. 우리가 언제 이런 일에 연연했어요?"

"당신은 하나도 걱정이 안 되나 봅니다."

"걱정한다고 비자가 나오는 것도 아니고, 중요한 것은 이 일을 통해 하나님이 우리에게 무엇을 가르치기 원하시는지 물어보고 들어야 합니다. 집에 와서 함께 예배해요!"

"아멘…"(참고로 아내의 별명은 '물 위를 걷는 믿음의 여인'이다!)

비자 인터뷰의 결과가 좋지 않아서 그런지 나의 마음은 곤고하고 목마른 사슴처럼 물을 찾기에 헐떡거리고 있었다.

하나님이여 사슴이 시냇물을 찾기에 갈급함같이 내 영혼이 주를 찾기에 갈급하니이다 내 영혼이 하나님 곧 살아 계시는 하나님을 갈망하나니 내가 어느 때에 나아가서 하나님의 얼굴을 뵈올까 사람들이 종일 내게 하는 말이 네 하나님이 어디 있느뇨 하오니 내 눈물이 주야로 내 음식이 되었도다
시 42:1-3

집에 도착해서 아내와 함께 예배를 드리며 주 앞에 나아갔다. 기타를 들고 찬양하는 중에 그동안 응어리진 마음과 감정들이 함께 터져 나왔다. 이 땅에 살면서 이런저런 일들로 인해 생긴 감정의 쓴 뿌리들이 거침없이 올라왔다. 비자의 문제가 아니었던 것이다. 상황과 환경, 그리고 재정의 문제는 더더욱 아니었다! 하나님 앞에 바로 서 있지 못했던 나의 문제였던 것이다.

겸손히 주를 두려워하고 경외함으로 하루하루 살지 못했던 지난날들에 대한 회한과 한숨으로 주체할 수 없는 눈물과 통곡이 터져 나왔다. "주님! 구원의 감격과 첫사랑을 회복시켜 주소서!"라는 기도를 할 때는 내가 우는 것이 아니라 내 안에 계신 성령께서 탄식하는 울부짖음이었다.

또한, 아내에 대해서 그동안 풀지 않았던 쓴 뿌리와 원망이 내 마음 안에 있었고, 아내도 나에게 비난과 미움의 독소를 동일하게 가지고 있었다. 서로를 향해 마음으로 정죄하고 비교하고 판단했던 모든 더러움의 죄를 회개하고 서로 눈물로 용서를 구했다. 아멘, 아멘! 너무 부끄럽다.

"우리가 무슨 선교사요, 목사요, 이 땅에 섬기러 온 사람들인가?"

"비자가 되든 안 되든 그게 중요한 문제가 아니라, 매일매일 주 앞에 엎드리고, 주를 경외하지 않고 살았던 저의 죄를 고백합니다. 다시 복음으로 돌아가게 하소서. 아멘!"

단 두 마디로 충분했다

한 번에 비자 갱신이 되지 않은 것이 이렇게 큰 은혜인 줄 몰랐다! 지난 며칠 동안 아내와 함께 울고, 서로 회개하며, 주 앞에 다시 엎드려 그분의 음성 듣기를 간구했던 시간은 참으로 하늘의 복이었다.

비자 인터뷰 재심사를 위해 아침 일찍 예루살렘 이민국에 도착하였다. 비자 인터뷰 대기 번호는 105번이었다. 창구마다 담당자가 있는데, 가장 까다로운 사람이 앉은 자리는 55번 창구이다. 지난번 비자 심사를 했을 때 갔던 창구가 55번이었기에 기억하고 있었다. 설마 오늘도 그 까다로운 사람이 55번 창구에 앉아 있으려나 하고 찾아보니, 아니나 다를까 오늘도 그 담당자는 '신실하게' 55번 창구에 앉아 있었다. 그러나 내 마음은 평안하였고, 주님이 어떻게 일을 하실지 기도하는 마음으로 찬양을 하며 앉아 있었다.

'완전하신 나의 주, 의의 길로 날 인도하소서. 행하신 모든 일 주님의 영광 다 경배합니다.'

드디어 번호를 부르기 시작하는데 101번, 102번 다 55번 창구로 가는 것이 아닌가! 찬양하며 앉아 있는 나의 표정이 약간 일그러지기 시작했다.

'어! 이게 아닌데, 주님은 완전하신데… 주여…'

그러면서도 계속 찬양하며 주만 바라보고자 하였다.

'완전하신 나의 주, 의의 길로 날 인도하소서.'

잠시 뒤에 103번과 104번이 호명되었는데 그들이 간 창구 번호는 55번 창구였다. 그다음 차례가 다가오고 있었다.

아뿔싸! 다른 창구에 있는 사람들은 일을 안 하는 것인가? 오늘따라 다 55번 창구로 가는 것을 보고 솔직히 당황스럽기도 하고 절망스럽기도 했다. 나도 55번 창구로 가겠구나 하며 마음의 준비를 하고 기다리는데 갑자기 나의 번호를 부르지 않고 건너뛰는 것이 아닌가!

"106번, 55번 창구로 오세요!"

'아니, 이상하다. 다음 차례는 난데 왜 안 부르지?'

"107번, 55번 창구로 오세요!"

'내 차례인데? 내 번호 부르는 것을 까먹은 건가?'

이건 분명 문제가 있다. 순서대로 불러야 하는데 내 번호를 부르지 않고 건너뛴 것은 이해가 안 되었다. 자리에서 일어나 확인하러 가려는 순간 내 번호가 불렸다.

"105번, 45번 창구로 오세요!"

45번 창구에 가서 자리에 앉자마자 왜 이 창구로 오게 되었는지 금방 눈치챌 수 있었다. 45번 창구 담당자의 얼굴을 보는 순간 비자를 받겠다는 확신이 들었다. 간단히 인사하고 여권과 필요한 서류를 내고 기다렸다.

비자를 주지 않으려는 까다로운 질문이나 흠을 잡아내려는 그 어떤 언행도 없었다. 그는 나에게 단 두 가지의 질문을 하였다. 첫 번째 질문, "복수 비자(Multiple Visa) 받기를 원하는가?" 두 번째 질문, "비자 발급에 필요한 돈은 가지고 왔는가?"

1년 비자증을 출력해서 우리 여권에 붙여 줄 때 나는 감격스러워 목이 메었다. 비자가 연장되어서 감격스러운 것이 아니라 하나님께서 나와 우리 가정을 버리지 않으시고, 우리의 회개와 눈물을 받으셨다는 사실에 내 영혼이 감격했다.

비자를 받고 난 뒤에 그 담당자에게 마지막으로 한 말은 "God bless you!"(하나님께서 당신을 축복해주시길)였다. 비자 인터뷰를 하면서 내가 한 말은 "Yes"와 "God bless you!" 단 두 마디였다.

내가 어떤 일을 하려고 할 때는 내 입에서 말이 많아지는데, 하나님께서 직접 일하실 때는 내 입에서 해야 할 말이 없어진다는 것을 알았다. 오직 단 한마디면 충분하다.

"주님이 하셨습니다!" 아멘.

유대인을 우상화하지 말라

이스라엘을 우리는 성지(聖地)라고 생각한다. 그리고 예수님을 주로 고백하는 이들에게 이스라엘은 평생에 꼭 한번 오고 싶은 대표적인 나라이기도 하다. 책으로 혹은 미디어로 접한 이스라엘과 직접 와서 살면서 느낀 이스라엘은 정말 하늘과 땅의 차이였다.

가장 대표적인 것이 바로 '모든 유대인은 하나님을 믿는 백성이다'라는 생각이다. 성지 순례를 하면서 볼 때와 직접 와서 살면서 노방전도를 통해 그들의 생각을 들을 때 얼마나 다른지 정말 천지 차이다. 하나님에 대해 가장 적대적이고 가장 마음의 상처가 깊은 나라가 바로 이스라엘이기 때문이다.

현재 이스라엘에 사는 유대인 중에 하나님과 상관없이 사는 유대인들이 대략 70-80퍼센트 정도이다. 하나님에 대해서, 유일신 사상에 대해서, 이스라엘 역사에 대해서 학교에서 듣고 배우기는 하지만 그 역사와 사실들이 자신들의 삶을 움직이는 '진리'로 작용하지는 못한다. 항상 배우고, 듣고는 있으나 진리에 이르지 못하는, 귀먹은 백성이요 눈이 닫힌 민족이 이스라엘이다.

그래서 이스라엘 성지 순례를 오시는 분들에게 가장 필요한 것은 이스라엘에 대한 환상을 깨뜨리는 일이라고 생각한다. '성지'이기 이전에 '복음이 가장 필요한 미전도 지역'이 바로 이스라엘이라는 사실을 알고, 함께 기도하며 복음을 나누는 것이 정말 중요하다고 믿는다.

이스라엘에 살면서 하나님께서 가르쳐주신 두 가지 진리는 다음과 같다. 첫째, 이스라엘은 거룩한 땅, 성지이기 이전에 복음이 필요한 미전도 지역이며 둘째, 예수 그리스도의 피 묻은 십자가의 은혜가 유대인들과 아랍인들을 변화시킬 수 있고, 그들 사이를 가로막는 두터운 장벽을 허물 수 있다는 것이다.

그런데 종종 환상을 가지고 이스라엘 순례를 오는 분들을 만나게 된다. 그런 분들은 '이스라엘은 특별한 나라이며, 유대인들은 선민(chosen people)이기 때문에' 그들의 종교와 문화에 무척 큰 기대와 배우고자 하는 열심을 가지고 방문을 하는 것 같다. 다른 말로 표현하면 우리 이방인(Gentiles)들은 무언가 부족하다는 열등감(?)을 은연중에 드러내는 것 같다.

그래서 이스라엘을 순례하면서 유대인들이 기도할 때 쓰는 기도숄인 탈릿(Tallit)과 기도숄 끝에 다는 옷 술 찌찌트(Tzitzit), 모자인 키파(Kippah), 그리고 유대교(Judaism)와 랍비들의 가르침(Rabbinic Teaching)에 매우 관심을 보이기도 한다. 우리가 믿는 '십자가 복음'이 무언가 부족한 것처럼 말이다.

왜 이방인 크리스천들이 유대인 흉내를 내고 모방을 하는지 나는 이해가 되지 않는다. 사도 바울은 고린도전서 7장에서 다음과 같이 경고하고 있다.

> 오직 주께서 각 사람에게 나눠주신 대로 하나님이 각 사람을 부르신 그대로 행하라 내가 모든 교회에서 이와 같이 명하노라 할례자로서 부르심을 받은 자가 있느냐 무할례자가 되지 말며 무할례자로 부르심을 받은 자가 있느냐 할례를 받지 말라 할례 받는 것도 아무것도 아니요 할례 받지 아니하는 것도 아무것도 아니로되 오직 하나님의 계명을 지킬 따름이니라
>
> 고전 7:17-19

할례자를 대표하는 사람은 '유대인'이다. 무할례자를 대표하는 사람은 '이방인'이다. 할례자로서 부르심을 받은 유대인들은 성령 안에서 유대인답게 살면 되고, 무할례자로서 부르심을 받은 우리 이방인들은 성령 안에서 이방인답게 살면 되는 것이다.

만일 이방인 크리스천들이 유대인들처럼 탈릿을 두르고, 탈릿 끝에 찌찌트를 달고, 키파를 쓴다면 각 사람을 부르신 부르심에 역행하는 것이며, 하나님의 가르침과는 정반대의 삶을 사는 것이다. 사도 바울

은 로마서 2장에서 진정한 유대인의 정체성을 이렇게 선포하고 있다.

무릇 표면적 유대인이 유대인이 아니요 표면적 육신의 할례가 할례가 아니
니라 오직 이면적 유대인이 유대인이며 할례는 마음에 할지니 영에 있고 율
법 조문에 있지 아니한 것이라 그 칭찬이 사람에게서가 아니요 다만 하나
님에게서니라 롬 2:28,29

유대인과 이방인들에게 가장 필요한 것은 마음의 할례이지, 겉으로
드러난 의상, 문화, 표피적인 것들이 아니다.
유대인들을 우상화하지 말라! 이스라엘을 우상화하지 말라! 유대
인들 가운데 일하시는 주님을 주목하기 바란다. 이스라엘의 하나님
이 이스라엘과 온 열방 안에 하나님의 선교를 하나님의 사람들을 통
해 어떻게 이루어가고 계시는지, 그분의 일하심에 더 주목해야 한다.
왜냐하면 선교의 주인은 '하나님 자신'이시기 때문이다.

당신은 유대인을 사랑하십니까?

이스라엘에 살면서 종종 유대인들에게 들었던 질문이 있었다.
"당신은 유대인을 사랑합니까?"
"네, 유대인을 사랑해서 이스라엘에 왔습니다."
"모든 사람이 우리를 미워하고 싫어하는데 왜 우리를 사랑합니까?"

"저는 예수님을 믿는 사람입니다. 주님이 유대인을 너무도 사랑하셨고 지금도 사랑하십니다."

"흥미롭네요."

가끔 한국을 방문해서 설교할 기회를 얻곤 한다. 주님을 너무나 뜨겁게 사랑하고 예배하는 성도님들과 교제할 때면 정말 행복하고 감격스럽다. 한 가지를 제외하면 말이다. 설교 중에 "예수님을 사랑하십니까?" 하고 물으면 성도들이 모두 "아멘!"이라고 화답한다. 그런데 "유대인을 사랑하십니까?"라고 물으면 의아해하고 침묵이 흐른다.

이 무반응에는 4가지 정도의 이유가 있을 것 같다.

첫째, 처음 들어보는 말이라서.

둘째, 예수님을 죽인 민족인데 내가 왜 사랑해야 하느냐는 생각.

셋째, 그들과 내가 무슨 상관이 있길래 사랑해야 하느냐는 의문.

넷째, '이스라엘은 나중에 성지 순례나 한 번 가면 되지!' 하고 막연하고 멀게 느껴지는 마음.

유대인들은 자신들의 정체성을 선인장으로 표현하곤 한다. 선인장은 참 '가까이하기에는 너무 먼 당신'이다. 표면에는 가시가 있어서 만지려고 하면 찔리고 다치게 되고, 열매에는 씨가 있어서 삼키기 어려운데 뱉어버리자니 그 열매가 아깝다.

유대인과 친구가 되고 싶어서 가까이 접근하면 그들의 공격적이고 독특한 말과 행동 양식 때문에 별로 상종하고 싶지 않을 만큼 감정적, 정서적으로 상처를 입기도 한다. 선인장처럼 잔뜩 가시가 돋친 모습은 그들이 수천 년간 나라 없이 떠돌며 사람에 대한 불신, 경계, 의심으로 살아온 인생의 흔적을 보여주는 것 같다.

나와 다르고 우리 문화와 달라도 너무나 달라서 용납하고 품어주기가 참으로 쉽지 않다. 그래서 품고 있자니 내가 찔리게 되고, 버리자니 주님이 사랑하시는 민족이요 사람들이기에 그럴 수도 없는 것이 유대인이다.

그러나 정말 신뢰가 쌓이고 믿어주게 되면 나중에는 가족보다 더 가까운 형제자매가 되는 사람들이 또한 유대인들이다. 존 오웬(John Owen, 1611-1683, 옥스퍼드대학교 학장, 최후의 청교도 신학자로 종교개혁 이후 가장 탁월한 신학 저서를 저술한 존경받는 그리스도인)은 다음과 같이 말하였다.

"이 세상에서 그리스도의 나라를 세워 가리라는 약속 말씀들 가운데 그 나라의 시작이 유대인과 함께해야 한다는 것을 분명하게 명시하고 있고, 확실하게 암시하고 있음이 분명하다."

유대인들 앞에 무릎을 꿇고 발을 씻기다

유대인들은 무척 가족 중심적이다. 매주 있는 샤밧(shabbat 금요일 일몰부터 토요일 일몰까지의 시간)은 흩어진 가족들이 모여 한 주간의 삶을 나누고 함께 식사하며 교제하는 특별한 날이기도 하다.

이방 사람인 우리 가족이 샤밧 식사에 초대를 받고 함께 시간을 보내는 것은 무척 큰 의미가 있다. 물론 처음부터 이러한 교제나 관계로 발전하지는 않는다. 함께 보낸 많은 시간을 통해 마음의 문이 열려야 그들의 집에 초청받을 수 있고, 교제의 폭이 넓어지게 된다.

그러던 어느 날 아내가 "여보! 당신 그동안 우리 교제했던 유대인 분들 집에 가서 세족식 하면 어때요?"라고 나에게 제안하였다.

"세족식? 왜? 글쎄… 우리가 해야 돼?"

"한번 기도해보세요."(이 세상에서 가장 무서운 말이다!)

아내가 즉흥적으로 이런 말을 한 것이 아니었고 나중에 나에게 고백하기를 "주의 성령이 계속해서 마음 가운데 이런 부담감을 주셨어요"라고 하였지만, 그때까지도 나는 별 감동이 없어서 세족식을 대수롭지 않게 여겼다.

그래도 기도해보겠다고 약속은 했으니, 그날부터 기도하면서 주의 뜻을 구하게 되었다. 그런데 신기하게도 기도하는 그날 밤부터 잠을 자는 것이 무척이나 불편해지기 시작했다. 눈을 감아도 잠이 오지 않고, 이리 뒤척 저리 뒤척 몇 날 며칠을 그렇게 뜬눈으로 보낸 뒤에 결국 항복하였다.

"네, 주님! 알겠습니다. 세족식 할게요."

물론 단순히 유대인들의 발을 씻기는 정도로 생각했지만, 주님은 더 큰 뜻과 마음을 가지고 계신 것을 나중에 알게 되었다. 그동안 만나 교제를 나누었던 유대인분들에게 미리 연락을 드리고, 기타를 준비해서 심방을 하게 되었다. 한국말과 히브리어로 축복송을 불러 드리고, 세족식의 의미와 마음을 나눈 뒤에 무릎을 꿇고 그분들의 거칠고 상한 발을 만지며 세족식을 진행하였다.

그러고 난 뒤에 한 분 한 분을 안아드리는 순간, 나는 그만 '뻥' 터지고 말았다. 하나님이 왜 세족식을 하라고 하셨는지 그제서야 알게 된 것이다. 유대인들의 발을 씻기는 것은 내가 하는 것이 아니라 내 안에 계신 주님이 하시는 일이었다.

유대인들은 하나님이 자신들을 버리셨다고 생각하기도 하고, 하나님과 개인적인 교제와 친밀함을 나누기보다는 유대교 안에서 성장한 종교적인 습관과 가르침에 의해 하나님을 생각하는 경향이 크다. 어쩌면 하나님에 대해 가장 큰 아픔과 상처가 있는 사람들이 바로 '유대인들' 아닐까?

유대인들의 발을 씻기면서 하나님은 유대인들의 마음을 바꾸기보다는 나의 마음을 바꾸셨다! 하나님은 그들의 인생에 대해 알고 계시고, 포기하지 않으시고, 여전히 돌아오기를 간절히 기다리신다는 아버지의 마음을 세족식을 통해 보여주고 싶어 하셨다.

세족식을 받는 유대인 할아버지, 할머니들도 감동하셨지만 정작 가장 큰 선물을 받은 사람은 나였다. 하나님께서 '한 영혼을 사랑하는 아버지의 마음'을 세족식을 통해 가르쳐주신 것이다.

누가복음 15장 11-32절에는 우리가 너무나 잘 아는 '돌아온 탕자' 이야기가 있다. 물론 이 본문의 핵심은 아버지를 떠난 둘째 아들을 기다리는 하나님 아버지의 마음이지만, 아이러니하게도 아버지와 늘 함께 있었다고 하는 첫째 아들도 '잃어버린 탕자'임을 이 본문은 함께 보여주고 있다.

그는 자신을 가리켜 여러 해 아버지를 섬기고 명을 어김이 없었던 아들이라고 말했지만, 정작 자신의 동생이 돌아왔을 때 노를 발하며 그 잔치 자리에 나아가지 않는 '잃어버린 또 다른 탕자'였던 것이다.

> 그가 노하여 들어가고자 하지 아니하거늘 아버지가 나와서 권한대 아버지께서 대답하여 이르되 내가 여러 해 아버지를 섬겨 명을 어김이 없거늘 내게는 염소 새끼라도 주어 나와 내 벗으로 즐기게 하신 일이 없더니 아버지의 살림을 창녀들과 함께 삼켜 버린 이 아들이 돌아오매 이를 위하여 살진 송아지를 잡으셨나이다 눅 15:28-30

이 첫째 아들의 모습이 마치 유대인들의 모습이지 않은가? 로마서 2장은 유대인이라 불리는 그들이 율법을 의지하여 하나님을 자랑하며 교훈을 받아 하나님의 뜻을 알고 지극히 선한 것을 분간하며, 맹인의 길을 인도하고, 어둠에 있는 자의 빛이요 율법에 있는 지식과 진리의 모본을 가진 자로서 어리석은 자의 교사요 어린아이의 선생이라 스스로 믿으며 다른 사람을 가르치지만 정작 자기 자신은 가르치고 있지 않음을 고발하고 있다.

그래서 율법을 자랑하는 그들이 결국 율법을 범함으로 하나님을 욕되게 하고 하나님의 이름이 이방인 중에서 모독을 받고 있다고 바울은 말하고 있는 것이다(롬 2:17-23).

하나님을 가장 가깝게 안다고 하지만 어쩌면 가장 멀리 떨어져 있으면서 잔치 자리에 나아가지 않는 첫째 아들 같은 유대인들…. 하나님은 이들의 발을 씻겨 아버지의 애끓는 마음을 보여주고 싶으셨던 것이다.

하나님이 유대인을 버리지 않으셨다고, 그들의 아픔과 고통에 대해 모르지 않으신다고, "나는 집을 나간 둘째 아들이 돌아오는 것 못지않게, 나와 늘 함께 있지만 누리지 못하고 마음이 멀어져 있는 첫째 아들도 나와 함께 잔치를 베풀며 기뻐하기를 원한다!"라고 말이다.

> 너희의 하나님이 이르시되 너희는 위로하라 내 백성을 위로하라 너희는 예루살렘의 마음에 닿도록 말하며 그것에게 외치라 그 노역의 때가 끝났고 그 죄악이 사함을 받았느니라 그의 모든 죄로 말미암아 여호와의 손에서 벌을 배나 받았느니라 할지니라 하시니라 사 40:1,2

'효자손'이 이스라엘에서 '효자'가 되다

이스라엘에 잠시 일정이 있어서 딸 보배와 함께 먼저 들어간 아내에게서 무척 흥분되고 감격스러운 목소리로 연락이 왔다.

"여보! 여기 난리 났어요."

"무슨 일이에요? 누가 다쳤어요? 왜 그래요?"

나는 정말 무슨 큰일이 난 줄 알고 다급하게 물었는데, 정말 놀라운 일이 발생한 것이다.

"내가 여기 오기 전에 사가지고 온 효자손이 다 나갔어요!"

"무슨 말이에요? 효자손이 다 나가다니?"

아내는 이스라엘로 다시 돌아가기 전에 그동안 만나서 교제했던 유대인분들에게 어떤 선물을 하고 싶어 했다. 함께 기도하고 주의 마음을 묻는 중에 거리를 지나가다가 문득 '효자손'을 사다 드리면 그분들이 무척 좋아할 것 같다는 감동이 있었다는 것이다. 그래서 효자손을 20개 정도 구입하고, 아는 권사님이 보내주신 수제 수세미를 준비해서 가지고 간 것이다.

"이스라엘에서는 효자손을 구하기가 어렵답니다. 그리고 이분들이 연세가 있으셔서 등을 긁고 싶은데 어떻게 하면 좋을지 방법을 찾지 못하고 있었대요. 그런데 이 효자손을 선물로 드리니까 너무나 좋아하세요! 정말 주님이 일하시는 것이 보이니까 너무 행복합니다!"

그분들의 반응은 가히 상상 이상이었다. 이스라엘에 가지고 간 효자손 20개로는 너무 부족해서 다 드리지 못할 정도였다.

"아니! 내가 이 효자손을 찾고 있었다는 것을 어떻게 알았니?"

"내가 이것을 너무 찾고 있었는데 네가 믿는 하나님이 말씀하셨니?"

"어쩌면 내가 그렇게 필요한 것을 알고 가져다주었니!"

"너무너무 고맙구나!"

그분들의 반응에 우리가 오히려 놀랐다. 하나님께서 행하시는 일은 정말 우리를 당황스럽게 할 때가 많은 것 같다. 선교는 내가 준비해서 내가 원하는 시간에 내가 원하는 결과를 얻어내는 것이 아니기 때문이다. 사람의 마음을 움직이는 것은 결국 '오래 참음'과 '사랑'임을 다시금 주님으로부터 배우게 된다.

선물이 사람의 마음을 움직이는 것이 아니라 '한 영혼을 사랑하는 아버지의 마음'이 부은 바 되어 '주의 영'으로 인도함을 받고 주님이 일하시는 대로 나도 함께 그 일을 하게 되면 그 자리에서 주의 영광을 보게 되는 것이다. '효자손'이 이스라엘에서 정말 '효자'가 되었다!

너희들 뭐 먹고 사니?

이스라엘에 살면서 유대인들에게 가장 많이 들었던 세 가지 질문이 있다.

"너는 유대인을 사랑하느냐?"

"너는 뭐 먹고 사느냐?"

"너는 여기서 무엇을 하는 사람이냐?"

이스라엘에 있는 대학교에 등록해서 학생 비자를 받으면 가족들은 동반 비자를 받게 된다. 그 학생 비자를 통해 이스라엘에 살면서 가장 많이 들었던 질문들이 바로 위에서 언급한 세 가지 질문들이다. 그 중에서도 특히 "너는 뭐 먹고 사느냐?"의 질문을 참 많이 들었다.

이스라엘에서 학생 비자를 받고 일을 하며 돈을 버는 것은 금지되어 있는데 나는 예루살렘에 있는 학교에 다니는 대학생이고 아내도 하이파 대학교에서 '히브리어 언어 과정'을 하는 학생이고 아이들은 현지인 학교에 다니는 학생이니 이러한 질문은 당연한 것이었다. 도대체 일을 하지 않고 돈을 벌지 않으면서 이스라엘에서 몇 년 동안 어떻게 살아가는지, 그 모습이 그들의 눈에는 무척 신기하면서도 의아해 보였던 것 같다.

또한 이스라엘은 전 세계에서 물가가 비싼 나라이기도 해서, 일을 하지 않고 한 가정이 이스라엘에서 살아간다는 것은 유대인들의 눈에는 궁금증을 유발하기도 하지만 또한 복음을 증거할 좋은 통로가 되기도 한다.

왜 한국에서 이스라엘까지 와서 살고 있는지(참고로, 한국과 이스라엘의 거리는 약 8,200킬로미터이며, 직항 비행시간이 약 11시간 30분 정도 된다), 무슨 동기로 이곳에 와서 공부를 하고 있는지, 돈을 벌지 않고 어떻게 살아가고 있는지 그들은 너무나 궁금해한다.

> 너희 마음에 그리스도를 주로 삼아 거룩하게 하고 너희 속에 있는 소망에 관한 이유를 묻는 자에게는 대답할 것을 항상 예비하되 온유와 두려움으로 하고 벧전 3:15

살아계신 하나님을 만나지 못하고 어둠과 죄의 종노릇 하며 살던 인생 속에 찾아오셔서 거듭나게 하시고 새로운 삶의 소망을 주신 분의 위대하심을 나눌 때면 대부분의 유대인들은 무척 놀라워한다. 자신들도 학교에서 성경(구약성경만 인정함)을 듣고 자기 조상들의 이야기를 들으며 배웠지만, 실제적으로 주의 말씀에 합해져서 인격적인 만남으로 변화 받은 삶의 증거들이 없기에, 이러한 나눔과 간증은 그들의 마음에 적잖은 충격과 울림을 준다.

나는 그들에게 하나님께서 나의 인생을 어떻게 인도해 오셨는지, 피부병으로 인한 삶의 고통 속에서 하나님은 얼마나 신실하게 돌봐 주셨는지, 그리고 지금까지 필요한 재정을 하나님께서 하나님의 방법으로 어떻게 공급해 주셨는지 등을 나누었다.

살아계신 하나님에 대한 삶의 고백은 무엇보다 강력한 복음의 메시지로 그들의 마음을 두드린다. 하나님의 사랑과 그분의 신실하심을 나눌 때면 하나님은 유대인들만의 하나님이 아니라 이방인들의 하나님도 되신다는 말씀이 정말 실제가 되고 있음에 감사의 고백을 하게 된다.

> 하나님은 다만 유대인의 하나님이시냐 또한 이방인의 하나님은 아니시냐 진실로 이방인의 하나님도 되시느니라 롬 3:29

"너희들 뭐 먹고 사니?"라고 묻는 유대인들에게 나는 이렇게 대답하곤 한다.

"우리는 날마다 하나님이 공급해 주시는 것으로 먹고 삽니다. 할렐루야!"

나는 너희를 볼 때마다 시기심이 난다

어느 날 학교에서 일정을 마치고 집으로 돌아오니, 아내가 무척 들뜬 모습으로 나를 맞이하면서 "여보! 유대인들로 시기 나게 한다는 말씀 있지요? 오늘 그런 일이 일어나서 깜짝 놀랐어요"라고 말하였다. 위층에 사는 '오스낫'(Osnat)이라는 유대인 할머니가 우리 집에 와서 이야기하다가 갑자기 우리를 보고 너무나 시기심이 난다고 말했다는 것이다.

"왜? 왜 시기심이 난다는 겁니까?"

"자기는 유대인이고, 1년에 가끔씩 회당에 가서 기도도 하고 하나님을 믿는데, 우리가 사는 모습을 보고 질투심이 나서 못 견디겠다는 거예요."

"와, 할렐루야! 그거 로마서 11장에 나오는 말씀인데 주님이 하셨네요!"

> … 그들이 넘어짐으로 구원이 이방인에게 이르러 이스라엘로 시기 나게 함이니라 롬 11:11

갈라디아서에는 '할례자'와 '무할례자'라는 표현이 자주 등장한다. 할례자를 대표하는 사람은 유대인들이고 무할례자를 대표하는 사람은 이방인들이다. 갈라디아서 2장 7,8절을 보면 베드로는 '할례자'를 대표하는 '유대인의 사도'로, 바울은 '무할례자'를 대표하는 '이방인의 사도'로 부르심을 받아 사역을 감당하였다.

그러나 사도 바울에게는 말할 수 없는 마음의 고통과 아픔이 있었는데, 그것은 자기 동족 유대인들의 구원 문제였다. 자신은 이방인의 사도로 부르심을 받아 사역을 감당했지만, 그의 마음 깊은 곳에는 자기 동족 유대인 형제자매들의 구원 문제가 항상 깊은 아픔이었다.

내가 그리스도 안에서 참말을 하고 거짓말을 아니하노라 나에게 큰 근심이 있는 것과 마음에 그치지 않는 고통이 있는 것을 내 양심이 성령 안에서 나와 더불어 증언하노니 나의 형제 곧 골육의 친척을 위하여 내 자신이 저주를 받아 그리스도에게서 끊어질지라도 원하는 바로라 그들은 이스라엘 사람이라 그들에게는 양자 됨과 영광과 언약들과 율법을 세우신 것과 예배와 약속들이 있고 조상들도 그들의 것이요 육신으로 하면 그리스도가 그들에게서 나셨으니 그는 만물 위에 계셔서 세세에 찬양을 받으실 하나님이시니라 아멘 롬 9:1-5

이러한 사도 바울의 아픔을 가장 잘 알고 이해할 수 있는 사람은 선교사라고 생각한다. 왜일까? 모든 선교사들은 주님이 불러주신 땅에 가서 맡기신 사역을 감당하신다. 말 못 할 고민과 아픔들 그리고 기도제목들이 여러 가지 있지만, 꼭 빠지지 않는 기도 제목이 있다. 그것은 '가족 구원 문제'이다.

선교지로 파송 받기 전에 '기도 카드'를 만드는데 거기에 선교지에 가서 감당할 사역들을 위한 기도, 자녀 교육과 학교 적응에 관한 기도, 파송 교회와 후원 교회와의 관계를 위한 기도, 하나님과의 영적인 친밀함과 교제를 위한 기도, 재정과 학업 그리고 비자를 위한 기도 등이 많이 들어가지만, 반드시 들어가는 중요한 기도 제목은 바로 '가족 구원 문제'이다.

타 문화권에 가서 교회를 개척하고, 제자 양육과 성경 공부 그리고 관계 전도를 통해 복음을 전하는 사역이 너무나 중요하지만, 정작 나의 부모, 친척, 가족의 구원 문제는 대부분의 선교사들이 안고 있는 '아킬레스건'이자 마음의 깊은 고민이다. 다른 사람의 영혼 구원을 위해 희생하고, 헌신하며 시간을 드려 평생 선교지에 살더라도 나의 육신의 부모와 가족의 구원 문제보다 더 중요하지는 않다고 생각한다.

누구든지 자기 친족 특히 자기 가족을 돌보지 아니하면 믿음을 배반한 자요 불신자보다 더 악한 자니라 딤전 5:8

자기 동족 구원 문제에 대한 바울의 애끓는 마음을 알게 되면서 우리 안에 '유대인의 구원'에 대한 아버지의 마음이 부어졌다. 그리고 이스라엘에 살면서 아버지의 사랑을 유대인들에게 나타내려고 했다.

한국에서 온 사람이 공부하는 학생으로 살면서 고국으로 돌아가지 않고 자녀들을 현지인 학교에 보내면서 하루하루 사는 모습이 신기했나 보다. 학생 비자를 가지고 있으면 이스라엘 현지에서 일하면서 돈을 벌 수 없다. 우리 가족 중에 일을 하면서 돈을 벌 수 있는 자격을 가진 사람은 없기에 매달 주님이 공급해 주시는 후원금에 의존

해서 살아야 했다. 매달 렌트비, 세금, 공과금, 식비, 학비 등을 지불하고 나면, 지금까지 어떻게 살아올 수 있었는지 그것은 '하나님의 기적'이라고밖에 표현할 방법이 없는 것 같다. 이렇게 하루하루 살아가는 모습을 보고, 우리 안에 일하고 계시는 하나님의 역사와 공급하심에 이 유대인 할머니가 너무 시기심이 난다는 것이다!

"나는 너희들에게 시기심을 느낀다! 나도 하나님을 믿고 회당에 가서 기도를 하는데 너희들이 믿는 하나님과 내가 믿는 하나님은 뭐가 다른 것 같다!"

우리의 삶에 관심이 없어서 안 보는 것 같고, 우리의 말을 듣지 않는 것 같은데 이웃에 사는 주위 유대인들은 우리가 누구인지, 어디서 왔는지, 무엇을 하는 사람인지, 자녀가 몇 명인지, 무슨 학교에 보내는지, 무슨 음식을 먹는지, 어떻게 지내는지 등을 두 눈 부릅뜨고 계속 지켜보고 있었다는 말이다.

유대인들만 사는 동네이고, 아시아에서 온 동양 사람은 우리 가정밖에 없었기 때문에 눈에 띌 수밖에 없었다. 우리는 늘 유대인들의 눈에는 참 신비한 사람들로 비춰진 것 같다. 복음을 전하는 것보다 더 강력한 무기는 '복음으로 사는 것'이 아닐까?

복음을 전하지 말라!

그러나 복음으로 살라!

유대인들이나 이방인들이나 이제는 복음을 전하는 것보다 더 중요한 것이 복음을 받아들이고 변화 받은 나 자신이 '복음으로 살아가는 것'이다. 그러한 모습을 통해 하나님의 영광이 드러난다.

한 영혼을 사랑하는 아버지의 마음

2016년 가을에 우리 가정이 잠시 한국에 들어가기 위해 출발하는 날 오후, 우리를 그렇게 시기하고 질투하신 오스낫 할머니가 갑자기 찾아오셨다. 감사의 마음을 담아서 써 온 손편지를 우리 한 사람 한 사람에게 읽어주셨는데 그때의 감동과 눈물은 잊을 수가 없다.

"이스라엘을 떠나지 않고, 지금까지 함께 이웃으로 있어줘서 고맙다. 한국에 일이 있어서 잠시 들어가지만, 반드시 돌아와야 한다" 하시고, 너무 사랑한다고, 보고 싶을 거라고 하셨다.

손편지를 읽으며 눈물 흘리는 오스낫 할머니를 보는 아내와 나는 무척 놀랍고 당황스러웠다. 그러나 '하나님의 선교'가 바로 이것임을 알게 되었다. 그렇게 강해 보이고 변화가 안 될 것 같은 그분들의 눈에 눈물이 흐르게 된 것은 '한 영혼을 사랑하는 아버지의 마음'이 우리를 통해 흘러갔기 때문이다.

한국으로 돌아오는 내내 마음을 진정시킬 수가 없었다. 오스낫 할머니의 눈물이 깊은 울림을 주기도 했지만, 이스라엘에서 그동안 해온 사역 중에 대단한 것도 없고, 교회에 보고할 만한 엄청난 열매가 있는 것도 아니고, 불러주신 땅에서 그저 하루하루 살아낸 것 말고는 딱히 없는 것 같아 하나님께 죄송한 마음이 있었기 때문이다.

"주님! 한국으로 돌아가는 발걸음이 무겁습니다. 그동안 제가 별로 한 일이 없습니다. 오히려 저의 완고한 마음과 깨지지 않는 저의 강팍함, 연약함, 실수들과 부정한 제 모습을 더 많이 보여드린 것 같고, 저 자신에 대해 너무 많은 실망과 좌절을 경험했습니다."

이런저런 생각과 감정들을 주 앞에 올려드리며 기도하는데 하나님은 침묵하시는 것 같았다.

"차라리, 이번 한국 방문 이후에 비자의 문이 닫히게 해주세요. 저 같은 사람이 선교지에서 선교사 노릇을 하는 것이 오히려 주의 영광을 가리는 것 같습니다."

비행기 안에서 홀로 예배하며 기도하는 중에 인자하신 주님의 음성이 나의 마음을 흔드셨다.

"사랑하는 아들아! 너는 선교가 무엇이라고 생각하느냐? 나는 너에게 어떤 대단한 사역의 열매를 원한 적이 없다! 다만 너를 통해 내가 이루고 싶은 선교는, 나중에 선교지에서 철수하고 귀국할 때 내가 한 영혼, 한 영혼을 얼마나 사랑하는지 내 마음 알아준다면, 나는 그것으로 만족한단다."

얼마나 울었을까…. 나는 아직도 '선교'가 무엇인지 모르고 있었다. '하나님이 나에게 정말 요구하시는 것이 무엇인지를 모르고 있다'는 사실에 가슴이 아팠다. 하나님 아버지의 마음을 몰라도 너무 몰라서 아직도 '내가 선교를 하고 있다'라는 잘못된 생각을 버리지 못하고 있었던 것이다. '선교는 하나님께서 하나님의 방법으로 하나님의 때에 하나님 자신의 일을 하시는 것이다!'라는 것을 몰랐던 것이다.

96년 만에 예수를 받아들이다

지금은 고인이 되신 故 하용조 목사님이 "전 세계에 수많은 미전도 지역이 있지만, 가장 복음을 전하기가 어렵고 힘든 나라 세 군데가 있는데 첫째는 북한 땅, 둘째는 무슬림 지역, 셋째는 유대인들"이라고 말씀하신 적이 있다.

많은 사람들이 이스라엘을 평생에 한 번은 오고 싶어 하는 버킷 리스트 중의 한 나라로 생각한다. 단연 '성지 순례'의 1순위 코스라고 할 정도로 매년 전 세계에서 수십만 명이 이스라엘을 방문한다. 그런데 이스라엘은 복음이 시작된 나라지만, 가장 복음에 대해서 적대적이고 복음을 받아들이지 않는 하나님의 눈동자요 하나님의 눈물과 아픔이 있는 잃어버린 땅이다.

모든 나라가 다 어렵고 힘이 들지만, 이스라엘은 오죽하면 선교사들 안에서 '선교사들의 무덤'이라고 불릴까? 그만큼 시간을 투자하고 사역을 해도 눈에 띄는 가시적 성과와 열매가 드러나지 않는 참으로 척박한 땅이다.

특히, 이스라엘에 사는 유대인들 중에는 홀로코스트에서 살아남은 생존자들이 있다. 자신들의 눈앞에서 부모와 형제가 무참히 살해되는 장면을 평생 간직하며 산다는 것은 참으로 형언하기 어려운 삶의 고통이다. 어쩌면 하나님을 가장 가까이 알 것 같은 사람들이 유대인들이지만 실상은 하나님으로부터 가장 멀리 떨어져 있는 사람들이 바로 유대인들이라고 할 수 있다.

우리 가정이 그동안 기도하며 복음의 교제를 나눈 유대인 할아버지가 계신데 그 분의 이름은 '야곱'(Jacob)이다. 연세는 96세인데 아주 정정하시다. 그 분에게 여러 번 예수님을 소개하고 복음의 교제를 나누었지만, 그 마음을 열기에는 참으로 많은 인내와 시간이 필요하였다. 왜냐하면 그 분도 홀로코스트 때 가족을 잃고 평생 하나님을 저주하고 원망하며 살아오셨기 때문이다. 그 분은 우리를 볼 때마다 늘 이런 질문을 하곤 하셨다.

"하나님이 살아 계시면 내가 좀 만나서 물어보고 싶은 게 있다네."

"하나님이 정말 계신다면 왜 유대인 대학살 때 우리 부모와 가족을 살리지 않았는가?"

"하나님이 정말 우리 유대인을 사랑하는지 어떻게 알 수 있는가?"

야곱 할아버지가 96년 동안 하나님을 향해 품고 있었던 것은 원통함과 슬픔 그리고 유대인 대학살에 대한 고통이었다. 그런데 얼마 전에 손을 펴고 마음을 열어 주님을 받아들이셨다. 이런 마음의 아픔과 상처를 지니고 평생 96년 동안 사신 분의 마음이 열려서 예수님을 주인으로, 메시아로 받아들이신 것은 무엇으로도 형용할 수 없는 하늘의 기쁨이었다.

내가 너희에게 이르노니 이와 같이 죄인 한 사람이 회개하면 하늘에서는 회개할 것 없는 의인 아흔아홉으로 말미암아 기뻐하는 것보다 더하리라

눅 15:7

CHAPTER 4

나를
다듬어가는
가족

괴물 같은 인생을 바꾸신 복음

〈아이 캔 온리 이매진〉(I can only imagine, 2018)이라는 영화를 본 적이 있다. '머시 미'(Mercy Me) 밴드의 리드 보컬이며, 많은 이들의 삶에 선한 영향력을 끼친 크리스천 싱어송라이터인 '바트 밀라드'(Bart Marshall Millard)의 삶을 영화로 만든 작품이다.

어릴 적부터 아버지의 폭행과 폭언으로 인해 학대의 아픔을 가진 사람. 부모의 이혼과 상처로 힘겨운 삶을 살았던 그에게 유일한 탈출구였던 음악. 거듭났으나 아버지를 용서하지 못하고 끊임없이 도망치며 벼랑 끝에서 하늘 아버지를 다시 만나 이 불후의 명곡을 쓴 그의 삶이 나에게는 전혀 낯설지 않았다. 오히려 마치 나의 이야기를 대변하는 것 같아 눈물이 많이 났다. 술만 먹으면 '괴물'이 되었다는 그의 아버지는 나의 아버지였기 때문이다.

술을 마시고 폭언과 욕설을 하고 우리 3남매에게 두려움과 증오심을 심어준 사람이 나의 아버지였다. 어머니와의 잦은 말다툼과 갈등들은 우리 남매들에게 정서적인 학대를 안겨주기에 충분하였다. 오죽했으면 어머니에게 "이혼해서 행복하게 남은 여생을 사시라"라고 아들인 내가 강권했겠는가!

세월이 흘러 주님을 인격적으로 만났지만, 나는 아버지를 다시 끌어안고 용서하기까지 30년이라는 시간이 지나야 했다. 하나님은 그런 나에게 아둘람 굴이 되어주셨다. 환난과 증오심과 원통함으로 마음이 상한 나를 아무 조건 없이 받아주셨고, 움켜쥐고 있던 주먹을 펴주셨다.

복음으로 인해 '괴물' 같은 아버지가 '사람'이 되었다. 복음으로 인해 '괴물 같은 나의 인생'이 '복음과 생명을 누리는 인생'이 되었다. 복음이 나의 아버지와 나의 인생을 바꾸셨다면, 다른 모든 사람도 하나님은 바꾸실 수 있는 분임을 나는 믿는다!!

거짓말이 탄로 나다

'자식 농사'는 마음대로 안 된다는 말을 많이 들었다. 1998년 한동대학교 기숙사 간사로 4년간 일하면서 만난 많은 목회자 자녀들과 선교사 자녀들을 보며 나는 정말 그들을 부러워했다.

"얼마나 행복할까!"

모태에서 신앙으로 자란 그들을 보며 20대에 예수를 만난 나와 비교하니 나 자신이 초라해 보일 정도였다. 물론 그들이 얼마나 아프고 힘든 시간을 보내야 했는지 그때는 정말 몰랐다.

오늘 아침에 한국에서 온 카톡을 받았다. 아들 세원이가 어젯밤에 핸드폰을 감추고 마치 잃어버렸다는 식으로 거짓말을 했다는 것을 교회 목사님을 통해 듣게 되었다. 이유가 어찌 되었든 간에 거짓말을 하게 한 뿌리는 '두려움'이었고, 자신도 잘못인 줄 알면서 하고 있는 모습에 괴로워했다는 이야기를 들었다.

목사님 방에서 한 시간 가까이 울었다는 이야기를 듣는 내 마음이 무척이나 아팠다. 부모와 떨어져 홀로서기를 하며, 낯선 환경 속에서 철저한 자기 존재적 절망을 본다는 것은 무척이나 괴롭고 힘든 일이다. 그러나 잘 포장해서 대충 회칠한 무덤으로, 종교인으로 사는 사람들도 많은데, 자신의 비열함과 더러움과 부정함이 빛 가운데 드러나는 것은 아픔이지만 또한 성장의 과정이라 생각한다.

나 또한 과거가 부정한 사람이 아닌가. 나 또한 과거에 거짓말을 하고, 나 자신을 보호하기 위해 감추고, 합리화해서 나의 이득을 취한 자가 아니었던가. 나 또한 '마귀의 종노릇' 한 '어둠의 자식'이 아니었던가!

아들에게 전화를 걸어 삶을 함께 나누고 기도해주었다.

"사랑하는 아들아! 이런 나 같은 자를 위해 주님이 오셨으니, 너무 절망하지는 말아라! 거짓말하고 있는 자신을 보며 애통해하는 눈물이 있다는 것은 너무나 큰 축복이니 말이다!"

나 잡아먹고 너 살아라

용돈을 주면 웃는 아이가 있다. 배가 고프면 짜증 내는 아이가 있다. 예상치 못한 일정이 생기면 성질부터 내는 아이가 있다. 맛있는 것을 사주면 좋아하는 아이가 있다. 긍정적인 말보다는 부정적인 말로 자신의 정체성을 드러내는 아이가 있다. 아빠에게 가장 많이 쓰는 단어가 "아니"와 "싫어" 두 가지인 아이가 있다! 그 아이가 나의 딸 보배이다.

아내가 보배에게 이렇게 물어본 적이 있다.

"보배야! 목회자 자녀들은 아빠가 교회를 개척하면 피아노 반주도 해야 하는데, 아빠가 혹시 나중에 교회 개척하면 너도 피아노 반주 할 거지?"

엄마의 말문을 닫은 보배의 대답은 "아니! 난 딴 교회 갈 건데."

감사하게도 보배는 15살이지만 '사춘기'를 보내고 있지 않다. '극사춘기'(주: 극도의 사춘기)를 보내고 있다. 자녀가 사춘기를 보내면 부모도 함께 그 시간을 보낸다고 한다. 솔직히 어떻게 대화를 해야 할지, 어떻게 이해를 하고 가르쳐야(?) 할지 좀처럼 '길'이 보이지 않는다. 종종 내가 낳은 자식이 맞는지 의구심이 수시로 들 정도이다.

오늘 하늘을 보는데 어떤 선교사님의 메시지가 문득 떠올랐다. 아니, 주님이 나를 이렇게 대하셨다는 감동이 밀려왔다.

"나 잡아먹고 너(요나) 살아라!"

유대인들은 자신이 하늘에서 내려온 떡이라는 예수님의 이야기를 듣고 서로 다투며 "이 사람이 어찌 능히 자기 살을 우리에게 주어 먹게 하겠느냐"(요 6:52)라고 말했다. 더욱이 이 사람은 요셉의 아들 예수이며, 사람들이 그의 부모도 알고 있는데 자신이 "하늘에서 내려왔다"라고 하니까 얼마나 황당한 일이겠는가! 그래서 투덜거리며 논쟁을 한 것이다.

그러나 예수님은 요셉이나 마리아가 아니라 하늘 위, 즉 만물 위에 계신 하나님 아버지로부터 오셨음을 증거하고 계신다. 오직 아버지의 품속에 거하신 주님만이 참이신 아버지를 볼 수 있었다. 아버지의 생명이 아들 안에, 아들 안에 아버지의 생명이 있으므로 아버지와 아들은 사랑과 복종의 관계 속에서 영광으로 드러나시게 된 것이다. 예수님을 믿는 자는 영생을 가졌고(현재형), 이 영생의 실체는 예수님의 살과 피이다.

"내 살은 참된 양식이요 내 피는 참된 음료로다"(요 6:55).

예수님은 자신을 '생명의 떡'이라고 하시면서 자신을 먹고 마셔야만 영생할 것이라고 하신다. 여기서 '영생'이란 요한복음 17장 3절의 말씀처럼 "유일하신 하나님과 그의 아들 예수 그리스도를 믿는 것"이다. 창세 전에 아버지와 말씀으로 함께 계셨던 주님이 육신으로 이 땅에 오셔서 '생명의 떡'을 주셨다. 누구든지 그분의 떡을 먹고 마시면 이 세상에서 영생의 삶을 살아가며, 죽은 후에도 창세 전에 아버지의 품속에 거하셨던 주님 안에서 살게 되는 것이다. 결국 나 또한 '예수 그리스도'를 매일 먹고 마심으로 살고 있지 않은가!

"사랑하는 아들과 딸아! 나 잡아먹고 너 살아라!"

예배드리기 싫어하는 딸을 보며

20대 초반에 주님을 극적으로 만나 변화 받은 나는 결혼하고 아름다운 가정을 이루어 믿음의 자녀들을 키워야겠다는 꿈을 많이 꾸었다. 내가 '역기능 가정'(dysfunctional family)에서 자랐기에, 나는 정말 행복하고 천국 같은 가정생활에 대한 부푼 꿈을 가지고 있었다.

행복한 결혼과 가정 그리고 자녀 양육에 대해 많은 책을 읽고, 많은 훈련과 세미나 강의에 시간과 재정을 들이며, 좋은 아빠요 훌륭한 사역자요 문무(?)를 겸비한 실력자가 되기 위해 노력하였다.

안타깝게도, 언제나 그러하듯이 이론과 실제는 너무나 다르기에, 결혼 후 내가 생각한 자녀 양육은 순조롭게 잘 되지 못했다. 정말 최선을 다했지만 하면 할수록 한계와 절망과 실패를 반복하며 '절벽' 끝에 서 있는 느낌이 들 때가 참으로 많았다.

자녀 양육에 관한 책을 읽을 때는 될 것 같아 보였는데, 유대인 자녀교육 세미나에 참석하고 전문 강사 자격증을 취득할 당시에는 나도 할 수 있겠다 싶었는데 웬걸?

'왜 이렇게 안 되지? 이게 아닌데?'

하면 할수록 안 되는 사역이 바로 자녀 양육인 것을 알게 되면서, 나는 참으로 나 자신에 대해 절망하고 나의 한계성을 처절히 배우게 되었다.

우리 가정은 매일 밤, 성경을 읽고 기도하는 시간을 가지는데, 얼마 전 보배가 "예배드리기 싫다!"라고 하는 것이었다. 1시간 예배도 아니고 잠시 같이 모여 성경 읽고 기도하는 그 시간조차 싫어하는 모습을 보며, 나는 화가 나기보다는 보배에게 고마운 마음이 먼저 들었다.

예배드리기 싫다는 말을 아빠인 나에게 직접적으로 해준 것이 우선 고마웠고, 자신의 감정과 생각을 표현함으로써 그 아이의 영적 상태와 갈급한 마음을 알게 되어서 고마웠다. 어른들은 예배드리기 싫어도 성숙함(?) 혹은 연륜(?)이라는 이름으로 교묘히 자신의 영적 상태를 가리고 '가면'을 쓰면서 아닌 척하는 경우가 얼마나 많은가! 오히려 솔직히 말해주는 보배의 말이 나는 좋았다.

'그래, 얼마나 예배드리기 싫을까!'

보이지 않은 그 하나님이 진짜 보이는 것처럼 영적으로 예배하는 것이 말처럼 쉬울까! 어른들도 힘든데 아이들이야 오죽할까 싶었다.

그러나 내가 아는 한 가지 사실은 보배가 주님을 정말 만나고 싶어 하는 영적인 갈급함과 목마름이 있다는 것이다. 예배드리기 싫다는 말은 역설적이게도 '정말 살아 있고 생명력 있는 예배를 드리고 싶고, 그 임재하시는 하나님의 능력에 압도되어 변화 받고 싶다'라는 다른 표현인 것이다! 그런데 우리는 우리 자녀들의 말 속에 감추어진 진짜 의미를 모를 때가 얼마나 많은지!

나는 성령이 운행하는 예배가 우리 가정에 회복되기를 기도한다. 습관과 종교적 형식에 치우쳐 아무런 감격과 눈물이 없이 '대충 땜빵' 하고 '대충 해치우는' 식의 종교성이 난무한 그런 예배는 지금까지 충분하지 않은가!

참으로 신기하게도, 예배드리기 싫어하는데도 한국에 들어갈 일이
있으면 신앙 캠프, 교회 수련회 그리고 영성 집회를 가려고 하는 모습
을 보면 나는 참 놀랍기도 하고 감사하기도 하다. 다녀오고 나면 다
시는 이런 모임을 가지 않겠다고 씩씩거리기도 하는데, 다음 해가 되
면 꼭 그 모임에 참석해 있는 신묘막측한 딸이다. 나로서는 할 수 없
지만, 주님이 주님의 방법으로 일을 하시는 것이 참으로 감사하다.

딸의 첫마디 기도에 하나님이 감격하신다

어느 날 아내가 힘든 내색을 하면서 "여보! 보배가 가정예배 드릴
때 하는 기도 들어봤어요?"라고 물었다.

"우리가 애들을 잘못 가르쳤어요."

"무슨 말입니까? 애들을 잘못 가르쳤다니….."

"어떻게 매일 자기 자신만을 위해 기도하는지 속이 답답합니다."

아빠가 목사요 선교사인데 민족이나 열방이나 잃어버린 영혼들이
나 아픈 타인을 위해서는 한마디도 하지 않고 자기중심적으로 기도
하는 딸의 모습을 보며 속이 상해서 한 말이다.

누구 탓을 할 수도 없고, 그 일로 부부가 언쟁하기도 뭣하고 해서
밖으로 나갔다. 몇 분 정도 걷다가 다시 집으로 돌아오는 길에 주님
이 이러한 감동을 주시는 것 같았다.

"오늘 밤에 가정예배 드릴 때 보배가 하는 기도의 첫마디가 무엇인지 잘 들어보아라."

그날 밤이 찾아왔다. 앉아 있는 아내의 모습이 별로 유쾌해 보이지 않았고, 보배도 그냥 와서 앉아 있는 전형적인 10대 아이의 모습이었다. 우리 가정은 같이 모여 성경을 읽고 기도하는 시간을 가졌다. 아내가 먼저 기도하였고, 그다음에 보배가 기도하기 시작했다. 나는 귀를 쫑긋 세우고, 보배가 무슨 기도를 가장 먼저 시작하는지 내 관점과 내 생각과 판단이 아니라 주님의 마음, 주님의 관점으로 듣기를 소원하며 들었다.

"하나님 아버지, 감사합니다."

그렇다! 보배는 항상 기도 첫머리를 "하나님 아버지 감사합니다"로 시작한다. 물론 그날 밤에도 보배는 자신을 위한 기도를 했음은 두말할 나위가 없다. 그런데 나는 그날 밤에 참으로 주님이 가장 기뻐하시는 최고의 기도가 바로 "감사합니다!"인 것을 알게 되었다.

"나는 보배가 항상 '감사합니다!'라고 기도를 시작할 때마다 감격이 된단다."

가식적이지 않고, 자신의 있는 모습 그대로 나아가 솔직히 기도하는 보배의 모습을 하나님은 참 다른 관점과 생각으로 보고 계시다는 사실이 놀라웠다.

신앙생활을 할수록 우리는 '가면'을 쓰고 기도를 하게 된다. 어른이 기 때문에, 직분자이기 때문에, 목사이기 때문에, 사역자이기 때문에 우리의 진솔한 면을 다른 사람들 앞에 드러내 보이려고 하지 않는다.

그렇다! 나는 선교사이기에, 목사이기에 기도를 좀 더 잘해야 하고, 유창해야 하고, 다른 사람 보기에 덕을 끼쳐야 하고, 개인적인 필요에 민감한 사람보다는 타인을 위해 늘 중보하는 그런 성숙한 사람의 모습을 보여야 한다는 무언의 학습된 것이 내 삶 속에 자리잡고 있다. 나도 가끔은 내 딸처럼 '진솔하고 가식 없는 솔직한' 기도를 하고 싶다.

아빠가 믿는 하나님은 왜 능력이 없어?

우리 아이들에게는 차에 대한 트라우마가 있다. 우리가 사는 동네는 선지가 엘리야가 하늘에서 불을 내린 갈멜산 자락이다.

아합이 이에 이스라엘의 모든 자손에게로 사람을 보내 선지자들을 갈멜산 으로 모으니라 엘리야가 모든 백성에게 가까이 나아가 이르되 너희가 어느 때까지 둘 사이에서 머뭇머뭇 하려느냐 여호와가 만일 하나님이면 그를 따르고 바알이 만일 하나님이면 그를 따를지니라 하니 백성이 말 한마디도 대답하지 아니하는지라 왕상 18:20,21

'하나님의 포도원'이라는 뜻의 갈멜산은 높이가 해발 550m 정도이며, 그 아래에는 이스라엘 북쪽에 위치한 아름다운 지중해 항구 도시 '하이파'(Haifa)가 자리잡고 있다. 갈멜산 앞쪽의 '이스르엘 골짜기'(Jezreel Valley)가 보이는 남동쪽 방향으로 25킬로미터 정도 산맥이 펼쳐져 있다.

고도의 높낮이가 있는 갈멜산 자락에 살면서 아이들은 교통의 불편함을 많이 경험하였다. 속이 울렁거리고 머리가 아프고, 약 9개월간 비가 한 방울도 오지 않는 이스라엘의 독특한 기후와 지형과 문화를 체험하면서 중고차도 없는 현실에 무척 고된 삶을 살아냈다.

차로 10분이면 갈 수 있는 곳을 버스를 기다려 두 번 갈아타고 가야 하는 것도 쉽지 않은 일이었지만, 교회 갈 때나 친구 초청으로 생일파티나 모임에 갈 때마다 차량 픽업 문제는 항상 해결하기 힘든 숙제였다. 매번 사람들에게 부탁해야 하고 가족들이 뿔뿔이 흩어져 다른 차를 타야 하고, 생일파티 등 모임이 끝나면 아이들 픽업 때문에 불편함을 감내해야 하는 시간을 8년이나 보낸 것은 어린 자녀들에게도 쉽지 않은 훈련이었다.

이스라엘에 온 지 얼마 안 되신 분들도 차량을 가지고 있었는데, 우리 가정만큼은 차량 구입이 참으로 쉽지 않았다. 어느 날, 딸 보배가 나에게 이런 질문을 했다.

"아빠는 하나님 믿어?"

"어, 그럼! 당연하지. 왜?"

"아빠가 믿는 하나님은 능력이 없어?"

"왜 그러니?"

"다른 사람들은 다 차가 있는데, 우리만 없잖아."

"하나님이 때가 되면 주실 거야! 보배야, 기도하면 되지."

"다른 목사님도 하나님 믿고 차를 구하셨는데, 아빠도 목사님인데 왜 차가 없어? 무슨 차이가 있어? 아빠는 정말 하나님 믿어?"

"……"

웃어야 할지 울어야 할지 참으로 난감한 상황이었고, 대답을 어떻게 해야 할지 몰랐다. 매일 걸어 다니고, 버스와 기차를 타고, 택시를 타고, 남의 차를 얻어 타는 삶이 참 쉬운 일이 아니라는 것은 이스라엘의 교통편을 경험하면서 더욱 느끼게 된 부분이었다.

그럼에도 불구하고 참으로 감사한 것은 지난 8년 동안 개인 차량 없이 대중교통을 이용하면서 많은 사람에게 복음을 전하고, 교제할 수 있는 특권을 얻은 것이다. 기차 안에서, 버스 안에서, 택시 안에서, 걸어 다니면서, 힘든 시간이었지만 구석구석 돌아다니며 도로와 차편을 파악하고 실제적인 삶의 현장을 보고 배울 수 있었던 것은 참으로 크나큰 특권이자 은혜였음을 알게 되었다.

나는 비천에 처할 줄도 알고 풍부에 처할 줄도 알아 모든 일 곧 배부름과 배고픔과 풍부와 궁핍에도 처할 줄 아는 일체의 비결을 배웠노라 빌 4:12

어떠한 조건과 상황 속에서도 하나님의 능력을 의심하지 않고 잠잠히 그분을 신뢰하는 믿음은 처음부터 생기지 않는다. 그러나 끊임없이 넘어지고, 다치고, 아프고, 어려워도 나를 점점 강하게 만들어 가시는 토기장이의 손길을 주목한다면 그분은 결국 나를 그렇게 빚어내신다.

누구를 위한 선교인가?

2011년 1월 29일, 이스라엘에 도착하고 나서 우리 가정은 아이들을 바로 '현지 유대인 학교'에 입학시키지 않았다. 아이들이 낯선 문화와 환경에 익숙해지고 생소한 히브리어를 습득할 수 있도록 집에서 약 4개월간 홈스쿨링을 하며 나름의 적응 기간을 보냈다. 그때 후원자분들에게 쓴 기도 편지를 최근에 읽으면서 마음이 아팠다.

"저희 아이들이 드디어 4개월간의 홈스쿨(?)을 마치고 학교와 유치원에 다니기 시작했습니다. 세원이는 학교 갈 때마다 조금 긴장을 하기도 하지만 조금씩 적응 중이구요, 보배도 유치원에 잘 다니고 있습니다. 동양인은 세원이와 보배가 이곳 학교와 유치원에서 처음이라 아이들이 신기해하는 것 같습니다. 알고 계시는 것처럼 언어는 히브리말을 사용하구요. 아직 친구들과 의사소통을 못 하지만 세계 공통어인 바디 랭귀지를 사용하면서 적응해 나가고 있답니다. 여전히 한국에 있는 친구들을 많이 그리워하며 가끔 울먹일 때, 안타까움과 부모로서 미안한 마음도 들고, 특별히 격려가 필요한 이 적응 기간에 넉넉히 잘 감당할 수 있도록 응원해 주십시오."

– '좌충우돌 요나의 세 번째 기도편지' 중에서

세원이는 조금(?) 긴장을 하지만 조금씩 적응 중이고 보배도 유치원에 잘 다니고 있지만, 한국을 그리워하고 친구로 인해 울먹일 때마다 마음이 아프다는 내용의 기도 편지였다.

사실 틀린 말이 아니지만, 맞는 말도 아니다! 아이들은 처음부터 이스라엘을 가고 싶어 하지 않았다. 자신들의 원함도 아니요 자신들의 헌신도 아니요 자신들의 이끄심도 아니고 다만 부모의 부르심을 따라 같이 간 것뿐이다. 아이들의 표현을 빌리면 '끌려간' 것이다.

예전에 종종 우리 아이들이 "우리는 이스라엘 오고 싶지 않았는데, 엄마 아빠 때문에 이곳에 끌려왔다"라는 말을 할 때 기분이 몹시 상해서 아이들을 혼내기도 하였다. 그런데 지금 정직히 돌이켜보면 아이들의 표현이 옳았다고 생각된다.

왜 이스라엘을 가야 하는지, 왜 유대인 선교를 해야 하는지, 왜 우리는 한국을 떠나야 하는지 그때 설명을 하고 아이들의 동의도 구했지만, 아이들은 어린 나이에 그 의미를 제대로 알지도 못했을뿐더러 부모의 헌신과 이끄심에 의한 무언의 압력(?)에 그저 같이 따라와준 것뿐이다. 아니 부모의 부르심에 의해 그저 '끌려간' 것이다.

얼마나 마음고생이 심했을까. 얼마나 유대인 학교에 가기 싫어했을까. 얼마나 한국을 그리워하고 부모를 많이 원망했을까. 얼마나 하나님을 많이 미워했을까….

세원이의 '이 갈이'(teeth grinding)는 그때부터 시작되었다. 매일 이를 갈면서 자는 아들을 보며 나는 별문제를 느끼지 못하고 그저 하나의 스트레스 정도로 생각하였다. 그 아들이 이스라엘이라는 낯선 땅에서 생존하기 위해 얼마나 몸부림치며 마음으로 삭이고 있는지 그 아픔에 진정으로 귀를 기울이지 못한 나는 못난 아빠이다.

아침마다 전쟁이었다. 세원이가 또 배가 아프다고 하면서 화장실에 들어가 30분 이상 나오지 않는 일은 흔한 일상이 되었다. 아침마다 늦잠을 자는 것이 게으른 습관인 줄 알고 혼을 많이 냈지만, 그것보다는 현지 유대인 학교에 가고 싶어 하지 않은 그 아이 나름의 생존 본능이었다는 것을 나중에 알게 되었다.

재촉하는 나의 모습, 학교 가기 싫어서 꾀병을 피우고 있다고 다그치기도 하고 혼을 내기도 하며 어린 아들의 마음을 헤아리지 못했던 미성숙한 나의 모습이 오버랩된다.

결국 아들 세원이는 '퇴행성 턱관절 디스크' 치료차 2018년 가을에 이스라엘을 떠나 대구에 있는 한 기숙사 학교에 들어가서 검정고시를 준비하고 있다. 그 아이의 '퇴행성 턱관절 디스크'는 치료가 힘든 질환이다. 양쪽 턱을 받치고 있는 디스크 중 하나는 완전히 닳아 없어졌고, 나머지 하나는 중간 정도에 걸쳐져 있다고 한다.

부모로서 세심하게 아이들을 살폈다면, 그 아이들의 아픔과 내면의 괴로움에 대해 진지하게 듣고 빠르게 대처해주었다면 이렇게까지 상황이 악화되지 않았을 텐데, 선교가 뭐길래 나의 눈과 귀는 이렇게 가리어져 있었는가?

"나는 정말 누구를 위해서 선교를 했는가?"

주님을 위해서 선교했다고 자부했다. 주님의 영광을 위해서 선교를 했다고 늘 고백했다. 그러나 나의 내면과 마음 깊은 곳에 감추어진 '선교적 동기'가 과연 '주님의 영광'인가, 아니면 나의 만족을 이루기 위한 '육신적인 동기'인가?

하나님 앞에 서면 주님이 이렇게 말씀하실까?

"최요나 선교사! 수고했어! 너는 나의 영광을 위해 너에게 잠시 맡긴 세원이와 보배를 희생시키면서까지 이스라엘 선교를 감당했으니 내가 큰 상을 내리겠노라."

그렇게 말씀하실 것 같지는 않다! 오히려 하나님이 우리 가정에 잠시 손님으로 맡겨주신 자녀들의 눈물과 아픔에 대해서 책임을 물으실 것 같다. 또한 연약한 그릇이요 생명의 은혜를 함께 이어받은 아내의 한숨과 상한 마음에 대해 함께 애통해하고 눈물을 흘리며 품어주지 못한 책임을 물으실 것 같다.

선교사의 꿈을 꾸고 있는 선교사 지망생들에게 그리고 선교지에서 지금도 선교적 사명을 감당하고 계시는 선교사들에게 주님은 이런 질문을 하실 것 같다.

"○○○ 선교사! 자네가 하고 있는 선교는 누구를 위한 선교인가? 나를 위한 선교인가, 아니면 나를 빙자하여 자네 자신을 위하는 선교인가?"

아들아! 딸아! 아빠를 용서해다오

2018년 7월 중순에 대전에 있는 학교에서 '선교사 가족 캠프'가 열렸다. 우리 가족은 함께 참여하면서 아이들과 복되고 유쾌한 시간을 보내고 싶었다. 아이들은 아이들대로, 부모들은 부모들대로 캠프 일정을 소화하면서 유익한 강의와 예배, 모임을 통해 재충전하고 서로의 삶을 이해하며 위로하는 복된 시간을 가지게 되었다.

캠프 마지막 날 밤이 되었다. 이날 밤은 나에게 평생 잊히지 않을 특별한 밤이었다. 캠프를 인도하시는 목사님이 그 자리에 있는 모든 스태프들과 선교사들, 아이들 앞에서 하고 싶고 나누고 싶은 이야기가 있다면 무대 중앙에 나와서 고백을 하라고 하셨다. 아마 캠프 기간을 통해 주님이 행하신 놀라운 일들이 있기에, 서로 나누며 은혜를 끼치는 시간을 가지고자 하신 것 같다.

시간이 지나가고 모임이 끝나갈 무렵, 아내가 옆구리를 찌르며 흘끔 나를 처다본다.

"당신, 아이들 앞에서 할 이야기 없어요?"

"……."

'주님! 제가 세원이, 보배에게 할 이야기가 있나요?'

이 질문을 하는 순간 내 눈에 눈물이 그렁그렁 맺히기 시작하면서 오늘 밤이 아니면 안 될 것 같은 부담감이 밀려왔다.

"이제 모임을 마치려고 합니다. 혹시 마지막 기회니까 나누고 싶으신 학생이나 선교사님 계시면 지금 나오세요."

사회를 보시는 목사님의 말씀이 떨어지기가 무섭게 나는 자리에서 일어나 무대 중앙으로 걸어 나갔다. 평소에 사람들 앞에 서서 설교할 때는 그렇게 떨리는 편이 아닌데, 그날은 무척이나 떨렸다. 마치 재판관 앞에 서 있는 사형수의 느낌이 들 정도였다.

"사랑하는 세원아, 보배야! 먼저 엄마 아빠를 따라 이스라엘에 함께 와줘서 고맙다. 참 많이 어렵고 힘들었을 텐데 아프지 않고 지금까지 건강하게 엄마 아빠의 아들로 딸로 살아줘서 고마워! 그리고 미안하다! 아빠가 목사이고 선교사이지만, 목사답지 못한 말과 행동들, 선교사답지 못한 거친 언행으로 너희들의 마음에 깊은 상처와 아픔을 주고, 폭언을 한 것을 용서해다오."

떨어지는 눈물과 회한에 섞인 울음소리가 나면서 함께 앉아 있던 스태프들과 선교사님들도 같이 우셨다. 왼쪽에 앉아 있던 세원이의 모습이 보이지 않았다. 알고 보니 나의 말을 듣고 어깨를 들썩이며 자리에 앉아서 울고 있었다. 보배를 향해서 동일한 고백을 하면서 용서를 구했다. 모임을 마치고 난 뒤에 세원이가 나에게 걸어 나왔다. 나는 아들과 딸을 안아주었다.

"사랑한다!"

"미안하다!"

"용서해다오!"

"엄마 아빠의 아들, 딸로 태어나줘서 고마워!"

이때를 기점으로 나와 아들과의 관계, 딸과의 관계가 조금씩 회복되기 시작하였다. 여전히 가야 할 길과 넘어야 할 산이 많이 있지만,

이제 조금은 알 것 같다. 만약 누군가 나에게 '선교의 시작과 완성'을 묻는 분이 있다면 나는 이렇게 정의 내리고 싶다.

선교의 시작은 '날마다 말씀으로 내 마음에 할례를 행하는 것'이고, 선교의 완성은 '자녀들 안에서 보여지는 하늘 아버지의 형상'이라고. 아직 철이 더 들어야 하지만, 이제 조금은 하늘 아버지의 마음을 알 것도 같다.

움켜쥔 손과 옹졸한 마음을 펼 때까지

어릴 적, 내 여동생은 손가락을 다쳐서 피가 나는 어려움에 처했을 때 '반창고'를 붙여서 그 아픈 상처가 다 나은 적이 있다. 그래서 그 사건 이후로 여동생에게는 반창고가 너무나 값지고 귀한 선물이 되었다. 여동생은 언제 어디서나 반창고를 가지고 다녔고, 어디 다치기만 해도 반창고를 붙이면 병이 다 낫는다는 믿음이 있었다. 그래서 반창고는 잠을 잘 때도 자기 머리맡에 두고 애지중지하며 아끼는, 일종의 '하나님'과 같은 존재였다.

그러던 어느 날, 오빠가 다쳐서 피가 나자 반창고를 조금만 달라고 부탁했다.

"나 반창고 하나만 줄래?"

"왜?"

"내 손가락에 피가 나서 그래. 네가 쓰는 반창고를 붙이면 나을 것 같은데 빌려줄래?"

"싫어!"

"왜 싫어? 내 손가락에 피가 나니까, 좀 도와줄 수 없겠니?"

"싫어! 이 반창고는 내 거야."

옆에서 보다 못 한 엄마가 둘 사이의 대화에 끼어들어 "오빠 손가락에 피가 나는데 반창고 하나 빌려주지 그러니? 엄마가 많이 사줄게" 했으나 동생은 "싫어! 이 반창고는 내 거야!" 하면서 거절했다.

여동생의 태도를 너무 비난하지 말라. 은혜도 모르고 옹졸하게 생각하는 그 동생의 움켜쥔 손에 대해서 너무 비판하지 않았으면 좋겠다. 왜냐하면 '내 모습'이기도 하니까 말이다.

모든 것이 주님의 은혜요 모든 것이 주님의 것이라 하지만, 우리의 움켜쥔 손과 마음을 펴기에는 수많은 시간과 고난의 훈련이 필요한 것은 왜일까? 우리의 짧은 인생 속에 하나님이 다루시는 단 한 가지의 중요한 훈련이 있다면 우리의 움켜쥔 손을 펴는 일이고, 우리의 옹졸한 마음을 주님의 마음으로 바꾸시는 것이라 생각한다. 그래서 하나님의 최고 소원인 "너희는 나의 백성이 되고, 나는 너희의 하나님이 되는 것"이 이루어지는 것이다.

아직도 가야 할 길이 멀다. 나는 여전히 손을 움켜쥐고 있고, 옹졸한 마음을 내려놓지 못하는 내 모습에 절망하기도 하지만, 나를 부르신 주님이 날마다 온전케 하시고 그리스도의 장성한 분량에 이르게 하실 것을 믿는다.

38년 된 질환 '소레아시스'

초등학교 어느 시점부터인가 피부에 이상한 반점이 생기면서 몸이 간지럽기 시작했다. 중학교에 들어가면서부터 나의 피부 질환은 점점 심해지기 시작했는데, 밤에 잠을 자지 못할 정도로 가려워서 피가 나도록 긁었다. 그때, 당시에 좋다고 하는 약을 구해서 먹기도 하고, 약초를 찾아 이리저리 헤매기도 하였다.

머리끝부터 발끝까지 성한 곳이 하나도 없는 그야말로 '문둥병 환자'였다. 한여름에는 항상 긴 팔과 긴 바지를 입고 다녀야 했고, 공중목욕탕은 가보지도 못하고 늘 집에서 목욕해야 했다. 피부병이 너무 심해서 목에는 항상 남들이 보지 못하게 손수건을 두르고 학교를 다녀야 했고, 체육 시간에는 몰래 화장실에 가서 옷을 갈아입고 운동하고, 다시 화장실에 가서 평상복으로 갈아입는 일이 일상이었다.

도무지 해결되지 않아 부모님이 용하다는 무당 할머니를 데리고 와서, 평생에 잊지 못할 치료(?)를 몇 개월 동안 받기도 했다(예수님을 믿기 전의 일이다). 그 할머니는 내 몸속에 나쁜 피가 있어서 생기는 병이라고 하면서 '몸의 악한 기운'을 쫓아내는 의식을 하고, 머리부터 발끝까지 바늘로 온몸을 따고, 부황으로 피를 짜내고 그 위에 알코

올을 발랐다. 온 집에 피와 알코올 냄새가 진동하고, 부모님도 내가 고통스러워하는 모습을 차마 보지 못하고 방에 들어가실 정도였다.

치료(?)가 끝난 뒤 추운 겨울바람이 부는 집 밖에 나가 하늘을 보며 우두커니 앉아 있는 내 눈에서는 눈물이 하염없이 흘러내렸다.

'나는 왜 이 세상에 태어났지?'

'내가 이 세상에서 살아야 할 이유가 뭐지?'

세상에 버려진 고아와 같은 고독감이 휘몰아쳤고, 이렇게 태어나도록 한 부모에 대한 원망과 저주에 가슴을 쳤다. 내 삶에 대한 지독한 좌절을 경험한 것이다.

대학교 1학년 입학한 뒤 얼마 지나지 않아 자살을 결심하였다. 평생 치료가 안 되는 만성 질환인 '소레아시스'(Psoriasis 심상선 건선 피부병)에 대한 원망, 나 자신과 부모에 대한 지독한 저주들 그리고 지나온 삶의 고독감이 나를 감쌌다. 죽음 외에는 답이 없어 보여서 약국에 가서 '약'을 구매하려고도 했다.

'나는 실패자다!'

'나는 시대를 잘못 타고났다!'

'나는 부모를 잘못 만나서 이런 저주받은 인생을 사는 것이 아닌가!'

'내가 뭘 잘못했기에 내 인생은 이런가?'

'나 같은 피부병 환자에게 누가 결혼하자고 할 수 있을까?'

나는 지금도 밤에 잘 때 몸이 너무 간지러워 긁으면서 잔다. 때로는 속옷에 피가 묻어서 아내가 안타까운 마음에 나의 등을 긁어주기도 하고, 온몸을 피가 나도록 벌겋게 긁고 있는 모습에 고개를 돌리며 방을 나가기도 한다. 예수님을 믿고 구원받으면 전능하신 하나님이 나의 병을 치유해주시리라 믿었지만, 나는 보기 좋게 속았다! 지금도 나는 38년째 그 병을 가지고 있고, 샤워할 때마다 흉측스러워 보이는 나의 피부 질환을 보며 머리를 숙인다.

"하나님! 이럴 수 있습니까?"

"이거 너무 하신 거 아닙니까?"

"도대체 무엇 때문에 이러십니까?"

"왜 저만 이렇게 살아야 합니까?"

이유는 모르겠으나 다만 한 가지 아는 분명한 사실은 그분은 나의 실패한 인생 속에 찾아오셔서 언제나 신실하셨다는 것이다! 그리고 지난 세월 동안 모든 것을 합력해서 '선'을 이루셨다.

우리가 알거니와 하나님을 사랑하는 자 곧 그의 뜻대로 부르심을 입은 자들에게는 모든 것이 합력하여 선을 이루느니라 롬 8:28

하나님께서 어떻게 선을 이루셨는가? 피부병이 낫고 낫지 않고는 더 이상 나에게 문제가 되지 않는 마음을 가지게 된 것이 하나님께서 이루신 '선'이다. 예전에는 이 병을 고쳐달라고, 치료해달라고, 그리고 완치만 되면 모든 것을 드리며 주 앞에 헌신하겠다고 마음에도 없는 고백을 참 많이 했다.

지금은 이 질병이 낫지 않기를 기도하곤 한다. 왜냐하면 이 병으로 인해 주님을 만났고, 이 병은 주 앞에 더 가까이 나아가도록 돕는 귀한 축복의 도구이기 때문이다. 가장 큰 축복과 은혜는 피부병이 여전히 있고 가려움에 고통스러워 잠을 못 이루어도, 주님을 향한 목마름과 갈급한 심령이 내 안에 부어져 있다는 것이다. 그것이 얼마나 감사한지 모른다.

> … 그가 친히 말씀하시기를 내가 결코 너희를 버리지 아니하고 너희를 떠나지 아니하리라 하셨느니라 히 13:5

세상 사람 다 나를 버려도 주님이 나를 버리지 않고 영원히 떠나지 않는 이 한 가지 사실만으로도 나는 나의 인생을 주님께 올인 할 충분한 이유가 된다고 믿는다.

배우자 때문에 고통받는 분들만 '아멘' 합시다!

얼마 전 강원도의 한 대학교에서 하루 특강이 있어서 다녀왔다. 강원도 지역에서 작은 목회를 하시는 여러 교회 목사님들과 사모님들을 모시고 집회를 하는 힐링 캠프였다. 하나님께서 나의 삶을 나눌 수 있도록 그 자리에 설 기회를 주신 것은 큰 은혜이자 축복이었다.

말씀을 나누기에 앞서서 이런 멘트로 시작하였는데 정말 놀라운 반응이 나왔다.

"오늘 이 집회에 오시기 전에 부부끼리 서로 싸우신 분들만 마음으로 '아멘' 합시다!"

아무도 "아멘"을 외치지 않았지만 입가에 조용히 웃음을 띤 회중들의 표정을 보고 나는 눈치를 챘다. 다시 한번 큰소리로 말했다.

"남편 목사님의 설교에 은혜를 잘 받지 못하시는 사모님들만 마음으로 '아멘' 합시다!"

역시 회중들은 조용했지만 많은 분이 마음으로 "아멘" 하고 있다는 것을 그분들의 표정을 보면서 금방 알 수 있었다.

"사모님의 잔소리 때문에 마음의 깊은 고통을 가지고 계신 목사님들만 큰 소리로 '아멘' 합시다!"

"아멘!"

얼마나 "아멘!"을 크게 하시는지, 농담인지 진담인지 구분이 안 될 정도로 큰 '아멘'이 나왔다. 10년을 설교해도, 20년을 설교해도, 30년을 설교해도 같이 사는 아내가 인정해주고 감동 받는 경우는 무척 드문 것 같다. 내 경우도 마찬가지이다. 매번 설교를 하지만, 나의 설교를 듣고 아내가 깊이 고무되거나 감동 받아서 칭찬으로 피드백이 온 경우는 별로 없는 것 같다. 이유는 아주 단순하다.

"당신은 설교는 그럴듯하게 하는데, 그렇게 살지 않아요!"

설교한 대로 살지 못하는 목회자들도 괴롭지만, 그러한 남편을 매일 보는 아내도 힘들 것이다. 그래도 날마다 우리를 바꾸어가시는 주의 열심을 기대하며 남편을 응원하는 목소리가 더욱 많아졌으면 좋겠다.

그리고 다른 사역자들과 나의 남편을 '비교'하지 않기를 간절히 원한다. 비교한다는 것은 내 안에 열등감이 있다는 것이고, 열등감이 있다는 것은 내 안에 우월감이 반작용하고 있다는 것이고, 우월감이 있다는 것은 내 안에 교만이 작동하고 있는 것이다.

그런데 주님은 교만한 자를 대적하고 겸손한 자에게 은혜를 베푸는 분이시기에, 나의 남편을 끝없이 정죄하고 비교하는 것은 결국 주님을 대적하는 것과 똑같기 때문이다.

> 젊은 자들아 이와 같이 장로들에게 순종하고 다 서로 겸손으로 허리를 동이라 하나님은 교만한 자를 대적하시되 겸손한 자들에게는 은혜를 주시느니라 벧전 5:5

남편의 권위를 무시하는 자매님들에게

결혼하고 부부로서 한몸이 되어가는 과정은 하나님이 우리에게 주신 큰 축복이자 선물이지만, 평생에 걸쳐 해결해 나가야 할 또 다른 삶의 무게이자 숙제인 것 같다. 서로 사랑해서 결혼했지만, 허니문 기간을 제외한 나머지 삶의 여정을 통해 두 사람이 하나가 되어 동행하는 과정은 그리 녹록하지는 않은 것 같다.

> 두 사람이 뜻이 같지 않은데 어찌 동행하겠으며 암 3:3

아내와 지금까지 살아온 19년간의 결혼 생활은 '기적 중의 기적'이

라 할 수 있을 것이다. 왜 그렇게 많이 갈등하고 힘겨워했는지 곰곰이
생각해보면 정말 아연실색하게 된다.

"서로 다르기 때문에 싸웠다."

"더 좋은 것을 가르쳐주기 위해 싸웠다."

"더 나은 방법이 있어서 싸웠다."

"사랑하기 때문에 싸웠다."

"아무것도 아닌 것인데 싸웠다."

남자는 자존심으로 산다는 말이 있다. 부부가 살면서 다투고 싸
울 때도 있지만 넘지 말아야 할 선이 있는 것 같다. 혹시 내가 이렇게
나의 남편에게 반응한 적은 없는지 살펴보았으면 좋겠다. 물론 이 부
분은 남편에게도 똑같이 적용되어야 하는 원칙이다.

내 남편(아내)을 다른 사람과 비교하지 말고, 다른 사역자와 '사역
비교'도 하지 말자. 나와 같이 사는 남편(아내)의 과거와 연약함을 싸
울 때마다 끄집어내지 말자. 나와 함께 사는 남편(아내)의 가족을 '싸
움의 재료'로 쓰지 말자! 서로 사랑하고 존귀하게 여기며 살아가기에
도 우리의 인생은 너무나 짧다.

우리의 연수가 칠십이요 강건하면 팔십이라도 그 연수의 자랑은 수고와 슬
픔뿐이요 신속히 가니 우리가 날아가나이다 시 90:10

그러함에도 우리는 내가 생각하고 판단하는 나만의 옳고 그름의
기준이 최고이기 때문에 늘 그런 기준으로 배우자를 재단하고, 바꾸

려고 하는 우(愚)를 범한다. 무엇보다 정말 중요한 진리 중 한 가지는, 가정을 세우고 질서를 세우신 주님의 관점에서, 남편의 권위를 무시하는 것은 결국 주님을 무시하고 경멸하는 것과 같다는 것이다. 남편을 가정의 머리로 세우고 권위를 주신 분이 주님이시기에 남편을 비난하는 것은 결국 주님을 비난하는 것과 똑같기 때문이다.

남편을 원망하는 것은 그 가정의 머리로 세우신 주님을 원망하는 것과 같다. 남편을 비난하는 것은 그 가정을 이끌고 계시는 주님을 비난하는 것과 같다. 남편을 험담하는 것은 그 가정에 임재하고 계시는 주님을 험담하는 것과 같다. 남편을 비판하고 남과 비교하며 인격적인 모욕감을 주는 것은 남편 안에 거하시는 주님을 경멸하는 것과 동일하다!

남편의 권위를 무시하고 남편에게 원망과 비난의 화살을 쏘고 난 뒤에 혼자 성경 읽고, 교회 가서 기도하고 예배드리는 '죄'를 범하지 않기를 기도한다. 왜냐하면 그러한 마음의 자세와 태도는 나 자신을 '위로'하려는 '자기중심적 종교 행위'에 지나지 않으므로 주님께 열납되지 않을 뿐만 아니라 주님이 보시기에 너무나 가증스럽기 때문이다. 한낱 내 마음을 위로하려는 '자기중심적 종교 행위'에 지나지 않는 것을 '독실한 신앙의 모습'으로 둔갑시키지 않았으면 좋겠다.

그러므로 예물을 제단에 드리려다가 거기서 네 형제에게 원망들을 만한 일이 있는 것이 생각나거든 예물을 제단 앞에 두고 먼저 가서 형제와 화목하고 그 후에 와서 예물을 드리라 마 5:23,24

아내의 권면을 무시하는 형제님들에게

예전에 어떤 선교 기관에서 섬기면서 상담 관련 사역을 한 적이 있다. 개인 상담과 가정 상담을 통한 훈련을 받으면서 나는 나 자신의 과거와 화해하고 부모님을 더 잘 이해할 수 있었고, 앞으로의 가정생활에 대해서 무척 큰 도움과 방향성을 잡게 되었다고 자부하였다.

이론을 배우고 상담의 여러 가지 기술을 배우면서 아내의 모든 것(?)이 보이기 시작했다. 매 순간 대화하면서 발견되는 모든 것에 대해서 나는 무척이나 '상담학적인 방법'으로 아내를 이해하려고 접근하고 도움을 주려고 하였다. 아내의 어린 시절, 과거의 연약함, 가정 안에서의 위치와 관계, 가족 구성원들의 삶의 모습을 나름 철저히(?) 해부하면서 하나하나 퍼즐을 맞추어 가듯이 이야기하였지만 아내는 무척이나 힘들어하였고, 도움이 되기는커녕 오히려 부메랑이 되어 나에게 돌아오는 경우가 많았다.

'뭐가 문제지?'

어느 날 주님이 내 마음에 이러한 감동과 말씀을 주시는 것 같았다.

"왜 너는 네 아내를 너의 기준과 잣대로 판단하고 해부하느냐? 네가 배운 상담의 지식과 기술이 아내를 살리는 것이 아니라 오히려 죽이고 있지 않느냐?"

나는 아내를 돕기 위해 여러 가지 방법을 동원해서 도우려고 했지만, 아무런 도움이 되지는 못했다.

그리고 나는 아내의 권면을 무시하며 살았던 것 같다. 아내는 내가 배운 상담의 지식이 없었다. 또한 내가 배운 상담학적인 기술에 대해서 알지 못한다. 그러나 남편을 사랑하고 남편과 함께 살면서 느끼는 감정들과 권면은 다른 사람들이 충고해줄 수 없었던 귀한 보석과도 같은 것들이었다.

　우리나라에 "쓴 약은 몸에 달다"라는 속담이 있지만, 아내의 권면과 충고는 "쓴 약" 정도가 아니라 "사약"일 때가 많았다! 그래서 그런 건지는 몰라도 듣지 않으려고 한 것도 알고 보면 나의 '알량한 자존심' 때문이 아니었던가!

　복음 안에서 교제하던 목사님께서 어느 날 웃으며 이렇게 말씀하신 것이 기억난다.

　"최 선교사님, 나를 바꾼 사람이 누군지 아세요?"

　"누구입니까?"

　"나와 가장 오래 같이 산 사람이 나를 가장 잘 알고 있습니다!"

　"그거야 그렇지요."

　"어쩌면 그렇게 내가 듣고 싶지 않은 말만 하는지 마음 아플 때가 많았습니다. 그런데 나중에 시간이 흘러서 나이가 들어보니 나를 가장 많이 성장시키고 성숙시켜준 사람이 바로 제 아내였습니다."

　"……"

　"남편을 변화시키는 것은 아내의 역할이고, 부모를 변화시키는 사람은 자녀들입니다!"

　"……"

곰곰이 생각해보면 과거의 나를 지금의 나로 바꾸어 성장시키고, 성숙시켜준 사람은 당연히 '아내'이다.

얼마 전에 아내는 기도할 때 주님이 자신에게 이런 감동과 말씀을 주시는 것 같다고 하면서 나에게 "당신과 함께 이 땅에 사는 것만으로도 나의 할 일은 다한 것 같아요"라고 말했다.

"대단한 사역을 한 것은 없지만, 당신과 함께 이 땅에 살고 자녀를 양육하는 것만으로도 나는 이 땅에서 나의 소명을 다한 삶이라고 생각합니다!"라는 말에 눈물 나도록 미안하고 감격스러웠다.

사모들의 '보이지 않는 병'

아내는 세 번에 걸쳐 큰 수술을 했는데, '갑상선 암 수술', '자궁 적출' 그리고 목 뒤에 있는 '지방종 제거' 수술이다. 그렇게 건강하고 활발하게 살던 아내가 갑상선을 제거하고 난 뒤에 체력이 무너지고, 호르몬이 나오지 않아 호르몬 약을 매일 먹게 되었는데 밤마다 피곤해하는 모습이 나에게는 무척 낯설게 다가왔다. 어떻게 도와줄 방법이 보이지 않아서 시행착오의 시간을 겪어야만 했다.

갑상선 수술 이후 두 번에 걸친 다른 수술을 하게 되었을 때는 정말 힘들었다. 하나님나라를 위해 선교하러 나가서 아이들은 아이들대로 영혼과 마음이 무너지면서 상처를 받았고, 아내는 수술로 인한 육체적 한계와 정서적 고통에 시달려야 했다.

성도들은 무심히 말한다.

"선교사가 다 그 정도 각오하고 나가는 것 아닌가요?"

"선교사가 부르심을 따라 순종해서 가는 건데 주님이 다 책임져주실 겁니다."

그렇다! 그 정도 각오하고 나갔으니 아프다는 말도 하면 안 되고 나의 약점과 부족함과 상처를 드러내서도 안 된다.

그래서 그런지 목회자나 선교사의 사모님들은 '보이지 않는 질병'을 많이 앓고 계시는 것 같다. 그 대표적인 병이 바로 '홧병'(?), 우울증, 부인과 질환, 암, 자살 충동 등이다. 이 질병들은 내 아내가 한 번씩 겪었던 증상으로 나에게 이야기했던 것들이기도 하다.

"여보! 나 빨리 죽어서 천국에 가고 싶어."

"무슨 말을 하는 거예요?"

"나 너무 힘들어요."

"뭐가 힘들다는 거예요?"

"당신과의 관계도 힘들고, 사춘기를 겪고 있는 아이들과의 관계도 힘들고, 그냥 빨리 주님 곁에 가고 싶어요."

"당신 너무 이기적인 사람이네요. 나와 아이들은 어쩌라고 그런 소리를 하는 겁니까?"

이런 볼멘소리를 하는 사람이 내 아내만은 아닐 것이다. 분명 드러나지는 않지만, 교회 안에서, 선교지에서 그리고 가정에서 힘겨운 싸움을 싸우고 있는 수많은 자매님들의 하소연일 수 있다고 생각한다. 이런 고백을 해준 나의 아내가 참으로 고맙다. 왜냐하면, 너무나 살고 싶어서 하는 말이라는 것을 나는 알기 때문이다.

나는 이 땅에서 사역하는 모든 목회자, 선교사 사모님들은 자녀가 결혼해서 아이를 낳고 기를 때까지 오래오래 건강하게 사셨으면 좋겠다. 나의 자녀들이 결혼할 때 옆에 부모가 없다면 얼마나 큰 상처와 아픔이 될까. 내 딸이 결혼해서 아기를 낳을 때 옆에 부모가 있다면 얼마나 큰 힘과 위로가 될까. 그 아이들이 자녀를 키우면서 버거워할 때 부모가 상담해주고 함께 걸어가는 인생의 동반자로 격려해준다면 그들이 얼마나 하나님 아버지의 사랑에 감격하며 살아갈까!

나는 너의 립서비스에 속지 않는다!

아들 세원이가 태어난 지 3개월 만에 수술대에 오르게 되었다. '치루'(anal fistula)라는 질환이었는데, 재발을 막기 위해 수술을 결정한 것이다. 수술 전날 관장을 해야 하는데, 아이가 무척이나 고통스러워했다. 태어난 지 이제 3개월 된 아이에게 관장을 시키고 전신 마취를 해서 수술하는 과정을 지켜보려니 참으로 힘들었다. 더욱이 간호사가 어린 아기의 혈관을 찾지 못해 주삿바늘을 여러 군데 찌르는 것을 보니 도무지 견딜 수가 없었다.

병원 복도를 왔다 갔다 하면서 마음을 진정시키고, 함께 기도해주시는 분들에게 기도 제목을 나누었다. 밤새도록 우는 아이를 붙들고, 병원 한 켠에 힘이 다 빠진 채로 앉아 있던 늦은 밤 시각, 섬광처럼 주님의 말씀이 내 마음을 두드리셨다.

"세원이는 누구의 아들이니?"

"아… 그야 주님의 아들입니다."

"세원이는 내가 너희 가정에 잠시 맡긴 나의 아들이다."

"네… 알고 있습니다."

"나는 너의 하나님이며, 나는 내가 원하는 대로 할 수 있는 너의 주 (Lord)이다!"

"무슨 말씀인지 알겠습니다. 주님 뜻대로 하세요. 제가 잘못했습니다!"

그날 늦은 밤에 찾아오신 주의 음성에 나는 재를 뒤집어쓰고 회개하는 시간을 가졌다. 하나님이 나의 주인(Lord)이며, 왕(King)이 되시며, 모든 것이 되신다는 신앙의 고백은 교회 안에서만 이루어지는 것이 아니라, 실제적인 삶의 현장에서 나의 입술의 열매가 되어야 한다. 하나님은 나의 '립 서비스'(lip service)에 속지 않으시는 분이다.

> 하나님은 사람이 아니시니 거짓말을 하지 않으시고 인생이 아니시니 후회가 없으시도다 어찌 그 말씀하신 바를 행하지 않으시며 하신 말씀을 실행하지 않으시랴 민 23:19

세원이의 전신 마취와 수술 과정을 통해 하나님은 하나님이 나의 주인이 되지 못하고 내가 나의 주인 노릇을 하고 있다는 것을 알려주신 것이다. 마치 하나님을 나의 종으로 여기고, 내가 원하는 대로 움직이고 응답해야 하는 이방신처럼 하나님을 그렇게 대한 나의 잘못된 태도를 책망하신 것이다. 무슨 일이 발생하고 어떤 결과가 있든지 "하나님은 선하시다"라는 고백은 더 이상 립 서비스에 머물러서는 안 된다는 것을 배웠다.

그렇게 시간이 흘러 가서 이러한 일이 다시 발생하지 않을 것 같았는데, 몇 년이 지나 사랑하는 아내가 수술대에 오르게 되었다. 그것도 아들 세원이가 수술했던 그 병원에 입원해 갑상선 암 수술을 받게 되었다. 간단한 수술이라고 하지만 기분이 참 묘했다. 아들이 입원하고 수술한 그 병원에 똑같이 입원하고 수술하는 과정을 지켜보면서 나는 하나님께서 주시는 어떤 메시지가 있다는 것을 느끼게 되었다.

"주님! 아내의 수술 가운데 긍휼을 베푸소서."

"네 아내는 누구의 것이니?"

"그야… 주님의 딸입니다."

"네 아내는 내가 너에게 잠시 맡긴 사랑하는 나의 딸이다."

"네, 주님 뜻대로 하세요. 그리고 제가 잘못했습니다. 당신이 나에게 잠시 맡겨준 당신의 딸을 제가 존귀히 여기지 못했습니다."

내가 주께 대하여 귀로 듣기만 하였사오나 이제는 눈으로 주를 뵈옵나이다 그러므로 내가 스스로 거두어들이고 티끌과 재 가운데에서 회개하나이다 욥 42:5,6

하나님은 내가 꾹 움켜쥐고, 놓지 못하고, 포기가 잘 안 되는 내 삶의 가장 연약한 부분을 만지셨다. 그것은 '죽음에 대한 두려움'과 '사랑하는 가족'이었다. 그 이후 아내는 갑상선 호르몬이 나오지 않아 체력적으로, 감정적으로 무척 힘든 시간을 보냈다. 그리고 나서 최근에 두 번이나 큰 수술을 다시 하게 되면서 나는 나의 손을 펴게 되었다. 내가 할 수 있는 것이 아무것도 없다는 사실과 손을 펴서 하늘을 향해 주의 자비하심만을 바라는 것이 내가 할 수 있는, 그리고 하나님이 가장 기뻐하시는 일임을 배우게 된 것이다.

그렇게 몸이 힘들고, 체력적으로 감당이 안 될 것 같은 연약한 아내를 통해 나는 오늘도 주의 마음을 배운다. 육체를 따라 지혜로운 자도 아니요, 능한 자도 아니요, 문벌이 좋은 자도 아니다. 나는 가장 연약하고 가장 부족해 보이는 아내를 통해, 진정한 선교의 핵심은 '영혼에 대한 깊은 사랑'임을 다시 배우고 있다.

형제들아 너희를 부르심을 보라 육체를 따라 지혜로운 자가 많지 아니하며 능한 자가 많지 아니하며 문벌 좋은 자가 많지 아니하도다 그러나 하나님께서 세상의 미련한 것들을 택하사 지혜 있는 자들을 부끄럽게 하려 하시고 세상의 약한 것들을 택하사 강한 것들을 부끄럽게 하려 하시며 하나님께서 세상의 천한 것들과 멸시받는 것들과 없는 것들을 택하사 있는 것들을 폐하려 하시나니 이는 아무 육체도 하나님 앞에서 자랑하지 못하게 하려 하심이라 고전 1:26-29

CHAPTER 5

선교사를
세우는 말,
넘어뜨리는 말

낯선 고향에 이방인이 되다

한국에 들어올 때마다 어디서 묵어야 하는지 늘 고민이 된다. 혼자 올 때는 별문제가 없지만, 가족을 데리고 한국에 들어와서 한 달 이상 체류할 경우에는 이야기가 달라진다. 숙소와 차량을 구해야 하고 식사 문제를 해결해야 하는 등 의외로 준비하고 해야 할 일들이 많다. 한 달이 무척 긴 시간 같아 보이지만 실제로 가족들을 만나고, 후원 교회를 방문하고, 건강 검진 등을 하다 보면 한 달의 시간은 무척 짧게 느껴진다.

예전에 두 아이와 아내를 데리고 한국에 잠시 들어온 적이 있었다. 머물 곳을 이스라엘에서 찾기 시작하였는데, '선교관', '게스트룸', '안식관' 등 머물 만한 숙소를 수소문하고 알아보았지만 4인 가족이 머물 장소를 찾기가 쉽지 않았다. 우여곡절 끝에 한 교회를 찾아서 한 달 '게스트룸' 신청을 하고 들어갔다.

그 숙소는 '원룸' 숙소였다. 방 한 개 안에 화장실, 싱크대, 침대와 베란다 등이 있었다. 여행용 가방과 짐들을 한쪽 구석에 모아 두고, 우리 가족은 그 숙소에서 두 달을 살았다(원래 한 달만 있기로 했는데 갈 곳이 없어서 한 달 연장 신청을 했다). 그리고 그 후에는 경기 외곽 지역에 있는 다른 교회의 '선교관'으로 옮겨 한 달을 살았다. 거기도 방이 하나 있는 원룸 숙소였다.

이스라엘에 있다가 와서 그런지 몰라도, 너무나 바쁘고 분주한 한국 사회에 적응하는 것이 쉽지 않았다. 아이들의 친구들은 주로 학원에 있다 보니 밤늦게 집에 오고 친구를 만날 시간조차 없는 모습에 우리 가족은 한국이라는 곳이 '낯선 고향'과도 같이 느껴졌다.

어느 날 밤, 교회 숙소에서 피곤에 지쳐서 자고 있는 두 아이와 아내의 모습에 내 시선이 멈추었다. 나는 수많은 차들이 지나가는 교차로가 비추어지는 창문 앞에서 묘한 슬픔을 느끼며 이런 독백을 하게 되었다.

"왜 한국에 나왔지?"

"수많은 아파트와 집들이 보이는데 우리 가족이 머물 숙소가 이렇게 한 군데도 없나…"

"단 한 달만이라도 마음 편히 지낼 수 있는 곳이 그리 없을까…"

"그냥 이스라엘에 있어야 하는데, 우리 가정은 한국에서 이방인이구나!"

수많은 선교사와 그 가정이 매년 여름 혹은 겨울 방학을 맞아, 여러 가지 개인적인 이유로 고국을 방문한다. 여유가 되거나 머물 숙소가 있는 분들은 별걱정이 없겠지만, 대부분의 선교사들은 한국에 오더라도 '낯선 고향'과도 같은 한국 사회의 삶을 보면서 늘 '이방인'과 같은 불편함을 느끼곤 한다.

"오늘 우리는 어디서 자야 할까?"

한 서기관이 나아와 예수께 아뢰되 선생님이여 어디로 가시든지 저는 따르리이다 예수께서 이르시되 여우도 굴이 있고 공중의 새도 거처가 있으되 인자는 머리 둘 곳이 없다 하시더라 마 8:19,20

다음에 한국을 방문하게 된다면 나는 이런 곳에 가서 머물고 싶다. 첫째, 눈칫밥이 없는 곳에서 묵고 싶다. 둘째, 삼시 세끼, 요리하지 않고 나오는 밥을 먹고 싶다. 셋째, 다른 사람의 지나친 관심과 부담감 없이 두 발 뻗고 잠을 잘 수 있는 곳이면 좋겠다. 넷째, 차량이 제공되어 일을 보러 다닐 때 불편함이 없었으면 좋겠다. 다섯째, 빨래와 건조가 가능하고 부엌과 욕실이 있으며 가끔 산책할 수 있는 등산로도 있으면 좋겠다. 여섯째, 무더위에 에어컨은 꼭 있었으면 좋겠다. 그리고 따뜻한 예배와 말씀, 커피 한 잔의 여유가 있는 곳이면 더욱 좋겠다.

너무 과한 기도 제목일까? 선교사가 너무 욕심이 많은 것일까? 나는 아니라고 생각한다. 일상생활에서 오는 작은 행복감을 이곳 한국에서도 잠시지만 누리며 살고 싶다. 죄 많은 이 세상이 내 집은 아니지만 그래도 잠시 머무는 이곳 주어진 환경 가운데 주님이 주시는 복락을 누리며 사는 것도 너무 소중하기에, 다음에 한국을 나온다면 나는 이런 숙소에 꼭 한번 가서 가족들과 같이 머물고 싶은 작은 소망이 있다.

서러운(?) 후원 교회 선교사

가끔 아내와 이야기하면서 서러울 때가 있다. 다 똑같은 형제자매요 주님의 이름으로 파송을 받아 선교지에 나갔다고 하지만 사실 파송 교회가 있는 선교사와 파송 교회가 없는 '후원 선교사'의 모습은 정말 다르다고 볼 수 있다. 하나님은 우리를 '차별'하지 않으시는 분인데, 우리 스스로 나뉘고, 분리하고, 구별하는 모습들이 선교사들 안에서도 종종 보이곤 한다.

우리 가정은 '파송 교회'가 없다. 파송 교회가 없다는 것이 현실적으로 얼마나 힘들고 고단하며, 알게 모르게 받는 아픔이 있다는 것을 미리 알았다면 파송 교회 없이 선교지로 나가지는 않았을 텐데, 하나님나라와 선교적 열심이 너무 강해서 그랬는지 이러한 부분들이 피부로 잘 느껴지지 않았던 것 같다.

파송 교회 없이 선교지로 나간 것이 어쩌면 내 인생에서 가장 큰 실수(?)가 아닌가 싶다. "주님 말씀하시면 내가 나아가리이다 주님 뜻이 아니면 내가 멈춰 서리이다!"의 고백은 나의 삶에 실제적인 고백이자 믿음의 선포였다. 주님의 이름으로 '파송'을 받아 나간 것이기에 그 어떤 어려움과 아픔도 넉넉히 감당할 수 있으리라고 생각했다. 그러나 그것은 너무 순진한 나의 착각이었다! 솔직하게 이야기하면 결혼하기 전에 가졌던 20대의 열정으로는 가능했을지 모르지만.

오늘날 '후원 교회 선교사'와 '파송 교회 선교사'는 엄연히 구분이 되고 차별이 된다. 나중에 주님 앞에 섰을 때, '후원 교회 선교사'와 '파송 교회 선교사'를 주님이 다르게 보시고, 서로 구별된 다른 자리에 앉게 하실지는 모르겠다.

"너는 왜 파송 교회 없이 선교지에 나갔느냐?"

"주님! 죄송합니다. 그동안 파송 교회 구하려고 이리저리 알아보고 신청을 해보았는데 저희 가정을 받아줄 파송 교회를 찾지 못했습니다."

"내가 너희 가정을 파송했으면 됐다. 그것으로 충분하지 않더냐?"

"주님! 파송 교회 없이 선교지에 있는 것이 참 괴롭고 힘든 현실입니다."

"나도 파송 교회 없단다."

"아, 네…"(할 말 없음).

여보! 난 죽으면 장례를 치러줄 교회가 없어

아내는 자신이 죽게 되면 꼭 '갈릴리'에 유골을 뿌려달라는 이야기를 하곤 했다. 왜 갈릴리에 뿌려달라 하느냐고 물으면, 이스라엘에 여러 성지가 있지만 갈릴리에 가면 마음이 기쁘고, 평안하다고 한다. 아마도 갈릴리에서 사역하신 예수님의 숨결과 흔적을 가장 많이 보고 누릴 수 있는 곳이라서 그런 것 같다.

"여보! 난 죽으면 장례를 치러줄 교회가 없는 게 너무 슬퍼요."

"아니, 왜 장례를 치러줄 교회가 없어요?"

"우리는 파송 교회가 없잖아요. 그래서 이스라엘에서 죽으면 안 될 것 같아요."

"……."

전 세계에서 선교사 파송을 가장 많이 하는 나라가 한국이다. 그래서 모든 선교사를 파송하기에는 한국 교회의 사정과 현실적인 어려움들이 있다는 사실도 잘 알고 있다. 그래서 교회 입장에서는 파송 교회가 되어주지는 못 해도 '협력 혹은 후원 선교사' 제도를 만들어 함께 '하나님 나라의 부흥과 선교적 완성'을 기대하고 꿈꾸며 동역하고 있다는 것도 너무나 고맙고 감사한 일임에는 틀림없다.

전 세계에서 사역하는 한국 선교사 중에 파송 교회 없이 선교지에서 사역하고 계시는 분들이 몇 퍼센트인지는 잘 모르겠다. 그러나 교회 주보를 보더라도 파송 선교사보다는 후원 선교사의 숫자가 더 많은 것을 보면 분명 많은 선교사들이 파송 교회 없이 선교지에 나가서 사역을 감당하고 있음은 자명한 사실이다.

그러나 파송 교회가 없어서 선교지에서 죽어도 장례식을 걱정하는 선교사가 있다는 것은 참 안타까운 현실이라는 생각에 가끔은 서글퍼진다. 후원 선교사이든 파송 선교사이든 상관없이 그분들이 선교지에서 어떤 삶을 살고 어떠한 죽음을 맞이하더라도 우리 모두가 그들을 위해 함께 기도하고 함께 울어주고 함께 '장례 예배'를 할 수 있는 든든한 보호막이 되어준다면 이것이야말로 주님이 말씀하신 '내 형제요 내 자매'가 아닐까 생각해본다.

아내의 질문에 나는 이런 대답으로 마무리했다.

"여보! 이스라엘에서 죽지 않을 겁니다. 파송 교회 없는 거 주님이 알고 계시니까요."

"……."

어떻게 해야 사람들에게 욕을 먹지 않을까?

선교지에 와서 중고차 없이 수년 동안 사는 것을 주변 사람들은 기특하게 여겼다. 마치 선교사는 그렇게 살아야 제맛인 것처럼 느껴지는 분위기가 있었다.

그런데 어느 선교지나 마찬가지겠지만 특히 중동지역에서 차량 없이 걸어 다니고, 대중교통을 이용해서 학업과 사역을 감당한다는 것은 현지 실정에 비추어보면 발이 묶이는 것과 같은 일이었다.

그래서 중고차 구입을 위한 기도를 수년 동안 해오게 되었는데 이제 중고차가 생겼다는 것을 말하기가 사뭇 조심스럽다. 왜냐하면, 사람들은 하나님의 일하심에 주목하기보다는 자기 기준과 관점에서 상황을 '해석'하고 '왜곡'하기 때문이다.

사람들은 "지금까지 중고차 없이 다닌 사람들인데 무슨 돈이 있어서 중고차를 타고 다니지?" 이렇게 생각하기도 하고 이런 말을 하기도 한다. 참 아이러니하지 않은가? 왜 우리는 하나님의 일하심에 관심이 없을까?

세원이와 보배를 '유대인 학교'에 보내는 것을 사람들은 대견하게 여겼다. 마치 선교사는 그렇게 살아야만 하는 무언의 분위기가 있었다. 사실 마음 한 켠에는, 형편만 된다면, 영어로 배우는 '국제 학교'(International School)에 너무나 보내고 싶었다(히브리어를 쓰는 나라가 전 세계에 이스라엘밖에 없기 때문에 영어로 공부해야 나중에 자녀들의 진학에 도움을 받을 수 있다).

그런데 그 말을 하지 못한다. 어떻게 말을 해도 듣는 사람들은 자신의 기준과 관점에서 상대방이 하는 말을 왜곡하기 때문이다. 사람들은 "후원으로 사는 선교사가 무슨 돈이 있다고 국제 학교를 보내지?"라고 생각하고 그렇게 말하기도 한다. 참 아이러니하지 않은가?

우리 딸 보배는 현지 유대인 중학교를 충실히 다니고 있고, 아들 세원이는 이스라엘에서의 힘든 학교생활과 퇴행성 턱관절 디스크로 2018년 가을에 치료차 한국에 나왔고 현재까지 기숙 대안학교에 들어가 지내면서 검정고시를 준비하고 있다.

주변의 선교사 자녀들이 국제 학교에서 공부하고 영어를 잘하는 것을 보면 왜 나는 마음이 아플까? 누가 뭐라고 한 것도 없고 누가 보내지 말라고 한 것도 아닌데, 한국은 조기 교육과 영어 교육의 광풍 지대인데 왜 나는 우리 아이들을 지금까지 '현지 유대인 학교'에 보내야만 했는지 나 스스로 자책할 때가 있다. 선교사 자녀들은 어떤 학교에 다녀야 사람들로부터 욕을 먹지 않을까?

설교를 하기 위해 양복을 입고 넥타이를 맨다. 아무리 은혜로운 설교를 해도 듣는 성도들은 설교자의 옷차림과 넥타이 색깔에 더 신경을 쓴다. 선교지 상황 때문에 양복을 입지 못하고 평상복을 입든지 아니면 청바지라도 입고 설교를 하려면 '순교'의 각오를 해야 한다. 설교자들은 어떻게 옷을 입어야 사람들로부터 욕을 먹지 않을까? 왜 우리는 하나님의 일하심에 관심이 없을까?

아무리 말씀을 읽고, 성경 공부하고, 기도하고, 주님을 사랑한다고 수천 번 고백해도 늘 가슴이 아프고 미어지는 일이 있다. 우리는 어떤 사람의 됨됨이에 대해 너무나 자주, 겉으로 보이는 말과 행동으로 판단한다는 것이다. 나 자신도 많이 그렇게 판단했고, 또한 지금까지 그렇게 판단을 받고 있다.

예수 믿는 사람들끼리 서로 재단하고 판단하고 정죄하고 비난하고 경쟁하며 사는 것이 현실이라면, 내가 믿는 예수, 내가 믿는 신앙을 다 허물고 복음 안에서 다시 세우기를 오늘도 갈망한다.

옛사람에게 말한 바 살인하지 말라 누구든지 살인하면 심판을 받게 되리라 하였다는 것을 너희가 들었으나 나는 너희에게 이르노니 형제에게 노하는 자마다 심판을 받게 되고 형제를 대하여 라가라 하는 자는 공회에 잡혀가게 되고 미련한 놈이라 하는 자는 지옥 불에 들어가게 되리라 마 5:21,22

신앙생활 29년 동안 나는 수많은 사람을 살인했다. 심판을 받아도 더 많이 받아야 하고, 공회에 잡혀가도 수도 없이 잡혀가야 한다. 지옥불도 마찬가지이다. 내가 바로 '살인자'요 '간음자'이기 때문이다.

교회 재정 어려우면 선교비부터 끊으시나요?

교회 재정이 어려우면 가장 먼저 재정 지출이 줄어드는 항목이 선교비라는 말을 참 많이 들었다. 그리고 그 말은 우리의 마음을 참으로 아프게 하는 가시가 되기도 한다. '교회의 재정이 어려울수록 재정을 끊지 않고 더욱 늘려야 하는 항목이 선교비 지원일 텐데 왜 그럴까'라는 질문을 나 스스로에게 해본 적이 있다.

예수님의 지상 명령(마 28:18-20)을 다 알고 있고 수많은 교회와 사역자들이 온 민족과 열방에 주의 복음을 증거하는 것이 교회의 가장 중요한 사명이라는 것에 다 동의하였지만, 교회가 정말 재정적으로 힘들고 어려울 때 가장 먼저 지원을 중단하는 것이 선교비라는 말은 우리가 실제로 믿는 부분이 '하나님나라'가 아니라 '재정'이라는 부끄러운 치부를 드러내는 것은 아닐까?

선교비를 후원 받고 있는 선교사들은 사실 힘이 없는 '을'의 입장이다. 선교비의 예산을 짜고 집행하는 기관은 교회이기에 교회에서 재정 중단을 요청하면 선교사들은 대부분 받아들이고 이해할 수밖에 없다. 교회가 재정적으로 어렵고 힘이 드는 상황에 '선교비'를 매달 받는 것 또한 얼마나 마음의 큰 부담감이겠는가!

그럼에도 불구하고 선교비를 중단하거나 재정이 어렵다고 해서 끊으면 안 되는 단 한 가지의 이유는 이것이라고 생각한다. "교회의 존재 목적이 선교이고, 선교를 통해 하나님의 나라가 이루어져 간다!"라는 전제에 동의가 되는 한, 선교비 중단은 내가 믿고 있는 가치와 믿음의 고백이 허위라는 것을 증명하기 때문이다.

그러나 만일 교회가 경제적으로 혹은 여러 가지 중요한 이유로 선교 후원을 중단할 수밖에 없는 경우가 생기게 된다면, 선교사들이 상처받지 않도록 앞으로 이렇게 해주시기를 바라는 마음에 다음과 같이 제안하고 싶다.

첫째, 후원 중단 3개월 전에 미리 말씀해주셔서 선교사들이 다른 후원 교회를 알아볼 수 있도록 시간을 주셨으면 좋겠다.

둘째, 매해 12월 31일에 '선교 후원 중단'을 통보하지는 말아주시길 부탁드린다. 예전에 한 교회에서 후원 중단 사실을 12월 31일에 통보하셔서 가슴 아픈 기억이 있기 때문이다.

셋째, 주변에 있는 다른 교회에서 후원이 가능한지 알아봐주시고 연결해주시면 좋겠다. 선교는 개교회의 일이 아니라 하나님나라를 위한 온 교회의 일이라고 믿기 때문이다.

넷째, 미혼이신 선교사들부터 끊지 마시고, 가정을 가진 선교사들부터 먼저 중단해주시길 부탁드린다. 가정을 가진 선교사들보다 싱글(single)이신 분들이 재정적으로 훨씬 더 어렵고 힘든 경우를 많이 보았기 때문이다.

다섯째, 재정 중단을 이메일이나 카톡으로 연락하더라도 나중에 기회가 되신다면 꼭 선교사(가정 포함)와 함께 식사하면서 아름다운 이별을 하고 서로 축복함으로 마무리가 되었으면 참 좋겠다.

사도 바울이 로마의 옥중에서 쓴 빌립보서는 빌립보 지역에 있는 믿음의 형제들에게 쓴 서신이다. 빌립보 교인들은 사도 바울을 통해 복음을 처음 받아들인 날부터 지금까지 복음을 위한 일에 참여하고 있었고 복음을 변명함과 확정함에 다 함께 은혜에 참여했기에, 바울은 예수 그리스도의 심장으로 이들을 얼마나 사모하는지 하나님이 증인이시라고 고백하고 있다(빌 1:3-8).

빌립보 교회와 사도 바울의 관계는 진정한 '동역의 관계'를 보여주는 대표적인 예라고 할 수 있다. 복음의 시초에서 시작된 관계가 사도 바울이 감옥에 있다 하더라도 함께 동참하고, 함께 매이고, 함께 확정하고, 그 괴로움에 함께 동역하며 선교적 사역에 끝까지 참여하는 모습은 하나님을 참으로 기쁘시게 하는 것이요, 향기로운 제물이었던 것이다.

빌립보 사람들아 너희도 알거니와 복음의 시초에 내가 마게도냐를 떠날 때에 주고 받는 내 일에 참여한 교회가 너희 외에 아무도 없었느니라 데살로

니가에 있을 때에도 너희가 한 번 뿐 아니라 두 번이나 나의 쓸 것을 보내었도다 내가 선물을 구함이 아니요 오직 너희에게 유익하도록 풍성한 열매를 구하라 내게는 모든 것이 있고 또 풍부한지라 에바브로디도 편에 너희가 준 것을 받으므로 내가 풍족하니 이는 받으실 만한 향기로운 제물이요 하나님을 기쁘시게 한 것이라 나의 하나님이 그리스도 예수 안에서 영광 가운데 그 풍성한 대로 너희 모든 쓸 것을 채우시리라 빌 4:15-19

선교비 지원이 단순히 '주고받는 관계'(Give and Take)에서 벗어나 '사랑과 섬김의 관계'(Loving and Serving)로 승화되기를 간절히 기도한다. 아무리 경제가 어렵고 재정이 힘들어도 자신의 가족은 버리지 않기에, 파송 받고 나간 선교사들이 우리의 '하늘나라 가족'인 한 '선교비 중단'은 우리 입에서 결코 나올 수 없는 말이라고 믿기 때문이다.

'사역'이냐 '사진'이냐, 이것이 문제로다

사도행전을 보면 바울의 전도 여행 이야기가 나온다. 바울의 1차 전도 여행이 13장부터 시작되는데, 바울과 그의 일행은 전도 여행을 마치고, 본 교회로 돌아와 '선교 보고'를 하곤 하였다.

선교지에서 사역하다가 한국에 들어오면 그동안 후원해주신 교회를 방문해서 '선교 보고'를 하기도 하고, 후원자들을 만나서 그동안 못다 한 소소한 이야기들을 나누며 하나님이 행하신 것들에 감사하고 함께 영광을 돌리는 복음의 교제 시간을 가지곤 한다. 이 땅에서 나그네와 같은 삶이지만, 복음 안에서 교제하고, 삶을 나누는 순간 은 마치 '영원에 잇대는' 작은 천국과도 같다.

'선교 보고'를 하기 위해서 자주 사용하게 되는 것이 '파워포인트' 와 '선교 보고 동영상'인데, 어느 순간부터 한 가지 부담감이 생기기 시작했다. 분명, 사역을 하다 보면 주님이 이런 사람 저런 사람을 만 나게 하시고, 사역의 문을 열어주셔서 부족하지만 감당하게 하시는 일들이 있다. 그런데 사진을 찍어야 한다는 것을 처음에는 잘 몰라서 찍은 사진들이 별로 없었다. 나중에 '선교 보고'를 하려고 하니 사진 들이 부족해서 애를 먹은 경우가 종종 있기도 하였다.

또한 사역 사진과 관련해서 아내와 갈등을 빚기도 하였다.

"여보! 오늘 사역을 하면 사진을 좀 찍어와요."

"사진을 왜 찍어요? 하나님 앞에서 하면 되지요."

"아, 하나님 앞에서 하면 되지만, 우리가 이런 사역을 하는 것에 대 해 사람들이 잘 모르니까 사진이 필요하죠."

"사진 찍으려고 사역하는 것은 아닌데…."

"그렇지요! 사진 찍으려고 사역하는 것은 아니지만, 우리가 사역을 하고 있다는 것을 후원자분들과 교회에 설명하려면 사진이 필요하지 않을까요?"

"사진을 꼭 찍어야 해요? 그냥 만나서 복음 전하고, 교제하고 기도 하면 하나님이 알아주시지 않을까요?"

"나도 그랬으면 좋겠습니다. 그런데 현실이 그렇지 않아서요."

주객이 전도(顚倒)되면 안 되지만 가끔은 나 스스로 솔직해질 필요가 있다. 나는 사진 찍으러 온 사역자인가, 아니면 사역을 소개하기 위해서 사진이 필요한 사역자인가?

자신이 얼마나 대단한 사역을 하는지 수많은 사진을 휴대폰에 담아 보여주는 사람을 볼 때면 마음이 안타깝다. 사역 사진이 많다고 그 사역자가 사역을 잘하고 있는 사람은 아니다. '사역 사진'이 없다고 그 사역자가 사역을 못 하는 사람인 것도 아니다. 그러나 가끔은 나도 헷갈린다. '사역 사진'(사역을 소개하기 위해서 사진이 필요한 경우)이 우선일까? 아니면 '사진 사역'(사진을 찍기 위해서 사역을 하는 경우)이 우선일까?

우리는 이미 정답을 알고 있다. 사진을 찍기 위해 사역을 하는 것이 올바른 태도가 아니라는 것을 말이다. 노방 전도를 하면서, 복음을 나누는 중에 다른 사람에게 사진 찍어달라고 부탁할 수는 없지 않겠는가!

선배 선교사님께서 예전에 하신 말씀이 기억난다.

"최 선교사님! 나중에 시간이 흘러서 선교 후원 편지를 있는 그대로 쓰는 것이 힘들 때가 있습니다."

사역의 현장에서 일어난 일들을 사실 그대로 있는 모습 그대로 쓰기보다는 없는 사실을 부풀려서 쓰거나, 없는 사진을 만들어 찍어서 보내는 경우들이 있다는 것이다. 성령으로 시작해서 육체로 마치지 않도록, 성령으로 시작해서 성령으로 마치는 사역자로 서 있기를 기도하는 것이 무엇보다 시급한 기도 제목임을 느끼게 된다.

너희가 이같이 어리석으냐 성령으로 시작하였다가 이제는 육체로 마치겠느
냐 갈 3:3

우리 자녀를 MK, PK라고 부르지 마세요

보통 선교사 자녀들을 'MK'(Missionary's Kids), 목회자 자녀들을 'PK'(Pastor's Kids)라고 부른다. 어릴 때는 그 의미가 무엇인지도 모르지만, 점점 나이가 들면서 철이 들고, 주변 사람들과의 관계를 통해 선교사 자녀 혹은 목회자 자녀가 갖는 의미를 알아가게 된다.

그러나 그 아이들이 갖는 부담감과 아픔은 말로 표현하기 어려울 정도이다. 목사의 아들, 딸이고 선교사의 아들, 딸이기 때문에 쏟아지는 수많은 시선과 관심에 의해 선한(?) '희생양'이 되어야 하는 현실이 어떤 때는 너무 가혹하기도 하다.

목회자 자녀답고 선교사 자녀답게 행동해야 하고, 부모에게 폐를 끼치지 않아야 한다는 부담감과 서글픈 현실에 그들은 무척이나 어려운 시간을 보내고 있다. 그래서일까, 대학에 들어가기만 하면 더 이상 교회를 다니지 않는 수많은 대학생 중에 목회자 자녀들이 상당수 포함되어 있다.

포항에 있는 한동대학교 초창기 때 나는 생활관(기숙사) 사감으로 4년 동안 학생들을 상담하며 기숙사에서 함께 지낸 적이 있다. 모든 아이가 다 그런 것은 아니었지만, 내가 상담하고 만났던 많은 목회

자 자녀들과 선교사 자녀들에게는 쉽게 지워지지 않는 아픔과 상처들이 있었다. 그것은 무언의 '십자가'와 같은 것이었다.

그 수많은 목회자와 선교사의 자녀들은 목회자 자녀답게, 선교사 자녀답게 살아갈 것을 종용받는다. 그러한 눈치와 불편함을 알고 속으로 끙끙대며 사는 경우가 대부분이다. 부모님이 목회자나 선교사이기 때문에, 그리고 사역자로 교회에서 일하기 때문에 그 자녀들 또한 거기에 걸맞은 수준으로 살아가야 한다는 부담감과 주변 사람들로부터 받는 무언의 압박감(?)이 참으로 많다는 것이다.

그래서 그들의 마음 안에는 두 가지 아픔과 상처가 있는 것 같다. 첫째는 하나님에 대한 원망과 쓴 뿌리가 있는 것 같고, 둘째는 평범하게 살아가고 싶은데 그런 환경을 조성해주지 못한 부모에 대한 분노와 미움이 있는 것 같다.

어쩌면 교회 안에서 가장 큰 상처와 아픔을 안고 울고 있는 '미전도 지역'이 있다면 '목회자 자녀들'이 아닐까? 나에게는 목회가 부르심이고 선교가 부르심이지만 내 자녀들이 그 부르심을 받은 것은 아니기에, 그들이 당하는 현실적인 아픔과 고민과 상처에 우리 모두 관대하고 용납하는 마음을 가져야 하지 않을까?

그들을 'PK'(목회자 자녀)라고 부르지 않았으면 좋겠다!

그들을 'MK'(선교사 자녀)라고 부르지 않았으면 좋겠다!

나는 나의 자녀들이 목회자나 선교사 자녀로서 살아가기를 원하지 않는다. 그들은 하나님의 아들, 하나님의 딸로서 충분하다고 믿는다! 목회자 자녀들을 향한 날카로운 잣대와 기준, 평가, 비판은 지금까지 한 것으로 충분하다. 그들에게는 '이름'이 있다. 사랑하는 아들, 딸의 이름을 부르고 안아주고 품어준다면 우리 주님이 무척이나 기뻐하실 것 같다.

아들 세원이가 태어나고 몇 년 뒤에 우리 가정은 소속된 선교단체에서 진행하는 훈련차 외국에 머무르게 되었다. 그날 아침에도 나는 세원이에게 밥을 먹이고 시간을 같이 보내며 눈을 맞추고 있었다.

"까꿍, 까꿍! 우리 아들 사랑해~, 축복해!"

아기와 눈을 맞추며 밥을 먹이는데 아기는 무슨 말을 하는지 전혀 알아들을 수 없는 옹알이를 했지만 내 마음이 얼마나 기쁘고 행복했는지! 단 한 가지 이유 때문이었다. 나의 아들이기 때문이고, 나의 생명이 이 아들에게 있기 때문이었다!

갑자기 내 마음에 들려오는 그분의 음성이 있었다.

"네가 세원이를 보면서 기뻐하고 행복한 것처럼, 나도 너를 보면서 항상 그런 마음이란다!"

너의 하나님 여호와가 너의 가운데에 계시니 그는 구원을 베푸실 전능자이시라 그가 너로 말미암아 기쁨을 이기지 못하시며 너를 잠잠히 사랑하시며 너로 말미암아 즐거이 부르며 기뻐하시리라 하리라 습 3:17

나의 하나님 여호와는 구원을 베푸실 전능자이시다. 우리가 믿는 진리의 말씀은 그분이 나를 사랑하시며 나로 인해 기쁨을 이기지 못하시며 나로 인해 즐거이 부르며 기뻐하시는 분이라 선포한다.

그런데 왜 우리는 우리 자녀에게 '선교사 자녀', '목회자 자녀'라는 굴레를 씌우며 그들의 이름을 불러주지 않는가? 나는 하나님이 그들을 'MK' 혹은 'PK'라고 부르지 않으실 것이라고 믿는다. 왜냐하면, 내 아들의 이름은 'MK'가 아니라 '세원'이며, 내 딸의 이름은 'MK'가 아니라 '보배'이기 때문이다.

10대의 시절을 보내며 아들 세원이가 한창 외모와 헤어스타일에 신경을 많이 쓰고 있을 때, 어느 날 학교 방학을 맞아 평소에 꼭 해 보고 싶었던 것을 하겠다고 결심했는데 그것은 '염색'이었다. 평소 자기 생각과 감정을 밖으로 잘 드러내지 않은 아이인데 헤어스타일에 대해서는 유난히 관심도 많았고, 해보고 싶어 했다.

아내는 부정적인 생각이었지만, 이 나이 때에 하지 않으면 또 언제 해볼까 하는 생각에 기쁜 마음으로 아들의 '염색'을 진행하였다. 그것도 '노란색'으로! 아들은 방학 내내 자신이 선택한 머리 색에 만족하며 지냈는데 방학이 끝나가고 학교 갈 무렵이 되자 본인 스스로 '탈염색'을 하였다.

지금까지도 세원이의 머리카락은 검정색이지만 나중에 다시 염색하고 싶다고 한다면 나는 기꺼이 다른 색으로 해줄 마음이 있다. 목회자 자녀, 선교사 자녀이기 이전에 하나님의 '생명'이 있는 한 인격체로 존중하고 배려해주고 싶은 마음 때문이다. 지금도 우리 집에는 아들이 노란색으로 염색해서 찍은, 내가 가장 소중하게 생각하는 멋진 사진이 액자에 담겨 있다.

선교지에서 가장 많이 듣는 3가지 질문

굳이 이스라엘에서만 통용되거나 자주 듣는 질문들이 아니다. 영어가 전 세계 공용어라고 한다면 다음의 질문들은 전 세계 '선교적 공통 질문'이라고 할 수 있을 것 같다.

"교단은 어디신가요(신학은 어디서 공부하셨어요)?"

"소속된 선교단체는 어디신가요?"

"여기 오신 지 얼마나 되셨나요?"

선교사라고 다 같은 선교사들은 아닌 것 같다. 교단의 배경도 필요하고, 소속이 분명한 '선교단체'도 있어야 하고, 사역자로서의 '기간'이나 '프로필'(profile)도 어느 정도 뒷받침되어야 사람들의 인정을 받고 지지를 얻는 것이 현실인 것 같다.

선교지에 1년 있었거나 10년 있었던 것이 경험이나 배움의 정도에서는 분명 큰 차이가 나겠지만, 하나님나라 안에서야 선교지에서의 기간이 무슨 큰 의미가 있을까? 1년이 된 사람이나 좀 더 오래 있었던 사람이나, 그때그때 주님이 필요해서 부르셨고 무익한 종을 통해 주의 영광을 드러내셨다면 그것으로 만족하는 것이 우리의 자세일 텐데 우리는 그것으로 만족을 하지 못하는 것 같다.

과거에 훈련받을 때 우리 예수 믿는 사람들은 다 그리스도 안에서 형제 그리고 자매라고 배웠다.

누구든지 하늘에 계신 내 아버지의 뜻대로 하는 자가 내 형제요 자매요 어

머니이니라 하시더라 마 12:50

과거에 훈련받고 공부할 때 우리 예수 믿는 사람들은 하나님 나라 안에서 다 같은 '지체'라고 배웠다.

우리가 한 몸에 많은 지체를 가졌으나 모든 지체가 같은 기능을 가진 것이 아니니 이와 같이 우리 많은 사람이 그리스도 안에서 한 몸이 되어 서로 지체가 되었느니라 롬 12:4,5

우리 예수 믿는 사람들이 불려야 할 최고의 호칭은 '그리스도인'이라고 배웠다.

바나바가 사울을 찾으러 다소에 가서 만나매 안디옥에 데리고 와서 둘이 교회에 일 년간 모여 있어 큰 무리를 가르쳤고 제자들이 안디옥에서 비로소 그리스도인이라 일컬음을 받게 되었더라 행 11:25,26

너무 많은 감투들, 호칭들, 명예들 그리고 이름들 속에 때때로 나는 나 자신이 누구인지 혼란스럽다. 어쩌면 우리에게 있어서 가장 시급한 기도 제목은 이것이 아닐까.
"예수님을 제대로 믿게 해주세요!" 아멘.

너와 무슨 상관이 있느냐?

아직 그때의 충격이 꽤 긴 것 같다. 지금도 그때의 일을 생생하게 기억을 하고 있으니 말이다. 이스라엘에 온 지 1년 남짓 되었을 무렵, 아는 교회 목사님이 이스라엘을 방문하셨다. 인사를 드리기 위해 찾아뵙고 교제하는 중에 함께 오신 다른 교회 목사님이 내게 이런 질문을 하셨다.

"선교사님, 고생이 많습니다. 여기 온 지 어느 정도 되었어요?"

"네, 목사님. 얼마 되지 않았습니다. 아직 1년 정도밖에는요."

"아, 그래요, ○○○이네!"

사람들은 선교지에 처음 온 사람이나 온 지 얼마 안 된 사람을 볼 때 말을 쉽게 하는 경향이 있는 것 같다. 아무래도 경험이나 지식이나 연륜이나 사역의 역량에서 당연히 뒤처지기 마련이기에 더 많은 관심과 지원과 격려가 필요한 분들인데, 그때의 그 말은 나에게 큰 상처와 아픔이 되었다.

환한 미소로 나의 부족함을 고백하고 기도를 부탁드리며 그 대화는 마쳐졌지만, 집으로 오는 내내 나의 마음은 무척이나 쓰라리고 불편했다. 그러면서 한 가지 깨달은 엄연한 선교적 현실은 '선교지에서는 오래 버티는 게 장땡(?)'이라는 나름의 기준이 세워졌다.

우리는 선교지에서 얼마나 오래 있었고, 선교지에서 몇 년 동안 무슨 사역을 했는가로 그 선교사의 됨됨이, 인격, 사역을 평가하고 판단하는 심판자가 된다. 함께 살아가는 배우자의 마음과 사정도 모르는 경우가 참으로 많은데, 우리는 너무나 '판단의 명사수'이다. 예수님이 이 땅에서 사역하신 공생애 기간이 3년이라고 하지 않는가! 제발 선교지에서 '사역 기간'과 '연수'를 묻지 않았으면 좋겠다. 몇 날, 몇 개월 그리고 몇 년이 되었다 한들, 그것이 나와 무슨 상관이 있겠는가?

> 베드로가 돌이켜 예수께서 사랑하시는 그 제자가 따르는 것을 보니 그는 만찬석에서 예수의 품에 의지하여 주님 주님을 파는 자가 누구오니이까 묻던 자더라 이에 베드로가 그를 보고 예수께 여짜오되 주님 이 사람은 어떻게 되겠사옵나이까 예수께서 이르시되 내가 올 때까지 그를 머물게 하고자 할지라도 네게 무슨 상관이냐 너는 나를 따르라 하시더라 요 21:20-22

예수님은 디베랴 호수에서 제자들에게 세 번째로 자기를 나타내시고 조반을 준비해서 제자들과 같이 드셨다. 조반을 먹은 후에 베드로의 사랑 고백을 세 번 들으시고 베드로가 어떠한 죽음으로 하나님께 영광을 돌릴 것을 가리켜 말씀하셨다(요 21:1-19). 이 말씀을 듣고 난 후에 베드로는 예수께서 사랑하시는 그 제자가 따르는 것을 보고 질문한다.

"주님! 이 사람은 어떻게 되겠사옵나이까?"

"무슨 상관이냐? 나를 따르라."

"이 제자는 죽지 않는다는 말씀인가 봐."

"네게 무슨 상관이냐? 나를 따르라."

나도 베드로와 같은 질문을 할 때가 종종 있는 것을 본다. 다른 사역자들의 사역 기간과 앞으로의 진로를 보면서 "주님! 이 사람은 어떻게 될까요?" 하고 궁금해하기도 한다. 물론 주님의 대답은 어제나 오늘이나 내일이나 동일하다.

"너와 무슨 상관이 있느냐? 너는 나를 따르라!"

선교사에게 이것을 물어주세요

선교사들이 고국에 돌아오면 그동안 기도와 후원으로 동역해준 교회들을 방문해 '선교 보고'를 하곤 한다. 각자가 속한 사역지와 그동안 진행해온 사역들을 파워포인트와 영상으로 소개하는 시간을 가진다. 어떠한 가시적인 성과를 내었는지 '선교 보고' 해야 하고, 잘하면 '후원 지속'이 되고 그렇지 못하면 다음 해에 '선교비 중단'이 되는 경우도 종종 생기는 것이 현실이다. 그래서 '선교 보고'에 신경을 많이 쓸 수밖에 없는 것 또한 부인할 수 없다.

그런데 사역자들이 가장 놓치기 쉽고 가장 치명적인 실수를 하는 부분이 있는데, 그것은 바로 '하나님과의 친밀함 부재'라고 생각한다. 너무 분주하고 바쁘게 하루하루 살아가는 것은 하나님의 말씀 안에 거하지 않고도 마치 '하나님 안에 머물고 있는 것' 같은 착각을 하게 한다. 실상은 바쁘게 사는 것이 하나님과의 친밀함이 있는 것과 별개인 경우가 많기 때문이다.

지금까지 이스라엘 선교사로 살면서 한국을 방문할 때마다 나는 '선교 보고'를 하곤 하였다. 그런데 정작 이러한 질문을 해서 나의 영적 상태를 점검하신 분이 없었던 것을 무척 안타깝게 생각한다.

"최 선교사! 요즘 하나님과의 관계가 어떠한가?"

"요즘 하나님께서 무엇이라고 말씀하시나요?"

"요즘 하나님과 친밀한 교제를 누리며 살고 있습니까?"

우리가 후원하고 파송한 선교사님들을 위해 교회마다 후원회가 결성되기도 하고, 중보 기도 그룹이 지원하기도 한다. 그런데 참으로 놀랍도록 무서운 사실이 한 가지 있다! 어떤 선교사이든지 그 선교사를 위해 기도하는 후원자들의 영적 상태가 바로 선교지에 있는 선교사들의 영적 상태와 거의 동일하다는 사실이다. 후원자들의 영적 상태, 즉 하나님과의 친밀함이 선교지에 나와 있는 선교사들의 영적 상태를 대변해 준다는 것이다.

'선교 보고'를 하라는 교회는 있는데, 나와 하나님과의 친밀한 교제에 대해 나누며 하나님께서 행하신 하나님의 선교를 나누라는 교회는 왜 없는가?

하나님과의 교제가 중요하다는 것을 우리는 다 알고 있다. 그런데 하나님과의 친밀함을 누리며 사는 것이 정말 중요한 사역이라는 것을 다 알면서도 우리는 늘 분주하고 바쁘게 산다. '하나님과의 친밀함'을 온전히 상실한 채 이리 뛰고 저리 뛰고 아무리 열심히 해도 되지 않는 상황과 환경을 보면서 우리는 끊임없는 변명, 핑계, 합리화, 책임 전가를 하곤 한다.

창세기 3장에는 아담과 하와가 범죄한 이후 하나님이 아담을 찾아와 부르시는 장면이 나온다.

> 여호와 하나님이 아담을 부르시며 그에게 이르시되 네가 어디 있느냐 이르되 내가 동산에서 하나님의 소리를 듣고 내가 벗었으므로 두려워하여 숨었나이다 이르시되 누가 너의 벗었음을 네게 알렸느냐 내가 네게 먹지 말라 명한 그 나무 열매를 네가 먹었느냐 아담이 이르되 하나님이 주셔서 나와 함께 있게 하신 여자 그가 그 나무 열매를 내게 주므로 내가 먹었나이다 여호와 하나님이 여자에게 이르시되 네가 어찌하여 이렇게 하였느냐 여자가 이르되 뱀이 나를 꾀므로 내가 먹었나이다 창 3:9-13

아담은 자신이 있어야 할 자리에서 이탈하였다. 자신이 있어야 할 자리에서 '이탈'을 했다는 것은 하나님의 소리를 듣고 자신의 벗었음을 인식함으로 인해 '두려워하여 숨어버린' 아담의 모습인 것이다.

아담은 하나님의 소리를 듣고 두려워하여 숨어버리고, 하나님의 질문에 대해 그와 그의 아내는 처음부터 끝까지 변명, 핑계, 책임 전가를 하고, 결국에는 "이 모든 일은 하나님 탓이지 내 탓은 아니다!"라고 하나님에 대한 원망으로 결론을 낸다. 인류가 시작한 이래로 단 한 번도 바뀌지 않은 우리 본성의 메시지는 이것이 아닐까?

정말 주님이 나에게 원하시는 선교는 무엇일까? 나를 통해 이루고 싶어 하시는 목회는 무엇일까? 그것은 "하나님과의 친밀함으로 들어가라!"라는 것이다. 오늘도 하나님은 우리에게, 특별히 사역자들에게

"아담아! 네가 어디 있느냐?" 하고 물으신다. 내가 있어야 할 자리, 내가 머물러야 할 자리는 '아버지의 품 안'이지 '아버지의 품 밖'이 아니다!

혹시 내가 기도하고 후원하는 어떤 선교사를 만난다면, 이렇게 질문을 드리는 것은 실례가 될까?

"선교사님! 요즘 하나님과의 관계가 어떠세요?"

"선교사님! 요즘 하나님께서 무엇이라고 말씀하세요?"

"선교사님! 요즘 하나님과의 친밀한 교제를 누리며 살고 계시는지요?"

선교사가 하나님과의 친밀한 교제와 관계 속에 계속해서 머물고 있다면 하나님의 선교는 하나님께서 이루어가실 것이기 때문이다. 이 질문은 선교사들의 궤도 이탈을 막는 하나님의 질문이자, 선교사들의 영성과 우리가 있어야 할 자리를 깨우는 '마지막 일침'이 될 것이라고 나는 믿는다.

"언제 들어가세요?"라는 질문 대신

선교지에 있다가 일정이 생겨서 한국에 들어와 지내다 보면 종종 듣는 질문 중에 대답하기 참 곤란한 질문이 있다. "선교사님! 언제 들어가세요?"라는 질문이다.

다시 선교지로 언제 돌아갈지 나름의 일정과 계획을 가지고 오는

데, 가끔은 선교지에 다시 들어가는 날을 다른 누구에게도 말하지 않고 조용히 한국에서 일정을 다 본 다음에 홀로 잠잠히 돌아가고 싶을 때도 있기 때문이다.

선교사가 선교지에 있을 때가 가장 행복하고 가장 보람이 되기 때문에 일정을 마치고 나면 빨리 선교지에 돌아가는 것이 지극히 당연하고 정상적인 일이지만, 솔직히 말해 늘 그렇지는 않은 것 같다. 선교지에 돌아갈 날짜를 달력에 표시에 놓고, 매일 기대와 사모하는 마음으로 기다리는 분들도 있겠지만, 다시 선교지로 나가는 그날을 잠시라도 좀 잊고 한국에서의 시간을 알차고 의미 있게 보내고 싶은 경우도 있기 때문이다.

어차피 한국에 나올 때 비행기 왕복 티켓을 끊고 나왔기 때문에 선교사들에게는 매일매일이 금쪽 같은 시간이다. 양가 부모님도 뵙고, 가족들을 만나고, 후원자분들과 교회를 방문해서 선교 보고도 해야 한다. 하루하루를 어떻게 보내는지 모를 정도로 처리해야 할 일들이 많다.

왜 그리 시간이 빨리 지나가는지! 한국에 들어온 지 며칠 되지 않은 것 같은데 벌써 한 달이 지나기도 했다. 그러면 다시 짐을 정리하고 필요한 물품을 사고 출국 준비를 하기 위해 신발 끈을 조여 맨다.

한국에서 보내는 시간이 늘 선교지의 일들로 인한 긴장감, 사역으로 인한 분주함과 스트레스들을 잠시 잊을 수 있는 시간이라 그런지 몰라도, 이러한 질문들이 나에 대한 관심과 사랑이기도 하지만 어떤 때는 대답하기가 좀 꺼려지는 질문으로 다가올 때도 있는 것 같다.

"선교사님 언제 들어가세요?"보다는 "선교사님! 늘 건강하시고 한국에서 행복하고 복된 시간 보내다 가세요!" 정도로 해주시면 어떨까 싶다. 어차피 때가 되고 할 일들을 마무리하고 나면 다시 선교지로 나가는 것은 분명하니까 말이다.

CHAPTER 6

나는
너부터
선교하고 싶다

선교사는 선교지에서 선교 활동하는 사람이 아니다!

우리는 선교사에 대한 정의를 이렇게 내린다.

선교사(宣敎師) : 선교지에서 선교 활동하는 사람

여러 가지 다양한 개념이 있고 정의를 내릴 수 있지만, 누구나 쉽게 이해하는 말로 설명할 때 선교지에 가서 선교활동 하는 사람을 '선교사'라고 하고, 목회지에서 목회활동 하는 사람을 '목회자'라고 부른다.

그런데 하나님께서 정의하시는 '선교사'에 대한 개념은 우리가 생각하는 것과는 무척 다르다. 2011년 1월부터 지금까지 이스라엘 선교사로 지내는 동안 하나님은 선교와 선교사의 정의를 새롭게 가르쳐 주셨다.

"선교지에서 선교 활동하는 사람을 선교사라 하지 않는다. 선교사는 하나님의 음성에 귀를 기울이고, 나의 방법과 나의 계획과 나의 열심과 나의 의가 아니라 하나님께서 하나님의 때에 하나님의 방법으로 나를 통해 하나님 자신이 그분의 선교를 이루어 가시게 하는 사람을 말한다!"

그렇게 볼 때 선교란 하나님께서 그 주체가 되어서 하나님의 사람과 그분의 열심을 통해 아버지의 영광이 드러나는 창조주의 구속 행동(The act of God's salvation)인 것이다.

마찬가지로, 목회자에 대한 개념도 다시 생각해볼 필요가 있다. 목회지에서 교회 개척해서 목회 활동하는 사람이 아니라, 하나님의 음성에 귀를 기울이고 날마다 말씀으로 마음에 할례를 받아 하나님이 내 안에 계시고 내가 그리스도 안에 있어서 주님을 기뻐하고 누리는 자가 바로 목회자이다!

다시 말해 목양을 하기 위해 이런저런 일들로 분주하고 바쁘게 시간을 보내는 것이 아니라, 매일 주 앞에 엎드려 부르심을 확인받고 하나님께서 하나님의 방법과 하나님의 때에 이끌어 가시는 목회를 주목하는 자가 바로 목회자인 것이다.

얼마 전 아는 목사님을 뵙고 교제하는 중에 그 분이 이런 말씀을 해주셨다.

"내 평생에 기도하면서 제일 두려워하는 것 세 가지가 있는데, 첫째는 성령의 인도함을 받지 않고 주의 일을 하는 것, 둘째는 부요함 속에 나태해지는 것, 셋째는 겸손하지 않은 것이에요."

우리는 어쩌면 성령의 인도함을 받지 않고 내 마음과 내 뜻과 내 계획대로, 주님을 위한다는 명분(?)과 주님을 위한 선교를 한다는 이유로 여러 가지 일을 하지만, 주의 말씀 앞에 스스로 정직하게 나 자신을 비추지 않는다. 주님을 위한 선교가 아니라 나 자신의 종교적인 열심으로 명예와 칭찬과 인정을 받기 위해 주님을 이때까지 이용(?)하고 있는 것은 아닐까?

이스라엘 선교사로 부르심을 받아 지금까지 좌충우돌하며 하나님께 배운 가장 값진 교훈이 있다면 내가 선교와 선교사에 대해 지녔던 패러다임이 바뀌었다는 것이다. 선교는 선교 활동하는 것인 줄 알았는데, 그것이 아니라 주님의 음성에 귀를 기울이고 그분 안에 매일 거하며 그분을 기뻐하는 것임을 알게 된 것이다.

요한복음 6장을 읽다 보면 하나님께서 정의하시는 '선교'의 정의가 나온다. 오병이어의 기적(요 6:1-15)을 경험한 그다음 날, 무리가 배가 한 척 밖에 없고 제자들만 건너갔다는 것을 안 다음에 예수님을 찾아 가버나움으로 갔다.

왜 갔을까? 무엇을 얻기 위해서 예수님을 찾아갔을까? 그들이 찾는 목적은 따로 있었다. 그들은 예수님이 행하신 이 표적을 보고 "이는 참으로 세상에 오실 그 선지자"라 말한다.

그 사람들이 예수께서 행하신 이 표적을 보고 말하되 이는 참으로 세상에 오실 그 선지자라 하더라 요 6:14

이들은 이런 표적을 보고 누구를 떠올렸을까? 광야에서 이스라엘 백성들이 만나와 메추라기를 먹고 반석에서 물을 마신 사건을 떠올리며 모세를 기억할 수도 있고, 엘리야나 엘리사를 떠올릴 수 있었을 것이다. 사람들의 관심은 항상 이 세상 안에서 필요한 '필요'(need)들이기에, 그것을 해결하고 구하기 위해 주님을 찾고 따른다(물론, 십자가에 벌거벗겨 내던져질 때 아무도 그를 따르지 않는 것이 우리의 실체이지만 말이다).

그들은 이제 그들이 오랫동안 기다렸던 '메시아'(정치적인 투사, 정치적인 제왕)를 보고 있다. 예수님을 억지로 붙들어서 자신들의 임금으로 삼으려고 했다. 하지만 이것은 표적을 보이신 하나님의 뜻과 마음을 완전히 왜곡한 것이었다. 하나님의 뜻은 전혀 그들의 정치적인 메시아가 되는 데 있지 않았다. 오히려 사람들이 예수님으로 인해 생명을 얻고 더 풍성히 얻게 하는 데 있었다.

> 도둑이 오는 것은 도둑질하고 죽이고 멸망시키려는 것뿐이요 내가 온 것은 양으로 생명을 얻게 하고 더 풍성히 얻게 하려는 것이라 요 10:10

그 목적을 알고 계셨던 주님은 이들의 질문에 '우문현답'을 하신다. "나는 언제 어떻게 왔다"라는 식으로 대답하지 않으시고, 그들이 참으로 찾는 목적과 이유를 밝혀주신다. "나를 찾는 목적은 표적 때문이 아니라 빵을 먹고 배가 불렀기 때문"(요 6:26)이라는 것이다!

예수님이 오병이어의 기적을 통해 보여주시고자 한 표적의 참 의미는 무엇일까. 예수님이 있으면 내 문제와 환경이 해결되고 먹을 것이 채워지는데 그것은 이 땅의 그림자이며 이 세상 안에 갇힌 허상이다. 하늘 위에서 오신 인자는 이 땅의 필요를 채워주기 위해서가 아니라 하늘의 가치, 즉 참 진리, 영생의 말씀을 주셔서 그 생명으로 살아가도록 하시기 위해 오셨다. 예수님은 진짜 하늘의 양식인 자신의 살과 피를 먹고 마셔야만 더 이상 목마르지도, 배고프지도 않다는 것을 가르쳐주고 싶으셨던 것이다.

> 이는 하늘에서 내려오는 떡이니 사람으로 하여금 먹고 죽지 아니하게 하는 것이니라 나는 하늘에서 내려온 살아있는 떡이니 사람이 이 떡을 먹으면 영생하리라 내가 줄 떡은 곧 세상의 생명을 위한 내 살이니라 하시니라
> 요 6:50,51

썩는 음식을 위해 일하는 것이 인간의 운명이다. 아담의 범죄 이후에 땅은 저주를 받아 가시덤불과 엉겅퀴를 내게 되었고, 그 땅에서 인간은 얼굴에 땀이 흐르도록 수고해야 소산을 먹을 수 있게 되었으며, 결국은 썩어져 흙으로 돌아가게 된 것이다.

> 아담에게 이르시되 네가 네 아내의 말을 듣고 내가 네게 먹지 말라 한 나무의 열매를 먹었은즉 땅은 너로 말미암아 저주를 받고 너는 네 평생에 수고하여야 그 소산을 먹으리라 땅이 네게 가시덤불과 엉겅퀴를 낼 것이라 네가 먹을 것은 밭의 채소인즉 네가 흙으로 돌아갈 때까지 얼굴에 땀을 흘려야

먹을 것을 먹으리니 네가 그것에서 취함을 입었음이라 너는 흙이니 흙으로 돌아갈 것이니라 하시니라 창 3:17-19

영원한 생명을 누리는 음식은 어디에 있는가? 그 음식은 인자(人子) 되신 주님이 주시는 양식이다. 예수님의 양식은 하늘의 생명이며, 나를 보내신 이의 뜻을 행하며 그의 일을 온전히 이루는 것이라고 하셨다.

예수께서 이르시되 나의 양식은 나를 보내신 이의 뜻을 행하며 그의 일을 온전히 이루는 이것이니라 요 4:34

창세 전에 아들이 아버지 품속에 거했고, 아버지께서 자신의 생명을 아들에게 주어 그 아들 속에 생명이 있게 하였고, 그 생명을 사람에게도 주어 영원한 교제와 사귐을 가지게 하려 하심이 창세 전 아버지의 계획이었다.

태초부터 있는 생명의 말씀에 관하여는 우리가 들은 바요 눈으로 본 바요 자세히 보고 우리의 손으로 만진 바라 이 생명이 나타내신 바 된지라 이 영원한 생명을 우리가 보았고 증언하여 너희에게 전하노니 이는 아버지와 함께 계시다가 우리에게 나타내신 바 된 이시니라 우리가 보고 들은 바를 너희에게도 전함은 너희로 우리와 사귐이 있게 하려 함이니 우리의 사귐은 아버지와 그의 아들 예수 그리스도와 더불어 누림이라 요일 1:1-3

영원히 썩지 않을 양식을 위해 일하라고 했을 때, 이들은 "하나님의 '일들'(works)을 하려면 무엇을 해야 합니까?"라고 질문했다. 이들은 자신들이 하는 어떠한 일들로 영원한 생명을 얻을 수 있다고 생각하였다.

이 '일들'은 헬라어로 '엘가'(ἔργα)라고 하는데, 이 단어는 단순히 '행함'(activity)이나 '행동'(action)을 말하는 것이 아니라 '안에 있는 것이 밖으로 표현되는 것'을 말한다. 즉, 마음속에 있는 어떤 목적이나 성향(의도)이 밖으로 드러나서 그것이 삶의 실제적인 증거가 되는 것이 바로 '일들'(엘가)이라는 뜻이다.

그들이 묻되 우리가 어떻게 하여야 하나님의 일을 하오리이까 예수께서 대답하여 이르시되 하나님께서 보내신 이를 믿는 것이 하나님의 일이니라 하시니 요 6:28,29

"하나님의 '일들'은 무엇입니까?"라는 질문에 예수님은 "하나님의 '일'(work)은 하나님께서 보내신 이를 믿는 것"이라 대답하시면서 단수형인 '에르곤'(ἔργον)을 사용하신다.

유대인들은 어떠한 행위적인 일들을 하면 하나님의 생명, 즉 썩지 않을 양식을 얻을 것으로 생각했지만, 예수님은 어떤 '일들'을 하는 것이 아니라 하나님께로부터 온 자신을 계속 믿고 사는 것이 바로 '하나님의 일'이라고 말씀하셨다. 믿는 것이 하나님의 일이고, 하나님의 일이 믿는 것이다!

"선교가 무엇입니까?", "하나님의 일은 무엇입니까?"라고 묻는 우리에게 주님의 대답은 "매일 나를 믿고 내 안에 거하는 것이다!"이다. 그동안 우리가 알고 있던 선교의 개념과 너무 달라서 무척 당황스럽지 않은가!

선교는 나 자신이 바뀌는 과정

대학교에 입학해서 선교단체에 들어가 훈련받고 공동체 생활을 하며 주의 제자로 살아갈 때, 내 안에 가장 강력한 삶의 목적은 '민족 복음화'와 '세계 복음화'에 대한 비전이었다.

얼마나 강력하고 도전적인 메시지였는지 모든 것을 버렸고, 주변 세상 친구들과의 관계도 끊고 공동체에 들어가, 진행되는 모든 제자 훈련을 소화하고, 학교생활을 병행하며 곧 이루어질 주의 나라를 꿈꾸었다. 거지전도 여행도 하고, 매년 여름 수련회와 금식 수련회, 세미나, 바자회, 캠퍼스 사역, 성경 공부, 순모임 등 뜨거운 피가 끓는 20대 시절을 보냈다. 그리고 정말 헌신하였던 그 시간들은 나에게 신앙의 큰 자양분이 되었다.

지난 20년간 예수님 없이 살아온 인생이 얼마나 한탄스러웠는지 모른다. 세상과 어두움의 종 노릇하며 살아온 잃어버린 시간을 회복하고자 드려진 수많은 헌신을 통해 '믿음의 가정'을 꿈꾸고 '믿음의 다음 세대'를 품고 기도하게 되었다.

사랑하는 자매를 만나 결혼하여 아름다운 믿음의 가정을 이루는 것, 책 읽고 강의 듣고 수많은 세미나와 훈련을 통해 손에 잡힐 것 같은 자녀 양육은 한마디로 '식은 죽'이었다. 그런데 결혼하고 자녀를 키우면서 기가 막힌 사실 한 가지를 나는 뒤늦게 깨달았다. '민족 복음화'와 '세계 복음화'보다 더 시급한 것이 '아내 복음화'와 '자녀 복음화'였던 것이다!

신혼을 보내고 난 뒤에 날마다 터지는 의견 충돌과 갈등은 극복하기 어려울 정도의 견고한 진이었고 교회 사역과 자녀 양육 문제는 또 다른 도전이자 고민이었다.

분명히 수년간 제자 훈련과 공동체 훈련을 받았고, 많은 책을 읽고 많은 세미나와 성경 공부를 수료하였고, 유대인 자녀교육 강사 자격증도 취득했고, 더욱이 신학 공부를 해서 안수를 받아 목사가 되었는데도 '아내 복음화'와 '자녀 복음화'는 요원한 꿈처럼 느껴졌다. 아내와 자녀들은 나에게 있어서 난공불락의 여리고 성 같은 존재였다.

"20대에는 예수님을 만나서 그리스도의 복음으로 세상을 바꾸고 싶었다!"

그래서, 민족 복음화, 세계 복음화를 이루어 주님께 드리고 싶었다. 그때 드린 20대의 헌신이 결코 아깝지 않을 만큼 정말 전투적으로, 종말론적으로 그리고 급진적으로 살았던 20대 시절이었다.

"30대에는 결혼을 하고 자녀를 낳으면서 아내를 바꾸고 싶었다!"

결혼 전에는 아내의 단점과 연약함이 매력적으로 보였으나, 결혼 후에 참으로 나를 '성화'시키는 거룩한 도구가 될 줄은 생각지도 못했다. 나로 하여금 날마다 주님의 십자가 앞으로 나아가도록 도와주고(?) 격동시키는 '브닌나'와 같은 역할을 하는 사람이 내가 사랑한 아내가 될 줄은 정말 몰랐다. 물론, 지금도 아내는 신실하게 그 역할을 성실히 수행하고 있다.

또한, 아이들을 주의 말씀과 훈계로 바르게 키우고 헌신된 신앙인으로 성장하게끔 하고 싶었다. 나는 정말 할 수 있는 나의 최선을 다했다. 그동안 내가 배우고 알고 있었던 모든 지식과 정보를 가지고 바꾸고자 노력했다.

그러나 아내를 변화시키려 하면 할수록, 자녀들을 바꾸려 하면 할수록 그들은 결코 바뀌지 않음은 물론이요 더 완강해졌다. 실은 거울과 같이 나의 모습을 비추어주는 존재들이었음을 나중에 알게 되었다. 철이 철을 날카롭게 하듯이(잠 27:17) 아내와 아이들은 나의 삶과 인격과 성품을 다듬어가는 데 가장 혁혁한 공로를 세우도록 하나님이 붙여준 사람들이다.

"40대에는 선교지에 와서 이 땅에 사는 유대인들을 바꾸겠다고 몸부림쳤다!"

50대를 향해서 가고 있는 지금에야 알게 된 충격적인 사실은 "나는 아무도 바꾸지 못했다"라는 것이다. 가정도 민족도 열방도, 아니, 가장 가까이 있는 아내와 아이들조차 내 힘으로 내가 원하는 사람으로 바꾸지 못했다는 사실을 지금에서야 깨닫게 된다.

누군가 "선교는 무엇입니까?"라고 묻는다면 나는 이렇게 말씀드리고 싶다. 선교는 '나 자신이 바뀌는 과정'이라고. 그리고 '내 마음과 생각을 지키며 매일 주와 동행하는 것'이라고.

만일 나의 전철(前轍)을 밟고 있는 분이 있다면 "선교는 나 자신이 변화 받아 바뀌는 과정이며, 선교지는 나의 마음과 생각을 지키는 마음의 영역"이라는 나의 작은 깨달음과 부끄러운 고백이 조금이나마 도움이 되었으면 좋겠다.

선교는 '속도'가 아니라 '방향'이다

만일 누가 선교사(혹은 사역자)로 헌신해서 선교지(사역지)로 나가기 위해 준비하고 있다면, 나는 그분들에게 세 가지 정도 권면의 말씀을 꼭 드리고 싶다.

'속도'가 아니라 '멈춤'

첫째, 선교(사역)는 '속도'(Speed)가 아니라 '멈춤'(Stop)이다. 빨리 준비하고 필드에 나가서 열심히 일하는 것보다 천천히, 느리게, 그리고 잠잠히 멈추어 주의 발밑에 엎드려 그분의 말씀을 먼저(First) 듣고, 매일(Everyday) 듣고, 계속(Continually) 들어야 나로부터 시작하는 선교가 아닌, 하나님으로부터 시작하는 선교가 시작된다고 믿는다.

그에게 마리아라 하는 동생이 있어 주의 발치에 앉아 그의 말씀을 듣더니 마르다는 준비하는 일이 많아 마음이 분주한지라 예수께 나아가 이르되 주여 내 동생이 나 혼자 일하게 두는 것을 생각하지 아니하시나이까 그를 명하사 나를 도와주라 하소서 주께서 대답하여 이르시되 마르다야 마르다야 네가 많은 일로 염려하고 근심하나 몇 가지만 하든지 혹은 한 가지만이라도 족하니라 마리아는 이 좋은 편을 택하였으니 빼앗기지 아니하리라 하시니라 눅 10:39-42

준비할 일들이 많지만, 몇 가지만 하든지 혹은 한 가지만이라도 족하다고 하신다. 마리아는 '이 좋은 편'을 택하였기에 빼앗기지 않을 것이라 하신다. 무엇을 택하였기에 마리아는 빼앗기지 않을까? 그것은 주의 발치에 앉아 그의 말씀을 듣는 것이었다.

선교지에서는 해야 할 일들이 많고, 만나야 할 사람들도 많고, 여러 상황과 환경들이 우리를 분주하게 한다. 그러나 선교는 '속도'가 아니라 '멈춤'에서 시작하는 것이다. 주의 발치에 앉아 내 생각과 분주함을 멈추고 그분의 말씀을 먼저 듣는 것, 매일 듣는 것, 계속 들으며 순종해가는 것이 선교가 아닐까?

'열정'이 아니라 '비움'

둘째, 선교는 '열정'(Enthusiasm)이기에 앞서 '비움'(Empty)에서 시작해야 한다. 예수님을 만나 변화되면 나타나는 가장 두드러지는 특징이 바로 '하나님나라에 대한 열정'이 생겨나는 것이다. 그래서 훈련도 받고, 열심히 봉사도 하며, 선교에 헌신하여 그의 보이지 않는 영원한 나라에 대한 소망을 품고 하늘에 속한 사람으로 살아가게 된다. 이 얼마나 놀라운 특권이며 축복인지 모른다!

그러나 그 열정에 위험성도 도사리고 있음을 알아야 한다. 그 열정이 우리를 집어삼키는 '양날의 검'이 될 수도 있기 때문이다. 열정에 사로잡히는 것보다 그 열정을 주님께 양도하고 '비움'에서 시작하고, '비움'으로 마치는 선교를 하면 어떨까!

> 내가 진실로 진실로 네게 이르노니 네가 젊어서는 스스로 띠 띠고 원하는 곳으로 다녔거니와 늙어서는 네 팔을 벌리리니 남이 네게 띠 띠우고 원하지 아니하는 곳으로 데려가리라 이 말씀을 하심은 베드로가 어떠한 죽음으로 하나님께 영광을 돌릴 것을 가리키심이러라 이 말씀을 하시고 베드로에게 이르시되 나를 따르라 하시니 요 21:18,19

베드로의 일생을 한 단어로 표현한다면 '열정' 아닐까? 그만큼 열정이 있고 앞장서고 주님을 따르며 제자도의 삶을 살아가려고 했던 그가 아닌가! 베드로에 관한 예수님의 이 말씀은 그가 젊어서는 '스스로 띠 띠고 자기가 원하는 곳으로 다녔거니와' 늙어서는 다른 사람이 그를 원하지 아니하는 곳으로 데려가리라는 예언적 말씀이다.

열정이 넘쳐날 때는 내 생각, 내 의지, 내 능력, 나의 계획을 따라 선교하고 내가 원하는 곳으로 가고 내가 하고 싶은 사역을 했다면, '비움'의 선교는 내가 스스로 하는 것이 아니라 나를 보내신 이의 뜻대로 생각하고, 아버지께서 행하시는 일을 아들도 보고 그와 같이 행하는 선교이다.

그러므로 예수께서 그들에게 이르시되 내가 진실로 진실로 너희에게 이르노니 아들이 아버지께서 하시는 일을 보지 않고는 아무것도 스스로 할 수 없나니 아버지께서 행하시는 그것을 아들도 그와 같이 행하느니라 요 5:19

20대 초반에 예수님을 인격적으로 만나 나의 삶은 뒤집어졌고, 한 선교단체에 들어가 제자의 삶을 살며 헌신하게 되었다. 민족을 바꾸고 세상을 바꾸고 열방에 나가 복음을 증거하여 다시 오실 예수 그리스도의 길을 준비하며 하루하루 종말론적 신앙인으로 살아가는 삶이 내가 꿈꾸는 전부였다.

예수님을 진정으로 만나 인격적으로 변화된 우리 모두에게 드러나는 외적인 열매가 있다면 바로 '열정'이 아닐까 생각한다. 그러나 이 열정은 때때로 칼집이 없는 '양날의 검'이 되어, 잘못 사용함으로 나도 다치고 상대방도 다치게 할 수 있다.

정말 주님이 원하시는 하늘의 열정은 내 안에서 일어나지 않는다! 주 품에 안연히 거하고 주님의 말씀이 내 속에 풍성히 거할 때, 그 하늘의 열정이 나와 우리의 삶을 내가 원하는 곳이 아닌 아버지가 원하는 곳, 아버지가 이끄시는 사역의 현장으로 인도하신다.

무릇 하나님의 영으로 인도함을 받는 사람은 곧 하나님의 아들이라 롬 8:14

주의 영으로 인도함을 받기 위해서는 내가 가진, 그리고 내가 만들어 놓은 열정이 우선 '식어야' 한다. 찬물을 맞은 듯 나의 열정이 사그라지고 비워져서 온전히 그분의 사랑과 말씀이 내 안에 가득 넘쳐 흘러가게 될 때 진정한 '비움의 선교'가 시작될 것이다.

'즉시'가 아니라 '친밀함'

셋째, 선교를 '즉시'(Immediately) 하는 것보다 '친밀함'(Intimacy) 가운데 머물며 사는 것이 훨씬 더 중요하다. 선교지에 있으면 바쁘게 지낼 때가 많고, 그 바쁜 시간들이 지나간 후 홀로 잠잠히 주 앞에 머물며 기도할 때도 있다.

솔직히, 바쁘고 분주하게 일정을 보내고 사람을 만나고 집에 돌아오면 뭔가 뿌듯하고 주님으로부터 칭찬을 들을 것 같은 생각이 들곤 한다. 반대로 분주한 시간이 지나가고 홀로 잠잠히 주님 앞에서 기도와 말씀 안에 머물고 있으면 어딘가 좀 어색하고 불편하고 오랜 시간 동안 있기가 힘들 때가 있다. 왜 그럴까?

기도하기보다는 어디로 나가서 사람을 만나야 한다는 부담감이 스멀스멀 올라온다. 말씀을 통해 나 자신을 점검하고, 그분 앞에 엎드려 주의 음성을 듣기보다는 어떤 사역을 해서 성과를 내야 한다는 부담감이 밀려온다. 그래서, 잠잠히 주의 임재 안에 머물러야 함에도 마음속에서 울려 퍼지는 수많은 생각과 일정들을 고민하면서 자리를 박차고 나가게 된다.

이렇게 '즉시' 무언가를 해야 하고, '즉시' 움직여야 하고, '즉시' 자리를 박차고 나가야 하는 것이 일상이 되고 습관이 되고 내 삶의 모습으로 자리잡히면 주님과의 '친밀함'은 사라지고, 가정 안의 '하나됨'(Unity)은 파괴되어 결국에는 밖에 버려져 사람들이 모아 불에 던져 사르는 종말을 맞이할 수도 있다.

> 내 안에 거하라 나도 너희 안에 거하리라 가지가 포도나무에 붙어 있지 아니하면 스스로 열매를 맺을 수 없음같이 너희도 내 안에 있지 아니하면 그러하리라 나는 포도나무요 너희는 가지라 그가 내 안에, 내가 그 안에 거하면 사람이 열매를 많이 맺나니 나를 떠나서는 너희가 아무것도 할 수 없음이라 사람이 내 안에 거하지 아니하면 가지처럼 밖에 버려져 마르나니 사람들이 그것을 모아다가 불에 던져 사르느니라 요 15:4-6

과거에는 주를 위한 열심 때문에 이런 일 저런 일들로 분주하게 지냈다. 그렇게 살아가는 나 자신이 대견할 때도 있었고, 사람들의 칭찬과 격려를 받으며 나 스스로 위안을 삼기도 했다.

나중에 돌이켜 보니 나는 주와 동행하기보다는 늘 앞장을 섰고, 주님은 내 뒤에 따라오기 바쁘신 분 같았다. 주님이 오른쪽으로 가자고 하면 왼쪽으로 가고, 왼쪽으로 가라고 하면 오른쪽으로 가는 청개구리 같은 심보로 살았다.

결혼하고 자녀를 키우며 아버지의 마음을 조금씩 알아가게 되면서 주와 '동행'한다는 의미가 무엇인지, 주 안에 '머문다'라는 뜻이 무엇인지 이제 조금씩 알아가고 있다.

주님은 마치 내 어깨에 손을 올리고 나와 같이 길을 걸으면서 오른쪽으로 같이 가고 왼쪽으로 같이 가시며, 내가 급하게 먼저 움직이려고 하면 내 어깨에 힘을 조금 얹어서 속도를 조절해주시는 방식으로 나의 삶을 이끌어 가고 계신다.

선교는 '즉시' 해야 할 필요도 있지만, '친밀함' 속에 늘 거하면 주님이 원하시는 가장 탁월한 방법으로 사람을 부르시고, 만나게 하시고, 사역하게 하신다. 이것이 주 안에 거하며 친밀함을 누리는 '예수님의 선교'이다.

예수께서 이르시되 얘들아 너희에게 고기가 있느냐 대답하되 없나이다 이르시되 그물을 배 오른편에 던지라 그리하면 잡으리라 하시니 이에 던졌더니 물고기가 많아 그물을 들 수 없더라 요 21:5,6

우리는 늘 고기가 없는 인생이 아니던가! 이제는 물고기가 많아 그물을 들 수 없는 인생으로 우리를 부르고 계신다. 단! 한 가지만 지키면 된다. 주님이 던지라고 하는 음성을 들으면 되고, 그물을 던지라는 곳에 던지면 되는 것이다. 우리는 물고기를 잡는 것 같지만, 주님과 상관없이 사역하기 때문에 실상은 헐벗고 굶주리며 영혼의 안식을 누리지 못하고 있는 것은 아닐까?

정말 '선교'가 필요한 사람은 '선교사 자신'이다!

다른 나라에서 오랫동안 사역해오신 선교사님 한 분을 만났다. 예상치 못한 만남이었지만, 주님이 예비하신 만남이라는 것을 대화를 통해 알게 되었다. 그리고 대화를 하면서, 나의 실패와 아픔과 힘들었던 과거의 경험들이 그 분에게 새로운 용기와 위로가 되었다는 것을 알게 되어 놀라웠다.

그 분은 너무 지쳐 계셨다. 그 분 스스로 "나는 마음에 병이 들었다"라고 고백하셨다. 우울감, 절망감, 분노, 짜증 속에서 그 분의 영혼은 방향을 잃은 배처럼 '영적인 방황'을 하고 있었다. 깨어진 가정, 사람들과의 깨어진 관계, 하나님과의 깨어진 관계 속에서 어떻게 해야 할지, 어떤 방향으로 나아가야 할지 찾고 있었다.

사역을 가로막는 가장 큰 장애물이 바로 '자기 자신'이라는 사실이 너무나 큰 아픔이 되었다고 하였고, 그러한 자신을 용납해주시는 하나님을 품을 수 있는 용기가 없다는 사실에 괴로워했다.

"어떻게 나 같은 사람이 '목사'요 '선교사'라고 할 수 있을까?"

눈 딱 감고 그렇지 않은 척하며 사는 사람들도 많은데, 그 분은 정말 정직하게 주 앞에서 살고 싶어 하셨다.

그 분에게 나의 연약함을 나누었다. 나의 실수와 두려움과 아프고 힘들었던 과거를 고백하고, 가장 중요한 사역이자 가장 놓치지 말아야 할 '생명'과도 같은 '주님과의 친밀함'을 놓치며 살아온 나의 삶을 고백하였다.

안타까운 것은 이러한 문제가 비단 나나 그 선교사님만의 문제가 아니라, 온 열방에 흩어진 수많은 사역자들이 안고 있는 공통적인 문제라는 데 있다.

사도 요한은 우리의 부르심에 관해 요한일서 1장 3절에서 언급하고 있다.

> 우리가 보고 들은 바를 너희에게도 전함은 너희로 우리와 사귐이 있게 하려 함이니 우리의 사귐은 아버지와 그의 아들 예수 그리스도와 더불어 누림이라 요일 1:3

여기에 우리의 '부르심'이 있다고 믿는다. 그것은 아버지 하나님과 그의 아들 예수 그리스도와의 '사귐'(fellowship)이라고 하신다. 창세 전에 아버지와 아들이 누리신 친밀한 교제와 사귐이 이 땅에 사는 우리 모두가 누려야 할 '부르심'인 것이다.

아들 예수님이 아버지 품속에 거하며 창세 전에 누린 그 영광스러움이 오늘 우리에게도 필요하다. 이러한 '기쁨'을 얻기 위해서는 먼저 '아버지와 아들이 가진 그 사귐' 속으로 들어가야 한다. 선교사님들을 말씀으로, 복음으로, 주님과의 친밀한 교제로 다시 이끌어 회복하게 하는 것이 얼마나 중요한 사역인지 새롭게 보게 되었다.

오랜 시간의 대화와 나눔을 마치고 선교사님은 "오늘 만남과 대화를 통해서 너무나 많은 것을 배우고 얻었습니다. 그리고 앞으로 어떻게 나아가야 할지 방향을 찾은 것 같습니다"라고 하시면서 정말 이런 교제와 나눔을 그리워했다고 말씀하셨다.

하나님은 실패한 나의 경험을 자양분 삼아 당신의 승리로 바꾸시는 분이다!

하나님은 감추고 싶은 나의 연약함을 통해 다른 사람들을 위로하게 하시는 분이다!

하나님은 숨기고 싶은 나의 실수와 아픔을 통해 다른 이들에게 소망을 주시는 분이다!

이 땅에 주의 날을 사모하고 살아가는 수많은 사역자들은 누구에게도 말 못 할 고민과 아픔을 안고 살아간다. 더욱이 사역자들도 자신들의 아픔과 연약함을 서로 나누고 감싸주는 공동체가 필요하지만, 정작 사역지에 나와서 살아보면 그러한 공동체를 만나기가 참 쉽지 않은 것 같다.

지금 시점에서 정말 중요한 사역이 있다면, 현지 선교지에서 사역하는 분들과 그들의 가정, 그리고 자녀들을 말씀으로 권면하고, 무너진 삶의 영역들을 수축하며, 다시금 일어나도록 돕고 협력하는 일이라고 생각한다. 이 세상에 '루저'(실패자)는 없다. 다만 '루저' 같은 내 인생을 바꾸시는 하나님의 '역전'만 있을 뿐이다.

나는 너부터 '선교'하고 싶다!

우리는 사람을 그 사람의 나이, 직업, 지위, 그리고 하는 일의 중요성을 가지고 대할 때가 많다. 다시 말하면, 내가 만나는 사람의 존재(being) 그 자체로 대하지 않고, '무슨 일을 하느냐? 혹은 하지 않느냐?'와 같은 나름의 기준과 판단을 가지고 대할 때가 많다는 것이다. 그래서 그런지 우리의 정체성(identity)은 자신이 이루어 놓은 어떠한 일의 '결과'나 '성과물'에 영향을 많이 받는 것 같다.

이스라엘을 방문하는 분들은 "이스라엘에서 무슨 사역을 하세요?"라는 질문을 가장 많이 하셨다. 물론 그분들에게 대단한 일은 아니지만, 주님이 이곳에서 허락하신 작은 사역과 섬기고 있는 일을 말씀드린다. 그러나 늘 내 마음에는 이러한 고민과 질문이 떠나지 않는다.

'사역이라는 것이 무엇일까?'

'어떤 사역을 하는 것이 주님이 기뻐하시는 일일까?'

'주님이 나를 통해 정말 하고 싶어 하시는 일은 어떤 것일까?'

이러한 질문을 늘 나 자신에게 던지고 주 앞에 엎드리게 된다.

"지금 무슨 사역을 하고 계십니까?"라는 질문을 받으면 사역자는 대부분 다음과 같이 대답한다.

"저는 여기서 복음 전도사역을 하고 있습니다."

"저는 교회 사역을 하고 있습니다."

"저는 여기서 문화 사역, 기도 사역 혹은 ㅇㅇㅇ 사역 등을 하고 있습니다."

그런데 이렇게 말씀하시는 분은 아직 단 한 번도 만난 적이 없다.

"제가 하고 있는 가장 중요한 사역은 두렵고 떨림으로 저의 구원을 이루어가는 것입니다!"

그러므로 나의 사랑하는 자들아 너희가 나 있을 때뿐 아니라 더욱 지금 나 없을 때에도 항상 복종하여 두렵고 떨림으로 너희 구원을 이루라 빌 2:12

구원을 위해 몸을 쳐 복종한 바울

고린도전서 9장 23절에서 바울은 자신이 '복음을 위하여' 모든 것을 행하고 있다고 말한다.

내가 복음을 위하여 모든 것을 행함은 복음에 참여하고자 함이라 운동장에서 달음질하는 자들이 다 달릴지라도 오직 상을 받는 사람은 한 사람인 줄을 너희가 알지 못하느냐 너희도 상을 받도록 이와 같이 달음질하라 고전 9:23,24

'모든 것을 행함'은 '복음에 참예함'을 의미하는데, 하늘의 상을 얻기 위하여 운동장에서 달음질하는 것으로 표현하고 있다. 그 이유는 단 한 가지이다. '하늘의 상'을 얻기 위해, 썩지 아니할 면류관을 얻기 위해서라는 것이다.

이렇게 달음질하는 것을 '복음에 참여하는 삶'으로 묘사하고, 달음질을 향방 없이 하지 아니하고 싸우기를 허공을 치는 것같이 하지 않았다면서 자신의 몸을 쳐서 복종한 이유를 다음과 같이 설명한다.

내가 내 몸을 쳐 복종하게 함은 내가 남에게 전파한 후에 자신이 도리어 버림을 당할까 두려워함이로다 고전 9:27

이방인의 사도로 평생 복음을 증거한 대사도(大使徒)요 스승인 바울이 정말 두려워했던 것이 한 가지 있었는데, 그것은 '하나님께 버림받을 수 있다'라는 거룩한 두려움과 영적인 경각심이었다. '버림을 당하다'라는 헬라어 단어는 '실격되다, 자격을 잃다'(disqualified)라는 의미이다.

그래서 그가 취한 행동은 자신의 몸을 쳐서 복종하게 하는 것이었다고 한다. 다시 말하면, 자신의 사역으로 사람들에게 받는 인정, 칭찬, 명예에 빠질 수 있었던 유혹과 인간적인 욕망을 가격했다는 뜻이다. 그렇게 하지 않으면 내가 다른 사람들의 구원을 위해 전파한 이후 오히려 자기 자신이 하나님께 '자격 박탈' 될까 봐 날마다 두렵고 떨리는 마음을 가졌다는 것이다.

사도 바울만큼 하나님 나라와 선교의 열정을 가지고 위대한 사역을 한 분도 없을 것이다. 고린도후서 11장에서 바울은 그리스도의 복음을 위해 자신이 당한 수많은 고난을 언급하고, 그리스도의 일꾼이면 자신은 더욱 그러하다고 변명하며 논증하고 있다.

사십에 감한 매를 다섯 번 맞고, 세 번 태장으로 맞고, 한 번 돌로 맞고, 세 번 파선하고, 일 주야를 깊은 바다에서 지냈고, 여러 번 여행하면서 강의 위험, 강도의 위험, 동족의 위험, 이방인의 위험, 시내의 위험, 광야의 위험, 바다의 위험, 거짓 형제 중의 위험을 당하고, 또 수고하여 애쓰고 여러 번 자지 못하고 주리며 목마르고 여러 번 굶고 춥고 헐벗었다고 고백한다(고후 11:24-27).

이렇게 평생을 살아온 바울도 놓치지 않고 늘 마음에 우선순위로

두고 자신을 쳐서 복종한 중요한 일은 바로 '영혼의 구원', 즉 두렵고 떨림으로 매일의 삶 속에서 '구원의 열매'를 이루며 사는 일상이었다.

들을 귀를 가졌던 마리아

처음 이스라엘에 와서 적응하고 정착하면서 하루하루 주어진 시간과 훈련 속에 이런저런 일을 하는 동안 나는 내가 하는 '사역'(ministry)이 나의 '정체성'이라고 생각하였다. 그래서 하고 있는 '일'(work) 속에서 나의 부르심을 찾았고, 그 일로 인해 기뻐하고 만족스러워 하였다. 일하지 않으면 뭔가 불안하고, 불편하고, 잠잠히 있지를 못하고, 주 앞에 머물지 못하는 신비한 현상(?)까지 생겨나게 되었다.

누가복음 10장 38-42절에는 베다니 마을에 살던 마리아와 마르다 이야기가 나온다. 예수님을 영접한 마르다는 준비하는 일이 많아 분주하였고 마리아는 주의 발치에 앉아 주의 말씀을 듣고 있었다.

우리는 마리아처럼 예수님의 발치에 앉아 주의 음성을 듣고 그분의 말씀에 청종하며 매일매일 살아야 한다고 배우지만, 실상 우리의 삶은 대부분 '마르다 콤플렉스'(Martha complex)에 영향받고 있다. 준비하는 일이 많아 마음이 분주한 마르다의 모습은 우리의 모습이라 할 수 있다.

"해야 할 일들이 얼마나 많았을까?"

"무슨 일로 그렇게 마음이 분주했을까?"

"예수님을 자기 집으로 영접한 마르다가 바쁘게 손님 접대를 하는 것이 잘못된 것인가?"

"결코 그렇지 않다!"

마르다의 요청은 무척 정당해 보이고 합리적이지 않은가! 예수님이 자기편을 들어줄 것이라 기대한 마르다에게 주님은 마르다의 마음 깊은 곳을 드러내신다. 마르다에게 "네가 많은 일로 염려하고 근심한다" 하시고, "마리아는 '이 좋은 편'을 택했으니 빼앗기지 아니하리라!" 하신다.

예수님이 오셔서 말씀하시는데도 마르다는 준비하는 일이 많아 마음이 분주하여 예수님의 말씀에 집중하지 못하고 있다. 이는 마치 씨를 뿌리는 자가 말씀과 생명의 씨를 뿌리지만, 그 씨를 받아들이는 마음의 밭에 심기지 못하고, 세상의 염려와 재리의 유혹과 자신이 하는 일에 대한 생각에 갇혀 뿌리를 내리지 못하는 모습과 같다.

그런즉 씨 뿌리는 비유를 들으라 아무나 천국 말씀을 듣고 깨닫지 못할 때는 악한 자가 와서 그 마음에 뿌려진 것을 빼앗나니 이는 곧 길가에 뿌려진 자요 돌밭에 뿌려졌다는 것은 말씀을 듣고 즉시 기쁨으로 받되 그 속에 뿌리가 없어 잠시 견디다가 말씀으로 말미암아 환난이나 박해가 일어날 때에는 곧 넘어지는 자요 가시떨기에 뿌려졌다는 것은 말씀을 들으나 세상의 염려와 재물의 유혹에 말씀이 막혀 결실하지 못하는 자요 좋은 땅에 뿌려졌다는 것은 말씀을 듣고 깨닫는 자니 결실하여 어떤 것은 백 배, 어떤 것은 육십 배, 어떤 것은 삼십 배가 되느니라 하시더라 마 13:18-23

반면에 마리아는 예수님의 말씀을 듣기 위해 가장 좋은 것을 선택한다. 손님 대접도 해야 하고 이런저런 일들이 있지만 가장 먼저 예수님의 발치에 앉아 무슨 말씀을 하시는지 들으려는 마음의 자세는 마치 좋은 땅에 씨가 뿌려져 말씀을 듣고 깨달아 결실케 되는 모습과도 같다.

결국 마르다는 말씀을 듣지 못하고, 수많은 생각과 분주한 일 때문에 말씀이 자라지 못하여 그 마음에 뿌려진 것을 악한 자에게 빼앗기지만, 마리아는 영생의 말씀이 심겨서 그 말씀의 뿌리에 접착이 되는 복된 인생이 된다.

하나님의 일은 모든 것이 다 소중하고 아름답다. 그러한 일로 불러주신 주님 앞에 최선을 다하고 아름다운 열매를 드리는 것은 마땅하다. 그러나 사도 베드로는 우리가 주님 앞에 설 때까지 가장 소중하게 지키고 신경 써야 할 사역은 바로 '영혼의 구원'이라고 말씀한다.

예수를 너희가 보지 못하였으나 사랑하는도다 이제도 보지 못하나 믿고 말할 수 없는 영광스러운 즐거움으로 기뻐하니 믿음의 결국 곧 영혼의 구원을 받음이라 벧전 1:8,9

하나님께서 불러 맡기신 사역을 감당하는 동안에도 결코 뒤처질 수 없는 사역은 '영혼의 구원'이다. 다른 이들을 섬기고 그들의 필요를 채워주고 그들을 훈련시켜 주의 제자로 삼는 일도 중요하지만, 남에게 복음을 전파한 후에 버림당하지 않도록 오늘도 주의 발치에 앉아

주의 말씀을 듣는 '들을 귀의 영성'이 우리 안에 회복되어야 한다.

두렵고 떨리는 마음으로 구원을 이루라

살리는 것은 영이니 육은 무익하니라 내가 너희에게 이른 말은 영이요 생명
이라 요 6:63

지금도 우리에게 영으로 생명으로 말씀하시는 주의 음성을 듣고 싶
어서 주의 발치에 앉아 있는 것보다 더 중요한 사역은 없다고 나는
믿는다.

"이스라엘에서 무슨 사역을 하세요?"라고 묻는 분들에게 "매일 두
렵고(fear) 떨림으로(trembling) 저의 구원을 이루며 사는 사역을 하고
있습니다!"라고 말씀드리면 실례가 될까? 이것은 다시 말하면 하나
님을 경외하는 하늘의 두려움이 매일의 일상에 임함으로 나의 '구원'
을 이루며 사는 삶이다.

정말 하나님의 임재 안에 떨면서 예배를 드린 적이 언제인가?

하나님의 임재 안에 두려움과 떨림으로 나아온 적이 언제였는가?

하나님의 거룩한 두려움에 사로잡혀 설교해본 적이 언제였는가?

내 주변에서 이러한 두렵고 떨리는 마음으로 구원을 이루며 사는
사람을 본 것이 언제였는가?

"잃어버린 자리로 되돌아가라!"

"놓치고 있던 우선순위를 되찾아라!"

"분주함의 핑계를 이제는 멈추라!"

"아버지 품을 떠나, 아버지를 위해서 일을 한다고 하는 변명은 더이상 통하지 않는다!"

우리가 어디에 있든지, 무엇을 하든지, 어떠한 일을 하든지 주님 오실 때까지 가장 소중한 사역은 '두렵고 떨림으로 매일 나의 구원을 이루며 사는 신자의 삶'이다.

또한, 사역자로서 주님의 일꾼으로 부르심을 받은 우리 모두에게 반드시 지켜야 할 삶의 선교지가 있다면 그것은 바로 '나의 마음'이다. 우리는 바로 나 자신이 복음을 가로막고 선교를 방해하는 장애물인 것을 알고 주 품에 다시 돌아가야 한다.

과거에 나의 삶이 어떠했든지, 지금 나의 모습이 어떠하든지 하나님은 우리 모두가 살기를 원하신다! 심지어, 그의 길에서 돌이켜 떠나 악인으로 살아가고 있는 자도 죄 가운데 죽지 않고 살기를 원하신다! 우리의 강퍅한 모습과 부정함을 인정하고, 주의 긍휼 앞에 다시 엎드리기를 원한다!

"나는 너부터 먼저 선교하고 싶다!"

오늘 우리에게 주시는 주의 마음과 계시가 이 책을 읽는 모든 독자에게 있기를 기도하며, '들을 귀 있는 자'는 성령이 우리에게 주시는 말씀을 듣고 다시 살아나 황폐하고 무너진 주의 영광을 되찾기를 간절히 원한다.

선교하시는 하나님은 우리의 실패와 아픔과 연약함을 용납과 회복과 강함으로 바꾸어 반드시 역전케 하실 것이다. 그리고 무너진 우리를 다시 살려 하나님의 거룩한 영광에 참여하게 하실 것을 기대하며 기도한다.

너는 그들에게 말하라 주 여호와의 말씀이니라 나의 삶을 두고 맹세하노니 나는 악인이 죽는 것을 기뻐하지 아니하고 악인이 그의 길에서 돌이켜 떠나 사는 것을 기뻐하노라 이스라엘 족속아 돌이키고 돌이키라 너희 악한 길에서 떠나라 어찌 죽고자 하느냐 하셨다 하라 겔 33:11

가면무도회를 마치며

내 평생에 찬양하면서 가장 많이 언급한 '찬양 가사'가 있다.

내 평생에 기도하면서 가장 많이 사용한 '기도 성구'가 있다.

내 평생에 예배하면서 가장 많이 선포한 '예배용 멘트'가 있다.

그리고 사역자로 교회를 섬기면서 최고의 가치로 추구한 비전은 '하나님의 영광'이었다. 그것은 정말 '나의 전심'이라고 생각하였다. 하나님께서 "거짓말"이라고 말씀하시기 전까지는.

예수님을 만난 후 삶이 변화되고, 훈련받으며, 주님 오실 길을 예비하는 자로 매일매일 살아가는 단 하나의 동력이 있다면 그것은 '하나님의 영광'이다. 하나님의 영광을 짓밟기 위해 사역하는 사람은 아무도 없을 것이다. 목회의 현장과 선교지에서 사역하는 가운데 우리 모두가 추구하는 최고의 가치는 단연 하나님의 영광임에 틀림없다.

그러나 우리의 슬픈 자화상을 우리 스스로가 알고 있다. 정직히 말씀 앞에 대면하기만 하면 우리가 얼마나 '하나님의 영광을 짓밟는 자'로 살아가고 있는지 알게 되기 때문이다.

감추고 회피한 나의 실체

이스라엘 선교사로 오기 전까지 나는 단 한 번도 내가 '하나님의 영광'을 짓밟고 있다고 생각해본 적이 없다. 이름만 대면 알 만한 큰 선교단체에 들어가서 순장으로, 사역자로, 예배 인도자로, 간사로 섬겼다. 신학을 공부하고 교회 사역자로 일하며 나는 정말 헌신되었고, 주님을 사랑하며 온 민족과 열방 안에 주의 나라가 오게 하는 소망을 가진 자라고 생각하였다. 주님이 나를 사용하고 계시다는 사실에 큰 자부심과 자긍심을 느끼며 기뻐하기도 하였다.

그러나 겉으로 보이는 내 삶의 모습은 빙산의 일각에 지나지 않았다. 누구도 나의 실체를 알지 못했다. 누구도 가장 밑바닥에 있는 나의 인간적인 욕구와 야심을 알지 못했다. 나조차도 나 자신을 모를 때가 얼마나 많은가!

신학적 지식과 교양이 내 삶을 대변해주지 않는다. 교회 강대상에서 설교하고 무대 위에 서서 예배를 인도하는 내 모습은 진짜 나의 모습이 아닐 때가 많다. 교회에서 비추어지는 나의 모습은 참된 내 모습이 아닐 때가 많다.

진짜 나의 모습은 아무도 없을 때 드러났다!

진짜 나의 모습은 광야에서 하나님을 독대할 때 드러났다!

진짜 나의 모습은 매일 말씀 앞에 엎드릴 때 드러났다!

또한, 진짜 나의 모습은 가정 안에서 드러났다. 내 아내에게, 자녀들에게 그동안 해온 말과 행동들이 나의 진정한 내면의 모습이었다!

그런 면에서 나는 '실패자'임을 부인할 수 없다. 그러한 나의 진짜 모습을 대면하고 싶지 않아서 얼마나 많은 핑계를 대고, 나 자신을 합리화하며, 공부하고 배운 신학과 사역의 경험들을 나 자신을 감추는 데 사용했는지 모른다.

마치 모세가 자신의 의를 드러내고 자신의 힘으로 이스라엘 백성들을 구원하고자 애굽 사람을 쳐서 죽이고 모래 속에 감추듯이, 나 자신을 그렇게 모래 속에 감추며 살았는지도 모른다.

하나님께서 원하시는 사역의 열매

이스라엘 선교사로 살면서 얻은 사역의 열매들이 있다. 그중에 수많은 사람에게 복음을 전하고 세례를 베풀고 제자 훈련을 하고 교회를 세우는 외적인 일보다 더 큰 열매는 바로 '나 자신의 변화'이다. 나의 연약함, 아픔, 실수들을 정직하게 열어 보이고 나눌 수 있는 겸손한 마음을 얻은 것이 지난 9년간 하나님께서 다루신 사역의 열매라면 열매라고 할 수 있을 것 같다.

2011년 1월 29일 이스라엘로 건너와 지금까지 사는 동안 하나님은 나에게 어떤 사역의 많은 열매를 요구하지 않으셨다. 대신 늘 나에게 단 한 가지를 요구하신 것 같다.

내가 온전히 주의 영으로 충만해서 그분의 마음으로 한 사람 한 사람을 사랑하고 섬김으로 나 자신이 그리스도의 장성한 분량에 이르는 성숙한 사람으로 변화되는 것이다.

우리가 다 하나님의 아들을 믿는 것과 아는 일에 하나가 되어 온전한 사람
을 이루어 그리스도의 장성한 분량이 충만한 데까지 이르리니 엡 4:13

하나님께서 우리에게 가장 들려주고 싶어 하시는 말씀은 이것이다.
"아들아! 딸아! 네가 사람이 되었구나."
"아들아! 딸아! 네가 철이 들었구나."
"아들아! 딸아! 이제야 네가 나의 마음을 이해하는구나."
어떤 많은 일을 성공적으로 해서 사람들의 인정과 칭찬을 받는 것
도 중요하겠지만, 선교지를 떠날 때 나 자신이 '영혼을 사랑하는 사
람'이 되어 있다면 그것이 그 어떤 열매보다 하나님께서 가장 기뻐하
시고 받으실만한 '선교적 열매'요, 주님이 참으로 인정하시는 '사역의
열매'이다. 하나님께서 우리에게 진정 원하시는 것은 '민족과 열방의
변화'이기 이전에 겸손하게 하나님과 동행하는 것이라 믿는다.

사람아 주께서 선한 것이 무엇임을 네게 보이셨나니 여호와께서 네게 구하시는 것은 오직 정의를 행하며 인자를 사랑하며 겸손하게 네 하나님과 함께 행하는 것이 아니냐 미 6:8

아픈 고백과 나눔이 진솔한 울림으로 전해지길

이 책의 서두에도 썼지만, 이 책은 '하나님의 영광을 짓밟은 한 선교사의 이야기'가 아니다. 누구보다 하나님의 영광을 위하여 살아가고 싶었던 어느 선교사의 가슴 아픈 삶의 고백이자 나눔이다. 모든 사역자가 겪는 현실적인 아픔들과 고민들을 책에 담아보려고 했다.

이러한 나눔과 삶의 고백들이 목회의 현장에서 지금도 땀 흘리며 목양에 힘쓰고 계시는 분들과 선교지에 있는 선교사님들, 그리고 그분들을 위해 기도하고 함께 동역하는 한국 교회 안에 진솔한 '울림'이 되어, 나 자신을 돌아보고 다시금 말씀 앞에 엎드리게 하는데 작은

'떨림'이 된다면 더 바랄 것이 없겠다.

　'가면무도회'를 마칠 시간이 다가왔다. 하나님의 음성으로 살지 않고 내 힘과 내 의와 내 생각으로 살아오면서 두르고 있었던 내 삶의 '무화과나무 잎'을 치우려고 한다. 내 얼굴과 마음을 가리고 있던 '종교와 위선의 가면'을 이제 벗어버리려 한다.

> 이에 그들의 눈이 밝아져 자기들이 벗은 줄을 알고 무화과나무 잎을 엮어 치마로 삼았더라 창 3:7

　이 글을 마치며 독자들께 다음과 같은 세 가지 질문을 드리고 싶다.
　첫째, 선교는 무엇인가?
　둘째, 하나님이 원하시는 사역은 무엇인가?
　셋째, 어떻게 살아야 선교적인 삶인가?
　각자가 내리는 결론은 다를 수 있겠지만, 부인할 수 없는 사실은

'선교를 하러 온 선교사 자신'이야말로 복음이 가장 필요한 '미전도 지역'이며, 주님과의 친밀함 속에서 누리는 생명과 기쁨이 없다면 우리가 하는 그 어떤 사역도 주님과 아무런 관계가 없다는 것을 깨닫는 은혜가 있기를 진심으로 기도한다.

> 시몬 베드로가 이를 보고 예수의 무릎 아래에 엎드려 이르되 주여 나를 떠나소서 나는 죄인이로소이다 하니 눅 5:8

아멘.

네가 나의 영광을 짓밟았다!

초판 1쇄 발행	2020년 3월 23일

지은이   최요나

펴낸이   여진구
책임편집   최현수
편집   이영주 김윤향 안수경 최은정 김아진 정아혜
책임디자인   노지현 조은혜 | 마영애 조아라
기획·홍보   김영하   **해외저작권**   기은혜
마케팅   김상순 강성민 허병용   **마케팅지원**   최영배 정나영
제작   조영석 정도봉   **경영지원**   김혜경 김경희

이슬비전도학교   최경식   **303비전성경암송학교**   박정숙
303비전장학회 & 303비전꿈나무장학회   여운학

펴낸곳   규장

주소   06770 서울시 서초구 매헌로 16길 20(양재2동) 규장선교센터
전화   02)578-0003   팩스   02)578-7332
이메일   kyujang0691@gmail.com   홈페이지   www.kyujang.com
페이스북   facebook.com/kyujangbook   인스타그램   instagram.com/kyujang_com
카카오스토리   story.kakao.com/kyujangbook
등록일   1978.8.14. 제1-22

ⓒ 저자와의 협약 아래 인지는 생략되었습니다.
이 출판물은 저작권법에 의해 보호를 받는 저작물이므로 무단 전재와 무단 복제를 할 수 없습니다.

책값   뒤표지에 있습니다.
ISBN   979-11-6504-068-0   03230

규 | 장 | 수 | 칙

1. 기도로 기획하고 기도로 제작한다.
2. 오직 그리스도의 성품을 사모하는 독자가 원하고 필요로 하는 책만을 출판한다.
3. 한 활자 한 문장에 온 정성을 쏟는다.
4. 성실과 정확을 생명으로 삼고 일한다.
5. 긍정적이며 적극적인 신앙과 신행일치에의 안내자의 사명을 다한다.
6. 충고와 조언을 항상 감사로 경청한다.
7. 지상목표는 문서선교에 있다.

하나님을 사랑하는 자 곧 그의 뜻대로 부르심을 입은 자들에게는 모든 것이 合力하여 善을 이루느니라(롬 8:28)

하용조 강해서 전집 7

이사야

내 백성을 위로하리라

(40-66장)

하용조 강해서 전집 7

이사야
내 백성을 위로하리라(40-66장)

지은이 | 하용조
초판 발행 | 2011. 10. 31
개정판 발행 | 2021. 7. 21
등록번호 | 제1988-000080호
등록된 곳 | 서울특별시 용산구 서빙고로 65길 38
발행처 | 사단법인 두란노서원
영업부 | 2078-3352   FAX | 080-749-3705
출판부 | 2078-3331

책값은 뒤표지에 있습니다.
ISBN 978-89-531-3508-6 04230

독자의 의견을 기다립니다.
tpress@duranno.com   www.duranno.com

두란노서원은 바울 사도가 3차 전도여행 때 에베소에서 성령 받은 제자들을 따로 세워 하나님의 말씀으로 양육하던 장소입니다. 사도행전 19장 8-20절의 정신에 따라 첫째 목회자를 돕는 사역과 평신도를 훈련시키는 사역, 둘째 세계선교(TIM)와 문서선교(단행본·잡지) 사역, 셋째 예수문화 및 경배와 찬양 사역, 그리고 가정·상담 사역 등을 감당하고 있습니다. 1980년 12월 22일에 창립된 두란노서원은 주님 오실 때까지 이 사역들을 계속할 것입니다.

하용조 강해서 전집 7

이사야
내 백성을 위로하리라
(40-66장)

두란노

여호와의 종을 통해
회복을 노래합니다

목사가 되면 항상 어떤 설교를 해야 할 것인가에 대한 고민을 하게 됩니다. 성경 전체를 읽고 또 읽지만, 읽는 순간마다 그 말씀들이 다르게 다가옵니다. 그러던 어느 날 하나님께서 저에게 이사야 40장부터 66장까지의 말씀 가운데 큰 감동을 주셨습니다.

이사야서는 작은 성경이라 불리는 책입니다. "구약 속에 있는 신약"이라 불리는, 크리스천들에게 매우 친숙하고 익숙하고 영적으로 많은 축복을 누릴 수 있는 책이 바로 이사야서입니다.

성경은 구약 39권, 신약 27권 등 총 66권으로 구성되어 있습니다. 이사야서가 신기하게도 66장으로 이루어져 첫째 부분이 39장, 둘째 부분이 27장으로 성경의 구조와 똑같습니다. 이스라엘 역사와 메시아의 필요성, 이스라엘 백성이 죄를 지어서 심판받는 과정이 첫째 부분인 1장부터 39장까지의 내용입니다. 이곳에는 여러 가지 심판, 징계, 고통스런 이야기가 기록되어 있습니다.

40장으로 들어서면서 마치 구약에서 신약으로 넘어가는 것처럼 반전이 됩니다. 메시아의 출현, 회복의 약속, 이스라엘의 찬란

한 미래에 대한 내용이 66장까지 기록되어 있습니다. 그래서 자유주의 신학자들은 문체나 스타일, 사상이 다르니 분명히 두 사람이 썼을 것이라고 주장하기도 합니다. 그러나 이사야서는 단연코 이사야 한 사람이 쓴 책입니다. 그만큼 이사야서는 놀랍고 신비스럽습니다.

이사야서를 읽다 보면 끊임없이 등장하는 이스라엘의 배신과 원망, 그리고 변함없는 하나님의 사랑을 온몸으로 만나게 됩니다. 죄 가운데 있는 이스라엘의 모습이 지금 우리의 모습이요, 우리 삶의 현실입니다. 그러한 우리를 안타깝게 보시고 가까이 다가와 구원과 회복의 은혜를 누리기를 원하시는 분이 바로 하나님이십니다. 그런 하나님께서 우리의 죄를 사하시기 위해 메시아이신 예수 그리스도를 보내 주셨습니다.

우리는 더 이상 방황하지 말아야 합니다. 하나님을, 예수님의 십자가를 외면하지 말아야 합니다. 하나님께서 우리를 향해 펼치신 거룩한 손을 잡고 언젠가 임할 새 하늘과 새 땅을 꿈꾸며 이 세상을 살아가야 합니다.

이 책에서는 전반부인 구약에 해당하는 1장부터 39장은 건너뛰고, 후반부인 신약에 해당하는 40장부터 66장까지의 메시지를 살펴볼 것입니다. 이사야서를 통해 우리 모두가 예수님을 발견하고 메시아의 축복이 임하기를 기도드립니다.

차례

1부

기쁨의 소식으로
다가오시는 하나님

이사야 40:1-41:20

하나님께서 고통 중에 있는 이스라엘을 향해
기쁨의 소식을 전하십니다.
이스라엘을 선택하신 하나님의 위로와 사랑이 넘쳐흐릅니다.

1

여호와의 영광을
모든 육체가 함께 봅니다

이사야 40:1-5

메시아의 축복과 이스라엘 회복

이사야서의 후반부의 첫 시작인 이사야 40장에는 네 가지 메시지가 담겨 있습니다.

첫째, '내 백성을 위로하라'입니다.

둘째, '하나님이 오신다. 메시아가 오신다. 여호와의 길을 예비하라'입니다. 이것은 신약에서 세례 요한이 했던 말과 같습니다. 메시아가 오시기 전에 예언자가 나와 "주의 길을 평탄케 하라, 예비하라"는 말로 신약이 시작한 것처럼 이사야 40장도 바로 이 예언으로 시작합니다.

셋째, '인간이 얼마나 영악한 존재인지, 인간이 얼마나 한계가 있는 존재인지, 동시에 하나님의 말씀은 얼마나 영광스럽고 능력이 있는지 선포하라'입니다.

넷째, '아름다운 소식을 전하라'입니다. 이렇듯 이사야 40장에는 놀라운 메시아의 축복과 이스라엘을 향한 회복의 축복이 담겨 있습니다.

나와 하나님과의 관계

첫째 메시지인 "내 백성을 위로하라"가 이사야 40장 1절에 담겨 있습니다.

> 너희의 하나님이 이르시되 너희는 위로하라 내 백성을 위로하라 (사 40:1).

여기서 우리는 "내 백성을 위로하라"고 말씀하신 분은 누구일까, "내 백성"은 누구일까를 먼저 생각해야 합니다. "내 백성을 위로하라"고 말씀하신 분은 하나님이시고, "내 백성"은 하나님의 백성인 이스라엘입니다.

여기서 주목해야 할 것은 "하나님" 앞에 나온 "너희"라는 말과 "백성"이라는 말 앞에 나온 "내"라는 말입니다. "너희 하나님"과 "내 백성"은 관계를 말하고 있습니다. 하나님은 나와는 상관없이 야단치고 심판만 하시는 분이 아니라, 싸매고 어루만지시는 분입니다. 무서운 하나님이 아니라 나와 관계가 있는 하나님이십니다. 인간인 우리를 자식처럼 보시는 분입니다. 이것이 바로 "너희"와 "내"라는 단어 속에 숨겨진 보석 같은 메시지입니다.

이사야 1장부터 39장까지 보면 하나님은 '내 하나님' 같지가 않습니다. 또 하나님 관점에서 보면 '내 백성'이라고 할 수 없습니다. 심판받는 것이 틀린 것은 아닙니다. 이스라엘 백성들이 우상을 숭

배하고 음란하고 하나님을 멀리 떠났기 때문에 심판받는 것은 마땅합니다. 그러나 심판을 받는 입장에서는 너무 힘이 듭니다.

그런데 40장에 들어오면서부터 하나님은 "너희 하나님"이 됩니다. 우리는 하나님의 백성이 됩니다. 이것을 1절에서 말해 주고 있습니다.

이 시편 기자는 이미 하나님과 우리의 관계를 "우리는 그의 것이요 그의 백성(시100:3)"이라고 기록했습니다. 하나님과 이스라엘 백성과의 관계는 그동안 심판과 분노와 저주의 관계였습니다. 이스라엘 백성들은 하나님을 만나기 어려웠습니다. 그러나 이제 이런 관계는 청산되었습니다. 회복과 일치의 단계로 나아갔습니다. 하나님께서 이런 기쁜 소식을 빨리 전하라고 하십니다. 포로생활에 지치고 경제적, 정치적, 사회적으로 희망이 없는 백성들에게 찾아가서 "하나님은 너희 하나님이시고, 이스라엘은 나의 백성이다"라는 사실을 전하고 위로하라는 것입니다. 이렇게 이사야 40장이 시작됩니다.

하나님께서는 메시지를 전할 때 염두에 두어야 할 세 가지가 있다고 말씀하십니다.

첫째는 속히 급하게 빨리 전하라는 것입니다. 1절에서 "위로하라"를 두 번이나 쓴 것은 강조하기 위한 것입니다. 중요하니 빨리 전하라는 것입니다. 하나님께서 우리에게 주시는 구원의 메시지, 축복의 메시지, 회복의 메시지는 급하고, 중요하고, 빨리 전해야

하는 것입니다.

둘째, 마음을 다하여 메시지를 전하라는 것입니다.

> 너희는 예루살렘의 마음에 닿도록 말하며 그것에게 외치라 그 노
> 역의 때가 끝났고 그 죄악이 사함을 받았느니라 그의 모든 죄로 말
> 미암아 여호와의 손에서 벌을 배나 받았느니라 할지니라 하시니라
> (사 40:2).

우리는 그냥 무관심하게 감정을 섞지 않고 메시지를 전하기도 합니다. 메시지를 전하긴 전하지만 관심이 없는 것입니다. 메시지를 전하는 사람과 메시지를 받는 사람이 아무런 상관이 없습니다. 어떤 사람들은 불편한 감정으로 메시지를 전합니다. 구약의 요나 같은 사람이 그랬습니다. 요나는 니느웨 성에 관해 이야기하는 것이 불편했습니다. 그런데 하는 수 없이 메시지를 전합니다. 하나님께서는 이런 태도로 메시지를 전하지 말라고 말씀하십니다.

우리가 전도할 때도 우리의 마음가짐을 살펴야 합니다. 무관심하게 전하지 않아야 합니다. "마음에 닿도록" 전해야 합니다. 정답게 진심으로 메시지를 전해야 하는 것입니다. 어떤 사람은 휙휙 지나가게 말을 하고, 어떤 사람은 가슴에 콕콕 박히게 말을 합니다. 설교도 그냥 휙휙 지나가는 설교가 있고, 내 이야기를 하는 것같이 가슴에 콕콕 박히는 설교가 있습니다. "마음에 닿도록"이라는 말

은 '가슴에 닿도록', '눈물이 나도록', '부드럽고 편하게' 전하라는 뜻입니다.

셋째, 메시지를 큰소리로 외치라고 했습니다. 모든 사람이 다 듣도록 전하라는 것입니다. 웅얼웅얼 전하면 많은 사람들이 알아듣기가 힘듭니다. 바로 옆 사람은 들리겠지만, 멀리 있는 사람은 알아들을 수가 없습니다. 하나님께서 이 메시지를 모든 사람들이 들을 수 있도록 외치라고 말씀하십니다.

심판이 떠난 자리, 자유를 선포하라

1절의 "위로하라"는 내용은 크게 두 가지입니다. 첫째는 노역의 때가 끝났고, 둘째는 죄악이 사함을 받았다는 것입니다. 이 메시지를 희망조차 잃고 공포와 절망 중에 있는 내 백성에게 전하라 하셨습니다. 첫째, "노역의 때가 끝났다"는 것은 심판의 때가 끝났다는 것입니다. 이 땅에서 고달프고 외롭고 힘든 포로생활이 끝났다는 것입니다. 이것은 마치 죄수가 교도소에서 언도된 형을 사는 것과 같습니다. 형량을 마치면 교도소에서 나가야 됩니다. 교도소에 더 있고 싶어도 있을 수가 없습니다. 이처럼 하나님으로부터 받은 심판의 형기가 다 끝났습니다. 더 이상 하나님의 진노와 심판에 서 있지 않고 자유의 몸이라는 사실을 그들에게 가르쳐 주라는 것입니다.

괌에는 요코이라는 동굴이 있습니다. 제2차 세계대전이 끝났다

는 소식을 듣지 못해 1972년 한 주민에게 발견되기까지 28년간 숨어 살았던 요코이라는 사람의 이름을 붙인 동굴입니다. 전쟁은 끝났는데 요코이는 그 소식을 듣지 못해 공포와 죽음과 도피의 생활을 계속했던 것입니다. 동굴을 나오기만 하면 자유라는 것을 알 수 있었을 텐데 말입니다.

하나님께서는 예수 그리스도로 인해 마귀, 죄, 세상, 저주로부터 억압된 우리 인생이 풀려났다고 말씀하십니다. 우리의 병이 풀렸습니다. 저주가 풀렸습니다. 고통이 풀렸습니다. 이 사실을 알려주라는 것이 이사야 40장에 나타난 첫째 메시지입니다.

둘째, 이미 죄를 용서받았다는 선언입니다. 우리는 예수 그리스도로 말미암아 죄를 용서받았음에도 불구하고 계속 죄의식 속에 있을 때가 있습니다. 메시지를 믿지 않기 때문입니다. 우리의 병은 이미 치유되었습니다. 그런데 믿지를 않습니다. 우리의 죄는 용서받았습니다. 하지만 믿지 않습니다. 우리는 의롭게 되었습니다. 자유의 몸이 되었습니다. 복음은 계속해서 이것을 선포하고 있지만 우리는 우리의 문화, 습관, 상처 때문에 그 사실을 잘 믿으려 하지 않습니다. 복역의 때는 끝났습니다. 죄는 용서받았습니다. 우리가 죄를 지은 것은 사실입니다. 형벌을 받은 것도 사실입니다. 그러나 더 놀라운 사실은 이제 우리의 죄가 씻음을 받았다는 것입니다. 더 이상 스스로 감옥을 만들어서 그 안에 들어가 살지 마십시오. 밖으로 나오십시오. 자유를 누리고 선포하십시오. 하나님께서는 우리

에게 죄를 짓지 않고, 또한 죄에 빠지지도 않고 살 수 있는 영적 능력을 주셨습니다.

우리는 다시 귀신의 종이 되어서는 안 됩니다. 마귀의 종노릇을 해서는 안 됩니다. 우리는 이미 마귀로부터, 죄로부터 자유함을 받았습니다(막 16:17). 그것을 인정하고 믿으십시오. 그러면 능력이 나타나기 시작합니다.

그러나 여전히 과거의 쓴 뿌리와 상처가, 우리의 옛날 성품과 습관이 우리를 얽매고 있습니다. 그러니 선포하십시오. "나는 죄 사함을 받았다. 메시아가 오신다. 주의 길을 예비하라"고 말입니다.

여호와의 길을 예비하라

외치는 자의 소리여 이르되 너희는 광야에서 여호와의 길을 예비하라 사막에서 우리 하나님의 대로를 평탄하게 하라(사 40:3).

이것은 세례 요한의 메시지와 같습니다. 세례 요한은 자신의 메시지를 전한 것이 아니라 이사야의 메시지를 받아 전한 것입니다. 그렇다면 왜 길을 예비하라고 하셨을까요? 그 이유는 주님이 오시기 때문입니다. 아직은 주님이 오시지 않았습니다. 그러나 곧 오십니다. 주님은 분명히 재림하십니다. 그러기에 우리는 신랑 맞을 준

비를 하는 신부가 되어야 합니다.

그러면 어디에서 준비를 해야 할까요? 그곳은 광야입니다. 이는 예루살렘 동남쪽에 있는 사해 근방의 유다 광야를 말합니다. 사막을 뜻합니다. 사막은 사람이 살 수 없는 모래만 있는 곳입니다.

둘째 메시지인 "여호와의 길을 예비하라"는 궁극적으로 여호와의 구원이 시작되었다는 의미입니다. 천국에 계신 하나님께서 신발 신고 옷 입고 우리를 구원하기 위해 오실 채비를 하고 있으므로 광야에서, 사막에서 길을 예비하고 대로를 평탄하게 하라는 메시지를 주셨습니다.

그렇다면 어떻게 주의 길을 예비할 수 있을까요?

> 골짜기마다 돋우어지며 산마다, 언덕마다 낮아지며 고르지 아니한 곳이 평탄하게 되며 험한 곳이 평지가 될 것이요(사 40:4).

낮은 골짜기는 돋우어진다고 했습니다. 사막은 길이 없는 곳입니다. 길을 만들어도 바람이 불면 길이 다 없어집니다. 사막에는 도로를 만들 수 없습니다. 그런데 여기에 길을 만들라는 것입니다. 대로를 만들라는 것입니다. 사막 같은 인생에 하나님께서 오시는 길을 만들라는 것입니다. 골짜기에 돌과 흙을 넣어서 메우라는 것입니다. 또한 산과 언덕을 깎으라고 말씀하십니다. 그렇게 길을 만들라는 것입니다. 굽고 고르지 않은 길을 반듯한 길로 만들라 하셨

습니다.

이것은 포로생활로 절망하고 있는 이스라엘 백성에게 하나님께서 구원자로 오실 때 신분이 높은 사람이나 신분이 낮은 사람이나 모두 그 앞에 무릎 꿇게 하라는 의미를 담고 있습니다. 인간 안에 도사리고 있는 울퉁불퉁한 것, 구부러진 것, 죄악이나 정욕, 악한 사상이나 이데올로기, 우상숭배나 음란한 것, 세상적인 모든 것들을 제거하라는 것입니다.

그럼 왜 주의 길을 평탄하게 하라고 말씀하셨을까요?

> 여호와의 영광이 나타나고 모든 육체가 그것을 함께 보리라 이는
> 여호와의 입이 말씀하셨느니라(사 40:5).

여호와의 길을 만드는 목적이 여기에 있습니다. 낮은 골짜기는 높게 만들고, 높은 산은 낮게 만들고, 모든 교만과 이기심과 탐욕을 다 꺾어 버리고 주의 길을 예비하는 목적은 여호와의 영광이 나타나게 하기 위해서입니다.

'여호와가 오신다'는 것은 이사야의 핵심적인 사상인 '야훼의 종 메시아가 온다'는 것입니다. 메시아의 출현을 뜻합니다. 그가 오시면 모든 질곡과 고통과 죽음과 심판에서 우리를 자유하게 하십니다. 그래서 주의 길을 예비하라는 것입니다. 예수 그리스도가 우리 안에 들어오실 수 있도록 우리 안에 대로를 만들라는 것입니

다. 모든 사상을 부수고, 모든 습관을 버리고, 메시아 예수 그리스도가 들어오실 수 있도록 길을 만들라는 것입니다. 그분이 오시면 하나님의 영광이 드러납니다.

또한 모든 육체가 하나님의 영광을 보게 됩니다. 여호와의 영광이 이스라엘 백성에게 나타날 뿐만 아니라 모든 이방인들에게도 드러나는 것입니다.

이 얼마나 놀라운 메시지입니까. 저는 우리의 마음속에 동일한 흥분과 감동과 기적과 능력이 나타나기를 기도합니다. 우리의 신앙생활이 세상 속에서 태풍이 불고 폭풍이 치고 전쟁이 일어나고 지진이 일어나도 두려워하거나 흔들리지 않기를 바랍니다. 주님이 다시 오심을 갈망하면서 승리하길 기도합니다.

2

꽃은 시드나
하나님의 말씀은 영원합니다

이사야 40:6-11

인간의 연약함을 외치라

말하는 자의 소리여 이르되 외치라 대답하되 내가 무엇이라 외치리이까 하니 이르되 모든 육체는 풀이요 그의 모든 아름다움은 들의 꽃과 같으니 풀은 마르고 꽃이 시듦은 여호와의 기운이 그 위에 붊이라 이 백성은 실로 풀이로다 풀은 마르고 꽃은 시드나 우리 하나님의 말씀은 영원히 서리라 하라(사 40:6-8).

이 메시지의 골자는 '인간은 연약한 존재'라는 것입니다. 인간은 신이 아닙니다. 인간은 무한한 존재가 아닙니다. 이 사실을 이스라엘 백성에게 알리라고 하십니다. 반대로 하나님은 영원하시고 무한하십니다. 하나님의 말씀은 능력이 있습니다. 인간의 연약성과 하나님의 영원성은 구원론의 핵심이요, 창세기부터 요한계시록까지 흐르는 일관된 주제입니다.

6절을 보면 "외치라"는 말씀이 나옵니다. 인간의 연약함, 부족함, 한계를 외치라는 것입니다. '인간의 힘으로는 결코 전쟁이 끝나지 않는다', '인간의 힘으로는 포로생활이 끝나지 않는다'라는 사실을 깨닫게 하라고 말씀하십니다.

요즘 우리는 개혁이라는 말을 많이 씁니다. 그런데 왜 개혁이 안 될까요? 인간이 하려고 하기 때문입니다. 개혁의 대상은 바로 우리 인간입니다. 개혁의 당사자인 우리가 어떻게 우리 자신을 개혁할 수 있겠습니까?

인간의 힘으로는 해방, 구원, 혁명, 개혁, 승리는 불가능합니다. 하나님은 이사야를 통해 인간은 개혁의 주체가 아니라는 것을 일깨우려 하셨습니다.

인간의 육체는 풀과 같습니다. 한때 풀은 싱싱하게 푸르고 기운이 넘쳐 보입니다. 그러나 계절의 변화에 따라 풀은 곧 마르고 시들고 사라집니다. 나무나 풀에 핀 꽃이 얼마나 가는지 생각해 보십시오. 꽃이 활짝 폈을 때는 황홀하지만 곧 시들고 맙니다.

또한 우리 인생도 풀과 같습니다. 우리 인생이 꽃과 같이 화려할 때가 있지만 곧 사라집니다. 향기도 영원하지 않습니다. 꽃도, 젊음도, 성공도 영원하지 않습니다. 화려하고 아름다운 사람도 기운이 쇠하고 늙게 되어 있습니다. 아무리 애를 써도 찾아오는 쭈글쭈글한 주름을 막을 방도가 없습니다. 이것이 인생입니다.

인간은 어떤 존재입니까?

첫째, 죽을 수밖에 없는 존재입니다. 어느 날 죽음은 불현듯 우리 앞에 찾아옵니다. 때가 되면 나무처럼 쓰러집니다. 화려했던 꽃도 사라지고, 무성했던 나뭇잎도 시듭니다. 이것이 인생입니다. 이것이 우리의 본질입니다.

둘째, 인간은 제한적인 존재입니다. 지식에 제한이 있습니다. 공부를 아무리 많이 해도 한계가 있습니다. 육체의 능력도 한계가 있습니다. 인간은 시간 안에 삽니다. 시간을 초월할 수 없습니다. 또한 인간은 공간 안으로 제한되어 있습니다. 아무리 많이 소유하려 해도 다 가질 수 없습니다. 똑똑하고 의로운 것 같아도 배앓이 한 번에 쓰러지는 것이 인간입니다.

셋째, 인간은 죄의 존재입니다. 인간은 태어날 때부터 죄인입니다. 아무리 벗어나고 싶어도 죄를 지을 수밖에 없는 존재입니다. 인간은 죄를 짓고, 죄를 퍼뜨리고, 죄를 먹고 사는 성향이 있습니다. 한순간 착한 생각을 할 수는 있습니다. 그러나 대부분 악한 생각을 합니다.

넷째, 인간은 스스로 구원할 수 없는 존재입니다. 인간은 인간을 구원할 수 없습니다. 이것이 종교의 한계입니다. 종교 창시자들은 모두 인간을 구원하러 왔다지만 사실 그들마저도 구원을 받아야 할 대상입니다. 죄인이 어떻게 죄인을 구원할 수 있으며, 유한한 존재가 어떻게 무한한 존재가 될 수 있겠습니까. 인간이 어떻게 신이 될 수 있습니까. 인간의 인간다움은 구원을 기다리는 것입니다.

역사하시는 하나님의 말씀을 전하라

> 풀은 마르고 꽃은 시드나 우리 하나님의 말씀은 영원히 서리라 하라(사 40:8).

이것이 인간론의 클라이맥스입니다. 인간은 연약한 존재이지만 하나님의 말씀은 영원합니다.

그렇다면 하나님의 말씀은 무엇입니까? 하나님의 말씀은 곧 하나님 자신입니다. 하나님은 천지를 말씀으로 창조했습니다(창 1:1). 따라서 하나님의 말씀은 곧 하나님 자신을 의미합니다. 여기서 하나님의 말씀이 영원하다는 것은 '하나님의 능력이 영원하다', '하나님의 존재가 영원하다'는 뜻입니다.

> 태초에 말씀이 계시니라 이 말씀이 하나님과 함께 계셨으니 이 말씀은 곧 하나님이시니라(요 1:1).

> 말씀이 육신이 되어 우리 가운데 거하시매 우리가 그의 영광을 보니 아버지의 독생자의 영광이요 은혜와 진리가 충만하더라(요 1:14).

곧 하나님에서 한 걸음 더 나아가 예수 그리스도라고 말씀하십니다. 예수 그리스도는 영원합니다. 하나님은 영원합니다. 그러기

에 하나님의 말씀도 영원합니다. 우리는 '하나님의 말씀은 영원하다'라는 말씀 속에서 하나님은 영원하시고, 예수 그리스도는 영원하시다는 사실을 알게 됩니다. 여기에 덧붙여 히브리서는 하나님의 말씀이 능력 그 자체라고 말합니다(히 4:12).

하나님의 말씀은 인간의 영과 혼과 육을 통째로 다스립니다. 이러한 하나님의 말씀이 우리 삶 가운데 충만해야 할 것입니다. 인간의 유한성을 깨달으십시오. 인간의 연약함을 깨달으십시오. 개혁할 수 있다는, 역사를 바꿀 수 있다는 오만한 생각을 버리십시오. 하나님의 말씀이 역사를 만들어 갑니다. 하나님의 말씀이 인간을 개혁할 수 있습니다. 하나님의 말씀만이 영원히 섭니다. 이런 고백과 선포가 우리 안에서 이루어질 때 인생이 새로워집니다.

인류의 역사는 두 가지로 나눌 수 있습니다. 바로 인간의 역사와 하나님의 역사입니다. 인간은 역사를 만들기 위해 전쟁을 하고, 폭력을 쓰고, 테러를 하고, 서로 증오합니다. 이럴 수밖에 없는 것은 인간이 역사를 만들어 가려고 하기 때문입니다. 그러나 하나님께서 역사를 만들어 간다는 것을 믿으면 이 땅에 평화와 화해와 복이 가득해질 것입니다.

통일은 인간이 할 수 없습니다. 통일은 하나님의 손에 있습니다. 그것을 믿고 당당히 선포할 때 통일이 이루어집니다. 그러나 우리가 통일해야 한다고 하면 날이 갈수록 복잡한 문제에 부딪히게 될 것입니다.

이것은 국가뿐만 아니라 한 개인과 가정도 마찬가지입니다. 우리의 가정을 지배하고 주관하시는 분이 하나님이심을 믿으십시오. 그러면 우리의 가정에 평화가 옵니다. 우리 가정, 내 인생의 주인은 하나님이심을 선포하십시오. 기회가 있을 때마다 자기 자신에게 말하십시오.

> 아름다운 소식을 시온에 전하는 자여 너는 높은 산에 오르라 아름다운 소식을 예루살렘에 전하는 자여 너는 힘써 소리를 높이라 두려워하지 말고 소리를 높여 유다의 성읍들에게 이르기를 너희의 하나님을 보라 하라(사 40:9).

이 구절을 보면 아름다운 소식을 시온에, 예루살렘에, 유다의 성읍에 전하라고 되어 있습니다. 아름다운 소식을 전하는 사람도 있고, 저주의 소식을 전하는 사람도 있습니다. 저는 우리 모두가 아름다운 소식을 전하는 사람이기를 바랍니다. 더러운 소식, 악한 소식, 저주의 소식이 아니라 복된 소식, 아름다운 소식, 생명의 소식, 구원의 소식을 우리의 입술로 선포해야 하는 것입니다.

하나님의 메시지에는 미래적인 의미가 있습니다. 또한 하나님께서 맡기신 아름다운 미래를 창조하고 개척하는 축복권이 우리 손에 있습니다. 우리의 입술에 있습니다. 우리의 입술로 민족을 축복하십시오. 가족을 축복하십시오. 자녀를 축복하십시오. 우리의

인생을 축복하십시오. 그 축복이 우리의 미래가 될 것입니다.

어떤 사람은 자기 말로 자신의 인생을 망가뜨립니다. 말마다 어둡고 부정적입니다. 그런 사람의 말을 들으면 되는 일이 없고, 세상이 무너질 것만 같습니다. 그런데 어떤 사람은 폐허 속에서도 살아 있는 말을 합니다. 희망과 꿈을 노래합니다. 없어도 있다고 말하고, 불가능해 보여도 가능하다고 합니다. 그런 사람의 삶은, 처한 환경은 어렵지만 부활과 희망과 미래가 있습니다.

저는 우리가 모두 그런 사람이 되기를 바랍니다. 우리는 기쁜 소식을 전하는 사람입니다. 우리가 가는 곳마다 변할 것입니다. 지옥이 변하여 천국이 되고, 절망이 변하여 희망이 될 것입니다. 우리가 바로 기쁜 소식을 전하는 자들입니다.

저는 제가 설교자라는 것이 얼마나 좋은지 모릅니다. 매 주일마다 기쁜 소식을 전하니 이보다 감사한 일이 없습니다. 우리 가운데 미래를 가본 사람은 아무도 없을 것입니다. 미래는 믿음으로 선택하는 사람의 것입니다. 이사야만 아름다운 소식을 전하는 사람이 아닙니다. 우리의 입을 욕하는 데 쓰지 않기를 바랍니다. 쓸데없는 험담을 하는 데 쓰지 말고 기쁜 소식을 전하는 데 사용하십시오.

그러면 메시지는 어디서 전해야 할까요? 하나님께서는 "높은 산"에 오르라고 말씀하십니다. 낮은 데서 이야기하지 말고 높은 산에서 선포하라는 것입니다.

메시지는 누가 누구에게 전해야 합니까? 말씀을 외치는 자가 시

온, 예루살렘에 전하라고 하십니다. 시온과 예루살렘은 그 영광이 땅바닥에 떨어진 곳입니다. 포로생활로 인해 붕괴되고 처참하게 변한 곳입니다. 그곳에 소식을 전하라는 것입니다.

그렇다면 어떤 메시지를 전해야 할까요? "너희의 하나님을 보라"고 전해야 합니다. 이것이 핵심입니다. 인간 자신을 보지 말고 하나님을 보라는 것입니다. 하나님을 보면 새 힘을 얻게 됩니다(사 40:31). 유한한 인간을 보지 말고 무한한 하나님을 보십시오. 우리의 시선, 관심, 생각을 돌려 하나님을 보십시오. 우리 안에 하나님의 생각이 가득하길 바랍니다. 하나님을 생각하십시오. 그것이 이세상에서 가장 위대한 생각입니다.

강한 용사와 선한 목자로 오시는 하나님

보라 주 여호와께서 장차 강한 자로 임하실 것이요 친히 그의 팔로 다스리실 것이라 보라 상급이 그에게 있고 보응이 그의 앞에 있으며(사 40:10).

이 성경 구절을 보면 하나님을 네 가지로 설명하고 있습니다.

첫째, 하나님은 강한 자로 임하시는 분입니다. 하나님은 원수 앞에서는 강한 용사로 나타나십니다. 하나님은 강한 용사로 나타나

셔서 마귀를 단칼에 물리치실 것입니다.

둘째, 하나님은 친히 그의 팔로 다스리시는 분입니다. 하나님은 강한 팔로 원수를 치시고, 백성들을 보호하십니다.

셋째, 하나님은 상급을 주시는 분입니다. 하나님은 의로운 자에게, 충성한 자에게 상급을 주십니다. 최선을 다하는 자에게 상급을 주십니다. 이 세상에서 하나님을 위해 손해를 보고, 모함을 받고, 억울함을 받은 사람에게 상급을 주십니다.

넷째, 하나님은 보응하시는 분입니다. 하나님은 악한 자에게, 게으른 자에게, 변절자에게 보응하십니다.

이러한 하나님을 보라고 말씀하십니다. 이러한 기쁜 소식을 시온과 예루살렘과 온 유다 성읍에 전하라고 하십니다.

> 그는 목자같이 양 떼를 먹이시며 어린 양을 그 팔로 모아 품에 안으시며 젖먹이는 암컷들을 온순히 인도하시리로다(사 40:11).

10절에서는 전반적으로 하나님을 강한 용사로 그린 반면, 11절은 하나님을 양을 치는 선한 목자로 그리고 있습니다. 이것은 마치 시편 23편, 요한복음 10장과 같이 하나님을 표현합니다.

첫째, 하나님은 목자와 같이 양 떼를 먹이십니다. 양 떼를 푸른 초장으로 인도하시는 분입니다. 강한 용사와는 다른 이미지입니다.

둘째, 하나님은 어린 양을 팔로 모아 품에 안으십니다. 어린 양,

병든 양을 팔로 꼭 안아 인도하십니다.

셋째, 하나님은 젖먹이는 암컷을 인도하십니다. 갓 새끼를 난 어미는 예민합니다. 그래서 젖먹이는 어미 양은 특별한 관리가 필요합니다. 하나님은 이렇게까지 양들에게 관심이 많으십니다. 하나님은 각자 형편에 따라 필요한 것을 공급하시는 분입니다. 하나님은 공평하시면서도 차별하십니다. 하나님은 공평하지만 어떤 때는 약자에게 은혜를 더 베푸십니다. 병든 자에게 사랑과 관심을 더 주십니다.

이러한 분이 바로 하나님이십니다. 이러한 하나님을 보라는 것입니다. 이 하나님을 앙망하라는 것입니다. 이 하나님을 시온과 예루살렘, 유다 성읍에 전하라는 것입니다.

하나님께서는 우리에게 인간의 연약성을 고백하라고 말씀하십니다. 연약한 것은 부끄러운 것이 아닙니다. 하나님의 영원함과 위대함을 선포하십시오. 이것이 이사야 40장에 나오는 예언의 시작이요, 구원의 시작입니다.

3

창조주 하나님의
위대함을 바라봅니다

이사야 40:12-26

하나님의 위대하심을 아는 것이 우선

이사야는 하나님을 강한 용사로 표현했습니다. 어떤 적도, 원수도 무찌를 수 있는 능력의 하나님으로 표현했습니다. 동시에 하나님을 양 떼를 돌보시고 인도하시는 목자로 표현하기도 했습니다. 이제 이사야는 하나님을 그 누구와도 비교할 수 없는 창조주 하나님이시요, 위대한 하나님이시요, 영원한 하나님이시라고 소개하고 있습니다. 오늘 본문에서 이사야는 여러 가지 방법으로 하나님을 설명합니다.

첫째, 자연을 통해 하나님의 전능하심과 위대하심을 표현합니다.

> 누가 손바닥으로 바닷물을 헤아렸으며 뼘으로 하늘을 쟀으며 땅의 티끌을 되에 담아 보았으며 접시 저울로 산들을, 막대 저울로 언덕들을 달아 보았으랴(사 40:12).

어떤 인간이 손바닥으로 바닷물을 헤아릴 수 있겠습니까. 이것은 인간의 한계와 동시에 하나님의 위대하심을 보여 줍니다. 손을 펴 보십시오. 이 손으로 바닷물을 퍼내는 것은 불가능합니다. 이사

야는 인간의 손으로 하나님을 재 보려고 하는 우리의 어리석음을 이야기하고 있습니다. 하나님은 그토록 크신 분이십니다.

또한 이사야는 누가 뼘으로 하늘을 잴 수 있겠느냐고 말합니다. 수많은 별들이 떠 있는 하늘을 뼘으로 어떻게 재겠느냐는 것입니다. 누가 되에 땅의 흙을 다 담아 보겠느냐고 말하고, 저울로 산들을 달아보겠느냐고 말합니다. 인간이 어떻게 큰 저울, 작은 저울로 산을 달아볼 수 있겠습니까. 하나님에 대한 인간의 생각과 관점은 이렇게 어리석고 제한적입니다. 하나님은 위대하시고 상상할 수 없이 크신 분인데, 우리는 하나님처럼 되려고 합니다. 이는 하나님에 대한 천박하고 어리석은 사상입니다.

둘째, 인간의 지식과 지혜의 관점으로 하나님의 위대하심을 표현합니다.

누가 여호와의 영을 지도하였으며 그의 모사가 되어 그를 가르쳤으랴 그가 누구와 더불어 의논하셨으며 누가 그를 교훈하였으며 그에게 정의의 길로 가르쳤으며 지식을 가르쳤으며 통달의 도를 보여 주었느냐(사 40:13-14).

하나님을 대하는 인간의 태도는 이렇게 어리석습니다. 인간은 마치 하나님을 지도하는 것처럼, 마치 인간이 역사를 만들어 가는 것처럼, 마치 인간이 하나님보다 지식이 많은 것처럼 말하고 정치

를 하고 전쟁을 일으킵니다. 이것이 얼마나 어리석은 일입니까. 우리에게 여러 가지 어려운 문제가 있을 때 위대하신 하나님을 의지하지 않고 쥐꼬리만 한 자기 지식과 경험으로 모든 문제를 해결하려고 하는 것은 참으로 어리석은 일입니다.

이런 우리를 보실 때 하나님께서는 참으로 답답하실 것입니다. 인간은 얻어맞아야 새벽기도회에 오고, 조금만 잘 되어도 하나님 없이 살 수 있는 것처럼 교만해집니다. 하나님께서 잘해 주실 때 우리도 잘하면 좋은데, 하나님께서 조금만 잘해 주시면 자기 잘났다고 교만해집니다. 하나님께 대들면서 마치 하나님을 자신이 인도하는 듯한 착각에 빠집니다.

인간이 어떻게 하나님의 영을 인도할 수 있겠습니까. 어떻게 인간이 하나님의 상담자가 되겠습니까. 인간이 어떻게 하나님의 말상대가 되겠습니까. 어떻게 인간이 하나님께 교훈을 줄 수 있겠습니까. 인간은 어쭙잖은 정의로 하나님을 난도질합니다. 자신의 정의가 하나님의 정의보다 옳은 것인 양 말을 합니다.

인간이 어떻게 하나님께 공평의 도를 가르칠 수 있겠습니까. 어떻게 지식을 가르칠 수 있겠습니까. 어떻게 통달의 도를 보여 줄 수 있겠습니까. 하나님은 그 누구와도 비교할 수 없는 분입니다. 하나님께서 인간에게 지식과 지혜를 주셨는데, 인간은 그 지식과 지혜로 하나님을 판단하고 하나님께 대들고 하나님을 무시합니다.

이사야는 이런 인간의 오만함과 천박함을 이야기하고 있습니

다. 우리는 하나님께서 기온을 조금만 바꾸셔도 꼼짝하지 못합니다. 태풍이 한 번만 불어도 집이 날아가고 온 마을이 물에 잠깁니다. 저는 노아의 홍수가 실제로 있었다고 믿습니다. 하늘의 문이 열리고 지하수가 터져서 이 세계가 물로 덮이는 것은 가능한 일입니다. 이제 마지막에는 불로 심판이 있을 것입니다. 이렇게 크신 하나님을 우리는 너무나 간단하게 생각합니다.

셋째, 하나님을 무시하는 세상 권력이 한 방울의 물에 지나지 않음을 이야기합니다.

당시에 앗수르, 애굽, 바벨론 등 거대한 제국이 있었습니다. 이 나라들은 위대한 왕의 권력과 군사력으로 세상을 정복할 것 같았고, 기세가 하늘을 찌를 듯했습니다.

> 보라 그에게는 열방이 통의 한 방울 물과 같고 저울의 작은 티끌 같으며 섬들은 떠오르는 먼지 같으리니 레바논은 땔감에도 부족하겠고 그 짐승들은 번제에도 부족할 것이라 그의 앞에는 모든 열방이 아무것도 아니라 그는 그들을 없는 것같이, 빈 것같이 여기시느니라(사 40:15-17).

성령을 받으면 영적으로 하나님의 세계를 이해하기 시작합니다. 하나님의 위대하심, 영원하심, 전지전능하심이 지식이나 지혜가 아니라 성령으로 이해되기 시작합니다. 이사야는 하나님의 음

성을 들었을 때 하나님에 대해 눈을 뜨기 시작했습니다. 이것은 성령으로 할 수 있습니다. 그러나 우리는 경험과 지식으로 하나님을 생각하려 합니다. 그러니 당연하게 그 하나님은 나보다 작은 하나님이 될 수밖에 없습니다. 내 사상보다 작고, 경험보다 작고, 이성보다 작은 하나님을 생각할 수밖에 없습니다. 이것은 하나님이 아닙니다. 우리는 성령으로 하나님을 경험할 수 있어야 합니다.

15절을 보면 재미있는 표현이 나옵니다. 당시 거대 제국이었던 앗수르, 애굽, 바벨론이 "한 방울 물과 같다"는 표현입니다. 우리가 물을 담다 보면 물 몇 방울이 흐릅니다. 그런데 그 거대한 제국이 잘 보이지도 않는, 아무것도 아닌 물 한 방울과 같다는 것입니다. 또 저울에 있는 작은 티끌과 같다고 말합니다. 지금은 사막이 되고 폐허가 되었지만 당시 레바논에는 방대한 울창한 숲이 있었습니다. 그 숲에 있는 동물들을 다 모아도, 나무를 다 모아도 번제에 쓰는 데 부족했다고 말합니다.

이사야는 우리를 하나님께로 인도하고 있습니다. 우리는 하나님에 대해 너무 무식합니다. 하나님에 대해 생각하는 것이 너무 단순합니다.

우리가 위대하신 하나님을 보지 못하면 기도를 아무리 해도 소용이 없습니다. 자기 수준의 하나님에게 기도를 하는 것이기 때문입니다. 내가 생각하는 하나님, 내가 경험하는 하나님에게 기도하니까 안 되는 것입니다.

무엇을 기도하느냐보다 중요한 것은 먼저 내 기도를 받으시는 하나님이 어떤 분인지를 아는 것입니다. 눈을 뜨십시오. 생각을 바꾸십시오. 그때 하나님의 능력이 우리에게 나타날 것입니다.

무엇과도 비교할 수 없는 하나님

그렇다면 하나님은 어떤 분입니까?

첫째, 하나님은 우상과 비교할 수 없는 분입니다.

> 그런즉 너희가 하나님을 누구와 같다 하겠으며 무슨 형상을 그에게 비기겠느냐 우상은 장인이 부어 만들었고 장색이 금으로 입혔고 또은 사슬을 만든 것이니라 궁핍한 자는 거제를 드릴 때에 썩지 아니하는 나무를 택하고 지혜로운 장인을 구하여 우상을 만들어 흔들리지 아니하도록 세우느니라(사 40:18-20).

우상은 인간이 만든 신입니다. 예수 믿는 사람은 우상이 없을까요? 있습니다. 교회에 다니면서도 자기가 만든 하나님을 믿습니다. 인간은 우상을 만듭니다. 나무, 돌, 금 등의 형상을 만들어서 절을 합니다.

그러나 생각해 보십시오. 사람이 만든 것이 하나님이 될 수 있습니까? 내 손으로 만들었는데 그것이 신이 될 수 있겠습니까? 논리

적으로 불가능합니다. 본문 말씀을 보면 우상은 손재주가 좋은 사람이 금이나 은을 부어 만든 것이라고 합니다. 가난한 사람은 금이나 은을 살 수 없어서 나무로 만듭니다. 십자가도 조심해야 합니다. 상징적인 것은 괜찮지만 그것이 우상이 되어서는 안 됩니다. 아무리 좋아도 형태로 만들기 시작하면 큰 위기가 올 수 있습니다. 우상과 하나님을 비교하지 마십시오. 우리 하나님은 그런 것과 비교할 수 없는 분입니다. 우리가 가장 경계해야 할 것은 기독교를 우상화하는 것입니다.

우리의 예배는 형식화되기 시작했습니다. 예배에서 하나님이 느껴지지 않습니다. 교회가 형식은 있는데 예수가 없습니다. 제가 예전에 로마에 가서 큰 충격을 받은 적이 있습니다. 바티칸도 있고, 박물관도 있고, 유적들도 많은데 예수가 느껴지지 않는 것입니다. 예수가 없고 종교라는 껍데기만 남은 것에 마음이 씁쓸했습니다.

"너를 위하여 새긴 우상을 만들지 말라"는 십계명의 제2계명을 기억하십시오.

둘째, 하나님은 세상의 권력을 가진 사람과 비교할 수 없는 분입니다.

너희가 알지 못하였느냐 너희가 듣지 못하였느냐 태초부터 너희에게 전하지 아니하였느냐 땅의 기초가 창조될 때부터 너희가 깨닫지

못하였느냐 그는 땅 위 궁창에 앉으시나니 땅에 사는 사람들은 메
뚜기 같으니라 그가 하늘을 차일같이 펴셨으며 거주할 천막같이 치
셨고 귀인들을 폐하시며 세상의 사사들을 헛되게 하시나니 그들은
겨우 심기고 겨우 뿌려졌으며 그 줄기가 겨우 땅에 뿌리를 박자 곧
하나님이 입김을 부시니 그들은 말라 회오리바람에 불려 가는 초개
같도다(사 40:21-24).

우리는 세상에서 권력을 가진 사람을 마치 하늘과 같이 생각합
니다. 그래서 로마에서는 짐승의 형상을 만들어 놓고 황제 자신이
신이라고 생각했습니다. 그런 권력자, 정치가와 하나님을 비교하
지 말라는 것입니다. 하나님은 세상의 귀인들을 폐하시고, 세상의
군주들을 아무것도 아닌 것처럼 생각하십니다.

셋째, 하나님은 이 세상의 누구와도 비교할 수 없는 분입니다.

거룩하신 이가 이르시되 그런즉 너희가 나를 누구에게 비교하여 나
를 그와 동등하게 하겠느냐 하시니라 너희는 눈을 높이 들어 누가
이 모든 것을 창조하였나 보라 주께서는 수효대로 만상을 이끌어
내시고 그들의 모든 이름을 부르시나니 그의 권세가 크고 그의 능
력이 강하므로 하나도 빠짐이 없느니라(사 40:25-26).

이 세상 누구와도 하나님을 비교할 수 없습니다. 하나님은 하늘

의 별을 지으신 분입니다. 그 별들도, 세상의 모든 것들도 그 이름을 부르시는 분입니다. 죽을 것같이 힘들고 계획이 다 망가졌을 때 눈을 감고 하늘의 별을 생각하십시오. 별 하나하나를 만드신 하나님, 이 무수한 별을 두기 위해 창공을 만드신 하나님, 그 하나님께서 만물을 만드시고 우리의 이름을 기억하십니다. 이러한 하나님을 묵상하십시오. 그럴 때 하나님의 능력이 내 안에 들어오기 시작합니다. 축복이 오기 시작합니다.

마음의 눈을 열어 참 하나님을 만나라

우리가 생각하는 하나님이 진짜 하나님이 아닐 수 있습니다. 우리 자신이 권력자 같은 하나님, 이상적인 하나님을 만들어 놓고 기도한 것일 수 있습니다. 이제 눈을 떠서 참 하나님을 바라보십시오. 우주 만물을 지으시고, 역사를 만드시고, 인간의 생사화복(生死禍福)을 주장하시고, 우리의 신음소리까지 들으시는 하나님을 똑바로 눈을 뜨고 바라보라는 것입니다. 그분을 제대로 묵상하기 시작하라는 것입니다.

하지만 묵상이 잘 되지 않습니다. 묵상하려고 하면 더 안 됩니다. 하나님이 느껴지지 않고 졸음만 몰려옵니다. 하나님을 묵상하는 것이 얼마나 힘든지 모릅니다. 마치 사랑하지 않는 사람을 사랑하려고 애쓰는 것처럼 힘듭니다. 그런데 사랑이 생기면 어떻게 됩

니까? 말이 많아집니다. 자꾸만 바라보게 됩니다.

마찬가지로 하나님을 알기 시작하면 눈물이 나기 시작합니다. 내 마음에 감동이 일어납니다. 맥박이 뛰고 흥분이 됩니다. 우리 모두가 그런 하나님을 만날 수 있기를 바랍니다. 꽃을 보면서 그 꽃을 만드신 하나님의 위대한 예술성을 보십시오. 우주의 음악을 들으십시오. 하나님의 마음을 경험하십시오. 아무것도 하지 않아도 괜찮습니다. 구원의 웅장한 드라마가 우리의 심령에 나타나기 시작할 것입니다. 엄청난 구원의 오케스트라가 우리의 귓전에 울려 퍼지게 될 것입니다. 이것을 들은 우리는 눈물을 흘립니다. 감동합니다. 하나님이 오시는 것을 말하기 시작합니다. 이사야가 그랬습니다.

"내 백성을 위로하라. 광야에 대로를 만들어라. 여호와의 길을 만들어라. 하나님이 오신다!"

우리의 마음은 사막입니다. 그 사막과 같은 마음에 하나님이 오십니다. 입을 열어 하나님을 찬양하십시오. 찬송가를 1장부터 끝까지 다시 부르십시오. 성경도 막 읽지 마십시오. 곳곳에 숨어 있는 하나님의 흔적과 호흡을 체험하십시오.

하늘의 별을 보듯이 하나님을 보십시오. 하나님은 위대하십니다. 그분은 세상의 우상과 형상보다 크신 분이요, 세상의 모든 정치와 군사 권력보다 크신 분이요, 이 세상의 무엇과도 바꿀 수 없고 누구와도 비교할 수 없는 분입니다. 그분은 우주를 창조하신 분

입니다. 티끌과도 같은 나의 이름을 불러 주시는 분입니다. 누구에게도 말할 수 없는 우리의 고민을 아시는 분이요, 내 숨소리와 신음소리를 듣는 분입니다. 우리의 하나님은 양 떼를 인도하시는 분입니다. 병든 양은 품에 안고 다니시는 분입니다. 갓 새끼를 낳은 양을 특별히 관리하시는 분입니다.

위대하신 하나님, 그 무엇과도 비교할 수 없는 하나님, 우상이 아닌 참 하나님, 세상의 권력자와 비교할 수 없는 위대하신 하나님이 우리 인생의 주인이십니다. 하나님은 살아도 우리의 주인이요, 우리가 세상을 떠날 때도 주인이십니다. 성공할 때도 실패할 때도 그분이 우리의 주인이십니다.

우리의 입을 열어 전능하신 그분을 찬송하십시오. 하나님을 느끼는 제일 좋은 방법은 그분의 이름을 찬양하는 것입니다. 성가대가 좋은 목소리로 하나님을 찬양하는 것도 좋지만 목이 메어 찬송을 부르지 못하고 눈물을 흘리는 것도 아름다운 찬송이라 생각합니다. 길을 걷다가 하나님의 사랑을 감당할 수 없어서 움직이지 못하는 것, 그것이 예배입니다.

세상의 고통과 아픔을 묵상하지 마십시오. 대신 하나님을 묵상하십시오. 하나님을 보십시오. 그분께서 기적을 베푸실 것입니다.

4

오직 여호와만을
앙망합니다

이사야 40:27-41:10

상처가 만든 하나님에 대한 오해

이사야는 하나님의 메시지를 전하면서 결론적으로 "하나님을 바라보라"고 말합니다. 세상과 환경을 바라보지 말고 하나님을 바라보라는 것입니다. 이 말은 '우리 자신을 보지 말고 예수 그리스도를 바라보라'는 것을 뜻합니다. 우리의 시선을, 우리의 관심을, 우리의 생각을 하나님께 집중하라는 것입니다.

하지만 이러한 메시지를 들은 이스라엘 백성들은 가슴에 와 닿지 않았습니다. 이사야가 아무리 이야기해도 이스라엘 백성들은 귀가 열리지 않았습니다. 포로생활을 하고 있었기 때문입니다. 나라와 일터와 가정을 빼앗기고 가족은 다 흩어졌습니다. 어린 자녀들이 팔려가고 아내들은 농락당했습니다. 그들의 포로생활은 언제 끝날지 기약이 없었습니다. 이렇게 상처받은 백성들에게 하나님에 대한 이사야의 외침이 귀에 들어올 리 없습니다. 이사야가 하나님을 소개하면 할수록 백성의 아픔은 커져갈 뿐이었습니다.

> 야곱아 어찌하여 네가 말하며 이스라엘아 네가 이르기를 내 길은 여호와께 숨겨졌으며 내 송사는 내 하나님에게서 벗어난다 하느냐 (사 40:27).

죄인은 자신의 죄와 허물과 실수는 가볍게 생각하는 반면 자신이 겪고 있는 고통과 고난은 크게 생각합니다. 그 정도는 괜찮다는 식으로 자기 죄는 쉽게 생각하고, 자기가 받는 고통에 대해서는 크게 생각하는 것입니다. 이것이 죄인인 인간입니다. 이사야는 원망과 불평과 억울함을 호소하는 이스라엘에게 이러한 사실을 깨우쳐 줍니다.

그런데 이사야가 이스라엘 백성들을 향해 "야곱아", "이스라엘아" 하고 두 번 부릅니다. 왜 두 이름을 나란히 불렀을까요? 이것은 이스라엘 백성들에게 하나님에 대한 상처와 오해가 있는 것을 본 이사야의 애절하고 가슴 아픈 심정을 표현한 것입니다.

이스라엘은 "내 길은 여호와께 숨겨졌으며 내 송사는 하나님에게서 벗어난다"고 원망합니다. '내 길이 여호와께 숨겨졌다'는 것은 길이 막혔다는 것입니다. 하나님께서 내 사정을 알았다면 길을 뚫어 주셔야 할 텐데 길이 막혀 있습니다. 왜 하나님께서 나의 원통함을 풀어 주지 않느냐는 것입니다.

이 말은 사실입니다. 하지만 조금 더 생각해 보면 그 말에 허점이 있다는 것을 알 수 있습니다. 이스라엘은 포로생활을 하게 된 이유를 전혀 생각하지 않고 있습니다. 그들은 우상숭배를 했고, 음란했고, 하나님께 불순종하며 하나님을 무시했습니다. 하나님께서는 수차례 경고하고 또 경고했습니다. 그렇지만 이스라엘 백성들은 그 경고마저 듣지 않았습니다. 그 일을 그들은 까맣게 잊은 것입니다. 이스라엘 백성들은 자기가 당한 것만 원통하고 억울하

다고 말하고 있습니다.

사실, 이것은 오늘날 우리 사회가 갖고 있는 문제이기도 합니다. 정치, 경제, 사회 등 모든 영역에서 이 민족이 갖고 있는 고통과 아픔에 대한 원인은 규명하지 않고 결과만으로 상처를 받습니다. 왜 선하신 하나님이 악을 만드셨습니까? 기근과 지진과 태풍과 재앙은 하나님이 왜 만드셨습니까? 왜 어마어마한 태풍을 막지 않으십니까? 하나님께 능력이 없어서입니까?

굉장히 그럴 듯한 말입니다. 그러나 조금만 더 생각해 보면 입을 다물 수밖에 없습니다. 노아 시대에 홍수로 전 인류가 심판받은 것도 하나님께서 잘못한 것일까요? 아닙니다. 죄악이 심판을 몰고 온 것입니다. 소돔과 고모라가 망한 것도 하나님의 실수입니까? 아닙니다. 인간의 죄악으로 인해 그런 심판이 온 것입니다. 오늘날 이 지구상에서 벌어지고 있는 기가 막힌 일들도 마찬가지입니다. 오존층이 파괴된 것도, 빙하가 계속 녹아서 인류를 위협하는 것도 인간이 환경을 관리하지 못하고 욕심을 부려서 나타난 결과입니다.

하나님께서 만드신 이 자연이 신음하고, 태풍이 몰아치고, 쓰나미가 일어나고, 지진이 일어나는 것은 오랜 세월 동안 인간이 저지른 죄악과 전쟁과 욕심이 낳은 결과입니다. 지상의 식량은 모든 인류가 다 먹고 살 만큼 충분합니다. 하나님은 이 환경이나 우주를 부족하게 만들지 않았습니다. 그런데 인간이 자신의 이익을 위해 식량을 독점하기 시작합니다. 인간의 욕심이 전쟁을 일으키고, 극도의 빈부 격차

를 만든 것입니다. 이사야가 이것에 대해 말하고 있습니다.

내 경험이 아닌 성경에서의 하나님 만나기

> 너는 알지 못하였느냐 듣지 못하였느냐 영원하신 하나님 여호와,
> 땅 끝까지 창조하신 이는 피곤하지 않으시며 곤비하지 않으시며 명
> 철이 한이 없으시며 피곤한 자에게는 능력을 주시며 무능한 자에게
> 는 힘을 더하시나니(사 40:28-29).

여기서 "너는 알지 못하였느냐 듣지 못하였느냐"는 말은 하나
님에 대한 너희 지식이 일방적이고 너무 자기중심적이라는 뜻입
니다. 상처를 받으면 대상을 정확하게 볼 수 없게 됩니다. 언제나
왜곡해서 분노의 대상으로, 미움의 대상으로 봅니다. 또한 이 말
은 '네가 진짜 하나님을 모르고 네가 만든 상처의 하나님만 가지
고 있다'는 뜻입니다. 예수가 잘못된 것이 아니라 우리가 생각한
예수가 잘못된 것입니다. 기독교가 잘못된 것이 아니라 우리에게
있는 기독교에 대한 상처와 아픔 때문에 진짜 기독교를 보지 못하
고 우리 자신이 만든 허상만 보고 있는 것입니다.

그러면서 이사야는 하나님을 소개합니다. 첫째, 인간은 시간과
공간에 제약을 받지만 하나님은 영원 전부터 영원 후까지 계신 분

입니다. 둘째, 그분은 땅 끝까지 창조하신 분입니다. 하나님은 우주와 인간을 창조하셨고, 통치하고 다스리십니다. 셋째, 하나님은 지치거나 피곤해하지 않으십니다. 하나님의 능력은 무한하고 그 힘이 날마다 새롭기 때문에 지치는 법이 없습니다. 도중에 포기하는 분이 아닙니다. 넷째, 하나님의 명철은 한이 없습니다. 그의 지혜와 그의 지식은 무궁하며 그의 분별력과 통찰력은 완벽합니다.

결론은 하나님에 대한 생각과 관점을 바꾸라는 것입니다. 성경에서 말씀하는 하나님으로 믿음의 대상을 바꾸십시오. 그 생각과 관점을 바꾸지 않는 한 삶의 고통과 저주는 절대로 변하지 않습니다. 잘못된 하나님에 대해 계속 기도하고 있으니 그 기도는 응답되지 않을 것입니다. 경험하지 못했고, 동의할 수 없더라도 성경이 기록하고 있는 하나님으로 생각을 바꾸십시오. 바로 이것이 '하나님을 보라'는 뜻입니다.

우리의 생각이 바뀌면 어떤 일이 일어날까요? 피곤한 자에게 능력을 주시고, 무능한 자에게 힘을 더해 주실 것입니다. 절망한 자에게 희망을 주시고, 병든 자에게 건강을 주시고, 길을 잃은 자에게 길을 보게 하시고, 죽은 자에게 부활을 주실 것입니다.

왜 이제껏 우리는 하나님을 경험하지 못했을까요? 하나님에 대한 관점을 바꾸지 않았기 때문입니다. 기대를 하지 않았기 때문에, 그런 하나님을 믿지 않았기 때문에, 그런 하나님에 대해서 기도하지 않았기 때문입니다.

관점을 바꾸고 생각을 바꾸십시오. 예수님에 대해서도 마찬가지입니다. 우리는 예수님을 믿는다고 하지만 내가 만든 예수, 내가 생각하는 예수를 예수라고 믿는 것일 수 있습니다. 전도할 때 보면 예수가 싫다는 사람은 없습니다. 다들 교회가 꼴 보기 싫다고 말합니다. 이 사람은 예수가 아니라 목사를 비롯해 소위 예수 잘 믿는 사람들한테 상처를 받은 것입니다. 그래서 아예 마음을 굳게 닫아 버린 것입니다.

이런 비극이 어디에 있습니까? 예수님은 우리가 생각하고 있는 그런 분이 아닙니다. 만약 우리가 관점을 바꾼다면 우리의 삶에 기적이 일어날 것입니다. 능력이 나타나기 시작할 것입니다. 축복이 나타나기 시작할 것입니다. 더 이상 희망이 없고, 미래가 없던 사람도 변하기 시작할 것입니다. '교회 30년 다녔다', '대대로 크리스천 집안이다'와 같은 것은 중요하지 않습니다. 만약 이런 사람이 하나님을 믿지 않는 사람처럼 산다면 '너같이 믿느니 내 주먹을 믿겠다'고 조롱을 받기 십상입니다.

소년이라도 피곤하며 곤비하며 장정이라도 넘어지며 쓰러지되 오직 여호와를 앙망하는 자는 새 힘을 얻으리니 독수리가 날개 치며 올라감 같을 것이요 달음박질하여도 곤비하지 아니하겠고 걸어가도 피곤하지 아니하리로다(사 40:30-31).

하나님께서 주시는 "새 힘"은 세 가지 모습으로 표현됩니다. '독수리가 날개 치며 올라가는 것', '달음박질하는 사람이 숨이 차지 않는 것', '걸어가는 사람이 힘이 빠져 피곤하지 않는 것'입니다. 하나님께서는 이런 능력을 부어 주겠다고 약속하십니다. 중요한 것은 우리의 관점을 바꾸는 것입니다. 우리가 하나님에 대한 관점을 바꾸기 시작하면 새로운 능력의 세계가 열릴 것입니다.

하나님에 대한 관점을 바꾸면 새 사람의 경험, 거듭남의 경험, 새로운 능력의 경험이 어느 날 어느 순간에 내 안으로 파도처럼 밀려옵니다.

자기를 묵상하면 자살할 수밖에 없습니다. 그러나 하나님을 묵상하면 부활이 다가옵니다. 세상일을 생각하면 마음이 답답합니다. 그러나 하나님을 생각하면 이상하게 희망이 생깁니다. 하나님을 생각하면 비바람이 치고 폭풍우가 몰려와도 캄캄한 가운데 빛이 보이기 시작합니다. 내 마음이 환해지기 시작하고, 독수리가 창공으로 날아가는 것 같고, 아무리 뛰어도 피곤하지 않고 숨차지 않습니다. 뛰면 뛸수록 힘이 넘칩니다. 아무리 걸어가도 힘이 빠지지 않습니다. 이런 삶이 천국 갈 때까지 계속됩니다. 다른 사람들이 안 된다고 말해도 나는 된다고 말하고, 모든 사람들이 부정적으로 생각해도 하나님이 주시는 희망이 있기에 긍정적으로 말하게 됩니다.

이 둘의 차이는 매우 놀라운 것입니다. 저는 이 사실을 발견하고 깜짝 놀랐습니다. 그러고는 너무 기뻐 춤을 추었습니다. 하나님에

대한 관점을 바꾸기 시작하니 어떤 힘이 제 안에 솟구치기 시작했습니다. 지금 우리의 생각 속에 있던 하나님을 포기하고 성경에서 말하는 하나님, 전능하신 하나님 그 위대하신 이름을 선포하십시오. 그 선포를 통해 하나님께서 우리의 사고와 판단력과 인생을 새롭게 하실 것입니다.

인내와 신뢰로 하나님을 앙망하라

"여호와를 앙망하라"는 말은 '고정하라'는 뜻입니다. 한번 슬쩍 보고 끝나는 것이 아니라 집요하게 인내하면서 하나님을 의지하는 것입니다. 폭풍이 몰아치고 거센 바람이 불어와도 하나님을 신뢰하는 것입니다. 하나님은 창조주이십니다. 하나님은 땅 끝까지 창조하신 분입니다. 그분은 영원하신 분입니다. 전지전능하시고 우리를 사랑하셔서 독생자 예수까지 십자가에 못 박게 하신 분입니다. 그런 하나님을 믿으십시오. 그런 하나님을 영접하십시오. 그 순간 하나님의 능력이 나타나기 시작합니다. 죽은 자를 살리시고, 병든 자를 일으키시고, 어둠의 세력을 몰아내시는 힘이 우리를 점령하기 시작합니다. 그 힘이 우리에게 나타나기 시작합니다. 그분이 우리에게 아이디어를 주시고 창의력을 주시고 의욕을 주시고 생기를 주십니다.

여호와를 앙망하는 자는 새 힘을 얻게 될 것입니다. 독수리처럼

날아갈 것입니다. 달음박질하여도 숨차지 않을 것입니다. 걸어가도 힘이 빠지지 않을 것입니다. 걸어가면 걸어갈수록 힘이 더 생길 것입니다. 달음질하면 달음질할수록 더욱더 힘이 날 것입니다. 이것이 바로 크리스천의 삶입니다.

이스라엘 백성들이 가졌던 원망과 불평의 하나님으로부터 떠나 창조주 하나님, 전능하신 하나님, 영원하신 하나님, 명철이 한이 없으신 하나님, 피곤한 자에게 새 능력을 주시는 하나님, 무능한 자에게 새로운 인생을 주시는 하나님을 우리가 믿기만 하면 그 순간부터 우리의 인생은 바뀝니다.

하나님을 신뢰하십시오. 하나님을 믿으십시오. 하나님께서 우리 인생의 결론을 좋게 만드실 것입니다. 우리를 구원하실 것입니다. 우리를 치유하실 것입니다. 불치병으로 고생하는 자, 경제적으로 어려운 자, 인간관계가 어려운 자, 힘든 문제가 산처럼 둘러싸고 있는 자들도 걱정하거나 두려워하지 마십시오. 모든 것 위로 날아가면 됩니다.

하나님은 새 길을 주십니다. 새 방법을 주십니다. 전혀 예상하지 못한 사람을 만나게 될 것입니다. 전혀 예기치 않은 도움을 받게 될 것입니다. 언제나 새로운 길이 열립니다. 하나님은 모든 것을 통해 우리에게 복을 주실 것입니다.

새 역사를 만드는 성령의 임재

예수님이 부활 후 제자들을 만나 첫째로 하신 이야기는 "너희에게 평강이 있을지어다"였습니다. 예수님은 십자가를 지기 전에 "너희는 마음에 근심하지 말라 하나님을 믿으니 또 나를 믿으라"(요 14:1)고 말씀하셨습니다. 예수님이 십자가에서 돌아가기 전의 평강은 약속의 평강입니다. 그런데 예수님이 십자가를 지시고 사망 권세를 이기고 무덤에서 부활하심으로 약속된 평강이 성취되었습니다. 평강의 왕인 예수님이 죽음과 불안의 권세를 깨뜨리고 완성된 평강을 준다고 말씀하십니다. 그렇기 때문에 예수님을 믿는 사람은 관념으로 평강을 갖는 것이 아니라 실제로 평강을 갖게 되는 것입니다. 우리가 예수님을 믿는 순간 불안과 근심이 떠나가고 하늘의 평강이 우리 삶을 지배하기 시작할 것입니다.

둘째, 예수님은 "나도 너희를 보내노라"고 말씀하십니다. 평강을 너희에게 준다는 것은 메시지입니다. 주님은 이 평강의 메시지를 위해 "아버지께서 나를 보내신 것같이 나도 너희를 보내노라"는 사명을 주십니다. 우리는 사명이 있어 이 땅에 태어났습니다. 우연히 여기에 온 것이 아닙니다. 사명은 목적입니다. 그저 열심히만 뛴다고 되는 것이 아닙니다. 목적을 가지고 뛰어야 합니다. 목적 없이 뛰는 것은 방황입니다. 속도보다 중요한 것이 방향입니다. 하나님은 우리 인생의 목적이며 방향입니다. 목적을 위해 최선을 다해 살아야 합니다. 우리는 하나님의 영광을 위해 사는 것입니다.

셋째, 예수님은 "성령을 받으라"(요 20:22)고 말씀하십니다.

숨을 내쉰 것은 마치 하나님께서 사람을 만드시고 그 코에 생기를 불어넣으신 것과 같습니다. 흙에 생기를 넣으니 사람이 되었습니다. 하나님은 우리에게 생기를 넣기를 바라십니다. 예수님은 처음에 육체로 오셨다가 부활하셨고, 그다음으로 영과 육이 함께하셨습니다. 그리고 궁극적으로 승천 후에는 육체는 없어지고 영으로 계십니다. 예수님은 사랑하는 제자들에게 성령을 받으라고 하십니다. 이 영은 예수님입니다. 자신을 받으라는 말입니다. 육체는 시간과 공간의 제약을 받지만 영은 제한받지 않습니다. 그래서 2천 년 전이나 지금이나 미국이나 한국이나 똑같습니다. 하나님은 이곳에 계십니다. 그분은 시간과 공간을 뚫고 오셔서 우리의 마음에 들어가십니다.

믿음의 조상 아브라함을 보십시오. 어느 날 하나님이 갈대아 우르에 있는 아브라함에게 나타나셔서 "너는 너의 고향과 친척과 아버지의 집을 떠나 내가 네게 보여 줄 땅으로 가라"(창 12:1)고 말씀하셨습니다. 여기서 "고향과 친척과 아버지의 집"은 기득권입니다. 내 가족, 내 땅이 있는 곳은 안주하기 쉽습니다. 안주하면 하나님을 의지하지 않고 땅을 의지합니다. 친척과 권력을 의지합니다. 그것을 다 잘라버리고 하나님만 보게 하십니다.

크리스천은 안주하는 자가 아닙니다. 항상 진취적으로 떠나고 창조하고 변화를 모색하는 사람입니다. 새 역사를 만드는 사람입

니다. 성령이 임하면 그렇게 됩니다.

하나님이 주신 칭호로 선포하기

"너희에게 평강이 있을지어다", "너희를 보내노라", "성령을 받으라"는 예수님의 부활 후 메시지를 잊지 않고 살아간다면 우리는 세상을 두려워하지 않게 될 것입니다. 높아지고 낮아지는 것, 돈이 있고 없는 것, 건강이 있고 없는 것은 중요하지 않습니다. 주님이 계시면 그것이 축복입니다. 그런데 예수님이 우리를 세 가지 칭호로 부르셨습니다. 이 세 가지 말씀 가운데 하나님의 축복의 비밀이 있습니다.

> 그러나 나의 종 너 이스라엘아 내가 택한 야곱아 나의 벗 아브라함의 자손아(사 41:8).

첫째, 하나님은 우리를 향해 "나의 종 너 이스라엘아"라고 부르십니다. 하나님의 종이 된 것은 영광스러운 일입니다. 사도 바울은 자신을 "예수 그리스도의 종"이라고 말했습니다. 상대를 진정으로 사랑하면 그의 종이 되고 싶은 마음이 듭니다. 이것이 주님을 향한 우리의 마음입니다. 이스라엘은 약속의 이름이며 영광스런 이름입니다. 하나님은 "너는 나의 종 이스라엘이다. 너는 내 약속

이며 영광이다"라고 말씀하십니다.

둘째, 하나님은 "내가 택한 야곱아"라고 부르십니다. 하나님은 야곱을 택해 이스라엘을 만드셨습니다. 택해서 새 사람을 만드시는 것입니다.

> 그런즉 누구든지 그리스도 안에 있으면 새로운 피조물이라 이전 것은 지나갔으니 보라 새 것이 되었도다(고후 5:17).

하나님은 우리를 새 사람으로, 축복의 사람으로 만들어 주십니다. 과거를 묻지 말고 십자가에 못 박으십시오. 과거는 우리의 미래를 만들지 않습니다. 우리는 미래의 사람들입니다. 축복의 사람들입니다.

셋째, 하나님은 "나의 벗 아브라함의 자손아"라고 부르십니다. 하나님은 우리를 친구라고 말씀하십니다. 하나님은 이렇게 우리를 소중히 여기십니다.

> 내가 땅 끝에서부터 너를 붙들며 땅 모퉁이에서부터 너를 부르고 네게 이르기를 너는 나의 종이라 내가 너를 택하고 싫어하여 버리지 아니하였다 하였노라(사 41:9).

"땅 끝"과 "땅 모퉁이"는 '갈대아 우르'를 의미합니다. 내가 세

상 속에 살 때 하나님께서 나를 택하여 갈대아 우르에서 불러내어 "너는 나의 종이다"라고 말씀하십니다. 이 의식이 우리의 뼛속까지 스며들어야 합니다. 우리는 하나님의 종입니다. 하나님의 일을 하는 사람입니다. 하나님께 영광을 돌리는 사람입니다. 내 걸음걸이와 언어가 다 주의 것입니다. 하나님은 "내가 너를 택하고 싫어하여 버리지 아니하였다"고 말씀하십니다. 이것은 반어법으로 "내가 너를 좋아한다"는 말입니다. 주님이 우리에게 사랑의 고백을 하시는 것입니다. "내가 너를 택했다. 네가 실수하고 죄를 졌어도 그 죄보다 내 사랑이 더 크다. 네 허물보다 용서가 더 크다. 나는 너를 구원하겠다"고 말하십니다. 그리고 그 유명한 말씀을 하십니다.

두려워하지 말라 내가 너와 함께함이라 놀라지 말라 나는 네 하나님이 됨이라 내가 너를 굳세게 하리라 참으로 너를 도와주리라 참으로 나의 의로운 오른손으로 너를 붙들리라(사 41:10).

여기서 "두려워하지 말라", "놀라지 말라"는 소극적인 격려와 "굳세게 하리라", "도와주리라", "붙들리라"는 적극적인 격려가 나옵니다.

하나님께서는 "너는 나의 종 이스라엘이다. 내가 택한 야곱이다. 나의 벗 아브라함의 자손이다. 땅 끝에서 너를 불렀으니 내가

너를 택하고 싫어하여 버리지 않았다. 두려워 말고 놀라지 말라. 내가 너를 굳세게 할 것이다. 너를 도와줄 것이다. 너를 붙들 것이다"라고 말씀하십니다. 지금 이 순간부터 믿음으로 하나님의 자녀 됨을 선포하십시오. 우리에게서 저주가 떠났음을 선포하십시오. 우리의 죄가 용서받았고 병 나았음을, 의롭다 함을 받았음을, 기도가 응답되었음을 선포하십시오. 성령 충만함을 선포하십시오. 우리 인생에서 잊을 수 없는 삶은 바로 하나님을 만나는 삶이요, 삶의 의미와 목적을 발견하는 삶입니다.

5

두려워하지도
놀라지도 않겠습니다

이사야 41:8-16

사랑의 관계를 기초로 한 부르심

앞에서 하나님과 이스라엘 백성과의 관계에 대한 메시지를 살펴보았습니다. 그 말씀에 대한 의미를 다시 정리하면서 우리는 이스라엘을 향한 하나님의 끈질긴 사랑을 깨닫게 됩니다.

> 그러나 나의 종 너 이스라엘아 내가 택한 야곱아 나의 벗 아브라함의 자손아(사 41:8).

첫째, "나의 종 너 이스라엘아"라고 했습니다. 하나님과 이스라엘의 관계는 주인과 종의 관계입니다. 매우 밀접한 관계를 말합니다. 사도 바울은 그의 서신서에서 '예수 그리스도의 종 나 바울'이라는 표현을 자주 합니다. 예수 그리스도와 자기의 관계를 종과 주인의 관계로 표현했습니다. 이것은 단순히 노예와 주인, 주종관계를 말하는 것이 아니라 훨씬 더 깊이 신뢰하는 관계를 말합니다.

둘째, "내가 택한 야곱아"라고 했습니다. 하나님께서 "너는 선택된 사람이다. 수많은 사람 중에 내가 너를 택했다. 너를 잊어버리지 않았다. 너를 싫어서 버리지 않았다. 너는 내가 진주처럼 보석처럼 가장 아끼는 선택받은 사람이다"라고 관계를 설정해 주셨습니다.

셋째, "나의 벗 아브라함의 자손아"라고 했습니다. 하나님은 이스라엘을 향해 "벗, 친구"라고 부르십니다.

하나님은 이처럼 이스라엘을 가깝게 여기셨지만 이스라엘은 그렇지 못했습니다. 정상적인 관계가 계속될 때는 불안하지 않고 두렵지 않습니다. 정상적인 관계일 때는 그 사람을 보면 볼수록 행복하고 안심이 되고 뿌듯하고 좋습니다. 그러나 이스라엘 백성들이 죄를 지어 하나님과의 관계가 깨어졌을 때 이스라엘 백성들은 불안해하고, 두려워하기 시작했습니다. 무엇이든지 겁이 났습니다. 하나님께서 이 관계를 계속 유지시켜 주시리라 생각하지 못하고 두려움에 사로잡혔습니다. 그러한 이스라엘에게 하나님께서는 오래전 갈대아 우르에서 이스라엘의 조상 아브라함을 부르셨던 것을 상기시키십니다.

내가 땅 끝에서부터 너를 붙들며 땅 모퉁이에서부터 너를 부르고 네게 이르기를 너는 나의 종이라 내가 너를 택하고 싫어하여 버리지 아니하였다 하였노라(사 41:9).

여기서 "땅 끝, 땅 모퉁이에서 불렀다"는 것은 하나님께서 아브라함을 갈대아 우르에서 불렀다는 것입니다. "여호와께서 아브람에게 이르시되 너는 너의 고향과 친척과 아버지의 집을 떠나 내가 네게 보여 줄 땅으로 가라"(창 12:1)고 말씀하신 배경에는 '내가 너

를 택했고, 너는 내 종이고, 나는 너를 친구처럼 사랑한다'는 관계가 있습니다. 관계가 없으면 하나님께서는 절대 부르시지 않습니다. 관계가 있으므로 우리를 부르시는 것입니다.

두려움을 넘어서 하나님을 선택하기

하나님은 관계가 깨어져서 불안해하고 있는 이스라엘 백성을 찾아가서 이사야를 통해 회복의 메시지를 주고 있습니다. 고난이 깊고 고통이 클수록 더욱 하나님을 의지하고 신뢰하고 그 관계를 회복하면, 하나님께서 약속하신 축복이 다시 임할 것이라는 약속입니다.

> 두려워하지 말라 내가 너와 함께함이라 놀라지 말라 나는 네 하나님이 됨이라 내가 너를 굳세게 하리라 참으로 너를 도와주리라 참으로 나의 의로운 오른손으로 너를 붙들리라(사 41:10).

우리가 두려워하지 않아도 되는 근거가 무엇입니까? 하나님께서 함께하시기 때문입니다. 불치병, 사업의 실패, 자존감이 무너졌을 때 두렵습니까? 자살하고 싶습니까? 그러나 하나님께서 두려워하지 말라고 하십니다. 처한 환경을 보고 미래를 생각하면 불안해지고 두려워지지만 그럴 필요가 없다고 하십니다. 왜냐하면 하나님께서 우리와 함께하시기 때문입니다.

고통을 겪으면 하나님이 보이지 않습니다. 하나님께서 멀리 계시는 것만 같습니다. 그렇지만 하나님께서 직접 말씀하십니다. "걱정하지 마라. 나는 여기 있고, 내가 네 하나님이다!" 고난과 고통이 파도처럼 계속 밀려오지만 우리가 전능하신 하나님을 신뢰하고 그분 앞으로 나아가면 두려워하지 않아도 되고 놀라지 않아도 됩니다. 우리는 어떤 고통도 이겨 낼 수 있고 어떤 두려움도 이겨 낼 수 있습니다.

그러나 하나님을 믿는다고 고통이 사라지는 것은 아닙니다. 기도한다고 안개가 사라지듯 고통이 사라지는 것이 아닙니다. 문제도, 고통도 여전히 남아 있습니다. 다만 하나님께서 그 고난을 이길 힘과 능력을 주실 것입니다. 고난과 싸워 이길 능력이 내 안에 생깁니다.

우리의 가장 큰 문제는 겁을 먹는 것입니다. 겁만 먹지 않으면 사실 죽는 것도 괜찮습니다. 성도의 죽음은 축복이기 때문입니다. 죽음 자체보다도 우리가 죽음을 두려워하는 것이 문제입니다. 죽음을 축복으로 받으면 아무 문제가 되지 않습니다. 전능하신 하나님을 신뢰하고, 두려워하지 않고, 놀라지 않는다면 파도처럼 밀려오는 고난과 고통이 축복의 도구로 바뀔 것입니다. 행복과 불행은 어떻게 결정될까요? 우연도 아니요, 다른 사람에 의해서도 아닙니다. 행복과 불행은 내가 선택하는 것입니다. 내가 불행을 선택하면 불행해집니다. 그러나 내가 행복을 선택하면 행복의 길을 가는 것

입니다. 행복을 선택하십시오. 불행 쪽으로 기울지 마십시오. 우리는 사랑받기 위해 태어났습니다. 이것을 믿고 택하십시오.

우리는 축복의 사람입니다. 어떤 것도 우리를 불행하게 할 수 없습니다. 왜냐하면 우리는 이미 행복을 선택했기 때문입니다. 우리는 마귀를 선택하지 않고 하나님을 선택했습니다. 우리는 땅을 선택하지 않고 하늘을 선택했습니다. 그렇기 때문에 우리를 가로막을 것은 아무것도 없습니다. 죽음도 질병도 실패도, 그 어떤 것도 우리를 막지 못할 것입니다.

악인의 공격에서 보호하시는 하나님

보라 네게 노하던 자들이 수치와 욕을 당할 것이요 너와 다투는 자들이 아무것도 아닌 것같이 될 것이며 멸망할 것이라 네가 찾아도 너와 싸우던 자들을 만나지 못할 것이요 너를 치는 자들은 아무것도 아닌 것 같고 허무한 것같이 되리니(사 41:11-12).

우리를 괴롭히고, 우리를 두려워하게 만들고, 우리를 불안하게 만들었던 세력들을 성경에서는 네 가지로 표현하고 있습니다.

첫째, "네게 노하던 자들"입니다. 둘째, "너와 다투는 자들"입니다. 셋째, "너와 싸우던 자들"입니다. 넷째, "너를 치는 자들"입니다

다. 이것을 정리해 보면 나에게 화를 내고 으르렁대며 싸우자고 덤벼드는 사람들, 신경을 쓰게 하고 마음을 너무 힘들게 해서 죽여 버리고 싶다는 생각을 하게 했던 사람들이 수치와 욕을 당하고, 멸망하게 되고, 허무하게 될 것이라고 했습니다. 아무것도 아닌 것처럼 멸망한다고 했습니다. 그 사람들을 만나고 싶어도 못 만난다고 했습니다. 이것을 보면 이사야가 얼마나 예민하게 관찰했는지 알 수 있습니다. 사람들한테 배신도 당하고 어려움을 당했기에 이렇게 예리한 관찰을 할 수 있었을 것입니다.

그 악인들이 왜 사라집니까? 왜 멸망하고 수치를 당하며 만날 수도 없게 됩니까? 그것은 우리가 잘나고 똑똑해서가 아니라 하나님께서 우리를 보호하시기 때문입니다.

하나님께서는 커다란 날개를 펴서 우리를 보호해 주십니다. 그래서 악인이 우리를 공격하려 해도 뜻대로 공격할 수가 없습니다. 하나님께서 우리를 붙들어 주시고 보호해 주시면 우리는 머리털 하나 상하지 않습니다. 이 사실이 믿어지지 않더라도 믿으십시오. 우리의 원수는 눈을 씻고 찾아봐도 없을 것입니다. 우리를 괴롭히던 자는 다 사라질 것입니다.

이는 나 여호와 너의 하나님이 네 오른손을 붙들고 네게 이르기를 두려워하지 말라 내가 너를 도우리라 할 것임이니라(사 41:13).

우리가 하나님을 붙잡은 것이 아니라 하나님께서 우리를 붙들어 주신 것입니다. 만약 우리가 하나님을 붙잡았다면 놓칠 수도 있습니다. 그러나 하나님께서 우리를 붙잡고 있으면 우리가 힘이 없어도 절대로 놓지 않으십니다. 전쟁은 여호와께 속한 것입니다. 우리가 싸우는 것이 아니라 우리 안에 계신 예수 그리스도께서 싸우시는 것입니다. 우리가 힘이 있는 것이 아니라 내 안에 계신 예수 그리스도께서 힘이 있는 것입니다.

그분은 전사입니다. 어떤 적도 무너뜨리는, 어떤 악한 세력도 무너뜨리는 분이십니다. 전쟁은 여호와께 속했습니다. 전쟁은 하나님이 하십니다. 그분은 우리를 보호하시고, 우리를 굳세게 하시고, 우리를 도와주시고, 우리의 손을 붙잡아 주십니다.

타작마당의 새 기계로 일어나라

버러지 같은 너 야곱아, 너희 이스라엘 사람들아 두려워하지 말라 나 여호와가 말하노니 내가 너를 도울 것이라 네 구속자는 이스라엘의 거룩한 이이니라 보라 내가 너를 이가 날카로운 새 타작기로 삼으리니 네가 산들을 쳐서 부스러기를 만들 것이며 작은 산들을 겨같이 만들 것이라(사 41:14-15).

이스라엘을 가리켜 "지렁이 같은 야곱아, 너희 이스라엘 사람들아"라고 했습니다. 또한 "이가 날카로운 새 타작기"로 표현하기도 했습니다. 지렁이라는 말은 무가치하며 비천한 존재를 뜻합니다. 지렁이 같은 우리를 날카로운 이를 가진 새 타작기로 바꿔 주신다는 것입니다. 타작기는 곡식을 까기 위해서 둥그런 널빤지에 못을 박고 돌리면서 곡식을 까는 기계입니다.

하나님께서 지렁이를 타작기로 바꿔 주겠다고 하셨습니다. 타작기가 돌아가면 산들이 부서져서 돌멩이가 되고, 작은 산들은 부서져서 먼지가 됩니다. 이처럼 원수를 다 갈아 버릴 것입니다. 열방을 갈아 버릴 것입니다. 우리는 지렁이처럼 맥을 못 추는 천박한 존재였지만 하나님을 의뢰하고 신뢰하고 믿음을 선포하면 타작기가 될 수 있습니다.

> 네가 그들을 까부른즉 바람이 그들을 날리겠고 회오리바람이 그들을 흩어버릴 것이로되 너는 여호와로 말미암아 즐거워하겠고 이스라엘의 거룩한 이로 말미암아 자랑하리라(사 41:16).

열방은 겨와 같이 날아가고 회오리바람이 그것을 다 흩어 버린다고 했습니다. 오늘날 이 도시, 국가, 이 세상의 권력을 생각하면 우리는 그 밑에서 숨도 쉴 수 없을 것 같습니다. 군사력이 무섭고 경제력이 무섭고 정치권력도 무섭습니다. 이 커다란 세상 속에서

우리는 마치 하찮은 지렁이 같습니다. 그런데 하나님께서 우리의 이미지를 바꾸어 주십니다. 타작마당의 새 기계처럼 우리가 움직이면 산들이 부서져서 돌멩이가 되고, 작은 산들이 변하여 티가 될 것입니다. 바람이 불면 이 열방들은 다 사라질 것입니다.

가슴을 펴고 떳떳하게 가십시오. 빚, 병, 이중삼중으로 겹쳐 있는 어려운 인간관계를 뚫어 버리십시오. 고난과 역경 속에 있을지라도 주님의 세미한 음성을 듣고 환상을 보십시오. 이것은 분명 성경에 기록된 말씀입니다.

이 말씀을 우리의 환상으로 받아들이고, 이 음성을 하나님의 음성으로 받아들일 때 하나님의 승리와 하나님의 능력과 하나님의 기쁨이 우리 안에서부터 살아나는 것을 경험할 것입니다. 이런 환상이 영적 기쁨과 영적 능력과 영적 환희를 깨우고, "나는 살았다"는 소리를 지르게 합니다. 찬송이 터지고 춤을 추게 됩니다. 얼굴 표정이 달라지고 목소리가 달라지고 입에서 나오는 말이 달라집니다.

믿는 대로 됩니다. 불행을 선택하면 불행해집니다. 의심을 선택하면 회의론자가 됩니다. 그러나 믿음을 선택하면 위대한 믿음의 사람이 됩니다. 우리는 더 이상 지렁이가 아닙니다. 벌레가 아닙니다. 우리는 열국을 다 부숴 버리는 타작 기계처럼 될 것입니다.

6

당신은 마른 땅에서
샘이 흐르게 하십니다

이사야 41:17-20

시련으로 빚어지는 순결함과 강함

시련과 시험을 위해서 하나님께서는 여러 가지 방법을 사용하십니다. 그중의 한 방법이 환경입니다. 우리가 감당하기 어렵고, 감당하지 못할 것 같은 환경을 만드십니다. 또 하나의 방법이 질병입니다. 질병을 통해 시련을 주시고 시험을 하십니다. 실패도 있고 좌절도 있습니다. 그러나 이 시련과 시험은 궁극적으로 하나님께서 우리를 순결하고 깨끗하고 거룩하고 강하게 만들기 위해서 주시는 것입니다.

시험과 시련은 특징이 있습니다. 그 속에 있으면 끝이 없는 것 같고, 하나님께서 침묵하시는 것 같고, 하나님께서 나를 잊으신 것 같다는 것입니다. 하나님은 이스라엘 백성에게 시련과 시험을 주기적으로 주셨습니다. 그들은 바벨론에 포로로 던져졌습니다. 포로가 되었다는 것은 고통과 고난이 계속된다는 것입니다. 자유가 없습니다. 가정이 파괴되고, 성전이 무너졌습니다. 죽을 때까지, 감당할 수 없을 때까지 고달픈 시련이 계속되는 것입니다.

가련하고 가난한 자가 물을 구하되 물이 없어서 갈증으로 그들의 혀가 마를 때에 나 여호와가 그들에게 응답하겠고 나 이스라엘의

하나님이 그들을 버리지 아니할 것이라(사 41:17).

이런 기가 막힌 시련과 시험 속에서 절망하고 좌절하고 믿음마저 다 잃어버리게 된 때에 이사야는 하나님께서 주신 비전을 보았습니다. "가련하고 가난한 자가 물을 구한다"고 했습니다. 가련하고 가난하다는 것은 사람이 생활을 하기 위한 기초적인 필수품도 없다는 것입니다. 그들이 물을 구하는데 물이 없어서 혀가 마르는 상황입니다. 얼마나 이들이 비참한 상황에 던져져 있는가를 알 수 있습니다.

하나님의 시련은 참 묘합니다. 죽을 것 같은데 안 죽습니다. 망할 것 같은데 망하지 않습니다. 자살만 하지 않으면 됩니다. 포기만 하지 않으면 됩니다. 시련과 시험이 올 때 포기하지 마십시오. 앞이 보이지 않고, 모든 것이 다 막혔을 때도 포기만 하지 않으면 승리할 수 있습니다.

여호와께서 그를 황무지에서, 짐승이 부르짖는 광야에서 만나시고 호위하시며 보호하시며 자기의 눈동자같이 지키셨도다 마치 독수리가 자기의 보금자리를 어지럽게 하며 자기의 새끼 위에 너풀거리며 그의 날개를 펴서 새끼를 받으며 그의 날개 위에 그것을 업는 것 같이 여호와께서 홀로 그를 인도하셨고 그와 함께한 다른 신이 없었도다(신 32:10-12).

짐승이 부르짖는 광야에서 이스라엘 백성이 방황하고 힘들어하고 시련 속에 있을 때 하나님께서 그들을 만나 주셨습니다. 시련 속에서 제일 좋은 것은 하나님을 만나는 것입니다. 가장 큰 시련은 시련 중에 하나님을 만나는 경험이 없는 것입니다. 고통은 문제가 되지 않습니다. 죽음도 문제가 되지 않습니다. 하나님만 만날 수 있다면 모든 것이 해결될 것입니다.

하나님께서 "광야에서 만나시고 호위하시며 보호하시며 자기의 눈동자같이 지키셨도다"라고 했습니다. 이것을 경험하는 것이 바로 신앙입니다.

"그러므로 내일 일을 위하여 염려하지 말라"(마 6:34)는 말씀처럼 하나님께서 주신 은혜로 하루를 사십시오. 그렇게 매일매일 승리하면서 사십시오.

독수리는 새끼가 자라면 보금자리의 짚을 다 빼내고 뼈대만 남깁니다. 그러면 그 새끼 독수리의 몸이 가시에 찔립니다. 어미 독수리는 하늘에서 너풀거립니다. 그러면 새끼 독수리가 자기도 해 보겠다며 보금자리를 뛰쳐나갑니다. 새끼 독수리는 날 줄을 모르기에 곤두박질칩니다. 그러면 어미 독수리는 쏜살같이 달려가서 새끼 독수리를 날개로 받쳐서 끌고 올라갑니다. 이런 식으로 하늘을 나는 법을 가르칩니다. 이처럼 하나님께서 우리를 훈련시키십니다. 하나님께서 날개 위에 업는 것같이 우리를 홀로 인도하시고 보호하시고 호위하시고 눈동자처럼 지켜 주십니다.

시련과 시험과 고난과 역경 속에서 죽을 것만 같은 이스라엘 백성들에게 하나님께서는 두 가지 일을 하십니다.

가련하고 가난한 자가 물을 구하되 물이 없어서 갈증으로 그들의 혀가 마를 때에 나 여호와가 그들에게 응답하겠고 나 이스라엘의 하나님이 그들을 버리지 아니할 것이라(사 41:17).

하나님이 하신 일은 첫째, "응답"입니다. 하나님은 시련과 시험 속에서 응답하십니다. 고난이 깊을수록 하나님의 말씀은 명료하게 들립니다. '응답한다'는 것은 하나님께서 귀를 기울인다는 뜻입니다. 하나님께서는 우리의 한숨소리도 들으시고 침묵의 언어까지도 들으십니다. 꼭 말을 해야만 들으시는 분이 아닙니다.

둘째, "버리지 않음"입니다. 이스라엘 백성들은 포로생활에 지치고 지쳤습니다. 기도를 해도 아무 응답이 없었습니다. 그래서 하나님이 자기들을 버렸다고 절망했습니다. 그때 이사야가 말합니다. "아니다. 하나님께서는 안 듣는 것 같아도 들으시고, 버리시는 것 같은데도 버리지 않으셨다." 하나님은 우리를 버리신 적이 없습니다. 우리가 하나님을 버렸으면서 하나님께서 우리를 버리셨다고 착각합니다. 그러고는 하나님이 배신했다고, 하나님이 주무신다고, 하나님이 내 기도를 안 듣는다고 하소연합니다.

마른 땅에 샘이 흐르리라

> 내가 헐벗은 산에 강을 내며 골짜기 가운데에 샘이 나게 하며 광야가 못이 되게 하며 마른 땅이 샘 근원이 되게 할 것이며(사 41:18).

이 말씀은 하나님께서 환경을 바꿔 주신다는 말씀입니다. "헐벗은 산"은 메마른 산을 의미합니다. 저는 이 구절을 보면 아프가니스탄이 생각납니다. 아프가니스탄 전쟁이 막 끝날 무렵 우리 교인들과 함께 카불을 방문한 적이 있었습니다. 당시 카불 공항에는 아프가니스탄 비행기는 없고 유엔 소속 비행기 하나만 있었습니다. 위험하게 폭격기처럼 운전하는 비행기를 타고 갔습니다. 가면서 보니 산에는 나무가 하나도 없고 도로와 집들이 다 파괴되었습니다. 폐허가 된 곳에서 어린이들이 먹을 것을 달라고 소리를 지르고, 여자들은 차도르를 쓰고 여기저기로 분주하게 움직였습니다.

하지만 테러와 폭탄이 터지는 아프가니스탄, 이라크, 지진으로 폐허가 된 파키스탄의 국경 산악지대에 풀 한 포기, 나무 한 그루 없는 산에 하나님께서 강을 열어 주고, 골짜기에 샘이 나게 하고, 광야로 못이 되게 하고, 마른 땅으로 샘의 근원을 만들게 할 것이라는 말씀을 선포할 수 있을까요? 지진이 일어나고 다 무너져가는 죽음의 장송곡만이 계속되는 그곳에 환희와 기쁨과 풍요로움과 평안함이 있을 것이라는 말을 할 수 있을까요?

사실 이런 기적이 우리나라에 있었습니다. 해방 이후 한국전쟁을 치른 우리나라는 반세기만에 기막힌 나라로 변했습니다. 예전에 캄보디아 속안 부총리와 경제담당 각료들과 오찬을 했는데 그분들은 한결같이 "한국이 우리의 모델이다"라고 했습니다. 그들은 일본은 부럽지 않다고 했습니다. 한국은 전쟁도 겪었고 공산주의도 겪었는데 올림픽을 개최하고 나라가 살아나는 것을 보면 배울 것이 많다고 감탄했습니다. 캄보디아는 불교 나라이고 공산주의를 겪었던 나라지만 기독교라도 좋으니 와서 자신들의 나라를 살려 달라고 했습니다. 그래서 저는 '아, 다른 나라는 우리를 이렇게 바라보는구나'라고 생각했습니다. 그리고 저는 아프가니스탄과 이라크를 생각했습니다. '이 나라에도 복음만 들어간다면 50여 년 만에 기가 막힌 나라가 되겠구나!' 이것이 18절의 비전입니다.

> 내가 광야에는 백향목과 싯딤 나무와 화석류와 들감람나무를 심고
> 사막에는 잣나무와 소나무와 황양목을 함께 두리니(사 41:19).

하나님께서는 환경을 바꾸신 후 축복을 이야기하십니다. 메마르고 버려진 땅에 물이 흐르고, 그 변한 땅에 온갖 싱싱하고 울창한 나무와 숲이 가득 차게 해주겠다는 것입니다. 강을 내고, 샘이 나게 하고, 못이 되게 하며, 샘의 근원이 되게 하는 놀라운 일들이 황무지 사막에서 일어납니다. 이런 환상 같은 일들이 일어난다고

이사야가 외쳤을 때 이스라엘 백성들은 알아듣지 못했을 것입니다. 이사야는 속이 타들어가도록 답답했을 것입니다.

이렇게 변한 환경에서 다양한 나무들이 자라납니다. 백향목, 싯딤 나무, 화석류, 들감람나무, 잣나무, 소나무, 황양목 등 일곱 가지나 됩니다. 나무가 자랄 수 없는 환경에서 이렇게 다양한 나무들이 자랄 것이라고 말씀합니다. 그 폐허에서, 죽음의 자리에서, 사막에서, 절망에서, 벌거벗은 산에서 자란다는 것입니다.

이것이 하나님께서 주신 환상입니다. 이 환상을 가진 사람이 파키스탄에 들어가고, 아프가니스탄에 들어가고, 북한에 들어가야 합니다. 폐허더미를 짧은 시간 안에 환상의 도시로 만들어야 합니다.

먼저 이 비전이 우리 안에 있기를 바랍니다. 우리나라가 지금 어렵고 힘든 것이 사실입니다. 그러나 하나님께서는 이러한 대한민국을 축복의 나라로 만들겠다고 말씀하십니다. 선교하는 나라로 만들겠다고 하십니다.

하나님의 비전을 신뢰하라

전쟁 직후에 아프가니스탄을 방문해 많은 분들을 만났습니다. 아프가니스탄에는 아무것도 없었습니다. 마치 우리나라 한국전쟁 직후와 똑같았습니다. 전쟁으로 젊은이는 다 죽었습니다. 어린아이와 여자들과 노인밖에 없었습니다. 그 후에 한국국제협력단

(KOICA)과 한국 정부를 통해서 아프가니스탄의 장관과 국장급 경제 각료들과 교육 복지의 모든 분들을 20여 명 단위로 열 번을 초청했습니다. 200여 명이 한국을 견학했습니다. 저희가 아프가니스탄을 갔던 것이 인연이 되어서 어느 장로님 댁으로 초청해서 음식을 대접하고 선물을 주었습니다.

저는 그들이 왔을 때 이러한 인사말을 했습니다. 예수님의 이야기를 직접 할 수 없어서 세 가지를 부탁했습니다.

첫째, 나무를 심으라고 했습니다. 어린아이에게 그냥 먹을 것을 주지 말고 나무 하나 심으면 먹을 것을 주라고 했습니다. 우리나라도 한국전쟁 직후 온 산이 벌거숭이였지만 지금은 푸른 산입니다. 나무를 심는 것은 희망을 심는 것이라고 했습니다.

둘째, 원조를 받으면 아이들의 교육에 쓰라고 했습니다.

셋째, 여자들에게 투자하라고 했습니다. 그랬더니 그 당시 경제기획담당 차관이 눈물을 흘렸습니다. 한국을 무척이나 부러워했습니다. 포항제철도 보고, 삼성도 보고, 여러 지역을 돌아보고는 고국으로 돌아갔습니다. 그들은 한국을 보고 감동을 받았습니다.

제가 아프가니스탄 재건 프로그램 때문에 펜타곤에 들어간 적이 있었습니다. 거기에서 아프가니스탄 재건 프로그램의 책임자인 70세의 닥터 하프만을 만났습니다. 이야기를 하는 중에 몇 년 전에 있었던 일을 이야기했습니다. 그랬더니 이분이 "그래서 그랬군"이라고 대답하며 고개를 끄덕였습니다. 자기가 아프가니스탄

을 가보니 온통 나무를 심고 있었다고 했습니다. 아이들이 열심히 나무를 심는다고 합니다. 벌거숭이 아프가니스탄에 나무를 심는다고 합니다. 저는 그날 커다란 감동을 받았습니다. 각료들이 눈물을 흘리면서 제 이야기를 듣고 돌아가서 나무를 심기 시작했다는 소식이 제 가슴을 뒤흔들었습니다.

무리가 보고 여호와의 손이 지으신 바요 이스라엘의 거룩한 이가 이것을 창조하신 바인 줄 알며 함께 헤아리며 깨달으리라(사 41:20).

아프가니스탄 재건 프로그램에 참여하는 것은 결국 우리가 한 것이 아니라 하나님의 손이 하신 것입니다. 이 사실을 모든 사람이 알고 헤아리고 깨닫게 될 것입니다. 죽기로 결정하면 못할 것이 없습니다. 우리에게 있는 모든 에너지와 건강과 돈과 열정을 갖고 이 사야가 본 하나님의 환상으로 나아가야 합니다.

우리는 하나님을 더욱 신뢰해야 합니다. 하나님의 비전을 신뢰해야 합니다. 하나님의 환상을 신뢰해야 합니다. 조건을 따지지 마십시오. 건강, 능력을 따지지 마십시오. 이라크는 변할 것입니다. 아프가니스탄은 변할 것입니다. 전 세계에서 굶주리고, 에이즈에 걸려 고통받는 어린아이들이 우리로 말미암아 기적을 볼 것입니다.

환경을 바꾸시고 축복의 나무를 심으시는 하나님을 찬양하십시오. 그로 인해 우리의 인생이 변할 것입니다.

2부

역사를 주관하시는 하나님

이사야 41:21 - 43:21

하나님은 역사를 이끄시며 이스라엘의 죄를 심판하십니다.
그러나 그 안에는 우리가 알지 못하는
놀라운 사랑과 구원이 담겨 있습니다.

7

우상의 본질을
이제야 알았습니다

이사야 41:21-29

멸망으로 인도하는 우상의 미혹

이스라엘은 음란, 부정, 부패 등으로 망했습니다. 그러나 구약을 보면 이스라엘 백성들이 결정적으로 매를 맞은 이유는 우상화 때문이었습니다. 하나님께서는 강대국의 포로로 던져 주면서까지 이스라엘 백성들이 우상을 섬기는 것을 막으려고 했습니다. 그만큼 우상화는 우리의 영혼을 빼앗는 것입니다.

> 나 여호와가 말하노니 너희 우상들은 소송하라 야곱의 왕이 말하노니 너희는 확실한 증거를 보이라(사 41:21).

그렇다면 왜 인간은 우상에 빠져들까요? 그 우상의 대상들이 그럴듯해 보이기 때문입니다. 하나님과 비슷하니까 속아 넘어가는 것입니다. 하나님과 아주 다르다면 아마 의심하고 빠져들지 않았을 것입니다. 많은 사람들이 우상에 빠져들어 가니까 하나님께서 이사야를 통해 '진짜인지 가짜인지 재판을 해보자'고 하십니다. '우상이 진짜라면 증거를 보이라'는 것입니다. 갈멜 산에서 엘리야를 통해 하나님께서 하신 일을 떠올려 보십시오. 엘리야는 바알의 선지자 450명, 아세라의 선지자 400명과 갈멜 산에서 누가 진짜 하나

님을 섬기는지 알아보자고 했습니다. 하늘에서 불을 내려주는 신이 참 하나님이라고 했습니다(왕상 18:24). 가짜 신은 흉내는 낼 수 있으나 불은 내릴 수 없습니다. 참 하나님만이 불을 내리시는 것입니다.

하나님께서 재판을 하고 증거를 대라고 말씀하시는 까닭은 우상은 거짓 신이요 위장된 신이요 잘못된 신이기 때문입니다. 우상과 미신은 그럴듯하고 매우 합리적입니다. 전통문화라는 옷을 입고 찾아옵니다. 그리고 인간의 본능인 이기심, 욕망을 자극합니다. 우상문화, 미신문화는 사실보다 말이 앞섭니다. 그럴듯한 말로 사람들을 현혹합니다. 마치 이것은 사탄이 하와를 찾아와서 유혹한 것과 같습니다. "네가 이 실과를 먹으면 하나님과 같이 될 것이다"라는 거짓 환상, 거짓 꿈, 거짓 이상을 제시해서 선악과를 먹게 하여 하나님을 반역하도록 만든 것처럼 말입니다. 이러한 유혹은 언제나 달콤하고 그럴듯합니다. 마치 유토피아를 만들 수 있을 것 같은 착각을 일으키게 합니다.

생사화복의 주관자

장차 당할 일을 우리에게 진술하라 또 이전 일이 어떠한 것도 알게 하라 우리가 마음에 두고 그 결말을 알아보리라 혹 앞으로 올 일을 듣게 하며 뒤에 올 일을 알게 하라 그리하면 너희가 신들인 줄 우리

가 알리라 또 복을 내리든지 재난을 내리든지 하라 우리가 함께 보고 놀라리라(사 41:22-23).

하나님께서 우상에게 두 가지 게임을 제시하십니다.

첫째, 인간의 과거사와 장래사를 맞추라고 하십니다. 네가 참 하나님이면 역사가 앞으로 어떻게 진행될지 이야기해 보라는 것입니다. 족집게 무당은 있어도 역사를 아는 무당은 없습니다. 역사의식이 있는 무당을 보신 적이 있습니까? 그들은 돈을 받고 손금, 관상을 보고 귀신이 말하는 대로 이야기합니다. 그렇기 때문에 도덕과 윤리를 상실할 수밖에 없습니다. 옳고 그름에 대한 판단력이 없어지고 역사와 미래를 내다보는 눈을 잃어버리게 됩니다. 이것이 얼마나 무서운 일인지 모릅니다.

둘째, 인생의 생사화복을 주관해 보라고 하십니다. 인간에게 복을 내리든지 화를 내든지 해 보라고 하신 것입니다. 그러나 귀신은 이것을 할 수 없습니다. 하나님만이 하실 수 있는 일입니다. 그래서 하나님께서 이런 제안을 하신 것입니다. 우리는 잘못된 우상의 환상으로부터 벗어나야 합니다. 알 수 없는 영적 중독, 최면에서 깨어나야 합니다.

보라 너희는 아무것도 아니며 너희 일은 허망하며 너희를 택한 자는 가증하니라(사 41:24).

하나님께서는 우상이 아무것도 아니라고 말씀하십니다. 우상은 환상 같은 것입니다. 겉은 굉장해 보이지만 속은 아무것도 아닙니다. 실제로 아무 능력이 없습니다. 인생의 생사화복을 쥐고 있는 것도 아니요, 역사를 움직이는 주체도 아닙니다. 또한 우상은 허망합니다. 훌륭하고 좋은 줄 알았는데 막상 가보니 쓰레기 같습니다. 화장에 속지 마십시오. 옷에 속지 마십시오. 지성과 교양을 갖춘 것처럼 보이는 사기꾼이 얼마나 많습니까. 마치 이 사람이 나라를 구하고 조국을 구원하고 민족에게 해방을 준 것 같은 착각을 일으키게 합니다.

역사를 이끄는 이들은 조심해야 합니다. 정신 똑바로 차려야 합니다. 우상이 비인격체이기 때문에 우상을 섬기는 사람도 비인격화되는 것입니다. 그럼에도 불구하고 요즘에 점을 치는 카페가 유행한다고 합니다. 점을 봐서 우리의 미래가 결정된다면 얼마나 좋겠습니까. 그러나 이것은 다 거짓말입니다. 하나님께서 보시기에 가증스러운 것입니다.

그렇다면 우리 사회에 나타난 진정한 하나님은 어떤 분이십니까?

내가 한 사람을 일으켜 북방에서 오게 하며 내 이름을 부르는 자를 해 돋는 곳에서 오게 하였나니 그가 이르러 고관들을 석회같이, 토기장이가 진흙을 밟음같이 하리니(사 41:25).

참 하나님께서는 역사를 통치하고 다스리시는 분입니다. 그런 하나님께서 지금 150년 이후의 일을 말씀하고 계십니다. 현재 이스라엘 백성은 포로로 잡혀서 희망이 없지만, 강대한 바벨론 제국이 망할 것이라고 하십니다. 실제로 고레스 왕이 나와서 바벨론 제국을 무너뜨립니다. 이스라엘 백성이 스스로의 힘으로 바벨론을 무너뜨린 것이 아니라 악인을 들어서 악인을 치게 하신 것입니다. 이것이 하나님께서 역사를 통치하신다는 한 예입니다.

"한 왕이 나타나서 너를 대신해서 악한 세력을 물리쳐 줄 것이다"라는 예언을 할 수 있는 분은 하나님뿐이십니다. 역사의 과거와 현재와 미래를 꿰뚫어보시고 역사를 통치하시고 다스리시는 분은 하나님이십니다. 따라서 우리가 하나님을 믿는다는 것은 하나님의 역사에 동참한다는 것을 의미합니다. 현재만 보면 앞뒤가 보이지 않지만 과거와 현재와 미래를 볼 수만 있다면 그렇게 두려워할 것이 아닙니다. 죽음도 두려워할 것 없습니다. 미래는 두려운 것이 아닙니다. 오히려 미래는 희망입니다.

하나님의 역사 안에 있기에 우리나라에도 희망이 있습니다. 역사는 악한 무리들에 의해 만들어지는 것이 아닙니다. 하나님의 거룩한 세력이 이 역사를 통치하고 다스리고 완성할 것입니다. 이것을 믿으십시오. 이것을 말씀하시는 분이 하나님이십니다. 이분이 구약에 나타난 하나님입니다. 어둠의 세력, 거대한 세력에 겁먹지 마십시오. 이것은 다 사라지는 것들입니다.

하나님의 메신저를 통해 이뤄 가는 역사

> 누가 처음부터 이 일을 알게 하여 우리가 알았느냐 누가 이전부터
> 알게 하여 우리가 옳다고 말하게 하였느냐 알게 하는 자도 없고 들
> 려주는 자도 없고 너희 말을 듣는 자도 없도다(사 41:26).

누가 하나님의 마음을 알고 메시지를 전했습니까? 우상에게는
예레미야, 이사야, 에스겔, 다니엘 같은 선지자가 없었습니다. 그러
나 하나님께는 메시지를 전해 주는 예언자들이 있었습니다. 그런
데 사람들은 예언자의 말은 듣지 않고 점쟁이의 말을 들었습니다.

> 내가 비로소 시온에게 너희는 이제 그들을 보라 하였노라 내가 기
> 쁜 소식을 전할 자를 예루살렘에 주리라(사 41:27).

하나님은 예루살렘에게 예레미야를 주셨습니다. 이사야를 주셨
습니다. 에스겔을 주셨습니다. 다니엘을 주셨습니다. 예루살렘에
게 기쁜 소식을 전할 메신저를 주셔서 그들을 통해 하나님의 역사
를 이루어 가셨습니다. 이것이 우상과 참 하나님과의 차이점입니
다. 이것을 깨닫는 영적 안목이 우리 안에 있어야 할 것입니다.

> 내가 본즉 한 사람도 없으며 내가 물어도 그들 가운데에 한 말도 대

답할 조언자가 없도다(사 41:28).

우상은 거짓이고 사기입니다. 사람을 헛갈리게 하는 것입니다. 아담과 하와를 유혹했던 것처럼 우상은 마치 진실인 것처럼 끊임없이 우리에게 접근해 옵니다. 이단은 진리를 가진 사람이 타락해서 생긴 것입니다. 교회가 타락하면 이단이 생깁니다. 진리를 가진 사람이 진리를 지키지 않으면, 윤리를 가진 사람이 윤리를 지키지 않으면 이단들이 파도처럼 밀고 들어옵니다. 사실, 이런 모든 현상은 우리의 잘못입니다. 교회는 우리가 지켜야 합니다. 우리나라는 우리가 지켜야 합니다. 침묵하면 안 됩니다. 말을 해야 합니다. 피투성이가 되도록 싸워야 하고 악한 세력으로부터 보호하고 지켜야 합니다.

보라 그들은 다 헛되며 그들의 행사는 허무하며 그들이 부어 만든 우상들은 바람이요 공허한 것뿐이니라(사 41:29).

점쟁이나 굿하는 사람과 성경에 나오는 예언자들을 비교해 보십시오. 이것이 우리가 배워야 할 메시지입니다. 우리는 선교사의 터 위에 서 있습니다. 우리는 순교자의 터 위에 서 있습니다. 우리는 하나님의 말씀의 터 위에 서 있습니다. 시류를 따라가지 마십시오. 거짓된 환상과 잘못된 예언을 따라가지 마십시오.

언제나 하나님의 말씀 앞에 서 있어야 합니다. 하나님의 음성을 들어야 합니다. 고독하고 외롭고 인기가 없고 힘들지라도 그 길을 가야 합니다. 교회는 정도를 걸어야 합니다. 교회는 순교자의 길을 걸어야 합니다.

여기서 저는 세 가지의 말씀을 드리고 싶습니다.

첫째, 우상과 미신에게는 역사의식이 없다는 것입니다. 그들은 단순히 과거와 미래를 맞추는 점쟁이에 불과합니다. 종교가 그 시대에 영향을 주기 위해서는 역사의식이 있어야 합니다.

둘째, 우상에게는 윤리가 없습니다. 옳고 그른 것에는 관심이 없다는 것입니다. 선지자는 강력한 윤리적 요구를 합니다. 강력한 도덕적 요구를 합니다. 이것이 구약에 나오는 선지자들의 모습니다.

셋째, 우상에게는 인격이 없습니다. 우상들의 유일한 관심은 귀신의 말입니다. 귀신의 말을 듣기 위해서 귀신을 달랩니다. 술도 주고 밥도 지어 먹입니다. 조상이라는 이름으로 귀신을 섬기는 제사를 지내는 것입니다. 그러나 귀신에게는 인격이 없습니다.

우상을 막는 마지막 보루, 십계명

왜 하나님께서는 인류에게 십계명을 주셨을까요? 십계명은 사탄을 대적하는 하나님의 방법이고 우상문화에 빠지지 않는 하나님의 대답이기 때문입니다. 제1계명부터 제4계명까지는 하나님에

대한 계명이고, 제5계명부터 제10계명까지는 인간에 대한 계명입니다.

제1계명은 '너는 나 외에는 다른 신들을 네게 두지 말라'입니다. 이 말이 불편하게 느껴진 미국의 자유주의자들은 학교에서 십계명을 없앴습니다. 종교의 자유라는 이름으로 그렇게 한 것입니다. 그러나 십계명이 없어지면 인류는 망합니다. 왜냐하면 십계명은 우상을 막는 최후의 보루이기 때문입니다.

현대의 우상은 돈과 권력과 섹스입니다. 이것은 제2계명과 관련이 있습니다. 계명을 보면 세 가지를 하지 말라고 합니다. 만들지 말며, 절하지 말며, 섬기지 말라는 것입니다.

제3계명은 '너는 네 하나님 여호와의 이름을 망령되게 부르지 말라'입니다. 우상의 첫걸음은 하나님을 우습게 생각하는 것입니다. 하나님을 믿느니 차라리 내 주먹을 믿으라고 말합니다. 마귀의 속임수는 하나님의 이름을 가지고 장난하는 것입니다.

제4계명은 '안식일을 기억하여 거룩히 지키라'입니다. 귀신 쫓는 방법이 안식일을 지키는 것입니다. 우상숭배를 막는 방법이 안식일을 지키는 것입니다. 마귀는 안식일을 율법으로 바꾸어 놓았습니다. 어떤 책에서는 '우리가 안식일을 지키는 것이 아니고 안식일이 우리를 지켜 준다'라고 했습니다. 내가 안식일을 지키려고 하면 율법적이 되는 것 같고 힘이 듭니다. 그러나 진짜 안식일을 알고 지키는 사람은 안식일이 우리의 건강을 지켜 주고 믿음을 지

켜 주고 재정을 지켜 주고 비전을 지켜 준다는 것을 압니다.

이것이 제1계명부터 제4계명까지의 의미입니다. 현대인들은 이 계명을 힘들어 합니다. 그래서 십계명을 듣지 않으려고 합니다. 원하는 대로, 마음 끌리는 대로 살려고 합니다. 그러나 그렇게 하면 쓰레기처럼 살게 됩니다. 살인, 테러, 강간과 같은 끔찍한 일들이 계속 일어날 것입니다.

우리는 우상의 본질을 꿰뚫을 수 있어야 합니다. 우리는 성경말씀을 믿는 교회, 하나님을 믿는 교회가 되어야 합니다. 우리는 하나님과 함께 이 역사를 책임지려는 교회가 되어야 합니다. 그러기 위해서는 우상의 속임수에 빠지지 말아야 합니다. 심심풀이로 점을 보는 사람들이 없어야 합니다. 신앙은 장난이 아닙니다. 장난으로 우상숭배하지 마십시오. 우상의 포로가 아니라 하나님의 영광스러운 자녀로 살기를 기도합니다.

8

하나님이 붙드시는 종이
이방에 정의를 베풉니다

이사야 42:1-9

구원의 새 역사를 쓰는 하나님의 종

세상 사람들은 종이란 말을 싫어합니다. 그러나 성경은 종이라는 단어를 자주 사용합니다. 바울도 종이라는 단어를 자주 사용했습니다. 사도 바울은 예수님을 만나고 나서 "나는 예수 그리스도의 종이다. 나는 예수 그리스도의 종으로 부름을 받았다"라고 서슴없이 말합니다.

사실, 자기 자신이 누구라는 것을 서슴없이 말할 수 있는 것은 복입니다. 내가 누구인지 명확하게 말할 수 있는 사람이 우리 가운데 몇이나 될까요? 사람들은 이력서를 잘 씁니다. 그러나 그것은 과거의 일입니다. 미래의 이력서를 쓰는 사람은 별로 없습니다. 우리는 미래의 이력서를 써야 합니다. '나는 앞으로 어떤 일을 할 것이고, 언제쯤 죽을 수 있으면 좋겠다'라고 쓸 수 있다면 그는 정말 행복한 사람입니다.

> 내가 붙드는 나의 종, 내 마음에 기뻐하는 자 곧 내가 택한 사람을 보라 내가 나의 영을 그에게 주었은즉 그가 이방에 정의를 베풀리라(사 42:1).

종이란 신분이 천한 노예를 의미합니다. 그래서 누구나 종이 되기 싫어합니다. 그런데 예수를 믿는다는 것은 스스로 종이 된다는 것을 의미합니다. 사람의 종이 아니라 하나님의 종이 되는 것입니다. 다시 말하면 크리스천은 스스로 하나님의 종이 된 사람들입니다. 종은 주인이 시키는 대로 일합니다. 종은 말이 없습니다. 불만도 없습니다. 만약 불만이 많다면 그 사람은 종이 아닙니다. 오히려 종은 감사함으로 일합니다.

하나님께서 말씀하시는 종은 노예계급, 천한 신분을 말하는 것이 아닙니다. 이 단어는 하나님과의 특별한 관계를 말하고 있습니다. 주인과 특별한 관계, 친밀한 관계, 떼려야 뗄 수 없는 관계를 의미합니다. 예수 그리스도를 구주로 믿는 모든 성도는 하나님과 이런 친밀한 관계에 있는 사람들입니다. 이런 의미에서 종은 영적으로 굉장히 귀중하고 영광스런 신분입니다.

구약, 특별히 이사야서에 나오는 종의 모습은 구원의 핵심이요 본질입니다. 하나님께서 종에게 구원의 새 역사를 맡기십니다. 하나님께서 하나님의 비전, 하나님의 꿈, 이스라엘 백성을 향한 희망을 종에게 위임하셨습니다. 종이 그 일을 할 수 있도록 축복하시며 권한을 주시고 능력과 사명을 주셨습니다.

우리 모두는 하나님의 종으로 일해야 합니다. 교회를 섬길 때도 이런 마음으로 섬겨야 하는 것입니다. 어떤 사람들은 '내가 뭔가를 해준다'는 식으로 교회를 섬깁니다. 봉사해 주고, 헌금해 주고,

시간을 내 줍니다. 이것은 종의 태도가 아닙니다. 이것은 도와주는 사람의 태도입니다. 본문 말씀을 보면 종에 대한 몇 가지 설명이 나와 있습니다.

> 내가 붙드는 나의 종, 내 마음에 기뻐하는 자 곧 내가 택한 사람을 보라 내가 나의 영을 그에게 주었은즉 그가 이방에 정의를 베풀리라(사 42:1).

첫째, 하나님께서 종을 붙들어 주십니다. '붙들어 주신다'는 말은 '하나님이 떠받들어 주신다', '지원해 주신다'는 뜻입니다. 인정하고 인도하고 보호하신다는 뜻이 이 말 속에 있습니다. 실패와 좌절이 없다는 말입니다. 부족하고 연약해도, 준비가 되지 않아도 하나님께서 그 사람을 꼭 붙들어 주신다는 것입니다. 하나님께서 자기 종을 붙들어 주셔서 강하게 하십니다.

둘째, 종은 하나님께서 기뻐하시는 사람입니다. 예수님이 요단강에서 세례를 받으실 때 "이는 내 사랑하는 아들이요 내 기뻐하는 자"라는 하나님의 음성이 들려왔습니다. 우리도 하나님께서 기뻐하시는 존재입니다.

셋째, 우리는 하나님께서 택하신 종입니다. '택했다'는 것은 많은 것 중에서 하나를 건졌다는 것입니다. 우리는 수많은 모래알처럼 많은 사람들 중의 한 사람이 아니라 하나님께서 택하신 사람입니

다. 하나님께서 우리의 이름을 손바닥에 새기셨음을 기억하십시오.

넷째, 하나님께서 종에게 위대한 사명과 새로운 역사를 만들게 하기 위해 특별한 은혜를 부어 주십니다. 사람도 일을 시킬 때 일할 수 있는 여건을 만들어 줍니다. 마찬가지로 하나님께서는 우리에게 일을 시키실 때 우리의 쓸 것을 공급해 주십니다. 약속을 주시고 축복과 은혜를 주십니다.

이러한 종이 탁월한 까닭은 하나님께서 그에게 영을 부어 주셨기 때문입니다. 우리는 하나님의 영으로 충만해져야 합니다. 우리는 하나님께서 능력을 주셔야 일을 할 수 있습니다. 하나님께서 우리에게 영을 부어 주셔야 기도할 수 있습니다. 우리 힘으로 하려면 얼마나 힘이 들겠습니까. 얼마 못 가서 곧 바닥이 드러나고 말 것입니다. 먼저 능력을 받으십시오. 하나님의 영이 먼저 우리에게 임해야 합니다. 이것이 종입니다.

하나님께서 붙드시는 종, 기뻐하시는 종, 택하신 종, 하나님의 영을 받은 종이 하는 일은 공의를 베푸는 것입니다. 이렇듯 사람의 종과 하나님의 종이 하는 일은 천지 차이입니다. 종이라는 단어는 신분이 천한 것처럼 보이는데, 하나님의 종은 어마어마한 일을 합니다. 우리가 하나님의 종이 될 때 우리는 하나님만큼 격이 높아집니다. 하나님의 대사가 되는 것입니다.

이사야 42장 1절에서 한 가지 더 눈여겨 볼 것이 있습니다. "보라"는 단어입니다. "내가 택한 사람을 보라"고 했습니다. 종을 내

세우는 주인은 없습니다. 그러나 하나님은 자기 종을 만방에 내세우고 자랑하십니다. 이 종이 바로 예수 그리스도입니다. 하나님은 예수 그리스도를 보라고 하십니다. 하나님이 붙드는 종, 기뻐하는 종, 택한 종, 성령을 부어 준 종인 예수 그리스도를 보라고 하십니다. 그가 이방에게 공의를 베풀게 될 것입니다.

예수님은 하나님의 아들이십니다. 하나님과 특별한 관계입니다. 이 종에게 하나님께서 비전과 사명을 주셨습니다. 우리도 하나님과 특별한 관계입니다.

영혼을 살리는 종의 성품

> 그는 외치지 아니하며 목소리를 높이지 아니하며 그 소리를 거리에 들리게 하지 아니하며 상한 갈대를 꺾지 아니하며 꺼져가는 등불을 끄지 아니하고 진실로 정의를 시행할 것이며 그는 쇠하지 아니하며 낙담하지 아니하고 세상에 정의를 세우기에 이르리니 섬들이 그 교훈을 앙망하리라(사 42:2-4).

여기서 이사야는 종의 성품에 대해 이야기하고 있습니다. 그렇다면 메시아는 어떤 분입니까? 하나님의 종은 어떤 모습을 하고 있습니까?

첫째, 하나님의 종은 조용하고 겸손하게 일합니다. 외치지도 않고 목소리를 높이지도 않습니다. 실제로 아무 소리도 내지 않고 외치지도 않는 것이 아니라 겉으로 드러내기 위해 시끄럽게 하거나 남을 부리지 않는다는 것입니다. 참된 메시아는 인기에 야합하거나 사람을 선동하지 않습니다. 참된 메시아는 겉으로만 외치지 않고, 목소리를 독점하지 않고, 소리가 거리에 들리지 않는 겸손하고 인격적인 존재입니다. 오늘날 이런 사람들을 보면 우리는 바보 같다고 생각할 것입니다. 어쩌면 왕따를 당할지도 모릅니다. 그러나 하나님의 나라에는 이런 사람이 필요합니다. 하나님의 일은 이런 사람들이 합니다. 소리 없이 순교합니다.

둘째, 하나님의 종은 약자 편에 서 있습니다. 힘없는 자를 돌봅니다. 소망 없는 자의 소망을 꺾지 않고 마지막까지 희망을 줍니다. 상한 갈대를 꺾지 않는다고 했습니다. 우리 인류는 상한 갈대와 같습니다. 쓸모가 없는 존재들입니다. 그렇지만 하나님께서는 그것을 꺾지 않고 꺼져가는 등불을 끄지 않으십니다. 불을 살려 주시고 상처를 싸매 주시고 희망과 용기를 주십니다. 그리고 다시 기회를 주십니다.

셋째, 하나님의 종은 진리로 공의를 선포합니다. 종이라고 얕보면 안 됩니다. 하찮게 생각해서도 안 됩니다. 이분은 실상 무서운 분입니다. 타협할 수 없는 분입니다. 권력에 굴복하는 분도 아니요, 이익을 좇는 분도 아닙니다. 이분은 어떤 고난과 역경도 이겨

냅니다. 역경에 쓰러지는 사람은 메시아가 아닙니다. 고난에서 포기하는 사람은 하나님의 종의 성품을 가진 사람들이 아닙니다.

영광스런 종으로의 초대

예수님은 33세에 십자가에서 돌아가셨습니다. 그리고 그는 평생 가진 것이 없었습니다. 머리 둘 곳도 없다고 했습니다(마 8:20). 그렇지만 인류를 소유하셨습니다. 이분이 바로 메시아입니다. 이러한 예수님의 모습을 본받은 자들이 있을 때 한국 교회가 살아날 것입니다. 우리는 비록 연약한 존재지만 결코 이 세상을 포기하지 않을 것입니다. 나라를 포기하지 않을 것입니다. 하나님의 뜻은 반드시 이루어집니다. 우리가 순교하면 됩니다. 죽으면 됩니다. 우리가 버림을 받으면 됩니다. 이사야는 이 위대한 영적 사상을 이야기하고 있습니다.

예수 믿고 복 받고 건강하게 잘사는 것이 우리 비전의 전부가 아닙니다. 우리는 하나님의 종이 되기 위해 살아야 합니다.

하늘을 창조하여 펴시고 땅과 그 소산을 내시며 땅 위의 백성에게 호흡을 주시며 땅에 행하는 자에게 영을 주시는 하나님 여호와께서 이같이 말씀하시되(사 42:5).

하나님은 어떤 분입니까? 첫째, 하늘을 창조하여 펴신 분입니다. 둘째, 땅과 그 소산을 베푸신 분입니다. 셋째, 백성에게 호흡을 주시는 분입니다. 넷째, 땅에 행하는 자에게 성령을 주시는 분입니다. 우리 하나님은 돌멩이가 아닙니다. 우리 하나님은 살아 계십니다. 인격적인 분입니다. 말씀하시고 우리와 특별한 관계를 맺는 분입니다. 나의 일거수일투족을 보시는 분입니다.

나 여호와가 의로 너를 불렀은즉 내가 네 손을 잡아 너를 보호하며 너를 세워 백성의 언약과 이방의 빛이 되게 하리니(사 42:6).

하나님께서 종을 부르십니다. 종은 내가 좋아서 하는 것이 아니라 그분이 불러서 하는 것입니다. 이 부름이 확실한 사람은 흔들리지 않습니다. 저는 신학교 갈 때도 고민했고 졸업할 때도 고민했습니다. 소망교회 김지철 목사님과 입학 동기인데 그와 가위바위보를 해서 이기면 입학원서를 내고 지면 내지 않겠다는 어리석은 짓도 했습니다. 신학교를 졸업할 때는 '하나님께서 나같이 준비되지 않은 사람을 쓰시려면 얼마나 불편하실까. 내가 목사가 되어서 잘못하면 나도 괴롭고 하나님도 괴롭고 교인도 괴로울 텐데 이걸 꼭 해야 하나' 하는 생각도 했습니다. 어느 날에는 새벽기도를 하는데 '만약 하나님이 없다면 이처럼 미친 짓이 또 어디 있나'라는 생각도 들었습니다. 이런 수많은 갈등과 방황 속에서 하나님을 만났

습니다. 그래서 여기까지 왔습니다.

부르심이 없다면 일할 수 없습니다. 부르심이 없으면 태풍이 불고 비바람이 치고 병이 오고 위기가 오면 흔들립니다. 하지만 부르심이 있다면 죽을병에 걸리고 위기가 오고 고난이 와도 흔들리지 않습니다. 하나님께서 종의 손을 잡아 주십니다. 보호하십니다. 그리고 세워 주겠다고 하십니다. 세워서 백성의 언약과 이방의 빛이 되게 하십니다.

> 네가 눈먼 자들의 눈을 밝히며 갇힌 자를 감옥에서 이끌어 내며 흑암에 앉은 자를 감방에서 나오게 하리라(사 42:7).

이 종이 가는 곳마다 눈먼 자들이 눈을 뜨고, 갇힌 자가 감옥에서 나오며, 흑암에 앉은 자가 감방에서 나올 것입니다. 이것이 교회, 전도자, 그리스도인이 해야 할 일입니다. 우리가 가는 곳마다 희망을 주는 것입니다.

> 나는 여호와이니 이는 내 이름이라 나는 내 영광을 다른 자에게, 내 찬송을 우상에게 주지 아니하리라(사 42:8).

하나님의 영광과 찬송이 되게 하기 위해서 종을 붙들어 주십니다.

보라 전에 예언한 일이 이미 이루어졌느니라 이제 내가 새 일을 알리노라 그 일이 시작되기 전에라도 너희에게 이르노라(사 42:9).

하나님께서 새 일을 계획하십니다. 예전에는 없던 일입니다. 아무도 모르는 일입니다. 그것을 우리가 해야 합니다. 이러한 비전이 우리 안에 잉태되기를 바랍니다. 하나님의 마음, 하나님의 생각, 하나님의 꿈, 민족을 향한 꿈, 역사를 향한 꿈이 잉태되기를 바랍니다. 하나님의 종으로 영광스럽게 살아가기를 바랍니다.

9

새 노래로
여호와를 찬양합니다

이사야 42:10-17

종에게 주시는 새 노래

항해하는 자들과 바다 가운데의 만물과 섬들과 거기에 사는 사람들
아 여호와께 새 노래로 노래하며 땅 끝에서부터 찬송하라(사 42:10).

성경 말씀처럼 오늘을 사는 우리 안에 흘러간 옛 노래가 아닌 새
노래, 미래의 노래, 희망의 노래, 꿈의 노래, 기적의 노래가 새롭게
싹터야 할 것입니다. 이 노래가 있는 사람은 지루하지 않습니다.
이 노래가 있는 사람은 권태롭거나 지루하거나 인생이 허무하지
않습니다. 흥분과 감동이 있습니다. 이 노래는 하나님께서 주시는
노래, 비전을 향한 노래, 꿈을 향한 노래이기 때문입니다.

새 노래라는 독특한 개념, 독특한 단어는 시편과 요한계시록에
많이 기록되어 있습니다.

또 내가 보니 보라 어린 양이 시온 산에 섰고 그와 함께 십사만 사천
이 서 있는데 그들의 이마에는 어린 양의 이름과 그 아버지의 이름
을 쓴 것이 있더라 내가 하늘에서 나는 소리를 들으니 많은 물소리
와도 같고 큰 우렛소리와도 같은데 내가 들은 소리는 거문고 타는

자들이 그 거문고를 타는 것 같더라 그들이 보좌 앞과 네 생물과 장
로들 앞에서 새 노래를 부르니 땅에서 속량함을 받은 십사만 사천
밖에는 능히 이 노래를 배울 자가 없더라(계 14:1-3).

이 말씀을 보면 새 노래를 부르는 장면이 나옵니다. 이 노래는
땅에서 부르는 노래도 아니요 죄인들이 부르는 노래도 아닙니다.
대중가요가 가슴에 와 닿는 것은 과거의 상처를 노래하기 때문입
니다. 다 이루지 못한 사랑 같은 상처를 건드리기 때문에 가슴이
찡하고 눈물이 납니다. 그것은 다 땅의 노래, 세상의 노래, 육체
의 노래, 신음하는 노래입니다. 우리는 그런 노래가 필요 없습니
다. 우리에게 필요한 것은 하늘의 노래입니다. 영원한 노래입니다.

항해하는 자들과 바다 가운데의 만물과 섬들과 거기에 사는 사람들
아 여호와께 새 노래로 노래하며 땅 끝에서부터 찬송하라 광야와 거
기에 있는 성읍들과 게달 사람이 사는 마을들은 소리를 높이라 셀
라의 주민들은 노래하며 산꼭대기에서 즐거이 부르라(사 42:10-11).

성경 말씀을 보면 하나님께 올리는 새 노래를 여섯 종류의 사람
들이 부른다고 했습니다. 노래 부르는 자들은 바로 항해하는 자,
바다 가운데의 만물, 섬들과 거주민, 광야와 성읍들, 게달의 마을,
셀라의 주민들입니다. 게달은 아라비아의 유목민을 지칭합니다.

셀라는 에돔의 거민을 의미합니다. 이스라엘 족속과 이방인, 광야와 바다의 모든 사람들이 속량함을 받은 십사만 사천의 거룩한 하나님의 백성과 함께 새 노래를 부른다는 것입니다.

그런데 새 노래를 부를 때 "땅 끝에서부터 찬송하고 소리를 높이라"고 했습니다. 시편에서도 "새 노래로 여호와께 노래하라"(시 96:1)는 말씀이 있습니다. 땅이 노래하고 하늘이 노래합니다. 예수 믿고 나서 성령을 받으면 산천초목이 노래하는 것을 알 수 있습니다.

제가 1965년에 처음 성령을 받았을 때 하늘을 보니 그렇게 맑을 수가 없었습니다. 나뭇잎들도 춤을 추었습니다. 내가 변하니까 모든 것이 다르게 보였습니다. 내 마음이 새로워지니까, 내 마음에 감동이 있으니까 온 땅이 춤을 추는 것 같았습니다. 알 수 없는 눈물이 흐르고, 꽃 한 송이, 나무 한 그루가 예전과 달리 사랑스럽게 보였습니다. 마치 좋은 꿈을 꾸다 깨어난 것처럼 말입니다. 제가 성령을 받으니 예전처럼 밥을 먹을 수가 없었습니다. 잠을 이룰 수가 없었습니다. 하나님의 영이 내 안으로 들어오니까 내 마음이 살아났습니다.

예수를 믿는다는 것은 머리를 굴리는 것이 아닙니다. 육체적 감각이나 감정이 아닙니다. 영이 눈을 뜨는 것입니다. 영의 변화가 오는 것입니다.

새 노래의 주인공이신 하나님

시편을 보면 계속해서 "새 노래로 여호와께 찬양하라"(시 98:1)는 말이 나오는데, 이 노래를 불러보지 않은 사람은 이 노래가 무슨 노래인지 모릅니다. 이 노래는 눈물이요 감동입니다. 기적입니다. 승리의 개선가입니다. 그래서 새 노래를 부르고 있으면 두려움과 근심 걱정이 사라집니다. 세상에 어려운 것이 없습니다. 다 쉬워 보이고, 모든 것이 편안해 보입니다. 충만해 보입니다.

우리의 환경이 우리를 속일지라도, 불치병에 걸렸을지라도 두려워하지 않기를 바랍니다. 비록 죽음이 오더라도 걱정하지 않기를 바랍니다. 실패를 걱정하지 않기를 바랍니다. 실패는 아무것도 아닙니다. 성공하면 됩니다. 좌절도 아무것도 아닙니다. 희망을 가지면 됩니다. 그러면 새 노래를 받으실 분은 누구십니까?

> 여호와께 영광을 돌리며 섬들 중에서 그의 찬송을 전할지어다(사 42:12).

찬송을 받으실 분은 여호와 하나님입니다. 사람은 찬송을 받는 존재가 아닙니다. 사람은 찬송을 하는 존재입니다. 사람은 예배를 받는 존재가 아니라 예배를 드리는 존재입니다.

인간의 가장 위대한 행위는 예배입니다. 인간이 예배를 드릴 때 비로소 가장 위대해집니다. 예배를 받으시는 분은 오직 하나님 한

분이십니다. 이사야는 "나는 여호와이니 이는 내 이름이라 나는 내 영광을 다른 자에게, 내 찬송을 우상에게 주지 아니하리라"(사 42:8)는 말씀으로 이 사실을 명확하게 기록하고 있습니다.

하나님께서 "나는 여호와이니 이는 내 이름이라"고 하셨습니다. 하나님에게도 이름이 있습니다. 그분의 이름은 여호와입니다. 그분이 예수 그리스도이십니다.

그렇다면 새 노래를 받으실 하나님은 어떤 분이실까요? 본문 말씀 가운데 하나님에 대한 다섯 가지 설명이 나옵니다.

첫째, 하나님은 전쟁에서 용사, 투사, 전사 같은 분입니다.

여호와께서 용사같이 나가시며 전사같이 분발하여 외쳐 크게 부르시며 그 대적을 크게 치시리로다(사 42:13).

그분은 용사같이 나가시며 전사같이 분발하여 외쳐 크게 부르시며 그 대적을 쳐부수는 강한 용사이십니다. 이스라엘 백성들은 바벨론 포로로 잡혀가 죽게 되었습니다. 당시 최강이었던 바벨론 군대를 무찌를 수 있는 나라는 없었습니다. 그런데 하나님을 바벨론 제국을 쳐부수는 용사와 전사, 어떤 원수도 어떤 적도 다 파멸시키는 강력한 힘을 가진 용사로 표현합니다. "용사", "전사"라는 말에는 남성적인 의미가 있습니다. 그래서 우리는 하나님을 아버지라고 부릅니다. 그러나 하나님께서는 아버지와 같은 부성만 있는

것이 아니라 어머니와 같은 모성도 있습니다.

둘째, 하나님은 해산하는 여인과 같은 분입니다.

> 내가 오랫동안 조용하며 잠잠하고 참았으나 내가 해산하는 여인같
> 이 부르짖으리니 숨이 차서 심히 헐떡일 것이라(사 42:14).

해산하는 여인을 상상해 보십시오. 한 여자가 임신을 했습니다. 오
랫동안 침묵과 기다림으로 태중의 아이를 키웁니다. 아이가 자라 해
산할 때가 되자 여인은 해산을 준비합니다. 그런데 아이는 그냥 나오
지 않습니다. 진통과 산고를 거쳐야 비로소 아이가 태어납니다.

하나님은 해산의 고통을 가지고 있습니다. 이것이 하나님의 모
성입니다. 하나님은 침묵을 깨뜨리시고 이스라엘의 구원을 위해
해산의 수고를 마다하지 않으시며 그 고통 속에서 아이를 출산하
는 여인의 모습으로 표현되고 있습니다.

셋째, 하나님은 원수들을 무찌르시는 분입니다.

> 내가 산들과 언덕들을 황폐하게 하며 그 모든 초목들을 마르게 하
> 며 강들이 섬이 되게 하며 못들을 마르게 할 것이며(사 42:15).

여기 큰 산, 작은 산, 강, 못 등은 이스라엘을 괴롭히는 강대국
과 세력들을 의미합니다. 하나님께서 이것들을 다 쓸어버리겠다

는 것입니다. 아무리 큰 산도, 아무리 험한 산도 하나님께서 다 쓸어버리겠다고 하십니다.

넷째, 하나님은 맹인들을 인도하시는 분입니다.

내가 맹인들을 그들이 알지 못하는 길로 이끌며 그들이 알지 못하는 지름길로 인도하며 암흑이 그 앞에서 광명이 되게 하며 굽은 데를 곧게 할 것이라 내가 이 일을 행하여 그들을 버리지 아니하리니 (사 42:16).

우상을 무너뜨리고 인도하시는 하나님

이에 대해 네 가지 구체적인 상황이 나옵니다.

첫째, 맹인이 앞을 보지 못하기에 안내자와 인도자가 필요합니다. 하나님께서 맹인 같은 이스라엘, 맹인 같은 우리에게 오셔서 우리를 인도하시고 안내하십니다.

둘째, 지름길로 인도하십니다. 길을 인도하실 때 멀리 돌아가지 않고 첩경으로 가게 합니다.

셋째, 암흑 같은 내 인생에 불빛이 되어 주십니다. 우리의 인생에 불이 켜진 것입니다. 암흑이 죄악, 절망, 무지를 상징한다면 광명은 자유, 해방, 구원, 진리를 말합니다. 우리의 인생이 반전되는 것입니다.

넷째, 굽은 길을 곧게 만드십니다. 잘못된 관행, 잘못된 습관, 잘

못된 문화, 잘못된 철학을 가지고 우리는 힘겹게 살아왔습니다. 하나님은 이것들을 다 펴 주십니다.

다섯째, 하나님은 우상을 물리쳐 주시는 분입니다.

조각한 우상을 의지하며 부어 만든 우상을 향하여 너희는 우리의 신이라 하는 자는 물리침을 받아 크게 수치를 당하리라(사 42:17).

조각한 우상, 부어 만든 우상은 사람들이 하나님 대신에 사용하는 상징물입니다. 인간은 자기 나름대로 우상을 가지고 있습니다. 우리는 가짜 콤플렉스가 있습니다. 그래서 진짜 흉내를 냅니다. 하나님이 없으니까 하나님 대신 가짜를 만들고 그것을 하나님처럼 믿는 것입니다.

사람은 성공이라는 우상을 가지고 있습니다. 과연 생각대로 돈을 많이 벌면 행복할까요? 돈은 허상입니다. 신기루입니다. 건강하면 행복할까요? 제가 아파 보니 그런 것 같지도 않습니다. 오히려 악한 사람이 더 건강합니다. 나쁜 사람들은 잘 아프지도 않습니다. 건강보다 중요한 것은 건강을 어떻게 쓰느냐 하는 것입니다. 머리가 좋다고 행복한 것도 아닙니다. 이 모든 것이 우상입니다. 자기 기만입니다. 인간은 가짜를 진짜로 믿고 삽니다. 진실을 만나본 적이 없기 때문입니다. 진짜 하나님을 만나본 적이 없기 때문입니다.

그래서 하나님께서 말씀하십니다. "나는 우상을 멸할 것이다.

우상을 섬기는 사람은 수치를 당할 것이다." 바로 우리가 믿는 예수님이 진짜입니다.

하나님은 전장의 용사, 전사와 같습니다. 하나님은 해산하는 여인과 같습니다. 하나님은 원수가 만들어 놓은 것을 다 평정하시는 분입니다. 하나님은 소경의 인도자와 같습니다. 그리고 하나님은 우상을 물리치시는 분입니다. 가짜를 들추어내시는 분입니다. 하나님은 새 노래로 찬양을 받으십니다. 하나님께 예배와 찬양을 드리는 것이 행복입니다. 인생의 행복을 말할 때 첫 번째로 꼽는 것이 시편 23편입니다.

여호와는 나의 목자시니 내게 부족함이 없으리로다(시 23:1).

행복이란 부족함이 없는 것입니다. 많이 소유한 것이 행복이 아닙니다. 성공에 대한 목마름, 사랑에 대한 목마름, 존재의 목마름 때문에 불행해집니다. 문제는 이것이 채워지지 않는다는 것입니다.

그러나 하나님을 만나면 충만해집니다. 충만한 사람에게서 나오는 것이 찬송입니다. 충만하니까 흘러넘치는 것입니다. 우리 모두가 주고 또 주고, 베풀고 또 베풀기를 바랍니다. 새 노래로 여호와를 찬양하십시오. 새 노래로 여호와를 예배하십시오. 우리 삶에 기적이 일어날 것입니다. 우리 주변에 있는 사람들이 모두 그 기적을 목격하게 될 것입니다.

10

우리의 죄가
눈과 귀를 멀게 합니다

이사야 42:18-25

눈과 귀를 가린 종

이사야서는 "여호와의 종"이라는 단어를 썼습니다. 여호와의 종은 하나님께서 붙드시는 종이요 택하신 종이요 기뻐하시는 종이요 성령을 부어 주신 종입니다. 바로 이 여호와의 종이 온 인류를 구원하기 위해 고난당한 메시아입니다. 그러나 하나님께서 붙드시고, 택하시고, 기뻐하시고, 기름 부어 주신 순종하는 종, 겸손한 종, 희생하고 헌신하는 종이 있는 반면, 순종하지 않고 반항하고 오만한 종이 있습니다. 그것이 본문 말씀에 나타난 또 다른 종의 모습입니다.

너희 못 듣는 자들아 들으라 너희 맹인들아 밝히 보라(사 42:18).

이 말씀은 불순종하고 오만한 종은 못 듣는 자들과 맹인 같다는 뜻입니다. 왜 이런 말씀을 하셨을까요? 누가 귀머거리이고, 맹인일까요?

맹인이 누구냐 내 종이 아니냐 누가 내가 보내는 내 사자같이 못 듣는 자겠느냐 누가 내게 충성된 자같이 맹인이겠느냐 누가 여호와의

종같이 맹인이겠느냐(사 42:19).

이 구절에서 이사야는 여호와의 종이 맹인이 되었다고 말합니다. 여기서 두 종류의 종이 있다는 것을 알 수 있습니다. 하나는 택하시고 기뻐하시고 붙드시고 기름 부으신 하나님께서 쓰시는 종이고, 다른 하나는 하나님이 쓰시려고 택했는데 반항하고 거역하고 불순종한 종입니다. 첫 번째 종은 메시아를 의미하고, 두 번째 종은 이스라엘을 말합니다. 하나님께서는 이스라엘이 하나님의 종으로 부름을 받았는데 그 역할을 하지 못했다고 말씀하십니다. 이 구절에서 말하는 것은 육신의 눈이 보이지 않고, 귀가 들리지 않는다는 뜻이 아닙니다. 육신의 눈은 보이고 육신의 귀는 들리지만 영적으로는 보지 못하고 듣지 못한다는 것을 의미합니다. 18절의 말씀에서 듣지 못하는 자에게 들으라고 하고, 보지 못하는 자에게 밝히 보라고 하는 것은 말이 되지 않습니다. 이 말은 영적으로 보지 못하고 듣지 못하는 사람들에게 '네가 정말 눈을 뜨고 귀를 열어서 들으라'는 것입니다.

네가 많은 것을 볼지라도 유의하지 아니하며 귀가 열려 있을지라도 듣지 아니하는도다(사 42:20).

오래 산다고 해서 지혜로운 것은 아닙니다. 많이 배웠다고 해서

유식한 것도 아닙니다. 경험이 많다고 해서 성숙한 것도 아닙니다. 많이 보고 많이 들었다고 정답을 알 수 있는 것은 아닙니다. 껍데기만 아는 것은 의미가 없습니다. 알맹이를 알아야 합니다. 본질과 핵심을 뚫어야 합니다. 많은 이야기를 듣는 것보다 하나의 이야기를 듣는 것이 낫고, 많은 것을 아는 것보다 정확하게 하나를 아는 것이 낫습니다.

> 여호와께서 그의 의로 말미암아 기쁨으로 교훈을 크게 하며 존귀하게 하려 하셨으나(사 42:21).

하나님께서는 우리에게 신앙의 본질, 핵심, 교훈의 본질을 가르쳐 주기를 원하십니다. 우리가 아무리 교회를 오랫동안 다녔어도 진리에 이르지 못한다면 의미가 없습니다. 단순히 교회 마당만 밟았을 뿐입니다. 교회에 수없이 들락날락해도 믿음이 자라지 않고, 하나님을 만난 경험이 없고, 진리에 이르지 못하고, 구원에 이르지 못한다면 그냥 세월을 낭비한 것에 불과합니다. 아무런 의미가 없는 것입니다.

"여호와께서 그의 의로 말미암아 기쁨으로 교훈을 크게 하며 존귀하게 하려 하셨다"고 했습니다. 이 말은 하나님께서 어떻게 해서든 우리에게 구원의 진리를 가르쳐 주기를 원하셨다는 것입니다. 어떻게 해서든지 우리가 하나님의 백성으로 살 수 있도록, 그 사명을 감당할 수 있도록 우리에게 교훈을 주셨다는 것입니다.

그러나 아무리 보여 주셔도 보지 못하고, 들려 주셔도 듣지 못한 이스라엘은 결국 강대국에게 포로로 잡혀가 70년 동안 비참하고 비극적인 시간을 보냅니다.

에베소서를 보면 "그들의 총명이 어두워지고 그들 가운데 있는 무지함과 그들의 마음이 굳어짐으로 말미암아 하나님의 생명에서 떠나 있도다"(엡 4:18)라는 말씀이 나옵니다. 이스라엘은 이와 같았습니다.

하나님과 멀리 떨어져 있는 사람은 하나님을 만나면 된다는 희망이라도 있습니다. 그런데 하나님과 가까이 있으면서 하나님을 멀리하는 사람에게는 희망이 없습니다. 차라리 교회 밖에 있으면 전도를 받을 텐데 교회에 들어와 있으면서 마음의 문을 닫고 있으면 어쩔 도리가 없습니다. 찬송가도 부르고 기도를 하면서도 신앙을 갖지 못한 사람은 희망이 없습니다.

이 사람들이 이스라엘 백성들이었습니다. 하나님의 택함을 받고 부름을 받고 할례를 받고 언약의 말씀을 받았음에도 불구하고 그것을 축복의 도구로 사용하지 않고 하나의 종교적이고 형식적인 것으로 만들었습니다.

고난 속에 감추어진 하나님의 섭리

구약 시대 이스라엘 백성들처럼 신약에도 비슷한 사람들이 나타

납니다. 그들이 바로 종교인들이었습니다. 바리새인들, 서기관들, 대제사장들은 성전과 말씀과 종교 행사들을 독점했지만 그 사람들 안에는 진정한 거룩과 진리와 의가 없었습니다. 그래서 예수님이 맹인된 인도자라는 표현을 썼습니다. 그들은 메시아를 배척했을 뿐 아니라 메시아를 조롱하고 십자가에 못 박았습니다. 메시아를 가장 환영해야 할 사람들이 거꾸로 종교적인 이름으로 배반하고 배척했습니다. 그 결과가 무엇입니까?

> 이 백성이 도둑맞으며 탈취를 당하며 다 굴속에 잡히며 옥에 갇히
> 도다 노략을 당하되 구할 자가 없고 탈취를 당하되 되돌려 주라 말
> 할 자가 없도다(사 42:22).

첫째, 도둑을 맞습니다. 아무리 돈을 많이 모으고 권력을 쌓고 성공했다 할지라도 어느 날 다 도둑맞는다면 아무것도 남지 않을 것입니다.

둘째, 탈취를 당합니다. 소중하게 모아 간직했던 보물, 재산, 귀중품들을 강도에게 빼앗기는 것입니다. 그런데도 누구도 원망할 수 없습니다.

셋째, 굴속에 잡힙니다. 이스라엘 백성들이 바벨론에 포로로 끌려간 것은 꼭 굴속에 잡힌 것과 같았습니다. 그들은 약탈당하고, 도시가 폐허로 변하고, 부녀자와 아이들이 다 끌려갔지만 아무것

도 할 수 없는 상황에 빠졌습니다.

넷째, 옥에 갇힙니다. 귀인들은 옥에 갇혀서 살아야만 했습니다.

이것은 역사적 사건입니다. 실제로 이스라엘 백성들은 70년 동안 바벨론의 포로로 살았습니다. 이스라엘 백성들은 불순종과 오만으로 인해 하나님의 심판을 받았습니다. 그런데 더 놀라운 사실은 심판을 받는 이스라엘 백성이 이 사실을 깨닫지 못했다는 것입니다. 역사를 해석하지 못했기 때문입니다. 우리가 인생을 살면서 좋은 일이든 좋지 못한 일이든 해석이 되어야 합니다. 사실 고난은 문제가 아닙니다. 가장 큰 고난은 고난이 해석되지 않는 것입니다. 매를 맞아도, 징계를 당해도 하나님의 섭리를 깨달으면 축복인 것입니다.

이스라엘 백성은 하나님의 섭리를 발견하지 못했습니다. 그냥 고난을 받으면서 힘들어 하고 원망했습니다. '왜 하나님은 자꾸 우리에게 이런 고난을 주십니까?'라며 시험에 든 것입니다.

너희 중에 누가 이 일에 귀를 기울이겠느냐 누가 뒤에 올 일을 삼가 듣겠느냐 야곱이 탈취를 당하게 하신 자가 누구냐 이스라엘을 약탈자들에게 넘기신 자가 누구냐 여호와가 아니시냐 우리가 그에게 범죄하였도다 그들이 그의 길로 다니기를 원하지 아니하며 그의 교훈을 순종하지 아니하였도다(사 42:23-24).

첫째, 이스라엘 백성들은 고난의 의미를 알지 못했습니다. 홍해를 건너게 하시고, 광야에서 보살펴 주신 하나님께서 왜 이스라엘 백성에게 고난과 시련을 주시는지 알지 못했습니다. 우리의 인생은 해석되어야 합니다. 왜 여기까지 왔는지, 하나님께서 나에게 무엇을 원하시는지 알 수 있어야 합니다. 또 역사를 해석할 수 있어야 합니다. 왜 우리 민족이 이런 시련을 겪는지 알아야 합니다.

둘째, 고난이 해석되었다면 이 고난을 누가 주었는지 알아야 합니다. 마귀가 주었다고 하면 얼른 이해가 될 텐데 성경은 고난을 하나님께서 허락하셨다고 말합니다. 우리는 이 사실에 혼란스러워합니다. 그러나 하나님께서 고난을 주셨다면 우리는 정신을 똑바로 차리고 우리 자신을 성찰해야 합니다. 우리가 적을 공격하다가도 환경을 원망하다가도 하나님께서 하신 말씀을 듣고 겸손하게 자세를 낮추고, 생각을 바꾸고, 회개하고, 우리의 모습을 바꿔야 합니다.

고난을 통한 성찰로 새 역사 열어가기

하나님께서 우리에게 고난을 주시는 두 가지 이유가 있습니다.

첫째, 우리가 하나님께 범죄했기 때문입니다. 가만히 생각해 보면 욕먹고 맞을 만한 일을 했습니다. 처음에는 동의하지 않지만 가만히 생각해 보면 고개를 끄덕일 수밖에 없습니다. 한국 교회의 겉

은 멀쩡합니다. 하나님께서 축복해 주셔서 이만큼 성장했습니다. 그렇지만 시대적 역할을 감당하지 못하고 분열하고 싸우고 깨어졌습니다.

우리 한국 교회는 물질적이고 세속적이고 가난한 자를 돌보지 않는 등 썩어서 냄새 나는 부분을 놓고 철저히 회개해야 합니다. 하나님께서 이것을 지적하십니다. 고치라고 하십니다. 깨끗하게 하고 투명하게 하라고 하십니다.

둘째, 우리가 율법에 순종하지 않았기 때문입니다. 25절을 보면 굉장히 놀라운 하나님의 음성을 발견할 수 있습니다.

> 그러므로 여호와께서 맹렬한 진노와 전쟁의 위력을 이스라엘에게 쏟아 부으시매 그 사방에서 불타오르나 깨닫지 못하며 몸이 타나 마음에 두지 아니하는도다(사 42:25).

하나님께서 맹렬한 분노를 쏟아 부으십니다. 하나님께서 세상의 강대국을 이용해서 이스라엘을 침략하게 하셨다는 것입니다. 제한적 허락입니다. 강대국을 심판의 도구로 쓰시는 것입니다.

또한 아주 잔혹한 전쟁이 일어난다고 말씀하십니다. 전쟁은 상상할 수 없는 비극을 만들어 냅니다. 인류의 역사는 전쟁사라고 해도 과언이 아닙니다. 죽고 죽이는 비극이 일어납니다. 하나님의 진노와 전쟁의 불꽃은 사방으로 퍼져서 도시 전체를 불살랐습니다.

그러나 사람들은 맹렬한 진노와 전쟁을 보고 몸은 불타고 있지만 마음은 그렇지 않았습니다. 몸은 불에 타면서도 마음은 동의하지 않는 것입니다. 회개하지 않고, 인정하지 않으려는 이스라엘 백성들의 영적 오만을 우리에게 가르쳐 주고 있습니다.

먼저 교회는 사회와 정부를 비판하기에 앞서서 하나님 앞에서 우리의 내부를 성찰하는 기회를 가져야 합니다. 그리고 누가 공격하기 전에 하나님의 뜻에 맞도록 우리 스스로를 바꾸고 정비해야 합니다. 말씀과 율법에 맞게 거품을 다 걷어 버리고 낮은 자세로 겸손하게 회개하는 심정으로 가다듬고 나갈 때 비로소 힘이 생기는 것입니다.

하나님께서는 우리에게 강력하게 말씀하십니다.

"영적으로 소경된 자들아, 영적으로 귀머거리된 자들아. 다시 내면의 세계를 정리하고 거품을 걷고 깨어 기도하고 근신하고 겸손하고 자세를 낮추고 최선을 다해 하나님의 뜻에 순종하라. 그러면 바벨론도 물러갈 것이고 핵의 위협도 물러갈 것이고 모든 어둠의 세력들이 다 물러갈 것이다."

진정으로 교회는 세상의 희망이 되어야 합니다. '역시 예수 믿는 사람들은 다르다'라는 말을 세상 사람들로부터 들을 수 있어야 합니다. '하나님은 살아 계시는구나'라는 말을 듣게 되어야 합니다. 그래서 정말 우리나라가 건강해지고 세계에서 하나님의 일을 할 수 있는 민족으로 다시 태어나는 축복이 일어나야 합니다.

마태복음 5장을 보면 예수님이 복 있는 사람에 대해 말씀하십니다.

심령이 가난한 자는 복이 있나니 천국이 그들의 것임이요 애통하는
자는 복이 있나니 그들이 위로를 받을 것임이요 온유한 자는 복이
있나니 그들이 땅을 기업으로 받을 것임이요 의에 주리고 목마른
자는 복이 있나니 그들이 배부를 것임이요(마 5:3-6).

우리 한국 교회는 시대정신을 끌어가고 역사를 새롭게 하는 겸
손한 공동체로 다시 거듭나야 할 것입니다.

11

지금도 "너는 내 것이라"고
말씀하십니다

이사야 43:1-7

구원을 확인시키시는 하나님

첫 번째 구원의 선포는 하나님께서 우리의 구원을 확인하셨다는 것입니다. 사랑하는 사람들은 사랑하는 것만큼 사랑을 확인합니다. 한 여자와 한 남자를 사랑한다면 매일매일 뼈에 젖도록 사랑을 확인시켜 주는 것이 중요합니다. 하나님께서는 우리를 구원하시고 그것을 확인해 주십니다.

> 야곱아 너를 창조하신 여호와께서 지금 말씀하시느니라 이스라엘아 너를 지으신 이가 말씀하시느니라 너는 두려워하지 말라 내가 너를 구속하였고 내가 너를 지명하여 불렀나니 너는 내 것이라(사 43:1).

사실 "이제"라는 단어가 가장 앞에 나와야 의미가 분명해집니다. "이제 야곱아 너를 창조하신 여호와께서 말씀하신다." 하나님께서는 우리와 약속하실 때 가장 먼저 자기 자신을 소개하십니다. "나는 야곱을 창조했고, 이스라엘을 조성했다"고 말입니다. 이 말씀은 참으로 위엄 있고, 권위 있는 말씀입니다.

우리에게 아버지가 있다는 사실이 얼마나 좋습니까. 그런데 그 아버지에게 능력이 있다면 더 좋지 않겠습니까? 우리 하나님께서

는 "나는 야곱을 창조한 하나님이며 야곱을 축복한 하나님이다" 라고 자신을 소개합니다. 이것은 어떤 환경, 역경, 고난, 의심이 너를 범할지라도 두려워하지 말라는 것입니다. 네가 걱정할 것 없다는 것입니다. 우리 하나님은 강한 하나님이십니다. 시편 기자의 고백처럼 우리 하나님은 요새와 반석 같고, 나의 힘이 되십니다.

신앙생활의 최대의 적은 뿔 달린 사탄이 아니라 소리 없이 찾아오는 의심입니다. 마귀는 예수의 이름으로 대적하고 내쫓으면 됩니다. 마귀는 겁낼 것이 없습니다. 그러나 소리 없이 찾아와 우리를 죽이는 것은 의심입니다. 한번 의심하기 시작하면 믿음이 흔들립니다. 흔들리지 않으리라 생각했던 내 믿음도 좀이 먹고 뿌리부터 흔들리게 됩니다. 의심하면 사랑도 흔들립니다. "당신만을 영원히 사랑하리라"는 말도 흔들리기 시작합니다. 남녀관계에 있어 가장 무서운 것은 의처증, 의부증입니다. 제 경험상 의처증과 의부증은 어떻게 해볼 방법이 없습니다. 남편을 의심하고 부인을 의심하면 사실이든 아니든 계속 의심하게 되고, 결국 같이 살 수 없게 됩니다.

사람은 믿어야 합니다. 실수를 해도 믿어야 살 수 있습니다. 따지고 의심하기 시작하면 다 무너집니다. 희망도 사라집니다. 사람을 의심하면 관계가 깨지고, 리더를 의심하면 조직이 붕괴되고, 하나님을 의심하면 구원을 상실합니다.

가정에 대한 불안, 자녀에 대한 불안, 미래에 대한 불안, 건강에

대한 모든 불안이 예수님의 이름으로 사라지기를 바랍니다. 불안, 두려움, 근심, 걱정, 의심 대신에 믿음, 확신, 비전, 꿈이 있기를 바랍니다.

하나님께서는 이스라엘 백성들에게 "야곱아 너를 창조하신 여호와께서 지금 말씀하시느니라 이스라엘아 너를 지으신 이가 말씀하시느니라 너는 두려워하지 말라"고 말씀하십니다. 이것이 하나님의 메시지입니다. 오늘날 하나님께서는 우리에게 이렇게 말씀하십니다. "북한을 두려워 말라. 세상을 두려워 말라. 그들은 내게 아무것도 아니다. 내가 쓸어버리면 한순간에 없어진다." 세상을 보고 겁먹지 말고, 무기를 보고 겁먹지 말고, 오직 하나님만 바라보십시오.

우리가 두려워하지 않아도 될 이유는 두 가지입니다. 첫째는 하나님께서 우리를 구속하셨고, 둘째는 하나님께서 우리를 지명하여 부르셨기 때문입니다. 결론은 "너는 내 것이다"입니다. 그러니 두려워하지 말라고 하십니다.

첫째, "구속"이라는 말은 값을 치르는 것을 의미합니다. 하나님께서는 우리 죄를 용서하시기 위해 값을 치르고 우리를 구원하셨습니다. 우리는 공짜로 구원을 받았습니다. 그러나 하나님이 치르신 대가는 공짜가 아닙니다. 하나님께서는 자기 아들을 십자가에 피 흘려 죽게 하시는 값비싼 대가를 치르신 것입니다. 우리가 받은 은혜는 공짜지만 그 은혜를 위하여 치르신 하나님의 대가는 엄청

났습니다. 그래서 어떤 사람은 이것을 "값비싼 은혜"라고 합니다. 굉장한 대가를 치르고 주신 은혜이기 때문입니다.

둘째, "지명하여 불렀다"는 말은 하나님께서 우리를 막연하게, 적당히, 우연히 부르신 것이 아니라는 뜻입니다. 하나님께서는 정확하게 우리 이름을 부르셨습니다. 이것이 바로 "내가 너를 지명하여 불렀다"는 뜻입니다. 무슨 일을 할 때 막연하게 '몇 사람 오라' 고 하는 것이 아닙니다. '누구누구 오라'고 지명하여 부른 것입니다. 합격자를 발표할 때처럼 정확하게 이름 석 자가 쓰여 있습니다. '너와 비슷한 사람이 아니고 바로 너다'라는 것입니다. 하나님의 부르심에는 실수가 없습니다. 하나님의 부르심에는 혼동이 없습니다. 우연도 없습니다. 하나님은 계획대로 확실하게 나를 부르셨습니다. "너는 내 것이라"는 말씀은 계약서를 쓰고 도장을 찍는 것과 같은 말씀입니다. 다시 말하면 "내가 너를 보호하고, 양육하고, 인도하고, 책임지겠다"는 것입니다. 이것이 구원의 결론입니다.

우리는 구원받은 것을 의심하지 않아야 합니다. 어느 날 교회에 오면 믿음이 있는 것 같고, 내가 시험에 들고 상처를 받으면 구원이 없어지는 것같이 느껴집니다. 하지만 구원이 그렇게 기분에 따라 왔다 갔다 한다면 그런 구원이 어떻게 우리를 구원하겠습니까. 비가 오나 눈이 오나 어떤 상황에서도 흔들리지 않는 것이 구원입니다. 하나님은 우리를 구원함에 있어 혼돈이나 불확실한 것이 없으십니다. 우리의 믿음생활에는 혼돈이 없어야 합니다. 불확실한

것이 없어야 합니다.

동행을 약속하시는 하나님

두 번째 구원의 선포는 "내가 너와 항상 함께 있을 것이다"라는 보증과 약속입니다.

> 네가 물 가운데로 지날 때에 내가 너와 함께할 것이라 강을 건널 때에 물이 너를 침몰하지 못할 것이며 네가 불 가운데로 지날 때에 타지도 아니할 것이요 불꽃이 너를 사르지도 못하리니(사 43:2).

"물 가운데로 지날 때"라는 말씀은 모세가 홍해를 건너는 사건을 연상시킵니다. "강을 건널 때"는 여호수아가 요단 강을 건너는 사건을, "불 가운데로 지날 때"는 다니엘의 세 친구가 풀무 불 가운데 있었던 사건을 연상시킵니다. 하나님께서는 이런 역사적 사건을 예로 드시면서 우리의 구원을 확인해 주실 뿐만 아니라 구원을 보증해 주십니다. 다시 말해 "네가 물속에 들어가도, 강 속에 빠져도, 불 속에 들어가도 걱정하지 말아라. 너는 머리털 하나도 상하지 않는다. 왜냐하면 내가 너와 항상 함께 있기 때문이다"라고 말씀하시는 것입니다. 이것이 하나님의 약속입니다.

의심하면 하나님이 보이지 않습니다. 그러나 믿으면 보이기 시

작합니다. 창세기 28장을 보면 우리와 함께 하겠다는 약속의 말씀이 나옵니다.

하나님께서 "내가 너를 떠나지 않겠다"(창 28:15)고 하십니다. 그러나 우리는 하나님이 항상 우리를 떠나 있다고 생각합니다. 그래서 불안해 견딜 수가 없습니다. 얼마나 불안했으면 아브라함이 이삭을 기다리지 못하고 이스마엘을 얻었겠습니까.

두려워하지 말라 내가 너와 함께함이라 놀라지 말라 나는 네 하나님이 됨이라 내가 너를 굳세게 하리라 참으로 너를 도와주리라 참으로 나의 의로운 오른손으로 너를 붙들리라(사 41:10).

우리가 힘들고 어려울 때 이 말씀을 읽으면 힘이 나고 위로를 얻고 용기가 솟습니다. 이 말을 들은 사람이 바울입니다. 유라굴로라는 광풍을 만나 열흘 동안 빛이 없는 칠흑 같은 바다 위에서 지내게 된 바울은 "두려워 말라. 너는 죽지 않는다. 너는 로마에 가서 나를 증거해야 한다. 너와 함께 있는 사람은 누구도 죽지 않는다"라는 하나님의 음성을 듣습니다.

가장 어려울 때, 가장 힘들 때, 희망이 끊어졌을 때 하나님의 음성에 귀를 기울이십시오. 하나님은 자신의 약속을 반드시 지키시는 분입니다.

내가 너희에게 분부한 모든 것을 가르쳐 지키게 하라 볼지어다 내가 세상 끝 날까지 너희와 항상 함께 있으리라 하시니라(마 28:20).

의심하지 마십시오. 두려워하지 마십시오. 들리지 않는다고, 보이지 않는다고, 먹을 것이 아무것도 없다고 두려워하지 마십시오. 희망을 가지십시오. 믿음을 가지십시오. 그러면 그 믿음이 우리 삶에 기적을 만들어 낼 것입니다.

구원의 징표를 주시는 하나님

세 번째 구원의 선포는 하나님께서 구원의 징표로 속량물을 주셨다는 것입니다.

대저 나는 여호와 네 하나님이요 이스라엘의 거룩한 이요 네 구원자임이라 내가 애굽을 너의 속량물로, 구스와 스바를 너를 대신하여 주었노라 네가 내 눈에 보배롭고 존귀하며 내가 너를 사랑하였은즉 내가 네 대신 사람들을 내어 주며 백성들이 네 생명을 대신하리니(사 43:3-4).

하나님은 자기 자신에 대해서 "나는 여호와 네 하나님이다", "나는 이스라엘의 거룩한 이다", "나는 네 구원자이다"라고 말씀하십

니다. 하나님은 막연한 어떤 절대자가 아닙니다. 하나님은 구체적으로 자기 자신을 제시합니다. 여기에 하나님의 진정한 권위가 흘러넘칩니다.

최고의 권위자가 힘이 있으면 굉장히 편안합니다. 안심이 됩니다. 최고의 권위자가 힘이 없고 불안하면 모든 사람이 다 불안합니다. 하나님께서는 "나는 네 하나님이며 이스라엘의 거룩한 이며 네 구원자라"고 하십니다. 하나님께서 이스라엘 백성을 구원하기 위해 애굽, 구스와 스바를 너의 대속물로 주셨다고 하셨습니다. 구스와 스바는 넓은 의미의 애굽입니다. 하나님께서는 이스라엘을 구원하시기 위해 애굽을 사용하셨습니다. 한 나라의 흥망성쇠는 하나님의 손에 달려 있습니다. 사람은 역사의 지도를 바꿀 수 없습니다. 하나님만이 하실 수 있습니다.

구원에는 언제나 대속물이 있습니다. 예수님이 우리를 구원하시기 위해 자신의 몸을 주셨다는 것을 기억하십시오. 우리를 구원하신 하나님은 이스라엘 백성들에게 시적인 상상력을 동원한 사랑의 고백을 하십니다. "내가 너를 보배롭고 존귀하게 여기며 사랑했다"는 고백입니다. '보배롭다'는 뜻은 '너는 나에게 보석과 같은 존재다'라는 뜻입니다. 수많은 것들이 있지만 너는 나에게 가장 빼어난 존재요, 존귀한 존재요, 존경스럽고 귀한 존재라는 것입니다.

우리는 부부 사이에서도 말을 함부로 하지 않아야 합니다. 어

떤 때 보면 부부가 서로 무시하는 것을 봅니다. 함부로 합니다. 이 것은 존귀하게 여기는 태도가 아닙니다. 하나님처럼 서로 보배롭고 존귀하게 여겨야 합니다. 하나님은 우리에게 "너는 나의 보물이요 너는 나의 가장 존귀한 자요 너는 나의 사랑이다"라고 말씀하십니다. 우리는 자꾸 사랑의 고백을 해야 합니다. 남한테 말하기에 앞서 자신에게 해보십시오. 이 말이 익숙해질 때까지 입에 붙이십시오.

언약의 백성을 돌아오게 하시는 하나님

네 번째 구원의 선포는 하나님의 귀한 백성들을 돌아오게 하겠다는 것입니다.

> 두려워하지 말라 내가 너와 함께하여 네 자손을 동쪽에서부터 오게하며 서쪽에서부터 너를 모을 것이며 내가 북쪽에게 이르기를 내놓으라 남쪽에게 이르기를 가두어 두지 말라 내 아들들을 먼 곳에서이끌며 내 딸들을 땅 끝에서 오게 하며 내 이름으로 불려지는 모든자 곧 내가 내 영광을 위하여 창조한 자를 오게 하라 그를 내가 지었고 그를 내가 만들었느니라(사 43:5-7).

이것은 마치 예수님이 십자가에 못 박혀 죽으시고 난 다음에 승

천하시고 "내가 속히 다시 오리라"고 말씀하신 요한계시록의 말씀을 생각나게 합니다. 주님은 다시 이 땅에 오십니다. 심판주로 오십니다. 주님께서 약속하셨습니다. 본문 말씀을 보면 "두려워하지 말라"고 하시고는 동서남북에 대한 이야기가 나옵니다. 그리고 하나님의 아들들과 딸들이 나옵니다. 이들은 "내 이름으로 불려지는 모든 자"입니다. 이 백성에게 하나님은 "내 영광을 위하여 창조한 자"라고 하십니다. 우리는 하나님의 영광을 위하여 창조되었습니다. 우리는 되는 대로 살아도 되는 존재가 아닙니다. 우리는 하나님의 영광을 위하여 지음받았습니다. 우리는 찬송하기 위하여 지음받은 존재요, 우리는 기도하기 위하여 지음받은 존재요, 우리는 선을 행하기 위하여 지음받은 존재입니다.

어떤 유혹에도 흔들리지 마십시오. 의심하지 마십시오. 두려워하지 마십시오. 희망을 가지십시오. 미래에 대한 희망, 약속에 대한 희망과 믿음으로 이 축복을 받아들일 수 있어야 합니다.

12

언약 백성인 우리가
하나님의 증인입니다

이사야 43:8-13

보배로운 자에게 임한 사명

하나님께서는 절망하고 좌절한 이스라엘 백성들에게 "두려워하지 말라"고 하십니다. 두려워하지 않아도 될 이유는 하나님께서 우리를 구속하셨고, 지명하여 부르셨기 때문입니다. 그리고 하나님께서 "너는 내 것이다"라고 말씀하십니다. 이 말은 "내가 너를 책임지겠다"는 말씀입니다. "내가 너를 보호하겠다. 내가 너를 양육하겠다. 내가 너를 인도하겠다"는 말씀입니다. 그래서 크리스천들은 어떤 환경과 상황에서도 두려워하거나 의심하지 말고, 어떤 소문에도 흔들리지 않은 채 우리 주님을 바라봐야 합니다.

하나님은 또한 열등감과 좌절감에 빠져 있고 자존감이 망가진 이스라엘 백성들을 향해 "너는 보배롭고 존귀하고 사랑스런 존재"라고 말씀하십니다. 하나님은 인간의 약점이나 나쁜 점을 보시지 않습니다. 현재의 고통보다는 미래의 영광을, 현재의 악함보다는 미래의 선함을 보십니다. 당시 이스라엘 백성들은 바벨론에서 포로생활을 했습니다. 그들의 삶은 비참했습니다. 그렇지만 하나님께서는 이스라엘 백성들에게 약속을 보여 주시며 "두려워하지 말라"고 하셨습니다.

오늘날 하나님께서는 우리에게도 동일한 말씀을 하십니다. 인생

을 살다 보면 매사가 잘되는 것만은 아닙니다. 이것이 잘되면 저것이 어렵습니다. 삶에는 굴곡이 있어서 계속 이런 일들이 이어집니다. 하나님께서는 이스라엘 백성들을 향하여, 굴곡이 있는 삶을 사는 백성들을 향하여 "걱정하지 말라. 두려워하지 말라. 내가 너를 택하였고 내가 너를 지명하여 불렀나니 너는 내 것이다. 네가 아무리 더럽고 형편없고 소망이 없어 보여도 나는 너를 버리지 않을 것이다. 나는 너를 외면하지 않고 포기하지 않는다"고 하십니다.

하나님의 결론은 "너를 버리지 않겠다"입니다. 생각해 보십시오. 병들어 죽어가는 사람에게 "너는 보배롭고 존귀하고 사랑스러운 존재"라고 말해 준다면 얼마나 기쁜 일입니까. 온몸은 상처 투성이요, 세상에서 패배한 자이지만 하나님께서 "너를 보배로운 존재로 만들겠다"고 말씀하신다면 더 이상 무엇을 바라겠습니까.

하나님은 이스라엘 백성들에게 또 하나의 희망적인 단어를 말씀하십니다. 그것은 '사명'입니다. 사람이 사랑을 받는 것도 중요하지만 사명을 받는 것도 중요합니다. 사명이 주어질 때 인간은 가장 소중한 존재가 됩니다. 하나님은 우리를 용서하시고 구원하시고 격려하시고 사랑하십니다. 하지만 그것이 전부가 아닙니다. 하나님은 최종적으로 사명을 주십니다. 하나님께서는 두 가지 단어로 이스라엘 백성들의 사명을 일깨워 주십니다. 바로 증인과 종입니다.

나 여호와가 말하노라 너희는 나의 증인, 나의 종으로 택함을 입었나니 이는 너희가 나를 알고 믿으며 내가 그인 줄 깨닫게 하려 함이라 나의 전에 지음을 받은 신이 없었느니라 나의 후에도 없으리라(사 43:10).

크리스천의 삶은 증인의 삶이어야 합니다. 증인은 법정에서 사용하는 용어로 어떤 사건이나 사실을 증명하기 위해 소환된 사람입니다. 증인의 증언은 재판의 결과에 큰 영향을 줍니다. 하나님께서는 우리를 하나님의 증인으로 부르셨습니다. 이것은 인간에게는 매우 영광스럽고 자랑스러운 비전이요 미션입니다. 우리가 마귀로부터 벗어나는 것도 중요하고 병과 절망에서 빠져 나오는 것도 중요하지만 그것보다 더 중요한 것은 내가 하나님의 구원 사역에 증인으로 서서 온 세상을 향하여 선포하고 증언하는 것입니다. 예수님의 제자들은 예수님의 삶을 증언했습니다. 삼 년 동안 예수님과 함께 먹고 자고 말씀을 들으며 살았던 그들은 예수님의 증인들이었습니다.

예수님의 제자들은 예수님의 삶과 말씀과 기적을 목격했습니다. 또한 예수님이 어떻게 채찍에 맞고 조롱을 당하고 처절하게 못에 박혀 돌아가셨는지를 목격했습니다. 그들은 무덤에서 부활하신 예수 그리스도를 만났습니다. 예수님의 손을 만져 보았고 옆구리를 만져 보았습니다. 예수님의 제자들은 예수님의 승천의 증인이었습니다. 주님께서 구름 타고 하늘로 승천하시는 장면을 제자

들이 보았습니다.

예수님의 제자들 이외에 가장 탁월하게 예수님을 증거했던 사람이 사도 바울입니다. 그는 원래 예수 믿는 사람을 핍박했습니다. 그랬던 그가 다메섹에서 예수님을 만난 뒤 예수님의 증인으로 바뀌었습니다. 결혼도 하지 않고, 직업도, 집도 다 버린 채 감옥을 집인 양 들락날락거렸습니다. 소아시아에 복음을 전하고, 몇 사람을 전도하기 위해서 산을 넘고 강을 건넜습니다.

바울뿐만 아니라 그 이후에도 수많은 예수의 증인들이 역사에 남았습니다. 이 증인의 모습에는 종의 모습이 있습니다. 할 수 없어서 종이 되었거나 팔려서 노예가 된 사람은 불행하지만 스스로 종이 된 사람은 그렇지 않습니다. 억지로 종이 된 사람과 스스로 종이 된 사람의 인생은 하늘과 땅처럼 다릅니다. 스스로 가난해진 사람, 스스로 자유를 제한하는 사람, 그렇게 살면 손해라는 것을 알면서 그렇게 살기로 결정한 사람은 다릅니다.

이것이 성경에서 말하는 여호와의 종입니다. 이 종은 고난받는 종입니다. 불평이 없습니다. 원망이 없습니다. 힘든 것도 없습니다. 그냥 죽습니다. 피곤하지 않습니다. 위험한 것이 없습니다. 불 속에도 들어가고 물속에도 들어갑니다. 이 사람을 누가 막을 수 있겠습니까. 못할 일이 없습니다. 죽기로 작정했기 때문입니다. 그래서 무섭습니다. 억지로 하는 종, 할 수 없이 하는 노예는 가련하고 불쌍하지만, 스스로 헌신하고 희생하고 충성하는 종은 아름답고

거룩하고 존귀합니다.

보지 못하고 듣지 못하는 증인

하나님은 이스라엘 백성들을 종, 증인이라고 부르십니다. 그런데 앞부분의 성경 말씀을 보면 조금 당황스럽습니다. 이들이 보지 못하고 듣지 못하는 백성들이라는 것입니다. 하나님께서 두 사람을 부르시는데 하나는 이스라엘 백성이요 다른 하나는 이방인입니다. 그리고 하나님께서 이들을 재판하십니다. 누가 진정한 구원자이냐, 이스라엘이냐, 이방인이냐 하는 것입니다. 하나님은 이스라엘을 증인으로 불러들이고(사 43:8), 이방인을 증인으로 불러들입니다(사 43:9).

> 눈이 있어도 보지 못하고 귀가 있어도 듣지 못하는 백성을 이끌어
> 내라(사 43:8).

여기서의 백성은 이스라엘입니다. 이들은 눈이 있어도 하나님을 보지 못하고, 귀가 있어도 하나님의 말씀을 듣지 못합니다. 이 사람을 하나님께서 증인으로 내세웠다는 것입니다. 하나님께서 얼마나 답답하셨을까요. 사실 우리보다 늘 하나님께서 답답해하시고 고통스러워하십니다.

너희 못 듣는 자들아 들으라 너희 맹인들아 밝히 보라 맹인이 누구
냐 내 종이 아니냐 누가 내가 보내는 내 사자같이 못 듣는 자겠느냐
누가 내게 충성된 자같이 맹인이겠느냐 누가 여호와의 종같이 맹인
이겠느냐 네가 많은 것을 볼지라도 유의하지 아니하며 귀가 열려
있을지라도 듣지 아니하는도다 여호와께서 그의 의로 말미암아 기
쁨으로 교훈을 크게 하며 존귀하게 하려 하셨으나 이 백성이 도둑
맞으며 탈취를 당하며 다 굴속에 잡히며 옥에 갇히도다 노략을 당
하되 구할 자가 없고 탈취를 당하되 되돌려 주라 말할 자가 없도다
(사 42:18-22).

결국 이스라엘 백성들은 하나님께서 증인과 종으로 존귀하게
사용하려 했으나 그들의 불신앙과 오만과 부주의함 때문에 증인
의 역할을 제대로 하지 못하고 비참하게 되었습니다. 그렇지만 하
나님께서는 그들을 증인으로, 종으로 쓰려고 하십니다.

우리도 마찬가지입니다. 하나님께서 우리를 쓰려고 하시는데
우리는 하나님의 말씀을 알아듣지 못하고 오만하고 교만하게 다
른 곳에 가서 탕자처럼 살고 있습니다. 그렇지만 하나님께서는 우
리를 포기하지 않으십니다. 우리를 다시 재판장으로 불러서 증인
으로 삼고자 하시는 것입니다.

하나님께서는 보지 못하고 듣지 못하는 이스라엘 백성들을 끌어
다가 증인석에 앉혀 놓으셨습니다. 그런 다음 이방인을 부르십니다.

열방은 모였으며 민족들이 회집하였는데 그들 중에 누가 이 일을 알려 주며 이전 일들을 우리에게 들려주겠느냐 그들이 그들의 증인을 세워서 자기들의 옳음을 나타내고 듣는 자들이 옳다고 말하게 하여 보라(사 43:9).

이방인에게도 증인을 세워서 이방신이 진짜 하나님인지 증거할 기회를 주십니다. 그런데 이방인이 증언을 했을까요? 못했습니다. 하나님께서는 이러한 이방인들을 다시 증인으로 세우십니다.

나 여호와가 말하노라 너희는 나의 증인, 나의 종으로 택함을 입었나니 이는 너희가 나를 알고 믿으며 내가 그인 줄 깨닫게 하려 함이라 나의 전에 지음을 받은 신이 없었느니라 나의 후에도 없으리라(사 43:10).

하나님은 마음에 몇 가지 결정을 하셨습니다.

첫째, 종과 증인으로 우리를 택하셨습니다. 증인으로 보지 못하고 듣지 못하는 자를 택하셨습니다. 데려와 보니 쓸 데가 하나도 없습니다. 준비도 되어 있지 않고 엉뚱한 짓만 합니다. 그래도 하나님의 마음은 "내가 너를 나의 증인으로 나의 종으로 택하였다"는 것입니다. 이것이 하나님의 마음입니다.

둘째, 하나님은 우리로 하여금 증인이 되게 하기 위해 하나님을

알고, 하나님을 믿고, 하나님을 깨닫게 해주시겠다고 결심하십니다. 이를 위해 하나님께서 우리에게 암도 주시고 교통사고도 나게 하시고 고난 속에 집어넣기도 하십니다. 이 모두가 우리를 증인으로 만들기 위해서입니다. 종을 삼기 위해서입니다. 이것이 하나님의 선택이고 하나님의 결심입니다. 하나님은 우리를 포기할 수 없다고 하십니다. 그러니 하나님께서 얼마나 힘드시겠습니까? 말을 잘 듣는 충성된 종이면 참 좋겠는데, 말도 듣지 않고 자기 멋대로 사는 우리를 증인과 종으로 삼으려니 하나님의 속이 터지고도 남을 것입니다. 그래도 하나님께서 "그가 나를 알고 믿고 깨닫게 해주겠다"고 하십니다. 이것이 바로 하나님의 은혜입니다.

우리는 어떤 상황이나 환경 속에서도 두려워하지 말아야 합니다. 하나님의 결심은 바뀌지 않습니다. 우리를 향한 하나님의 사랑은 변하지 않습니다. 우리를 향한 하나님의 비전과 꿈은 변하지 않습니다. 하나님은 우리를 반드시 쓰겠다고 하십니다. 나이가 많든, 병이 들었든, 세상에서 실패했든 그것과는 상관없이 나의 종, 나의 증인으로 쓰시겠다는 것입니다.

포기하지 않으시는 하나님

하나님은 이방인을 들어 쓰시겠다고 하지 않았습니다. 이것 또한 은혜입니다. 결국 하나님의 증인이 되고 하나님의 종이 된다는 것

은 하나님을 알고 믿고 깨닫는 것을 의미합니다. 아무리 혼나도 모르다가 어느 날 문득 알게 됩니다. 안개 속에서 벗어난 것처럼 하나님의 기름 부음을 받고 은혜를 받으면 모든 껍질이 벗겨집니다. 새로운 태양이 뜨고 새로운 세계가 내 안으로 들어오게 됩니다. 내 안의 모든 세포가 다시 살아나기 시작합니다. 새로운 영이 내 안으로 들어오기 시작합니다. 누구든지 그리스도 안에 있으면 새로운 피조물입니다.

인간을 구원하실 분은 오직 하나님이십니다. 그러면 하나님의 증인, 하나님의 종들이 해야 할 증언의 내용은 무엇입니까? '하나님은 한 분이시다'라는 내용입니다. '하나님은 유일하신 분이시다', '하나님은 유일한 구원자이시다'라는 사실을 증언하는 것입니다. 그 증언의 내용이 다음의 성경 말씀입니다.

> 나 곧 나는 여호와라 나 외에 구원자가 없느니라 내가 알려 주었으며 구원하였으며 보였고 너희 중에 다른 신이 없었나니 그러므로 너희는 나의 증인이요 나는 하나님이니라 여호와의 말씀이니라(사 43:11-12).

이것이 증언의 내용입니다. 하나님의 증인이란 하나님만이 유일한 구원자요, 하나님만이 여호와라는 사실을 온 세상에 선포하는 것입니다. 하나님은 사람들이 우리를 통해서 하나님을 볼 수 있

기를 바라십니다. "당신을 보니까 하나님이 살아 계신다는 것을 알겠다. 그분이 유일하신 분이구나. 우상이 아니구나. 점쟁이가 아니구나. 마술하는 분이 아니구나. 그분이 진정한 창조자구나"라고 깨닫게 되기를 바라십니다.

> 과연 태초로부터 나는 그이니 내 손에서 건질 자가 없도다 내가 행하리니 누가 막으리요(사 43:13).

참된 승리란 하나님의 승리입니다. 우리의 구원이 완전한 까닭은 우리의 행위가 온전함이 아니라 하나님의 약속과 선택이 완전하기 때문입니다. 우리가 거룩한 까닭은 우리가 실수가 없고 죄가 없기 때문이 아니라, 비록 죄가 크고 실수가 많을지라도 하나님의 거룩이 너무나 크고 그분이 거룩하시기 때문에 그 능력에 묻혀서 우리가 거룩하게 보이는 것입니다.

우리 구원이 완전한 것은 우리의 행위가 완전해서가 아니라, 하나님의 구원이 완전하기 때문입니다. 우리가 그 안으로 들어가는 것뿐입니다. 우리는 구원에 대해 고민할 필요가 없습니다. 우리가 만든 구원이 아니기 때문입니다. 하나님께서 만드신 구원이요 하나님께서 약속하신 구원입니다. 그렇기 때문에 틀림이 없습니다.

구원은 완전하고 영원합니다. 우리가 좀 부족한 것이 무엇이 문제가 되겠습니까? 걱정하지 마십시오. 하나님의 비전은 사라지지

않습니다. 하나님의 열정도 쉬지 않습니다. 하나님은 우리를 선택한 것을 후회하지 않으십니다. 하나님은 반드시 이루십니다. 우리를 영광스런 증인으로 만드실 것입니다. 우리를 감동적인 하나님의 귀한 종으로 세우실 것입니다.

13

우리는 하나님을 위해 지어진 하늘 백성입니다

이사야 43:14-21

역사를 다스리시는 하나님

하나님께서는 앞서 말한 구속자, 창조자, 왕 외에 네 가지를 더 말씀하시면서 자신을 소개합니다.

> 너희의 구속자요 이스라엘의 거룩한 이 여호와가 말하노라 너희를 위하여 내가 바벨론에 사람을 보내어 모든 갈대아 사람에게 자기들이 연락하던 배를 타고 도망하여 내려가게 하리라(사 43:14).

첫째, 하나님은 역사를 통치하시고 다스리시는 분입니다. "너희를 위하여 내가 바벨론에 사람을 보내어 모든 갈대아 사람에게 자기들이 연락하던 배를 타고 도망하여 내려가게 하리라"는 말씀 속에 이러한 뜻이 담겨 있습니다. 하나님께서는 이스라엘 백성들을 다루시기 위해 바벨론 제국을 사용하셨습니다. 이스라엘 백성들이 타락했을 때, 이스라엘 백성들이 죄를 짓고 우상숭배에 빠졌을 때, 그리하여 하나님의 뜻에서 벗어났을 때 하나님은 이스라엘 백성들을 징계하셨습니다. 이때 벼락을 내리거나 지진을 일으킨 것이 아니라 주변의 강대국을 이용하셨습니다. 이것을 잘못 해석하면 시험에 빠질 수 있지만, 하나님은 강대국을 이용해 이스라엘 백성을 훈련시키셨습

니다. 그 강대국이 바벨론 제국입니다. 바벨론을 일으켜서 이스라엘을 쑥대밭으로 만들고 다 포로로 잡혀가게 만든 것입니다.

이것을 생각하면 한국전쟁과 일제 강점기가 생각이 납니다. 스탈린이나 모택동이 소련이나 중국을 지배하던 어두운 역사를 생각하게 합니다. 스탈린이나 모택동의 정치 철학이나 권력이 승리한 것입니까? 하나님의 역사는 그렇지 않다고 말합니다.

하나님은 바벨론 제국을 일으켜서 이스라엘을 초토화시킵니다. 그렇다면 하나님께서 이스라엘이 완전히 멸망하길 바라신 것일까요? 그렇지 않습니다. 참 이상합니다. 하나님의 백성은 죽도록 얻어맞아도 죽지 않습니다. 이것이 하나님의 섭리입니다.

바벨론에게 완전히 점령당하고 포로로 잡혀갔을 때 이스라엘 백성들의 하나님에 대한 감정은 아주 복잡했을 것입니다. '하나님께서 왜 우리를 버리셨을까?', '역사라는 것은 우연히 진행되는 것일까?'라는 복잡하고 다양한 질문들이 생겼을 것입니다.

하나님은 바벨론을 통해 이스라엘을 침공하고 백성들을 포로로 잡아갔지만 그것이 끝이 아니었습니다. 하나님께서는 바벨론을 제거하셨습니다. 바벨론의 역할이 끝나고 페르시아 제국을 들어 바벨론을 멸망시키신 것입니다. 그리고 이스라엘이 해방됩니다. 귀환이 일어납니다. 우리는 알지 못하지만 하나님은 역사를 통치하시고 다스리십니다. 강대국을 이용하셔서 하나님의 백성을 자기의 백성으로 만드십니다. 하나님은 역사와 무관하신 분이 아닙

니다. 때때로 우리는 하나님의 섭리를 잘 이해하지 못합니다. 그러나 하나님은 역사를 통치하시고 다스리시고 역사 안에 계십니다.

기적과 새 일을 행하시는 하나님

둘째, 하나님은 위기 가운데 기적을 일으키시는 분입니다.

> 나는 여호와 너희의 거룩한 이요 이스라엘의 창조자요 너희의 왕이니라 나 여호와가 이같이 말하노라 바다 가운데에 길을, 큰 물 가운데에 지름길을 내고 병거와 말과 군대의 용사를 이끌어 내어 그들이 일시에 엎드러져 일어나지 못하고 소멸하기를 꺼져가는 등불 같게 하였느니라(사 43:15-17).

하나님은 강대국이나 큰 세력을 이용하기도 하십니다. 이스라엘 백성들은 애굽에서 종으로 살았는데 이것도 하나님의 훈련이었습니다. 하나님께서 이스라엘 백성들을 애굽에 주셨다가 젖과 꿀이 흐르는 가나안 땅으로 인도하시면서 홍해를 육지같이 가르시고 광야에 길을 내셨습니다. 바위에서 샘물이 터지게 하셨고, 광야에서 물을 만드셨습니다.

본문 말씀 중에 "바다 가운데 길을 내고 큰 물 가운데 지름길을 냈다"는 것은 홍해 사건을 가리킵니다. 길을 만들고 강을 만들었

다는 것은 약속의 땅인 가나안 점령 사건을 말씀하신 것입니다.

홍해가 갈라진 것은 이스라엘 백성들에게는 구원의 사건이었지만 애굽 군대에게는 몰살당하는 사건이 되었습니다. "병거와 말과 군대의 용사를 이끌어 내어 그들이 일시에 엎드러져 일어나지 못하고 소멸하기를 꺼져가는 등불 같게 하였다"는 말씀이 이러한 뜻입니다. 이처럼 하나님은 이스라엘 역사 가운데 계신 분입니다. 기적과 능력을 베푸시고 이스라엘을 보호하시는 분입니다.

셋째, 하나님은 과거에 머물지 않고 미래를 향하게 하시는 분입니다.

> 너희는 이전 일을 기억하지 말며 옛날 일을 생각하지 말라 보라 내가 새 일을 행하리니 이제 나타낼 것이라 너희가 그것을 알지 못하겠느냐 반드시 내가 광야에 길을 사막에 강을 내리니 장차 들짐승 곧 승냥이와 타조도 나를 존경할 것은 내가 광야에 물을, 사막에 강들을 내어 내 백성, 내가 택한 자에게 마시게 할 것임이라 이 백성은 내가 나를 위하여 지었나니 나를 찬송하게 하려 함이니라(사 43:18-21).

"이전 일을 기억하지 말라", "옛날 일을 생각하지 말라"는 말씀은 단순히 과거에 집착하지 말라는 뜻이 아닙니다. 여기서 이전 일이란 홍해가 갈라진 사건입니다. 과거에 하나님께서 베풀어 주셨던 영광스런 사건도 중요하지만 거기에 머물러 있지 말라는 것입

니다. 우리는 과거의 영광스런 사건에 머물러 있으려는 경향이 있습니다. 사람들은 "내가 왕년에…"라는 말을 자주 합니다. 그런 사람은 과거에 머물러 있는 사람입니다.

저는 한경직 목사님을 존경합니다. 제 결혼식에서 주례를 해주셨고 제 목회의 멘토이기도 하십니다. 저는 그분이 과거 이야기를 하시는 것을 본 기억이 없습니다. 사실 그분은 정말 많은 일을 하셨습니다. 그러나 정작 본인은 언제나 자신의 과거 이야기보다 미래의 이야기를 자주 하셨습니다.

나이 들어서 과거를 이야기하지 않는다는 것은 참 쉽지 않습니다. 그러나 하나님은 과거의 이야기를 하지 말라고 하십니다. 과거의 영광스러운 때에 집착해서 향수에 젖어 살지 말라는 것입니다. 과거의 홍해 사건, 광야 사건에 젖어 있을 때가 아니라 미래의 새로운 도전과 모험을 해야 할 때라는 것입니다. 미래를 향한 새로운 꿈, 새로운 비전, 새로운 모험이 중요하다는 것입니다.

하나님은 항상 새 일을 계획하십니다. 역사에 대해서, 민족에 대해서, 교회에 대해서, 우리의 신앙에 대해서, 우리의 인생에 대해서 하나님은 구체적인 청사진을 갖고 계십니다. 이 사실을 깨달으십시오. 내 미래의 청사진을 알면 일이 쉬워집니다. 사람들이 답답해하는 것은 미래를 보지 못하기 때문입니다. 남이 생각하는 것보다 한 발짝 앞서야 하고, 남이 보지 못하는 것을 보고 가야 합니다. 그것이 리더입니다.

이제부터 과거의 영광스런 사건에 집착하지 마십시오. 그런 이야기를 하면서 인생을 보내지 마십시오. 하나님은 새 일을 행하십니다. 저는 하나님이 계획하신 새 일을 바라보며 우리의 눈이 반짝거리기를 바랍니다. 우리의 가슴이 흥분과 모험으로 가득 차기를 바랍니다. 우리의 삶이 도전과 기쁨으로 가득 차기를 바랍니다.

비록 손에 쥔 것이 아무것도 없을지라도 그것은 중요하지 않습니다. 이제 곧 빈손이 충만하게 채워질 것입니다. 우리의 건강과 재력과 나이와 상관없이 하나님은 우리를 위한 놀라운 미래를 갖고 계십니다. 그것을 바라볼 줄 알아야 합니다. 예수 믿고 편안하다고 주저앉으면 안 됩니다. 우리는 항상 어딘가를 향해 일어서고 뛰어갈 준비가 되어 있어야 합니다. 세상 사람들이 우리를 바라보았을 때 생기와 의욕을 느끼고, 꿈과 비전이 있는 존재가 되어야 할 것입니다. 긍정적인 흥분과 감동이 있는 존재가 되어야 합니다.

택한 자로 찬송을 부르게 하시는 하나님

넷째, 하나님은 이스라엘 백성을 "내 백성, 내가 택한 자"라고 부르십니다. 하나님은 "너는 내 것이라"고 말씀하셨고 "나의 증인, 나의 종"이라고 하셨습니다. 이방인과 선택받은 사람들 사이에는 차이가 있습니다. 내 자식과 이웃집 자식은 다릅니다. 자기 재산을 좀 못난 자식에게 주겠습니까, 아니면 잘난 이웃집 자식에게 주겠습

니까? 좀 못났어도 내 자식에게 내 재산을 주는 것이 부모입니다.

하나님도 그렇게 생각하십니다. 우리가 좀 못났고, 자격이 없고, 보지도 못하고 듣지도 못하는 자일지라도 "너는 내 백성이다", "내가 택한 백성이다"라고 말씀하십니다. "내 백성"이라는 말은 하나님의 소유를 의미합니다. "내가 택한 자"라는 말은 하나님의 의지와 선택을 의미합니다. 하나님은 우연히 우리를 택하신 것이 아닙니다.

하나님은 우리의 조건과 상관없이 사랑하기로 결정하신 것입니다. 어머니는 아이를 임신한 그 순간부터 아이를 사랑합니다. 그 아이가 나중에 공부를 잘하든 못하든 상관없습니다. 이것이 부모의 사랑입니다. 하나님은 우리의 조건에 상관없이 사랑하기로 결정하셨습니다. 이것이 하나님의 의지요 하나님의 선택입니다.

하나님께서 이스라엘 백성들을 자신의 백성으로 삼으신 이유는 찬송을 부르게 함이었습니다(사 43:21). 하나님은 하나님을 위해, 하나님의 찬송을 부르게 하기 위해 택하시고 백성을 삼으신 것입니다. 그래서 하나님은 역사 속에 개입하시고 기적을 베푸시고 미래를 향하시는 분입니다.

인간의 가장 궁극적인 회복은 하나님의 형상대로 회복되는 것입니다. 이것이 하나님의 꿈입니다. 하나님의 꿈은 우리가 하나님의 형상대로 다시 회복되는 것입니다. 인간은 하나님의 형상대로 지음을 받았습니다. 그런데 죄를 지음으로 말미암아 인간이 하나

님의 형상을 잃어버리고 사탄의 형상으로 바뀌었습니다. 그래서 우리는 하나님의 형상대로 지음을 받았지만 실제로는 이상한 마귀의 자식같이 보입니다. 하는 행동과 생각마다 거칠고 야만스럽고 오만하고 죄가 많고 더럽고 추합니다.

사람들은 인간의 자화상을 짐승처럼 생각합니다. 고대 로마 왕국의 신은 모두 짐승의 얼굴입니다. 귀신들도 짐승의 얼굴입니다. 인간이 원숭이의 형상대로 지음을 받습니까? 아닙니다. 인간은 하나님의 형상대로 지음받았습니다. 그래서 하나님의 목적은 우리를 하나님의 형상으로 회복시키는 것입니다. 하나님의 형상대로 회복시켜서 하나님께 영광을 돌리고 하나님을 경배하고 찬양하는 것이 하나님의 꿈입니다. 이것이 인간의 본분이고 목적이고 비전입니다.

하나님의 형상으로 회복하십시오. 우리가 하는 회복 사역이나 치유 사역은 모두 하나님의 형상대로 돌아가기 위함입니다. 하나님을 떠난 인간은 모두 비뚤어져서 우울증, 의처증, 의부증, 시기, 질투, 미움 등의 복잡한 감정들을 가지고 삽니다. 하나님은 이런 것들을 다 쓰레기처럼 버리고 하나님이 만들어 주신 본래의 성품대로 돌아가길 원하십니다.

하나님이 원하시는 것은 하나님의 형상대로 회복되는 것이요, 우리가 하나님의 영광을 위해서 사는 것이요, 하나님의 찬송이 되는 것입니다. 이 일을 위해 하나님은 우리를 하나님의 백성으로 삼

으셨고, 택한 백성이 되게 하셨습니다. 이 모든 일은 예수 그리스도 안에서 이루어집니다. 이것이 하나님의 축복입니다.

3부

회복을 약속하시는 하나님

이사야 43:22-45:25

이스라엘의 크나큰 죄를 잊으시고 용서하시는 하나님은
이스라엘의 회복을 간절히 원하십니다.
하나님 안에서 하나님의 백성으로 서기를 원하십니다.

14

내 죄를 기억하지 않으시는
하나님을 바라봅니다

이사야 43:22-28

끝까지 사랑하시는 하나님

하나님께서는 이스라엘 백성들을 조건 없이 사랑해 주셨습니다. 이것이 구약의 주제입니다. 비록 죄를 짓고 우상숭배를 하고 율법을 어기고 도덕적으로 타락했을지라도 하나님은 결코 이스라엘 백성들을 외면하시지 않았습니다. 때로는 징계도 하시고, 때로는 심판도 하셨습니다. 그러나 결국 하나님은 그들을 용서하시고 다시 받아들이셨습니다.

하나님의 사랑은 그런 관점에서 보면 끈질기다 못해 처절합니다. 자식을 위하는 부모처럼 하나님은 우리보다 더 많은 눈물을 흘리시고, 우리보다 더 많은 고통을 겪으십니다. 우리를 너무나 사랑하시기 때문입니다. 하나님은 이스라엘 백성을 향해 끊임없이 선언하십니다. 그것은 '내가 너를 사랑한다'는 선언입니다. 이 말은 '내가 너를 포기하지 않겠다'는 뜻입니다.

> 네가 내 눈에 보배롭고 존귀하며 내가 너를 사랑하였은즉 내가 네 대신 사람들을 내어 주며 백성들이 네 생명을 대신하리니(사 43:4).

사실 이스라엘 백성들은 보배로운 존재가 아니라 포기하고 멸

리하고 버리고 싶은 존재입니다. 사랑스러운 존재가 아니라 정 떨어지는 존재입니다. 그런데 하나님은 정반대로 이야기하십니다. 하나님의 마음을 헤아려 보십시오. 하나님의 마음이 얼마나 답답하겠습니까. 그런데도 믿음도 없고, 사랑스럽지도 않고, 순종적이지도 않은 우리를 변함없이 사랑하십니다. 우리를 향해 가슴앓이를 계속 하시는 것입니다.

하나님께서 오죽하면 이스라엘 백성들을 징계하고 심판하시겠습니까. 그러면서 하나님은 괴로워하십니다.

> 그러나 야곱아 너는 나를 부르지 아니하였고 이스라엘아 너는 나를 괴롭게 여겼으며(사 43:22).

하나님께서는 이스라엘을 향해 "너는 보배롭고 존귀하고 사랑스럽다"고 이야기하셨습니다. 그러나 이스라엘 백성들은 하나님을 부르지 않았고 하나님을 괴로워했습니다. 이스라엘 백성들이 포로로 잡혀가고 성전이 훼파되고 가족이 뿔뿔이 흩어져서 더 이상 소망 없이 살아갈 때도 그들은 하나님을 부르지 않고 하나님을 괴롭게 여겼습니다. 여기서 괴롭게 여긴다는 것은 '기진맥진하여 탈진한다'는 뜻입니다. 하나님에 대한 희망도 기쁨도 다 잊어버리고 그들의 예배가 형식적이고 힘들고 괴롭다는 것입니다.

그들의 제사에는 정성이 없었습니다. 예배는 드리지만 형식적이

었습니다. 제물을 보면 그 예배의 정성을 알 수 있습니다. 그런데 그들의 예배에는 제물도 없고, 준비도 없었습니다. 마치 정신 나간 사람처럼 예배를 드렸습니다. 몸만 와 있는 것입니다. 오늘날 현대 교회 예배에도 이런 모습이 있습니다. 몸만 있지 마음의 준비가 없습니다. 긴장감이 없습니다. 하나님을 만나는 흥분이 없습니다. 그래서 교회에 왔다 갔다 하고, 얻는 것이 아무것도 없는 것입니다.

> 네 번제의 양을 내게로 가져오지 아니하였고 네 제물로 나를 공경하지 아니하였느니라 나는 제물로 말미암아 너를 수고롭게 하지 아니하였고 유향으로 말미암아 너를 괴롭게 하지 아니하였거늘(사 43:23).

하나님께서 '번제의 양을 가져오지 않았다'고 하십니다. 번제를 위해서는 양을 준비해야 하는데 빈손으로 온 것입니다. 사람을 만날 때도 꽃 한 송이라도 들고 가는데 하물며 하나님을 만나러 가는데 아무것도 없습니다. 이 말은 그냥 형식적으로 예배를 드렸다는 뜻입니다. 그 예배에는 아무것도 없었습니다. 이것이 그들의 영적 상태였습니다.

하나님께서 오죽 화가 나셨으면 "내가 언제 너보고 예물 가져오라고 했느냐? 내가 언제 너보고 돈 가져오라고 했느냐? 내가 언제 너보고 분향하라고 했느냐?"라고 호통을 치십니다.

너는 나를 위하여 돈으로 향품을 사지 아니하며 희생의 기름으로 나를 흡족하게 하지 아니하고 네 죄 짐으로 나를 수고롭게 하며 네 죄악으로 나를 괴롭게 하였느니라(사 43:24).

여기에서 우리는 이스라엘 백성의 불신앙과 오만한 태도를 보게 됩니다. 그들은 향품을 사지 않았습니다. 하나님께 돈이 드는 일을 하지 않은 것입니다. 희생의 기름으로 하나님을 기쁘시게 하지 않고 도리어 죄의 짐만 하나님께 덮어씌웠습니다. 그러나 하나님께서는 그런 이스라엘마저도 용납하셨습니다. 속이 부글부글 끓고 섭섭하고 속상하지만 이스라엘을 버릴 수도, 포기할 수도, 미워할 수도, 더 이상 징계할 수도 없으셨습니다.

하나님을 만나기 전에는 인간은 모든 책임을 하나님께 전가시킵니다. '왜 내가 이런 고난을 받아야 하는가?', '하나님께서 살아 계신다면 어떻게 이런 일이 일어날 수 있는가?' 등의 이야기를 합니다. 그런데 하나님을 만나면 점점 입이 다물어집니다. 뻣뻣하던 고개가 숙여집니다. 큰 소리 치던 우리 자신이 너무 부끄러워서 숨습니다.

완전하신 하나님의 구원

하나님이 누구십니까? 출애굽기에서는 "나는 스스로 존재하는

자"라고 하셨습니다. 그런데 이사야에서는 하나님은 "나 곧 나"라고 하셨습니다.

> 나 곧 나는 나를 위하여 네 허물을 도말하는 자니 네 죄를 기억하지 아니하리라(사 43:25).

하나님께서 자기 자신을 가리켜 "나 곧 나"라고 하십니다. "나는"이라고 말씀하시면 되는데, 여기서는 하나님의 하나님 되심을 거듭 강조하십니다. 이것보다 더 확실하고 분명한 권위가 없습니다.

자기를 높이고 자기를 강조하는 인간은 굉장히 천박해 보입니다. 그런 사람의 이야기를 한참 듣다 보면 기분이 이상합니다. 그런데 하나님께서 자신을 높이고 자신을 강조하는 것은 다릅니다. 하나님께서 자신을 높이고 강조하는 것은 하나님의 절대적인 권위와 위엄을 보여 줍니다. 하나님보다 더 높은 의는 없습니다. 하나님보다 더 높은 절대는 없습니다. 하나님보다 더 큰 능력은 없습니다.

하나님은 절대 권위와 능력을 가지고 "나 곧 나, 하나님인 내가 너에게 말한다"고 하시는 것입니다. 하나님께서는 하나님 자신을 위해서 우리의 죄를 용서해 주십니다. 하나님은 우리가 불쌍해서 우리 죄를 용서해 주는 것이 아니라 하나님 자신의 권위와 자신의 하나님 됨과 자신의 절대성 때문에 용서하겠다고 말씀하십니다.

이것은 우리가 받은 구원이 불완전하거나 불확실한 것이 아니라는 말입니다. 인간에게 주어진 구원이 인간 스스로 노력해서 얻은 것이라면, 또한 어떤 사상이나 철학으로부터 받은 것이라면 그것은 불확실하며 불완전합니다. 그러나 하나님께서 주시는 구원이라면 나의 불완전함, 불확실함, 죄, 실수, 허물과 상관없습니다. 우리의 구원이 흔들리지 않는 까닭은 하나님께서 완전하시기 때문입니다.

"구원을 받았습니까? 확신하십니까?"라고 물으면 사람들은 자신이 구원을 받았는지 못 받았는지 자신이 없습니다. 그러나 그렇게 갈팡질팡하는 것은 구원이 아닙니다. 하나님께서 우리에게 주시는 구원은 흔들리지 않습니다. 불완전하지 않습니다. 그것은 영원한 것입니다. 비록 내가 실수가 많고, 허물이 크고, 부족하다 할지라도 그것과 상관없이 하나님께서 주신 구원은 완전합니다.

'내가 구원받았다'는 것은 '내 죄를 용서받았다'는 것입니다. 죄를 용서해 주시는 분이 누구입니까? 그분은 "나 곧 나"이신 하나님입니다. 절대 권위와 절대 능력을 가지신 그분이 우리 죄를 도말하셨습니다. 이것은 인간의 부족함, 허물, 실수, 죄와 상관이 없습니다. 하나님의 하나님 되심과 그의 완전하심 때문에 구원을 받은 것입니다. 하나님께서 인간에게 베풀어 주신 구원을 의심하지도 두려워하지도 마십시오. 예수 그리스도를 십자가에서 죽게 하심으로써 우리에게 베풀어 주신 구원은 분명한 것입니다. 하나님께

서는 "나는 너의 죄를 기억도 하지 않겠다"고 하십니다. 그런데 우리는 이 말을 잘 믿지 못합니다. 하나님께서 언젠가 내 죄를 모두 따질 것 같습니다. 하지만 하나님은 우리의 죄를 기억도 하지 않겠다고 분명하게 말씀하십니다.

이와 비슷한 표현이 다른 구약에도 많습니다.

> 우리의 죄를 따라 우리를 처벌하지는 아니하시며 우리의 죄악을 따라 우리에게 그대로 갚지는 아니하셨으니 이는 하늘이 땅에서 높음같이 그를 경외하는 자에게 그의 인자하심이 크심이로다 동이 서에서 먼 것같이 우리의 죄과를 우리에게서 멀리 옮기셨으며(시 103:10-12).

하나님은 우리 죄를 없이할 때 동이 서에서 먼 것같이 하신다고 했습니다. 기억도 하지 않는다고 하셨습니다. 이 외에도 이런 말씀이 있습니다.

> 내가 네 허물을 빽빽한 구름같이, 네 죄를 안개같이 없이하였으니 너는 내게로 돌아오라 내가 너를 구속하였음이니라(사 44:22).

> 다시 우리를 불쌍히 여기셔서 우리의 죄악을 발로 밟으시고 우리의 모든 죄를 깊은 바다에 던지시리이다(미 7:19).

하나님께서 우리의 모든 죄를 깊은 바다에 던지신다고 하십니다. 하나님께서는 우리 죄를 다시 찾을 수 없게 하십니다.

용서받은 자의 삶

하나님을 믿으십시오. 더 이상 죄의 노예가 되지 마십시오. 죄의 짐을 지지 마십시오. 죄와의 관계를 끊으십시오. 마귀의 속삭임을 듣지 마십시오. 죄의식, 죄책감에서 벗어나십시오. 이 죄의식과 죄책감이 우리를 우울증에 빠뜨립니다. 여기서 담대히 벗어나야 합니다. 하나님께 용서받은 사람의 특징은 남을 정죄하지 않는다는 것입니다. 누군가 남을 계속해서 비판하고 정죄한다면 그 사람에게 정죄받을 것이 있다는 뜻입니다. 하나님께 용서의 선언을 듣지 못한 사람은 계속해서 남을 비판하고 의심하고 공격합니다. 우리는 일평생 살면서 남을 비판하고 공격하는 자리에 있지 않아야 합니다. 그런 사람은 불행할 뿐입니다. 우리가 하나님으로부터 용서의 선언을 받았다면 자기 자신을 정죄하지 않을 것입니다. 완벽주의자들은 자기 자신을 못살게 굽니다. 자기를 용서하지 않고 계속 괴롭힙니다. 다른 사람도 괴롭히지 말고 자신도 괴롭히지 마십시오. 자유를 누리십시오. 용서의 축복을 누리십시오. 우리 하나님의 용서의 선언을 들으십시오.

하나님의 사랑과 긍휼과 은혜의 뿌리에는 하나님의 용서가 있

습니다. 용서가 없는 사랑은 없습니다. 용서가 없는 은혜도 없습니다. 용서가 없는 긍휼도 없습니다. 가장 중요한 것은 용서입니다. 우리는 우리 자신을 용서할 줄 알아야 합니다. 하나님께서 우리를 용서하셨기 때문입니다. 이제 우리는 우리의 이웃을 용서해야 합니다. 용서하지 못하는 것은 하나님께로부터 온 것이 아닙니다. 어떤 이유에서든 사랑하지 못하고 미워하는 것은 사탄으로부터 온 것입니다. 남을 비판하고 정죄하는 것은 성령님의 뜻이 아닙니다.

하나님께서는 우리가 죄에 대해서 변명하지 못하도록 하셨습니다.

> 너는 나에게 기억이 나게 하라 우리가 함께 변론하자 너는 말하여 네가 의로움을 나타내라(사 43:26).

하나님께서 "내가 무슨 잘못된 실수를 했으면 기억나게 해봐라. 내 판단이 잘못됐는지 변론해보자"고 말씀하시는 것입니다. 하나님께서 막상 말하자고 하시면 우리는 할 말이 하나도 없습니다. 핑계도, 변명도 할 것이 없습니다. 하나님은 여기서 한 걸음 더 나아가십니다.

> 네 시조가 범죄하였고 너의 교사들이 나를 배반하였나니 그러므로 내가 성소의 어른들을 욕되게 하며 야곱이 진멸당하도록 내어 주며

이스라엘이 비방거리가 되게 하리라(사 43:27-28).

여기서 "시조"는 아브라함을 비롯한 믿음의 조상들을 말합니다. "교사들"은 그 당시의 왕, 제사장, 예언자같이 이스라엘의 지도층을 말합니다. 다시 말하면 결국 믿음의 조상도, 왕들도 하나님을 배신했다는 것입니다. 그러나 하나님은 우리를 용서하십니다. 우리의 죄를 기억하지 않으십니다. 두려워하지 마십시오. 죄책감에 빠지지 마십시오. 과거에 얽매이지 마십시오. 그리고 우리 안에 있는 분노와 미움과 비판과 공격의 영으로부터 자유하십시오. 계속해서 남을 비판하고 공격하고 분노하고 화를 내고 소리를 지르면 악한 영이 우리에게 들어갑니다.

그러나 그런 것들을 거절하고 거부하고 우리의 입에서 긍정적인 말과 축복의 말과 믿음의 말을 하면 하나님의 영과 축복이 우리에게 임합니다. 우리의 미래는 우리가 택하는 것입니다. "하나님, 저는 축복을 택하겠습니다. 생명을 택하겠습니다. 저는 세상을 택하지 않겠습니다. 저는 하나님께 나아가겠습니다." 이렇게 말씀하십시오. 그러면 대로가 열리고 축복이 열리고 하나님의 영광이 나타날 것입니다.

15

당신은 마른 땅도
회복시키십니다

이사야 44:1-5

이스라엘을 향해 부르신 세 가지 이름

이스라엘을 향하신 하나님의 마음은 저주가 아니라 축복이요, 심판이 아니라 구원이요, 파멸이 아니라 번영입니다. 하나님은 채찍을 드시면서도 한편으로는 회복과 번영과 희망의 약속을 하십니다. 그러면서 이스라엘 백성들을 세 가지 이름으로 부르십니다.

> 나의 종 야곱, 내가 택한 이스라엘아 이제 들으라 너를 만들고 너를 모태에서부터 지어낸 너를 도와줄 여호와가 이같이 말하노라 나의 종 야곱, 내가 택한 여수룬아 두려워하지 말라(사 44:1-2).

첫째, 하나님은 "나의 종 야곱아"라고 부르십니다. 왜 하나님께서 이스라엘을 옛 이름인 야곱이라고 부르셨을까요? 두 가지 의미가 있습니다. 먼저 하나님은 믿음의 조상들을 통해서 축복을 주셨던 하나님을 상기시키기 위해 "야곱"이라고 부르셨습니다. 그리고 특별히 "나의 종"이라는 수식어를 붙이셨습니다. 이 말은 하나님께서 쓰시기 위해서 특별히 부르신 사람을 가리킵니다. 다른 하나는 열두 지파에게 사명을 주셨다는 것을 상기시키기 위해 "야곱"이라고 부르셨습니다. 야곱에게서 열두 아들이 태어났고, 열두

아들을 통해 열두 지파가 생겨났고, 열두 지파가 한 민족을 이루어서 이스라엘 국가가 만들어졌습니다. 그래서 야곱이라 말할 때는 열두 지파에게 사명을 주셨다는 뜻이 있습니다.

둘째, "내가 택한 이스라엘아"라고 부르십니다. 하나님은 축복을 주셨던 과거에만 머무르지 않으십니다. 믿음의 조상의 족보에만 머무르지 않으십니다. 하나님은 이스라엘 백성들의 미래를 향한 비전을 이름을 통해서 불러 주십니다(창 35:10). 얍복 강에서 일어났던 사건을 떠올려 보십시오. 창세기 25장을 보면 '야곱'이란 이름의 뜻이 나옵니다. 야곱은 태어날 때 형 에서의 발뒤꿈치를 잡고 태어나 야곱이라는 이름을 얻었습니다. 이것은 상징적인 의미가 있습니다. 사람, 기득권, 전통, 돈을 붙들고 살려는 전형적인 인물이 야곱인 것입니다.

그러나 그렇게 해서는 축복을 받지 못합니다. 야곱은 자기 한계를 느꼈습니다. 야곱은 자기 인생의 절망을 느꼈습니다. 이대로는 안 된다는 것을 알았습니다. 그래서 하나님의 천사가 왔을 때 그를 붙들고 놓아주지 않았습니다. 그렇게 '이스라엘'이라는 이름을 얻었습니다. '이스라엘'은 '하나님과 겨루어서 이겼다'는 뜻입니다. 사람의 발뒤꿈치를 잡던 야곱이 하나님을 붙잡은 것입니다. 상대가 달라진 것입니다.

우리의 인생의 목적이 땅의 것이 아니라 하늘의 것, 육적인 것이 아니라 영적인 것, 유한한 것이 아니라 영원한 것으로 바뀌어야 합

니다. 하나님은 "내가 택한"이라는 말을 덧붙이셨습니다. 이스라엘은 한 개인이 아니라 한 국가, 한 민족을 의미합니다. 따라서 "내가 택한"이란 말은 "이 나라는 너희들이 만든 나라가 아니고 내가 세운 국가이며 내가 만든 나라이다"라는 뜻입니다. 우리 조국과 민족도 마찬가지입니다. 우리가 독립하고 우리가 해방시킨 것이 아닙니다. 하나님께서 독립시켜 주셨고 하나님께서 해방시켜 주셨습니다. 하나님께서 이 민족을, 이 땅을 여기까지 인도해 주셨습니다. 우리 민족은 하나님의 것입니다. 우리 인생은 하나님의 것입니다.

셋째, "내가 택한 여수룬아"라고 하십니다. 여기서 나오는 "여수룬"이란 단어는 '의롭다, 올바르다'라는 뜻입니다. 자주 쓰는 단어가 아니라 이스라엘 백성을 명예롭게 할 때 쓰는 단어입니다.

야곱은 사기꾼 같은 인생을 살았습니다. 형의 발뒤꿈치를 잡고 나왔을 뿐만 아니라 장자권도 도둑질해 가고, 축복의 물줄기를 인위적으로 자기에게 오도록 바꾸었습니다. 그런데 하나님께서 그 사기꾼 같던 야곱의 이름을 고귀한 자, 의로운 자, 올바른 자라는 이름을 가진 '여수룬'으로 바꿔 주셨습니다. 야곱을 이스라엘로, 이스라엘을 더 시적이고 아름다운 여수룬으로 바꿔 주신 것을 보면 이스라엘을 향한 하나님의 사랑과 회복시키고자 하는 의지를 엿볼 수 있습니다. 사랑하는 사람들에게는 특징이 있습니다. 사랑하지 않는 사람은 아무리 좋은 것도 나쁘게 해석하고 의심하지만, 사랑하는 사람은 모든 것을 사랑스럽게 바라보고 좋게 해석합니

다. 우리에게도 이런 따뜻한 마음과 시선이 있어야 합니다. 사랑하는 마음으로 이웃을 믿어 주고 이해해 주어야 합니다. 사랑하면 자연히 그런 마음이 생깁니다.

본문 말씀을 보면 하나님께서 이스라엘 백성을 편애하시는 것처럼 보입니다. 그렇게 야단치고 혼내시고 화를 내시다가도 결국에는 이스라엘을 용서하시고 사랑하시고 이해하시고 회복시키시고 축복하시는 하나님을 발견할 수 있습니다. 이러한 하나님이 우리 옆에 계시니 얼마나 안심이 되는지 모릅니다. 우리가 행한 대로 하나님께서 갚으신다면 우리는 누구도 하나님 앞에 설 수 없습니다. 그러나 하나님은 우리의 못된 행위들을 못 본 척하고, 못 들은 척하십니다. 우리를 좋게, 사랑스럽게, 따뜻하게 바라보시고 만져 주시려 합니다.

모태에서부터 사랑하신 하나님

본문 말씀을 통해 우리는 이스라엘에 대한 세 가지 이름뿐만 아니라 이스라엘과 하나님의 관계를 찾아볼 수 있습니다.

첫째, 하나님은 이스라엘 백성을 만드신 분입니다. 또한 우리를 만드신 분입니다. 즉, 그분은 창조주이시고 우리는 피조물입니다. 그분은 토기장이요, 우리의 주인이십니다. 흙으로 토기를 빚듯이 하나님께서 이스라엘을 빚어 주셨고, 우리 인생을 빚으십니다. 하나님께서 만드셨기 때문에 후회가 없으시고, 하나님께서 만드셨

기 때문에 우리는 두려움이 없습니다. 가장 천한 것에서 가장 귀한 것으로, 가장 낮은 곳에서 가장 높은 곳으로, 아무것도 아닌 것에서 가장 영광스런 것으로 만들어 주십니다.

둘째, 하나님께서는 우리를 그냥 만들어 주신 것이 아니라 모태에서부터 만들어 주셨습니다. 하나님은 우리를 사랑하실 때 모태에서부터 사랑하셨습니다. 우리가 자녀를 사랑할 때 뱃속에 있는 태아일 때부터 사랑하듯이 하나님은 우리의 형편과 모습이 어떠하냐에 상관없이 우리를 사랑하십니다. 성경을 보면 이스라엘을 지으신 하나님은 모태에서부터 사랑하셨습니다. 이러한 하나님이시기에 우리의 정신과 심리 상태, 육체적 조건, 인생의 운명을 가장 잘 아십니다. 우리를 설계하고 지으신 하나님이시기 때문에 우리를 고치실 수 있습니다. 그렇다면 '잘 안다'라는 뜻은 무엇일까요? 결론적으로 '두려워하지 말라'는 것입니다. 우리는 늘 두려움에 휩싸여 삽니다. 하나님께서 도와주신다는 생각을 잊고 살기 때문입니다. 하나님께서 나와 함께하신다는 생각을 하면 어떤 경우를 만나도 두렵지 않습니다.

나는 목마른 자에게 물을 주며 마른 땅에 시내가 흐르게 하며 나의 영을 네 자손에게, 나의 복을 네 후손에게 부어 주리니 그들이 풀 가운데에서 솟아나기를 시냇가의 버들같이 할 것이라 (사 44:3-4).

우리는 앞에서 우리를 위로하시고 격려하시고 용기를 주시고 희망을 주시는 하나님을 만났습니다. 이제 여기서는 이스라엘에게 회복과 번영과 희망을 주시는 하나님을 발견할 수 있습니다.

첫째, 하나님께서 "목마른 자에게 물을 주겠다"고 하십니다. 즉, 갈증을 느끼는 사람에게 물을 주시겠다는 것입니다. 물이 없으면 땅이 갈라집니다. 식물과 동물이 말라 죽습니다. 그런데 하나님께서 물을 주시겠다는 것입니다.

둘째, 물을 주시는 것뿐만 아니라 "마른 땅에 시내가 흐르게 하겠다"고 하십니다. 단순히 물을 주시는 것이 아니라 마른 땅에 시냇물이 흐르도록 해주시겠다는 것입니다. 강이 생기고 시내가 흐른다는 것은 나무가 자라고 채소가 자라고 농사를 지을 수 있다는 뜻입니다. 가축들이 잘 자란다는 것입니다. 풍성한 추수가 있고, 가축들이 마음껏 뛰노는 풍요로운 환경을 상상하게 합니다. 사막 같은 땅을 하나님께서 옥토로, 푸른 초장으로 바꿔 주십니다. 말할 수 없는 풍요로운 땅으로 바꿔 주십니다.

셋째, 하나님께서 "나의 영을 네 자손에게 부어 주겠다"고 하십니다. 하나님은 우리 자손들에게 성령을 부어 주겠다고 하십니다. 아주 독특한 말씀입니다. 요엘을 보면 "그 후에 내가 내 영을 만민에게 부어 주리니 너희 자녀들이 장래 일을 말할 것이며 너희 늙은이는 꿈을 꾸며 너희 젊은이는 이상을 볼 것이며 그때에 내가 또 내 영을 남종과 여종에게 부어 줄 것이며"(욜 2:28-29)라는 기록이

있습니다.

이 말씀은 남자와 여자, 젊은이와 노인, 어린이나 어른 할 것 없이 주 예수의 이름을 부르는 자에게 성령을 부어 주시겠다는 말씀입니다. 여기서 "그때"는 말세를 의미하는데, 이때에 악한 것이 드러나기도 하지만 동시에 성령이 강력하게 일어난다는 것입니다.

말세에 성령을 받지 못하면 큰일입니다. 이 땅이, 이 민족이 성령을 받아야 할 것입니다. 물이 들어와서 사람과 땅이 회복되고, 강물과 시냇가가 생김으로 환경이 회복되고, 성령이 오셔서 민족이 회복될 것입니다.

성령이 임할 때 민족의 부활이 있습니다. "생기야 들어와라"할 때 해골 골짜기의 뼈들이 군대가 된 것처럼 성령이 임할 때 민족의 부활이 임할 것입니다. 돈, 무기가 있다고 민족이 부활하는 것이 아닙니다. 경제력, 미사일, 핵폭탄이 국가를 살리는 것이 아닙니다. 성령이 임해야 합니다.

넷째, "나의 복을 네 후손에게 부어 주겠다"고 하십니다. 저주도 전수되고 복도 전수됩니다. 저주는 3-4대에 이르고 복은 천 대에 이른다고 했습니다(신 5:9-10). 복은 전수됩니다. 하나님의 복이 우리 후손들에게 전수되는 것입니다. 하나님께서 "네 후손에게 성령을 부어 주겠다. 복을 주겠다"고 약속하십니다. 이 얼마나 가슴 떨리는 환상이요 기막힌 예언입니까? 하나님은 포로생활에 찢기고 상한 이스라엘 백성들에게 회복과 번영과 희망을 약속하는 놀라

운 말씀들을 하고 계십니다.

지금까지 우리는 이사야가 이스라엘에게 주었던 예언의 환상을 살펴보았습니다. 이 지구상에서 고통받고 있는 수많은 영혼들에 게는 이러한 하나님의 예언과 축복이 필요합니다. 이 땅에 성령이 임하게 하고, 복을 받게 하고, 놀라운 은혜의 강물이 흐르고, 새싹 이 돋아 풍요로운 농작물이 자라는 축복은 하나님만이 하실 수 있 습니다. 이사야의 예언처럼 이런 놀라운 축복이 세상 곳곳에 퍼지 기를 기도합니다.

모두가 나를 예배하리라

마지막으로 하나님은 모든 이방인들의 찬양과 예배를 받으시는 분입니다.

> 한 사람은 이르기를 나는 여호와께 속하였다 할 것이며 또 한 사람 은 야곱의 이름으로 자기를 부를 것이며 또 다른 사람은 자기가 여 호와께 속하였음을 그의 손으로 기록하고 이스라엘의 이름으로 존 귀히 여김을 받으리라(사 44:5).

이스라엘의 회복과 번영과 축복을 보면서 그 주변에 있는 많은 이방인들이 이렇게 말할 것이라고 말씀하십니다. 다시 말해 이 말

은 하나님의 영광이 이방인들에게도 영향력을 미쳤다는 것입니다. 저는 늘 "나와 악수하는 사람은 다 복 받을지어다"라고 축복하다가 어느 날부터 "당신 주변에 있는 사람은 다 복을 받을지어다"라고 말하게 됐습니다. 나와 만나는 사람, 내 주변에 있는 사람이 나 때문에 모두 복을 받는 사람으로 변한다는 비전이야말로 우리 삶의 가치를 일깨워 줍니다. 나 때문에 내 가족이, 내 친척이, 내 주변 사람이, 내 마을이, 내 직장이 모두 행복해지고 복을 받는다면, 내가 그런 축복의 통로가 된다면 이보다 아름다운 존재는 없을 것입니다.

이사야 44장 5절을 보면 몇 종류의 사람이 등장합니다. 첫째, "나는 여호와께 속하였다"라고 선포하는 사람입니다. 둘째, "야곱의 이름으로 자기를 부르는 자"입니다. 스스로 이스라엘의 조상인 야곱을 자기 이름으로 부르는 것입니다. 셋째, "여호와께 속하였음"을 자기 손으로 기록하는 자입니다. 사실 한국은 역사적, 지리적으로 이스라엘과 너무 멀리 떨어져 있습니다.

문화적으로도, 인류학적으로도 이스라엘과 우리는 아무 접촉점이 없습니다. 그런데 놀라운 사실은 이스라엘에 사는 사람보다 우리가 예수를 더 잘 믿는다는 것입니다. 이사야 44장 5절의 말씀이 우리에게 임한 것입니다.

우리 중에 "나는 예수님께 속한 사람이다"라고 말하는 사람이 얼마나 많습니까. 저도 "나는 주님의 것입니다"라고 고백하며 목

사로 헌신했습니다. "내 인생, 내 시간, 내 물질, 내 삶은 내 것이 아
니고 주님의 것입니다. 주님이 마음대로 쓰십시오"라고 말한 것입
니다. 어떤 사람은 자기의 이름을 성경 이름으로 짓습니다. 또한
은혜, 진리, 예배, 찬양 등으로 자녀의 이름을 짓거나 회사 이름을
짓기도 합니다. 이런 방법으로 '나는 하나님의 것'임을 고백하는
것입니다. 우리는 더욱더 예수님 앞으로 가까이 나아가야 합니다.
우리가 가는 길마다 대로가 열리고, 어둠과 죽음과 분열의 세력이
떠나가고, 하나님의 축복이 우리를 통해 나타날 것입니다.

16

우상을 무너뜨리는
참 하나님이 계십니다

이사야 44:6-20

진짜 신과 가짜 신

인생에는 다섯 가지 함정이 있습니다. 첫째는 율법주의입니다. 이 것이 가장 큰 함정입니다. 둘째는 운명주의입니다. 하나님의 섭리를 믿다가 팔자소관으로 돌려 버리는 것입니다. 셋째는 부정적인 태도입니다. 예수 믿고 긍정적인 사고방식을 갖고 살다가 삶이 어려우면 부정적인 말을 하고 비판적인 생각을 하게 됩니다. 넷째는 이기주의입니다. 겉으로 보면 다 좋아 보이는데 내용은 이기적인 것입니다. 다섯째는 우상숭배입니다. 우상숭배라는 것은 하나님 보다 더 크게 여기는 것이 있는 것입니다.

본문 말씀을 통해 우리는 우상숭배의 함정에 빠지지 말라는 하나님의 경고의 메시지를 듣게 됩니다. 이 세상에는 진짜와 가짜가 공존합니다. 어떤 가짜 꽃은 진짜보다도 아름다워 보일 때가 있습니다. 그러나 가짜 꽃에는 향기가 없고 생명도 없습니다. 사람도 진짜가 있고 가짜가 있습니다. 가장 구별하기 힘든 것이 진짜 같은 가짜입니다. 우리는 진짜를 진실한 사람이라 하고 가짜를 사기꾼 이라 합니다.

교회도 보면 진짜와 가짜가 있습니다. 겉모양은 크고 사람도 많이 모이는데 가짜 교회가 있습니다. 진짜 교회는 성령님이 움직이

는 교회요, 예수님이 주인이신 교회요, 하나님이 영광을 받으시는 교회입니다. 가짜 교회는 제도와 방법과 시스템으로 움직이고 사람이 주인이요 사람이 영광을 받는 교회입니다. 이런 교회는 아무리 커도 가짜입니다.

하나님도 진짜가 있고 가짜가 있습니다. 우리는 진짜 하나님을 가리켜 '살아 있는 하나님', '거룩한 하나님', '능력 있는 하나님'이라고 말합니다. 가짜 하나님은 우상입니다. 거짓 신입니다. 우상을 믿는 것을 가리켜 '미신'이라고 합니다. 미신에 빠지면 지성인도 헤어나지 못합니다.

성경에서 말하는 참 하나님은 어떤 분일까요?

> 이스라엘의 왕인 여호와, 이스라엘의 구원자인 만군의 여호와가 이 같이 말하노라 나는 처음이요 나는 마지막이라 나 외에 다른 신이 없느니라(사 44:6).

말씀 가운데 참 하나님에 대한 세 가지 표현이 담겨 있습니다. "이스라엘의 왕", "이스라엘의 구원자", "만군의 여호와"가 그것입니다. "이스라엘의 왕"이란 역사의 실체란 뜻입니다. 하나님은 어떤 막연한 절대자, 어떤 힘의 근원, 초월자가 아니라 이스라엘의 왕이십니다. "이스라엘의 구원자"란 이스라엘의 구세주라는 뜻입니다. 이스라엘이 특별히 위기에 처할 때마다 하나님은 이스라엘을 구원

하셨습니다. "만군의 여호와"란 무소부재하시고 전지전능하신 여호와 하나님이란 뜻입니다.

이런 하나님에게 두 가지 속성이 있습니다.

첫째, 하나님은 처음과 마지막이십니다. 하나님은 태초와 종말의 전부라는 것입니다. 다시 말하면 하나님은 역사의 주관자이십니다.

둘째, 하나님은 유일무이한 신이십니다. 하나님은 스스로 말씀하시기를 "나 외에 다른 신이 없다"라고 하십니다.

언제나 진짜가 있는 곳에는 가짜가 있습니다. 모조품이 있고 복사본이 있습니다. 사람들은 무언가 가치 있고 잘되는 것 같으면 복사본을 만듭니다. 하나님을 모방한 가짜 신, 이것을 우리는 우상이라 말합니다.

인간에게는 신에 대한 갈망이 있습니다. 오대양 육대주를 다니다 보면 예외 없이 토속신이 있고, 무당이 있고, 종교가 있음을 알게 됩니다. 어느 나라치고 무당이 없는 나라가 없습니다. 이스라엘의 경우에도 예외는 아니었습니다. 그들은 전능하신 하나님을 믿으면서도 이방신인 바알신이나 아세라신을 믿었습니다.

내가 영원한 백성을 세운 이후로 나처럼 외치며 알리며 나에게 설명할 자가 누구냐 있거든 될 일과 장차 올 일을 그들에게 알릴지어다(사 44:7).

역사의 주관자요 유일무이한 분이신 하나님은 미래를 예언하십니다. 가짜 신은 미래를 알 수 없습니다. 누가 미래를 말할 수 있겠습니까? 하나님은 가짜 신을 믿고 있는 이스라엘 백성들을 다그치십니다. 하나님은 인간의 거짓 신, 거짓 종교에 대해 분노하십니다. 진정한 하나님은 앞으로 일어날 미래에 대해 예언하십니다. 외치고 고하고 진실을 말합니다. 우리는 단 몇 분 후의 일도 예측할 수가 없는 존재입니다. 그렇기 때문에 우리는 불안해합니다. 사실 인간이 신을 만든 것도 죽음 이후가 불안해서입니다.

> 너희는 두려워하지 말며 겁내지 말라 내가 예로부터 너희에게 듣게 하지 아니하였느냐 알리지 아니하였느냐 너희는 나의 증인이라 나 외에 신이 있겠느냐 과연 반석은 없나니 다른 신이 있음을 내가 알지 못하노라(사 44:8).

진정한 하나님은 미래사를 말씀하시고, 과거사를 성취하십니다. 하나님은 우상도 아니요 괴물도 아닙니다. 그러므로 두려워 떨 것이 없습니다. 하나님은 말씀하시고 그 말씀을 다 성취하시는 분입니다.

우상의 본질과 운명

> 우상을 만드는 자는 다 허망하도다 그들이 원하는 것들은 무익한 것이거늘 그것들의 증인들은 보지도 못하며 알지도 못하니 그러므로 수치를 당하리라(사 44:9).

이 말씀은 가짜 신을 섬기는 사람, 가짜 신을 만드는 사람에 대한 이야기입니다. 재미있는 사실은 신을 인간이 만들었다는 것입니다. 인간이 만든 신이 어떻게 진짜 신이 될 수 있겠습니까? 모든 가짜 신은 인간이 창조한 것입니다. 그래서 우상을 만든 사람들은 모두 사기꾼입니다. 가짜 신은 인류에게 아무런 이득을 주지 않습니다. 오히려 해만 줍니다.

우상을 만든 사람은 결국 보지도 못하고 알지도 못하고 수치를 당하게 됩니다. 그런데도 사람들은 우상을 따라가고 부적을 붙이고 사주팔자를 보고 굿을 하면서 계속 우상을 섬깁니다.

> 신상을 만들며 무익한 우상을 부어 만든 자가 누구냐 보라 그와 같은 무리들이 다 수치를 당할 것이라 그 대장장이들은 사람일 뿐이라 그들이 다 모여 서서 두려워하며 함께 수치를 당할 것이니라(사 44:10-11).

우상의 치명적 약점은 우상을 만든 존재가 신이 아니라 인간이라는 것입니다. 부적은 하늘에서 떨어진 것이 아니라 사람이 만든 것입니다. 부적은 누군가가 이익을 얻기 위해 만든 것입니다. 어떤 거룩한 목적을 갖고 공짜로 부적을 만들어 주지는 않습니다.

하나님께서는 아무런 이득을 바라지 않고 신의 모양을 만들겠느냐고 지적하십니다. 돌로 만든 신상을 보면 도깨비, 짐승의 모양을 하고 있습니다. 로마 신화나 그리스 신화를 봐도 그렇습니다. 돌로 형상을 만들어 놓고 그것을 신으로 숭배합니다. 이런 모순이 어디 있습니까? 인간이 만든 신이 무슨 힘이 있겠습니까?

하나님께서는 우상을 만든 장본인이 그저 사람이 아니냐고 지적하십니다. 우상을 만든 것은 사람이 돈을 벌기 위해서 한 것입니다. 교회도 이런 점에서 조심해야 합니다. 교회가 잘못하면 '헌금 얻기 위해서 교회하는 것 아니냐'는 오해를 받을 수 있습니다. 신앙과 돈이 연결된 것은 우상입니다.

> 철공은 철로 연장을 만들고 숯불로 일하며 망치를 가지고 그것을 만들며 그의 힘센 팔로 그 일을 하나 배가 고프면 기운이 없고 물을 마시지 아니하면 피로하니라(사 44:12).

철공이 우상을 만들 때 철로 된 연장을 들고 숯불에 넣어 달구고 망치로 때리며 힘을 줍니다. 그렇게 한참 만들다 보면 배고프고 힘

이 빠집니다. 그런데 신을 만드는 사람이 배고프고 힘이 빠지면 되겠습니까? 또 다른 예를 듭니다.

> 목공은 줄을 늘여 재고 붓으로 긋고 대패로 밀고 곡선자로 그어 사람의 아름다움을 따라 사람의 모양을 만들어 집에 두게 하며(사 44:13).

이번에는 목공의 이야기입니다. 목공에게 가장 중요한 것은 줄자입니다. 나무를 줄자로 재는데 줄자를 길게 잡으면 큰 우상이 나오고 줄자를 짧게 잡으면 작은 우상이 나옵니다. 그래서 우상의 크기는 목공 마음입니다. 그 줄을 재서 기본 틀을 잡고 대패로 밀어 아름답게 만듭니다. 그렇게 만들어 집에 놓고 신이라고 숭배합니다. 어떻게 이런 것이 신이 될 수 있겠습니까.

여기서 목공이 다루는 나무에 대한 이야기가 나옵니다.

> 그는 자기를 위하여 백향목을 베며 디르사 나무와 상수리나무를 취하며 숲의 나무들 가운데에서 자기를 위하여 한 나무를 정하며 나무를 심고 비를 맞고 자라게도 하느니라(사 44:14).

목공이 다루는 나무는 목공이 키운 것이 아닙니다. 비가 내려서 나무 스스로 자랐습니다. 백향목, 디르사 나무, 상수리나무 등은

모두 스스로 자란 나무들이고, 목공은 그저 그 나무들을 베어 줄로 재고 대패질을 해서 신을 만든 것입니다. 그런데 다음에 이어지는 말씀이 참 재미있습니다.

이 나무는 사람이 땔감을 삼는 것이거늘 그가 그것을 가지고 자기 몸을 덥게도 하고 불을 피워 떡을 굽기도 하고 신상을 만들어 경배 하며 우상을 만들고 그 앞에 엎드리기도 하는구나(사 44:15).

어떤 나무는 방을 따뜻하게 하기 위해 땔감으로 사용되고, 어떤 나무는 우상을 만드는 데 사용됩니다. 그러니 그 우상이 무슨 가치가 있겠습니까. 아궁이에 들어가는 땔감인데 이런 나무를 가지고 인간이 우상을 만들고 그것을 아주 중요하게 생각하는 것입니다. 참으로 인간의 어리석음, 무식함, 분별력 없음이 여실히 드러납니다.

돌이켜 하나님을 신뢰하라

그중의 절반은 불에 사르고 그 절반으로는 고기를 구워 먹고 배불리며 또 몸을 덥게 하여 이르기를 아하 따뜻하다 내가 불을 보았구나 하면서 그 나머지로 신상 곧 자기의 우상을 만들고 그 앞에 엎드

려 경배하며 그것에게 기도하여 이르기를 너는 나의 신이니 나를 구원하라 하는도다(사 44:16-17).

인간이 신이라고 믿는 실체가 사실은 이런 모습입니다. 하나님께서는 우상을 숭배하는 어리석고 둔한 인간을 보시며 매우 속상해하십니다.

그들이 알지도 못하고 깨닫지도 못함은 그들의 눈이 가려서 보지 못하며 그들의 마음이 어두워져서 깨닫지 못함이니라(사 44:18).

인간은 제대로 아는 것이 없고 깨닫지도 못합니다. 아는 것이 많은 것 같은데도 실상은 아무것도 모릅니다. 최고의 과학자라는 사람들이 고사를 지냅니다. 이것이 인간의 두 얼굴입니다. 굉장히 유식한 것 같고 과학적인 것 같고 합리적인 것 같은데 인간 안에는 미신적인 요소가 있습니다. 죽음에 대한 불안, 실패에 대한 불안, 미래에 대한 불안을 이런 식으로 달래는 것입니다.

흔히 드라마나 영화는 굿이나 고사를 지내고 시작합니다. 이것은 모두 미신적인 것입니다. 제가 성경공부를 가르쳤던 분들 가운데 영화감독이 몇몇 있었는데, 이분들이 영화를 시작할 때 저를 불러 예배를 드렸습니다. 그런데 예배를 드리고 나오다 보니 그 옆에 돼지머리가 보였습니다. 일부는 예배를 드리고 일부는 돼지머리

에 고사를 지낸 것입니다.

이것이 우리의 현실입니다. 사람들의 마음에는 미신이 있습니다. 하나님께서 지금 그것을 꼬집고 계십니다. 인간이 얼마나 무지하고 어리석은지 적나라하게 보여 주시는 것입니다. 인간은 자신들이 가장 지성적이고 합리적이고 과학적이라고 생각하지만 사실은 굉장히 미신적인 존재입니다.

> 마음에 생각도 없고 지식도 없고 총명도 없으므로 내가 그것의 절반을 불사르고 또한 그 숯불 위에서 떡도 굽고 고기도 구워 먹었거늘 내가 어찌 그 나머지로 가증한 물건을 만들겠으며 내가 어찌 그 나무토막 앞에 굴복하리요 말하지 아니하니 그는 재를 먹고 허탄한 마음에 미혹되어 자기의 영혼을 구원하지 못하며 나의 오른손에 거짓 것이 있지 아니하냐 하지도 못하느니라(사 44:19-20).

말씀 가운데 우상에 대한 세 가지 표현이 나옵니다. 첫째, 재를 먹는 것입니다. 둘째, 허탄한 마음에 미혹되는 것입니다. 셋째, 자기 영혼을 구원하지 못하는 것입니다. 이것이 하나님의 시각으로 본 우상을 섬기는 사람들과 우상의 실체입니다. 그럼에도 불구하고 이런 우상들이 전염병처럼 계속해서 퍼집니다. 우상과 사교들은 엄청난 속도로 확장되고 있습니다.

우상으로 가득한 이 시대에 우리는 영적 분별력을 갖추어야 합

니다. 영적 지식을 탄탄히 쌓아야 합니다. 인간은 언젠가 다 죽습니다. 그러한 허무한 인생을 사는 우리는 진짜 하나님을 믿게 된 것을 감사해야 합니다.

우리 안에 있는 미신적 사고방식을 모두 버려야 합니다. 점 치고 사주 보는 것에 대한 유혹을 뿌리쳐야 합니다. 그리고 돌이켜 하나님을 신뢰하십시오. 우리는 숙명론을 믿는 사람이 아니라 하나님의 섭리를 믿는 사람들입니다.

17

창조주요 구속자이신
하나님을 기억합니다

이사야 44:21-28

하나님의 사랑과 은혜를 기억하라

참 하나님과 거짓 신에 대한 혼돈은 인간의 가장 치명적인 실수라 할 수 있습니다. 지상에 존재하는 모든 악과 폭력과 거짓은 우상숭배에서 비롯되었습니다. 우상숭배의 배후에는 사탄이 있습니다. 사탄은 자기 얼굴을 직접 보이지 않고 언제나 우상을 통해 자기 힘을 과시합니다.

그렇다면 우상에는 어떤 것이 있을까요? 첫째, 일그러진 영웅상입니다. 양의 탈을 쓴 지도자, 독재자 때문에 많은 사람들이 피해를 입습니다. 둘째, 잘못된 권력입니다. 정치, 경제, 문화, 언론 등 권력자들은 얼굴 없는 괴물과 같습니다. 이것들은 어떤 힘이 있는데 그 정체를 파악하기 어렵습니다. 셋째, 잘못된 사상과 이데올로기입니다. 잘못된 사상과 이데올로기는 인간에게 정신적 파탄을 맞게 합니다. 가장 무서운 것은 잘못된 종교입니다. 이단, 사행심을 조장하는 종교집단 등은 인간의 영혼을 파괴합니다. 이런 것들이 전부 우상이라는 형태로 나타납니다.

우상숭배의 결과는 파멸입니다. 심판을 받습니다. 그래서 하나님은 이스라엘 백성들에게 잘못된 리더, 잘못된 권력과 군사력, 잘못된 사상 등 우상을 숭배하지 말라고 하십니다.

이스라엘의 역사는 두 가지 축으로 되어 있습니다. 하나는 심판이요 다른 하나는 회복입니다. 우상을 숭배하고 하나님을 떠나 악을 행하면 하나님의 심판을 받습니다. 그러나 반대로 하나님을 경외하고 하나님께로 돌아오고 우상을 버리면 하나님의 치유와 회복과 축복을 받습니다. 언제나 이스라엘의 역사는 이 두 가지로 이루어집니다. 개인의 삶도 예외는 아닙니다. 국가와 민족의 역사도 심판과 회복으로 이루어져 있습니다. 우리의 삶은 하나님이 주시는 회복 가운데 있어야 할 것입니다.

본문 말씀은 회복의 메시지를 담고 있습니다. 우상숭배로 심판을 받았던 이스라엘 백성들을 멸망과 저주 가운데 두지 않으시고 회복시키기를 원하시는 하나님의 마음이 잘 드러나 있습니다.

> 야곱아 이스라엘아 이 일을 기억하라 너는 내 종이니라 내가 너를 지었으니 너는 내 종이니라 이스라엘아 너는 나에게 잊혀지지 아니하리라(사 44:21).

회복을 위한 하나님의 첫 번째 메시지는 "기억하라"입니다. 회복은 하나님의 사랑과 은혜를 기억하는 데서부터 시작합니다. 혹시 은혜를 다 잊어버리고 시험에 들었다면, 은혜받았던 때를 기억하십시오. 병들었을 때, 절망했을 때, 예수를 믿었을 때 등 하나님과의 첫사랑을 회복해야 합니다. 하나님께서는 우리를 향해 세 가지를 기억하

라고 하십니다. 첫째, "너는 내 종이다"입니다. 둘째, "내가 너를 지었다"입니다. 셋째, "너는 나에게 잊혀지지 않았다"입니다. 이 세 가지를 정리해 보면 "내가 너를 사랑한다"는 말입니다. 하나님께서 우리를 사랑하시기 때문에 우리를 잊지 않으시고 우리가 심판을 받고 있을지라도 회복시키기를 원하십니다. 우리는 이러한 하나님을 기억해야 합니다.

회복의 첫 단계는 은혜와 사랑을 기억하는 것이라 했습니다. 그러나 죄는 은혜를 잊게 합니다. 사랑을 잊게 합니다. 탕자의 특징은 부모의 사랑을 잊은 것입니다. 부모를 거역하는 자녀의 특징은 부모의 사랑을 잊었다는 것입니다. 한 걸음 더 나아가 사랑을 잊었을 뿐만 아니라 사랑을 의심합니다. 의심에서 더 나아가면 미워하기 시작합니다. 의심하고 미워하게 되면 거부합니다. 그러면서 불안해하고 외로워합니다.

회상하는 것이 회복의 첫 걸음입니다. 하나님의 사랑과 은혜를 기억하십시오. 아버지의 사랑을 기억하면 회개하기 시작합니다. 아버지를 기억하기 시작하면 아버지의 집으로 돌아가야겠다고 생각하기 시작합니다. 집으로 돌아가기로 결정한 탕자의 마음은 무거웠습니다. 그래서 탕자는 자신을 품꾼의 하나로 써 달라고 해야겠다고 생각했습니다. 자기 자신을 낮추기 시작한 것입니다.

하나님께로 돌아와 그분을 찬양하라

두 번째 회복의 메시지는 "내게로 돌아오라"입니다.

> 내가 네 허물을 빽빽한 구름같이, 네 죄를 안개같이 없이하였으니
> 너는 내게로 돌아오라 내가 너를 구속하였음이니라(사 44:22).

탕자가 아버지의 집으로 돌아가려고 마음먹을 때 죄가 가로막았습니다. 지은 죄가 너무 크기 때문에 돌아가기가 힘이 든 것입니다. 하나님께서는 이러한 탕자의 마음을 아십니다. 그래서 "너의 모든 죄는 용서받았다"는 선언을 하십니다. 하나님께서 죄를 빽빽한 구름처럼, 안개처럼 없애 버리셨다고 하십니다. '이제 너를 야단치고 징계할 죄가 없다. 그러니 안심하고 돌아오라'는 뜻입니다.

시편 기자는 "동이 서에서 먼 것같이 우리의 죄과를 우리에게서 멀리 옮기셨다"(시 103:12)고 했고, 미가는 "다시 우리를 불쌍히 여기셔서 우리의 죄악을 발로 밟으시고 우리의 모든 죄를 깊은 바다에 던지시리이다"(미 7:19)라고 했습니다. 하나님은 우리의 죄가 아무리 심각하다 할지라도 다 흩어 버리십니다. 눈과 같이 씻으십니다. 그러니 우리는 우리의 죄가 다 용서받았다는 사실을 굳게 믿어야 합니다.

탕자가 아버지의 집으로 돌아갈 것을 결정하기까지는 오랜 시간이 걸렸습니다. 얼마나 갈등했으면 '나를 품꾼으로 써 달라고

해야겠다'는 생각까지 했겠습니까. 이것은 혼자서 많은 고민을 했다는 뜻입니다. 많은 죄인들이 하나님께 돌아오려고 해도, 교회에 가고 싶어도 하지 못합니다. 하나님께서는 이런 사람들에게 "네 죄는 이미 용서받았다"고 말씀하십니다. 아버지는 언제 탕자를 용서했을까요? 아마도 탕자가 집을 떠나는 순간부터 용서했을 것입니다. 아버지는 아들이 돌아오기만을 기다립니다. 이것이 아버지의 심정이요, 하나님의 심정입니다. 하나님은 우리가 하나님의 품 안으로 돌아오기만을 원하십니다. 과거는 상관없습니다.

세 번째 회복의 메시지는 "하나님께서 이 일을 행하셨으니 너는 노래하라"입니다.

> 여호와께서 이 일을 행하셨으니 하늘아 노래할지어다 땅의 깊은 곳 들아 높이 부를지어다 산들아 숲과 그 가운데의 모든 나무들아 소리 내어 노래할지어다 여호와께서 야곱을 구속하셨으니 이스라엘 중에 자기의 영광을 나타내실 것임이로다(사 44:23).

하늘과 땅과 산과 숲과 나무는 무엇을 의미할까요? 인생을 포함한 모든 삼라만상을 뜻합니다. "야곱을 구원하신 하나님을 노래하라! 소리 높여 외쳐라! 노래를 터뜨리라!"고 말하고 있는 것입니다. 예수 믿는 사람의 특징은 찬양입니다. 기쁨입니다. 춤입니다. 그런데 너무 많은 크리스천들이 우울해하고 표정이 어둡습니다.

예수를 믿기 전에는 울어야 합니다. 그러나 계속 울어서는 안 됩니다. 우는 것은 잠깐입니다.

구원을 받았으면 이제 일어나야 합니다. 입을 열어 찬양해야 합니다. 어둠에서 빛으로 나오고, 과거가 아니라 미래를 향해 가고, 비판적이던 사고방식이 바뀌어 긍정적인 사람이 됩니다. 남을 저주하고 비판하는 입이 아니라 축복하고 찬양하는 입을 갖게 된 것입니다.

시편은 이런 찬양으로 가득 차 있습니다. 다윗은 눈에 진물이 날 만큼 울면서 회개했습니다. 우리의 인생은 180도 바뀌었습니다. 그러나 그것으로 끝나지 않았습니다. 다윗은 기뻐 찬양했습니다. 우리의 인생은 비극이 아니라 축복입니다. 우리의 인생은 눈물이 아니라 찬양입니다. 기쁨으로 인생의 후반전을 맞으십시오. 박수 치며 찬양하고, 얼굴에 미소를 짓고, 긍정적인 말을 하고, 미래와 꿈과 희망을 노래하는 우리가 되어야 합니다. 이것이 예수님을 믿는 사람들의 모습입니다.

찬양으로 빛나는 회복의 은혜

교회는 밝고 긍정적이고 건강한 곳입니다. 기쁨이 충만한 곳입니다. 기도와 감사와 사랑이 넘치는 곳입니다. 서로 선행과 사랑을 격려하는 곳입니다. 교회는 야단맞는 곳이 아닙니다. 어떤 교회는

계속 야단을 칩니다. 사실 혼나지 않을 사람이 어디 있겠습니까. 죄를 짓지 않고, 실수하지 않는 사람이 어디 있겠습니까. 그것을 자꾸만 들추고 혼내기만 하면 괴롭습니다.

하나님은 이미 우리 죄를 다 용서하셨습니다. 하나님은 우리 죄를 구름처럼, 안개처럼 다 흩으셨습니다. 우리의 인생이 새로워진 것입니다. 그러기에 우리 하나님은 찬양을 받으시기에 합당하십니다. 이사야 44장 24-28절은 하나님을 찬양해야 하는 이유를 세 가지로 이야기합니다.

첫째, 하나님이 우리를 지으시고 구원하셨기 때문입니다.

> 네 구속자요 모태에서 너를 지은 나 여호와가 이같이 말하노라 나는 만물을 지은 여호와라 홀로 하늘을 폈으며 나와 함께한 자 없이 땅을 펼쳤고(사 44:24).

하나님은 우리 인간을 만드시고, 천지 만물을 만드셨습니다. 하나님과 비교할 만한 다른 신은 없습니다.

둘째, 거짓 예언자들과 점쟁이들의 정체를 드러내셨기 때문입니다.

> 헛된 말을 하는 자들의 징표를 폐하며 점치는 자들을 미치게 하며 지혜로운 자들을 물리쳐 그들의 지식을 어리석게 하며(사 44:25).

고대 세계는 점성술이 만연했습니다. 학문, 정치 등에 점성술이 관여했고 점성술사들을 우대했습니다. 하나님께서는 그들의 예언이나 점이 다 틀렸다는 것을 보여 주십니다.

셋째, 하나님의 말씀은 성취되고 진실되다는 것을 보여 주시기 위함입니다.

> 그의 종의 말을 세워 주며 그의 사자들의 계획을 성취하게 하며 예루살렘에 대하여는 이르기를 거기에 사람이 살리라 하며 유다 성읍들에 대하여는 중건될 것이라 내가 그 황폐한 곳들을 복구시키리라 하며(사 44:26).

하나님의 종의 말이 세워지고 하나님의 거룩한 예언의 성취가 나타났습니다. 예루살렘과 유다에 대한 예언이 이루어진 것입니다.

> 깊음에 대하여는 이르기를 마르라 내가 네 강물들을 마르게 하리라 하며(사 44:27).

홍해가 말랐듯이 유브라데 강을 하나님께서 말리겠다는 것입니다. 하나님께서 말리시면 다 말라 버립니다.

고레스에 대하여는 이르기를 내 목자라 그가 나의 모든 기쁨을 성취하리라 하며 예루살렘에 대하여는 이르기를 중건되리라 하며 성전에 대하여는 네 기초가 놓여지리라 하는 자니라(사 44:28).

하나님은 이방 왕인 고레스도 통치하십니다. 하나님은 고레스 왕을 이용하셔서 이스라엘을 회복시키십니다. 하나님은 예루살렘에게 말씀하십니다. "너는 중건될 것이다." 또한 예루살렘 성전에도 말씀하십니다. "네 기초가 놓일 것이다." 이 모든 말씀은 일점일획도 틀림없이 이루어졌습니다.

하나님은 우리를 지으셨습니다. 그분이 우주 만물을 창조하셨습니다. 우리는 그분을 향하여 소리를 질러 찬양하고 그분의 이름을 높여야 할 것입니다. 그때 회복이 일어납니다. 회복의 세 단계를 명심하십시오.

첫째, '기억하라'입니다. 하나님의 사랑과 은혜를 기억하면 회복이 옵니다. 둘째, '돌아오라'입니다. 하나님은 우리의 죄를 이미 용서하셨습니다. 돌아가야 회복이 일어납니다. 셋째, '찬양하라'입니다. 소리를 지르고 춤을 추며 그분의 위대하심을 찬양하십시오. 우리의 인생이 찬양으로 가득할 때 승리의 개선가를 부르면서 하나님과 함께 영광스러운 삶을 살게 될 것입니다.

18

당신은 인생과 역사의
주관자이십니다

이사야 45:1-13

역사의 참 주관자

하나님께서는 이스라엘 백성들을 구원하시고 회복시키기 위해 이방 나라와 이방 왕까지 사용하십니다.

> 여호와께서 그의 기름 부음을 받은 고레스에게 이같이 말씀하시되 내가 그의 오른손을 붙들고 그 앞에 열국을 항복하게 하며 내가 왕들의 허리를 풀어 그 앞에 문들을 열고 성문들이 닫히지 못하게 하리라(사 45:1).

여기 나오는 고레스 왕은 바벨론 제국을 무너뜨렸던 페르시아의 왕입니다. 이 사람은 하나님을 섬기지도 않고, 하나님의 이름도 모르는, 하나님과 아무 관계가 없는 사람입니다. 그렇지만 하나님께서 이 고레스 왕을 사용하셨습니다. 하나님께서는 고레스 왕에게 기름을 부으셨습니다. 이 사실은 좀 당황스럽기도 합니다. 하나님께서 죄인 된 이스라엘 백성을 사랑하신 것은 이해할 수 있지만 하나님을 알지도 못하는 이방 나라의 왕 고레스를 사랑하고 축복했다는 것은 이해하기가 힘듭니다.

역사를 보면 흥망성쇠가 있습니다. 한 나라가 일어서면 한 나라

는 망하고, 한 문명이 일어서면 한 문명은 사라집니다. 역사상 영원한 나라도 없고 영원한 문명도 없습니다. 역사의 흥망성쇠는 우연일까요? 아닙니다. 냉철한 눈으로 역사를 살펴보면 역사의 배후에는 역사를 주관하는 하나님이 계신다는 것을 알 수 있습니다.

인생도 마찬가지입니다. 산전수전을 겪고 죽을 고비를 넘기면서도 철없이 "내 인생은 내 것이다"라고 말하는 사람이 있고, "내 인생은 하나님께서 이끄시는구나"라고 말하며 창조주 앞에 겸허히 자신의 삶을 의탁하는 사람이 있습니다. 세상은 인간이 역사의 주관자라고 생각합니다. 그러나 성경을 보면 누가 역사의 주관자인지 잘 알 수 있습니다.

믿음의 조상인 아브라함과 이삭과 야곱의 삶은 당시 강대국과 관련이 있습니다. 특히 요셉을 보면 애굽이라는 강대국과 깊이 관련되어 있습니다. 모세는 하나님의 부름을 받고 이스라엘 백성들을 애굽에서 탈출시켰습니다. 북이스라엘은 앗수르에 의해 멸망당했고, 남유다는 바벨론에 의해 멸망당했습니다. 이스라엘 백성들은 바벨론에서 70년 동안이나 포로생활을 했습니다. 그들이 포로생활을 하면서 하나님보다 바벨론이 더 커 보이지 않았을까요? 온 세상을 바벨론이 통치한다고 생각했을 것입니다.

아마도 모택동 치하에 있었던 중국인들, 김일성 치하에 있었던 북한 백성들도 이런 생각을 했을 것입니다. 왜 우리는 자유도 없고 먹을 것도 없는지, 왜 이렇게 죽어야 하는지 눈물을 흘리며 괴로워

했을 것입니다.

그러나 이스라엘 백성들에게 있어서 포로생활은 끝이 아니었습니다. 모두가 이 거대한 바벨론 제국을 무너뜨릴 존재는 없다고 생각할 때, 하나님께서 이스라엘 백성들의 신음소리를 들으시고 구원을 결정하셨습니다. 그래서 하나님을 섬기지도 않고 믿지도 않는 페르시아 왕 고레스를 세워 바벨론 제국을 무너뜨리신 것입니다.

"여호와께서 그의 기름 부음을 받은 고레스에게 이같이 말씀하시되"라고 했습니다. 이것은 이스라엘 왕이나 예언자나 제사장의 기름 부음과는 다른 것입니다. 하지만 하나님은 이방 왕 고레스에게도 기름을 부으셨습니다. 그리고 그로 하여금 바벨론을 멸망시키도록 했습니다. "내가 그의 오른손을 붙들고 그 앞에 열국을 항복하게 하며 내가 왕들의 허리를 풀어 그 앞에 문들을 열고 성문들이 닫히지 못하게 하리라"는 말은 하나님께서 어느 누구도 손댈 수 없고 항거할 수 없는 거대한 바벨론의 세력을 고레스를 통해 제거하고, 바벨론에서 신음하고 있는 하나님의 백성인 이스라엘을 구원하겠다는 말씀입니다. 무너진 이스라엘 성벽을 다시 쌓고 이스라엘을 회복시켜 주시겠다는 뜻인 것입니다.

이런 역사적 상황은 구약의 곳곳에서 발견할 수 있습니다. 대표적인 사람이 요셉입니다. 요셉은 애굽의 총리대신이 되었습니다. 사실 애굽은 하나님을 믿는 나라가 아닙니다. 바로 왕은 하나님의 사람이 아닙니다. 그러나 하나님의 사람인 요셉이 애굽의 바로 왕

밑에서 총리대신까지 했습니다. 예수를 믿지 않는 세상 속에서, 예수를 믿지 않는 권력 앞에서 크리스천이 어떻게 존재해야 하는가에 대한 모델이 바로 이것입니다.

하나님의 관심은 거대한 제국이 아니요 약하고 보잘것없고 부족한 이스라엘 백성이었습니다. 다니엘을 보십시오. 다니엘은 하나님을 섬기지 않는 나라에서 하나님께 예배드리려고 하다가 사자 굴에도 들어갔습니다. 그렇지만 다니엘의 리더십과 정치력과 지혜와 능력이 인정을 받아서 최고의 통치자의 밑에까지 갑니다.

성경을 보면 다니엘은 세 왕을 섬깁니다. 느부갓네살 왕, 그의 아들 벨사살 왕, 다리오 왕을 섬깁니다. 왕들은 다 죽었지만 다니엘은 끝까지 남아서 하나님을 섬겼습니다. 이는 불신자들이 가득하고 하나님이 없는 세상 속에서 우리가 어떻게 존재해야 하는지를 보여 주는 것입니다.

이런 의미에서 우리는 주변 국가와 주변 사람들의 의미를 재해석해야 합니다. 북한은 우리에게 무슨 의미가 있는지, 일본은 무슨 의미가 있는지, 강대국들은 우리와 무슨 관계가 있는지를 잘 알아야 합니다. 단순히 경제적으로, 하나의 비즈니스로 해석할 것이 아닙니다. 하나님의 역사적 주권을 믿는 사람들이라면 이것이 영적으로 무슨 의미가 있는지를 생각해야 합니다.

하나님의 주권과 섭리

하나님께서는 고레스 왕을 통해 하시려는 일들을 설명하십니다.

> 내가 너보다 앞서 가서 험한 곳을 평탄하게 하며 놋문을 쳐서 부수
> 며 쇠빗장을 꺾고 네게 흑암 중의 보화와 은밀한 곳에 숨은 재물을
> 주어 네 이름을 부르는 자가 나 여호와 이스라엘의 하나님인 줄을
> 네가 알게 하리라(사 45:2-3).

우리는 여기서 2천 년의 기독교 역사 속에 있었던 사건을 돌아
볼 필요가 있습니다. 어거스틴은 로마제국이 사도행전을 이루기
위한 도구였다고 말했습니다. 엄청난 로마제국의 멸망은 하나의
사도행전을 이루기 위한 하나님의 섭리였다는 것입니다. 또한 중
세의 어두웠던 시기도 루터와 칼빈의 종교개혁을 위한 도구였다
고 말합니다.

18-19세기에 있었던 인본주의와 계몽주의와 이성주의로 말미
암아 하나님은 참패하고 인간이 승리한 것처럼 보였지만 이것은
제1차 세계대전과 제2차 세계대전을 맞는 비극의 원인이 되었습
니다. 왜 두 차례의 세계대전이 일어났습니까? 인간이 하나님보다
높다고 생각했기 때문입니다.

제2차 세계대전 이후에도 세계는 수많은 사건을 겪었습니다. 냉
전, 9.11테러, 아프가니스탄 전쟁과 이라크 전쟁 등을 겪었습니다.

지금 당장 텔레비전을 켜면 세계 곳곳에서 벌어지는 무차별한 전쟁을 보게 됩니다. 어느 편이 옳은지 혼란스럽기만 합니다. 국내 문제도 마찬가지입니다. 역사적, 신앙적 해석이 없으면 혼란스러운 것입니다. 분명한 관점이 있어야 합니다. 하나님께서 보시는 관점, 성경이 보는 관점이 있어야 합니다.

역사는 하나님의 주권 아래에 있다는 사실을 믿으십시오. 이런 큰 그림을 그리지 못하면 작은 사건 앞에서 우리는 기가 죽고 방향을 잃고 당황하게 됩니다.

우리는 하나님의 주권, 하나님의 섭리에 대한 분명한 믿음과 성경적인 확신을 가져야 합니다. 이것이 있으면 어떤 역사적인 상황에 놓이더라도 두려움이 없습니다.

그렇다면 하나님은 왜 하나님을 섬기지도 않는 페르시아 제국과 고레스 왕을 사용하셨을까요?

> 내가 나의 종 야곱, 내가 택한 자 이스라엘 곧 너를 위하여 네 이름을 불러 너는 나를 알지 못하였을지라도 네게 칭호를 주었노라 나는 여호와라 나 외에 다른 이가 없나니 나밖에 신이 없느니라 너는 나를 알지 못하였을지라도 나는 네 띠를 동일 것이요(사 45:4-5).

하나님도 모르고 하나님을 섬기지 않는 고레스 왕을 세워서 천하를 통일시킨 이유는 이스라엘을 구원하기 위한 것이었습니다.

하나님은 이스라엘 백성들을 바벨론의 포로에서 벗어나게 하기 위해 고레스를 세워서 바벨론을 멸망시키고 그들을 구원하셨습니다.

이 말씀의 초점은 고레스 왕이 아닙니다. 고레스 왕을 부흥시키고 사용하시는 하나님께 초점을 맞추어야 합니다. 하나님은 역사를 주관하십니다. 역사의 흥망성쇠에 하나님이 계십니다. 하나님께서 통치하시고 다스리십니다. 하나님은 강대국도 없애실 수 있고, 반대로 촛불 같고 갈대 같이 연약한 이스라엘을 다시 세워 역사의 주인공으로 삼으실 수도 있습니다.

하나님은 실로 놀라우신 분이요, 유일무이하신 분입니다.

나는 빛도 짓고 어둠도 창조하며 나는 평안도 짓고 환난도 창조하나니 나는 여호와라 이 모든 일들을 행하는 자니라 하였노라(사 45:7).

하나님은 빛을 지으셨고 어둠도 만드셨습니다. 어둠을 만드셨다는 것은 어둠도 통치하신다는 것입니다. 하나님은 평화를 만드신 평화의 왕이십니다. 또한 전쟁도 통치하십니다. 전쟁도 하나님의 손 안에 있습니다. 따라서 모든 일을 하시는 하나님을 찬양하고 경배하고 그분께 영광을 돌리라는 것입니다. 이럴 때 역사가 분명하게 나타납니다.

인생과 역사를 해석하는 중심축

하늘이여 위로부터 공의를 뿌리며 구름이여 의를 부을지어다 땅이
여 열려서 구원을 싹트게 하고 공의도 함께 움돋게 할지어다 나 여
호와가 이 일을 창조하였느니라(사 45:8).

우리의 인생과 역사를 해석할 때 네 가지 중심으로 해석할 수 있
습니다.

첫째, 하나님 중심입니다. 모든 역사와 인생에 대한 해석의 기본
은 하나님 중심의 생각입니다. 하나님의 주권을 선포하십시오. 둘
째, 예수님 중심입니다. 십자가의 능력을 선포하십시오. 셋째, 성
령님 중심입니다. 하나님의 능력을 선포하십시오. 마지막으로 교
회 중심입니다. 공동체의 능력을 선포하십시오.

우리에게 가정도 있고 직장도 있지만 가장 중요한 것은 하나님
중심으로 사는 것입니다. 예수님 중심으로 사는 것입니다. 성령님
중심으로 사는 것입니다. 그리고 교회 중심으로 사는 것입니다. 이
세상에서 가장 중요한 것은 교회 공동체입니다. 그렇기 때문에 우
리는 교회의 제도나 교파를 만들어서는 안 됩니다. 그러면 세상의
다른 조직과 똑같아집니다. 교회는 하나님의 나라입니다. 교회는
조직이 아니라 영적 유기체입니다. 어떤 의미에서 교회는 정의하
는 순간 교회의 내용이 사라집니다.

교회는 그리스도의 몸입니다. 교회는 그리스도의 신부입니다. 교회는 영적 조직이요, 영적 공동체입니다. 우리에게는 가정, 직장, 학교 등의 공동체가 있지만 교회를 그것 중의 하나로 생각해서는 안 됩니다. 만약 그렇게 생각한다면 교회는 매일 싸우고 분열하고 헤어지고 냄새나는 일밖에 못할 것입니다. 우리는 그런 교회를 만들기 위해 존재하는 것이 아닙니다. 우리는 하나님의 꿈을 이루기 위해 모인 자들입니다. 역사는 하나님 중심, 예수님 중심, 성령님 중심, 교회 중심으로 움직이는 것입니다.

다음 성경 말씀을 통해 우리는 다시 한 번 하나님의 주권이 강조되는 것을 볼 수 있습니다.

> 질그릇 조각 중 한 조각 같은 자가 자기를 지으신 이와 더불어 다툴진대 화 있을진저 진흙이 토기장이에게 너는 무엇을 만드느냐 또는 네가 만든 것이 그는 손이 없다 말할 수 있겠느냐 아버지에게는 무엇을 낳았소 하고 묻고 어머니에게는 무엇을 낳으려고 해산의 수고를 하였소 하고 묻는 자는 화 있을진저(사 45:9-10).

끊임없이 부모의 사랑을 왜곡하고 자신을 낳은 부모를 원망하는 이가 있다면 그는 얼마나 어리석은 자녀입니까? 작품이 작가에게 어떻게 항의를 하겠습니까? 진흙이 토기장이에게 어떻게 항의를 하겠습니까?

이스라엘의 거룩하신 이 곧 이스라엘을 지으신 여호와께서 이같이 이르시되 너희가 장래 일을 내게 물으며 또 내 아들들과 내 손으로 한 일에 관하여 내게 명령하려느냐 내가 땅을 만들고 그 위에 사람을 창조하였으며 내가 내 손으로 하늘을 펴고 하늘의 모든 군대에게 명령하였노라 내가 공의로 그를 일으킨지라 그의 모든 길을 곧게 하리니 그가 나의 성읍을 건축할 것이며 사로잡힌 내 백성을 값이나 갚음이 없이 놓으리라 만군의 여호와의 말이니라 하셨느니라 (사 45:11-13).

하나님은 정의를 세우기 위해 고레스 왕을 일으켰다고 하십니다. 고레스를 축복한 것도, 바벨론을 제거한 것도, 이스라엘을 회복시킨 것도 하나님의 정의라는 것입니다. 하나님은 모든 길을 평탄하게 하시고, 성읍을 재건하시고, 포로된 백성을 해방시키셨습니다.

중요한 말이 그다음에 나옵니다. "값이나 갚음이 없이 놓으리라." 이는 '대가도 보상도 없다'는 말씀입니다. 포로를 풀어 주면 보상이나 대가가 있어야 합니다. 그러나 하나님께서는 우리를 자유롭게 하시면서 어떤 보상이나 대가를 요구하지 않으십니다. 그냥 거저 주신 것입니다. 이것이 하나님의 역사 섭리입니다.

이 세상을 살다 보면 위기나 재앙을 만날 수 있습니다. 하지만 두려워하지 마십시오. 그것이 끝이 아닙니다. 전쟁이 나도 겁내지

마십시오. 그것이 끝이 아닙니다. 하나님께서 역사를 다스리시고 통치하시고 이끌어 가십니다. 때로는 세우기도 하시고 때로는 무너뜨리기도 하십니다. 그러나 승리하시는 분은 오직 하나님이십니다.

19

땅 끝까지 구원을 베푸시는
손길이 놀랍습니다

이사야 45:14-25

이방인 구원 위해 태어난 이스라엘

성경의 중요한 논쟁 중의 하나는 이스라엘의 구원과 이방인의 구원이 어떤 관련이 있느냐 하는 것입니다. 이스라엘은 작은 나라이지만 역사적으로 볼 때 이스라엘이 평화로우면 세계도 평화롭고, 이스라엘이 전운에 휩싸이면 세계도 전운에 휩싸였습니다.

사실 하나님께서 이스라엘 백성을 세우시고 나라를 만드신 것은 오늘날의 이스라엘처럼 이스라엘 자신만을 위한 것은 아니었습니다. 하나님께서 아브라함과 이삭과 야곱을 믿음의 조상으로 주시고 특별히 야곱이라는 이름을 이스라엘로 바꾸어 주신 것은 이스라엘을 통해 온 인류를 구원하시기 위한 것이었습니다.

이런 고귀한 목적을 가지고 태어난 나라가 이스라엘입니다. 그렇기 때문에 우리는 이스라엘을 가리켜 선민이라고 합니다. 하나님의 목적을 가지고 태어났기 때문입니다. 하지만 유감스럽게도 이스라엘이 하나님의 이런 계획과 목적을 망각하고 이방인을 차별하고 무시하고 적대시했다는 것입니다. 그래서 결과적으로 이스라엘은 이방인들의 공격을 받고 하나님의 진노가 임했습니다. 많은 나라들 중에서 유독 이스라엘만 오랜 세월 동안 백성들이 나라를 잃어버리고 전 세계에 흩어져 살았습니다. 학살을 당하고 고

통을 겪었습니다. 지금도 그들은 표적입니다. 왜 그럴까요? 두 가지 이유 때문입니다.

첫째, 하나님의 목적과 계획대로 행동하지 않고 정반대로 살아왔기 때문입니다. 이스라엘은 온 이방인들을 구원하기 위한 축복의 도구로 선택되었습니다. 그런데 하나님의 계획과 목적을 무시하고 순종하지 않고 살았기 때문에 고난과 수난이 계속된 것입니다.

둘째, 하나님께서 온 인류를 구원하기 위해 이스라엘을 통해 메시아를 보내셨습니다. 그러나 이 지상에서 메시아를 가장 받아들이지 않고 반대하는 나라가 이스라엘입니다. 로마서에 의하면 이스라엘이 메시아를 반대함으로 말미암아 복음이 이방인에게 흘러갔지만 이스라엘은 메시아를 거부하고 십자가에 못 박아 죽였습니다.

이에 대한 해답은 회개입니다. 이스라엘은 지금이라도 회개하고 메시아를 받아들여야 합니다. 특별히 그들과 첨예하게 대립하는 아랍 세계를 받아들여야 합니다. 이스라엘로 인해 팔레스타인이 구원을 받고 헤즈볼라가 구원을 받고 아랍 세계가 감동을 받아야 합니다. 이스라엘로 인해 하나님을 볼 수 있어야 합니다. 그러나 우리가 뉴스에서 보듯이 이들은 한 치의 양보도 없이 서로 죽이는 비극을 지금까지 연출하고 있습니다.

이스라엘과 함께 회복되는 열방

성경을 보면 하나님은 고레스 왕을 세워서 바벨론을 멸망시키고 이스라엘을 돌아오게 하십니다. 그런데 놀라운 사실은 이스라엘이 돌아오면서 일어날 세 사건에 대한 예언입니다.

첫째, 이스라엘이 돌아오면 주변에 있는 열방들이 돌아옵니다.

> 여호와께서 이같이 말씀하시되 애굽의 소득과 구스가 무역한 것과 스바의 장대한 남자들이 네게로 건너와서 네게 속할 것이요 그들이 너를 따를 것이라 사슬에 매여 건너와서 네게 굴복하고 간구하기를 하나님이 과연 네게 계시고 그 외에는 다른 하나님이 없다 하리라 하시니라(사 45:14).

애굽과 구스와 스바의 재물과 소유물과 거인들이 다 돌아옵니다. 여기서는 정치적인 의미보다 영적인 의미가 더 중요합니다. 이스라엘의 회복으로 온 열방이 회복된다는 것입니다. 또한 하나님께서 회복시키시는 과정을 통해 하나님을 몰랐던 사람들이 하나님에 대한 감탄과 감동을 하게 됩니다.

이스라엘의 회개는 모든 열방의 회개로, 이스라엘의 회복은 모든 열방의 회복으로 이어집니다. 이것이 로마서와 이사야에 나타난 하나님의 구원 사역입니다. 해답은 하나님의 목적과 계획대로 이스라엘이 메시아를 받아들이고 아랍 세계를 섬기고 팔레스타인

에게 구제의 손길을 펴는 것입니다.

이스라엘의 존재 목적은 이방인의 구원입니다. 하나님께서는 이방인을 구원하시기 위해 이스라엘에게 율법을 주셨고 다른 민족과 비교할 수 없는 탁월성을 주셨습니다. 오늘날까지도 작은 이스라엘이 세계를 움직일 수 있는 엄청난 영향력을 갖게 하셨습니다. 그러나 그들은 이것을 잘 이해하지 못하고 있습니다.

비극을 막는 방법은 이스라엘이 이방인을 섬기는 것입니다. 이방인의 종이 되는 것입니다. 아랍의 종이 되어야 합니다. 상처가 너무 깊어 어디서부터 손을 대야 할지 모르지만 결국은 사랑과 용서만이 승리합니다. 끊임없이 복수하고 보복하면 해답은 없습니다. 당하고 또 당할 때마다 용서하고 또 용서해야 합니다. 그래야 감동이 있습니다. 이것이 예수님께서 하신 일입니다.

이러한 이스라엘과 이방인의 구원 관계는 오늘날 크리스천에게도 동일하게 적용됩니다. 우리 크리스천들이 이 세상을 사는 목적이 무엇일까요? 예수 잘 믿고 축복받아 천국에 가는 것입니까? 물론 그런 이유도 있을 것입니다. 그러나 더 중요한 이유가 있습니다. 하나님께서는 우리에게 이 세상의 빛과 소금이 되는 특권, 영적으로 무지한 사람들을 섬기는 특권을 주셨습니다. 이스라엘에게 주신 것과 똑같습니다.

크리스천의 본질은 섬기는 것입니다. 무슬림도, 공산주의자도 섬겨야 합니다. 크리스천들은 가난한 자, 병든 자, 약한 자를 섬겨

야 합니다. 이것이 우리의 존재 목적입니다. 우리가 축복받는 비결이 여기에 있습니다.

마약중독자, 알코올중독자, 도박중독자, 성매매자, 게이, 레즈비언 등 우리는 우리와 다른 사람들에게는 가까이 다가가려 하지 않습니다. 그러나 우리의 존재 목적이 무엇입니까? 예수님의 심장을 가지고 그들에게 뛰어 들어가는 것입니다.

예전에 수해를 입은 지역에 봉사 활동을 다녀온 적이 있었습니다. 그때 많은 성도들이 마을 복구를 위해 새벽부터 움직였습니다. 마을 주민들은 우리가 사진이나 찍고 이름이나 내려고 온 사람들이 아닌, 진짜 봉사하고 도우러 온 사람들이라 생각하고 마음의 문을 열었습니다. 우리의 작은 땀과 노력이 상처 입은 자들의 마음을 조금이나마 어루만져 줄 수 있어서 보람이 있던 날이었습니다.

이것이 크리스천의 본질이요, 이 세상에 존재하는 모습이어야 합니다. 위대한 일, 큰일은 아니더라도 도와주고 사랑을 나누는 것이 중요합니다. 그런 곳에서는 예수를 믿으라고 말할 필요가 없습니다. 그냥 우리가 예수를 믿고 있다는 사실만으로도 전도가 되는 것입니다.

어찌 보면 우리의 신앙은 관념적이요 이론적입니다. 실제 삶이 없습니다. 아는 것도 많고 본 것도 많은데 실제 우리 손발을 움직이지 않습니다. 삶이 없으니 신앙이 공허하기만 합니다. 이스라엘이 이방인을 위해 태어났듯이 크리스천은 이웃을 섬기기 위해서 존재해

야 합니다. 특별히 고아, 과부, 나그네, 힘없는 사람, 병든 사람을 품고 그들 속으로 들어가 작은 일 하나라도 나누고 함께해야 합니다.

그렇다면 교회의 존재 목적은 무엇입니까? 화려하게 집을 짓고 아름답게 예배를 드리는 것입니까? 교회의 존재 목적은 그 사회와 나라를 위한 것입니다. 교회가 우리 민족, 나라, 국가에 덕이 되고 축복이 되지 못한다면 아무 의미가 없습니다. 한국 교회가 정치에 희망을 주고, 용기를 주고, 사회에 도덕성을 높이고, 모든 분야를 건강하게 만드는 역할을 해야 합니다. 이것을 위해 교회는 투자하고 자기를 희생하고 자기를 포기하는 영적 태도를 가져야 합니다. 이것이 진짜 교회, 진짜 크리스천의 모습입니다.

오늘날 우리나라가 도와줄 수 있는 곳은 많습니다. 베트남, 캄보디아, 라오스 등은 미국이나 일본이 아니라 한국을 모델로 삼고 싶어 합니다. 우리나라는 한국전쟁, 보릿고개 등 여러 어려움을 겪으면서도 지금과 같은 경제 성장을 이루었기 때문에 그 나라들을 도와줄 수 있는 힘이 있습니다. 우리는 하나님께서 주신 부담감을 갖고 여러 주변 나라들을 도와야 합니다.

이스라엘과 함께 돌아오는 피난한 자들

대저 여호와께서 이같이 말씀하시되 하늘을 창조하신 이 그는 하

나님이시니 그가 땅을 지으시고 그것을 만드셨으며 그것을 견고하게 하시되 혼돈하게 창조하지 아니하시고 사람이 거주하게 그것을 지으셨으니 나는 여호와라 나 외에 다른 이가 없느니라 나는 감추어진 곳과 캄캄한 땅에서 말하지 아니하였으며 야곱 자손에게 너희가 나를 혼돈 중에서 찾으라고 이르지 아니하였노라 나 여호와는 의를 말하고 정직한 것을 알리느니라 열방 중에서 피난한 자들아 너희는 모여 오라 함께 가까이 나아오라 나무 우상을 가지고 다니며 구원하지 못하는 신에게 기도하는 자들은 무지한 자들이니라 (사 45:18-20).

둘째, 이스라엘이 돌아오면 피난한 자들이 돌아옵니다. 민족들 가운데 살아남은 자들이 있었습니다. 하나님께서는 이 살아남은 자들을 버리지 않는다고 하십니다. 여기서 우리가 버려야 할 또 하나의 편견이 있습니다. 하나님을 섬기는 사람만이 아니라 우상을 섬기는 사람마저도 하나님께서 구원하기를 원하신다는 것입니다. 하나님은 교회에 다니는 사람에게만 관심이 있는 것이 아니라 점을 치고, 부적을 달고 다니는 사람도 사랑하십니다. 그 사람들을 기다리고 계십니다.

알코올중독자, 도박중독자 등 이중생활을 하는 사람도 하나님은 버리시지 않습니다. 하나님은 그 사람들도 구원하기를 원하십니다. 이것이 하나님의 마음입니다. 구원받을 수 없는 사람은 없습

니다. 준비되지 않은 사람은 없습니다. 형편없는 사람도 없습니다. 하나님은 모두 구원하기를 원하십니다.

> 너희는 알리며 진술하고 또 함께 의논하여 보라 이 일을 옛부터 듣게 한 자가 누구냐 이전부터 그것을 알게 한 자가 누구냐 나 여호와가 아니냐 나 외에 다른 신이 없나니 나는 공의를 행하며 구원을 베푸는 하나님이라 나 외에 다른 이가 없느니라 땅의 모든 끝이여 내게로 돌이켜 구원을 받으라 나는 하나님이라 다른 이가 없느니라 내가 나를 두고 맹세하기를 내 입에서 공의로운 말이 나갔은즉 돌아오지 아니하나니 내게 모든 무릎이 꿇겠고 모든 혀가 맹세하리라 하였노라(사 45:21-23).

셋째, 하나님은 땅 끝 백성까지도 구원시키십니다.

하나님의 말씀은 번복되지 않고 반드시 이루어집니다. 그리고 모든 사람들이 자기 나라 방언으로 맹세할 것입니다. 이 환상을 생각하면 흥분하지 않을 수 없습니다. 하나님과 상관없는 백성들이 무릎을 꿇고 하나님을 찬양하는 장면을 상상해 보십시오.

이것은 딱 100여 년 전 한국의 모습이기도 합니다. 그 당시 우리나라는 황무지였습니다. 그러나 지금은 복음의 꽃이 활짝 폈습니다. 어떤 사람들은 한국에 십자가가 너무 많다고 비판합니다. 그러나 십자가를 꽃이라고 생각해 보십시오. 한국에는 꽃이 활짝 핀 것

입니다. 교회가 이처럼 많은 것은 축복입니다. 일본이나 동남아시아는 교회가 아닌 우상으로 가득하지 않습니까? 하나님은 지구상의 모든 종족, 모든 언어, 모든 백성들이 하나님의 품으로 돌아오기를 원하십니다.

4부

놀라운 구원을 이루시는 하나님

이사야 46:1 - 48:22

하나님이 들어 쓰신 바벨론은 몰락되고
의심과 죄로 뭉친 이스라엘은 하나님께 책망을 받습니다.
하지만 이 모든 것은 하나님의 구원 사역의 한 줄기 빛이 됩니다.

20

바벨론의 우상들은
아무 힘이 없습니다

이사야 46:1-13

우상에 빠진 바벨론의 멸망

이스라엘 백성들이 해방되기 위해서는 바벨론이 패망해야 했습니다. 그러나 그 시대의 가장 큰 강대국인 바벨론 제국이 무너질 것이라고 누구도 생각하지 않았습니다. 하지만 하나님은 두 가지를 들어 바벨론을 치십니다. 하나는 페르시아 제국의 고레스 왕입니다. 고레스 왕은 놀랍게도 하나님을 섬기는 왕이 아니었습니다. 그러나 하나님은 이 고레스 왕을 들어서 바벨론 제국을 무너뜨립니다. 이것은 외부적인 문제지만 다른 하나는 내부적인 문제입니다. 그것이 바로 우상숭배입니다. 우상숭배가 극에 달한 것이 바벨론의 매우 심각한 문제였습니다. 그래서 하나님께서 진노하셔서 우상을 치신 것입니다. 우상의 몰락은 곧 바벨론의 몰락으로 이어집니다.

벨은 엎드러졌고 느보는 구부러졌도다 그들의 우상들은 짐승과 가축에게 실렸으니 너희가 떠메고 다니던 그것들이 피곤한 짐승의 무거운 짐이 되었도다 그들은 구부러졌고 그들은 일제히 엎드러졌으므로 그 짐을 구하여 내지 못하고 자기들도 잡혀 갔느니라(사 46:1-2).

여기서 바벨론을 상징적으로 보여 주는 두 가지 우상이 등장합니다. "벨"과 "느보"입니다. '바벨론'에 '벨'이라는 단어가 쓰였고, 바벨론 마지막 왕인 벨사살 왕도 '벨'이라는 단어를 사용했습니다. 우상의 이름을 나라 이름과 왕의 이름에 쓸 만큼 우상이 권력 안으로 깊이 들어와 있었습니다. "느보"는 벨의 아들로서 학문이나 문서나 천문학을 상징하는 우상입니다. 느보의 이름을 딴 느부갓네살 왕이 있습니다. 느부갓네살의 시위대장인 느부사라단이라는 이름도 이 우상의 이름과 관련이 있습니다. 벨과 느보를 섬기는 큰 신당이 바벨론 남쪽에 있었고, 그 안에 돌로 만든 벨 신상과 느보 신상이 있었습니다. 기록에 의하면 그 신상의 높이가 5.4m나 되었다고 합니다. 고대에는 어떤 절기나 큰 축제가 있으면 가축들이 끄는 큰 수레에 거대한 신상을 싣고 바벨론 도시를 돌아다니면서 축제를 했다고 합니다. 모든 사람들이 그 앞에서 복을 비는 것입니다.

소나 말이 이끄는 수레에 실려 성안을 화려하게 행진했던 이 우상들이 엎드러지고 고꾸라졌습니다. 처참하게 짐짝 취급을 당한 것입니다. 그것들은 짐 속에서 빠져나올 수 없어서 포로가 돼 끌려갔습니다. 이것은 마치 이라크에서 후세인 동상들을 연상하게 합니다. 동상이 끌어내려지면 그렇게 치욕스러울 수가 없습니다. 동상은 함부로 만들 것이 못 됩니다. 동상이 많은 나라는 위험합니다. 우상이 쓰러졌다는 것은 정신적 기초가 쓰러졌다는 것을 의미합니다. 우상의 몰락은 정권의 몰락, 제국의 몰락으로 이어집니

다. 바벨론이 멸망하기 전에 우상이 판을 쳤다는 것을 기억하십시오. 우상과 미신이 판치면 인간의 도덕성이 망가지고, 도덕성이 망가지면 정치가 망가지고, 정치가 망가지면 경제가 망가지고, 경제가 망가지면 사회가 붕괴됩니다. 바벨론이 이런 일 때문에 무너졌습니다.

그러나 우상과 반대로 살아 계신 하나님을 섬기는 사람들은 어땠을까요? 하나님을 섬기는 백성들은 망하는 것 같지만 흥했고, 죽은 것 같지만 살아났고, 없는 것 같지만 일어났습니다. 하나님을 경외했던 사람들에게는 다시 회복되는 역사가 있었습니다.

> 야곱의 집이여 이스라엘 집에 남은 모든 자여 내게 들을지어다 배에서 태어남으로부터 내게 안겼고 태에서 남으로부터 내게 업힌 너희여 너희가 노년에 이르기까지 내가 그리하겠고 백발이 되기까지 내가 너희를 품을 것이라 내가 지었은즉 내가 업을 것이요 내가 품고 구하여 내리라 너희가 나를 누구에게 비기며 누구와 짝하며 누구와 비교하여 서로 같다 하겠느냐(사 46:3-5).

우상은 몰락할 수밖에 없습니다. 수치를 당할 수밖에 없습니다. 우상은 가짜 신이요, 실제로 능력이 없기 때문입니다.

하나님의 모성과 우상에 매달리는 인간들

하나님은 마치 어린 아기를 잉태한 어머니처럼 이스라엘 백성들을 돌보셨습니다. 흔히 우리는 하나님의 부성(父性)을 이야기합니다. 누가복음 15장은 탕자를 기다리는 아버지의 모습을 묘사하기도 합니다. 그러나 다른 성경은 하나님의 모성(母性)을 표현합니다. 하나님의 형상을 따라 남자와 여자가 창조되었기에 하나님 안에는 아버지의 모습도 있고, 어머니의 모습도 있습니다. 리더십에도 부성적 리더십이 있고, 모성적 리더십이 있습니다. 부성적 리더십을 가진 사람은 무섭고 강하고 공격적입니다. 그러나 모성적 리더십을 가진 사람은 품어 주고 용서하고 위로합니다.

본문 말씀을 보면 하나님은 태에서부터 우리를 사랑하셨습니다. 그리고 하나님은 무조건 우리 편에 서십니다. 이런 의미에서 하나님은 우리를 편애하십니다. 하나님은 우리가 잘못하고 실수해도 우리 편이라고 하십니다. 4절을 보면 하나님은 이스라엘이 노년이 될 때까지 백발이 될 때까지 보호하고 지켜 주고 편이 되어 주겠다고 약속하십니다. 태어날 때부터 백발이 될 때까지입니다. 요람에서 무덤까지 하나님은 우리를 변함없이 사랑하시고 우리 편이 되어 주시고 우리의 실수를 덮어 주십니다.

또한 하나님은 어떤 우상과 비교하거나 견줄 수 있는 대상이 아니라고 말씀하십니다. 하나님은 그 누구와도 닮지 않았습니다. 인간이 하나님을 닮았을 뿐입니다. 이것이 하나님의 형상대로 지음

받았다는 뜻입니다.

인간은 하나님을 잘 모릅니다. 만약 인간이 하나님을 다 안다면 인간이 하나님일 것입니다. 그래서 "하나님을 보여 주면 믿겠다" 든지 "하나님을 다 설명해 주면 믿겠다"는 말처럼 어리석은 말이 없습니다. 우리는 하나님에 대해 극히 일부분만 알 뿐입니다. 하나님은 우리보다 크시고 인류보다 크시고 온 우주보다 크시기에 어찌 보면 우리가 모르는 것이 당연합니다.

"여인이 어찌 그 젖 먹는 자식을 잊겠으며 자기 태에서 난 아들을 긍휼히 여기지 않겠느냐 그들은 혹시 잊을지라도 나는 너를 잊지 아니할 것이라"(사 49:15)의 말씀에도 하나님의 모성이 잘 나타나 있습니다.

하나님의 사랑을 어머니에 비유해서 말씀하고 계십니다. 어머니가 어떻게 젖 먹는 자식을 잊겠습니까? 비록 사람은 잊는다고 해도 하나님은 잊지 않겠다고 하십니다. 이런 분이 하나님이십니다. 하나님은 아버지보다 더 아버지다운 분이요, 어머니보다 더 어머니다운 분입니다.

하나님은 우리가 조금만 잘못하면 야단치고 실수를 용서하지 않는 무서운 분이 아닙니다. 어떤 분은 천국에 가면 지상에서 살았던 삶을 필름처럼 보여 준다고 말합니다. 그러나 저는 이 말에 동의하지 않습니다. 하나님은 죄를 기억하지 않는 분이기 때문입니다. 겁먹지 마십시오. 하나님은 모든 것을 용서하시고 잊으셨습니다. 부

모가 자기 자식을 다 용서하듯이 하나님은 우리의 죄를 다 용서하시고 기억도 하지 않으십니다. 이것이 하나님의 모성애입니다.

그런데 우상을 섬기는 사람은 어떻습니까?

> 사람들이 주머니에서 금을 쏟아 내며 은을 저울에 달아 도금장이에게 주고 그것으로 신을 만들게 하고 그것에게 엎드려 경배하며 그것을 들어 어깨에 메어다가 그의 처소에 두면 그것이 서 있고 거기에서 능히 움직이지 못하며 그에게 부르짖어도 능히 응답하지 못하며 고난에서 구하여 내지도 못하느니라(사 46:6-7).

하나님은 우상을 만들어서 절하는 인간의 어리석은 모습을 두 가지로 묘사하고 있습니다. 첫째, 어리석은 인간이 사람을 고용하여 자기의 금과 은으로 우상을 만들어서 그것을 신이라고 하고 그것에 절한다는 것입니다. 둘째, 그렇게 만든 신은 움직이지도 못하고 응답하지도 못하는데 그것이 마치 유능하고 어떤 기적을 이루는 것처럼 착각하여 절을 한다는 것입니다.

일반적으로 사람들은 엉뚱한 데 돈을 많이 씁니다. 가치 없는 일에 열정을 쏟습니다. 허무한 데 시간을 보냅니다. 우리는 무익한 것에 얼마나 많은 시간과 열정을 낭비했습니까? 오늘의 운세나 점이 어떻게 우리의 미래를 만들며, 사주팔자가 어떻게 행복한 결혼과 건강한 가정을 만들 수 있겠습니까? 그럼에도 불구하고 우리

는 장난삼아 운세를 보고, 사주팔자를 이야기하고, 손금을 봅니다.

우리는 이런 일들을 흉내도 내지 않아야 합니다. 우리 인생은 말도 못하는 거짓 우상에 의해서 결정되는 것이 아니라 살아 계신 하나님, 창조주 하나님, 인격적인 하나님, 사랑과 긍휼의 하나님, 역사를 정의로 심판하시는 하나님에 의해서 결정된다는 사실을 믿으시기 바랍니다. 인생의 정답은 하나님이십니다. 그것이 손해 보는 것 같고 인기가 없는 것처럼 보이고 사람들의 조롱거리가 되어도 인생의 정답은 하나님이십니다.

하나님의 세 가지 충고

하나님은 실제적으로 우리에게 세 가지 충고를 하십니다. 그 첫 번째 충고는 과거에 하나님께서 하셨던 위대한 일을 기억하라는 것입니다.

> 너희 패역한 자들아 이 일을 기억하고 장부가 되라 이 일을 마음에 두라 너희는 옛적 일을 기억하라 나는 하나님이라 나 외에 다른 이가 없느니라 나는 하나님이라 나 같은 이가 없느니라(사 46:8-9).

이스라엘 백성들과 하나님 사이에는 과거에 잊을 수 없는 기막힌 스토리가 있습니다. 혹시 신앙생활을 하면서 매너리즘에 빠지

거나 감동이 없을 때는 처음 은혜받았던 때를 회상하십시오. 그럴 때 영적 재충전이 오기 시작합니다. 죽음에서 살아난 이야기, 절망에서 살아난 이야기로 우리는 다시 힘을 얻게 됩니다.

저희 가족은 이북에서 피난을 나왔는데, 그때의 기막힌 이야기를 어렸을 적부터 귀에 못이 박히도록 들었습니다. 한번은 북한 병사를 피해 가족이 논바닥에 엎드려 벌벌 떨고 있는데 그 병사가 걸어오다가 우리가 있는 반대편으로 코를 풀어서 살아났다고 합니다. 하나님께서 피하게 해주신 것입니다.

어느 가정이든지 하나님을 만난 기막힌 이야기들이 있습니다. 병에 걸려 죽게 되었는데 살아났다, 교통사고가 크게 났는데 살아났다, 피난 나왔는데 총알이 빗겨 갔다 등등 여러 가지입니다. 그런데 이야기의 결론은 모두 하나님께서 구해 주셨다는 것입니다. 이때 우리는 우연히 살아난 것이 아니라 하나님께서 도우셔서 살아난 것입니다. 이 사실을 기억해야 합니다.

두 번째 충고는 하나님은 반드시 미래의 일을 미리 예언하시고 그 일을 이루신다는 것입니다. 그래서 크리스천에게 있어서 미래는 영광스러운 것이고 기대로 가득합니다.

내가 시초부터 종말을 알리며 아직 이루지 아니한 일을 옛적부터 보이고 이르기를 나의 뜻이 설 것이니 내가 나의 모든 기뻐하는 것을 이루리라 하였노라 내가 동쪽에서 사나운 날짐승을 부르며 먼

나라에서 나의 뜻을 이룰 사람을 부를 것이라 내가 말하였은즉 반드시 이룰 것이요 계획하였은즉 반드시 시행하리라(사 46:10-11).

미래에 가본 사람은 아무도 없습니다. 그런데 어떤 사람은 미리부터 '나는 안 돼'라고 생각합니다. 자기가 안 되기로 결정한 것입니다. 하나님은 우리를 향한 놀라운 계획을 갖고 계시는데 믿음이 없는 우리는 미래의 문을 스스로 닫아 버립니다.

우리는 더도 말고 하나님만큼만 미래를 가져야 합니다. 하나님께는 우리에 대한 기대와 꿈이 있습니다. 사람이 아이를 낳고 키우면 그 아이를 향한 꿈이 생깁니다. 그리고 그 꿈이 이루어지기를 기도합니다. 자기 자식이 좋은 대학교에 가고, 축복된 결혼을 하고, 좋은 직장에 다니고, 행복하게 살기를 원하는 것이 부모의 심정이거늘 하물며 하나님께서 우리에 대한 꿈이 없으시겠습니까?

하나님은 우리에 대한 꿈과 환상이 있습니다. 아무렇게나 살라고 우리를 세상에 보내신 것이 아닙니다. 지금보다 더 황홀하고 아름답고 감동적이고 눈물이 있는 삶을 살라고 보내셨습니다. 나이, 건강, 돈, 성공과는 상관없습니다. 하나님은 우리를 향한 놀랍고도 큰 꿈이 있습니다. 이 사실을 믿으십시오. 우리는 다 잘될 것입니다. 이는 막연한 축복이 아닙니다. 우리에게는 하나님의 계획이 있습니다. 하나님은 우리를 포기하지 않으십니다. 하나님은 반드시 우리를 이끌고 가실 것입니다. 우리는 쉽게 좌절하고 포기합니다.

또한 모든 것을 잊어버리려고 합니다. 그러나 하나님은 잊지 않으시고 하나님께서 계획하신 대로 우리를 이끄십니다.

세 번째 충고는 하나님은 지체하지 않으신다는 것입니다.

> 마음이 완악하여 공의에서 멀리 떠난 너희여 내게 들으라 내가 나의 공의를 가깝게 할 것인즉 그것이 멀지 아니하나니 나의 구원이 지체하지 아니할 것이라 내가 나의 영광인 이스라엘을 위하여 구원을 시온에 베풀리라(사 46:12-13).

하나님께서 이제 지체할 시간이 없다고 말씀하십니다. 하나님께서 구원의 계획을 시작하시겠다는 것입니다. 조금 있다가 하는 것이 아닙니다. 하나님은 바로 지금 이 일을 하십니다. 지체하지 않으십니다. 성공할 시간, 승리할 시간이 다가왔다고 말씀하십니다. 이런 말을 듣고도 웃지 않는 사람은 마음이 굳은 사람입니다. 하나님께서 여기 계십니다. 하나님께서 지금 오십니다.

오늘이 우리가 은혜받은 날입니다(고후 6:2). 오늘이 우리가 구원받은 날입니다. 오늘이 우리가 바로 예수님을 믿는 날입니다. 혹시 의심이 고개를 든다면 그 의심을 당장 버리십시오. 방황을 하고 싶다면 당장 그 방황을 포기하십시오. 오늘 예수님을 영접하십시오. 오늘 주님 앞으로 돌아오십시오. 다른 날은 없습니다. 오늘이 바로 그날입니다.

하나님은 지체하지 않으십니다. 승리의 날은 이미 가까이 오고 있습니다. 우리는 게으른 신부처럼 졸지 말고 등불을 준비해야 합니다.

21

우상에 의지한 바벨론이
최후를 맞이합니다

이사야 47:1-15

우상을 따르던 바벨론의 수치와 멸망

본문 말씀은 바벨론 제국의 멸망을 예언한 말씀입니다. 우상숭배는 백성들로 하여금 공황 상태에 빠지게 합니다. 요즘에도 나라를 뒤흔들고 국민들을 공황 상태에 빠지게 하는 것들이 참 많습니다. 도박과 마약과 자살 등 점점 문제들이 심각해져 가고 우리의 나약한 정신 상태가 여실히 드러나고 있습니다. 사실 이런 문제는 정치, 경제가 망가지는 것보다 더 무서운 것입니다.

바벨론 제국이 어떻게 몰락했는지를 먼저 살펴보겠습니다.

처녀 딸 바벨론이여 내려와서 티끌에 앉으라 딸 갈대아여 보좌가 없어졌으니 땅에 앉으라 네가 다시는 곱고 아리땁다 일컬음을 받지 못할 것임이라 맷돌을 가지고 가루를 갈고 너울을 벗으며 치마를 걷어 다리를 드러내고 강을 건너라 네 속살이 드러나고 네 부끄러운 것이 보일 것이라 내가 보복하되 사람을 아끼지 아니하리라(사 47:1-3).

바벨론을 "처녀 딸"이라고 부른 것은 아직 외침을 받아보지 못한 강대국이기 때문입니다. 바벨론은 고귀하고 존귀하고 우아한 위치에 있었지만 땅바닥에 내쳐지고 말았습니다. 그 모습을 보며

아무도 바벨론을 '존귀하다, 우아하다'고 말하지 않을 것이라는 말씀입니다.

맷돌로 가루를 빻는 일은 노예가 하는 일입니다. 그런데 공주가 노예가 된 것입니다. 너울을 벗고 치마를 걷어 올리고 수치스럽게 강을 건너야 하는 비참한 모습을 묘사하고 있습니다. 속살이 드러나고 부끄러운 곳이 보일 것이라는 표현은 바벨론이 겪을 수모를 잘 말해 주고 있습니다. 이처럼 바벨론이 가장 천한 여인의 모습으로 변한다는 것입니다.

이렇게 된 데는 다양한 원인이 있겠지만 영적으로 보면 원인은 하나입니다. 하나님을 버리고 우상을 숭배했기 때문입니다. 하나님은 우상을 숭배하는 어떤 민족도, 어떤 개인도 싫어하십니다. 만약 우리가 미신, 우상, 세상을 섬기면서도 하나님께 복 받기를 원한다면 그것은 불가능합니다.

우상숭배의 결과는 제국의 몰락, 개인의 몰락입니다. 사업이 망하기 전에는 언제나 도덕적 파산이 먼저 옵니다. 한 기업이, 한 사회가 그냥 망하는 것이 아닙니다. 우상을 몰락시키고 제국을 멸망시키는 분은 하나님이십니다. 제국의 멸망은 우연이 아닙니다. 한 시대의 종말도 우연이 아닙니다. 거기에는 반드시 하나님이 계십니다.

우리의 구원자는 그의 이름이 만군의 여호와 이스라엘의 거룩한 이시니라(사 47:4).

하나님은 우리의 구원자이십니다. 사람들은 우상이 우리를 구원할 수 있다고 생각합니다. 우상이 우리의 건강과 재물과 권력과 사업을 유지해 줄 것이라고 생각합니다. 그러나 그렇지 않습니다. 우상은 반드시 망하게 되어 있습니다.

우리를 구원하시는 분은 하나님이십니다. 그분의 이름은 만군의 여호와입니다. 우리는 우상숭배가 결코 영원하지 않다는 것을 알아야 합니다. 징계가 시작되면 돌이킬 시간이 없습니다. 우리는 하나님의 심판이 시작되기 전에 잘못된 것을 고치고 돌아와야 합니다.

이런 예는 소돔과 고모라를 통해 확실히 알 수 있습니다. 원래 소돔과 고모라는 성경에서 물댄 동산 같고 애굽과 같은 곳이라고 할 만큼 당시로서는 매우 화려한 곳이었습니다. 가장 화려한 문화가 있는 매력적인 곳이었던 것입니다. 그래서 사람들이 많이 모여들었습니다. 롯과 그의 아내도 하나님의 뜻대로 도시를 선택한 것이 아니라 그들의 인생을 행복하게 해 줄 것 같아서 아브라함과 결별하고 소돔과 고모라를 택합니다. 실제로 소돔과 고모라는 매력적인 도시였지만 우상숭배로 가득한 도시였습니다. 사악하고 음란한 도시였습니다. 결국 유황불로 도시 전체가 심판을 받고 자취를 감춰 버렸습니다. 바벨론도 어둠 속으로 쫓겨나고 여왕의 위치를 박탈당합니다.

딸 갈대아여 잠잠히 앉으라 흑암으로 들어가라 네가 다시는 여러
왕국의 여주인이라 일컬음을 받지 못하리라(사 47:5).

한 제국의 멸망은 마치 어둠 속으로 사라지는 것과 같습니다. 세
울 때는 엄청난 노력이 필요하지만 사라질 때는 한순간 바람처럼
사라집니다. 인생도 마찬가지입니다. 하나님의 심판이 오면 한순
간에 어둠 속으로 침몰합니다.

그냥 침묵하다가 멸망과 죽음의 계곡으로 사라져 버리는 것이
바벨론의 운명이었습니다. 더 이상 사람들이 바벨론을 위해 박수
를 치거나 환호성을 지르거나 노래를 부르는 일이 없습니다. 누구
도 더 이상 바벨론을 기억하지 않습니다. 과거에 화려하게 살았던
것은 아무 소용이 없습니다. 아무도 기억해 주지 않기 때문입니다.

바벨론은 하나님의 섭리와 뜻을 모르고 한참 잘될 때 교만했습
니다.

전에 내가 내 백성에게 노하여 내 기업을 욕되게 하여 그들을 네 손
에 넘겨주었거늘 네가 그들을 긍휼히 여기지 아니하고 늙은이에게
네 멍에를 심히 무겁게 메우며 말하기를 내가 영영히 여주인이 되
리라 하고 이 일을 네 마음에 두지도 아니하며 그들의 종말도 생각
하지 아니하였도다(사 47:6-7).

바벨론의 문제는 하나님의 섭리를 몰랐다는 것입니다. 물론 바벨론은 하나님을 믿는 나라가 아닙니다. 이스라엘도 하나님의 섭리를 몰라서 실수하고 불신앙과 우상숭배에 빠져 포로로 잡혀가는 곤욕을 치렀습니다. 하나님의 심판은 믿는 나라나 믿지 않는 나라나 동일합니다. 하나님은 때로는 하나님을 믿지 않는 제국이나 하나님을 믿지 않는 권력도 쓰십니다. 그렇게 하나님의 섭리를 이루어 가십니다.

우리는 내가 잘될 때, 내가 승승장구할 때 결코 내가 잘나고 똑똑해서 된 것이 아님을 깨달아야 합니다. 내가 잘나고 훌륭해서 잘된 것이 아닙니다. 하나님께서 그렇게 해 주신 것입니다. 우리는 하나님의 섭리를 깨닫고 자기 분수와 자기 한계를 지켜야 합니다. 그래야 그 번영과 영광이 계속될 수 있습니다. 그렇지 못하면 결국 망하게 됩니다. 바벨론은 하나님의 섭리 앞에서 마치 자기가 열국의 주권자인 듯이 권력을 휘둘렀습니다. 심지어 무자비하게 노인들에게까지 멍에를 지우고 학대를 했습니다. 이런 행실이 극에 달했을 때 하나님은 또 다른 제국을 들어 바벨론을 멸망시키십니다.

우상숭배가 부른 임박한 재앙

그러므로 사치하고 평안히 지내며 마음에 이르기를 나뿐이라 나 외

에 다른 이가 없도다 나는 과부로 지내지도 아니하며 자녀를 잃어 버리는 일도 모르리라 하는 자여 너는 이제 들을지어다(사 47:8).

여기 편안하고 안일하게 빈둥거리는 사람이 있습니다. 그는 '나 말고는 최고가 없다. 나는 과부가 안 될 것이다. 나는 자식을 잃어 버릴 일이 없다'라고 스스로 생각합니다. 그러나 그렇게 빈둥거리 는 것이 망하는 지름길임을 알지 못합니다.

한 날에 갑자기 자녀를 잃으며 과부가 되는 이 두 가지 일이 네게 임 할 것이라 네가 무수한 주술과 많은 주문을 빌릴지라도 이 일이 온 전히 네게 임하리라(사 47:9).

이것이 바벨론의 운명이었습니다. 우상숭배 하는 사람들, 오만 방자하게 빈둥거리면서 겸손하게 살지 않는 사람들에게는 이러한 고난이 갑자기 일어난다고 하나님께서 말씀하십니다.

네가 네 악을 의지하고 스스로 이르기를 나를 보는 자가 없다 하나 니 네 지혜와 네 지식이 너를 유혹하였음이라 네 마음에 이르기를 나뿐이라 나 외에 다른 이가 없다 하였으므로(사 47:10).

이것이 바벨론의 정신적 상태였습니다. 국민들과 권력자들에게

만연한 사고방식이었습니다. 나쁜 짓을 하고도 아무도 보지 못할 것이라 생각하고, 자신이 최고라고 생각했습니다. 차라리 무식하고 몰랐으면 괜찮았을 텐데 지혜와 지식이 사람들을 더 교활하고 간교하게 만들었습니다.

> 재앙이 네게 임하리라 그러나 네가 그 근원을 알지 못할 것이며 손해가 네게 이르리라 그러나 이를 물리칠 능력이 없을 것이며 파멸이 홀연히 네게 임하리라 그러나 네가 알지 못할 것이니라(사 47:11).

재앙이 한번 오고 마는 것이 아니라 한꺼번에 갑자기 옵니다. 우리 민족에게 이런 재앙이 닥치지 않기 위해 우리는 늘 깨어 각성하고 겸손하게 하나님의 말씀을 들어야 합니다.

바벨론의 가장 큰 문제는 우상숭배로 인한 정신적인 안일함, 빈둥거림, 자기 스스로가 최고라고 생각하며 재앙은 결코 임하지 않는다는 착각이었습니다. 코앞에 태풍이 불어닥치는데도 준비를 하지 않은 것입니다. 사치, 게으름, 오만 방자, 교만은 우상숭배의 열매입니다. 하나님의 심판이 시작되면 아무리 울고불고 소리치고 주문을 외워도 소용이 없습니다.

> 이제 너는 젊어서부터 힘쓰던 주문과 많은 주술을 가지고 맞서 보라 혹시 유익을 얻을 수 있을는지, 혹시 놀라게 할 수 있을는지(사 47:12).

하나님께서 점도 쳐 보고 마법도 행하고 요술도 부려 보라고 말씀하십니다. 그것이 너를 구원하는지 너의 민족을 구원하는지 한 번 해보라는 것입니다.

네가 많은 계략으로 말미암아 피곤하게 되었도다 하늘을 살피는 자와 별을 보는 자와 초하룻날에 예고하는 자들에게 일어나 네게 임할 그 일에서 너를 구원하게 하여 보라(사 47:13).

당시 왕들은 점성술사나 별자리 전문가들의 자문을 받았습니다. 요즘에는 자문을 해주는 전문기관들이 많습니다. 그러나 어떤 면에서 전문가들은 전문지식에 의해 망하기 십상입니다. 하나님을 의지하는 기본적인 태도가 없기 때문입니다.

보라 그들은 초개 같아서 불에 타리니 그 불꽃의 세력에서 스스로 구원하지 못할 것이라 이 불은 덥게 할 숯불이 아니요 그 앞에 앉을 만한 불도 아니니라(사 47:14).

하나님께서는 점성술사, 별자리를 보는 사람, 마법을 행하는 사람, 요술을 행하는 사람을 초개 같다고 하십니다. 초개, 즉 지푸라기는 불에 순식간에 타버립니다. 이 불은 옆에서 쬘 정도가 아니라 엄청난 불입니다. 또한 하나님은 네가 공들인 사람들, 네가 믿었던

사람들이 결국은 다 도망갈 것이고 너를 배신할 것이고 너를 보호해 주지 않을 것이라고 말씀하십니다.

> 네가 같이 힘쓰던 자들이 네게 이같이 되리니 어려서부터 너와 함께 장사하던 자들이 각기 제 길로 흩어지고 너를 구원할 자가 없으리라(사 47:15).

하나님을 경외함으로 세상을 새롭게 하라

우상숭배를 하는 나라와 개인은 망합니다. 이것을 적용하면 도박하는 나라도 망합니다. 온 국민이 일할 생각은 안 하고 일확천금을 꿈꾸고 있다면 나라는 망할 수밖에 없습니다. 마약하는 나라는 망합니다. 술 취한 나라는 망합니다. 또한 성범죄가 많은 나라도 망합니다. 음란 문화가 판을 치면 그 시대의 도덕적, 정신적, 영적 상태는 바닥으로 떨어지게 되어 있습니다.

이것이 우리나라의 현실입니다. 이런 상황에서 어떻게 이 정도를 유지하고 살 수 있을까요? 생각해 보면 기적입니다. 만약 우리나라가 세금을 제대로 쓰고, 권력을 제대로 쓰고, 조금만 더 정직하다면 정말 살기 좋은 나라가 될 것입니다. 조금 더 좋은 지도자를 만나고, 우리 국민들의 근면성과 열정이 회복되고, 도덕적, 정신적으로 건강해지고, 가진 것을 나눈다면 우리나라는 세계에서 1등 공

헌국이 될 것입니다.

한국 교회는 앞장서서 이런 역할을 해야 합니다. 정신적으로 해이하고 안일하고 사치스럽고 방자하고 교만한 이 민족을 교회가 일어나서 바꾸어야 합니다. 우리 민족이 하나님을 경외할 수 있도록 인도해야 합니다. 무당이나 점쟁이가 아니라 하나님을 의지하는 민족이 되기를 기도해야 합니다.

누군가의 이야기처럼 국가 예산의 10분의 1을 남을 도와주는 데 쓰기를 바랍니다. 저는 이전에 아프가니스탄과 팔레스타인에 갔을 때 정부 담당자를 만났습니다. 일본은 팔레스타인에서 큰일을 많이 했습니다. 집도 지어주고 국가가 되살아날 수 있도록 많은 기금을 주었습니다. 우리나라가 준 기금과는 하늘과 땅 차이였습니다. 아프가니스탄도 마찬가지입니다. 우리 쓰기에도 바쁘다고 외면하는 것이 아니라 그래도 끊임없이 이웃 나라를 도와야 합니다.

우리나라는 깨끗한 나라, 도박하지 않는 나라, 술 취하지 않는 나라, 마약을 하지 않는 나라가 될 것입니다. 하나님을 경외하며 모두 열심히 근면하게 살면 미래 대한민국은 세계에서 뛰어난 국가가 될 것입니다. 이런 나라에 대한 꿈을 갖고 각자의 일터로 돌아가 변화의 노력을 해야 합니다. 깨끗한 한국, 건강한 한국, 기쁨과 희망이 있는 한국의 꿈을 우리 안에 품어야 할 것입니다.

22

이스라엘을 향한
책망의 소리를 듣습니다

이사야 48:1-11

성숙의 길로 인도하는 칭찬과 책망

사람들은 칭찬받고 격려받고 위로받는 것을 참 좋아합니다. 그러나 반대로 책망과 훈계와 심판을 받는 것은 싫어합니다. 이스라엘 백성들도 마찬가지였습니다. 하지만 우리에게는 칭찬도 필요하고 징계와 책망도 필요합니다. 이것은 마치 낮과 밤 같습니다. 낮도 있고 밤도 있어야 우리가 건강하게 잘 살 수 있습니다.

본문 말씀에서 우리는 이스라엘 백성을 책망하시는 하나님을 만나게 됩니다. 하나님은 칭찬과 격려뿐만 아니라 책망으로도 우리를 축복하시고 영적으로 성숙하게 하십니다.

> 야곱의 집이여 이를 들을지어다 너희는 이스라엘의 이름으로 일컬음을 받으며 유다의 허리에서 나왔으며 여호와의 이름으로 맹세하며 이스라엘의 하나님을 기념하면서도 진실이 없고 공의가 없도다 (사 48:1).

하나님께서 이스라엘을 독특하게 부르십니다. 이사야를 보면 하나님께서는 이스라엘을 주로 "야곱아" 또는 "이스라엘아"라고 부르셨습니다. 야곱은 변화되기 전의 이름이고 이스라엘은 변화

된 이름입니다. 그런데 여기서는 "야곱의 집이여"라고 부르십니다. 또한 이스라엘의 12지파 중에서 특히 유다의 이름을 부르셨습니다. 유다 혈통에서 메시아가 나왔다는 것을 기억하십시오. 이것은 메시아의 족보를 가지고 있는 사람들이란 뜻입니다. 이런 뜻으로 살펴보면 이 세 가지 이름은 이스라엘 백성의 사명과 존재 의미를 말하는 것입니다.

하나님께서는 이름을 통해서 존재 의미, 사명, 비전, 미래를 생각하게 하십니다. 우리는 짐승처럼 우연히 왔다가 그냥 사라지는 존재가 아닙니다. 인간은 목적과 의미와 비전을 갖고 살아가도록 지음받았습니다. 이렇게 창조된 인간이 비전도 목적도 의미도 모르고 사는 것보다 더 큰 비극은 없습니다.

하나님께서는 여러 가지 이유로 이스라엘을 책망하셨는데, 그중 하나가 진실과 공의가 없다는 것이었습니다. 하나님은 이스라엘 백성이 진실이 없다고 말씀하십니다. 겉과 속이 다르다는 것입니다. '겉과 속이 다르다'는 말을 들으면 누구나 뜨끔합니다. 왜냐하면 우리는 누구나 겉과 속이 다르게 살고 있기 때문입니다. 겉모양은 멀쩡하고 화려하고 그럴듯해도 실제로 내면은 엉망인 채로 삽니다. 우리는 야곱의 집의 사람이요 이스라엘의 백성이요 유다의 혈통이지만 겉과 속이 다르게 삽니다. "나는 하나님을 믿는다. 나는 하나님의 영광을 위해서 산다. 나는 하나님의 영광을 위해서 돈을 번다. 내 인생의 목적은 하나님을 찬양하는 것이다"라고 말

로는 수도 없이 되낍니다. 하지만 실제는 다릅니다. 실제 내면의 세계에는 진실이 없는 것입니다.

진실은 곧 성실입니다. 하나님께서 기뻐하시는 것은 화려한 겉모습, 예배, 예식, 언어가 아니라 진실입니다. 우리는 예식이나 언어나 형식 안에 자기 자신을 숨기고 있습니다. '이만하면 됐다', '나는 최선을 다했다', '나는 괜찮다'라고 말합니다. 하지만 사도신경을 잘 외우고 주기도문을 열심히 한다고 해서 믿음이 있는 것은 아닙니다. 그것과 믿음의 세계는 전혀 다른 것입니다. 또한 이스라엘 백성은 공의가 없다고 하십니다. 공의는 의로움입니다. 우리는 옳고 그름을 뒷전에 둘 때가 있습니다. 그러나 하나님은 그렇지 않습니다. 하나님 앞에서는 아무리 힘들고 어렵고 손해를 본다 할지라도 의로운 것은 의로운 것이고 틀린 것은 틀린 것입니다.

이처럼 겉과 속이 다른 사람의 대표적인 사람이 신약의 바리새인과 서기관들입니다. 그들은 하나님을 잘 믿고 율법대로 살려고 노력했습니다. 그들은 십계명을 지키는 계명을 만들었고, 또 그 계명을 지키는 계명을 만들었습니다. 이렇게 철저하게 생명을 걸고 하나님의 율법을 지키려고 했지만 예수님이 '너희는 겉과 속이 다르다'고 지적하셨습니다(마 23:25-28).

구약에서는 이스라엘 백성들이, 신약에서는 바리새인들이 겉과 속이 달랐습니다. 그러면 오늘날 성령받은 우리, 교회 다니는 우리, 하나님을 섬긴다는 우리는 괜찮을까요? 우리 자신의 내면을

들여다보십시오. 만약 우리도 겉과 속이 다르다면, 말과 행동이 다르다면, 형식과 내용이 다르다면 하나님께서는 동일하게 우리를 책망하실 것입니다.

> 그들은 거룩한 성 출신이라고 스스로 부르며 이스라엘의 하나님을 의지한다 하며 그의 이름이 만군의 여호와라고 하나(사 48:2).

이스라엘 백성들은 변명과 핑계 때문에 하나님의 책망을 받았습니다. 잘못을 했으면 어린아이처럼 단순하게 잘못했다고 말하는 것이 중요합니다. 실수 자체가 잘못된 것이 아닙니다. 실수라고 말하지 않는 것이 잘못된 것입니다. 이 세상에 완전한 사람이 어디 있겠습니까? 우리는 다 미숙하고 부족합니다. 최선을 다하지만 안 될 때가 있습니다. 하나님께서는 그것을 나무라시지는 않습니다. 죄 짓는 것을 야단치시는 것이 아닙니다. 자신이 죄를 짓고 있다는 것을 인정하지 않는 것을 야단치시는 것입니다.

이스라엘 백성들의 죄는 핑계, 변명, 책임 전가였습니다. 말이나 못하면 얼마나 좋을까요? 우리는 좋은 말로 번지르르하게 말합니다. 하지만 그 안에 진심과 진실이 없기에 허망하기만 합니다.

여기에 우리의 가슴앓이가 있습니다. 여기에 우리의 고통이 있습니다. 조용히 머리 숙여 눈물을 흘릴 수 있는 시간이 필요합니다. 하나님의 관심은 우리의 내면세계에 있습니다. 하나님께서는

우리의 겉모습에 결코 속지 않으십니다. 우리는 마지막까지 성실할 수 있어야 합니다. 한번 약속한 것은 해로울지라도 끝까지 지킬 수 있어야 합니다. 아무리 손해 보고 어렵고 창피하고 힘들고 자존심이 상해도 진실하게 하나님 앞으로 나아가는 영적 태도가 필요합니다. 끝까지 의의 편에 설 줄 아는 자가 되십시오. 마지막 순간까지 순교할 각오를 하며 의의 편에 설 것을 결단하십시오.

말씀으로 행하시고 성취하시는 하나님

내가 예로부터 처음 일들을 알게 하였고 내 입에서 그것들이 나갔으며 또 내가 그것들을 듣게 하였고 내가 홀연히 행하여 그 일들이 이루어졌느니라(사 48:3).

우리는 갑자기 어떤 일을 당하고는 '어떻게 하나님께서 나한테 이럴 수가 있느냐'고 불평합니다. 그렇지만 3절을 보면 그 일은 갑자기 일어난 것이 아니라 이미 과거에 예언한 것임을 알 수 있습니다. 하나님께서 말씀하시지 않고 행하시는 일은 없습니다. 그런데 우리는 갑자기 닥친 일이라고 생각합니다. 하나님은 이미 과거에 다 말씀하셨습니다. 다만 그 말씀을 우리가 무시하고 못 들은 것입니다. 오늘의 일은 과거에 하신 말씀의 결과입니다.

내가 알거니와 너는 완고하며 네 목은 쇠의 힘줄이요 네 이마는 놋이라 그러므로 내가 이 일을 예로부터 네게 알게 하였고 일이 이루어지기 전에 그것을 네게 듣게 하였느니라 그것을 네가 듣게 하여 네가 이것을 내 신이 행한 바요 내가 새긴 신상과 부어 만든 신상이 명령한 바라 말하지 못하게 하였느니라 네가 들었으니 이 모든 것을 보라 너희가 선전하지 아니하겠느냐 이제부터 내가 새 일 곧 네가 알지 못하던 은비한 일을 네게 듣게 하노니(사 48:4-6).

하나님께서는 이미 오래전에 예언하셨습니다. 핑계를 댈 수 없도록 하기 위해서입니다. 그럼에도 불구하고 사람들은 어떤 일이 생기면 나무 우상, 철 우상이 그랬다고 핑계를 댑니다. 이에 대해 하나님께서는 미래에 일어날 비밀스러운 일을 말씀하십니다. 현재는 과거에 하나님께서 하신 말씀의 응답이요, 미래는 현재 하나님께서 하신 말씀의 성취입니다. 미래에 일어날 일은 아무도 모릅니다. 이것은 신비스럽습니다. 우리가 기억해야 할 것은 하나님께서는 언제나 말씀하시고 그 말씀을 이루신다는 것입니다. 하나님께서는 우리 인생에 대해 언제나 우리가 가야 할 길을 말씀하십니다.

이 일들은 지금 창조된 것이요 옛것이 아니라 오늘 이전에는 네가 듣지 못하였으니 이는 네가 말하기를 내가 이미 알았노라 하지 못하게 하려 함이라(사 48:7).

미래는 과거의 반복이 아닙니다. 과거 경험의 연장도 아닙니다. 하나님께서는 우리가 전혀 기대하지 않고 상상하지 못한 일들을 미래에 행하십니다. 우리의 미래는 알 수 없는 비밀이요 축복입니다. 미래는 놀라운 것입니다.

불순종과 고난의 용광로

하나님은 이스라엘 백성들의 고집과 편견을 책망하셨습니다. 이스라엘 백성들은 특별히 고집이 셌습니다. 좋은 고집은 때때로 불가능을 가능하게 하고 위기를 돌파하게 하고 큰일을 이뤄 냅니다. 그러나 고집에도 나쁜 고집이 있습니다. 틀린 줄 알면서도 감정적으로 자존심으로 그 일을 하고야 마는 것입니다. 이런 고집을 우리는 '옹고집'이라 부릅니다. 뻔한 일인데 고집을 부리는 것입니다.

이스라엘 백성이 그랬습니다. 4절을 보면 이스라엘 백성들의 고집이 얼마나 센지 짐작할 수 있습니다. 목에 힘을 주면 힘줄이 생기는데 그것이 쇠의 힘줄 같고 이마는 놋 같다고 했습니다. 그 결과는 비참했습니다. 모든 사람이 절망에 빠졌습니다.

잘못된 고집, 나쁜 고집은 왜 생길까요? 상처 때문입니다. 상처가 있으면 고집이 생깁니다. 융통성과 이해력이 없고 틀린 줄 알면서도 자기가 옳다고 생각하는 것을 계속 주장합니다. 하지만 하나님 앞에서 계속 고집을 피울 때 비참한 결과가 옵니다.

네가 과연 듣지도 못하였고 알지도 못하였으며 네 귀가 옛적부터 열리지 못하였나니 이는 네가 정녕 배신하여 모태에서부터 네가 배역한 자라 불린 줄을 내가 알았음이라(사 48:8).

옹고집은 다른 사람의 말을 듣지 않습니다. 조금만 알아보면 될 텐데 그렇게 하지 않습니다. 하나님을 믿지 않는 사람도 옹고집입니다. 편견입니다. 제대로 알아보지 않고 자기 생각이 옳다고 여깁니다. 믿지 않기로 결정했기에 안 믿는 것입니다. 그래서 구원을 잃어버리는 것입니다.

8절을 보면 옹고집을 일종의 배역한 태도라고 지적하고 있습니다. 변명, 핑계, 이중인격 등은 죄의 속성입니다. 죄를 지은 사람은 변명하고 핑계를 대고 책임을 전가시킵니다. 선악과를 먹은 아담도 "제가 먹었습니다"라고 하면 간단했을 텐데 "하나님이 주신 그 여자가 먹으라고 했습니다"라고 답했습니다. 여자를 하나님께서 주셨으니 하나님이 책임을 지라는 것입니다.

죄인은 자신이 지은 죄를 인정하려 하지 않습니다. 죄를 지은 것도, 실수를 한 것도 사실이지만 인정하지 않습니다. 이것은 오만입니다. 교만입니다. 그래서 반항하는 것입니다. 가장 불행한 사람은 반항적 영을 가진 사람입니다. 아이들이 가장 먼저 하는 말이 "싫어"입니다. 누가 안 가르쳐 주었는데도 처음부터 반항합니다. 수용하지 않고 거부하는 것입니다. 이것이 인간입니다.

하나님의 사람은 순종합니다. 반면에 사탄의 영을 받은 사람은 반항하고 고발하고 싸웁니다. 하나님께서는 반항하는 사람을 싫어하십니다. 반항, 불순종, 변명, 핑계 등은 인생을 피곤하게 합니다. 간단한 일을 어렵게 만듭니다. 변명하면 문제가 더 커지고 복잡해집니다.

문제는 이것이 교회 안에도 들어왔다는 것입니다. 하나님을 믿으면서도 계속 반항적으로 믿습니다. 안 믿는 것보다 더 문제인 것이 믿으면서 계속 반항하는 것입니다. 쇠코뚜레를 할 때 끌려가지 않으려고 하면 더 괴롭습니다. 하나님께 붙잡힌 사람은 반항할수록 더 괴롭습니다.

> 내 이름을 위하여 내가 노하기를 더디 할 것이며 내 영광을 위하여 내가 참고 너를 멸절하지 아니하리라(사 48:9).

하나님은 심판을 늦추고 기다리십니다. 노여움과 분노를 누르고 마지막 순간까지 우리가 돌아오고 회개하기를 기다리십니다.

> 보라 내가 너를 연단하였으나 은처럼 하지 아니하고 너를 고난의 풀무 불에서 택하였노라(사 48:10).

하나님은 우리를 고난의 용광로에 넣으십니다. 이것이 하나님

의 사랑입니다. 이것이 하나님의 은혜입니다. 불성실하고 완악하고 우상을 숭배하고 심판과 저주를 받을 존재인 이스라엘을 하나님께서는 고난의 용광로에 넣어 하나님의 사람으로 만드십니다.

나는 나를 위하며 나를 위하여 이를 이룰 것이라 어찌 내 이름을 욕되게 하리요 내 영광을 다른 자에게 주지 아니하리라(사 48:11).

하나님께서 "나를 위하여"라고 말씀하십니다. 이 말은 하나님은 사랑이셔서 우리가 사랑받을 만한 일을 한 적도 없고 자격이 없어도 우리를 사랑하신다는 뜻입니다. 하나님의 사랑은 변함이 없습니다. 그 사랑은 반드시 우리를 변화시킵니다. 그래서 우리가 그 사랑 앞에 서면 눈물이 나고 무릎을 꿇고 감동을 받는 것입니다. 그러므로 우리는 하나님의 절대적이고 변함없는 영원하고 무한한 사랑 앞에 경배와 찬양을 올리는 것이며, 우리의 삶을 다 드리는 것입니다. 이것이 예배입니다. 이것이 하나님께 드리는 산 제물입니다. 우리 모두는 하나님의 영원한 사랑 앞에 무릎을 꿇고 그 용광로에 들어가서 순결한 사람으로 거듭나야 할 것입니다.

23

하나님이 처음이요
마지막입니다

이사야 48:12-22

구원이 심판의 목적

책망과 징계와 심판의 목적은 두 가지로 구분할 수 있습니다. 하나는 멸망을 위한 것이요, 다른 하나는 회복을 위한 것입니다. 사탄의 세계에는 용서, 격려, 회복, 구원이라는 단어가 없습니다. 그러나 하나님의 세계에는 언제나 구원과 회복이 있습니다.

하나님께서는 이스라엘 백성들을 심하게 책망하시고 강대국 바벨론을 보내어 혼을 내셨습니다. 그러나 하나님께서 바벨론을 보낸 것은 이스라엘을 파멸시키기 위한 것이 아니었습니다. 하나님에게 있어서 심판은 결론이 아닙니다. 구원이 결론입니다.

"하나님이 세상을 이처럼 사랑하사 독생자를 주셨으니 이는 그를 믿는 자마다 멸망하지 않고 영생을 얻게 하려 하심이라"(요 3:16)의 말씀처럼 하나님께서 독생자 예수 그리스도를 이 땅에 보내신 목적이 여기 있습니다.

하나님의 결론은 언제나 멸망이 아니라 영생이요, 저주가 아니라 축복이요, 심판이 아니라 구원입니다. 그러기에 우리가 받는 고난은 멸망을 위한 것이 아닙니다. 그것은 구원을 위한 하나님의 방법입니다. 본문 말씀을 보면 하나님의 구원과 축복의 메시지가 나타납니다.

> 야곱아 내가 부른 이스라엘아 내게 들으라 나는 그니 나는 처음이
> 요 또 나는 마지막이라(사 48:12).

하나님께서 이스라엘을 "야곱아", "이스라엘아"라고 부르십니
다. 이것은 옛 이름과 새 이름입니다. 하나님께서 이스라엘을 왜
부르셨을까요? 선택하셨기 때문입니다. 그냥 우연히 심심해서 부
르신 것이 아닙니다. 목적이 있어서 불렀습니다. 우리는 모두 목적
이 있는 사람입니다. 사명이 있는 사람입니다. 우리를 부르신 까닭
은 하나님께서 선택하셨기 때문입니다. 하나님께서 우리를 사랑
하시기 때문에 선택하셨고, 선택하셨기 때문에 우리를 부르신 것
입니다.

그리고 하나님께서 "나는 그니"라고 자신을 소개하십니다. 또한
"나는 처음이요 또 나는 마지막이다"라고 하십니다. 하나님의 권
위와 위대하심을 보십시오. 이보다 더 확실한 선언은 없습니다. 하
나님을 두려워하지 마십시오. 하나님을 의심하지 마십시오.

> 과연 내 손이 땅의 기초를 정하였고 내 오른손이 하늘을 폈나니 내
> 가 그들을 부르면 그것들이 일제히 서느니라(사 48:13).

천지를 창조하시고 만물을 통치하시고 역사를 다스리시는 하나
님의 위엄과 능력과 권위를 느끼게 하는 말입니다. 이 얼마나 가슴

벅찬 하나님의 선언입니까? 이스라엘을 향하신 심판도 있었지만 이제 심판의 때가 지나가고 구원과 회복의 때가 온 것입니다.

구원과 회복의 메시지는 무엇입니까? 본문 말씀을 보면 두 가지가 나옵니다.

> 너희는 다 모여 들으라 나 여호와가 사랑하는 자는 나의 기뻐하는 뜻을 바벨론에 행하리니 그의 팔이 갈대아인에게 임할 것이라 그들 중에 누가 이 일들을 알게 하였느냐 나 곧 내가 말하였고 또 내가 그를 부르며 그를 인도하였나니 그 길이 형통하리라(사 48:14-15).

첫째, 바벨론이 망한다는 것입니다. 사람들은 누구든지 스스로의 힘으로 감당할 수 없는 무서운 세력이 있기 마련입니다. 자연계에 천적이 있듯이 우리도 그 앞에만 가면 작아지고 절망하고 숨도 쉴 수 없는 세력이 있습니다. 그것이 사람일 수도 있고, 권력일 수도 있습니다.

이스라엘에게 있어서 바벨론 제국이 그런 대상이었습니다. 바벨론 제국은 이스라엘 백성들의 나라를 빼앗고 성전도 빼앗고 포로로 끌고 가서 팔고 노예처럼 부렸습니다. 바벨론은 이스라엘에게는 절망이었습니다. 한순간도 숨을 쉴 수가 없었고 자유도, 평안도 없었습니다. 늘 두렵고 불안했습니다. 마치 일제 강점기에 살던 우리의 삶과 똑같습니다. 이런 어둠의 세력, 죽음의 세력이 있었던

것입니다.

하나님께서는 이렇게 절망하는 이스라엘에게 "걱정하지 마라. 너를 죽이고 파괴하고 멸망하게 하고 숨도 못 쉬게 하는 바벨론의 세력은 곧 사라질 것이다. 내가 곧 걷어 버릴 것이다"라고 선언하십니다. 오늘을 사는 우리에게도 마찬가지입니다. 하나님을 섬기고 하나님의 뜻대로 살려고 애쓰다가 고난당하는 모든 이들에게 하나님의 구원과 회복의 메시지가 동일하게 임할 것입니다.

바벨론의 결론은 예고된 멸망

14절을 보면 하나님께서 "너희는 다 모여 들으라"고 말씀하십니다. 하나님께서 바벨론의 최후의 날을 말씀하시려는 순간입니다. 최후에 대한 이야기를 들으면 많은 생각을 하게 됩니다. 그렇지만 걱정하지 마십시오. 늘 악한 세력이 문제가 아니라 우리에게 믿음이 없는 것이 문제입니다. 우리의 믿음이 흔들리는 것이 문제입니다. 만인이 내 곁에서 무너지고 천인이 내 곁에서 자빠져도 여호와를 앙망하는 자에게는 하나님의 축복이 임합니다.

하나님을 굳게 믿는 자는 살아납니다. 절대 죽지 않습니다. 우리나라도 망하지 않습니다. 이렇게 교회가 많고 기도하는 사람이 많은데 어떻게 하나님이 걷어 버리시겠습니까? 북한도 살아날 것입니다. 땅굴에서 기도하고 순교하며 죽어가는 북한 성도들의 기도

를 외면하실 하나님이 아니십니다. 순교자의 피는 반드시 열매를 맺게 되어 있습니다. 그들의 기도는 응답받게 되어 있습니다.

> 너희는 내게 가까이 나아와 이것을 들으라 내가 처음부터 비밀히 말하지 아니하였나니 그것이 있을 때부터 내가 거기에 있었노라 하셨느니라 이제는 주 여호와께서 나와 그의 영을 보내셨느니라 (사 48:16).

하나님께서는 무슨 일을 하실 때 즉흥적으로 하시지 않습니다. 언제나 먼저 말씀을 하고 하십니다. 하나님은 "내가 처음부터 비밀히 말하지 아니하였다"고 말씀하십니다. 바벨론의 멸망은 갑자기 이루어진 것이 아니라 하나님께서 이스라엘 백성을 바벨론의 손에 넣으실 때부터 계획된 것이었습니다. 우리가 무지하고 어리석고 교만하여 하나님의 음성을 듣지 못하고 하나님의 계획을 깨닫지 못했을 뿐입니다.

하나님은 지금도 말씀하고 계십니다. 미래에 있을 일들에 대해서 지금도 말씀하시는데 우리가 알아듣지 못하는 것입니다. 하나님께서 우리의 기도와 삶을 통해서 미래의 일을 준비하고 계심을 깨달아야 합니다.

하나님께서 바벨론의 멸망을 이야기하실 때 두 가지를 보내 주셨습니다. 첫째는 선지자입니다. 하나님은 언제든지 선지자를 통

해서 말씀하시고 설교자를 통해서 이야기하십니다. 둘째는 성령입니다.

이미 우리에게 하나님의 말씀이 임했습니다. 다만 우리가 알아듣지 못할 뿐입니다. 하나님께서 말씀하시지 않는 것이 아니라 우리에게 듣는 귀가 없는 것입니다. 우리에게 듣는 귀와 말씀을 깨닫는 가슴이 있다면 미래에 대한 불안감은 사라질 것입니다.

하나님께서 선지자와 하나님의 영을 보내 주십니다. 그런데 우리는 성령을 무시하는 최대 실수를 범합니다. 크리스천들은 성령을 부인하지는 않지만 제한합니다. 하나님을 믿기는 하지만 자기식으로 믿습니다. 그래서 하나님에 대한 지식이 자기 수준을 벗어나지 못합니다. 그러나 하나님은 우리와 감히 비교도 할 수 없는 분이십니다. 우리가 못한다고 하나님도 못하지 않습니다. 하나님은 뛰어난 분이시며 기적을 베푸시는 분이십니다.

자신의 벽을 깨고 하나님의 위대한 능력을 믿으십시오. 하나님은 항상 시대마다 하나님의 사람을 보내 주셨습니다. 하나님의 사람을 관심 있게 보십시오. 하나님께서 보내 주신 성령께서 일하시는 것을 보십시오.

하나님께서는 지금도 우리의 멍에를 벗겨 주시기를 원하십니다. 우리가 두려워하고 절망하고 무서워하는 그 멍에를 부러뜨리고 풀어 주기를 원하십니다(마 11:28-29).

우리를 작아지게 만들고, 두렵게 만들고, 불안하게 만들고, 잠들

지 못하게 하는 것이 무엇입니까? 그것이 무엇이든 하나님께서 초 토화시키고 부셔 버리고 그 무거운 멍에를 벗겨 주실 것입니다. 예 수님의 이름으로, 성령의 기름 부으심으로 우리를 옭아매는 모든 멍에가 벗겨질 것입니다.

구속자이며 인도자이신 여호와

> 너희의 구속자시요 이스라엘의 거룩하신 이이신 여호와께서 이르 시되 나는 네게 유익하도록 가르치고 너를 마땅히 행할 길로 인도 하는 네 하나님 여호와라(사 48:17).

이 말씀이 구원의 결론입니다. "나는 네 하나님 여호와다. 가장 좋은 것을 네게 가르치고 네가 가야 할 길로 이끄는 하나님이다" 라는 선언에 우리는 "아멘"으로 화답해야 합니다. 이 말씀을 되뇔 때마다 하나님께서 우리 인생 가운데로 들어오실 것입니다. 마음 의 문을 여십시오. 그분을 받아들이십시오. 하나님의 말씀이 우리 에게 임할 것이요, 좋은 것으로, 유익한 것으로, 축복된 것으로 우 리 삶을 채우시고 가르치시고 인도하실 것입니다.

네가 나의 명령에 주의하였더라면 네 평강이 강과 같았겠고 네 공

의가 바다 물결 같았을 것이며 네 자손이 모래 같았겠고 네 몸의 소생이 모래알 같아서 그의 이름이 내 앞에서 끊어지지 아니하였겠고 없어지지 아니하였으리라 하셨느니라(사 48:18-19).

이 말씀대로 믿고 순종하면 다섯 가지 축복을 받습니다. 첫째, 평강이 강과 같이 흘러넘칩니다. 우리의 마음에서 모든 불안이 사라지고 평강이 강물처럼 흘러넘친다는 뜻입니다. 둘째, 공의가 바다 물결처럼 넘칩니다. 셋째, 우리 자손들이 바다의 모래처럼 많을 것입니다. 넷째, 우리 후손들이 모래알처럼 많을 것입니다. 다섯째, 우리의 이름은 끊어지지 않을 것이며 없어지지 않을 것입니다. 이것은 하나님의 말씀이자 하나님의 약속입니다. 하나님의 구원과 회복이 오고 있습니다. 바벨론의 모든 철통 같은 권력은 사라질 것이고 멍에는 부러질 것입니다. 모든 질병은 떠나갈 것입니다. 우리를 괴롭히는 모든 귀신의 역사도 사라질 것입니다.

일반적으로 주님의 뜻인 줄 알면서도 순종하지 못하는 이유는 겁이 나기 때문입니다. 헌신하기에 앞서 우리는 너무 빠르게 계산을 합니다. 그래서 흔히들 '지혜롭게 믿어라'고 말합니다. 믿지 않으면 야단을 맞으니까 예수도 적당히 믿고, 헌금도 적당히 하고, 봉사도 적당히 하라고 합니다. 하나님은 이것을 아시고 우리에게 말씀하십니다.

너희는 바벨론에서 나와서 갈대아인을 피하고 즐거운 소리로 이를 알게 하여 들려주며 땅 끝까지 반포하여 이르기를 여호와께서 그의 종 야곱을 구속하셨다 하라(사 48:20).

구원과 회복의 메시지는 '바벨론 사람으로부터 도망가라'입니다. 바벨론 사람들을 가리켜 "갈대아인"이라고 했는데, 이들을 의지하지 말고 빨리 도망가라고 하십니다. 소돔과 고모라도 유황불로 심판을 받기 전에 하나님께서 롯과 그 가족에게 빨리 도망가라고 하셨습니다. 마찬가지로 심판이 임박한 바벨론으로부터 필사적으로 도망가라는 것이 하나님의 말씀입니다.

사실 떠나는 것은 쉬운 일이 아닙니다. 이스라엘 백성들은 애굽을 떠나려 했지만 그동안 살았던 집과 가축, 자식 생각에 쉽게 떠나지 못했습니다. 하나님께서 애굽을 떠나 약속의 땅으로 가라고 하셨지만 그들을 기다리고 있었던 것은 광야였습니다. 젖과 꿀이 흐르는 가나안 땅은 좋지만 광야는 싫습니다. 그런데도 하나님은 애굽을 떠나 젖과 꿀이 흐르는 가나안 땅으로 가기 위해서 광야로 가라고 하십니다.

이것이 헌신입니다. 헌신하면 죽을 것 같습니다. 순종하면 손해 보는 것이 너무 많은 것 같습니다. 헌신은 마치 광야로 들어가는 삶과 같습니다. 하나님께서 이것을 아시고 21절에서 이렇게 말씀하십니다.

여호와께서 그들을 사막으로 통과하게 하시던 때에 그들이 목마르지 아니하게 하시되 그들을 위하여 바위에서 물이 흘러나게 하시며 바위를 쪼개사 물이 솟아나게 하셨느니라(사 48:21).

하나님께서는 "걱정하지 말아라. 너희가 애굽을 떠나서 광야로 가면 죽을 것 같지만 죽지 않는다"고 말씀하십니다. 그러니 우리는 걱정할 필요가 없습니다. 그저 헌신하고 순종하면 됩니다.

하나님께서는 목이 말라 물 한 모금 먹지 못할 것 같은 광야에서 바위를 쳐서 샘물을 내게 하셨습니다. 출애굽기를 보면 쓴물이 변하여 단물이 되었고, 바위를 쳐서 샘물이 나왔고, 하늘에서 비처럼 만나가 내렸으며, 아말렉 군대가 무너졌고, 시내 산에서 말씀이 왔고, 성막이 왔고, 불기둥과 구름기둥이 그들을 보호했습니다. 이것이 광야에 예비된 하나님의 보석들입니다. 그러니 두려워하지 마십시오. 헌신하면 하나님께서 책임지십니다. 순종하면 하나님께서 책임지십니다. 우리가 상상도 할 수 없는 결과를 마련해 주십니다.

여호와께서 말씀하시되 악인에게는 평강이 없다 하셨느니라(사 48:22).

여기서 말하는 악인이란 도덕적인 악인이 아니라 하나님의 말

씀에 순종하지 않는 사람을 뜻합니다. 하나님의 말씀에 순종하지 않는 사람에게는 축복과 평안이 없을 것입니다. 그러나 하나님의 말씀에 귀를 기울이면 평화가 강물처럼 흘러넘치고 공의가 바다의 파도처럼 넘칩니다. 우리의 자손들이 바다의 모래알처럼 많게 됩니다. 우리의 이름이 끊어지지 않고 멸망하지 않을 것입니다.

우리 모두 하나님의 구원과 회복의 메시지를 듣는 사람이 되기를 바랍니다. 오늘이 바로 축복의 날이요 기적의 날이요 은총의 날이 되기를 기도합니다.

5부

메시아로 말미암아
약속을 성취하시는 하나님

이사야 49:1-51:8

하나님은 놀라운 구원 사역을 위해 존귀한 여호와의 종,
메시아를 보내 주십니다.
그를 통한 구원은 온 열방을 향한 하나님의 약속입니다.

24

메시아는
하나님이 예비하신 종입니다

이사야 49:1-7

온 인류를 위한 메시아

구약 사람들은 여호와의 종이 되기를 원했습니다. 특히 이사야 49장에는 여호와의 종에 대한 하나님의 말씀이 나옵니다.

> 섬들아 내게 들으라 먼 곳 백성들아 귀를 기울이라 여호와께서 태에서부터 나를 부르셨고 내 어머니의 복중에서부터 내 이름을 기억하셨으며(사 49:1).

여기서 "나"는 여호와의 종을 말합니다. 구약에서는 때때로 여호와의 종이란 말 대신 여호와의 사자란 말을 썼습니다. 여호와의 사자는 천사를 의미하기도 하지만 하나님의 일을 하는 사람, 하나님의 종을 의미합니다. 이것은 천사도 아니요 인간도 아닌 독특한 개념입니다. 족장 시대에 여호와의 종은 아브라함과 이삭과 야곱이었습니다. 출애굽 시대의 여호와의 종은 모세였습니다. 왕정 시대의 여호와의 종은 다윗과 솔로몬 같은 사람들이 주류를 이루었습니다. 그러나 하나님께서 인류의 구원을 위해 하나님의 종을 이세상에 보내 주시겠다고 하셨습니다. 이 사람은 족장도 아니요 모세나 다윗과 같은 사람도 아닙니다. 이 사람은 먼 훗날 온 인류를

구원할 메시아 예수 그리스도입니다.

구약에서 말하는 '하나님의 종'은 결국 예수 그리스도로 귀결됩니다. 하나님께서 "온 인류를 구원할 메시아를 너희에게 보내 주겠다. 이 메시아를 기다려라. 이 메시아를 사모하라. 이 메시아를 바라보라"고 말씀하십니다. 이것이 이사야서의 핵심 주제입니다.

지금까지는 이스라엘의 회복과 구원과 심판에 대한 메시지가 주를 이루었습니다. 그런데 49장부터는 장면과 분위기가 달라져 여호와의 종에 대한 이야기가 나옵니다. 이사야는 여호와의 종, 앞으로 인류를 구원할 메시아에 대한 예언을 합니다. 그러나 당시에는 메시아가 누구인지 전혀 알 수 없었습니다. 그냥 개념만 있었을 뿐입니다. 사람들은 이 개념을 통해 메시아에 대한 생각을 하게 된 것입니다.

1절에서 말하고 있는 "섬들아"는 지중해 연안의 크고 작은 섬들을 의미합니다. "먼 곳 백성들"은 이스라엘뿐만 아니라 이스라엘을 중심으로 있는 크고 작은 알 수 없는 나라까지도 포함된 것입니다. 다시 말해 이것은 하나님의 예언이 이스라엘을 넘어서 지중해 연안의 모든 나라에게까지 적용되는 것을 의미합니다. 하나님의 말씀은 이스라엘에서 시작되었지만 이스라엘에만 머물지 않습니다. 2천 년이 지난 지금 이 복음이 우리나라에까지 전해지지 않았습니까? 지금은 이 복음이 이슬람권, 공산권, 미전도 종족에게도 전해지고 있습니다.

"귀를 기울이라"는 말은 굉장히 중요하다는 뜻입니다. 여호와의 종 메시아가 이 땅의 구원자로 태어나는 것이 너무 중요하기에 이렇게 강조하는 것입니다. 여호와의 종은 어디에서 왔습니까? 어머니의 태중에서부터 부름을 받고 선택을 받았습니다. 메시아는 어머니의 복중에서 부름을 받았습니다. 성년이 되어서 메시아가 된 것이 아닙니다. 어느 자유주의 신학자는 예수님이 메시아 의식을 갖게 된 것은 성인이 되어서라고 주장하는데 그렇지 않습니다. 성경을 보면 어머니의 자궁에서부터 하나님께서 부르신 것을 알 수 있습니다. 이것이 하나님의 선택입니다.

하나님께서는 우리가 다 성장한 후에 부르신 것이 아니라 우리가 태중에 있을 때부터 우리를 기억하고 선택하고 부르셨습니다. 이 놀라운 은혜를 생각하면 몸서리가 쳐집니다. 굉장한 충격을 받습니다. 우리가 하나님을 인식할 수 있을 때 하나님께서 부르셨다면 이해할 수 있습니다. 그러나 우리가 모태에 있을 때 하나님께서 우리를 아시고 부르셨다면 참으로 놀라운 사건이 아닐 수 없습니다. 하나님께서 모태에서부터 우리를 사랑하신 것입니다.

메시아를 향한 하나님의 보호하심

내 입을 날카로운 칼같이 만드시고 나를 그의 손 그늘에 숨기시며

나를 갈고 닦은 화살로 만드사 그의 화살통에 감추시고(사 49:2).

하나님께서 메시아를 어떻게 양육하시고 메시아에게 어떻게 권능을 주시고 메시아를 어떻게 보호하시는지 설명하고 있습니다.

첫째, 하나님께서 메시아의 입에 날카로운 칼 같은 말씀을 주겠다고 하십니다. 메시아의 특징은 말씀의 능력입니다. 그래서 예수님이 말씀하실 때마다 병든 자가 일어나고, 귀가 열리고, 눈을 뜨고, 희망이 생긴 것입니다. 하나님께서 메시아의 입에 능력 있는 말씀을 주셨기 때문입니다.

둘째, 하나님께서 하나님의 손 그늘에 메시아를 숨기시고 보호하겠다고 하십니다. 메시아는 고난과 위기와 고통을 당하지만 하나님 손의 그림자 안에서 보호를 받습니다. 하나님의 섬세한 인도와 보호 아래 메시아가 성장한다는 것입니다. 원수의 올무와 악인의 덫을 피해 가면서 피난처로 인도된다는 것입니다.

셋째, 메시아는 갈고 닦은 화살 같다고 했습니다. 이 메시아는 하나님의 무기가 되는 것입니다. 이 화살이 화살통 안에 숨어 있는 것입니다.

내게 이르시되 너는 나의 종이요 내 영광을 네 속에 나타낼 이스라엘이라 하셨느니라(사 49:3).

이 말씀 가운데 하나님의 종인 이스라엘의 모습이 있습니다. 여기서의 이스라엘은 참 이스라엘이신 메시아입니다. 하지만 메시아는 모진 고통과 수난과 역경을 겪습니다.

> 그러나 나는 말하기를 내가 헛되이 수고하였으며 무익하게 공연히 내 힘을 다하였다 하였도다 참으로 나에 대한 판단이 여호와께 있고 나의 보응이 나의 하나님께 있느니라(사 49:4).

메시아의 특징은 자기가 하는 일이 헛수고라고 느낀다는 것입니다. 메시아처럼 사는 사람들은 '내가 괜히 이런 일을 하는 것 아닌가', '죽을 고생을 했는데 알아주는 사람이 없다'고 생각합니다. 이것이 곧 메시아적으로 사는 사람, 메시아적 의미를 갖고 사는 사람입니다. 여호와의 종은 하나님을 위해 십자가를 지고 피를 흘리며 죽어야만 했습니다. 아무도 쳐다보지 않았습니다. 하나님에게도 버림을 받았다고 느낄 정도로 메시아는 고독하고 외롭게 살았습니다. 모든 것이 헛것처럼 보였습니다. 그렇지만 아무 의미 없어 보였던 그 사건의 결과는 엄청난 것이었습니다. 인류의 모든 죄를 구속하고 구원과 회복을 가져오게 되는 사건이었습니다. 그래서 4절에 "내가 헛되이 수고하였으며 무익하게 공연히 내 힘을 다하였다 하였도다 참으로 나에 대한 판단이 여호와께 있고 나의 보응이 나의 하나님께 있느니라"고 기록하고 있습니다. 이것은 '나는 헛수고만

했구나. 내가 힘을 쏟아 부었지만 아무것도 된 일이 없었고 헛수고만 했구나. 그러나 여호와께서 나를 제대로 판단해 주시고 내 하나님께서 내게 적절한 보상을 내리셨다'는 의미입니다. 하나님께서는 의의 재판관으로서 하나님의 종의 헌신을 평가하시고 승리와 개선가를 부르게 하십니다.

진정한 여호와의 종, 메시아적 의미를 갖고 사는 사람들은 어떻게 보면 세상 사람들이 헛짓이라 말하는 무의미한 일들을 열심히 합니다. 모든 것을 버리고 선교지로 떠나는 선교사들도 다른 사람들이 보기에 무의미하고 무가치한 일 같지만 그 일을 소신 있게 합니다. 그것이 여호와의 종입니다. 누군가 그런 헌신과 희생을 했기에 가난한 자들과 병든 자들과 희망이 없는 자들이 꿈을 갖게 됩니다. 그리고 하나님께서 그 사람을 다시 세우십니다. 보상을 해주십니다. 그렇다면 메시아가 하는 일은 구체적으로 무엇입니까?

메시아의 세 가지 사역

이제 여호와께서 말씀하시나니 그는 태에서부터 나를 그의 종으로 지으신 이시요 야곱을 그에게로 돌아오게 하시는 이시니 이스라엘이 그에게로 모이는도다 그러므로 내가 여호와 보시기에 영화롭게 되었으며 나의 하나님은 나의 힘이 되셨도다(사 49:5).

첫째, 이스라엘을 모으는 것입니다. 모태에서부터 부르신 그분이 원하시는 것은 상처받고 흩어지고 꿈을 잃어버린 사람들을 불러 모아서 다시 희망과 용기를 주고 구원의 메시지를 전하는 것입니다. 이것이 메시아가 하는 일입니다.

저는 교회가 이런 일을 해야 한다고 생각합니다. 우리 국민들의 마음이 상하고 희망을 잃어버리고 서로 미워하고 고발하는 현 상황에서 교회와 크리스천이 해야 할 일은 흩어진 사람을 모으고 회복시키는 것입니다. 우리 모두가 전쟁과 분열의 한복판으로 뛰어들어가서 사람들의 마음을 모으는 역할을 할 수 있기를 바랍니다. 그 능력을 하나님께서 우리에게 주셨습니다.

예수님께서 누구를 비판하고 고발하고 소리 지르는 것을 보셨습니까? 예수님은 어머니 같은 분입니다. 타락한 자녀를 가슴에 품는 아버지의 마음이 있는 분입니다. 누구든지 예수님에게 오면 위로를 받습니다. 이것이 교회입니다. 이것이 메시아입니다.

메시아는 심판하는 존재가 아니라 회복시키는 존재입니다. 여호와의 종은 자신이 어디에서 부름을 받았는지 압니다. 그리고 하나님께서 자신을 보호하신다는 사실도 압니다. 이 확신이 매우 중요합니다. 이 확신이 크면 클수록 고난의 강도가 높아져도 문제가 되지 않습니다. 아무리 고통스러워도, 아무리 고난의 강도가 커도 부름에 대한 확신이 있으면 흔들리지 않습니다.

그가 이르시되 네가 나의 종이 되어 야곱의 지파들을 일으키며 이스라엘 중에 보전된 자를 돌아오게 할 것은 매우 쉬운 일이라 내가 또 너를 이방의 빛으로 삼아 나의 구원을 베풀어서 땅 끝까지 이르게 하리라(사 49:6).

둘째, 메시아가 하는 일은 이스라엘을 모으고 나아가 땅 끝까지 이르는 것입니다. 하나님의 큰 그림에 비하면 이스라엘을 모으는 것은 일부에 불과한 작은 일입니다. 하나님의 꿈은 이스라엘의 회복만이 아닙니다. 하나님의 꿈은 이스라엘을 넘어섭니다. 팔레스타인을 넘어 온 인류가 구원을 받는 것입니다. 지중해 연안에 있는 크고 작은 섬들뿐만 아니라 모든 나라가 구원을 받는 것입니다. 이러한 메시아적 생각을 갖고 있는 사람은 언제나 우주적인 생각을 합니다. 우리나라는 소중합니다. 그러나 우리나라에 머물러서는 안 됩니다. 민족은 소중하지만 민족 안에 머물러 있어서는 안 됩니다. 우리 민족이 열방을 회복시키지 못한다면 우리가 받은 은혜가 무슨 의미가 있겠습니까? 하나님께서는 야곱을 회복시키는 데 그치지 않고 모든 열방과 나라와 민족을 구원하시겠다고 합니다. 그 도구로 우리를 삼겠다는 것입니다. 놀라운 메시지입니다. 그 안에 더 큰 목적과 더 큰 비전이 있습니다.

하나님께서는 "내가 또 너를 이방의 빛으로 삼아 나의 구원을 베풀어서 땅 끝까지 이르게 하리라"고 하십니다. 1백 년 전에 우리

나라에 선교사가 왔습니다. 그들이 우리나라와 무슨 상관이 있었 겠습니까? 한국에 친척도 가족도 없고, 아무 이해관계도 없었습니 다. 그렇지만 선교사들은 1백 년 전에 한국에 왔고 이 땅에 묻혔습 니다. 그들이 이방의 빛이 되었습니다. 어느 선교사는 부인이 선교 지에 적응을 하지 못해 정신이 이상해졌다고 합니다. 이런 일이 왜 없겠습니까? 선교지에 가면 좋은 일만 있는 것이 아닙니다. 우울 증에도 걸리고 심지어 자녀들이 죽기도 합니다. 선교사들은 이런 희생과 대가를 치르면서도 그 나라를 떠나지 못합니다.

지금도 우리 선교사들이 무슬림 지역에서 쫓겨나고 있습니다. 그런데도 선교사들은 틈만 나면 다시 들어가려고 합니다. 이렇듯 메시아 의식이 있는 자들은 잡아도 가고, 때려도 가고, 막아도 갑 니다. 그 이유는 이방인의 빛이 된다는 비전이 그들의 마음에 잉태 되었기 때문입니다.

이스라엘의 구속자 이스라엘의 거룩한 이이신 여호와께서 사람에 게 멸시를 당하는 자, 백성에게 미움을 받는 자, 관원들에게 종이 된 자에게 이같이 이르시되 왕들이 보고 일어서며 고관들이 경배하리 니 이는 이스라엘의 거룩하신 이 신실하신 여호와 그가 너를 택하 였음이니라(사 49:7).

셋째, 메시아는 멸시와 미움을 받게 됩니다. 마찬가지로 우리도

멸시를 당할 것입니다. 미움을 받을 것입니다. 노예처럼 살 것입니다. 그러나 이것은 우리에게 중요하지 않습니다. 누가 무시하면 그 무시를 중요하게 생각하지 마십시오. 그럼 간단합니다. 누가 우리를 공격하고 미워하면 '그런가 보다' 하고 생각하십시오. 그냥 가만히 계십시오. 왜냐하면 그것은 내 인생에 그리 중요하지 않기 때문입니다. 내 신분이 나를 괴롭힐 수 없습니다. 내게는 영광스런 주님과 비전이 있기 때문입니다.

사도 바울은 로마에 갈 때 죄수의 신분으로 갔지만 사도 바울은 자신이 죄수라는 사실이 아무렇지도 않았습니다. 단지 로마에 갔다는 것이 중요했습니다. 이것을 기억하십시오. 하나님께서는 창세 전에 우리를 택하셨습니다. 거룩하고 흠이 없게 하기 위해서입니다. 우리를 예정하시고 양자로 삼으셨습니다(엡 1:4-5). 이것만 생각해도 절대로 흔들리지 않습니다. 암에 걸려도, 실패를 해도, 부도가 나도 흔들리지 않습니다. 모든 계획이 다 망가져도 이 말씀이 중심에 있다면 흔들리지 않습니다. 죽어도 괜찮습니다. 이것이 선택이요 부름입니다. 메시아의 시작은 부름에 대한 확신입니다. 우리의 삶 속에서 이러한 예수님의 흔적이 나타나기를 바랍니다. 여호와의 종의 모습이 있게 되기를 바랍니다.

25

지금이 은혜의 때요
구원의 날입니다

이사야 49:8-13

열방을 품은 여호와의 종의 노래

사도 바울은 자신을 가리켜 자주 "예수 그리스도의 종"이라고 했습니다. 그래서 서신서를 쓸 때마다 빠지지 않고 했던 말이 "나 예수 그리스도의 종 바울은"입니다. 그는 이 말을 통해 자신의 정체성을 분명하게 표현합니다. "나는 예수 그리스도의 종이다." 아마도 바울은 다메섹에서 예수님을 만난 뒤 가슴속에 예수 그리스도의 종이 된 자신을 깊이 각인시킨 듯합니다.

바울이 자주 썼던 또 하나의 말이 "예수 그리스도 안"이라는 것입니다. 그는 편지마다 "예수 그리스도 안에 있는 성도들에게", "예수 그리스도 안에 있는"이라는 말을 자주 언급했습니다. 그런데 예수 그리스도 안에 있다는 말은 무슨 의미일까요? 그리스도와 연합하였다는 뜻입니다. 바울은 마음속에 늘 예수님과 자신이 하나라는 영적 체험을 깊이 경험했던 것입니다.

바울의 영적 체험은 언제나 '살든지 죽든지'였습니다. 바울의 인생을 한마디로 정리하면 살든지 죽든지 그리스도가 존귀하게 되기를 원하는 것이었습니다. 그는 살아도 예수 그리스도요, 죽는 것도 유익하다고 외쳤습니다. 그는 온전히 예수님에게 빠진 바 된 사람이었습니다.

사도 바울의 이런 신앙적 고백은 어디서부터 온 것일까요? 이것은 이사야서에 나타난 메시아의 종, 여호와의 종이라는 생각과 연결됩니다. 이사야서는 크게 네 가지 주제를 담고 있습니다.

첫째, 이스라엘이 하나님 앞에 범죄했을 때 책망하고 징계하고 심판하시는 하나님이 나옵니다. 하나님께서는 이스라엘을 책망하고 징계하기 위해 이방인을 사용하십니다. 그런데 심판과 징계로 끝나는 것이 아니고, 그 뒤에는 항상 구원과 회복이 뒤따릅니다. 지금은 비록 하나님 앞에서 야단을 맞아도 그것 자체가 우리한테는 축복입니다. 왜냐하면 하나님의 결론은 항상 구원이기 때문입니다.

둘째, 이사야 49장에서부터 '여호와의 종'이라는 개념이 등장합니다. 하나님께서 여호와의 종을 이 세상에 보내셨습니다. 그 이유는 이스라엘을 다시 회복시키기 위해서였습니다. 더 나아가 이스라엘의 회복과 구원을 계기로 모든 열방과 민족과 지중해의 모든 섬들과 이스라엘에서 멀리 떨어져 있는 나라의 백성들까지도 구원하기 위함이었습니다. 이런 상상할 수 없는 엄청난 구원 계획이 이사야서를 통해 이야기되고 있습니다. 그런 의미에서 이사야서는 이스라엘의 민족적 책이 아니라 열방과 우주를 담고 있는 책이라 할 수 있습니다.

우리가 예수님을 만날 때 놀라게 되는 것은 예수님이 이스라엘뿐만 아니라 땅 끝까지 이르러 모든 열방에게 구원을 선포하신다는 사실 때문입니다. 이방인을 품고 있는 교회, 이방인을 위해 땅

끝까지 전하는 교회가 바로 사도행전 교회입니다.

그러면 이사야가 말하는 여호와의 종은 어떤 존재입니까? 이사야서는 여호와의 종에 대한 이야기를 한 꺼풀씩 벗기면서 차근차근 설명하고 있습니다. 그러다가 마지막 장에 가면 여호와의 종이라는 개념이 카메라의 초점이 맞춰지듯이 선명해집니다. 그리고 그 초점은 예수 그리스도에게서 완성이 됩니다. 하나님의 종, 여호와의 종의 클라이맥스는 바로 메시아이신 그리스도입니다. 이를 통해 하나님을 믿는 자, 하나님을 따르는 자, 하나님을 섬기는 자들에게 메시아, 여호와의 종이라는 생각이 스며들게 됩니다. 바울에게도 이 개념이 아주 깊이 스며들었는데, 성령을 받은 사람들은 모두 '나는 하나님의 종이다. 여호와의 종이다. 나는 하나님을 위해 존재한다. 살든지 죽든지 나는 그리스도만을 존귀하게 하는 삶을 산다'라는 생각을 갖게 됩니다.

오늘을 사는 우리에게도 여호와의 종의 개념이 영혼 깊숙이 파고드는 역사가 일어나기를 바랍니다. '우리는 예수 그리스도의 종이다. 우리는 그리스도 안에 있는 사람들이다. 우리는 살든지 죽든지 온전히 예수 그리스도만을 존귀하게 하기 위해 존재하는 사람들이다'라는 이사야의 예언이 우리 모두에게 동일하게 임하기를 바랍니다.

그렇다면 여호와의 종, 메시아는 어떤 존재입니까? 이사야 49장 1-7절을 보면 메시아에 대한 일곱 가지 설명이 나옵니다.

첫째, 메시아는 하나님으로부터 부름받은 존재입니다. 메시아는 내가 되고 싶어서 되는 것이 아닙니다. 내 의지로 되는 것이 아닙니다. 하나님의 선택으로 모태에서부터 부름받은 존재가 메시아입니다.

둘째, 메시아는 하나님으로부터 말씀의 권능과 초자연적인 능력을 부여받은 존재입니다.

셋째, 메시아는 이스라엘의 하나님께 영광을 올리는 존재입니다.

넷째, 메시아는 수고하고 고생하고 사람들한테 손가락질을 받지만, 그분이야말로 가장 존귀하고 영광스러운 분입니다.

다섯째, 메시아는 가는 곳마다 죽은 이가 살아나고 흩어진 이스라엘이 모이는 역사를 일으킵니다. 마귀의 역사는 분열입니다. 가는 곳마다 분열하고, 가는 곳마다 패싸움이 일어나고, 가는 곳마다 마음이 상합니다. 그러나 메시아는 흩어졌던 것을 모으게 하시고, 싸우는 것을 화해시키십니다. 이런 의미에서 우리는 회사에서나 가정에서나 어디에 있든 간에 모으는 사람, 싸매는 사람, 회복시키는 화해자의 역할을 해야 할 것입니다.

여섯째, 메시아는 이스라엘뿐만 아니라 모든 열방에 빛이 되시는 분입니다. 이것이 바로 이사야서의 핵심적인 특징입니다. 이사야서를 보면 이스라엘 민족 안에 갇혀 있는 듯 보이지만 언제나 우주적이고, 세계를 품고, 이방인들에게까지 복음이 선포되기를 바라는 세계관이 담겨 있습니다. 진정한 크리스천은 민족주의적 사고를 뛰어넘는 사람들입니다.

우리는 민족을 품고 있지만, 민족이라는 틀 안에 제한되어서는 안됩니다. 세계를 품는 세계관, 우주를 품는 세계관, 나와 다른 사람들, 나와 다른 민족, 나와 다른 사상까지도 품는 자들이 바로 하나님의 사람들인 것입니다. 성경의 세계는 결코 이스라엘에 국한되지 않습니다. 많은 사람들이 기독교를 미국에서 건너온 서양 종교라고 생각합니다. 그러나 기독교는 서양 종교가 아닙니다. 하나님의 종교입니다. 모든 인류의 종교입니다.

일곱째, 메시아는 모든 열방으로부터 경배와 찬양을 받는 존재입니다.

언약을 성취하는 여호와의 종

그러면 여호와의 종은 어떤 일을 합니까?

여호와의 종은 백성의 언약을 성취합니다. 하나님은 이스라엘 백성과 언약을 맺으셨습니다. 하나님은 언제나 약속의 하나님, 언약의 하나님이십니다. 성경도 신약과 구약으로 나뉘는데 모두 언약의 의미를 갖고 있습니다. 그래서 우리는 계약의 백성, 하나님과 언약을 맺은 백성입니다. 여호와의 종은 하나님께서 자신의 백성과 맺은 언약을 완성시키고 성취시키고 지키시는 분으로 나타납니다.

여호와께서 이같이 이르시되 은혜의 때에 내가 네게 응답하였고 구

원의 날에 내가 너를 도왔도다 내가 장차 너를 보호하여 너를 백성의 언약으로 삼으며 나라를 일으켜 그들에게 그 황무하였던 땅을 기업으로 상속하게 하리라(사 49:8).

이스라엘 백성들은 언약의 백성입니다. 이 백성에게 한 언약을 완성시키는 역할을 여호와의 종이 하는 것입니다. 하나님께서는 은혜를 베풀 때 응답하셨고 구원하는 날에 너를 돕겠다고 하셨습니다. 이 말은 굉장히 중요합니다. 그래서 고린도후서 6장에 이사야의 말씀이 그대로 인용되어 있습니다.

이르시되 내가 은혜 베풀 때에 너에게 듣고 구원의 날에 너를 도왔다 하셨으니 보라 지금은 은혜받을 만한 때요 보라 지금은 구원의 날이로다(고후 6:2).

하나님의 예언의 응답이 지금 이 순간에 이곳에 임한다는 것입니다. 우리가 성경을 읽을 때 만나게 되는 축복의 말씀들이 모두 하나님의 응답입니다. 성경에서 병 고침 이야기가 나오면 나의 병이 고침을 받는 것이고, 기업이 살아난다는 이야기가 나오면 나의 사업이 살아난다는 이야기입니다. 이 성경 말씀을 남의 이야기로 생각하지 않고 나에게 주신 하나님의 말씀으로 여긴다면 그 말씀이 살아나 우리 삶에 역사하게 될 것입니다.

본문 말씀을 살펴보면 아주 중요한 네 개의 단어가 등장합니다.

첫째는 은혜의 때에 내가 "응답하겠다"는 것입니다. 둘째는 구원의 날에 내가 "돕겠다"는 것입니다. 셋째는 내가 너를 "보호하겠다"는 것입니다. 넷째는 내가 "백성의 언약을 삼겠다"는 것입니다. 이런 하나님의 말씀이 나올 때마다 우리는 "아멘"으로 받아야 할 것입니다.

제가 이사야서를 좋아하는 이유는 이런 메시지가 계속해서 나오기 때문입니다. 이사야서의 약속의 메시지 때문에 우리의 부정적인 생각이 긍정적으로 바뀌고, 우리의 믿음 없던 마음에서 믿음이 생기고, 비전이 없던 사람에게 비전이 생기게 됩니다.

우리는 유한한 망각의 존재입니다. 그래서 하나님이 아무리 반복해서 말씀하셔도 그 말씀을 자꾸만 잊습니다. 그래도 하나님께서는 멈추지 않고 계속 우리에게 약속의 메시지를 부어 주십니다. 자꾸 잊어버려 불안해하고 초조해하고 의심하는 우리에게 걱정하지 말고, 두려워하지 말고, 놀라지 말라고 격려해 주십니다. 은혜받을 만한 때에 응답하겠고, 구원하는 날에 우리를 도와주고, 지켜 주겠다고 약속하십니다.

황무했던 땅에서 부르는 회복의 노래

여호와의 종이 나타나서 응답하시고, 도와주시고, 지켜 주시고, 약

속을 확인시켜 주신 다음에는 어떤 일이 일어납니까?

첫째, 황무하였던 땅을 기업으로 상속하게 됩니다.

나라를 일으켜 그들에게 그 황무하였던 땅을 기업으로 상속하게 하리라(사 49:8 하).

망한 기업이 다시 일어나고, 빼앗긴 기업이 다시 돌아온다는 것입니다. 이스라엘 백성들이 하나님께 징계를 받아 땅을 빼앗겼습니다. 그들은 포로의 신분으로 전락하여 완전히 절망적인 삶을 살았습니다. 그런데 하나님은 이런 이스라엘을 포기하지 않으셨습니다. 하나님은 그 나라를 일으켜서 황무한 땅을 다시 회복시키고 세워 주시고 나누어 주겠다고 말씀하십니다.

둘째, 잡혀 있는 자들이 나오고 길에서도 먹게 됩니다.

내가 잡혀 있는 자에게 이르기를 나오라 하며 흑암에 있는 자에게 나타나라 하리라 그들이 길에서 먹겠고 모든 헐벗은 산에도 그들의 풀밭이 있을 것인즉(사 49:9).

죄를 지어 감옥에 갇힌 자들에게 "자, 이제 나가시오"라고 한다면 얼마나 감격스럽겠습니까? 자유로운 사람들이 모르는 벅찬 감정이 느껴질 것입니다. 하나님이 이스라엘 백성들에게 "너희들은

자유다!"라고 말씀하십니다. 어둠 속에 갇혀 있던 사람들이 빛 가운데로 나오게 된 것입니다.

또한 하나님은 "그들이 길에서 먹겠고"라고 하십니다. 더 이상 굶주림과 배고픔으로 허덕이지 않는다는 것입니다. 집에서뿐만 아니라 길거리에서도 먹을 것이 많다는 뜻입니다. 모든 산과 들이 먹을거리로 가득 차는 풀밭이 된다는 것입니다. "모든 헐벗은 산에도 그들의 풀밭이 있을 것인즉"이라는 말씀을 보면 우리는 상상할 수 있습니다. 길거리에 먹을 것이 풍부하고 누구도 굶주리지 않고 배고프지 않고 산과 들에 푸른 채소가 가득한 풍경을 말입니다.

길거리에 먹을 것이 가득차고 산과 들에 푸른 풀밭이 가득한 회복된 나라, 회복된 민족, 회복된 세계를 꿈꾸십시오. 그것이 이사야가 꿈꾸는 환상입니다.

믿음이란 무엇입니까? 믿음이란 하나님의 구원에 대한 믿음이요, 회복에 대한 믿음입니다. 다시 살아나는 믿음, 부활하는 믿음, 치유하는 믿음, 회복되는 믿음, 기적을 일으키는 믿음입니다. 이러한 믿음을 가진 사람은 아무리 힘들고 괴로워도 하나님이 주신 환상을 붙들며 살아갈 힘을 얻습니다. 하나님이 주신 약속이 있고 희망이 있고 환상이 있습니다. 그러기에 우리 인생은 존귀합니다.

셋째, 샘이 흐르는 물가로 인도하여 쉬게 해주십니다.

그들이 주리거나 목마르지 아니할 것이며 더위와 볕이 그들을 상하

지 아니하리니 이는 그들을 긍휼히 여기는 이가 그들을 이끌되 샘물 근원으로 인도할 것임이라(사 49:10).

이스라엘 백성은 주리거나 목마르지 않을 것이고, 더위와 볕에 상하지 않을 것이며, 긍휼히 여기는 이를 통해 잔잔한 샘물 가로 인도되어 쉬게 될 것이라고 말씀하십니다. 이 말씀은 읽기만 해도 우리에게 은혜가 됩니다. 하나님은 우리를 분명히 이렇게 인도해 주실 것입니다.

넷째, 모든 산에 길을 만들어 주십니다.

내가 나의 모든 산을 길로 삼고 나의 대로를 돋우리니(사 49:11).

모든 산에 길이 생긴다는 것은 산과 산 사이에도 길이 생긴다는 뜻입니다. 하나님께서는 어떤 험악한 산에도 길을 내줄 것이고, 산과 산 사이에도 길을 만들어 주신다고 약속하십니다. 길을 만들어 주시되 그 길을 걸어 다닐 수 있도록 잘 돋아 주신다고 하십니다.

험악한 산에 길이 생기고 산과 산 사이에 길이 생기고 그 길을 사람 다니기에 좋도록 잘 돋운다는 것은 무슨 뜻입니까? 그 길로 사람이 다니라는 것입니다.

어떤 사람은 먼 곳에서, 어떤 사람은 북쪽과 서쪽에서, 어떤 사람은

시님 땅에서 오리라(사 49:12).

하나님께서 곳곳에 길을 만드신 이유는 동서남북, 원근각처의 사람들을 다 모으시기 위함입니다. 산 속에 길을 내고 그 길을 돌아서 동쪽에서, 서쪽에서, 남쪽에서, 북쪽에서, 원근각처에서 벽을 쌓고 자기 것만 찾던 사람들이 서로 막힘이 없이 오게 될 것입니다. 이때 몰려오는 사람들은 희망으로 가득하여 환호성을 지를 것입니다.

그들이 건너오는 길은 하나님의 약속의 땅입니다. 다시 회복된 성전입니다. 하나님의 용서와 구원과 회복의 자리입니다. 이것은 통일의 길이요, 민족 화합의 길이요, 하나님이 주시는 환상입니다.

우리나라도 하나님이 주신 환상대로 변화될 수 있습니다. 모든 길거리에 먹을 것이 가득하고, 모든 땅이 풍성한 풀밭이 되고, 모든 국민들의 마음이 풍성해서 남을 비판하는 일이 없게 됩니다. 여유 있고 예의 바르고 남을 대접하고 베푸는 아름다운 민족으로 거듭나는 환상, 우리 아이들이 마약과 도박과 성범죄에 빠지지 않는 깨끗한 사회가 되는 환상이 생깁니다. 경제에 대한 환상, 언론에 대한 환상, 통일에 대한 환상은 모두 하나님이 주시는 약속 가운데 있습니다.

우리나라를 아름답게 지키고 하나님이 주시는 비전과 환상을 실현시킬 책임이 우리 크리스천들에게 있습니다. 이사야서에 나타난 이스라엘을 향한 이야기는 2천 년 전의 이야기가 아니라 오늘 이 순간을 사는 우리를 향한 이야기가 됩니다.

하나님이 주시는 은혜의 때, 구원의 때는 모든 것이 뒤바뀌는 날이요, 역전되는 날이요, 죽었다가 다시 살아나는 날이 될 것입니다. 우리의 인생은 과거의 연장선상에 있는 것이 아니라 하나님 안에서 거듭난 새로운 인생입니다. 하나님을 진정으로 만나고 알게된다면 가만히 있을 수가 없게 됩니다. 우리 인생에 엄청난 지진이 일어납니다. 상상할 수 없는 감동이 일어납니다. 하나님을 만나면 우리 인생이 달라집니다.

하늘이여 노래하라 땅이여 기뻐하라 산들이여 즐거이 노래하라 여호와께서 그의 백성을 위로하셨은즉 그의 고난당한 자를 긍휼히 여기실 것임이라(사 49:13).

하늘과 땅이 기뻐하며 산들이 즐겁게 노래하는 장면을 상상해 보십시오. 모두 뜨거운 마음으로 춤을 출 만한 상황입니다.

우리에게 슬픈 현실은 열정을 잃어버린다는 것입니다. 나이가 들면 꿈과 열정도 사그라집니다. 그러나 성령이 임하면 늙은이들이 꿈을 꿀 것이며 젊은이들이 환상을 볼 것입니다. 하늘과 땅은 우주의 전 범위를 말하고, 산과 들은 지구의 범위를 말합니다. 우리 인생이 지금까지 살아왔던 것의 연속이 아니라 새로운 인생의 시작이 되기를 바랍니다. 흥분과 감동과 비전과 꿈이 우리 인생을 사로잡기를 바랍니다. 그래서 하나님 앞에 영광스러운 삶이 되기를 기도합니다.

26

하나님의 손바닥에
제 존재가 새겨졌습니다

이사야 49:14-21

우리를 잊지 않으시는 하나님

이스라엘 백성들이 포로생활을 하면서 받았던 상처는 '왜 하나님께서 우리를 사랑한다고 하시면서 고통과 시련 가운데 그대로 두시는가?' 하는 것이었습니다. 고통과 시련을 겪으면 꿈을 잃어버립니다. 이스라엘 백성들도 예외는 아니었습니다. 이스라엘 백성들에게는 하나님의 구원과 회복의 약속이 있었지만 현실의 고통과 시련에 짓눌려서 무기력해지고 꿈을 잃어버리고 마음속에 좌절을 갖고 살았습니다.

> 오직 시온이 이르기를 여호와께서 나를 버리시며 주께서 나를 잊으셨다 하였거니와(사 49:14).

여기서 "시온"은 시온의 백성들, 곧 이스라엘 사람들을 의미합니다. 이들에게는 하나님의 구원과 회복에 대한 약속이 있었지만 바벨론에게 포로로 잡혀 있는 현실 앞에서 좌절감을 맛본 것입니다. 그래서 "주께서 잊으셨다"는 절망적인 언어로 미래에 대한 좌절감을 표현하고 있습니다.

바로 앞 절인 13절에서는 하나님을 찬양하며 희망찬 메시지를

선포하다가 14절에서는 다시 절망적인 신음으로 가득합니다. 여기서 우리가 깨닫는 메시지가 있습니다. 아무리 힘들고 어려운 일이 있다 할지라도 희망을 버려서는 안 된다는 것입니다. 이스라엘 백성들은 하나님의 구원과 회복의 약속이 있었음에도 불구하고 현실이 너무 어렵기 때문에 부정적이고 절망적인 말을 했습니다. 미래의 문을 스스로 닫은 것입니다.

우리는 이스라엘 백성처럼 현실의 고통과 슬픔과 아픔 앞에서 좌절하지 않아야 합니다. 부정적인 생각을 갖지 말아야 합니다. 죽더라도 희망을 버리지 말아야 합니다. 희망을 붙드는 것이 축복입니다. 이스라엘 사람들은 고통과 시련 앞에서 부정적인 말을 했습니다. 부정적인 말을 하면 미래는 닫힙니다. 그러나 끝까지 하나님을 붙잡고 나아가면 절망이 희망으로 바뀝니다. 죽음이 생명으로 바뀝니다.

이스라엘의 절망과 좌절 앞에서 하나님께서는 어떤 말씀을 하십니까?

여인이 어찌 그 젖 먹는 자식을 잊겠으며 자기 태에서 난 아들을 긍휼히 여기지 않겠느냐 그들은 혹시 잊을지라도 나는 너를 잊지 아니할 것이라(사 49:15).

하나님의 대답은 간단합니다. "어떻게 어머니가 젖먹이를 잊겠느냐"는 것입니다. "자기 태에서 낳은 아들을 어떻게 가엾게 여기

지 않겠느냐? 혹시 잊어버릴지라도 나는 너를 잊지 않겠다"고 말씀하십니다.

인간의 사랑 가운데 가장 위대한 사랑은 부모의 사랑입니다. 특히 손에서 놓을 수조차 없을 정도로 가장 사랑하는 때가 젖먹이일 때입니다. 아이가 크면 혹시 잊을 수 있습니다. 그러나 젖먹이일 때는 절대 잊을 수 없습니다. 하지만 열왕기하를 보면 부모가 자식을 죽인 사건이 기록되어 있습니다(왕하 6:28-29). 배가 고파서 자기 아이를 삶아 먹은 것입니다.

부모가 자식을 사랑하는 것은 절대적이지만 인간의 사랑은 한계가 있습니다. 인간은 혹시 잊을 수 있지만 하나님은 절대 그런 일이 없으십니다.

대부분의 부모는 젖먹이 아기를 버리지 않습니다. 그러나 억만 분의 일이라도 버리는 일이 있을 수 있습니다. 최근에는 너무 살기 힘들어서 비정하게 아이를 버리거나 아이와 동반자살하는 경우도 일어납니다. 그렇지만 하나님은 절대 우리를 버리거나 포기하시는 법이 없습니다. 인간의 부모는 혹시 버릴 수 있어도 하나님은 우리를 버릴 확률이 없습니다. 하나님은 우리를 절대로 포기하시지 않습니다. 이것이 하나님의 사랑입니다.

인내의 축복, 열매

신앙생활에서 가장 큰 위기는 의심입니다. 하나님을 의심하고, 말씀을 의심하면 신앙이 흔들리기 시작합니다. 왜 의심이 생길까요? 고난을 겪으면 의심이 일어납니다. 불공평하다고 생각이 들면 의심하기 시작합니다. 의심이 오는 통로를 보면 첫째, 마귀의 역사인 것을 알 수 있습니다. 아담과 하와를 보십시오. 마귀는 에덴동산에서 인간과 하나님의 틈을 파고들었습니다. 마귀는 하나님의 말씀을 거부하지도 않고 믿지 못하게 하지도 않았습니다. 단지 마귀는 "정말 이 에덴동산의 모든 실과를 먹지 말라고 하시더냐?"라고 작은 의심을 주었습니다. 그런데 아담과 하와가 이것에 걸려든 것입니다. 결국 그들은 선악과를 따먹고 말았습니다. 의심이 올 때 영적 통찰력이 필요합니다. 사람에게서 온 것인지, 마귀에게서 온 것인지 알아야 합니다.

둘째, 무지입니다. 성령을 알지 못하고 막연한 추측과 생각으로 신앙생활을 하면 의심이 생깁니다. 성경과 하나님을 오해하게 됩니다.

셋째, 상처입니다. 상처가 많은 사람은 의심합니다. 옳고 그름은 상관없습니다. 과거에 받은 상처 때문에 일단 마음의 문을 닫아버리는 것입니다. 상처가 있으면 믿음을 가질 수 없습니다.

넷째, 자존심과 잘못된 고집입니다. 잘못된 성격이 있으면 믿음을 갖기 어렵습니다. 어떤 사람은 무조건 반대부터 합니다. 어떤

사람은 믿지 않기로 작정부터 합니다. 어찌 보면 믿지 않는 것도 믿음입니다. 믿지 않기로 결정한 것입니다. 그래서 믿음보다는 의심을 갖게 되는 것입니다.

우리 안에 있는 자존심, 고집, 무지, 편견, 귀신의 세력을 무너뜨리십시오. 말씀과 하나님의 약속을 믿을 때 미래가 열립니다. 하나님의 약속을 믿을 때 능력의 사람이 되는 것입니다. 부정적인 사람은 절대 미래를 만들지 못합니다. 우리 모두가 긍정적인 사람이 되기를 바랍니다. 믿음의 사람이 되기를 바랍니다. 의심과 편견과 비판이 없기를 바랍니다.

나무를 심으면 한자리에 오래 두어야 합니다. 나무를 심어 놓고 마음이 불안하여 다른 데로 옮기고 또 옮기면 결국 나무는 죽습니다. 한 곳에 나무를 심었으면 물과 비료를 주고 기다려야 합니다. 시간이 필요합니다. 믿음에는 인내와 기다림이 필요합니다. 씨를 뿌렸다면 열매가 열릴 것을 믿어야 합니다. 하나님의 말씀은 인내를 갖고 기다려야 하는 것입니다. 그러면 반드시 열매가 맺힙니다.

내가 너를 내 손바닥에 새겼고 너의 성벽이 항상 내 앞에 있나니(사 49:16).

하나님께서는 이스라엘을 절대 잊지 않겠다는 것을 알려 주시기 위해 젖먹이와 어머니에 대한 이야기를 하십니다. 그리고 16절에

서 손바닥에 새겼다고 하십니다. 이것은 요즘 많이 하는 문신과 같은 것입니다. 하나님께서 우리 이름을 손바닥에 새기신 것입니다.

또한 "너의 성벽이 항상 내 앞에 있다"고 하십니다. 우리가 죽을지라도 하나님을 믿고 희망과 믿음을 버리지 않는다면 기적이 일어납니다. 능력이 나타납니다. 하나님께서 우리에게 주신 약속과 축복이 눈에 보이지 않아도, 귀에 들리지 않아도, 손에 잡히지 않아도 포기하지 말고 계속 가십시오. 그 약속과 축복은 반드시 이루어집니다. 하나님께서는 이스라엘 백성들에게 새로운 환상을 계속 보여 주십니다.

네 자녀들은 빨리 걸으며 너를 헐며 너를 황폐하게 하던 자들은 너를 떠나가리라(사 49:17).

하나님께서는 "네 자녀들이 돌아오고 있고, 너를 황폐하게 하던 세력이 떠난다"고 말씀하십니다. 현실에서는 아직 일어나지 않고 있지만 곧 이런 일이 일어날 것이라는 의미입니다.

우리를 괴롭히는 사람들은 곧 떠날 것입니다. 우리는 모르지만 그들은 이미 떠날 준비를 하고 있습니다. 축복의 세력이 오고 있는 것입니다.

약속을 붙드는 자에게 열리는 문

이사야는 하나님이 보여 주신 환상을 보았습니다. 그러나 이스라엘 백성들은 아직 그것을 보지 못했습니다. 영적인 사람들은 환상을 봅니다. 그 환상이 무엇입니까?

> 네 눈을 들어 사방을 보라 그들이 다 모여 네게로 오느니라 나 여호와가 이르노라 내가 나의 삶으로 맹세하노니 네가 반드시 그 모든 무리를 장식처럼 몸에 차며 그것을 띠기를 신부처럼 할 것이라 (사 49:18).

신부처럼 그들을 장신구로 꾸밀 것이라고 하십니다. 이것은 조금 더 구체적인 환상입니다. 약속을 붙들고 있으면 하나님의 축복의 그림자가 조금씩 구체적으로 보이기 시작합니다. 믿음을 가진 사람들에게는 문이 열립니다. 믿음을 가진 사람들에게는 생각이 열립니다. 인생이 열립니다. 이것이 없는 사람들은 보이지 않습니다. 이것을 보았다면 이미 축복이 오기 시작한 것입니다. 가만히 있으면 사람들의 발자국 소리가 들리고 웅성거리는 소리가 들립니다.

> 이는 네 황폐하고 적막한 곳들과 네 파멸을 당하였던 땅이 이제는 주민이 많아 좁게 될 것이며 너를 삼켰던 자들이 멀리 떠날 것이니라(사 49:19).

이런 일이 이스라엘 백성들에게 있었습니다. 바벨론 포로생활을 견딜 수 없었던 그들에게 이런 일이 일어났습니다. 저는 이런 현상이 우리나라에도 일어날 줄 믿습니다. 하나님의 비전이 임할 줄 믿습니다. 말씀을 갖고 있는 사람들은 이런 환상을 보게 됩니다. 이 환상을 본 사람들은 고통에 짓눌리지 않습니다.

이스라엘 백성들은 광야에서 40년을 보냈습니다. 이 환상을 본 사람들은 그 기간을 쉽게 보낼 수 있습니다. 그러나 이 환상을 보지 못한 사람들은 이 기간이 지겹기만 합니다. 하나님을 만난 사람은 인생이 광야에 있을지라도 신이 납니다. 불안과 절망 가운데서도 광야의 생활이 흥분되는 것입니다. 순간순간 하나님이 함께 계시기 때문입니다.

이 세상을 잘 살아가는 방법은 광야 속에서 환상과 비전과 꿈을 보는 것입니다. 이러한 하나님의 계획을 깨달으십시오. 그러면 하나님께서 그에게 기가 막힌 인생을 살게 하십니다. 하나님께서는 그에게 홍해가 갈라지게 하시고, 샘이 터지게 하시고, 만나를 내려 주십니다.

자식을 잃었을 때에 낳은 자녀가 후일에 네 귀에 말하기를 이곳이 내게 좁으니 넓혀서 내가 거주하게 하라 하리니(사 49:20).

이 말씀의 의미는 신약 시대에 나오는 교회의 부흥을 가리킵니

다. 하나님의 백성들이 몰려오고 있는 것입니다. 2천 년 전에 예수님을 통해 복음이 왔습니다. 그리고 2천 년이 지난 지금 한국에서도 교회가 시작되었습니다. 수많은 백성들이 몰려오고 있습니다. 남미에서, 아프리카에서, 러시아에서 사람들이 몰려오고 있는 것입니다. 전혀 생각지도 못했던 사람들이 몰려옵니다.

이것을 이사야가 봤습니다. 이것이 요한계시록에서 나오는 종려나무 가지를 들고 어린 양 예수 그리스도 앞에 있는 흰 옷을 입은 수많은 사람들입니다. 이 거대한 환상을 보십시오. 이것을 보는 사람은 이 세상이 두렵지 않습니다. 외롭지 않습니다. 이것을 보는 사람은 이 세상의 어떤 악의 세력도 이겨 낼 수 있습니다. 우리 모두가 하나님의 음성을 듣고, 하나님의 군대, 하나님의 사람들이 오는 것을 볼 수 있기를 바랍니다. 그러면 광야 같은 이 세상도 축복의 동산으로 변하게 될 것입니다.

> 그때에 네가 네 마음에 이르기를 누가 나를 위하여 이들을 낳았는고 나는 자녀를 잃고 외로워졌으며 사로잡혀 유리하였거늘 이들을 누가 양육하였는고 나는 홀로 남았거늘 이들은 어디서 생겼는고 하리라(사 49:21).

내가 낳은 것도 아니요, 키운 것도 아니요, 불러 모은 것도 아닌데 하나님의 사람들이 몰려오고 있습니다. 열방에서 하나님의 사

람들이 예수의 이름 앞으로 몰려오고 있는 것입니다.

혹여 오늘 먹을 것이 없어도 두려워하지 마십시오. 사업이 부도가 나도 두려워하지 마십시오. 환경이 불행한 것은 불행한 것이 아닙니다. 환상과 비전이 없는 것을 두려워하십시오. 암에 걸려도 두려워하지 마십시오. 북한의 핵은 하나님 앞에서 아무것도 아닙니다. 자기 꾀에 자기가 걸려 넘어질 것입니다. 강대국의 물리적인 힘을 두려워하지 마십시오. 우리가 걱정해야 할 것은 비전과 환상과 믿음이 없는 것입니다.

하나님은 준비하고 계십니다. 하나님은 우리를 보호하고 계십니다. 우리를 괴롭히던 저주의 세력은 떠나갈 것이며 축복의 세력이 임할 것입니다. 이러한 믿음을 갖고 흔들리지 말아야 합니다. 그 길을 계속 가다 보면 하나님의 축복이 임할 것입니다.

27

열방이
주의 펴신 팔에 있습니다

이사야 49:22-26

메시아를 통해 일어나는 회복의 축제

성령의 역사란 바람과 같습니다. 바람이 불면 순식간에 바뀝니다. 가을바람이 불면 깊은 산속의 나뭇잎들이 빨갛게 물들기 시작합니다. 성령의 역사는 불과 같습니다. 끌 수 없는 불, 멈출 수 없는 불입니다. 은혜는 내가 노력해서 얻을 수 있는 것이 아닙니다. 바람이 불고 불이 쏟아져서 내게 주어지는 것입니다. 오순절 날 마가의 다락방에서 120명의 사람들이 성령 체험을 했습니다. 저는 가끔 '120명의 사람들이 다 믿음이 좋았을까?'라는 생각을 해봅니다. 아마도 그렇지 않았을 것입니다. 믿음은 없는데 어찌어찌해서 따라온 사람도 있었을 것입니다. 그렇지만 일단 다락방에 들어온 사람들은 모두 성령의 불과 바람을 경험했습니다.

이사야 49장을 보면 성령의 바람이 불고 성령의 불이 임한다는 예언이 나타납니다. 바벨론에서 포로생활을 하고 있는 이스라엘에게 현재는 고통이었습니다. 비참하고 불안했습니다. 어느 누구도 그것을 행복이라 말하지 않았고, 기쁨과 회복을 기대할 수 없었습니다. 그러나 하나님께서는 고통의 눈물을 흘리고 신음하는 이스라엘 백성에게 희망과 회복을 주시고 구원의 노래를 부를 수 있도록 비전을 주셨습니다.

이런 회복과 구원의 축제는 여호와의 종, 메시아를 통해서 일어납니다.

이사야 49장은 여호와의 종과 회복이라는 두 주제가 강물처럼 흐르고 있습니다. 회복은 돌아오는 것을 말합니다. 잃어버렸던 사람들, 포기했던 사람들, 잊혀졌던 사람들, 멀리 있던 사람들이 시온을 향하여 돌아오는 것이 회복입니다. 이방인들만 돌아오는 것이 아니라 이방의 열왕들도 돌아오고, 이방의 지도자들, 관원들도 하나님 품안으로 돌아오는 것입니다. 우리 집안에 회복이 일어나면 자녀가 돌아오고 남편이 돌아오고, 아내가 돌아옵니다. 또한 북한이 돌아올 것이고, 더 나아가 이 땅의 모든 미전도 종족들이 회복의 그때에 전부 돌아올 것입니다.

하나님께서 "여인이 젖 먹는 자식을 혹시 잊을지라도 나는 너를 잊지 않겠다"(사 49:15)고 하십니다. 이어 "내가 너를 내 손바닥에 새겼다"(사 49:16)고 하셨습니다. 그리고 "네 자녀들이 빨리 돌아온다"고 했습니다. 여기서 돌아오는 세 가지 모습이 나옵니다. 첫째, 신부입니다. 단장한 신부처럼 아름다운 모습으로 온다는 것입니다. 둘째, 비좁을 만큼 많이 온다는 것입니다. 처음에는 땅과 집이 넓어서 어떻게 다 채우나 하지만 어느 날 보니 자리가 없어서 다 서 있게 됩니다. 그래서 셋째, 더 넓은 장소를 달라고 아우성을 칩니다.

하나님께서 역사하시면 교회도, 가정도, 기업도 부흥할 것입니

다. 손님이 너무 많아서 발 디딜 틈이 없게 될 것입니다. 죽었던 자가 살아나고, 잃었던 자가 돌아오고, 병들었던 자가 치유되고, 포기했던 자가 돌아오는 역사가 있을 것입니다.

이스라엘은 이렇게 많이 돌아오는 사람들을 보면서 세 가지 충격적인 질문을 던집니다.

첫째, 나는 해산할 능력이 없는데 이 사람들은 다 어디에서 왔는가 하는 것입니다. 둘째, 나는 포로로 끌려가서 인생이 끝났다고 생각했는데 이 사람들은 누가 양육했는가 하는 것입니다. 셋째, 나만 홀로 살아남았다고 생각했는데 이들은 어디에서 왔는가 하는 것입니다.

이런 질문을 할 정도로 하나님께서 이스라엘을 회복시켜 주셨습니다. 바벨론 포로생활 속에서 절망적이었던 사람들에게 주신 하나님의 회복처럼 우리에게도 동일한 회복을 주시리라 믿습니다. 그렇다면 회복은 어떻게 일어납니까?

주 여호와가 이같이 이르노라 내가 뭇 나라를 향하여 나의 손을 들고 민족들을 향하여 나의 기치를 세울 것이라 그들이 네 아들들을 품에 안고 네 딸들을 어깨에 메고 올 것이며(사 49:22).

하나님께서 뭇 나라를 향해, 열방을 향해 손을 드신다고 하십니다. 하나님께서 손을 드시면 죽었던 자가 살아나고, 막혔던 것이

뚫리고, 불가능한 것이 가능해집니다. 하나님께서 뭇 나라를 향하여 손을 펴시고 뭇 백성에게 내 깃발을 들어 신호를 하신다고 했습니다. 시온에 하나님의 깃발이 꽂힐 때 마귀, 바벨론, 악한 세력이 물러가고 하나님의 백성들이 아들들을 양팔에, 딸들을 어깨에 메고 돌아올 것이라고 하십니다. 이 말씀을 보면 아흔아홉 마리의 양을 우리에 두고 잃어버린 한 마리 양을 찾아 나선 사람의 비유가 떠오릅니다. 누가복음 15장을 보면 이 사람은 자기가 찾은 양을 끌고 오지 않고 기뻐서 어깨에 메고 옵니다.

하나님도 우리를 안고 오실 것입니다. 우리를 어깨에 메고 오실 것입니다. 이것이 회복입니다. 시온의 승리는 곧 모든 이방인들의 개종을 의미합니다. 모두 주님 앞으로 돌아오는 것입니다. 말세에는 모든 족속, 모든 나라, 모든 백성, 모든 방언들이 주님 앞으로 돌아온다는 것입니다. 이것을 '식민지 사관'이라며 선교를 일종의 침략으로 바라보는 사람들도 있습니다. 그러나 이것은 잘못된 인본주의적 해석입니다. 선교는 침략이 아니라 하나님께 돌아오는 성령의 역사입니다.

하나님께서 손을 들고 깃발을 꽂으면, 떠났던 백성들, 잃어버린 백성들, 포기했던 백성들이 다 돌아옵니다. 두 손 들고 경배하면서 스스로 돌아옵니다. 당시 이사야가 보았던 이 환상은 먼 훗날 신약시대 교회의 확장을 보여 주고 있습니다. 요한계시록에도 이런 환상이 나타납니다.

이 일 후에 내가 보니 각 나라와 족속과 백성과 방언에서 아무도 능히 셀 수 없는 큰 무리가 나와 흰 옷을 입고 손에 종려 가지를 들고 보좌 앞과 어린 양 앞에 서서 큰 소리로 외쳐 이르되 구원하심이 보좌에 앉으신 우리 하나님과 어린 양에게 있도다 하니(계 7:9-10).

주님께서 다시 재림하시는 그날, 모든 나라와 족속과 백성과 방언에서 셀 수 없는 큰 무리들이 흰 옷을 입고 종려가지를 들고 어린 양 예수 그리스도와 하나님의 보좌 앞으로 찬양을 부르면서 몰려올 것입니다. 이것이 역사의 완성입니다. 우리 크리스천들은 이런 환상이 있어야 합니다.

여호와를 앙망하는 자에게 임하는 승리

왕들은 네 양부가 되며 왕비들은 네 유모가 될 것이며 그들이 얼굴을 땅에 대고 네게 절하고 네 발의 티끌을 핥을 것이니 네가 나를 여호와인 줄을 알리라 나를 바라는 자는 수치를 당하지 아니하리라(사 49:23).

우리를 공격하고 방해하던 열방의 모든 왕들이 우리의 양아버지가 되고 왕비는 유모가 된다고 하십니다. 그래서 우리를 보호해

주고 격려해 줍니다. 그들이 코를 땅에 대고 엎드려 우리를 경배하고 찬양한다고 했습니다.

하나님을 기다리는 자는 결코 수치를 당하지 않습니다. 하나님을 경배하는 자, 하나님을 앙망하는 자, 하나님을 찾는 자는 결코 수치를 당하지 않습니다.

오직 여호와를 앙망하는 자는 새 힘을 얻으리니 독수리가 날개 치며 올라감 같을 것이요 달음박질하여도 곤비하지 아니하겠고 걸어가도 피곤하지 아니하리로다(사 40:31).

하나님께서는 자기를 찾고 바라고 기다리는 자에게 승리의 면류관을 주시며 개선가를 부르게 하십니다. 하나님을 찾는 자는 결코 수치를 당하지 않으며 하나님을 앙망하는 자는 결코 망하지 않습니다.

오늘날에도 당시 시온 백성의 신음소리가 들립니다. 예수 믿는 사람들도 많고 교회도 많은데 왜 그럴까요? 교회와 크리스천이 무능해서인지도 모릅니다. 우리 사회는 도박, 마약, 술, 성 등에 중독되어 있습니다. 폭력, 부패, 사기, 거짓이 만연해 있습니다. 점점 도덕적으로 황폐화되고 있습니다. 서로 비난하고 정죄하고 분노합니다. 우리는 마치 표류하는 배와 같이 방향을 잃었습니다.

이것의 해결 방법은 하나입니다. 교회가 깨어나야 합니다. 교회

밖에는 대안이 없습니다. 하나님 외에는 대안이 없습니다. 기도하는 사람들이 뭉쳐야 합니다. 금식해야 하고 회개해야 하고 각성해야 하고 허리띠를 졸라매야 합니다. 시온의 백성들이 바벨론 포로에서 울며불며 통곡했던 것처럼 오늘날 한국 교회와 크리스천들은 위기 앞에서 하나님을 붙잡고 기도해야 합니다. 우리가 여호와를 앙망하면 살 것입니다. 여호와를 바라보면 수치를 면하게 될 것입니다. 지금 우리가 붙잡아야 할 것은 다른 강대국이 아닙니다. 하나님을 붙잡아야 합니다. 하나님께서 하시면 간단합니다. 우리는 하나님의 마음을 감동시켜야 합니다. 우리는 하나님 앞에 무릎을 꿇고 울부짖어야 합니다. 이것밖에 해답이 없습니다.

여호와가 이같이 말하노라 용사의 포로도 빼앗을 것이요 두려운 자의 빼앗은 것도 건져 낼 것이니 이는 내가 너를 대적하는 자를 대적하고 네 자녀를 내가 구원할 것임이라(사 49:25).

우리 마음속에 슬픔도 있고 좌절도 있지만 그것으로 끝나는 것이 아닙니다. 우리의 결론은 희망입니다. 하나님께서 그렇게 말씀하셨기에 이스라엘 민족이 회복된 것입니다. 그러니 우리 민족도 회복될 것입니다. 우리의 인생이 변할 것입니다. 하나님께서 힘센 사람이나 포악한 사람을 잠재울 것입니다.

내 영혼아 네가 어찌하여 낙심하며 어찌하여 내 속에서 불안해하
는가 너는 하나님께 소망을 두라 그가 나타나 도우심으로 말미암아
내가 여전히 찬송하리로다(시 42:5).

오늘 우리를 보면 다 풀이 죽어 있고 불안에 떱니다. 뭔지 모르
지만 불안하고 초조합니다. 그러나 하나님께서는 우리에게 기죽
지 말라고 하십니다. 기죽지 말고 불안해하지 말고 여호와를 앙망
하십시오.

내가 너를 억압하는 자들에게 자기의 살을 먹게 하며 새 술에 취함
같이 자기의 피에 취하게 하리니 모든 육체가 나 여호와는 네 구원
자요 네 구속자요 야곱의 전능자인 줄 알리라(사 49:26).

"자기 살을 먹고 자기 피를 마신다"는 것은 내분이 일어난다는
것입니다. 내분이 일어나야 망합니다. 이것이 성경적 원리입니다.
스스로 분란이 일어날 것입니다. 바벨론이 그렇게 망했습니다.

그러면서 마지막 결론을 내립니다. 하나님이 누구냐는 것입니
다. 첫째, 하나님은 구속자이십니다. 둘째, 속량자이십니다. 셋째,
강한 자이십니다. 우리 하나님은 우리를 구속하신 분이요 우리를
속량하신 분이요 우리를 구원하신 강한 분입니다.

나의 힘이신 여호와여 내가 주를 사랑하나이다 여호와는 나의 반석이시요 나의 요새시요 나를 건지시는 이시요 나의 하나님이시요 내가 그 안에 피할 나의 바위시요 나의 방패시요 나의 구원의 뿔이시요 나의 산성이시로다 내가 찬송받으실 여호와께 아뢰리니 내 원수들에게서 구원을 얻으리로다(시 18:1-3).

우리 하나님은 구원자이십니다. 우리 하나님은 속량자이십니다. 우리 하나님은 강한 자이십니다. 우리 하나님은 반드시 우리를 지켜 주실 것입니다. 어떤 고통과 어려움이 있어도 부활과 회복의 환상을 잊지 마십시오. 우리가 기도하는 한 우리의 인생은 망하지 않습니다. 우리가 기도하는 한 우리의 가정은 망하지 않습니다. 우리가 기도하는 한 우리 민족은 망하지 않습니다.

28

여호와의 종으로 말미암아
회복됩니다

이사야 50:1-11

지금의 고난, 나의 실수와 죄가 낳은 결과

사람은 누구든지 고난과 시련을 연달아 겪으면 가치관이 흔들립니다. 지금까지 신뢰해 왔던 믿음에 혼돈이 생깁니다. 가치관과 믿음이 흔들리면 오해가 생깁니다. 열등감, 자격지심 등으로 인해 정보를 정확하게 읽지 못하고 과장 또는 극대화해서 해석합니다. 포로생활에 지친 이스라엘 백성도 그랬습니다. 하나님께서 이스라엘 백성들을 구원하시고 회복시킬 것이라는 메시지를 한편으로는 환영하면서도 다른 한편으로는 믿지 못하고 두려워했습니다. 오해하고 의심하고 극단적으로 해석했습니다. 작은 일만 일어나도 '그것 봐라. 하나님께서 우리를 버리셨다. 우리가 그렇게 기도했지만 아무 일도 일어나지 않았다'라고 생각했습니다. 이스라엘 백성들은 마치 자신들을 나쁜 남편에게 이혼을 당하고 쫓겨난 아내처럼 생각했습니다. 채무자에게 팔려간 자식처럼 생각했습니다.

이런 이스라엘에게 하나님께서 말씀하십니다.

나 여호와가 이같이 말하노라 내가 너희의 어미를 내보낸 이혼 증서가 어디 있느냐 내가 어느 채주에게 너희를 팔았느냐 보라 너희는 너희의 죄악으로 말미암아 팔렸고 너희의 어미는 너희의 배역함

으로 말미암아 내보냄을 받았느니라(사 50:1).

자신이 쫓겨난 아내, 팔려간 자식 같다고 생각한 이스라엘은 모든 원인이 하나님께 있다고 생각했습니다. 하나님께서 너무 잔인하고 혹독하게 심판을 하시기 때문이라고 여겼습니다. 자신들의 죄와 실수와 허물은 생각하지 않고 모든 책임을 하나님께 뒤집어씌운 것입니다.

이스라엘 백성들은 하나님께서 얼마든지 도와주실 수 있는데 의도적으로 도와주시지 않았다고 생각하니 섭섭하고 화가 났습니다. 그런 이스라엘 백성들에게 하나님께서 이렇게 반문하십니다. "너희 어머니가 이혼을 당해 고생을 하는 것이 정말 내 잘못이냐? 내가 정말 의도적으로 너희를 힘들게 했느냐?"

그렇다면 지금은 어떤가요? 지금 나라가 어렵고 힘든 것이 하나님의 잘못입니까? 하나님의 대답은 간단합니다. "너희의 죄와 실수가 오늘날 이런 결과를 낳은 것이다." 하나님 때문에 이혼당한 아내, 채권자에게 팔려간 자식처럼 산다는 이스라엘 백성들의 생각은 잘못된 해석이요 극단적인 오해입니다. 이스라엘 백성들은 자신들의 죄와 실수 때문에 고통을 받고 있는 것입니다.

하나님께서는 이스라엘 백성들이 돌아올 수 있도록 수없이 많은 기회를 주셨는데 그들은 그 기회를 받아들이지 않았습니다.

내가 왔어도 사람이 없었으며 내가 불러도 대답하는 자가 없었음은 어찌 됨이냐 내 손이 어찌 짧아 구속하지 못하겠느냐 내게 어찌 건질 능력이 없겠느냐 보라 내가 꾸짖어 바다를 마르게 하며 강들을 사막이 되게 하며 물이 없어졌으므로 그 물고기들이 악취를 내며 갈하여 죽으리라(사 50:2).

하나님께서 이스라엘 백성들에게 계속 질문하십니다.

첫째, "내가 돌아왔을 때 너는 어디에 있었느냐?"고 물으십니다. 하나님께서 찾으실 때 우리는 그곳에 있어야 합니다. 그 자리에 있지 않으면 하나님께서 아무리 말씀하시고 싶어도 말씀하시기가 어렵습니다. 성경을 보면 예수님의 제자 중에 회의론자가 있었습니다. 바로 도마입니다. 예수님이 부활하신 몸으로 제자들에게 오셨을 때 도마는 그 자리에 없었습니다. 은혜를 받지 못하는 사람은 꼭 그 자리에 없습니다.

둘째, "내 말을 듣지도 않고 귀를 기울이지도 않고 무시하지 않았느냐?"고 말씀하십니다. 하나님께서 말씀하셨는데 못 들은 척 순종하지 않았다는 것입니다. 일반적으로 사람들은 자기가 순종하지 않은 것은 별로 중요하게 생각하지 않고 자기가 받는 고난만 생각합니다. 이런 사람들에게 하나님께서 "내가 너희를 구원할 능력이 없느냐?"라고 반문하십니다.

하나님께서 한번 꾸짖으시면 바다가 말라 육지처럼 됩니다. 홍해

사건을 상기하십시오. 바닷물이 넘실댔지만 모세를 통해서 하나님의 능력이 나타날 때는 바다가 갈라져 육지가 되었습니다. 또한 하나님은 강을 광야처럼 마르게 하실 수 있는 분입니다. 요단 강도, 다른 어떤 강도 하나님께서 말씀하시면 다 말라 버리는 것입니다.

우리가 과거에 어려움을 겪었을 때 은혜를 베풀어 주신 하나님을 생각하십시오. 한국전쟁 때 받았던 은혜를 생각하십시오. IMF 때 어려움을 겪었지만 그때도 은혜를 주셔서 살아날 수 있었습니다. 우리나라에 많은 위기가 있었지만 그때마다 하나님께서 은혜를 베푸셨습니다. 우리의 인생을 도우셨습니다. 우리가 병들어 죽게 될 때도, 더 이상 희망이 없는 것 같을 때도 하나님께서는 홍해를 가르시고 요단 강을 마르게 했던 사건과 같은 일들을 일으키실 것입니다.

여호와의 종의 일곱 가지 특징

하나님의 능력은 하늘을 흑암으로 옷 입히고 굵은 베로 덮는 것과 같습니다.

내가 흑암으로 하늘을 입히며 굵은 베로 덮느니라(사 50:3).

그렇다면 하나님의 구원과 사랑과 능력은 언제 어떻게 누구를

통해서 나타날까요? 그 해답은 여호와의 종입니다. 하나님께서 여호와의 종, 메시아를 보내셔서 온 이스라엘과 인류를 구원할 것을 약속하셨습니다.

여호와의 종은 신약 시대에 와서야 그가 예수 그리스도라고 판명되었지만 구약 시대에는 명확하지 않았습니다. 그저 여호와의 종, 메시아의 개념에 대한 이야기만 계속 나옵니다. 여호와의 종의 특징이 4절에 나옵니다.

> 주 여호와께서 학자들의 혀를 내게 주사 나로 곤고한 자를 말로 어떻게 도와줄 줄을 알게 하시고 아침마다 깨우치시되 나의 귀를 깨우치사 학자들같이 알아듣게 하시도다(사 50:4).

첫째, 하나님께서 여호와의 종에게 가르치는 혀, 즉 학자의 혀를 주신다고 했습니다. 예수님은 군소리, 헛소리, 잔소리를 하지 않으셨습니다. 예수님은 짧고 쉽고 분명하게 말씀하셨습니다. 예수님의 말씀은 살리는 말씀입니다. 예수님의 말씀을 알아듣지 못하는 사람은 하나도 없었습니다. 아무리 무식하고 공부를 하지 않은 사람일지라도 예수님의 말씀은 다 알아들었습니다. 메시아는 사람을 설득하고 살리고 격려하고 지혜를 주는 말을 했습니다.

둘째, 여호와의 종은 지친 사람을 말로 되살려 주신다고 했습니다. 여호와의 종의 특징은 사람을 격려하는 것입니다. 메시아는 말

씀으로 죽은 자를 살립니다. 병든 자를 고칩니다. 포기한 자에게 희망을 줍니다.

예수님을 보십시오. 그분이 입을 열면 죽은 자가 살아나고 문둥병자가 깨끗해지고 귀신이 떠나고 광풍이 불던 바다가 잠잠해졌습니다. 그런 말의 권세가 우리에게도 있어야 합니다. 이렇게 중요한 언어를 하나님께서 메시아에게 주셨습니다.

셋째, 여호와의 종에게는 특별한 귀가 있습니다. 메시아의 귀는 닫힌 귀가 아니라 열린 귀입니다. 메시아의 귀는 하나님의 음성을 듣는 귀입니다. "아침마다 깨우치시되 나의 귀를 깨우치사"(사 50:4)라는 구절이 있습니다. 되도록 실수하기 전에 아침에 눈뜨자마자 우리의 귀가 열려서 하나님의 진리를 깨닫고 말씀을 듣고 깨닫는 축복의 귀가 되어야 할 것입니다.

넷째, 여호와의 종은 신실하고 충성합니다. 여호와의 종은 해로울지라도 약속을 지킵니다. 너무 힘들어 죽을 것 같아도 거짓말을 하지 않습니다.

주 여호와께서 나의 귀를 여셨으므로 내가 거역하지도 아니하며 뒤로 물러가지도 아니하며(사 50:5).

'귀가 열렸다'는 것은 순종한다는 뜻입니다. 메시아는 귀를 열어서 하나님의 음성을 듣고 순종합니다. 십자가를 질지언정 하나님

의 말씀에 순종하려는 것이 바로 메시아의 태도입니다.

다섯째, 여호와의 종은 배반하지 않습니다. 죄인의 특징은 배신을 밥 먹듯 한다는 것입니다. 말을 수없이 바꿉니다. 그러나 하나님의 사람은 배신하지 않습니다. 하나님의 사람은 해로울지라도 약속을 지킵니다.

여섯째, 여호와의 종은 고난을 당합니다.

> 나를 때리는 자들에게 내 등을 맡기며 나의 수염을 뽑는 자들에게 나의 뺨을 맡기며 모욕과 침 뱉음을 당하여도 내 얼굴을 가리지 아니하였느니라(사 50:6).

메시아는 때리는 자에게 등을 맡기고 수염을 뽑는 자에게 뺨을 맡기고 모욕하고 침 뱉는 자에게 얼굴을 내줍니다. 이 말씀을 보면 우리는 금방 예수님을 떠올리게 됩니다. 이렇게 하신 분은 인류 역사상 예수 그리스도밖에 없습니다. 우리는 여러 가지 이유로 고난을 피합니다. 고난의 현장에 있지 않습니다. 손해 보는 자리에 있지 않습니다. 그러나 메시아는 자신의 뺨을 내주고 등을 내주고 얼굴을 내주셨습니다.

일곱째, 메시아는 고난을 당하지만 하나님께서 세 가지를 도와주십니다.

주 여호와께서 나를 도우시므로 내가 부끄러워하지 아니하고 내 얼굴을 부싯돌같이 굳게 하였으므로 내가 수치를 당하지 아니할 줄 아노라(사 50:7).

먼저, 조금도 자존심에 상처를 받지 않습니다. 벌거벗김을 당하고 수염이 뽑히고 매를 맞고 등을 맞고 침 뱉음을 당하는데도 자존심이 상하지 않았습니다. 자기 스스로를 존경하는 마음이 '자존심'입니다. 우리는 누가 오해하는 말을 하고 자신을 무시하면 부들부들 떱니다. 그러나 예수님은 수염이 뽑히고 등을 맞고 침 뱉음을 당해도 자존심이 상하지 않으셨습니다. 우리는 이런 그림을 늘 그리며 살아야 합니다. 신경질 나고 얼굴 찡그릴 일들이 생기지만 그럼에도 불구하고 부싯돌처럼 빛나는 얼굴을 가지고 살 수 있어야 합니다.

마지막으로, 부끄럼을 당하지 않습니다. 하나님께서 부끄럼을 당하지 않게 하시면 당하지 않는 것입니다. 누가 그 사람에게 부끄럼을 줄 수 있겠습니까.

회복되는 영적 자신감

나를 의롭다 하시는 이가 가까이 계시니 나와 다툴 자가 누구냐 나

와 함께 설지어다 나의 대적이 누구냐 내게 가까이 나아올지어다 보라 주 여호와께서 나를 도우시리니 나를 정죄할 자 누구냐 보라 그들은 다 옷과 같이 해어지며 좀이 그들을 먹으리라(사 50:8-9).

이것은 메시아의 영적 자신감입니다. 가난해도 병들어도 세상에서 버림을 받을지라도 이 사람의 영적 당당함과 자신감은 어느 누구도 막을 수 없습니다. 하나님 앞에 부끄럼이 없는 영적 자신감과 당당함이 메시아에게 있습니다. 이런 이야기가 로마서에서도 나옵니다.

그런즉 이 일에 대하여 우리가 무슨 말 하리요 만일 하나님이 우리를 위하시면 누가 우리를 대적하리요 자기 아들을 아끼지 아니하시고 우리 모든 사람을 위하여 내주신 이가 어찌 그 아들과 함께 모든 것을 우리에게 주시지 아니하겠느냐 누가 능히 하나님께서 택하신 자들을 고발하리요 의롭다 하신 이는 하나님이시니 누가 정죄하리요 죽으실 뿐 아니라 다시 살아나신 이는 그리스도 예수시니 그는 하나님 우편에 계신 자요 우리를 위하여 간구하시는 자시니라 누가 우리를 그리스도의 사랑에서 끊으리요 환난이나 곤고나 박해나 기근이나 적신이나 위험이나 칼이랴(롬 8:31-35).

이런 이유로 믿음의 선조들은 순교할 수 있었고 포기할 수 있었

습니다. 이 말세에 우리에게 영적 당당함이 있기를 바랍니다. 비굴하지 말고 배신하지 말고, 나를 때리면 등을 내놓고, 수염을 뽑고자 하면 뺨을 내어주고, 침을 뱉고자 하면 얼굴을 내주면서도 자존심에 상처를 받지 않고 부싯돌처럼 얼굴이 빛나고 부끄러움을 당하지 않는 메시아의 아름다운 모습, 순결한 모습, 거룩한 모습을 사모하십시오.

어렵고 힘들어도 여호와를 의뢰하고 하나님께 기대십시오(사 50:10-11). 힘든 것을 보지 말고 하나님을 보십시오. 비전을 보십시오. 꿈을 보십시오. 하나님의 약속을 바라보십시오.

29

하나님의 풍성한 위로가 여기에 있습니다

이사야 51:1-8

하나님을 찾는 자들에게 임하는 위로

재정적으로 파산을 한 이는 하늘 아래 자기를 도와줄 사람이 없다고 여길 것입니다. 집도 없고 끼니조차 걱정해야 하는 사람은 마음이 가난해집니다. 갑자기 자연재해를 당한 사람도 마찬가지입니다. 지진, 태풍, 쓰나미, 산불 등을 만나 삶의 터전을 순식간에 잃어버린 이들도 마음이 가난해집니다. 자기 잘못도 아닌데 전쟁의 한복판에 서 있게 된 사람들, 포로로 끌려간 사람들에게도 위로와 격려가 필요합니다.

또 육체 장애, 정신 장애, 인격 장애를 겪는 이들도 있습니다. 인격에 장애가 있는 이들은 자신에게 장애가 있는지 잘 모릅니다. 자신은 정상이라고 생각합니다. 이런 자들은 참 외롭습니다. 고독합니다. 주변에 사람이 없기 때문입니다. 이런 사람에게도 위로와 격려가 필요합니다.

포로로 잡혀간 이스라엘 백성들은 너무 지치고 힘들었습니다. 하나님께서는 이런 이스라엘을 위로하고 격려하십니다.

> 의를 따르며 여호와를 찾아 구하는 너희는 내게 들을지어다 너희를 떼낸 반석과 너희를 파낸 우묵한 구덩이를 생각하여 보라(사 51:1).

하나님께서 "의를 따르며 여호와를 찾아 구하는 너희는"이라고 부르시는 것에 주목하십시오. 이 말씀을 보면 하나님께서는 두 종류의 사람을 위로하고 격려하십니다. 첫째는 의롭게 살려는 사람입니다. 둘째는 하나님을 찾는 사람입니다. 최선을 다하는 사람, 정성을 쏟는 사람, 정직하고 진실하게 살려는 사람, 하나님을 찾는 사람들에게 하나님의 위로와 격려가 오는 것입니다.

악인에게 무슨 위로와 격려가 필요하겠습니까? 불성실한 사람, 게으른 사람, 사기꾼이나 도둑질하는 사람에게 무슨 위로와 격려가 필요하겠습니까? 하나님께서 위로하고 격려하는 사람은 의를 따르며 여호와를 찾는 사람입니다. 의롭게 살아보려고, 정직하게 살아보려고 정의를 추구하는 사람에게는 하나님의 위로와 격려가 있습니다.

예레미야에 보면 하나님께서 "너는 내게 부르짖으라 내가 네게 응답하겠고 네가 알지 못하는 크고 은밀한 일을 네게 보이리라"(렘 33:3)고 말씀하셨습니다. 또한 시편에서는 "환난 날에 나를 부르라 내가 너를 건지리니 네가 나를 영화롭게 하리로다"(시 50:15)라고 하셨습니다.

그렇다면 "너희를 떠낸 반석과 너희를 파낸 우묵한 구덩이를 생각하여 보라"는 말씀의 의미는 무엇일까요?

너희의 조상 아브라함과 너희를 낳은 사라를 생각하여 보라 아브라

함이 혼자 있을 때에 내가 그를 부르고 그에게 복을 주어 창성하게 하였느니라(사 51:2).

여기서 우리는 하나님의 위로와 격려의 방법을 알 수 있습니다.

하나님은 믿음의 조상 아브라함과 사라를 바라보라고 하십니다. 다시 말해 "떠낸 반석과 파낸 우묵한 구덩이"는 아브라함과 사라를 의미한다고 볼 수 있습니다.

갈대아 우르에 한 이방인이 살고 있었습니다. 어느 날 하나님께서 이 이방인을 찾아가 말씀하셨습니다.

너는 너의 고향과 친척과 아버지의 집을 떠나 내가 네게 보여 줄 땅으로 가라(창 12:1 하).

이것이 아브라함과 하나님의 첫 만남이었습니다. 하나님을 만난 순간 아브라함은 더 이상 이방인이 아니었습니다.

아브라함처럼 누구든지 하나님을 만나는 순간 그는 이방인이 아니라 하나님께 택함을 받은 사람이 됩니다. 우리가 예수님을 만나는 순간 거듭난 인생으로 바뀌는 것과 똑같습니다. 옛사람이 변하여 새사람이 되는 것처럼 아브라함은 이방인이었지만 하나님을 만나는 순간 바뀐 것입니다. 하나님께서는 아브라함과 사라에게 복을 주셔서 그 자손이 하늘의 별처럼, 바다의 모래알처럼 큰 민족

을 이루게 하셨습니다. 하나님께서 아브라함을 불렀을 때는 자식이 없었지만 하나님께서 부르셔서 자손을 많이 주셨습니다. 이것이 위로의 내용입니다.

> 그를 이끌고 밖으로 나가 이르시되 하늘을 우러러 뭇별을 셀 수 있나 보라 또 그에게 이르시되 네 자손이 이와 같으리라(창 15:5).

이처럼 하나님께서 아브라함과 사라에게 약속하십니다. '하늘을 우러러 뭇별을 세어 보라'는 것이 바로 비전입니다. 험한 이 세상, 절망적인 이 세상, 미래가 없는 이 세상에 살면서 우리가 해야 할 일은 땅이 아니라 하늘을 보는 것입니다. 하늘을 올려다보고 별을 세어 보는 것입니다. 준비된 하나님의 축복을 보는 것입니다.

그럼 왜 하나님은 아브라함과 사라를 "생각하여 보라"고 하셨을까요? 아무것도 없는 아브라함을 하나님께서 축복하셔서 하늘의 별과 같이 수많은 자손들을 주신 것을 보라는 것입니다. 이것이 우리에게 전하시는 위로의 메시지입니다.

미래지향적인 비전이 아브라함과 사라에게 있었습니다. 아브라함에게는 이삭이 있었고, 이삭에게는 야곱이 있었고, 야곱에게는 열두 아들이 있었습니다. 아브라함은 혈혈단신으로 가진 것이 없었지만 그 자손들은 이스라엘 민족이 되었습니다. 이스라엘이 가는 곳에 홍해가 갈라졌고 바위에서 물이 쏟아지고 하늘에서 만나

가 쏟아졌습니다. 그들은 걸어서 요단 강을 건넜고 젖과 꿀이 흐르는 약속의 땅으로 들어갔습니다. 그들은 더욱 큰 민족을 이루게 되었고, 그 민족에서 인류의 메시아 예수 그리스도가 태어났습니다.

언더우드와 아펜젤러가 한국에 들어왔을 때 그 한 사람, 한 사람을 통해서 한국에 백만 명의 크리스천과 교회가 생길 줄 누가 알았겠습니까? 허드슨 테일러는 중국을 변화시켰습니다. C. T. 스터드와 리빙스턴은 복음을 들고 아무도 가지 않는 아프리카로 향했습니다. 이처럼 "아브라함과 사라를 생각하여 보라"는 말은 놀랍도록 축복하신 하나님을 신뢰하라는 것입니다.

회복되는 시온의 영광

> 나 여호와가 시온의 모든 황폐한 곳들을 위로하여 그 사막을 에덴 같게, 그 광야를 여호와의 동산 같게 하였나니 그 가운데에 기뻐함과 즐거워함과 감사함과 창화하는 소리가 있으리라(사 51:3).

하나님께서 시온을 위로하십니다. 여기서 말하는 시온은 황폐하고 무너진 현재의 시온입니다. 그런데 하나님께서 무너지고 황폐한 시온을 아름다운 땅으로 회복시키겠다고 하셨습니다. 폐허가 된 시온이 에덴동산으로 변한다는 것입니다. 이처럼 다시 일어

날 수 없을 것 같은 우리 역시 하나님께서 회복시켜 주실 줄 믿습니다. 성경을 보면 시온은 황폐했지만 하나님께서 불쌍히 여기셨습니다. 하나님께서 불쌍히 여기기만 하면 모든 것이 다 해결됩니다. 광야가 에덴처럼 변하고, 사막이 여호와의 동산처럼 변합니다. 우리 인생은 광야 같고 사막 같지만 에덴동산, 여호와의 동산으로 변할 것입니다.

성경에서는 그곳에 기쁨이 있고, 즐거움이 있고, 감사의 노래가 울려 퍼질 것이라고 했습니다. 우리가 집 문을 열고 들어갈 때 찬송의 소리가 울려 퍼지면 얼마나 좋겠습니까? 우리 삶에 장송곡이 울려 퍼지지 않기를 바랍니다. 겉은 멀쩡하지만 속으로 중독된 사람들은 하나님 안에서 회복되기를 바랍니다.

인생은 광야와 같습니다. 사막과 같습니다. 어디 하나 기댈 데가 없고 어디 하나 쉴 데가 없습니다. 피눈물 나는 인생이지만 하나님께서 그 인생을 에덴동산과 같이 만들어 주시고 강물이 흐르게 하시고 꽃이 피게 하시고 그곳에 열매를 맺게 하십니다. 황무지에 장미꽃이 피는 환상과 비전과 노래와 꿈을 가지십시오. 오늘 눈물 젖은 빵을 먹을지라도 마음 깊은 곳에 이런 환상을 가지십시오.

우리가 죽을 것 같은 극한의 고통에 처했을 때도 죽음을 두려워하지 말고 천국을 바라보아야 합니다. 이사야 35장을 하루에 열 번 정도 읽으십시오. 이러한 환상을 마음속에 간직하십시오. 내 인생에 대한 환상과 믿음, 민족에 대한 환상과 믿음을 가져야 합니

다. 기쁨, 즐거움, 감사가 있는 승리의 개선가를 불러야 합니다. 이런 사람은 절망과 우울증이 덤비지 못할 것입니다.

하나님께서는 하나님의 구원을 의심하지 말라고 말씀하시면서 위로하십니다.

> 내 백성이여 내게 주의하라 내 나라여 내게 귀를 기울이라 이는 율법이 내게서부터 나갈 것임이라 내가 내 공의를 만민의 빛으로 세우리라 내 공의가 가깝고 내 구원이 나갔은즉 내 팔이 만민을 심판하리니 섬들이 나를 앙망하여 내 팔에 의지하리라 너희는 하늘로 눈을 들며 그 아래의 땅을 살피라 하늘이 연기같이 사라지고 땅이 옷같이 해어지며 거기에 사는 자들이 하루살이같이 죽으려니와 나의 구원은 영원히 있고 나의 공의는 폐하여지지 아니하리라(사 51:4-6).

더디 온다고 의심하지 마십시오. 보이지 않는다고 의심하지 마십시오. 믿음으로 시작했다면 끝까지 믿음으로 가야 합니다.

또한 하나님은 사람의 잔소리를 두려워하지 말라고 하십니다.

> 의를 아는 자들아, 마음에 내 율법이 있는 백성들아, 너희는 내게 듣고 그들의 비방을 두려워하지 말라 그들의 비방에 놀라지 말라(사 51:7).

사람들의 비난과 욕을 겁먹지 말라고 했습니다. 우리는 다른 사람의 시선을 너무 많이 의식합니다. 시선의 노예가 되어 있습니다. 작은 비판의 소리에, 작은 비난의 소리에 몸서리를 칩니다. 그러나 만약 우리가 하나님 앞에 바로 서 있다면 그런 비난의 소리, 욕설, 잔소리, 비방, 조소, 훼방에 겁먹지 않을 것입니다.

옷같이 좀이 그들을 먹을 것이며 양털같이 좀벌레가 그들을 먹을 것이나 나의 공의는 영원히 있겠고 나의 구원은 세세에 미치리라 (사 51:8).

우리가 오직 두려워할 존재는 하나님이십니다. 성령을 받은 사람의 충고는 겸손히 받아야 합니다. 그러나 마귀의 조소와 비난에는 겁먹을 필요가 없습니다. 두려워하지 마십시오. 담대하십시오. 믿음으로 소신껏 나가십시오. 이것이 하나님의 위로입니다.

하나님께서는 우리에게 위로를 주십니다. 아브라함과 사라를 생각하라고, 무너졌던 시온을 보라고, 하나님의 구원을 보라고, 주변 사람들의 비난소리에 겁먹지 말라고 위로하십니다. 이 풍성한 위로가 우리에게도 동일하게 역사할 것입니다. 그 힘으로 오늘도 승리하여 내일도 승리하여 세상을 넉넉히 이기시길 바랍니다.

인생은 광야와 같습니다. 사막과 같습니다. 어디 하나 기델 데가 없고 어디 하나 쉴 데가 없습니다. 피눈물 나는 인생이지만 하나님께서 그 인생을 에덴동산과 같이 만들어 주시고 강물이 흐르게 하시고 꽃이 피게 하시고 그곳에 열매를 맺게 하십니다. 황무지에 장미꽃이 피는 환상과 비전과 노래와 꿈을 가지십시오.

6부

고난의 종으로
열방을 구원하시는 하나님

이사야 51:9-55:13

하나님께서는 우리의 구원을 위해
여호와의 종을 보내셨습니다.
그의 희생으로 우리가 살아나고 회복된 것입니다.

30

"하나님, 깨어나십시오!"

이사야 51:9-23

하늘 문을 여는 절규의 기도

이사야는 두 가지로 깨어남에 대해 이야기합니다. 첫째는 하나님을 향해 깨어나라고 합니다. 둘째는 이스라엘 백성들을 향해 깨어나라고 합니다. 이 말씀은 비단 이스라엘뿐만 아니라 오늘을 살고 있는 우리에게도 선포되는 말씀입니다.

> 여호와의 팔이여 깨소서 깨소서 능력을 베푸소서 옛날 옛 시대에 깨신 것같이 하소서 라합을 저미시고 용을 찌르신 이가 어찌 주가 아니시며(사 51:9).

이사야는 하나님께서 이스라엘 백성들을 이집트의 포로생활에서 건져내 주셨던 과거를 기억하며 이 말씀을 하고 있습니다. 우리가 하나님을 향해 "깨소서"라고 말하는 것은 굉장히 무례한 표현처럼 들립니다. 그러나 그것을 기도로 표현하면 절규가 됩니다. "하나님, 일어나십시오! 깨어나십시오! 제가 지금 죽게 되었습니다!" 이런 급박한 상황에서 하나님을 향해 부르짖는 절규가 "깨소서"라는 표현입니다. 우리도 가끔 하나님을 향해 절규할 때가 있습니다. 세상이 불공평하고 불의로 가득 차 있는데 하나님께서 주무

시는 것 같고 침묵하시는 것 같을 때입니다.

이사야는 하나님께 부르짖었습니다. 여기서 말하는 라합과 용은 이집트를 말합니다. 이사야는 '예전에 이집트를 무찌르셨듯이 바벨론도 물리쳐 주옵소서'라고 말하는 것입니다.

"주여 깨소서 어찌하여 주무시나이까 일어나시고 우리를 영원히 버리지 마소서"(시 44:23)의 말씀처럼 시편을 보면 원수들에게 시련을 당하고 고난을 겪을 때 이런 절규를 합니다.

시편 기자들 중에 특히 다윗은 너무 힘들고 억울하고 아무 이유 없이 고난을 받지만 어느 누구도 도와주지 않을 때 수많은 절규의 기도(시 7:6)를 했습니다. 이렇게 하나님을 향해 울부짖는 기도는 시편 기자나 예언자들의 공통된 모습이었습니다.

그렇다면 우리는 어떻습니까? 누구나 억울한 일을 당해 본 적이 있을 것입니다. 인간적으로 스스로 해결할 수 없는 상황 속에 빠져 본 적이 있을 것입니다. 그럴 때 우리는 하나님의 응답을 바라지만 하나님께서는 침묵하시는 것처럼 보입니다. 이럴 때 절규 어린 기도를 하게 됩니다.

우리가 몸부림을 치고 통곡하며 절규의 기도를 하면 하나님께서 응답하십니다.

바다를, 넓고 깊은 물을 말리시고 바다 깊은 곳에 길을 내어 구속받은 자들을 건너게 하신 이가 어찌 주가 아니시니이까(사 51:10).

하나님을 향해 깨어나라고 기도했던 이사야가 하나님께서 행하신 기적을 기억합니다. 이스라엘 백성들이 이집트를 떠날 때 홍해를 육지같이 가르고 바다에 길을 내셨던 일입니다.

이처럼 절규의 기도를 할 때 꼭 해야 할 일이 있습니다. 하나님께서 행하신 기적을 기억하는 것입니다. "하나님께서 천지를 창조하시고 노아를 통해서 방주를 짓게 하시고 홍수에서 건지시지 않았습니까?"라고 기도하면 내면으로부터 위로가 오기 시작합니다. 하나님께서는 기적을 베푸시는 분입니다. 이사야는 홍해 사건을 기억했습니다. 신약을 보면 예수님은 풍랑을 잠잠하게 하셨고, 귀신을 쫓아 주셨습니다. 앉은뱅이를 일으켜 세우시고, 귀머거리의 귀를 들리게 하시고, 눈먼 자의 눈을 뜨게 하시고, 문둥병을 고쳐 주셨습니다. 예수님은 가장 연약하고 소외된 자를 환영해 주셨습니다. 우리는 절규의 기도를 할 때 하나님의 기적을 기억하고 예수님이 하셨던 위대한 일들을 묵상해야 합니다. 그러면 우리의 절규의 기도가 어느새 위로로 변하기 시작할 것입니다. 우리의 고통에 침묵하시던 하나님이 응답하시기 시작할 것입니다.

여호와께 구속받은 자들이 돌아와 노래하며 시온으로 돌아오니 영원한 기쁨이 그들의 머리 위에 있고 슬픔과 탄식이 달아나리이다(사 51:11).

이사야는 "하나님, 깨어나십시오. 주무시지 마십시오. 침묵을 깨십시오"라고 절규의 기도를 하면서 홍해의 기적을 기억하는 것과 함께 미래에 일어날 하나님의 응답을 상상했습니다. 이사야는 여호와께서 구해 내신 사람들이 노래를 부르며 시온으로 돌아오는 환상을 봅니다.

힘들고 답답할 때 하나님께서 행하신 기적을 기억하십시오. 그리고 앞으로 우리에게 일어날 축복을 상상하십시오. 믿음을 가지고 기도해야 합니다. 하나님께서 우리에게 복을 주신다는 약속과 믿음으로 기도하면 반드시 응답하여 주십니다.

하나님의 임재와 능력을 제한하지 말라

이사야의 기도에 하나님께서 응답하십니다. 하나님께서 시온의 대로를 뚫어 주신다고 약속하신 것입니다.

> 이르시되 너희를 위로하는 자는 나 곧 나이니라 너는 어떠한 자이기에 죽을 사람을 두려워하며 풀같이 될 사람의 아들을 두려워하느냐(사 51:12).

하나님께서 "나는 너희를 위로하는 하나님이다"라고 말씀하십니다. 우리 하나님은 그냥 계시는 분이 아니라 우리를 위로하시고

격려하시고 품어 주시고 새롭게 하십니다. 그 하나님이 우리에게 오셔서 "나는 너희를 위로하는 하나님이다"라고 말씀하신 후에 죽을 운명의 사람과 풀 같은 사람의 아들을 두려워하지 말라고 하십니다.

> 하늘을 펴고 땅의 기초를 정하고 너를 지은 자 여호와를 어찌하여 잊어버렸느냐 너를 멸하려고 준비하는 저 학대자의 분노를 어찌하여 항상 종일 두려워하느냐 학대자의 분노가 어디 있느냐(사 51:13).

하나님께서 두 가지를 책망하십니다.

첫째, 하나님의 능력과 임재를 잊어버린 것입니다. 우리는 하나님을 믿으면서도 순식간에 하나님의 능력을 잊어버립니다. 우리는 종종 하나님을 우리처럼 생각합니다. '내가 못하니 하나님도 못하실 것이다'라고 생각합니다. 그러나 하나님은 우리가 아닙니다. 하나님은 인간이 아니라 하나님이십니다. 하나님을 인정하십시오. 하나님은 능력의 하나님이십니다.

하나님께서는 "너는 나의 능력과 임재를 무시하는구나. 나의 이름을 부르면서도 나의 능력은 인정하지 않는구나"라고 책망하십니다. 생각해 보면 우리가 얼마나 하나님의 능력을 무시하는지 모릅니다. 더 이상 우리의 입술에서 "안 돼. 못해"라는 말이 없어져야 할 것입니다. 하나님께는 안 되는 것이 없고 못하는 것도 없기

때문입니다.

둘째, 망하기로 결정된 압제자의 분노를 무서워하지 말라고 하십니다.

우리는 현실의 권력을 두려워합니다. 그런데 성경 말씀을 보니 망하기로 결정된 압제자의 분노를 두려워하지 말라고 하십니다. 우리는 세상에 겁먹지 말아야 합니다. 세상이 여리고 성 같고 태산 같이 느껴져도 이 세상의 물질과 권력과 인기는 먼지와도 같은 것입니다. 우리는 당당한 하나님의 자녀임을 명심하고 그 신분대로 살아야 할 것입니다.

> 결박된 포로가 속히 놓일 것이니 죽지도 아니할 것이요 구덩이로 내려가지도 아니할 것이며 그의 양식이 부족하지도 아니하리라 나는 네 하나님 여호와라 바다를 휘저어서 그 물결을 뒤흔들게 하는 자이니 그의 이름은 만군의 여호와니라(사 51:14-15).

하나님께서 세 가지를 이야기하십니다. 첫째, "결박된 포로가 속히 놓일 것"이라고 하십니다. 둘째, "죽지도 않고 구덩이로 내려가지도 않을 것"이라고 하십니다. 셋째, "양식이 부족하지도 않을 것"이라고 하십니다. 하나님께서는 우리의 하나님이십니다. 그분은 바다를 휘저어 사나운 파도를 일으키는 만군의 여호와이십니다.

내가 내 말을 네 입에 두고 내 손 그늘로 너를 덮었나니 이는 내가 하늘을 펴며 땅의 기초를 정하며 시온에게 이르기를 너는 내 백성이라 말하기 위함이니라(사 51:16).

"너는 내 백성이라"는 말씀을 마음에 새기십시오. 하나님께서 "너는 멀리 있는 사람이 아니다. 너는 내 백성이다"라고 말씀하십니다. 하나님께서 "내 말을 네 입에 두었다"고 하십니다. 믿는 사람들이 하는 말은 굉장히 중요합니다. 하나님께서 우리에게 말씀을 주시고 생각을 주실 것입니다.

이스라엘을 깨우는 기도

다음은 이스라엘 백성을 깨우는 기도입니다.

여호와의 손에서 그의 분노의 잔을 마신 예루살렘이여 깰지어다 깰지어다 일어설지어다 네가 이미 비틀걸음 치게 하는 큰 잔을 마셔다 비웠도다(사 51:17).

이스라엘은 하나님의 진노의 잔을 마셨습니다. 그래서 헷갈리고 왔다 갔다 합니다. 이사야는 술 취한 이스라엘을 향해 "깰지어다! 일어설지어다!"라고 외칩니다.

사실 비참한 진노의 잔을 마신 이스라엘을 구원할 자가 아무도 없습니다.

> 네가 낳은 모든 아들 중에 너를 인도할 자가 없고 네가 양육한 모든
> 아들 중에 그 손으로 너를 이끌 자도 없도다 이 두 가지 일이 네게
> 닥쳤으니 누가 너를 위하여 슬퍼하랴 곧 황폐와 멸망이요 기근과
> 칼이라 누가 너를 위로하랴(사 51:18-19).

"네가 낳은 모든 아들", "네가 양육한 모든 아들"은 예루살렘 사람을 말합니다. 예루살렘 사람이 예루살렘 사람을 구원하지 못한다는 것입니다. 또한 그들에게 닥친 "두 가지 일"이란 기근과 전쟁입니다. 만약 우리나라에 재난이 온다면 기근과 전쟁일 것입니다. 이 두 가지를 확대해서 말한다면 그것은 황폐, 멸망, 기근, 칼입니다. 이런 엄청난 재앙이 닥쳤는데 도와줄 자가 아무도 없는 것입니다.

> 네 아들들이 곤비하여 그물에 걸린 영양같이 온 거리 모퉁이에 누
> 웠으니 그들에게 여호와의 분노와 네 하나님의 견책이 가득하도다
> (사 51:20).

진노의 잔을 마시고 비틀거리는 이스라엘을 그물에 걸린 염소와 같다고 했습니다. 이스라엘의 비참한 운명을 보여 줍니다.

그러므로 너 곤고하며 포도주가 아니라도 취한 자여 이 말을 들으라(사 51:21).

사람은 포도주를 마시고 취하는데 이스라엘은 하나님의 분노의 잔을 마시고 취했습니다. 포도주로 취한 것은 깨면 되지만 분노의 잔에 취한 것은 방법이 없습니다. 그런데 다음 구절에서 희망의 메시지가 나옵니다.

네 주 여호와, 그의 백성의 억울함을 풀어 주시는 네 하나님이 이같이 말씀하시되 보라 내가 비틀걸음치게 하는 잔 곧 나의 분노의 큰 잔을 네 손에서 거두어서 네가 다시는 마시지 못하게 하고(사 51:22).

우리는 하나님의 분노의 잔을 마시고 처참하게 망했습니다. 그러나 이제 하나님께서 분노의 잔을 빼앗았다고 하십니다. 그리고 이 잔을 이스라엘을 괴롭힌 자들에게 먹이겠다고 하십니다.

그 잔을 너를 괴롭게 하던 자들의 손에 두리라 그들은 일찍이 네게 이르기를 엎드리라 우리가 넘어가리라 하던 자들이라 너를 넘어가려는 그들에게 네가 네 허리를 땅과 같게, 길거리와 같게 하였느니라 하시니라(사 51:23).

우리를 압제하던 사람들, 우리에게 수모를 줬던 사람들에게 이 분노의 잔을 주겠다고 하십니다. 다시 말해 바벨론을 멸하시겠다는 것입니다. 하나님께서는 우리를 압제하던 사람들에게 분노의 잔을 주실 것입니다. 하나님은 늘 승리하십니다. 그리고 그 승리를 우리에게 주실 것입니다.

우리는 여호와를 기억해야 합니다. 하나님의 능력을 기억해야 합니다. 시온에 돌아오는 환상을 가지십시오. 우리의 가정은 회복될 것입니다. 우리의 인생은 회복될 것입니다. 우리 민족은 영광스럽게 회복될 것입니다. 이 회복에 대한 환상, 미래에 대한 환상이 바로 하나님이 우리에게 주시는 축복입니다.

31

구원의 기쁜 소식으로
춤을 추며 발을 구릅니다

이사야 52:1-12

임박한 심판과 회복

이스라엘 백성도 예외는 아니었습니다. 본문 말씀은 이스라엘 백성을 향한 하나님의 구원과 회복에 관한 환상을 보여 줍니다. 이사야 선지자는 하나님의 환상을 보았습니다. 고통 중에 있는 이스라엘 백성도 보았지만 동시에 이스라엘 백성들을 포기하지 않고 구원하시겠다는 하나님의 의지를 보았습니다. 우리의 열심보다 하나님의 열심이 큽니다. 우리는 포기해도 하나님은 우리를 포기하시지 않습니다. 하나님께서 우리를 사랑하시기 때문입니다.

이사야 선지자는 이러한 하나님의 마음을 알았고 환상을 보았습니다. 이사야 선지자는 계속 "깨어나라"고 말했습니다. 하나님께도, 이스라엘 백성에게도 깨어나라고 했습니다. 이것은 이사야의 생각이 아니라 하나님의 마음이었습니다. 하나님은 지금도 우리에게 일어나라고 하십니다. 포기하지 말고 끝까지 승리하기를 원하십니다.

이제 이스라엘 백성에게서 분노의 잔을 빼앗아 바벨론에게 주는 이야기가 52장에 나옵니다.

　시온이여 깰지어다 깰지어다 네 힘을 낼지어다 거룩한 성 예루살렘

이여 네 아름다운 옷을 입을지어다 이제부터 할례받지 아니한 자와 부정한 자가 다시는 네게로 들어옴이 없을 것임이라(사 52:1).

회복과 구원이 임박했습니다. 지금까지는 누더기를 입고 있었습니다. 노예였기 때문입니다. 그러나 이제는 아름다운 옷을 입으라고 하십니다. 성경에서는 구원을 아름다운 옷을 입는 것에 비유하곤 합니다.

이제 누더기를 다 던져 버리고 하나님의 의의 옷을 입을 때입니다. 우리의 신분이 변하는 것입니다. 아름다운 옷은 보좌와 상관이 있습니다. 아름다운 옷을 입고 쓰레기장으로 가지는 않습니다. 아름다운 옷을 입고 영광스러운 자리, 왕의 보좌에 앉을 것입니다. 하나님은 우리를 보배롭고 존귀하게 만들어서 더러워진 우리 몸을 다 씻어 주시고 화장도 시켜서 아름다운 신부로 만들어 주실 것입니다.

1절에서 "할례받지 아니한 자와 부정한 자가 다시는 네게로 들어옴이 없을 것임이라"는 말은 '부정한 죄인이나 이방인에 의해서 시온이 더럽혀지지 않을 것이다'라는 뜻입니다. 지금은 바벨론에 의해 예루살렘 도성이 더럽혀졌습니다. 아름답고 축복받은 나라라도 이방인들이 지배하면 더러워지고 부패할 수밖에 없습니다. 우리나라도 음란, 마약, 도박, 성 등으로 더러워질 수 있습니다. 쓰레기가 돼 버리는 것입니다. 하나님은 그런 것을 원하시지 않습니

다. 우리의 인생이 그렇게 되는 것을 원하시지 않습니다.

하나님께서는 깨끗하고 단정하고 규모 있고 지혜롭고 눈이 반짝거리고 의욕이 넘치고 희망이 있는 인생을 살기를 원하십니다.

너는 티끌을 털어 버릴지어다 예루살렘이여 일어나 앉을지어다 사로잡힌 딸 시온이여 네 목의 줄을 스스로 풀지어다(사 52:2).

하나님께서 준비한 아름다운 보좌에 앉으라고 하십니다. 우리는 예수 그리스도로 말미암아 구원을 받았고 새사람이 되었습니다. 새사람이 되면 하나님의 자녀답게 살아야 합니다. 하나님과 같은 사고방식으로 살아야 합니다. 떳떳함과 긍지로 살아야 합니다. 우리의 눈만 보아도 '아, 이 사람은 구원받았구나'라는 것이 느껴져야 합니다. 도망자의 눈, 비굴한 눈, 패배자의 눈이 아니라 하나님의 비전으로 눈이 반짝여야 합니다.

하나님께서는 단지 쇠사슬에서 풀려나는 것만을 말씀하지 않으셨습니다. 더 나아가 보좌에 앉는 것을 말씀하십니다. 하나님께서는 우리를 죄 가운데서 빼내실 뿐만 아니라 우리가 앉을 영광스런 보좌까지 마련하셨습니다.

여호와께서 이와 같이 말씀하시되 너희가 값없이 팔렸으니 돈 없이 속량되리라 주 여호와께서 이와 같이 말씀하시되 내 백성이 전

에 애굽에 내려가서 거기에 거류하였고 앗수르인은 공연히 그들을 압박하였도다 그러므로 이제 여호와께서 말씀하시되 내 백성이 까닭 없이 잡혀갔으니 내가 여기서 어떻게 하랴 여호와께서 말씀하시되 그들을 관할하는 자들이 떠들며 내 이름을 항상 종일토록 더럽히도다(사 52:3-5).

구원은 본질적으로 공짜입니다. 값이 너무 싸서 공짜가 아니라 값으로 매길 수가 없어서 공짜입니다. 흔히 사람들은 하나님께서 구원을 공짜로 준다니까 누구나 받을 수 있는 것 아니냐며 무시합니다. 하지만 누구나 받을 수 있다고 시시한 것은 아닙니다. 단순히 값으로 매길 수 없을 뿐입니다. 누가 공기의 값을 매기겠습니까? 햇빛도, 물도 마찬가지입니다. 사랑은 또 얼마나 중요합니까? 요즘에는 돈으로 사랑을 사고팔기도 한다지만, 그런 사랑은 천박할 뿐입니다. 참 사랑은 돈으로 계산할 수 없습니다. 구원도 너무나 소중하기에 하나님께서 값없이 주시는 것입니다.

이스라엘 백성들은 시련을 많이 겪었습니다. 누구나 인생에서 세 번쯤은 시련을 겪는 것 같습니다. 우리가 시련을 겪을 때 '나만 당한다'고 생각하지 마십시오. 누구든지 다 시련을 겪습니다. 하지만 하나님의 구원을 보는 자는 승리할 것이고, 하나님의 구원을 보지 않는 자는 패배할 것입니다.

저는 지금부터 40년 전에 예수님을 만났습니다. 그동안 예수님

은 한 번도 저를 배신하지 않으셨고, 저를 떠난 적이 없으십니다. 오늘 이 순간까지도 그분의 사랑은 제게 파도처럼 밀려옵니다. 그분의 구원은 매우 풍성하고 하나님의 은혜는 상상할 수 없을 정도로 흘러넘칩니다. 제가 죽는 순간까지도 그럴 것입니다. 하나님께서 저만 이렇게 사랑하실까요?

하나님께서 값없이 베풀어 주신 은혜를 생각해 보십시오. 찬찬히 들여다보면 하나님께서 "내가 여기 있다"라고 말씀하십니다. 고통 중에는 하나님이 보이지 않습니다. 힘들면 하나님이 보이지 않습니다. 길도 보이지 않습니다. 그래서 하나님께서 "내가 여기 있다"고 말씀하시는 것입니다. 이것이 하나님의 임재입니다.

순간순간 경험하는 하나님의 임재

하나님이 계신다는 것을 머릿속으로만 생각하면 밋밋합니다. 그렇지만 "내가 여기 있다"고 말씀하시는 하나님을 만나는 순간 깜짝 놀라게 됩니다.

> 그러므로 내 백성은 내 이름을 알리라 그러므로 그날에는 그들이 이 말을 하는 자가 나인 줄을 알리라 내가 여기 있느니라(사 52:6).

하나님을 믿는 것으로 만족하지 마십시오. 하나님이 계신 것은

마귀도 압니다. 하나님을 만나야 합니다. 하나님의 음성을 들어야 합니다. 하나님을 느껴야 합니다. 이것이 하나님을 믿는 것입니다. 걷다가도 하나님을 느끼고, 잠을 자다가도 하나님의 기척을 느끼고, 다른 생각을 하다가도 하나님께서 함께 계신다는 것을 느껴야 합니다.

하나님을 알아가는 몇 가지 단계가 있습니다. 1단계는 하나님의 존재를 인정하는 것입니다. 막연히 '하나님은 계시겠지' 하고 생각하는 것입니다. 2단계는 하나님의 존재를 인정할 뿐만 아니라 '하나님이 계신다면 만날 수 있으면 좋겠다'고 생각하는 것입니다. 하나님을 내 인생으로 모셔 들이는 단계입니다. 3단계는 하나님을 보는 단계입니다. 하나님을 환영하고 영접하면 하나님이 우리에게 보입니다. '하나님이 보인다'는 말은 무슨 뜻일까요? 하나님은 우리와 달리 영이십니다. 그래서 우리가 볼 수 있도록 오신 분이 있습니다. 그분이 바로 예수님입니다. 우리는 예수 그리스도를 통해 하나님을 경험할 수 있습니다. 그렇게 하나님과 친해지면 하나님께서 하시는 말씀을 알아듣고 자기 속에 있는 말도 하게 됩니다. 이것이 기도입니다.

찬양 또한 하나님을 높이는 것입니다. 그분의 이름을 높이고, 그분이 하시는 일을 높이는 것입니다. 그분의 생각, 그분의 말씀이 너무 좋아서 박수를 치는 것입니다. 그냥 인사만 꾸벅 하는 것이 아니라 포옹을 하고 박수를 치며 "나는 하나님이 좋아요"라고 말

하는 것입니다.

하나님께서 우리 삶 속으로 들어오시도록 하는 방법이 있습니다. 그것은 말씀 묵상입니다. 하나님께서 말씀을 주셨기 때문에 우리가 그 말씀을 받으면 하나님께서 우리 안으로 들어오는 것입니다. 그러니 성경 말씀을 읽고, 설교를 듣고, 큐티를 하는 것이 중요합니다. 하나님께서 예수님을 통해 우리 안으로 완전히 들어가시면 하나님께서 우리에게 주시는 개인적인 음성을 듣게 됩니다. 마음이 슬프면 위로해 주시고, 용기가 없으면 용기를 주시고, 지혜가 없을 때 지혜를 주시고, 마음이 차가워졌을 때 따뜻하게 해주시고, 지치고 힘들 때 뛰어가고 춤을 추게 하시는 하나님의 임재를 경험하는 것입니다.

하나님께서는 "내가 여기 있다"라고 말씀하십니다. 하나님께서는 교회 안에 계십니다. 기도 속에 계십니다. 예배 속에 계십니다.

파수꾼의 환호성과 약속의 성취

드디어 구원과 회복의 소식이 들려옵니다.

> 좋은 소식을 전하며 평화를 공포하며 복된 좋은 소식을 가져오며 구원을 공포하며 시온을 향하여 이르기를 네 하나님이 통치하신다 하는 자의 산을 넘는 발이 어찌 그리 아름다운가(사 52:7).

마치 전쟁에서 승전보를 알리는 전령과 같은 모습입니다. 기쁜 소식을 듣고 왕에게 달려오는 것입니다.

네 파수꾼들의 소리로다 그들이 소리를 높여 일제히 노래하니 이는 여호와께서 시온으로 돌아오실 때에 그들의 눈이 마주 보리로다(사 52:8).

파수꾼이 하나님께서 오시는 것을 보고 기쁨의 환호성을 지릅니다. 우리 인생 속에는 비명 소리가 너무 많습니다. 한숨 소리가 너무 많습니다. 땅이 꺼지듯 한숨으로 인생을 보내지 말고, 환호성으로 우리의 한숨이 바뀌어야 할 것입니다.

너 예루살렘의 황폐한 곳들아 기쁜 소리를 내어 함께 노래할지어다 이는 여호와께서 그의 백성을 위로하셨고 예루살렘을 구속하셨음이라 여호와께서 열방의 목전에서 그의 거룩한 팔을 나타내셨으므로 땅 끝까지도 모두 우리 하나님의 구원을 보았도다(사 52:9-10).

이 기쁜 소식이 우리에게 전달되었다면 환호성을 지르고 춤을 추며 발을 구르라고 말합니다. 우리는 하나님의 자녀로서 인생을 멋지게 살아야 합니다. 기쁨과 감사함으로 넘치며 환호성을 지르며 승리의 개선가를 부르는 삶을 살아야 합니다. 말씀 가운데 "예

루살렘의 황폐한 곳"이라는 말이 나옵니다. 이는 음지에 사는 어려운 사람들, 힘없는 사람들, 패배한 사람들을 뜻합니다. 그런데 그런 이들도 환호성을 지를 수 있는 나라가 되어야 합니다.

> 너희는 떠날지어다 떠날지어다 거기서 나오고 부정한 것을 만지지 말지어다 그 가운데에서 나올지어다 여호와의 기구를 메는 자들이여 스스로 정결하게 할지어다 여호와께서 너희 앞에서 행하시며 이스라엘의 하나님이 너희 뒤에서 호위하시리니 너희가 황급히 나오지 아니하며 도망하듯 다니지 아니하리라(사 52:11-12).

바벨론을 떠나라는 것입니다. 죄악을 떠나라는 것입니다. 과거에서 단호히 떠나라는 것입니다. 음란한 곳에서 나와야 합니다. 마약에서, 도박에서 벗어나야 합니다. 그리고 나올 때는 부정한 것, 즉 우상을 들고 나와서는 안 됩니다. 이스라엘 백성들은 바벨론에 살면서 부정한 것과 어울려 살았습니다. 그러나 나올 때는 다 버리고 나왔습니다. 우리의 인생을 망치는 악한 것들은 모두 버려야 합니다.

"여호와의 기구를 메는 자들"은 성전의 기구와 그릇을 나르는 사람들을 말합니다. 이스라엘 백성들이 바벨론에서 나올 때 빼앗겼던 성전의 기구와 그릇들을 들고 나오라는 것입니다. 예루살렘으로 돌아가야 하기 때문입니다. 이것을 움직이는 사람은 레위인

이고 제사장이었습니다. 하나님께서 그들에게 주신 명령은 스스로 정결하게 하라는 것이었습니다. 하나님의 명령 가운데 굉장히 중요한 말이 있습니다. '성결'입니다. 하나님은 우리에게 성결을 원하십니다.

또한 하나님께서는 황급히 나오지 말라고 하십니다. 당당하게 나오라는 것입니다. 에스라를 보면 이와 비슷한 내용이 나옵니다. 이스라엘 백성들이 바벨론에서 나올 때 페르시아의 고레스 왕의 도움으로 당당하게 나왔습니다(스 1:1-4). 고레스 왕이 칙령을 내려 비굴하게 나오지 않고 떳떳하게 탈출한 것입니다. 우리의 구원은 고레스 왕의 칙령과 같이 너무나 분명한 하나님의 약속입니다.

우상 같은 것은 거들떠보지도 말고, 쫓기듯 서둘러 나오는 것이 아니라 당당하게 나와야 합니다. 하나님의 구원을 받은 자는 하나님의 법칙과 약속에 의해 구원받았습니다. 이 세상에서 당당하게 믿음을 가지십시오. 그리고 승리를 선포하십시오. 구원과 회복이 우리에게 있습니다.

32

멸시와 버림을 받은 고난의 종이
여기 계십니다

이사야 52:13-53:12

인간의 무지로 짓밟히신 메시아

성탄절은 하늘 보좌를 버리시고 인간을 구원하기 위해 하나님의 아들이신 예수님이 이 땅에 오신 날입니다. 그분은 죽기 위해 오셨습니다. 희생하기 위해, 고난을 받기 위해 오셨습니다. 우리가 성탄절을 맞이해야 하는 이유는 바로 여기에 있습니다.

예수님을 따르는 무리들은 예수님이 가셨던 그 길을 가야 합니다. 이것이 성탄의 본질입니다. 그런 의미에서 성탄은 자기 비움입니다. 우리는 철저하게 자신을 비울 수 있어야 합니다. 비움이 있어야 채움이 있습니다. 비우지 않고 계속 채우려고만 한다면 우리는 비참한 사람이 될 것입니다. 성탄은 자기 포기입니다. 하나님이 하나님 됨을 포기하셨기 때문입니다. 성탄은 낮은 자와 함께 동일시하는 것입니다. 예수님은 하나님의 아들이셨지만 그 지위를 포기하고 인간의 모습으로 낮아지셨습니다. 우리는 이런 사실들 앞에서 성탄절의 진정한 의미를 발견할 수 있어야 할 것입니다.

이사야의 말씀은 놀랍게도 성탄절의 의미와 일치합니다. 이사야서의 클라이맥스가 여호와의 종이기 때문입니다. 포로로 잡혀간 이스라엘 백성들이 절망과 좌절 속에 있을 때 하나님께서 희망의 메시지를 주셨습니다. 그것이 이사야의 예언입니다. 특별히

40장부터 66장까지는 이사야를 통해 절망 중에 있는 이스라엘에게 회복과 구원의 메시지를 전해 주십니다.

이사야서에는 '여호와의 종의 노래'가 네 번 등장합니다. 첫째는 42장 1-9절입니다. 둘째는 49장 1-7절이고, 셋째는 50장 4-11절입니다. 그리고 넷째 노래가 지금의 본문 말씀입니다. 여호와의 종의 노래는 우리에게 깊은 감동을 줍니다.

이사야서에 기록된 여호와의 종의 특징을 종합해 보면 다음과 같습니다. 첫째, 메시아는 고난을 겪습니다. 그래서 우리는 고난의 종이라는 단어를 씁니다. 진짜 하나님의 종들은 고난을 겪습니다. 따라서 고난을 겪을 때 의심하지 마십시오. 두려워하지 마십시오. 갈등하지 마십시오. 고난은 메시아의 특징입니다. 메시아는 고난을 당함으로 온 인류를 해방시킬 수 있었고 온 인류를 고난에서 구원할 수 있었습니다. 그가 고난을 겪음으로, 그가 수모를 당함으로 온 인류가 구원받을 수 있었습니다.

둘째, 메시아는 탄생에서부터 죽음까지 하나도 빠짐없이 세밀하게 예언되어 있습니다. 참 놀라운 일입니다. 그분의 출생지, 탄생의 배경, 어린 시절, 공생애, 십자가에서 어떻게 죽는지까지 예언되었습니다. 제비뽑기로 옷을 나누어 갖고, 채찍에 맞는 것 등에 대한 기록은 구약의 여러 곳에서 발견됩니다. 이 세상에 태어나기도 전에 일생 전체가 예언된 사람은 없습니다. 그러나 메시아는 철저하게 예언된 대로 태어났습니다.

셋째, 여호와의 종, 메시아는 말할 수 없는 고난을 겪지만 결론은 형통하고 승리합니다.

보라 내 종이 형통하리니 받들어 높이 들려서 지극히 존귀하게 되리라(사 52:13).

우리도 이 세상에서 고난을 겪고 있지만 결국 형통할 것입니다. 빌립보서는 예수님에 대해 이렇게 기록하고 있습니다.

이러므로 하나님이 그를 지극히 높여 모든 이름 위에 뛰어난 이름을 주사 하늘에 있는 자들과 땅에 있는 자들과 땅 아래에 있는 자들로 모든 무릎을 예수의 이름에 꿇게 하시고 모든 입으로 예수 그리스도를 주라 시인하여 하나님 아버지께 영광을 돌리게 하셨느니라(빌 2:9-11).

메시아는 형통합니다. 메시아는 승리합니다. 모든 무릎을 꿇게 합니다.

넷째, 메시아는 인기가 없습니다.

전에는 그의 모양이 타인보다 상하였고 그의 모습이 사람들보다 상하였으므로 많은 사람이 그에 대하여 놀랐거니와 그가 나라들을 놀라게 할 것이며 왕들은 그로 말미암아 그들의 입을 봉하리니 이는

그들이 아직 그들에게 전파되지 아니한 것을 볼 것이요 아직 듣지
못한 것을 깨달을 것임이라(사 52:14-15).

메시아가 이 세상에 와서 온 인류를 구원했는데, 몰골이 사람이
라고 할 수 없을 만큼 엉망이 되었습니다. 그의 풍채도 사람의 모
습이 아니었습니다. 이것이 이사야의 예언입니다. 메시아가 그랬
습니다. 끌려다니는 짐승처럼 취급을 받고, 모욕을 당하고, 수치를
겪었습니다. 세상 사람들도 이유 없이 고통을 당하는 것에 대해 분
노합니다. 그러나 이것과 비교할 수 없을 정도로 큰 고난과 고통으
로 짓이겨진 사람이 바로 예수님입니다. 예수님은 하나님입니다.
하나님이 그렇게 비참하게 짓밟히셨습니다.

"많은 사람이 그에 대하여 놀랐거니와 그가 나라들을 놀라게 할
것이며 왕들은 그로 말미암아 그들의 입을 봉하리니"라는 표현이
있습니다. 자신들이 무고하게 짓밟고, 머리에는 가시면류관을 씌
우고, 십자가에 못 박아 죽인 분이 하나님의 아들 메시아였다는 사
실 앞에서 충격을 받은 것입니다.

다섯째, 메시아는 불신의 대상이었습니다.

우리가 전한 것을 누가 믿었느냐 여호와의 팔이 누구에게 나타났느
냐(사 53:1).

하나님의 아들이라고 아무도 믿지 않았습니다. 여호와의 종에 대한 메시지를 예언자들이 소리 높여 외쳤지만 아무도 믿지 않았습니다.

> 그가 세상에 계셨으며 세상은 그로 말미암아 지은 바 되었으되 세상이 그를 알지 못하였고 자기 땅에 오매 자기 백성이 영접하지 아니하였으나(요 1:10-11).

메시아의 운명은 사람들이 믿지 않는 데서부터 시작됩니다. 인간이 인간에 대해서도 불신하는데 하물며 인간이 하나님에 대해 불신하고 거부한다면 얼마나 큰 비극이겠습니까? 하나님을 거부하지 마십시오. 사람이 사람을 불신하는 것도 비극인데, 하나님을 불신하지 마십시오. 불신이 곧 비극입니다.

여섯째, 메시아는 볼품이 없습니다.

> 그는 주 앞에서 자라나기를 연한 순 같고 마른 땅에서 나온 뿌리 같아서 고운 모양도 없고 풍채도 없은즉 우리가 보기에 흠모할 만한 아름다운 것이 없도다(사 53:2).

마치 아무것도 없는 메마른 대지에 나온 새싹과 같은 것입니다. 이 새싹에 무슨 수려한 풍채나 화려한 위엄이 있겠습니까? 그러나

이 새싹은 아무리 짓밟아도 또 나옵니다. 이 생명, 이 새싹과 같은 분이 메시아입니다. 온 인류가 거부하고 믿지 않고 손가락질을 하며 저주해도 새싹은 다시 살아나는 것입니다.

일곱째, 메시아는 멸시와 무시와 조롱을 당했습니다.

> 그는 멸시를 받아 사람들에게 버림받았으며 간고를 많이 겪었으며 질고를 아는 자라 마치 사람들이 그에게서 얼굴을 가리는 것같이 멸시를 당하였고 우리도 그를 귀히 여기지 아니하였도다(사 53:3).

우리가 제일 견디지 못하는 것은 무시당하는 것입니다. 누군가 내 이름을 욕되게 하거나, 존재를 무시하거나, 돌아보지 않으면 견디지 못합니다. 메시아는 사람들에게 멸시를 당했습니다. 배신을 당했습니다. 고통을 겪었습니다. 그나마 이유가 있으면 괜찮습니다. 그런데 이유 없이 고통을 당한 것입니다. 사람들은 메시아를 피했습니다. 철저하게 그분을 무시한 것입니다.

주님을 섬기다가 멸시를 당하거나 배신을 당하거나 고통을 겪거나 병을 앓거나 사람들이 피해 가거나 무시할 때 '나에게도 메시아와 닮은 점이 있구나'라고 생각하십시오. 섭섭하게 생각하거나 상처받지 마십시오. 예수님을 믿는다는 것은 이런 일을 겪는 것입니다. 억울한 누명을 쓰는 것입니다.

그의 옷을 벗기고 홍포를 입히며 가시관을 엮어 그 머리에 씌우고 갈대를 그 오른손에 들리고 그 앞에서 무릎을 꿇고 희롱하여 이르되 유대인의 왕이여 평안할지어다 하며 그에게 침 뱉고 갈대를 빼앗아 그의 머리를 치더라(마 27:28-30).

죄 없으신 예수님이 왜 이런 일을 당해야 합니까? 누군가 희생해야 구원이 있는 것입니다. 우리가 대가를 치러야 우리의 가정이 구원을 받습니다. 한 나라가 살아나려면 누군가가 희생을 해야 합니다. 그것이 메시아적 삶입니다. 예수님이 병들었기 때문에 내가 건강해졌고, 예수님이 채찍에 맞음으로 내가 나음을 받은 것입니다. 억울한 것이 있을 때 예수님이 감내하신 고통을 떠올려 보십시오. 그러면 다 수긍이 가고 마음에 평안이 찾아오기 시작합니다. 그때 우리 마음에 사랑이 생기기 시작합니다. 그때 우리 마음에 하늘의 보좌가 임재하기 시작합니다.

조롱하는 인간, 고난받는 메시아

하나님께서 이 땅으로 오셨습니다. 그분을 우리는 메시아라고 말합니다. 그런데 모든 인간이 그 메시아를 환영하지 않았습니다. 오히려 메시아를 거부하고 혐오하고 적대했습니다. 이유가 무엇일까요? 메시아가 실수를 했거나 죄를 지었기 때문이 아닙니다. 원

인은 정반대였습니다. 메시아가 오면 어두워진 마음과 허물과 죄와 실수가 드러날까 봐 악을 쓰고 철저하게 메시아를 거부한 것입니다. 이사야 53장에 메시아에 대한 기록이 있습니다.

그는 멸시를 받아 사람들에게 버림받았으며 간고를 많이 겪었으며 질고를 아는 자라 마치 사람들이 그에게서 얼굴을 가리는 것같이 멸시를 당하였고 우리도 그를 귀히 여기지 아니하였도다(사 53:3).

메시아는 사람들에게 멸시를 당하고 버림을 받았으며 고통을 겪었습니다. 그분은 언제나 병을 앓고 있었고 사람들은 그분을 보고 멸시했습니다. 시쳇말로 발의 때만도 못하게 여긴 것입니다. 아무 이유 없이 메시아를 끌고 다니고 채찍으로 때리고 조롱한 것입니다. 왜 그랬을까요? 메시아가 실수를 해서 그런 걸까요? 그렇지 않습니다. 그분은 우리 때문에 고난을 당하면서도 빛을 비춰 주시고, 사랑을 보여 주셨으며, 스스로 종노릇하셨습니다.

그는 실로 우리의 질고를 지고 우리의 슬픔을 당하였거늘 우리는 생각하기를 그는 징벌을 받아 하나님께 맞으며 고난을 당한다 하였노라(사 53:4).

이 말씀을 보면 "실로"라는 말이 나옵니다. 그분이 그렇게 엄청

난 고난을 당하고 십자가에서 죽으신 진짜 이유를 밝히는 것입니다. 그분이 짊어진 질고는 우리의 질고요, 그분이 짊어진 슬픔은 우리의 슬픔입니다.

어떤 여자가 여러 가지 문제가 있는 집으로 시집을 갔습니다. 인간관계의 문제, 시아버지의 문제, 시어머니의 문제, 시누이의 문제, 시동생들의 문제 등 상상할 수 없는 많은 문제들이 있었습니다. 그런데 시댁 식구들이 모두 "네가 시집을 왔기 때문에 우리 집이 이렇게 됐다"고 며느리에게 몽땅 다 뒤집어 씌웠다고 생각해 보십시오. 이 며느리의 마음이 얼마나 고통스럽겠습니까? 또 시집을 보낸 친정 부모님은 얼마나 고통스럽겠습니까? 예수님은 이보다 더한 일을 당하셨습니다. 갖은 모욕과 멸시를 받고 십자가에서 죽으신 것입니다.

예수님은 질고와 슬픔과 고난을 짊어지셨다고 하셨습니다. 우리 인류가 겪어야 할 죄, 질병, 저주가 예수님에게로 갔다는 것입니다. 여기서 우리는 굉장히 새로운 사실을 발견하게 됩니다. 대속이라는 개념입니다. 이 대속의 개념은 다른 종교에서는 찾아볼 수 없습니다. 예수님은 우리를 사랑해서 대신 아프고, 대신 빚을 갚고, 대신 수모를 겪으셨습니다.

죄는 누가 대신 값을 치르지 않으면 없어지지 않습니다. 혹시 죄를 지은 후에 '시간이 지나면 사라지겠지'라고 생각한다면 그것은 오산입니다. 죄는 시간이 해결할 수 있는 문제가 아닙니다. 죄의

값은 반드시 치러야 합니다. 그래서 성령님이 그 죄를 기억나게 하시고 회개를 촉구하십니다.

어떤 사람은 죄를 지어도 아무 일도 생기지 않는다고 합니다. 하나님도 모를 것이라고 생각합니다. 그러나 절대 그렇지 않습니다. 죄가 쌓이고 있을 뿐입니다. 구름이 모이면 비가 되어 떨어지듯이 죄가 계속 쌓이면 언젠가 저주가 되어 뚝뚝 떨어집니다. 죄는 사라지지 않습니다. 반드시 값을 치러야 합니다. 그렇기 때문에 예수님이 우리의 죄 값을 치르셨습니다.

인간은 메시아가 고통을 당할 때, 십자가에 달리셨을 때, 수모를 당할 때, 철저하게 짓뭉개졌을 때 그럴 만한 이유가 있을 것이라고 잘못 생각했습니다. 텔레비전을 보면 종종 흉악범이 나옵니다. 그 사람을 보면서 우리는 "어쩌면 저런 인간이 다 있을까"라고 말합니다. 그러나 가만히 들여다보면 그 흉악범이 바로 우리 자신입니다. 그 사람은 죄가 드러나 경찰에 잡혔을 뿐이지 우리 안에도 비슷한 분노와 저주와 살인을 하려는 마음이 있는 것입니다. 다만 우리는 교양과 의지로 감추고 있을 뿐입니다. 이것이 인간의 모습입니다.

그런데 인간은 이 모든 허물을 예수님께 뒤집어 씌웠습니다. 인간은 대신 죗값을 치를 희생양을 찾았습니다. 그러고는 몽땅 뒤집어 씌워 감옥에 보냈습니다. 인간이 메시아에게 이렇게 했습니다.

메시아의 고난으로 누리는 평화

> 그가 찔림은 우리의 허물 때문이요 그가 상함은 우리의 죄악 때문
> 이라 그가 징계를 받으므로 우리는 평화를 누리고 그가 채찍에 맞
> 으므로 우리는 나음을 받았도다(사 53:5).

왜 예수님이 질고와 슬픔과 고난을 받으셨습니까? 우리의 허물
때문입니다. 우리의 허물이 예수님을 찔렀고, 우리의 악함이 그를
짓뭉갰습니다. 예수님이 찔림을 당하고 짓뭉개짐을 받았기 때문
에 우리가 평화를 누리고 건강을 회복한 것입니다.

십자가 처형은 너무 끔찍하고 잔인해서 흉악범들에게 주던 형
벌이었습니다. 그런 벌을 예수님이 받으신 것입니다. 우리 때문에
이렇게 철저하게 짓뭉개지고 조롱을 당하신 것입니다. 십자가를
바라볼 때 처음에는 예수님의 모습이 보입니다. 그런데 한참 보면
예수는 없어지고 내 죄가 십자가에 달려 있는 것을 볼 수 있습니
다. 나의 수치, 상상할 수 없이 더러운 죄가 십자가에 달려 있는 것
을 볼 수 있습니다. 그러면 내 병이 낫습니다. 내 문제가 해결됩니
다. 내 죄와 저주가 십자가로 이동했기 때문입니다.

우리가 눈여겨봐야 할 네 단어가 있습니다. 4절의 "질고"와 "슬
픔", 5절의 "평화"와 "나음"입니다. 질고는 질병, 재난, 근심, 병 등
을 의미합니다. 슬픔은 아픔, 고통, 괴로움, 비탄 등을 의미합니다.

내게서 병과 고통과 저주 등이 떠나니 평화가 옵니다. 이것이 십자가의 능력입니다. 예수님이 우리의 병을 짊어짐으로 우리가 치유되었습니다. 슬픔이 변해 기쁨이 되었습니다. 우리의 모든 정신분열, 상처, 우울증이 사라졌습니다.

> 우리는 다 양 같아서 그릇 행하여 각기 제 길로 갔거늘 여호와께서는 우리 모두의 죄악을 그에게 담당시키셨도다(사 53:6).

하나님께서 메시아를 공격했습니다. 하나님께서 메시아에게 씌워진 모든 병과 슬픔을 벗기지 않으시고 그냥 두셨습니다. 우리를 살리기 위해서입니다. 우리는 제각각 자기 길로 갔지만 하나님께서는 모든 짐을 예수님에게 뒤집어 씌우셨습니다. 이것이 구원이요 대속입니다. 이때 메시아는 어떤 반응을 했습니까? 억울하고 분하다고 울부짖었습니까? 예수님의 반응을 살펴보겠습니다.

> 그가 곤욕을 당하여 괴로울 때에도 그의 입을 열지 아니하였음이여 마치 도수장으로 끌려가는 어린 양과 털 깎는 자 앞에서 잠잠한 양같이 그의 입을 열지 아니하였도다 그는 곤욕과 심문을 당하고 끌려갔으나 그 세대 중에 누가 생각하기를 그가 살아 있는 자들의 땅에서 끊어짐은 마땅히 형벌받을 내 백성의 허물 때문이라 하였으리요 그는 강포를 행하지 아니하였고 그의 입에 거짓이 없었으나 그의 무덤이 악인들과

함께 있었으며 그가 죽은 후에 부자와 함께 있었도다(사 53:7-9).

고난에 대한 메시아의 반응이 세 가지로 기록되어 있습니다.

첫째, 끝까지 입을 열지 않고 침묵했습니다. 예수님은 학대를 받고 괴로움을 당했지만 결코 입을 열어 자신의 무고를 주장하거나 변명하지 않았습니다. 이것은 쉬운 일이 아닙니다.

어려울 때 침묵하는 것은 쉽지 않습니다. 변명하고 싶은데 변명하지 않고, 무죄를 말하고 싶은데 무죄를 말하지 않고, 당장 뭔가 해야 할 것 같은데 참고 기다리는 것은 쉽지 않습니다. 그런데 예수님은 그렇게 하셨습니다.

둘째, 그분은 순한 양처럼 저항하지 않고 순종했습니다. 요즘처럼 시위하고, 할 소리 다하고, 고발하고, 주장하는 세대와는 하늘과 땅 차이입니다. 예수님의 태도는 요즘 세대와 전혀 달랐습니다. 죗값을 대신 치르면서도 묵묵히 그것을 받아들였습니다. 불평하지 않았습니다. 반응하지 않았습니다. 이런 모습을 잘 표현한 말이 있습니다. '도살장에 끌려가는 어린 양처럼'이라는 말과 '털을 깎이는 잠잠한 어미 양처럼'이라는 말입니다. 이분이 예수 그리스도입니다. 오늘날 교회가 발견해야 하는 것이 바로 이 모습입니다. 우리에게는 할 말이 너무 많습니다. 따질 것 다 따지고 주장할 것 다 합니다. 그러고 나면 아무 은혜가 없습니다.

셋째, 예수님은 폭행도 거짓말도 하지 않았습니다. 온유한 모습

으로 고난을 겪었습니다. "그의 무덤이 악인들과 함께 있었으며" 라는 표현은 예수님이 십자가에 달리셨을 때 곁에 같이 못 박힌 두 강도를 말합니다. "부자와 함께 있었도다"라는 표현은 예수님이 아리마대 요셉의 무덤에 묻힌 것을 말합니다. 이것이 예수님의 최후였습니다. 예수님은 최후까지 침묵하고 순종하고 온유했습니다. 우리에게 이런 성숙한 모습이 필요합니다.

고난을 뚫고 부르는 개선가

고난의 결과는 무엇입니까?

첫째, 자손의 축복이 있습니다. 오래오래 자손을 보면서 살 것이라고 하십니다.

> 여호와께서 그에게 상함을 받게 하시기를 원하사 질고를 당하게 하셨은즉 그의 영혼을 속건제물로 드리기에 이르면 그가 씨를 보게 되며 그의 날은 길 것이요 또 그의 손으로 여호와께서 기뻐하시는 뜻을 성취하리로다(사 53:10).

둘째, 많은 사람들을 의롭게 하는 역사가 일어납니다.

> 그가 자기 영혼의 수고한 것을 보고 만족하게 여길 것이라 나의 의

로운 종이 자기 지식으로 많은 사람을 의롭게 하며 또 그들의 죄악
을 친히 담당하리로다(사 53:11).

셋째, 많은 사람들을 승리의 몫으로 주고 강한 사람들을 전리품
으로 나눠 주는 승리의 축복이 있습니다.

그러므로 내가 그에게 존귀한 자와 함께 몫을 받게 하며 강한 자와 함
께 탈취한 것을 나누게 하리니 이는 그가 자기 영혼을 버려 사망에 이
르게 하며 범죄자 중 하나로 헤아림을 받았음이니라 그러나 그가 많
은 사람의 죄를 담당하며 범죄자를 위하여 기도하였느니라(사 53:12).

죄 지은 사람들이 용서를 받도록 중재를 하셨습니다. 이분이 메
시아입니다. 이분은 이 땅에 한 여인의 몸에서 태어나 33년 동안
세상에서 사셨습니다. 그리고 성경의 예언대로 그는 사람들의 수
모와 채찍과 모멸과 무시를 당하고 환영받지 못하고 처형을 당했
습니다. 그러나 하나님께서는 그를 다시 부활시키셨습니다.

누구든지 예수 그리스도를 바라보는 자는 병과 저주와 죽음과
고통이 십자가로 옮겨 갑니다. 그것은 2천 년 전이나 지금이나 동
일합니다. 이것이 우리가 받은 구원입니다. 다시금 질병 속에 살지
말고, 저주 속에 살지 말고, 고통 속에 살지 마십시오. 예수 그리스
도가 계십니다. 그분은 우리의 죄를, 우리의 병을, 우리의 슬픔을

짊어지셨습니다. 그럼으로써 우리를 의롭게 하셨습니다. 우리를 영화롭게 하셨습니다. 구원의 축복을 주신 것입니다. 이분이 메시아, 여호와의 종입니다.

우리 안에 메시아의 형상이 이루어지기를 바랍니다. 메시아는 할 말이 많은데도 침묵하고 순종하셨습니다. 할 말 다하는 사람은 전혀 무섭지 않습니다. 저항하지 않고 순종하고, 알면서 속아 주고, 대신 대가를 치르고, 허물을 뒤집어쓰는 사람이 정말 두려운 사람입니다. 이러한 메시아적 성품, 인격, 믿음을 가진 이들이 이 땅에 많아지기를 바랍니다. 이런 사람은 모든 사람들에게 감동을 줍니다. 모든 사람들에게 구원을 베풀 것입니다.

북한 주민들은 우리나라 사람이 북한에 상처를 받은 것만큼 남한에게 상처를 받았다고 생각합니다. 사실과는 상관없이 말입니다. 그렇게 세뇌를 받으며 50여 년을 살았습니다. 누가 이것을 치유할 수 있겠습니까? 예수님밖에 없습니다. 그렇지 않으면 서로 싸우고 죽여서 원수를 갚는 길밖에 없습니다. 누가 팔레스타인과 이스라엘을 중재할 수 있겠습니까? 누가 아프가니스탄과 이라크에 평화를 가져올 수 있겠습니까? 대대로 내려오는 피의 보복을 누가 막을 수 있겠습니까? 이것을 막을 수 있는 분은 예수 그리스도 한 분밖에 없습니다. 예수 그리스도로 말미암아 구원받은 사람들이 화해자가 되어야 합니다. 모든 갈등을 해결할 수 있는 분은 예수 그리스도입니다.

33

하나님의 자비는
영원합니다

이사야 54:1-10

십자가에서 선포되는 약속

바벨론에서 포로생활을 하고 있던 이스라엘 백성들의 가장 큰 염원은 회복이었습니다. "하나님, 우리는 언제 회복됩니까? 과거의 영광을 어떻게 회복할 수 있습니까?" 하는 것이 모든 이스라엘 백성들의 공통된 마음이었습니다. 그런데 어느 날 예언자가 이스라엘 백성들의 회복을 예언하기 시작했습니다. "하나님께서 곧 너희를 회복시키고 구원하실 것이다."

이사야 54장을 이해하기 위해서는 53장을 잘 살펴보아야 합니다. 이사야 53장은 여호와의 종 메시아, 고난의 종 메시아에 관한 내용입니다. 어떤 사람은 이사야 53장을 '예언의 지성소'라고 부르기도 합니다. 40장부터 66장까지 이어지는 이사야 예언의 클라이맥스가 바로 이 부분입니다.

이곳에서 나타난 메시아는 풍채가 수려하지도 외모가 화려하지도 않습니다. 그분은 사람들에게 멸시를 당하고, 버림을 받고, 고통과 슬픔을 겪으며, 질병을 짊어지십니다. 학대를 받고 괴롭힘을 받았지만 입을 열어 변명하지 않습니다. 마치 도살장에 끌려가는 어린 양과 같고 털 깎는 자 앞의 잠잠한 양과 같습니다. 그분은 많은 사람의 죄를 대신해 자신의 목숨을 내어 주십니다.

우리는 메시아가 죽었기 때문에 회복될 수 있었습니다. 메시아가 죽었기 때문에 이사야 54장의 회복이 예언되는 것입니다. 구원과 회복은 어느 날 갑자기 떨어진 것이 아닙니다. 나의 회복, 구원, 축복의 뒤편에는 예수님의 십자가가 있습니다.

잉태하지 못하며 출산하지 못한 너는 노래할지어다 산고를 겪지 못한 너는 외쳐 노래할지어다 이는 홀로 된 여인의 자식이 남편 있는 자의 자식보다 많음이라 여호와께서 말씀하셨느니라(사 54:1).

예언자는 "외쳐 노래하라"고 말합니다. 그 이유는 아이를 낳지 못하는 여인, 산고를 겪어 보지 못한 여인이 그 수치를 벗어버리고 회복되어 결혼한 여인보다 더 많은 자녀를 낳게 될 것이기 때문입니다. 이 예언의 말씀이 이스라엘 백성에게 들려지고 있습니다.

놀라운 사실은 이 여인이 버려졌다는 것입니다. 요즘도 아내를 버리는 나쁜 남편들이 있지만, 여기서는 여인이 나쁘기 때문에 남편에게 버림을 받은 것입니다. 하지만 아주 버린 것이 아닙니다. 이것은 마치 호세아서에 나오는 창녀와 같습니다. 호세아서에 나오는 창녀는 이스라엘 백성을 뜻하고, 창녀를 버리지 못하는 남편은 하나님을 뜻합니다. 남편은 음란하고 우상을 숭배하고 불순종하는 아내를 끝까지 버리지 않습니다.

마찬가지로 하나님도 이스라엘 백성을 버리지 않으십니다. 비

록 바벨론 포로생활을 통해 기막힌 좌절을 겪지만 이제 하나님께서는 "너는 남편의 품으로 돌아올 것이다"라는 회복의 메시지를 주십니다.

본문 말씀을 보면 아기를 낳아 보지 못한 여인, 산고를 치러 보지 못한 여인이 그 수치를 벗어버리고 회복되어 결혼한 여인의 자녀보다 더 많은 자녀를 낳게 된다고 했습니다. 이 말씀은 하나님을 떠난 백성이 회복될 때는 하나님을 떠나지 않았던 백성보다 더 많아진다는 뜻입니다. 다시 말해 돌아온 백성이 예루살렘에 머물러 있던 백성보다 더 많다는 것입니다. 믿어지지 않는 이야기입니다.

하나님께서 말씀하시는 회복은 우리가 흔히 생각하는 원상 복구의 의미보다 더 깊은 의미가 있습니다. 시편을 보면 "내 잔이 넘치나이다"(시 23:5)라는 말씀이 나옵니다. 하나님의 회복은 '내 잔이 간신히 찼습니다'가 아닙니다. 차고 넘칩니다. 이것이 하나님께서 말씀하시는 회복의 의미입니다.

우리는 구원을 받되 풍성한 구원을 받습니다. 축복을 받되 넘치는 축복을 받습니다. 이것이 하나님께서 예비하신 축복입니다. 이 축복은 먼 훗날 하나님의 교회가 생기고, 이 교회를 통해 예수 그리스도의 이름으로 수많은 이방인들이 돌아오게 되는 것을 상징합니다. 이스라엘만 구원하시는 것이 아니라 한 번도 예수의 이름을 불러보지 못한 사람들, 한 번도 하나님을 접촉해 보지 못한 미전도 종족까지도 불러 모으시는 축복을 의미합니다.

사방으로 퍼지는 부흥

> 네 장막 터를 넓히며 네 처소의 휘장을 아끼지 말고 널리 펴되 너의 줄을 길게 하며 너의 말뚝을 견고히 할지어다 이는 네가 좌우로 퍼지며 네 자손은 열방을 얻으며 황폐한 성읍들을 사람 살 곳이 되게 할 것임이라(사 54:2-3).

"장막 터를 넓히라"는 말씀은 장막의 휘장을 아낌없이 활짝 펴라는 것입니다. 하나님께서 우리를 축복하실 때 가장 먼저 장막 터를 넓히신다는 것을 기억하십시오. 하나님께서는 동서남북으로 우리의 장막 터를 넓히십니다. 이것이 하나님의 방법입니다.

우리의 장막 터가 넓어지고 우리가 환호성을 지를 수 있는 것은 메시아가 고난을 당하고 우리의 병과 슬픔을 짊어지셨기 때문입니다. 그 결과로 우리는 한 것이 아무것도 없지만 하나님의 은혜로 복을 받게 됩니다. 우리는 회복될 것입니다. 우리는 살아날 것입니다. 우리는 치유될 것입니다. 수치를 벗을 것입니다. 넓혀진 장막 터로 하나님께서 보내 주신 사람들이 들어가게 될 것입니다.

그런데 왜 장막 터를 넓히고, 말뚝을 단단히 박아야 할까요?

첫째, 좌우로 퍼져 나가기 때문입니다. 축복은 퍼져 나가는 것입니다. 부흥도 퍼져 나가는 것입니다. 하나님께서 오시면 우리는 가만히 있지 못합니다. 활발히 움직여 축복을 나눠 주게 될 것입니

다. 놀랍고 새로운 일들이 생기게 될 것입니다.

둘째, 자손이 뭇 나라를 차지할 것이기 때문입니다. 축복의 영역이 넓어지는 것입니다. 버려졌던 성읍들이 살아나게 되는 것입니다. 시골의 폐쇄된 학교가 다시 문을 여는 것처럼 사람들이 살지 않던 성읍에 사람이 살게 된다는 것입니다. 이런 축복이 우리에게 있습니다.

하나님의 축복은 이스라엘 백성들에게 수직적, 수평적으로 감당할 수 없을 정도로 임했습니다. 교회도 마찬가지입니다. 부흥이 일어날 때는 수직적, 수평적으로 팽창하기 시작합니다. 우리의 가정이나 사업도 마찬가지입니다. 하나님의 축복을 받는 사람은 가만히 있는 법이 없습니다. 계속 팽창합니다. 성경은 '30배, 60배, 100배'라는 말로 이 원리를 설명합니다. 우리의 인생이 세상에 선한 영향력을 미치고 하나님의 축복과 회복이 계속 팽창되기를 바랍니다.

하나님의 회복은 이런 외면적인 팽창, 물질적인 팽창만 있는 것일까요? 아닙니다. 내적인 치유가 있습니다. 하나님께서는 우리의 상처를 치유해 주십니다. 하나님은 우리가 어릴 적에 겪은 비참한 상처들을 모두 치유해 주십니다.

두려워하지 말라 네가 수치를 당하지 아니하리라 놀라지 말라 네가 부끄러움을 보지 아니하리라 네가 네 젊었을 때의 수치를 잊겠고

과부 때의 치욕을 다시 기억함이 없으리니(사 54:4).

내면의 상처는 크게 두 가지입니다.

첫째, 어릴 적 상처입니다. 성인이라 할지라도 어릴 때 받은 상처는 여전히 존재합니다. 부모에게 받은 상처, 학교에서 받은 상처, 세상으로부터 받은 상처 등이 있습니다. 어릴 적 상처는 현재 나에게 부정적인 역할을 합니다. 다 잊어버린 것 같은데 과거의 상처가 나를 괴롭히는 것입니다. 우리는 이것을 마음에 꽁꽁 묶어 두지만 하나님께서는 그것까지도 다 치유해 주십니다. 우리 안에 숨어 있는 어릴 적 상처들이 다 치유되기를 바랍니다. 어릴 때 겪은 부끄러움이 다 사라지기를 바랍니다.

둘째, 과부 시절의 상처입니다. 비록 내가 쫓겨날 만해서 쫓겨났지만 상처가 있습니다. 억울함과 처절함이 있습니다. 과부뿐만 아니라 다른 여러 가지 일로 인해 받은 상처를 하나님께서 치유해 주십니다. 이것이 회복입니다. 밖으로는 팽창하며 열방으로 가고, 안으로는 내면의 치유가 있는 것입니다. 우리의 정신세계에 있는 거미줄, 어둠의 세력들이 예수의 이름으로 다 사라지기를 기도합니다.

언약 백성을 다시 부르시는 하나님

하나님은 우리의 회복을 예비하시고 디자인하셨습니다. 5절 말씀

은 회복시키시는 하나님에 집중합니다.

> 이는 너를 지으신 이가 네 남편이시라 그의 이름은 만군의 여호와
> 이시며 네 구속자는 이스라엘의 거룩한 이시라 그는 온 땅의 하나
> 님이라 일컬음을 받으실 것이라(사 54:5).

이 구절을 보면 하나님에 대한 네 가지 표현이 나옵니다. 첫째, "너를 지으신 이가 네 남편이다"입니다. 하나님을 남편으로 표현합니다. 이 남편은 아주 좋은 남편이요 끝까지 기다리는 남편입니다. 둘째, "그의 이름은 만군의 여호와이시다"입니다. 우리 하나님은 못하는 것이 없으신 만군의 여호와입니다. 셋째, "이스라엘의 거룩한 이시다"입니다. 그분은 우리의 구원자이십니다. 하나님께서는 끝까지 우리를 회복시키기를 원하십니다. 넷째, "온 땅의 하나님"입니다.

> 여호와께서 너를 부르시되 마치 버림을 받아 마음에 근심하는 아내
> 곧 어릴 때에 아내가 되었다가 버림을 받은 자에게 함과 같이 하실
> 것임이라 네 하나님께서 말씀하셨느니라(사 54:6).

하나님의 주제곡은 부르심입니다. 하나님은 우리를 포기하지 않으십니다. 비록 내가 실수를 해서 심판을 받고 어려움을 겪고 있

지만 하나님께서는 나를 잊지 않으시고 포기하지 않으시고 부르십니다. 이것이 하나님의 주제입니다. 하나님께서는 우리가 어떤 실수를 하더라도, 어떤 상처를 받더라도 포기하지 않으십니다. 반드시 구원하십니다.

내가 잠시 너를 버렸으나 큰 긍휼로 너를 모을 것이요(사 54:7).

생각해 보십시오. 버린 사람이 힘들 것 같습니까? 아니면 버림받은 사람이 힘들 것 같습니까? 버린 사람이 더 힘듭니다. 하나님께서 더 힘들고 괴로워하십니다. 자식이 부모와의 사이가 나빠져서 가출을 했다고 가정해 보십시오. 물론 자식도 괴롭겠지만 부모에게는 자식과는 비교할 수 없는 고통이 있습니다. 이것이 탕자를 기다리는 아버지의 고통입니다. 하나님께서는 "내가 잠시 너를 버렸지만 큰 긍휼로 너를 다시 모으겠다"고 하십니다. 우리는 다 양 같아서 제 갈 길로 가고, 반항하며 죄를 짓고 살아왔습니다. 우리는 스스로 집을 뛰쳐나와 고통스럽게 살았지만 아버지의 고통은 갑절이나 커서 깊은 눈물로 잠을 못 잡니다. 이런 분이 하나님이십니다. 그분이 우리를 용서하시고 다시 부르셔서 회복시키기를 원하십니다.

내가 넘치는 진노로 내 얼굴을 네게서 잠시 가렸으나 영원한 자비

로 너를 긍휼히 여기리라 네 구속자 여호와께서 말씀하셨느니라 (사 54:8).

하나님께서는 일시적으로 심판하시고 징계하시면서도 마음 아파하셨습니다. 자식을 때리고 야단치면서 기분 좋아하는 부모는 없습니다. 가슴을 찢고 울면서 때리는 것이 부모입니다. 자식은 부모의 마음을 모르고 혼내는 것에 섭섭해하고 화를 내지만, 부모는 피눈물을 흘리는 법입니다. 하나님은 "영원한 자비로 너를 긍휼히 여기리라"고 하십니다. 하나님은 자식이 고통을 겪는 것을 못 견디어 하십니다.

구약의 노아 사건을 통해 이 사실을 발견할 수 있습니다. 죄가 가득하면 심판이 옵니다. 죄는 없어지지 않습니다. 우리가 지은 죄는 세월이 지나면 사라지는 것이 아닙니다. 기억은 사라지더라도 죄는 계속 남아 쌓입니다. 그러다가 어느 날 마치 구름이 쌓여 비가 오는 것처럼 죄가 땅으로 떨어집니다.

우리는 죄가 쌓이기 전에 빨리 처리해야 합니다. 예수님의 이름으로 회개해야 합니다. 예수님이 우리의 죄 때문에 십자가에 못 박혀 죽으셨으므로, 예수 이름으로 나가면 그 죄가 다 사라집니다. 죄를 계속해서 쌓으면 소돔과 고모라와 같은 결과를 얻을 것입니다. 인류의 죄의 무게는 폭발 직전입니다. 전쟁, 지진, 기아, 기근 등 지구상에서 일어나고 있는 일들이 얼마나 더 오래 가겠습니까?

결국 터질 것입니다. 우리도 이제 죄를 그만 쌓아야 합니다. 결국 그 죄는 툭 떨어질 것입니다. 이것이 심판입니다. 노아 시대에 죄가 너무나 컸습니다. 더 이상 손을 쓸 수 없었습니다. 그래서 하나님께서 40일 동안 주야로 비를 내리셨습니다.

이는 내게 노아의 홍수와 같도다 내가 다시는 노아의 홍수로 땅 위에 범람하지 못하게 하리라 맹세한 것같이 내가 네게 노하지 아니하며 너를 책망하지 아니하기로 맹세하였노니(사 54:9).

하나님께서는 인류를 심판하시면서도 너무 마음이 아팠습니다. 비록 우리가 죄를 지어서 당한 심판이지만 하나님께서는 그런 우리를 보시며 더 아파하셨습니다. 그래서 하나님께서 결심을 하십니다.

산들이 떠나며 언덕들은 옮겨질지라도 나의 자비는 네게서 떠나지 아니하며 나의 화평의 언약은 흔들리지 아니하리라 너를 긍휼히 여기시는 여호와께서 말씀하셨느니라(사 54:10).

우리는 철이 들어야 합니다. 그래야 아버지의 깊은 사랑을 깨달을 수 있습니다.

고난의 메시아가 있기에 회복이 있습니다. 공짜는 없습니다. 우리가 회복될 수 있는 것은 2천 년 전에 예수님이 십자가에 못 박혀

돌아가셨기 때문입니다. 하나님은 우리를 영원히 버리지 않으십니다. 하나님은 우리를 포기하지 않으시고 반드시 구원하십니다. 또한 하나님의 사랑은 결코 흔들리지 않습니다. 산이 옮겨질지라도 하나님의 사랑은 옮겨지지 않습니다. 우리는 이제 회복된 사람으로 선 자들입니다. 다시는 과거로 돌아가지 마십시오. 과거처럼 살지 마십시오. 철없이 살지 마십시오. 희망과 믿음을 가지고 기적을 꿈꾸며 사는 우리가 되어야 합니다.

34

새 하늘에 대한
비전을 품습니다

이사야 54:11-17

옛 예루살렘과 새 예루살렘

사람은 누구든지 고통을 겪고 고난을 겪으면 과거를 되돌아보게 됩니다. 이스라엘 백성도 포로생활을 통해 하나님께서 과거에 자기를 사랑하고 보호해 주시고 인도해 주셨던 경험을 떠올렸습니다. 그들이 간절히 사모하는 것은 옛날에 누렸던 영광, 예루살렘의 영광을 회복하는 것이었습니다. 무너진 성전을 다시 세우고 훼파된 기구들을 다시 찾고 거기서 하나님께 산제사를 드리고 예배하며 하나님과 영광스런 교제를 했던 축복을 마음에 사모하고 있었습니다.

이사야 54장을 보면 이때 선지자 이사야를 통해서 하나님의 예언이 백성들에게 들려옵니다. 그것은 희망의 메시지였습니다. '이스라엘 백성은 다시 회복된다. 하나님께서 이스라엘 백성들을 버리지 않으시고 다시 구원하신다'는 회복의 메시지였습니다.

회복의 메시지는 네 가지입니다. '첫째, 수치를 벗고 회복될 것이니 환호성을 지르고 소리를 질러라. 둘째, 앞으로 나타날 수많은 축복을 준비해 장막 터를 넓혀라. 셋째, 네 부끄러운 과거는 치유될 것이다. 넷째, 다시는 이런 심판을 하지 않겠다'는 것입니다. 하나님께서 "다시는 화를 내지 않고 꾸짖지도 않겠다. 나의 사랑은 변함이 없고 평화의 약속은 흔들리지 않을 것이다"라고 말씀하신 것입니다.

이런 기쁜 소식이 예언자 이사야를 통해 이스라엘 백성들에게 들렸을 때 이스라엘 백성들은 무슨 생각을 했을까요? 힘들고 어렵고 고통스러운데 이런 희망의 메시지가 선포되니까 그들은 좋은 일이 생길 거라는 긍정적인 생각을 했을 것입니다. 그들이 생각하는 좋은 일이란 그 옛날 영광스럽던 예루살렘의 회복이었습니다. '고국으로 돌아가 성전도 다시 짓고 무너진 성벽도 다시 쌓고 제사도 다시 드리게 될 것이다. 이제는 과거처럼 살지 않고 잘 살아보겠다'는 상상을 하며 꿈에 부풀어 있었을 것입니다.

그런데 하나님의 생각은 달랐습니다. 옛날 예루살렘의 영광을 기대하는 이스라엘 백성들에게 하나님께서는 옛날의 예루살렘의 영광이 아니라 그들이 한 번도 경험해 보지 못했던 새로운 예루살렘에 대한 비전과 환상을 주신 것입니다.

하나님께서는 땅의 예루살렘이 아니라 하늘의 예루살렘을 보여주십니다. 땅의 예루살렘은 믿음의 조상인 아브라함과 이삭과 야곱이 하나님을 만났던 장소입니다. 기념비적이고 역사적인 장소입니다. 사실 기념비적이고 역사적인 장소에 가보면 별로 재미는 없습니다. 박물관에 가보면 "와" 하고 놀라지만 거기에는 아무런 생명력이 없습니다. 미래를 여는 새로운 영적 감동과 비전을 주지는 못합니다. 역사의 한 페이지는 한 페이지일 뿐입니다. 그것이 우리에게 생기를 주고 생명을 주고 축복을 주고 미래를 만드는 비전을 주지는 못합니다.

마찬가지로 옛날 예루살렘의 영광이 새로운 미래를 만들어 주지는 못합니다. 그것은 잊어버린 영광을 다시 회복하는 것 이상의 아무 의미가 없습니다. 하나님께서 이스라엘 백성에게 주시려는 것은 옛날 예루살렘의 영광의 회복이 아닙니다. 새로운 예루살렘, 새 하늘과 새 땅, 이스라엘 백성이 한 번도 가져보지 못한 놀라운 영적 세계를 하나님께서 주시기 원하십니다.

하나님께서 우리에게 주시고자 하는 영적 비전은 교회 건물을 키우고 성도들이 많이 모이는 것이 아닙니다. 물질적이거나 세속적인 것이 아니라 상상할 수 없는 영적 비전입니다. 성공이나 성취는 위대하고 아름답지만 생명력이 없습니다. 그러나 우리는 그 아름다움과 위대함에 취해서 자꾸만 그것을 추구합니다. 성공이나 성취가 우리를 구원해 주지 못하는데도 말입니다. 그것은 성령님과 다른 것입니다.

하나님께서 우리에게 주시고자 하는 것은 새 예루살렘입니다. 다음 말씀은 새 예루살렘이 어떤 곳인지를 설명하고 있습니다.

너 곤고하며 광풍에 요동하여 안위를 받지 못한 자여 보라 내가 화려한 채색으로 네 돌 사이에 더하며 청옥으로 네 기초를 쌓으며 홍보석으로 네 성벽을 지으며 석류석으로 네 성문을 만들고 네 지경을 다 보석으로 꾸밀 것이며(사 54:11-12).

여기서 나오는 "광풍에 요동하여 안위를 받지 못한 자"는 옛날 예루살렘을 말합니다. 하나님께서는 옛 예루살렘이 아니라 새 예루살렘을 주시겠다고 하십니다. 하나님은 인간의 언어로는 표현할 수 없는 값지고 아름답고 찬란하고 완벽하고 거룩한 새 예루살렘을 소개하고 계십니다. 그래서 인간의 언어 중 가장 좋은 것과 보석을 들어 설명하고 있는 것입니다.

사실 하나님께서 우리에게 주시는 것은 돌로 만든 성벽이 아닙니다. 이스라엘의 예루살렘에 있는 그 성읍이 아니라는 것입니다. 예루살렘은 다윗 시대부터 도읍지였던 곳입니다. 그런데 지금은 어떻게 되었습니까? 예루살렘은 영광과 치욕의 역사가 함께 공존하는 곳이 되었습니다. 마치 종교 전시장과 같습니다. 현재 예루살렘에는 유대교, 이슬람교, 기독교, 가톨릭교가 공존하고 있습니다. 금요일은 무슬림의 안식일로 지키고, 토요일은 유대인의 안식일로 지키고, 주일은 기독교인의 안식일로 지킵니다. 예루살렘의 하나님은 복잡합니다. 모든 종교가 예루살렘을 자신들의 성지라고 합니다. 거기에 모스크도 지어 놓고 교회도 지어 놓고 성당도 지어 놓았습니다.

이런 예루살렘에 무슨 평화가 있겠습니까? 거기에 무슨 기쁨이 있겠습니까? 거기에 무슨 미래가 있겠습니까? 하나님께서 이런 예루살렘을 다시 우리에게 주겠다고 하시는 것입니까? 아닙니다. 하나님께서 우리에게 주시고자 하는 것은 물질적인 성공과 축복

이 아닙니다. 세상적인 권력이 아닙니다. 하나님께서 우리에게 주시고자 하는 것은 새 하늘과 새 땅입니다. 새 예루살렘입니다.

새 하늘과 새 땅을 바라보는 믿음

새 예루살렘에 대한 묘사는 요한계시록 21장과 22장에 상세히 나옵니다. 그 이야기의 일부가 이사야서에 조금 언급된 것입니다. 요한계시록에는 새 예루살렘에 대한 비전과 환상과 모습이 기가 막히게 자세히 설명되어 있습니다. 갈라디아서 4장 21-26절을 보면 "지금 있는 예루살렘"이라고 표현했고, 히브리서 12장 22절에서는 "하늘의 예루살렘"이라고 말했습니다. 결코 무슬림, 가톨릭, 기독교가 차지하려고 하는 이 땅에 있는 예루살렘을 말하는 것이 아닙니다. 우리가 원하고, 우리가 기다리고, 우리가 사모하는 회복은 이런 것들이 아닙니다. 땅에 있는 것들이 아닙니다. 하늘에 있는 예루살렘이요, 새 예루살렘입니다. 그것은 하나님께서 우리에게 주시는 비전입니다. 세속 도시인 바벨론과 대조를 이루는 하나님 나라입니다.

그러면 천상의 도시 예루살렘은 어떤 곳일까요? 요한계시록 21장에서는 이렇게 설명하고 있습니다.

또 내가 새 하늘과 새 땅을 보니 처음 하늘과 처음 땅이 없어졌고 바

다도 다시 있지 않더라 또 내가 보매 거룩한 성 새 예루살렘이 하나님께로부터 하늘에서 내려오니 그 준비한 것이 신부가 남편을 위하여 단장한 것 같더라 내가 들으니 보좌에서 큰 음성이 나서 이르되 보라 하나님의 장막이 사람들과 함께 있으매 하나님이 그들과 함께 계시리니 그들은 하나님의 백성이 되고 하나님은 친히 그들과 함께 계셔서 모든 눈물을 그 눈에서 닦아 주시니 다시는 사망이 없고 애통하는 것이나 곡하는 것이나 아픈 것이 다시 있지 아니하리니 처음 것들이 다 지나갔음이러라 보좌에 앉으신 이가 이르시되 보라 내가 만물을 새롭게 하노라 하시고 또 이르시되 이 말은 신실하고 참되니 기록하라 하시고 또 내게 말씀하시되 이루었도다 나는 알파와 오메가요 처음과 마지막이라 내가 생명수 샘물을 목마른 자에게 값없이 주리니 이기는 자는 이것들을 상속으로 받으리라 나는 그의 하나님이 되고 그는 내 아들이 되리라(계 21:1-7).

사도 요한이 환상 중에서 새 예루살렘을 보았습니다. 그리고 하나님께서 보좌에서 큰 음성으로 말씀하시는 것을 들었습니다. 이것을 보면 새 예루살렘이 실제로 있다는 것을 알 수 있습니다. 새 예루살렘은 상상이 아닙니다. 더욱 놀라운 것은 우리가 가는 것이 아니라 새 예루살렘이 우리에게 오고 있다는 것입니다. 천국이 우리에게 오고 있습니다. 하나님의 나라가 우리에게 오고 있습니다. 이미 왔고, 오고 있고, 올 것입니다. 이곳은 눈물도 없고, 죽음도 없

고, 고통도 없고, 병도 없는 곳입니다.

저는 요한이 새 예루살렘에 대한 환상을 보고 계시를 받은 장면과 마주하다가 '내가 너무 감동 없이 성경을 보았구나' 하는 생각이 들었습니다. 우리에게 주시는 하나님의 비전은 땅의 비전이 아닙니다. 물질의 비전이 아닙니다. 물론 하나님께서는 병도 고쳐 주시고 돈도 주십니다. 그것도 축복입니다. 그러나 그것은 가장 낮은 축복입니다. 그것이 필요 없다는 뜻이 아니라 거기에 머물러서는 안 된다는 뜻입니다. 우리의 비전은 땅의 권력에 있지 않습니다. 하늘에 있습니다. 새 예루살렘에 있습니다.

세상 일이 너무 복잡하고 많다 보니 우리는 종종 새 예루살렘을 잊어버립니다. 생각이 희미해집니다. 그러나 우리는 땅에서 살지만 하늘을 보고 살아야 하고, 아무리 고통스럽고 병들고 힘들지라도 거기에 머물지 않아야 합니다. 하나님께서 이스라엘 백성에게 주시고자 했던 새 예루살렘, 새 하늘과 새 땅을 우리에게도 주실 것입니다. 그러면 어떤 고난도 넉넉히 이겨 낼 수 있습니다. 어떤 위기도 우리는 이겨 낼 수 있습니다.

새 예루살렘에 비전을 두라

네 모든 자녀는 여호와의 교훈을 받을 것이니 네 자녀에게는 큰 평

안이 있을 것이며 너는 공의로 설 것이며 학대가 네게서 멀어질 것인즉 네가 두려워하지 아니할 것이며 공포도 네게 가까이하지 못할 것이라(사 54:13-14).

새 예루살렘의 외형을 보석으로 설명했습니다. 상상할 수 없이 화려하고 아름답고 거룩하고 완벽한 새 예루살렘이 신부가 신랑을 위해서 단장하는 것처럼 내려올 것입니다. 그렇다면 새 예루살렘의 내면적 모습은 어떻게 설명할 수 있을까요? 평화와 정의입니다. 새 예루살렘에는 평화가 있고 정의가 있고 하나님의 말씀이 있습니다. 그곳에는 압제가 없고 두려움과 공포가 없습니다.

보라 그들이 분쟁을 일으킬지라도 나로 말미암지 아니한 것이니 누구든지 너와 분쟁을 일으키는 자는 너로 말미암아 패망하리라 보라 숯불을 불어서 자기가 쓸 만한 연장을 제조하는 장인도 내가 창조하였고 파괴하며 진멸하는 자도 내가 창조하였은즉 너를 치려고 제조된 모든 연장이 쓸모가 없을 것이라 일어나 너를 대적하여 송사하는 모든 혀는 네게 정죄를 당하리니 이는 여호와의 종들의 기업이요 이는 그들이 내게서 얻은 공의니라 여호와의 말씀이니라(사 54:15-17).

하나님의 나라에는 사탄의 영향력, 공격이 모두 사라집니다. 하나님께서 "너와 다투던 사람들은 다 무릎을 꿇을 것이고, 너를 죽

이려고 만들었던 무기는 다 무기력해질 것이고, 너를 고소하려던 혀들은 다 패소하게 될 것이다"라고 말씀하십니다.

새 예루살렘을 생각하다 보면 요한복음 14장의 말씀이 떠오릅니다.

> 너희는 마음에 근심하지 말라 하나님을 믿으니 또 나를 믿으라 내 아버지 집에 거할 곳이 많도다 그렇지 않으면 너희에게 일렀으리라 내가 너희를 위하여 거처를 예비하러 가노니 가서 너희를 위하여 거처를 예비하면 내가 다시 와서 너희를 내게로 영접하여 나 있는 곳에 너희도 있게 하리라(요 14:1-3).

크리스천은 죽음에 대한 불안이 없어야 합니다. 우리는 이미 죽음을 이겼습니다. 죽음에 대한 불안과 걱정은 마귀가 주는 것입니다. 우리는 '죽어도 좋다'고 생각해야 합니다.

> 사망아 너의 승리가 어디 있느냐 사망아 네가 쏘는 것이 어디 있느냐(고전 15:55).

우리는 죽음에 대한 두려움에서 해방되어야 합니다. 죽음 대신에 우리는 새 하늘에 대한 영광과 비전이 있습니다. 우리는 이 땅을 위해서 사는 것이 아닙니다. 우리의 고향은 영원한 그곳입니다.

우리의 비전도, 관심도 그곳에 있습니다. 우리가 사는 이 땅은 잠깐 지나가는 여관과 같습니다. 여기는 영원히 살 집이 아닙니다. 우리 고향은 천국, 새 하늘과 새 땅입니다. 우리가 살아 있을 때는 최선을 다해 이 땅에 하나님의 나라를 세우고, 죽을 때는 육신의 옷을 벗고 나가는 것입니다. 이것이 새 예루살렘을 가진 사람의 특권입니다.

하나님의 나라는 하늘에만 있는 것이 아닙니다. 하나님의 나라를 이루기 위해서 예수님이 세상에 오셨습니다. 우리 안에 오셨습니다. 그리고 하나님의 나라를 여기서부터 이루어 가시는 것입니다. 그렇기 때문에 하나님의 나라는 이루어졌고, 이루어지고 있고, 이루어질 것입니다.

35

지금이 하나님을
만날 때입니다

이사야 55:1-7

값없이 누리는 잔치

하나님께서는 불가능한 이스라엘의 구원, 바벨론 포로생활에서 해방되는 구원으로 이스라엘을 초대하십니다.

> 오호라 너희 모든 목마른 자들아 물로 나아오라 돈 없는 자도 오라 너희는 와서 사 먹되 돈 없이, 값없이 와서 포도주와 젖을 사라 (사 55:1).

"사 먹는다"는 말은 '돈을 지불한다'는 뜻입니다. 그런데 하나님께서 우유, 음식, 포도주를 사 먹되 돈을 내지 말라고 하십니다. 이것이 하나님께서 주시는 구원입니다.

구원은 목마른 자가 물을 마시는 것과 같습니다. 끝없이 갈증을 느끼는 모든 인류는 목말라 죽게 되어 있습니다. 불안하고, 외롭고, 고통스럽고, 절망스러워하는 인류의 결론은 자살입니다. 인류는 갈증의 고통 속에서 자살할 수밖에 없습니다. 인류에게는 물이 필요합니다.

그런데 인간의 능력으로는 물을 마실 수 없다는 것이 문제입니다. 물을 사서 마실 돈도 없고 그럴 자격도 없는 것입니다. 그런데

하나님께서 그 인류에게 마실 물을 주셨습니다. "너희 모든 목마른 자들아, 와서 값없이 마시라"고 하십니다.

값없이 먹는데, 포도주와 우유를 먹으라고 하십니다. 이것은 그냥 먹는 것이 아니라 풍성한 잔치가 있다는 뜻입니다. 어찌 보면 신앙생활은 잔치입니다. 날마다 하나님께서 마련하신 잔치에 초대받는 것입니다. 신앙생활은 신경질을 내면서 사는 것도 아니고, 억지로 사는 것도 아닙니다. 날마다 기쁨에 차고 넘치는 삶을 사는 것입니다. 우리의 신앙생활이 가까스로 사는 것이 아니라 '내 잔이 넘치나이다'라는 고백을 날마다 하고, 우유와 포도주를 마시는 잔치가 항상 있고, 싱글벙글 얼굴에 기쁨이 넘치는 축복이 있어야 할 것입니다.

인생의 문제는 음식이 아닌 것에 돈을 쓰고 배부르게 하지 못하는 것에 애를 쓰는 것입니다.

> 너희가 어찌하여 양식이 아닌 것을 위하여 은을 달아 주며 배부르게 하지 못할 것을 위하여 수고하느냐 내게 듣고 들을지어다 그리하면 너희가 좋은 것을 먹을 것이며 너희 자신들이 기름진 것으로 즐거움을 얻으리라(사 55:2).

구원은 애를 써야 받을 수 있는 것이 아닙니다. 노력하고 선을 행하는 것은 구원과 상관이 없습니다. 구원은 듣는 것입니다. 하나

님께서 이미 만드신 구원을 들으면 됩니다. 믿으면 됩니다. 이것이 구원입니다. 이 구원은 쉽습니다. 누구든지 할 수 있습니다. 이 구원은 마치 답을 미리 가르쳐 주고 보는 시험과 같습니다. 복잡하고 어렵게 생각할 필요가 없습니다. 우리 모두 공짜로 베풀어 주신 구원을 다 누리는 자들입니다.

예수님은 우리를 괴롭히기 위해 이 세상에 오신 것이 아닙니다. 일을 잘못했다고 야단을 치시는 분이 아닙니다. 예수님이 이 세상에 오신 이유는 양이 생명을 얻되 더욱 풍성하게 얻게 하려는 것입니다(요 10:10). 사탄은 도적질하고 파괴하기 위해서 옵니다. 그러나 하나님은 우리를 풍성하게 하십니다. 이것이 구원입니다. 푸른 초장과 잔잔한 시냇가로 가서 그곳에 누워 먹고 마시고 위로받고 치유받는 역사가 있을 것입니다.

너희는 귀를 기울이고 내게로 나아와 들으라 그리하면 너희의 영혼이 살리라 내가 너희를 위하여 영원한 언약을 맺으리니 곧 다윗에게 허락한 확실한 은혜이니라(사 55:3).

성경에는 "애써라, 노력해라, 성실하게 살아라, 최선을 다해 살아라"는 말이 없습니다. 예수님을 만나지 않은 사람이 성실하게 산다면 그것은 그냥 성실하게 방황하는 것일 뿐입니다. 크리스천의 목표는 성실이 아닙니다. 예수님이 목표입니다. 예수님이 있어

야 구원도 있습니다. 성실하다고 구원을 받는 것은 아닙니다. 구원은 내가 노력해서 얻을 수 있는 것이 아닙니다. 내가 착하게 산다고 얻을 수 있는 것이 아닙니다. 예수님을 만나야 합니다. 하나님의 말씀에 귀를 기울여야 합니다. 하나님께서 만들어 놓은 구원을 받아들이면 됩니다. 그러면 사는 것입니다. 하나님께서는 오래전에 다윗과 사랑의 약속을 하셨습니다. 다윗의 후손에서 메시아가 나올 것이라는 것과 결코 버리지 않겠다는 약속을 하셨습니다. 하나님은 이 약속에 기초해서 이스라엘 백성을 부르시고 초청하시고 구원하시는 것입니다. 그러면 다윗은 어떤 사람입니까?

> 보라 내가 그를 만민에게 증인으로 세웠고 만민의 인도자와 명령자로 삼았나니 보라 네가 알지 못하는 나라를 네가 부를 것이며 너를 알지 못하는 나라가 네게로 달려올 것은 여호와 네 하나님 곧 이스라엘의 거룩하신 이로 말미암음이니라 이는 그가 너를 영화롭게 하였느니라(사 55:4-5).

새로운 나라가 우리에게 옵니다. 이 나라는 세상 나라가 아닙니다. 하나님께서는 다윗을 통해 이 세상의 왕국이 아니라 메시아의 왕국을 준비하신 것입니다. 이것이 은혜요 축복입니다. 우리가 노력해서 왕국을 만들어야 하는 것이 아니라 하나님께서 준비하신 왕국을 은혜로, 공짜로 주시겠다는 것입니다.

참으로 하나님의 구원은 놀라운 은혜요 신비요 축복입니다. 우리가 선을 행하고 착하게 사는 것은 구원을 받기 위한 것이 아닙니다. 구원을 받았기 때문에 선하게 살고 하나님의 창조 질서대로 사는 것입니다.

하나님께서 초청하시는 구원의 핵심은 '공짜'입니다. 은혜인 것입니다. 그런데 예수를 잘 믿는다고 하는 사람들은 다 율법으로 돌아가려고 합니다. 십일조를 해야 구원받는 줄 알고, 새벽기도를 해야 구원받는 줄 압니다. 그렇지 않습니다. 주일성수 했다고 구원받는 것이 아니라 구원을 받았기 때문에 그렇게 하는 것입니다. 이것이 뒤바뀌면 안 됩니다.

지금이 구원받을 때

저는 일본을 위한 '러브 소나타'를 진행하면서 덜컥 겁도 나고 두렵기도 했습니다. 엄청난 일을 계획하고 나서 감당이 안 되었던 것입니다. 그런데 하나님께서 놀라운 역사를 일으켜 주셨습니다. 온 일본 땅이 하나님 앞으로 모이는 역사가 일어났습니다.

우리나라는 일본을 미워하고 배척하는 마음을 기본적으로 갖고 있습니다. 아무래도 일제 강점기의 뼈아픈 역사 때문일 것입니다. 저도 반일사상에 젖어 일본이라고 하면 반기부터 들고 나섰습니다. 그런데 건강상의 이유와 '러브 소나타' 일로 일본에 머물면서

병원도 다니고 지하철도 타고 밥도 먹다 보니 일본 사람들이 참 착하고 교양이 있다는 생각이 들었습니다.

저는 '러브 소나타'가 끝날 때까지 일본에서 살겠다고 마음먹었습니다. 그것이 제 마음이고 제 가슴입니다. 일본을 향한 사랑과 애정을 바치는 것입니다.

그런데 우리가 왜 이런 일을 해야 할까요? 대답은 없습니다. 사실 사랑은 대답이 없는 것입니다. 왜 그렇게 시간과 돈을 쓰고 그 사람을 위할까요? 사랑하기 때문입니다. 이것이 하나님의 마음입니다. 하나님은 나 하나를 사랑하기 위해서 어마어마한 투자를 하셨습니다. 조건 없이, 계산 없이 다 주셨습니다.

일본은 철저히 '기브 앤 테이크'(Give and Take)의 나라입니다. 공짜가 없습니다. 종이 한 장도 돈을 주고 사야 합니다. 시간도 돈도 모든 것을 계산합니다. 그런데 '러브 소나타'를 할 때는 일본 교회의 이름을 걸고 하되 지원은 한국에서 다 했습니다. 그러자 일본 사람들이 여기에 충격을 받았습니다. 무조건 사랑하면 충격을 받게 됩니다. 조건 없이 사랑을 베풀고, 조건 없이 주고, 조건 없이 봉사하면 사람은 누구든지 충격을 받습니다.

하나님은 일본을 구원하기 원하십니다. 하나님께서 자기 아들을 십자가에 못 박아 죽인 것처럼 감동적인 희생은 없습니다. 우리는 일본을 위해서 희생을 해야 하고, 상식에 맞지 않는 일이라도 해야 합니다. 상식적인 일은 누구든지 합니다. 상식에 맞지 않

는 일을 사랑이라는 이름으로 하면 민족주의도 깨지고 역사적 갈등도 해결됩니다.

일본과 한국이 역사적 갈등의 벽을 넘을 수 있다면 남북도 화해할 수 있습니다. 미국과 아프가니스탄이, 팔레스타인과 이스라엘이 화해할 수 있습니다. 그 열쇠가 우리에게 있는 것입니다. 하나님의 마음처럼 우리에게도 세상을 불쌍히 여기는 마음, 은혜를 베푸는 마음, 조건 없이 사랑하고 헌신하고 희생하는 마음이 가득하기를 바랍니다.

> 너희는 여호와를 만날 만한 때에 찾으라 가까이 계실 때에 그를 부르라(사 55:6).

구원의 초청에는 때가 있습니다. 아무 때나 만날 수 있는 것이 아닙니다. 지금이 바로 그때입니다. 우리가 은혜받을 만한 때는 지금입니다. 바로 지금 성령 충만과 능력을 경험해야 합니다.

"만날 만한 때에 찾으라"는 것은 시간적 만남입니다. "가까이 계실 때에 그를 부르라"는 것은 공간적인 만남입니다. 만날 시간이 됐을 때 만나야지 시간이 지나면 만날 수 없습니다.

하나님께서는 우리가 계획한 모든 일을 인도하실 것입니다. 기회를 놓치지 마십시오. 적극적으로 기회를 잡으시고 우리의 것으로 만들어야 합니다. 결단하십시오. 백년 생각해 봐도 결론은 없습

니다. 계속해서 의심만 생길 뿐입니다. 우리의 이성은 계속 회의를 갖게 만듭니다. 의심을 줍니다. 그러나 음식 앞에서 회의해 봐야 음식만 식습니다. 숟가락을 들고 밥을 먹어야 합니다.

예수님을 믿으십시오. 지금이 하나님을 만날 만한 때입니다. 그분이 가까이 계십니다. 그분을 꼭 붙잡으십시오. 하나님의 축복을 지금 잡으면 우리의 가정이 변하고 자녀들이 변하고 교회가 변화될 것입니다.

악인은 그의 길을, 불의한 자는 그의 생각을 버리고 여호와께로 돌아오라 그리하면 그가 긍휼히 여기시리라 우리 하나님께로 돌아오라 그가 너그럽게 용서하시리라(사 55:7).

하나님은 우리를 불쌍히 여기십니다. 긍휼히 여기십니다. 따지지 않으십니다. 회개만 하면, 나쁜 생각을 버리기만 하면 하나님께서 우리를 긍휼히 여겨 주시고 불쌍히 여겨 주시고 우리의 죄를 용서해 주시고 새롭게 하십니다.

36

예비하신 구원과 회복의
세계로 들어갑니다

이사야 55:8-13

십자가와 부활의 축복

십자가는 어둠의 세력, 죽음의 세력, 죄의 세력을 파괴합니다. 십자가는 철저하게 모든 것을 다 부수고 파괴하고 없앱니다. 예수님의 보혈이 내 안에 들어오면 내 죄, 내 안에 있는 죽음의 세력이 다 파괴됩니다. 십자가는 파괴하지만 부활은 새로운 것을 세웁니다. 부활은 꽃을 피우고 열매를 맺고 풍성한 축복을 누리게 합니다. 우리에게는 이 두 가지가 다 필요합니다.

복음의 저수지에는 예수님의 십자가의 보혈이 충만합니다. 동시에 부활 생명의 능력이 충만합니다. 물이 수문을 통해 나가듯이 이것은 하늘에서 무서운 속도로 우리에게 쏟아집니다. 이러한 구원의 복음, 복음의 저수지에서 쏟아지는 물은 어느 누구도 막을 수가 없습니다. 이사야 선지자는 이사야서 55장에서 이 물에 대해 말합니다.

> 오호라 너희 모든 목마른 자들아 물로 나아오라 돈 없는 자도 오라 너희는 와서 사 먹되 돈 없이, 값없이 와서 포도주와 젖을 사라(사 55:1).

이 물에 대한 두 가지 설명이 있습니다. 첫째, 이 물은 목마른 사

람들을 위한 물이요, 둘째, 공짜라는 것입니다. 이 물은 원래 사서 먹어야 하는데 돈을 내지 말고 먹으라고 합니다. 구원은 받아들이는 것입니다. 성령은 흘러넘치는 것입니다. 은혜를 받으려고 쥐어짜면 고통스럽습니다. 은혜는 그냥 받는 것입니다. 내가 돈을 내거나 노력해서 얻는 것이 아니기 때문에 폼 잡을 이유가 하나도 없습니다. 못난 대로, 부족한 대로, 어리석은 대로 그냥 받으면 됩니다. 술을 마셔도, 담배를 피워도 상관없습니다. 그냥 받으십시오. 사기꾼이거나 거짓말을 잘하는 사람도 괜찮습니다. 먼저 받으십시오. 그러면 사기를 치지 않게 되고, 거짓말을 하지 않게 되고, 술을 마시지 않게 되고, 담배를 피우지 않게 됩니다.

무엇이든 내 힘으로 하려고 하면 잘 안됩니다. 내 힘으로 하려는 사람들은 자꾸 쥐어짭니다. 그러니 얼마나 힘들겠습니까. 죄 안 짓고, 준비된 모범생이 되면 좋겠지만 인간은 그럴 수 없습니다. 그러므로 부족한 대로 교회에 와야 합니다. 물이 쏟아질 때 그릇을 엎어 놓지만 않는다면 물을 담을 수 있습니다. 에스겔 47장을 보면 성전에서 물이 흘러나오는 장면이 등장합니다. 이 물이 처음에는 땅을 촉촉하게 적셨는데, 조금 지나니 물이 발목, 무릎, 허리까지 차오릅니다. 점점 차올라 도저히 그냥 건널 수 없는 강이 됩니다. 이처럼 하나님의 축복은 막을 방법이 없습니다. 주님께서 오시는 것을 막을 방법이 없습니다. 결국 물에 다 빠지는 것입니다.

성령의 축복이란 이런 것입니다. 이 물이 불어나 건널 수 없는 강

이 되었습니다. 강둑에는 나무가 자라고 있습니다. 하나님의 성령이 우리 인생에 오시면 우리가 그 성령 안에 들어갈 뿐 아니라 새로운 나무들이 우리 인생에서 자라게 됩니다. 이 강물들은 바다로 흘러가고 죽은 바다를 살립니다. 성령을 받은 사람도 가는 곳마다 죽은 자가 살아나고 죽은 땅이 살아나고 죽은 바닷물이 살아납니다.

우리는 사람을 살리는 사람들입니다. 우리가 예수를 믿으면 가정이 살아나고, 아내, 남편, 자녀가 살아납니다. 인생의 저주가 사라집니다. 걱정하지 말고 물을 쓰십시오. 이 물은 제한이 없습니다. 강둑에 심겨진 나무는 열매가 주렁주렁 열리고, 그 열매는 사람들의 음식이 되고, 그 잎사귀는 약재가 된다고 했습니다(겔 47:11-12). 이것이 하나님 나라에 있는 예수 그리스도로 말미암아 십자가의 보혈과 부활의 생명으로 만들어진 복음의 생수, 물의 역사입니다.

예수님도 요한복음 7장에서 누구든지 목마른 사람은 다 내게로 와서 마시라고 하셨습니다. 이 물은 영원히 온 인류에게 쏟아지는 것입니다. 세상이 주는 물은 마셔도 목이 마릅니다. 그러나 예수님이 주시는 물을 마시면 영원히 목마르지 않습니다.

인생의 가장 심각한 문제는 목이 마른 것입니다. 모든 것이 다 있으나 아무것도 남지 않는 것입니다. 그래서 허무합니다. 삶의 의미가 없습니다. 나이가 들고 세월이 가면 점점 더 이것을 심각하게 느낍니다. 돈을 벌어 봐도, 명예를 가져 봐도, 결혼을 해 봐도 재미

가 없습니다. 그것이 해답이 아니기 때문입니다. 해답은 예수님뿐입니다. 예수님은 "목마른 인생들아, 내게로 와서 마시라"고 말씀하십니다. 그러면 배에서 생수의 강이 흘러넘칠 것이라고 하십니다(요 7:38). 인간의 육체가 얼마나 더럽습니까? 그런데 거기에서 생수의 강이 흘러넘친다고 하십니다. 저주와 책망이 가득했던 우리의 입술이 아름다운 찬양과 기도가 흘러나오는 입술로 변화될 것입니다.

처음에 예수를 믿고 구원받은 뒤에는 계속 예수를 잘 믿을 수 있는 비결이 성령 충만입니다. 우리 힘으로는 믿어지지 않고 우리 힘으로는 죄를 이길 수 없습니다. 그래서 성령의 세례를 받아야 합니다. 성령의 물을 마시기를 바랍니다. 우리의 입술은 성령 충만한 입술로, 우리의 눈은 긍휼이 넘치는 눈으로, 우리의 손은 보호하고 격려하고 위로하는 손으로 변화되기를 바랍니다.

성령이 해답이다

누가복음을 보면 "너희가 악할지라도 좋은 것을 자식에게 줄 줄 알거든 하물며 너희 하늘 아버지께서 구하는 자에게 성령을 주시지 않겠느냐"(눅 11:13)라는 말씀이 있습니다. 하나님의 해답은 하나입니다. 바로 성령입니다. 우리가 돈을 달라고 하면 하나님은 성령을 주십니다. 건강을 달라고 해도 성령을 주십니다. 이 성령 안에 인생

의 목적, 방향, 능력이 있습니다. 하나님의 축복이 있습니다.

성령의 물은 마치 쓰나미처럼 우리에게 다가올 것입니다. 수문이 열린 댐에서 쏟아지는 것처럼 아낌없이 우리에게 쏟아질 것입니다. 이 축복의 물이 백두산에서 한라산까지 휩쓸면 이 땅의 사탄의 세력, 거짓의 세력, 더러움의 세력이 다 떠나게 될 것입니다. 도박, 술 취함, 음란, 낙태, 마약이 떠날 것입니다. 이 나라가 깨끗해질 것입니다. 축복의 나라가 될 것입니다.

성령의 강이 흐르는 곳마다 나무가 살고 고기가 뛰어 놀고 바다가 살아날 것입니다. 이 물은 가는 곳마다 생명을 줄 것입니다.

우리가 직장에 가면 그 직장이 살 것이요, 나라에 가면 그 나라가 살 것이요, 군대에 가면 그 군대가 살아날 것입니다. 우리는 세상을 바꾸기 위해 나아가야 합니다. 우리나라는 변화될 것입니다. 세상은 바뀔 것입니다. 거듭남이란 발전이 아니라 전혀 새로운 차원으로 들어가는 것입니다. 종교와 율법의 차원에서 생명과 은혜의 차원으로 들어가는 것입니다. 이것은 전혀 다른 세계입니다. 우리는 이 세상 사람들이 아닙니다. 다른 차원의 세상에 들어가는 사람입니다.

이는 내 생각이 너희의 생각과 다르며 내 길은 너희의 길과 다름이니라 여호와의 말씀이니라(사 55:8).

이 말씀을 보면 두 가지 대조적인 단어가 등장합니다. "내(하나님) 생각"과 "너희(인간)의 생각"입니다. 그리고 "내(하나님) 길"과 "너희(인간)의 길"입니다. 이 두 가지는 사실 비슷하게 보이지만 분명하게 다릅니다. 우리는 하나님의 생각, 하나님의 길을 따라야 합니다. 내 생각과 내 길은 좋아 보이지만 틀린 길입니다. 그러나 하나님의 생각과 하나님의 길은 세상적인 관점에서는 아닌 것처럼 보여도 옳은 길입니다. 그렇기 때문에 하나님의 생각과 하나님의 길을 따르면 반드시 살고 축복을 받습니다.

하나님의 생각과 내 생각은 본질의 차이가 있습니다. 비교할 수 있는 것이 아닙니다.

> 이는 하늘이 땅보다 높음같이 내 길은 너희의 길보다 높으며 내 생각은 너희의 생각보다 높음이니라(사 55:9).

이 말씀을 보면 분명하게 드러납니다. 하나님과 나는 비교의 대상이 아닙니다. 따라서 하나님과 경쟁하지 말아야 합니다. 하나님께 시비 걸지 말아야 합니다. 그냥 믿으면 됩니다. 하나님은 시비의 대상, 의심의 대상이 아니라 신뢰의 대상, 믿음의 대상입니다.

하나님의 은혜는 차원이 다릅니다. 위치가 다릅니다. 우리가 거듭났다는 것은 우리가 하나님의 차원으로 들어가는 것을 의미합니다.

내 입에서 나가는 말도 이와 같이 헛되이 내게로 되돌아오지 아니하고 나의 기뻐하는 뜻을 이루며 내가 보낸 일에 형통함이니라(사 55:11).

사람의 말은 이루어지지 않을 수도 있습니다. 그러나 하나님의 말씀은 공허하지 않습니다. 하나님의 말씀은 반드시 이루어집니다.

성령, 그 새로운 차원

이는 비와 눈이 하늘로부터 내려서 그리로 되돌아가지 아니하고 땅을 적셔서 소출이 나게 하며 싹이 나게 하여 파종하는 자에게는 종자를 주며 먹는 자에게는 양식을 줌과 같이 너희는 기쁨으로 나아가며 평안히 인도함을 받을 것이요 산들과 언덕들이 너희 앞에서 노래를 바라고 들의 모든 나무가 손뼉을 칠 것이며 잣나무는 가시나무를 대신하여 나며 화석류는 찔레를 대신하여 날 것이라 이것이 여호와의 기념이 되며 영영한 표징이 되어 끊어지지 아니하리라(사 55:10, 12-13).

성령이 임하면 이런 일이 생깁니다. 산과 언덕이 환호성을 치고 나무가 손뼉을 칠 것입니다. 이 세상을 나갈 때 비참하고 괴롭고 우울하고 고통스러운 것만 상상하지 마십시오. 산이 환호성을 치

고 나무가 손뼉을 치는 놀라운 축복의 세계를 마음속에 그리면서 사십시오. 성령이 임하면 가시나무가 다 뽑아지고 거기에 잣나무가 심겨집니다.

우리 인생의 찔레나무가 다 사라지고 꽃 피는 화석류가 생길 것입니다. 우리의 말이 달라지고 생각이 달라지고 꿈이 달라질 것입니다. 우리는 세상 사람들과 비슷한 일을 하는 사람들이 아니라 하나님의 축복의 사람들로서 우리가 어디서 일을 하든지 우리가 가는 곳마다 다 살아날 것입니다. 우리가 있는 곳마다, 우리가 손대는 것마다, 우리가 보는 것마다, 우리가 말하는 것마다 다 달라질 것입니다. 새로운 에덴동산이 만들어질 것입니다. 새로운 축복, 새로운 하나님의 영광이 나타날 것입니다.

우리는 빛입니다. 빛 앞에는 어둠이 존재하지 않습니다. 귀신이 우리를 공격하러 왔다가 일곱 길로 도망가게 될 것입니다. 이사야 55장을 통해 우리는 하나님의 사람이라는 것을 확인하게 됩니다. 우리는 거대한 복음의 저수지에서 흘러넘치는 생명수를 공짜로 먹고 마시는 사람들입니다. 아파도 아프지 않고, 가난해도 가난하지 않습니다. 고통스러워도 고통스럽지 않습니다. 우리의 인생은 태양처럼 빛날 것입니다. 이것이 하나님의 자녀가 되는 권세입니다. 이런 권세를 하나님께서 우리에게 주셨습니다. 성령이 임하면 성령의 은사들이 나타납니다. 지혜, 지식, 믿음, 병 고침, 능력 행함, 예언, 영적 분별, 방언, 통역 등이 나타납니다(고전 12:8-10). 성

령이 임하면 사랑, 기쁨, 화평, 오래 참음 등의 열매가 열립니다. 이런 열매들이 우리 삶에 주렁주렁 맺힐 것입니다. 그것들을 다른 이들과 나누며 살기를 바랍니다. 우리는 이 땅에서 살지만 다른 세상에서 사는 사람들입니다. 우리의 주인은 다른 분이십니다. 우리의 왕은 다른 분이십니다. 우리는 우리의 왕이시고 주인 되신 예수 그리스도를 찬양해야 합니다.

> 너희는 여호와를 만날 만한 때에 찾으라 가까이 계실 때에 그를 부르라 악인은 그의 길을, 불의한 자는 그의 생각을 버리고 여호와께로 돌아오라 그리하면 그가 긍휼히 여기시리라 우리 하나님께로 돌아오라 그가 너그럽게 용서하시리라(사 55:6-7).

새로운 차원으로 들어가십시오. 예수님이 예비하신 축복과 아름다운 회복의 세계로 들어가십시오.

거듭남이란 발전이 아니라 전혀 새로운 차원으로 들어가는 것입니다. 종교와 율법의 차원에서 생명과 은혜의 차원으로 들어가는 것입니다. 이것은 전혀 다른 세계입니다. 우리는 이 세상 사람들이 아닙니다. 다른 차원의 세상에 들어가는 사람입니다.

7부

회개의 축복으로
그 영광을 드러내시는 하나님

이사야 56:1-62:12

진정한 회개는 하나님의 위로와 약속을 이끌어 냅니다.
그리고 빛을 발하는 메시아의 영광의 빛이 우리에게 임합니다.

37

회개의 축복을
이제야 알았습니다

이사야 56:1-8

율법적 회개와 은혜의 회개

누가복음 15장에 '돌아온 탕자' 비유가 있습니다. 탕자는 자기 몫을 챙겨 아버지 집을 떠납니다. 그리고 가지고 간 돈을 탕진하고 비참한 환경에 빠졌을 때 비로소 자신의 잘못을 깨닫고 아버지의 집으로 돌아옵니다. 회개를 한 것입니다. 이처럼 회개에는 두 가지 의미가 포함되어 있습니다. 첫째, 자신의 잘못과 죄를 인정하는 것입니다. 둘째, 출발했던 곳으로 돌아가는 것입니다.

그런데 여기서 자칫하면 회개를 은혜로 보지 않고 율법으로 보는 함정에 빠질 수 있습니다. 참 회개는 하나님께서 하게 하십니다. 내가 회개하면 교만해집니다. 자기를 주장하게 되고 율법적으로 변질됩니다. 회개하면 할수록 오만해집니다. 내가 했기 때문입니다. 이것을 우리는 '율법적 회개'라고 말합니다. 율법적 회개를 했느냐, 성령에 의해 은혜의 회개를 했느냐는 중요합니다. 은혜의 회개를 하면 겸손해지고 온유해지고 하나님의 긍휼을 바라보는 축복의 자리로 가지만, 율법적 회개를 하면 회개가 자기 자랑이 되고 자기 의가 되고 자기 선행이 됩니다.

회개에서 중요한 것은 하나님의 은혜입니다. '하나님의 은혜로 구원받았다. 나는 아무것도 아니다'라는 사실을 아는 영적 태도가

율법적 행위보다 더 중요합니다. 성령은 내가 원한다고 받을 수 있는 것이 아닙니다. 성령은 하나님께서 예수를 믿는 사람들에게 선물로 주신 것입니다. 회개도 마찬가지입니다. 우리가 몸부림친다고 회개할 수 있는 것이 아닙니다. 가슴만 아프고 괴로울 뿐입니다. 성령이 임해야 눈물도 나고 회개도 되는 것입니다. 내가 하고 싶다고 해서 회개할 수 있는 것이 아닙니다.

회개가 임하면 빛이 와서 어둠이 사라지듯이 자기의 잘못, 허물, 죄가 사라지기 시작합니다. 그때 평화가 옵니다. 율법적 회개는 평화가 없습니다. 내가 했기 때문입니다. 그러나 은혜의 회개에는 평화가 있습니다.

안식일과 정의를 지키게 하는 회개의 축복

너희는 여호와를 만날 만한 때에 찾으라 가까이 계실 때에 그를 부르라 악인은 그의 길을, 불의한 자는 그의 생각을 버리고 여호와께로 돌아오라 그리하면 그가 긍휼히 여기시리라 우리 하나님께로 돌아오라 그가 너그럽게 용서하시리라(사 55:6-7).

이사야 55장은 하나님께서 먼저 값없이 베풀어 주시는 은혜와 회복을 선포하십니다. 또한 하나님께서 먼저 회개를 촉구하십니

다. "하나님을 찾으라, 부르라"고 하나님께서 말씀하시는 것입니다. 내가 할 수 있는 것은 두 가지입니다. '순종하느냐 불순종하느냐'입니다. 이 말씀에 순종하기로 결정하면 회개의 역사가 일어납니다.

진짜 회개를 하면 성령이 역사하셔서 내가 녹아지고 변합니다. 회개가 일어나면 다음과 같은 일이 일어납니다.

> 여호와께서 이와 같이 말씀하시기를 너희는 정의를 지키며 의를 행하라 이는 나의 구원이 가까이 왔고 나의 공의가 나타날 것임이라 하셨도다(사 56:1).

참 하나님의 회복과 구원이 일어나면 하나님의 공의가 드러나고 하나님의 정의가 살아납니다. 우리가 회개를 하면 하나님의 공의와 정의가 우리 안으로 스며들어 오기 시작합니다. 그리고 우리 삶에 공의와 정의가 살기 시작합니다. 개혁의 주체는 인간이 아니라 하나님입니다. 인간은 다 부수고 파괴하고 전쟁을 일으킵니다. 결국에는 모두 다칩니다. 그러나 하나님께서 개혁의 주체가 되면 절대로 상처를 주지 않으십니다.

이사야 56장 1절 말씀은 신약에 와서 예수님이 처음 하신 말씀과 같습니다.

이르시되 때가 찼고 하나님의 나라가 가까이 왔으니 회개하고 복음
을 믿으라 하시더라(막 1:15).

이것이 예수님이 하신 말씀입니다. 이 말씀을 받았던 예수님의
제자들은 은혜 안으로 들어왔지만, 이 말씀을 거부했던 바리새인
들은 예수님을 죽이는 편에 섰습니다. 같은 말씀인데 한 사람에게
는 축복의 말씀이요, 다른 사람에게는 고통의 말씀이 된 것입니다.
　우리의 삶 속에서 모든 불의와 어둠의 세력을 쫓아내야 합니다.
잘못된 생각을 수정해야 합니다. 세상에는 정의와 공의를 부르짖
는 사람이 많습니다. 그러나 모두 공허합니다. 주체가 하나님이 아
니기 때문입니다. 하나님의 정의와 공의는 말씀과 성령을 하나님
께서 주셔서 우리도 모르는 사이에 공의롭고 정의로운 삶을 살게
되는 것입니다.
　공의와 정의가 이루어지면 그다음에는 어떤 일이 일어날까요?

안식일을 지켜 더럽히지 아니하며 그의 손을 금하여 모든 악을 행
하지 아니하여야 하나니 이와 같이 하는 사람, 이와 같이 굳게 잡는
사람은 복이 있느니라(사 56:2).

율법으로 정의와 공의를 행하면 사람은 죽습니다. 그러나 은혜
로 정의와 공의를 행하면 모든 사람이 복을 받고 사회가 변합니다.

하나님의 정의와 공의대로 산다는 것은 무엇일까요? 안식일을 지키는 것입니다. 우리가 안식일을 지키는 것이 율법이냐 은혜냐 하는 문제가 있습니다. 우리가 안식일을 은혜로 지킨다면 우리 삶이 건강해지고 복을 받을 것입니다.

그러나 이스라엘 백성들은 안식일을 율법으로 바꾸었습니다. 이스라엘 백성들은 억지로 안식일을 지켰기 때문에 하나님께서 70년 동안 안식일을 지키지 못하게 하셨습니다. 교회에 형식적으로 나오거나 믿음을 형식적으로 갖게 되면 하나님께서 계속해서 교회에 오지 못하게 하실지도 모릅니다. 이것이 이스라엘을 향한 심판이었습니다. 그러나 은혜로 안식일을 지키는 사람에게는 말할 수 없는 복을 주십니다.

오늘날 성도들이 조심해야 할 것이 있습니다. '구약은 율법이고 신약은 은혜다'라는 이분법적인 생각입니다. 안식일을 지키는 것은 굉장히 중요합니다. 안식일, 십일조는 축복의 근원입니다. 그런데 사람들은 그것을 구약의 이야기라고, 율법의 이야기라고 지키지 않으려고 합니다.

여호와께 연합한 이방인은 말하기를 여호와께서 나를 그의 백성 중에서 반드시 갈라내시리라 하지 말며 고자도 말하기를 나는 마른 나무라 하지 말라(사 56:3).

우리가 진짜 안식일을 지키는 것은 율법이 아니라 은혜입니다. 신앙생활의 위기는 억지로 교회에 오는 것입니다. 내가 목사, 장로, 집사, 순장이니까 할 수 없이 신앙생활을 하는 것입니다. 그것은 깊은 신앙의 구렁텅이로 들어가는 것입니다. 하나님께서는 이방인이라도, 고자라도 안식일을 지킨다면 이스라엘 백성에게 주신 복과 똑같은 복을 주시겠다고 말씀하셨습니다.

우리에게 안식일을 거룩하게 지키는 영적 태도가 있어야 할 것입니다. 그렇게 되면 6일을 축복 가운데 살게 됩니다. 그런데 하나님 중심대로 살지 않으면 영적으로 비참한 상황에 들어가게 됩니다. 십일조도 마찬가지입니다. 교회가 돈이 필요해서 십일조를 하라는 것이 아닙니다. 십일조는 하나님의 기본적인 경제원칙입니다. 율법으로 보아서는 안 됩니다. 안식일도 적당하게 지내면 하나님을 귀하게 여기지 않게 됩니다. 안식일을 지켜야 하나님도 귀하게 생각됩니다.

신앙생활은 할 것과 하지 말아야 할 것이 분명해야 합니다. 그리고 지켜야 할 것은 반드시 지켜야 합니다. 이것을 지키지 않으면 생활이 흔들리고 믿음이 흔들립니다. 자유로운 것 같지만 결국 사탄의 손아귀에 들어가게 됩니다. 말씀을 지키는 것도 마찬가지입니다. 이것은 율법이 아닙니다. 살아 계신 하나님의 말씀을 내 삶의 중심에 모시는 것입니다. 언제나 하나님 중심으로 사십시오. 이것은 곧 말씀 중심으로 산다는 것입니다. 성령의 인도함을 받아 산

다는 것입니다. 세상에 살지만 세상과 다른 삶을 사는 사람들이 크리스천입니다. 그런 우리가 세상에 영향력을 줄 수 있고 세상도 변화시킬 수 있습니다.

안식일의 진정한 의미, 하나님 중심의 삶

여호와께서 이와 같이 말씀하시기를 나의 안식일을 지키며 내가 기뻐하는 일을 선택하며 나의 언약을 굳게 잡는 고자들에게는 내가 내 집에서, 내 성 안에서 아들이나 딸보다 나은 기념물과 이름을 그들에게 주며 영원한 이름을 주어 끊어지지 아니하게 할 것이며(사 56:4-5).

이것이 하나님의 약속입니다. 안식일은 날짜를 지킨다는 의미가 아닙니다. 하나님 중심으로 산다는 것입니다. 다시 말하면 '돈의 가치로 살 것인가, 믿음의 가치로 살 것인가'입니다. 우리는 전부 돈의 가치로 삽니다. 그러나 안식일을 지킨다는 것은 하나님 중심으로 산다는 것입니다.

하나님께서는 "나의 안식일을 지키며 내가 기뻐하는 일을 선택하며 나의 언약을 굳게 잡는 고자들에게는 내가 내 집에서, 내 성 안에서 아들이나 딸보다 나은 기념물과 이름을 그들에게 주며 영원한 이름을 주어 끊어지지 아니하게 할 것이며"라고 약속하셨습

니다. 이것이 하나님의 축복입니다. 이것이 하나님의 은혜입니다.

　우리는 예배하고, 헌금드리고, 찬양하는 것이 얼마나 큰 축복인지 알아야 합니다. 교회에 오지 못할 상황이 계속 생긴다고 생각해 보십시오. 그것은 심판입니다. 그렇지만 안식일을 지키는 영적 태도를 갖고 있으면 하나님께서 그 사람의 이름을 영원히 남기겠다고 하십니다. 이스라엘을 다시 회복시키면서 다짐하시는 것이 바로 이것입니다. 결국 우리의 문제도 이것입니다. 은혜받고 구원받고 회개했다면 하나님의 정의를 꼭 붙들고 안식일을 지키며 살라는 것입니다. 또한 하나님께서는 비록 이방 사람이라 할지라도 하나님을 사랑하고 안식일을 지키면 이런 축복을 주시겠다고 하셨습니다.

> 또 여호와와 연합하여 그를 섬기며 여호와의 이름을 사랑하며 그의 종이 되며 안식일을 지켜 더럽히지 아니하며 나의 언약을 굳게 지키는 이방인마다 내가 곧 그들을 나의 성산으로 인도하여 기도하는 내 집에서 그들을 기쁘게 할 것이며 그들의 번제와 희생을 나의 제단에서 기꺼이 받게 되리니 이는 내 집은 만민이 기도하는 집이라 일컬음이 될 것임이라(사 56:6-7).

비전을 품게 하는 회개의 축복

결론은 하나님의 비전입니다. 진정한 회개와 변화는 한 가지 비전

과 목표를 갖게 됩니다. 그렇다면 하나님의 비전은 무엇일까요?

> 이스라엘의 쫓겨난 자를 모으시는 주 여호와가 말하노니 내가 이미
> 모은 백성 외에 또 모아 그에게 속하게 하리라 하셨느니라(사 56:8).

하나님께서는 택하신 이스라엘 백성들을 다시 불러 모으기를 원하십니다. 그런데 아직도 이스라엘은 하나님을 거부하며 살고 있습니다. 그렇지만 하나님께서는 이스라엘을 다시 회복시켜 주십니다. 이것이 하나님의 마음입니다. 또한 하나님은 이미 모은 사람 외에 더 많은 사람들을 모으십니다. 이 사람들이 이방인입니다. 하나님의 꿈은 쫓겨난 이스라엘을 회복시키는 것이요, 나아가 모든 이방인을 구원하는 것입니다. 정말 우리가 회개했다면 이러한 하나님의 마음을 깨달을 것입니다.

하나님의 마음은 모든 이방인이 예수의 이름으로 구원을 받는 것입니다. 나 혼자 예수 믿고 구원받았다고 만족하는 크리스천은 없을 것입니다. 내 부모, 형제, 이웃이 예수를 믿지 않는 것을 고통스러워합니다. 만약 아무런 고통이 없다면 그 사람은 병든 사람입니다. 우리는 예수를 믿지 않는 사람 때문에 눈물을 흘리고 잠을 못 자고 고통스러워해야 합니다. 이것은 잊어버리거나 덮어 둘 수 있는 일이 아닙니다. 구원을 위해 잠을 못 자고 몸부림을 쳐야 합니다. 이것이 하나님의 마음입니다. 우리가 하나님을 사랑한다면

그 마음이 우리 안으로 들어갈 것입니다.

우리가 안식일을 지키고 정의롭게 살면 하나님께서는 상상할수 없는 복을 주십니다. 그러나 그것이 전부가 아닙니다. 하나님은 쫓겨난 이스라엘이 돌아오고 더 많은 이방인들이 하나님의 품으로 돌아오기를 원하십니다. 성령이 그 사람 마음속에 선교하지 않으면 견딜 수 없는 마음을 주신 것입니다.

우리가 회복되고 구원받으면 하나님의 정의를 사모하게 됩니다. 또한 우리가 안식일을 지킬 때 하나님께서는 복을 주십니다. 이것은 세상과 구별되는 방법입니다. 우리는 나 자신을 즐겁게 하기보다는 다른 이를 도우며 기쁨을 주려 하고, 하나님이 기뻐하시는 일을 해야 합니다. 그리고 모든 이방인을 구원하기를 원하시는 하나님의 비전을 품어야 합니다. 하나님 중심으로 사십시오. 하나님의 날을 귀중하게 여기십시오. 교회에 갈 때 정성스런 마음을 가지십시오. 몸단장을 하고 깨끗한 마음으로 교회에 가십시오. 헌금도 준비해서 드리십시오. 이것이 우리가 받는 축복입니다. 이것은 율법 같지만 율법이 아닙니다. 회복과 구원의 바탕에는 진정한 회개가 있습니다.

38

지도자의 타락과
우상숭배의 결론은 멸망입니다

이사야 56:9-57:13

위기 앞에서 잠자는 파수꾼

우리는 앞서서 이스라엘 백성을 포로생활에서 구원하시고 회복시키신 하나님께서 이스라엘 백성에게 부탁하신 세 가지에 대해 살펴보았습니다.

첫째, '공의를 지키고 의롭게 행동하라'입니다. 이스라엘 백성이 공의를 지키지 않고 의롭게 살지 않아서 심판을 받았으니 회복된 후에는 공의를 지키고 의롭게 살아야 한다는 것입니다.

둘째, '안식일을 지키라'입니다. 하나님께서는 이스라엘 백성들이 형식적으로 안식일을 지키는 것마저 부담스럽게 생각하자 70년 동안 안식일을 지키지 못하게 하셨습니다. 그러니 이제 회복되면 안식일을 잘 지켜야 한다는 것입니다. 안식일을 잘 지키면 하나님을 섬기는 대로가 열립니다. 하나님 중심으로 살고, 교회 중심으로 살고, 말씀 중심으로 살면 우리 인생에 대로가 열립니다. 안식일을 평범한 날로 생각하지 마십시오. 안식일은 주님의 날이요, 특별한 날입니다.

셋째, '비전을 품으라'입니다. 고난이 없어지는 것도 중요하지만 비전을 갖는 것이 더 중요합니다. 우리가 하나님의 꿈, 하나님의 비전을 갖게 된다면 나이도, 건강도, 능력도 상관하지 않고 그 비전에 뛰어들게 됩니다. 그 비전이 우리를 끌고 가는 것입니다.

이렇게 세 가지를 당부하신 하나님께서 이사야를 통해 이스라엘 백성이 타락하게 된 결정적인 원인 하나를 지적하십니다. 그것은 이스라엘의 지도자들의 타락입니다. 종교, 정치, 사회 등 각 분야의 지도자가 잘못되면 한 조직이 망가지고 한 나라가 망가집니다. 이스라엘 백성들이 심판을 받게 된 것도 지도자들이 제 역할을 하지 않고 하나님을 떠났기 때문입니다.

들의 모든 짐승들아 숲 가운데의 모든 짐승들아 와서 먹으라(사 56:9).

여기서 "들의 모든 짐승들"과 "숲 가운데의 모든 짐승들"은 이방인을 말합니다. 이방의 군대들이 이스라엘 백성들을 심판하기 위해 달려오고 있는 것입니다. 이런 위기 앞에서 조직을 구원하고 나라를 구할 책임이 파수꾼에게 있습니다. 파수꾼이 제 역할을 하지 않고 졸거나 제자리를 지키지 않는다면 쳐들어오는 적을 막을 방법이 없습니다.

이스라엘의 파수꾼들은 맹인이요 다 무지하며 벙어리 개들이라 짖지 못하며 다 꿈꾸는 자들이요 누워 있는 자들이요 잠자기를 좋아하는 자들이니(사 56:10).

하나님은 이스라엘 백성들의 지도자들을 가리켜 "파수꾼"이라

고 하십니다. 파수꾼은 그 시대의 지도자들인데, 파수꾼이 잘못하면 적을 막을 방법이 없는 것입니다. 이스라엘 지도자들은 눈이 멀었고 무지했고 분별력이 없었습니다. 그들은 짖지 못하는 개와 같았으며 매일 누워서 잠만 잤습니다. 영적 상태가 이러했기 때문에 그들은 지도자였음에도 불구하고 백성들이 신음하고 죽어가는 것을 전혀 눈치채지 못했습니다. 그래서 하나님께서 이스라엘 지도자들을 심하게 책망하십니다.

하나님은 지도자들을 심각하게 책망하십니다. 교인들보다 목사, 장로들을 심각하게 책망하십니다. 그들의 역할이 크기 때문입니다. 만약 지도자인 우리가 눈을 감고, 듣지 않고, 말하지 않는다면 우리를 따르는 양 떼는 다 죽을 것입니다. 하나님께서 우리를 지도자의 위치에 세우신 것은 우리 혼자 잘 먹고 잘 살라고 하신 것이 아닙니다. 백성들을 보호하고 국민들과 교인들을 보호하라고 세우신 것입니다.

> 이 개들은 탐욕이 심하여 족한 줄을 알지 못하는 자들이요 그들은 몰지각한 목자들이라 다 제 길로 돌아가며 사람마다 자기 이익만 추구하며(사 56:11).

잘못된 지도자들의 또 하나의 특징은 끝없는 탐욕입니다. 식욕이 왕성해서 다 집어 먹고도 만족할 줄 모릅니다. 무식하면 조용히

있으면 좋으련만 자기 길만 고집하고 자기 이익만을 챙깁니다. 이 것이 잘못된 지도자의 모습입니다.

진정한 지도자는 분별력이 있어야 합니다. 절제할 줄 알아야 합니다. 지도자가 자기 식욕, 자기 이익을 위해 살면 백성들은 죽게 되어 있습니다. 탐욕의 극치를 달리고 외골수, 고집쟁이, 자기 이익만 챙기는 사람은 지도자가 되어서는 안 됩니다.

오라 내가 포도주를 가져오리라 우리가 독주를 잔뜩 마시자 내일도 오늘같이 크게 넘치리라 하느니라(사 56:12).

탐욕스런 지도자, 이기적인 지도자, 고집스런 지도자, 눈이 멀고 짖지 못하는 개와 같은 지도자가 이제는 포도주까지 내오라고 합니다. 향락의 파티를 시작하는 것입니다. "술을 마시자. 더 마시자. 오늘도 마시고 내일은 더 마시자"라고 외칩니다. 내일도 파티를 할 수 있다고 생각하는 것입니다. 이스라엘의 지도자들은 이렇게 나태함에 빠져 임박한 심판을 제대로 인식하지 못했습니다.

멸망으로 이어지는 우상숭배

이들을 막을 수 있는 의인은 하나도 없었던 것일까요?

의인이 죽을지라도 마음에 두는 자가 없고 진실한 이들이 거두어 감을 당할지라도 깨닫는 자가 없도다 의인들은 악한 자들 앞에서 불리어가도다 그들은 평안에 들어갔나니 바른 길로 가는 자들은 그들의 침상에서 편히 쉬리라(사 57:1-2).

선한 시대에는 의인이 있지만 악한 시대에는 의인이 사라집니다. 의인이 악인에게 순교를 당하기 때문입니다. "의인이 죽을지라도 마음에 두는 자가 없다"고 했습니다. 소리 없이 의인이, 경건한 사람이 사라지는 것입니다. 이들은 재앙을 떠나 평안한 안식처로 들어가서 주님의 침상에서 쉬게 됩니다.

그렇기 때문에 악한 시대에는 아무리 눈을 씻고 찾아봐도 의인이 보이지 않습니다. 이것이 이스라엘의 현실이었습니다. 이런 저주의 때에 나타나는 것이 우상숭배입니다. 우상숭배는 곧 그 시대의 절망과 좌절과 파멸을 의미합니다. 우상숭배는 그냥 재미로, 웃음으로 넘길 수 있는 것이 아닙니다. 우상숭배는 그 시대를 파멸시키고, 정신적, 민족적 파멸을 가져오기 때문입니다.

우상숭배가 만연하면 몇 가지 증상이 나타납니다. 먼저 미신이 판을 칩니다. 이스라엘이 멸망하기 전에는 골짜기에도, 산꼭대기에도 신당이 들어섰습니다. 그리고 성적 타락이 판을 쳤습니다. 우상숭배는 반드시 성적 타락을 몰고 옵니다. 우리 시대가 성적으로 타락한 것은 세상이 우상숭배에 빠졌기 때문입니다. 또한 독재자

가 나타납니다. 사람들이 물질을 숭배합니다. 이스라엘 백성이 포로로 잡혀갈 때 사회적 현상이 이러했습니다.

이런 현상은 오늘날 우리 사회에도 있습니다. 요즘 교회보다 많아지는 것이 점치는 집입니다. 점치는 카페가 생기는가 하면 언론까지 합세해서 점치는 것을 부추깁니다. 무당이 판을 치고 점쟁이가 많아지고 사람들이 미신적 사고를 하기 시작하면 성적으로 타락하게 됩니다. 그리고 독재자가 등장하고, 사람들은 물질을 숭배하게 됩니다.

> 무당의 자식, 간음자와 음녀의 자식들아 너희는 가까이 오라 너희가 누구를 희롱하느냐 누구를 향하여 입을 크게 벌리며 혀를 내미느냐 너희는 패역의 자식, 거짓의 후손이 아니냐(사 57:3-4).

우상을 숭배하는 사회에서는 거짓말쟁이 종자, 어그러진 자의 자식들이 양산되기 시작합니다. 지성적이고 인격적이고 도덕적인 사회가 되지 않고 폭력이 난무하고 양심에 화인을 맞은 사람들이 양산됩니다. 이사야서에서는 우상숭배하는 자들을 가리켜 "무당의 자식", "간음자", "음녀의 자식", "패역의 자식", "거짓의 후손"이라는 단어로 설명합니다. 이 말씀을 보니 우리나라에도 이런 족속들이 퍼져 가고 있는 것 같아 안타깝습니다.

그다음에 이어지는 말씀들에서 사람들이 우상을 숭배하는 다섯 가지 모습을 보게 됩니다.

너희가 상수리나무 사이, 모든 푸른 나무 아래에서 음욕을 피우며 골짜기 가운데 바위틈에서 자녀를 도살하는도다 골짜기 가운데 매끄러운 돌들 중에 네 몫이 있으니 그것들이 곧 네가 제비 뽑아 얻은 것이라 또한 네가 전제와 예물을 그것들에게 드리니 내가 어찌 위로를 받겠느냐 네가 높고 높은 산 위에 네 침상을 베풀었고 네가 또 거기에 올라가서 제사를 드렸으며 네가 또 네 기념표를 문과 문설주 뒤에 두었으며 네가 나를 떠나 벗고 올라가서 네 침상을 넓히고 그들과 언약하며 또 네가 그들의 침상을 사랑하여 그 벌거벗은 것을 보았으며(사 57:5-8).

첫째, 우상을 숭배하는 사람들은 상수리나무와 우거진 나무 아래에서 정욕을 불태웠습니다. 둘째, 제사를 드릴 때 자식들을 잡아서 제물로 드렸습니다. 셋째, 골짜기에서 매끄러운 돌을 골라서 자기 운명의 돌로 삼고 심지어 전제와 예물을 바쳤습니다. 넷째, 높은 산에서 침상을 만들고 제사를 드렸습니다. 낮은 골짜기에서도 제사를 드리고 산꼭대기에서도 침대를 만들어 정욕을 불태우며 거기서 제사를 드렸다는 것입니다. 다섯째, 문과 문설주 뒤에 기념표, 즉 이방 사람의 상징물을 두었습니다. 그러고는 하나님을 버리고 음행을 즐겼습니다.

이처럼 다섯 가지 우상숭배의 모습은 두 가지 단어로 정리할 수 있습니다. 바로 배신과 음행입니다. 오늘 우리 시대가 가지고 있는 정신적 특징도 이것입니다. 우리는 우리도 모르는 사이에 서서히

음란의 바다에 빠지고 있습니다. 정신 바짝 차리지 않으면 음란의 바다에서 헤어나지 못할지도 모릅니다. 우리는 배신의 술잔을 들고 있습니다. 자기도 모르는 사이에 문화라는 이름으로 우상을 숭배하기 쉽습니다. 이것은 하나님의 심판이 임박했다는 사인입니다.

네가 기름을 가지고 몰렉에게 나아가되 향품을 더하였으며 네가 또 사신을 먼 곳에 보내고 스올에까지 내려가게 하였으며 네가 길이 멀어서 피곤할지라도 헛되다 말하지 아니함은 네 힘이 살아났으므로 쇠약하여지지 아니함이라(사 57:9-10).

우상을 숭배하는 사람들은 열정이 있습니다. 여기 나오는 "몰렉"은 이방의 신입니다. 우상 숭배자들이 얼마나 열정적이었던지 국내뿐만 아니라 해외에 가서도 우상을 숭배했던 것입니다. 길이 멀어 피곤할 법도 한데 "우상이 내게 활력을 주어서 피곤하지 않다"고 말합니다. 마귀도, 사탄도, 이 세상도 예수님을 믿는 사람과 정반대로 일을 합니다.

우상숭배에서 돌이켜 영원한 축복의 길로

네가 누구를 두려워하며 누구로 말미암아 놀랐기에 거짓을 말하며

나를 생각하지 아니하며 이를 마음에 두지 아니하였느냐 네가 나를 경외하지 아니함은 내가 오랫동안 잠잠했기 때문이 아니냐 네 공의를 내가 보이리라 네가 행한 일이 네게 무익하니라 네가 부르짖을 때에 네가 모은 우상들에게 너를 구원하게 하라 그것들은 다 바람에 날려 가겠고 기운에 불려갈 것이로되 나를 의뢰하는 자는 땅을 차지하겠고 나의 거룩한 산을 기업으로 얻으리라(사 57:11-13).

성경을 보면 의인이 있고, 악인이 있습니다. 복 있는 사람이 있고, 저주 받는 사람이 있습니다. 그러나 우상을 숭배하는 사람, 악인의 결론은 멸망입니다.

예수님은 우리의 영원한 구주이십니다. 예수님은 우리의 영원한 희망이십니다. 세상을 따라가지 말고 예수님을 따라 가십시오. 우상을 숭배하지 말고 하나님의 말씀을 따라가십시오. 그러면 우리는 흔들리지 않고 영원한 축복을 누리게 될 것입니다.

이사야가 예언하는 말씀이 지도자를 향한 엄한 경고임을 깨달으십시오. 우상을 숭배하는 자들을 향한 무서운 경고의 말씀임을 깨달으십시오. 우리 자신을 돌이켜 잘못된 지도자의 길, 우상숭배의 길로 가지 말고 영원하신 하나님 아버지의 인도함을 따라갈 수 있어야 합니다.

39

위로와 약속이
회개하는 자에게 있습니다

이사야 57:14-21

메시아의 길을 예비하라

> 그가 말하기를 돋우고 돋우어 길을 수축하여 내 백성의 길에서 거
> 치는 것을 제하여 버리라 하리라(사 57:14).

지금까지는 이스라엘 백성이 축복의 길을 가려고 해도 길이 다
부서지고 다리가 끊어지고 장애물이 가득해 보이지 않았습니다.
저주와 심판과 고통과 눈물과 갈등밖에는 보이지 않았습니다. 그
런데 이 말씀을 보니 하나님께서 생각을 바꾸신 것을 알 수 있습니
다. 이 말씀은 이사야 40장에도 기록되어 있습니다.

> 외치는 자의 소리여 이르되 너희는 광야에서 여호와의 길을 예비
> 하라 사막에서 우리 하나님의 대로를 평탄하게 하라 골짜기마다 돋
> 우어지며 산마다, 언덕마다 낮아지며 고르지 아니한 곳이 평탄하
> 게 되며 험한 곳이 평지가 될 것이요 여호와의 영광이 나타나고 모
> 든 육체가 그것을 함께 보리라 이는 여호와의 입이 말씀하셨느니라
> (사 40:3-5).

이스라엘 백성들은 고난 중에서 환상을 보았습니다. 하나님께서 광야 길로 오시는 환상입니다. 이사야 선지자는 "저주와 죽음과 절망 가운데 하나님께서 오시니 길을 만들라"고 선포합니다. 높은 산은 낮추고, 낮은 골짜기는 높여서 길을 평탄하게 하라는 것입니다. 그러면 사막에서 샘물이 나고 황무지에서 장미꽃이 핀다는 것입니다.

이것은 인류의 메시아에 관한 예언입니다. 이 예언을 받아서 누가복음에서는 이렇게 기록하고 있습니다.

> 선지자 이사야의 책에 쓴 바 광야에서 외치는 자의 소리가 있어 이르되 너희는 주의 길을 준비하라 그의 오실 길을 곧게 하라 모든 골짜기가 메워지고 모든 산과 작은 산이 낮아지고 굽은 것이 곧아지고 험한 길이 평탄하여질 것이요 모든 육체가 하나님의 구원하심을 보리라 함과 같으니라(눅 3:4-6).

여기서 말하는 "광야에서 외치는 자"는 세례 요한입니다. 세례 요한은 예수님의 공생애 전에 메시아의 길을 예비하라고 외쳤습니다. 하나님께서는 이스라엘 백성들이 돌아올 수 있도록 끊어진 도로를 잇고, 무너진 도로를 수축하기를 원하셨습니다. 사실 우리도 어떤 의미에서 하나님의 길을 만드는 사람입니다. 교만한 사람은 낮게 만들고 비참한 사람은 높이 올려서 하나님께서 역사하시

는 구원의 길을 평탄하게 하는 것입니다.

애통과 겸손의 회개

> 지극히 존귀하며 영원히 거하시며 거룩하다 이름 하는 이가 이와
> 같이 말씀하시되 내가 높고 거룩한 곳에 있으며 또한 통회하고 마
> 음이 겸손한 자와 함께 있나니 이는 겸손한 자의 영을 소생시키며
> 통회하는 자의 마음을 소생시키려 함이라(사 57:15).

 이 말씀은 하나님이 어떤 분이신지를 설명합니다.
 첫째, 하나님은 지극히 높고 영원히 보좌에 앉아 계신 분입니다.
반면 인간은 가장 낮은 자리에 있습니다. 그런 인간의 권력과 명예
는 아무것도 아닙니다.
 둘째, 하나님은 이름이 거룩하신 분입니다. 하나님께서 거룩하
시다는 것은 곧 인간은 죄인이라는 사실을 가르쳐 줍니다. 인간은
거룩하지 않습니다. 인간은 스스로 뭔가 할 수 있다고 생각하지만
사실은 그렇지 않습니다. 인간의 생각은 악합니다. 인간은 욕심덩
어리입니다. 비전을 품는다고 해도 그저 자신의 욕심을 목표로 할
뿐입니다. 그것은 위장에 지나지 않을 뿐 인간의 생각에는 거룩함
이 없습니다.

하나님은 거룩하십니다. 하나님은 지극히 높은 곳에서 영원히 계십니다. 이름마저 거룩하십니다. 거룩하신 하나님께서 우리 인간에게 원하시는 것은 회개입니다. 가만히 보면 일반적으로 사람들은 회개가 아니라 후회를 하고 있습니다. 후회는 열매가 없습니다. 그러나 회개는 열매가 있습니다.

회개에는 참 회개와 거짓 회개가 있습니다. 회개를 했는데 변하지 않는 것은 그 회개에 애통함이 없기 때문입니다. 우리는 자기의 잘못과 실수를 말하면서 회개를 했다고 합니다. 고백은 하지만 죄에 대한 애통이 없습니다. 가슴을 찢는 일이 없습니다. 진실함이 없습니다. 참 회개는 애통입니다. 참 회개에는 내가 지은 죄를 보면서 가슴을 찌르는 고통을 느끼고 더러움과 추함에 어쩔 줄 몰라하는 영적 태도가 있습니다.

그런데 요즘 가만히 보면 우리의 회개가 너무 뻔뻔합니다. '이 정도는 죄라고 할 수 없지 않는가?'라고 생각합니다. 요즘은 죄의 정도가 심해져서 아무리 약을 써도 죽지 않는 병균처럼 웬만한 죄는 회개하지도 않습니다. 그만큼 우리 마음이 굳어져 있습니다. 우리 영혼은 순수해져야 합니다. 사람 앞이 아니라 하나님 앞에서 통회하고 자복하고 재를 뒤집어쓰고 눈물을 흘리고 무릎 꿇는 영적 태도가 있어야 합니다.

오늘날 한국 교회의 숫자가 많은데도 세상이 변하지 않는 것은 교회가 가짜이기 때문입니다. 진실하게 회개하는 사람이 적기 때

문입니다. 회개는 많은데 참 회개가 없습니다. 물은 많은데 마실 물이 없는 것과 같습니다. 하나님께서 원하시는 것은 참 회개요 애통입니다.

또한 참 회개는 겸손입니다. 회개를 하면서 다른 사람을 욕하고 화를 내고 정죄한다면 그것은 참 회개가 아닙니다. 참 회개를 하면 마음이 온유해집니다. 참 회개를 하는 사람은 마음이 겸손합니다. 물리적인 힘보다 강한 것이 온유입니다. 큰 소리로 떠드는 것보다 조용히 진실하게 사는 것이 더 강한 것입니다.

회개하는 자에게 약속하신 다섯 가지 축복

애통하는 회개, 마음이 겸손한 회개를 하면 하나님께서 다섯 가지 축복을 주신다고 약속하셨습니다.

첫째, "내가 너와 함께 있겠다"입니다. 하나님은 우리와 가까운 곳에 계십니다. 밖에 계시지 않고 안에 계십니다. 이것이 축복입니다. 참 회개를 한 사람은 하나님이 내 안에 계시고, 내 어깨를 두드려 주시고, 내 손을 만져 주시는 것을 느낍니다. 내 눈의 눈물을 닦아 주시는 것을 느낍니다. 우리의 기도 가운데, 우리의 찬양 가운데, 우리의 예배 가운데 하나님이 계셔야 합니다. 만약 하나님께서 계시지 않는다면, 그 모든 것은 쇼에 불과합니다. 우리가 진정으로 회개한다면 하나님께서는 "나는 거기에 있겠다"고 약속하셨습니

다. 하나님께서 바로 이곳에 계십니다. 우리와 함께 계십니다. 우리와 동행하십니다.

둘째, "겸손한 자의 영을 소생시키겠다"고 하십니다. 회개의 축복은 회복입니다. 부활입니다. 회개의 축복은 소생합니다. 소생한다는 것은 죽었다가 살아난다는 뜻입니다. 하나님은 회개하는 자에게 생기를 불어넣어 주십니다.

셋째, "통회하는 자의 마음을 소생시키겠다"고 하십니다. 우리는 다 상한 생선처럼 냄새나고 눈동자가 풀리고 지저분합니다. 그런데 하나님께서 싱싱한 고기로 만들어 주십니다.

넷째, 하나님께서 이제 더 이상 인간과 싸우지 않겠다고 하십니다.

내가 영원히 다투지 아니하며 내가 끊임없이 노하지 아니할 것은 내가 지은 그의 영과 혼이 내 앞에서 피곤할까 함이라(사 57:16).

더 이상 분노를 표출하지 않겠다고 하신 것입니다. 우리가 기운이 빠지고 숨이 약해질 것 같기 때문입니다. 이것은 매우 인간적인 표현입니다.

하나님께서는 인간의 사악한 탐욕 때문에 화가 나셨습니다.

그의 탐심의 죄악으로 말미암아 내가 노하여 그를 쳤으며 또 내 얼

굴을 가리고 노하였으나 그가 아직도 패역하여 자기 마음의 길로 걸어가도다(사 57:17).

하나님께서 천지를 창조하셨을 때 인간은 하나님을 경외하고 하나님과 더불어 아름다운 삶을 살았습니다. 사탄은 그런 인간을 유혹했고 인간은 결국 죄를 지었습니다. 그 일로 인간은 에덴동산에서 쫓겨났고 계속 죄를 지었습니다. 하나님께서는 만연한 죄를 그냥 두시지 않았습니다. 물로 세상을 심판하신 것입니다.

죄는 쌓이는 것이 특징입니다. 구름이 쌓여 어느 수준이 되면 비를 내리듯이 죄가 쌓이면 결국 심판을 받게 됩니다. 회개하십시오. 하나님께서는 우리가 회개하면 분노를 거두고 우리와 다투지 않겠다고 하십니다.

내가 그의 길을 보았은즉 그를 고쳐 줄 것이라 그를 인도하며 그와 그를 슬퍼하는 자들에게 위로를 다시 얻게 하리라(사 57:18).

하나님께서는 참 회개하는 사람을 고치고, 이끌고, 위로하겠다고 하십니다. 하나님은 치료의 하나님입니다. 하나님께서는 우리 삶의 여정에서 받은 모든 상처를 치유하십니다. 씻을 수 없는 과거가 치유될 것입니다.

다섯째, 참 회개를 하는 사람에게 하나님께서 평화를 주십니다.

입술의 열매를 창조하는 자 여호와가 말하노라 먼 데 있는 자에게
든지 가까운 데 있는 자에게든지 평강이 있을지어다 평강이 있을지
어다 내가 그를 고치리라 하셨느니라(사 57:19).

　여기 "입술의 열매"는 기도의 열매, 찬양과 감사의 열매, 예언의
열매입니다. 우리가 기도한 대로 이루어질 것이며, 찬양한 대로 열
매가 맺힐 것이며, 말한 대로 열매가 맺힐 것입니다. 멀리 있는 사
람과 가까이 있는 사람에게 평화가 있을 것입니다. 멀리 바벨론 포
로로 잡혀간 사람에게도 평화가 있고, 가까이 가나안 땅에 있는 사
람에게도 평화가 있을 것입니다. "평강이 있을지어다"라고 두 번
이야기하는 것은 강조의 의미입니다. 반드시 애통하고 통회하는
사람에게 평강이 있을 것입니다.
　하나님의 회복과 구원이 선포되었는데 끝내 회개하지 않은 사
람은 어떻게 될까요?

그러나 악인은 평온함을 얻지 못하고 그 물이 진흙과 더러운 것을
늘 솟구쳐 내는 요동하는 바다와 같으니라 내 하나님의 말씀에 악
인에게는 평강이 없다 하셨느니라(사 57:20-21).

　성경은 악인들을 "늘 솟구쳐 내는 요동하는 바다와 같다"고 합
니다. 그들의 삶은 잠잠할 줄 모르고 진흙과 더러운 것을 다 토해

낼 것이라고 합니다. 악인들에게는 평화가 없습니다. 끊임없이 싸우고, 음모를 꾸미고, 배신하고, 시기와 모략 속에서 살아갑니다.

우리에게는 하나님이 허락하신 평화의 축복을 누릴 자격이 있습니다. 우리 안에 평화가 있기를 기도합니다.

40

형식적인 금식에서
참된 금식으로 나갑니다

이사야 58:1-14

형식적인 금식을 책망하시는 하나님

이스라엘 백성들의 신앙은 그럴듯했습니다. 그들은 금식도 했고, 안식일도 지켰습니다. 그러나 하나님은 결코 속지 않으셨습니다. 아무리 우리가 눈물을 흘리고 예수를 잘 믿는 것처럼 행동해도 하나님을 속일 수는 없습니다. 하나님 앞에서는 만물이 벌거벗은 것과 같습니다.

크게 외치라 목소리를 아끼지 말라 네 목소리를 나팔같이 높여 내 백성에게 그들의 허물을, 야곱의 집에 그들의 죄를 알리라(사 58:1).

하나님께서 이사야를 통해서 "크게 외치라"고 말씀하십니다. "목소리를 아끼지 말라"는 것은 '투명하게 하라', '머뭇거리지 말라'는 뜻입니다. 몸에 병이 있으면 드러내야 합니다. 그래야 살 수 있습니다. 암이 있는 것을 발견했다면 슬퍼할 필요가 없습니다. 발견했으면 감사할 일입니다. 축복입니다. 발견해야 수술도 하고 치료도 할 수 있기 때문입니다. 만약 그것을 발견하지 못했다면 결국 죽을 것이기 때문입니다.

돌을 치우면 그 밑에서 지렁이가 꿈틀거리듯이, 커튼을 열면 그

안의 쓰레기가 보이듯이 하나님께서는 "네 안에 숨어 있는 죄악을 더 이상 숨기지 말고 드러내라"고 하십니다. 드러내는 것은 고통스럽고 부끄럽지만 그것이 축복입니다.

그러면 하나님께서 드러내라고 하시는 것이 무엇입니까?

그들이 날마다 나를 찾아 나의 길 알기를 즐거워함이 마치 공의를 행하여 그의 하나님의 규례를 저버리지 아니하는 나라 같아서 의로운 판단을 내게 구하며 하나님과 가까이하기를 즐거워하는도다 우리가 금식하되 어찌하여 주께서 보지 아니하시오며 우리가 마음을 괴롭게 하되 어찌하여 주께서 알아주지 아니하시나이까 보라 너희가 금식하는 날에 오락을 구하며 온갖 일을 시키는도다(사 58:2-3).

이스라엘 백성들은 "내가 금식하는데 왜 하나님께서 알아주시지 않습니까? 왜 응답하시지 않습니까?"라며 대들었습니다. 금식에는 통회와 고통이 따릅니다. 음식을 먹지 않는 이유는 몸을 괴롭게 하기 위해서입니다. 그들은 이렇게 고통을 스스로 겪으며 기도하면 마땅히 하나님께서 응답을 해주셔야 한다고 생각했습니다. 이 말은 참 그럴듯해 보입니다. 우리도 가끔 "내가 새벽기도도 하고, 헌금도 하고, 하나님을 위해서 남모르게 봉사도 하는데 하나님께서 나에게 주시는 대가가 무엇입니까?"라고 반문합니다.

하나님께서 "보라 너희가 금식하는 날에 오락을 구하며 온갖 일

을 시키는도다"고 대답하십니다.

하나님은 금식을 보신 것이 아니라 내면을 보셨습니다. 이스라엘 백성은 금식의 형식은 갖추었지만 내용은 오락을 즐기고 있었습니다. 금식하면서 자기가 하고 싶은 일을 다 한 것입니다. 어떤 사람들은 주일에 예배를 드리기 위해서 사람들을 심하게 부립니다. 그 사람들은 예배도 드리지 못합니다. 하나님께서는 그런 사람이 교회에 오는 것을 기뻐하시지 않을 것입니다.

보라 너희가 금식하면서 논쟁하며 다투며 악한 주먹으로 치는도다 너희가 오늘 금식하는 것은 너희의 목소리를 상달하게 하려는 것이 아니니라 이것이 어찌 내가 기뻐하는 금식이 되겠으며 이것이 어찌 사람이 자기의 마음을 괴롭게 하는 날이 되겠느냐 그의 머리를 갈대같이 숙이고 굵은 베와 재를 펴는 것을 어찌 금식이라 하겠으며 여호와께 열납될 날이라 하겠느냐(사 58:4-5).

교회 오는 길에 시시콜콜한 문제로 한바탕 부부싸움을 할 때가 있습니다. 이렇게 싸울 거면 교회 가지 말자고 하면서도 교회에 들어올 때는 얼굴 표정이 싹 바뀝니다. 이것이 인간입니다. 하나님께서는 금식하면서 다투는 것을 책망하십니다. 하나님께서는 "너희가 금식하면서 왜 주먹질이냐. 그럴 거면 금식하지 말라"고 하십니다.

하나님께서는 형식적인 금식을 기뻐하시지 않는 세 가지 이유를 말씀하십니다. 첫째는 금식하면서 오락을 했다는 것이고, 둘째는 아랫사람을 혹사시켰다는 것이며, 셋째는 금식하면서 싸움질하고 주먹질했다는 것입니다. 하나님께서 이런 금식은 하지 말라고 하십니다. 이런 금식을 한 사람들이 바리새파 사람들입니다. 갈대처럼 고개를 숙이고 슬픈 표정을 하고 굵은 베옷과 재를 뒤집어쓰고 하는 금식에 하나님은 속지 않으십니다. 그렇다면 하나님이 원하시는 금식은 어떤 것입니까?

하나님께서 원하시는 금식

내가 기뻐하는 금식은 흉악의 결박을 풀어 주며 멍에의 줄을 끌러 주며 압제당하는 자를 자유하게 하며 모든 멍에를 꺾는 것이 아니겠느냐(사 58:6).

하나님께서 원하시는 금식이 있습니다.

첫째, 부당하게 묶인 사슬을 풀어 주는 것입니다. 악한 권력자에 의해서 고난받는 지체들을 도와주는 것입니다. 우리 주변에는 나쁜 사람들에게 고난받는 사람들이 있습니다. 그 사람들을 도와주는 것이 진짜 금식입니다.

둘째, 압제당하는 자를 자유롭게 놓아 주는 것입니다. 정치, 경제, 사회적인 강자에 의해서 눌린 약자들을 돌봐 주는 것이 참 금식입니다.

셋째, 모든 멍에를 꺾는 것입니다. 멍에는 부당하게 진 무거운 짐을 말합니다. 이것은 개인적인 문제가 아니라 사회적인 문제입니다. 오늘 이 세상에서 살고 있는 약자들, 억울한 사람들, 병든 사람들을 도와주는 것이 진짜 금식입니다.

> 또 주린 자에게 네 양식을 나누어주며 유리하는 빈민을 집에 들이며 헐벗은 자를 보면 입히며 또 네 골육을 피하여 스스로 숨지 아니하는 것이 아니겠느냐(사 58:7).

이것이 진짜 금식의 정신입니다. 이렇게 하면 하나님께서 복을 주시고, 기도에 응답하실 텐데 우리는 이런 문제보다는 자기 문제에만 관심이 있습니다. 주변에서 눈물을 흘리고 고통이 있는 사람들은 나와 관련이 없다고 말합니다. 하나님께서 이런 문제를 지적하고 계십니다.

북한은 권력자들이 정권을 잡고 있기 때문에 억울하게 감옥에 들어가고 병들어가는 수많은 사람들을 보지 못합니다. 그러나 우리는 사회의 약자를 보는 눈, 억울한 사람들을 보는 눈이 있어야 합니다. 이 문제에 대해 교회와 하나님의 사람들이 관심을 갖는 것

이 하나님의 뜻입니다.

한국 기독교의 최대 약점은 억울하고 소외당하고 가난한 사람을 돌보지 않는 것입니다. 일부 진보적인 기독교인들은 하나님을 예배하고 참된 신앙을 갖는 것보다 매일 촛불시위하고 폭력을 행하는 길로 가버렸습니다. 그러나 하나님께서 원하시는 것은 하나님을 예배하고 동시에 사람들을 사랑하는 것입니다.

우리나라에 비자 없이 들어온 외국인들이 얼마나 많은지 모릅니다. 비자가 없는 그들이 당하는 고통이 당연하다고 생각할 것이 아니라 교회가 나서서 그들을 어떻게 해서든지 도와주고 용기와 희망을 갖게 해야 합니다. 노동자의 문제는 기독교의 문제입니다. 하나님께서는 기독교가 그들을 돌봐 주기를 원하십니다. 약자들, 소외된 사람들, 가난한 사람들, 감옥에 있는 사람들의 마음을 풀어 주고 위로하고 그들을 편히 대해 주라는 것이 참된 금식의 정신입니다.

참된 금식의 축복

이렇게 진짜 금식을 하면 어떤 축복이 올까요?

그리하면 네 빛이 새벽같이 비칠 것이며 네 치유가 급속할 것이며 네 공의가 네 앞에 행하고 여호와의 영광이 네 뒤에 호위하리니(사 58:8).

집이 없는 사람들, 거지들, 도움받을 자격이 없는 사람들, 법을 어겨 갈 곳이 없는 사람들의 눈물을 기억하십시오. 하나님께서는 이런 자들을 우리가 돌보기를 원하십니다. 그때 하나님께서 네 가지 축복을 약속하십니다. 그것은 '새벽 별처럼 빛나게 해주겠다', '네 상처가 빨리 아물 것이다', '하나님이 네 앞에서 인도하실 것이다', '하나님의 영광이 네 뒤를 보호해 줄 것이다'입니다.

네가 부를 때에는 나 여호와가 응답하겠고 네가 부르짖을 때에는 내가 여기 있다 하리라 만일 네가 너희 중에서 멍에와 손가락질과 허망한 말을 제하여 버리고 주린 자에게 네 심정이 동하며 괴로워하는 자의 심정을 만족하게 하면 네 빛이 흑암 중에서 떠올라 네 어둠이 낮과 같이 될 것이며(사 58:9-10).

집이 없는 사람들과 노숙자들을 도와주고, 목욕을 시켜 주고, 그들을 가족으로 받아들이면 하나님께서 응답하겠다고 말씀하십니다. 우리가 도와달라고 할 때 "내가 여기 있다"라고 말씀하시겠다는 것입니다.

우리는 기도는 많이 하는데 희생과 헌신이 없습니다. 가족을 위해, 친구를 위해 우리는 오늘 무슨 희생을 했습니까? 무슨 손해를 보았습니까? 손해나 희생 없이 응답만 구하지는 않습니까? 그리고 하나님의 응답이 없다고 불평하지는 않습니까? 이것을 다 포기

하면 빛이 어둠 가운데 떠올라서 대낮처럼 밝아질 것입니다.

> 여호와가 너를 항상 인도하여 메마른 곳에서도 네 영혼을 만족하게
> 하며 네 뼈를 견고하게 하리니 너는 물댄 동산 같겠고 물이 끊어지
> 지 아니하는 샘 같을 것이라(사 58:11).

우리가 원하는 것이 여기 다 있습니다. 가난한 자와 약자를 돌보
며 손해를 보고 희생하면 축복은 계속됩니다.

> 네게서 날 자들이 오래 황폐된 곳들을 다시 세울 것이며 너는 역대
> 의 파괴된 기초를 쌓으리니 너를 일컬어 무너진 데를 보수하는 자라
> 할 것이며 길을 수축하여 거할 곳이 되게 하는 자라 하리라(사 58:12).

우리 모두 "무너진 데를 보수하는 자", "길을 수축하여 거할 곳
이 되게 하는 자"라고 불려야 할 것입니다. 우리 때문에 마을마다
빛을 볼 수 있기를 바랍니다. '청소는 청소부 아줌마가 하는 것이
지 내가 하는 것이 아니다'라고 생각하지 마십시오. 쓰레기를 줍
고, 흐트러진 것을 반듯하게 하는 일을 우리가 먼저 해야 합니다.
　교회 안에서부터 시작하십시오. 누군가 정리를 하고 쓰레기를
줍고 부족한 것을 막아 주고 떨어진 것을 붙여 주어야 합니다. 이것
을 하는 사람은 하나님께서 약속하신 복을 받을 것입니다. 가난한

자와 병든 자를 돌보며 조건 없이 희생하면 복이 넘쳐날 것입니다.

> 만일 안식일에 네 발을 금하여 내 성일에 오락을 행하지 아니하고
> 안식일을 일컬어 즐거운 날이라, 여호와의 성일을 존귀한 날이라
> 하여 이를 존귀하게 여기고 네 길로 행하지 아니하며 네 오락을 구
> 하지 아니하며 사사로운 말을 하지 아니하면(사 58:13).

안식일에 우리가 좋아하는 것, 기뻐하는 것만 골라서 하지 않기
를 바랍니다. 안식일에 우리가 원하는 곳으로 마음대로 다니지 마
십시오. 수다를 떨지 마십시오.

> 네가 여호와 안에서 즐거움을 얻을 것이라 내가 너를 땅의 높은 곳
> 에 올리고 네 조상 야곱의 기업으로 기르리라 여호와의 입의 말씀
> 이니라(사 58:14).

누구나 이것을 기도합니다. 하나님께 이것을 구합니다. 그런데
하나님께서 이것을 우리에게 주시겠다고 약속하십니다. 이 얼마
나 기쁜 일입니까.

우리가 우리 생각만 하고, 이기적으로 기도하고, 절대 손해 보
지 않으려고 하고, 시간도 돈도 아까워하고, 부자들만 사귀려고 한
다면 하나님의 약속과 관심은 우리에게서 점점 멀어질 것입니다.

41

구속자가
시온에 임합니다

이사야 59:9-21

죄를 인정하고 다시 출발점으로

하나님께서 죄를 지적하실 때 이스라엘 백성들은 두 가지 반응을 보였습니다. 그들은 죄의 결과와 죄의 원인을 인정했습니다. 먼저 이스라엘 백성들이 인정한 죄의 결과가 무엇인지 보겠습니다.

> 그러므로 정의가 우리에게서 멀고 공의가 우리에게 미치지 못한즉 우리가 빛을 바라나 어둠뿐이요 밝은 것을 바라나 캄캄한 가운데에 행하므로(사 59:9).

첫째, 어둠입니다. 이스라엘 백성들은 자신들이 살고 있는 현실은 빛이 아니라 어둠이라고 인정했습니다. 어떤 사람은 아픈데도 아픈 것을 인정하지 않습니다. 실패했는데도 실패한 것을 인정하지 않고 끝까지 부인합니다. 그러나 이스라엘 백성들은 인정했습니다. "우리는 빛이 아니고 어둠이다. 어둠 속에서 비틀거리고 있다는 사실을 숨길 수 없다. 인정할 수밖에 없다"라고 했습니다. 공의가 멀리 있고, 정의가 미치지 못하며, 흑암과 죽음만이 가득한 현실을 인정한 것입니다.

둘째, 맹인입니다.

우리가 맹인같이 담을 더듬으며 눈 없는 자같이 두루 더듬으며 낮에도 황혼 때같이 넘어지니 우리는 강장한 자 중에서도 죽은 자 같은지라(사 59:10).

이 말씀을 보면 죄를 지은 사람의 모습이 너무나 생생하게 묘사되고 있습니다. 이스라엘 백성들은 눈이 보이지 않아 담을 더듬고 다니고, 대낮에도 저녁처럼 헛디뎌 넘어지는 것을 인정했습니다. 건강한 사람처럼 보여도 이미 죽은 시체나 다름없는 자신들의 모습을 더 이상 감추지 않았습니다.

사실 이스라엘 백성들이 죄를 인정한 것은 기적과 같은 일입니다. 은혜는 자신이 죄인인 것을 감추지 않을 때 비로소 시작됩니다. 그런 의미에서 고백은 고통스럽지만 아름답습니다. 고백은 우리에게 희망과 꿈을 줍니다. 자기의 비참한 모습을 인정하고 죄를 고백하십시오.

셋째, 비참함입니다.

우리가 곰같이 부르짖으며 비둘기같이 슬피 울며 정의를 바라나 없고 구원을 바라나 우리에게서 멀도다(사 59:11).

이스라엘 백성들은 상처받은 곰처럼 울부짖고, 집을 잃은 비둘기처럼 슬프게 울지만 공의와 구원은 점점 멀어지는 것을 인정했

습니다.

우리는 원하지 않던 결과를 얻었을 때 얼굴을 찌푸리고 인상을 쓰고 가슴이 찢어지는 고통 가운데 '왜 이런 일이 생겼지?'하며 원인을 생각합니다. 죄악의 결과를 인정한 이스라엘 백성들도 원인에 대해서 곰곰이 생각해 보기 시작했습니다. 처음에는 '황당하다, 이런 결과는 말도 안 된다'라며 거부했지만 그 비참한 결과 앞에서 이유를 가만히 묵상합니다.

이는 우리의 허물이 주의 앞에 심히 많으며 우리의 죄가 우리를 쳐서 증언하오니 이는 우리의 허물이 우리와 함께 있음이니라 우리의 죄악을 우리가 아나이다(사 59:12).

처음에는 죄가 없다고 막 우겼지만 가만히 묵상해 보니 죄를 인정할 수밖에 없습니다. 그래서 이스라엘 백성들은 "그렇습니다, 주님. 저희가 주님 앞에서 저지른 죄가 너무 많습니다. 우리의 허물을 우리가 고발합니다. 우리의 죄가 우리에게 아직 있으니 우리의 사악함을 인정합니다"라고 고백합니다. 그러면서 세 가지 죄의 원인을 묵상합니다.

첫째, 여호와를 거역하고 배반한 것입니다.

우리가 여호와를 배반하고 속였으며 우리 하나님을 따르는 데에

서 돌이켜 포학과 패역을 말하며 거짓말을 마음에 잉태하여 낳으니(사 59:13).

그전에는 '하나님께서 나한테 너무하신다'라고 생각했는데 비참한 결과 앞에서 과거를 묵상해 보니 하나님께 잘못한 일이 떠오른 것입니다. 우리는 하나님을 거역하고 배반했고 하나님께 등을 돌리고 조롱했습니다. 뒤에서 하나님에 대해 수군거렸습니다. 하나님보다 내 주먹을 믿었습니다. 인간은 하나님을 마치 개처럼 취급했습니다. 존재하지 않는 것처럼 뒤에서 협잡과 음모를 꾸미고 반란을 음모한 것입니다.

둘째, 잘못된 사회입니다.

정의가 뒤로 물리침이 되고 공의가 멀리 섰으며 성실이 거리에 엎드러지고 정직이 나타나지 못하는도다(사 59:14).

우리는 때때로 현실 사회를 바라보며 욕할 때가 있습니다. 그러나 정작 우리 사회를 그렇게 만든 장본인은 우리입니다. 질서를 지키지 않고, 잘못된 것을 그대로 인정하니 공의는 멀어졌고, 성실은 길바닥에 엎드러지고, 정직은 나타나지도 못하게 되었습니다. 우리가 그렇게 만든 것입니다.

셋째, 성실이 없어지니까 악하게 살지 않으려는 사람들이 피해

를 봅니다.

> 성실이 없어지므로 악을 떠나는 자가 탈취를 당하는도다 여호와께
> 서 이를 살피시고 그 정의가 없는 것을 기뻐하지 아니하시고(사 59:15).

성실하게 살려는 사람들이 오히려 더 피해를 봅니다. 이것을 보
시고 하나님께서 슬퍼하십니다.

하나님의 슬픔이 인간 구원의 시작

이스라엘 백성들은 하나님의 책망 앞에서 자신들의 죄를 인정했
고 죄의 원인을 고백했습니다. 이스라엘이 하나님 앞에서 허물을
인정하고 고백했을 때 하나님의 구원이 시작됩니다. 죄를 인정하
고 고백하는 것은 끝이 아니라 시작입니다. 하나님의 슬픔이 인간
의 구원의 시작입니다. 하나님은 이스라엘이 처한 상황을 너무 슬
퍼하셨습니다. 고통스러워하셨고, 괴로워하셨습니다. 그래서 인
간의 구원에 개입하십니다.

> 사람이 없음을 보시며 중재자가 없음을 이상히 여기셨으므로 자
> 기 팔로 스스로 구원을 베푸시며 자기의 공의를 스스로 의지하사
> (사 59:16).

하나님께서는 심판과 저주가 임한 인간을 불쌍히 여기셨습니다. 가슴이 아팠고, 슬펐습니다. 그래서 하나님께서 다 죽어가는 인간을 구원하시기 위해 중재자를 찾으셨는데 찾을 수가 없었습니다. 그렇게 아끼고 사랑하는 인간이 절망과 죽음을 향해 가고 있는데 도와줄 사람이 없었던 것입니다. 상황이 이렇다 보니 어쩔 수 없이 하나님께서 스스로 팔을 걷어붙이셨습니다. 하나님께서 직접 중재자, 구원자가 되기로 하신 것입니다. 그래서 예수님이 이 세상에 오신 것입니다.

> 공의를 갑옷으로 삼으시며 구원을 자기의 머리에 써서 투구로 삼으시며 보복을 속옷으로 삼으시며 열심을 입어 겉옷으로 삼으시고 그들의 행위대로 갚으시되 그 원수에게 분노하시며 그 원수에게 보응하시며 섬들에게 보복하실 것이라 서쪽에서 여호와의 이름을 두려워하겠고 해 돋는 쪽에서 그의 영광을 두려워할 것은 여호와께서 그 기운에 몰려 급히 흐르는 강물같이 오실 것임이로다(사 59:17-19).

이 말씀은 하나님께서 오시는 모습을 묘사하고 있습니다. 하나님께서 더 이상 보고만 계실 수가 없어서 일어나서 팔을 걷어붙이시고 스스로 인간의 구원자, 중보자, 중재자가 되셨습니다. 인간의 구원을 위해 모든 것을 다 포기하시고 하나님께서 인간이 되신 것입니다.
하나님께서 공의를 갑옷으로 입으시고, 구원을 투구 삼아 머리

에 쓰시고, 보복을 속옷으로 입으시고, 열심을 겉옷으로 두르셨습니다. 여기서 우리는 하나님의 용맹스러운 모습, 능력 있는 모습, 확연한 결의에 찬 모습, 금방 뛰어나올 것 같은 하나님의 생생한 모습을 볼 수 있습니다. 보복하고 앙갚음하시는 하나님의 모습은 반드시 인간을 구원하겠다는 하나님의 의지를 보여 줍니다. 하나님께서는 그들의 행위대로 갚으시고, 적들에게 분노하시며, 그 원수들에게 보응하시고, 섬과 열방들을 공격하겠다고 말씀하십니다. 또한 해가 지는 서쪽에서 여호와의 이름을 두려워하고, 해가 뜨는 동쪽에서 그분의 영광을 두려워하며, 여호와께서 봇물 터지듯이 몰아치는 강물처럼 오시리라 말씀하십니다. 하나님께서 주저하지 않고 오시겠다는 것입니다.

시온의 회복이 바로 메시아의 출현

이제 승리의 개선가가 불리며 구원의 클라이맥스가 다가옵니다.

여호와의 말씀이니라 구속자가 시온에 임하며 야곱의 자손 가운데에서 죄과를 떠나는 자에게 임하리라 여호와께서 이르시되 내가 그들과 세운 나의 언약이 이러하니 곧 네 위에 있는 나의 영과 네 입에 둔 나의 말이 이제부터 영원하도록 네 입에서와 네 후손의 입에서와 네 후손의 후손의 입에서 떠나지 아니하리라 하시니라 여호와의

말씀이니라(사 59:20-21).

여기서 "시온"은 '이스라엘', '예루살렘'을 상징합니다. 시온의 회복은 하나님의 회복과 임재를 의미합니다. 하나님께서는 이스라엘 백성들에게 자신을 보여 주고 구원을 베풀어 주고 축복하신다는 뜻으로 '임한다'는 단어를 쓰셨습니다. 이것은 메시아에 대한 예언입니다. 어떻게 하나님이 인간을 구원하셨는지를 보여 주는 말씀입니다.

하나님께서는 인간을 구원하기 위해 인간이 되셨습니다. 이것이 하나님의 희생이요, 헌신입니다. 우리는 하나님을 위해 헌신한다고 말합니다. 그런데 어찌 하나님의 헌신을 어떻게 우리의 헌신과 감히 비교할 수 있겠습니까.

하나님께서는 인간을 구원하시기 위해서 하나님을 포기하셨습니다. 인간의 몸을 입고 세상에 오셔서 십자가에서 죽으셨습니다. 그것이 빌립보서 말씀입니다.

그는 근본 하나님의 본체시나 하나님과 동등됨을 취할 것으로 여기지 아니하시고(빌 2:6).

이분이 바로 예수님이십니다.
하나님은 이스라엘을 버리지 않으시고 예루살렘을 버리지 않

으시고 영광스런 모습으로 찾아오십니다. 20절을 보면 그분이 "구속자로 시온에 오신다"고 했고, "야곱의 자손 가운데에서 죄과를 떠나는 자에게 오신다"고 했습니다. 이것은 예언이고 약속입니다. 하나님께서 자기 백성을 잊지 않으시고 버리지 않으시는 것을 보여 주는 말씀입니다.

우리는 다음과 같은 말로 정리할 수 있습니다. '회개하면 회복과 축복이 온다', '하나님은 시온을 잊지 않으시고 야곱의 자손을 잊지 않으신다'는 것이 하나님의 약속이고 언약입니다. 하나님의 언약은 손해를 봐도 바뀌지 않습니다. 불리해도 바뀌지 않습니다. 하나님의 약속은 바뀌지 않습니다. 그래서 언약입니다. 하나님께서는 "내가 그들과 세운 언약이 있다"고 선포하십니다. 언약은 불리해도, 잘못되어도 이루어집니다. 언약은 지키는 것입니다. 하나님은 스스로 언약을 파괴하시지 않습니다. 하나님께서 하신 언약은 반드시 꼭 지키십니다.

여기서 우리가 꼭 기억해야 할 것이 있습니다. 우리의 죄는 하나님의 사랑을 이기지 못한다는 것입니다. 우리의 실수와 허물이 하나님의 신실함을 가리지 못합니다. 하나님은 여전히 신실하십니다. 하나님은 끝까지 약속을 지키십니다.

이스라엘 백성에게 하나님께서 약속하신 것을 다시 한 번 보십시오.

여호와께서 이르시되 내가 그들과 세운 나의 언약이 이러하니 곧 네 위에 있는 나의 영과 네 입에 둔 나의 말이 이제부터 영원하도록 네 입에서와 네 후손의 입에서와 네 후손의 후손의 입에서 떠나지 아니하리라 하시니라 여호와의 말씀이니라(사 59:21).

우리만 구원받는 것이 아니라 우리 자식도 구원받을 것입니다. 대대로 이 약속을 신뢰하는 사람들을 구원하실 것입니다. 하나님은 반드시 이 약속을 지키십니다.

그렇기 때문에 우리 민족에게 소망이 있습니다. 이미 우리 민족 가운데 수많은 하나님의 백성과 교회가 세워졌습니다. 하나님께서는 반드시 이 민족을 축복하시고 구원을 베풀어 주실 것입니다. 하나님은 우리를 구원하십니다. 버리지 않으십니다. 포기하지 않으십니다. 우리가 비록 신실하지 않아도, 계속 변덕을 부리고 배신을 해도 하나님은 반드시 약속을 지키십니다. 그런 하나님을 신뢰하십시오.

42

여호와의 영광이
빛을 발합니다

이사야 60:1-14

예수 그리스도, 그 영광의 빛

우리가 햇빛도 들지 않는 캄캄한 지하실 방에 있다고 생각해 보십시오. 그 방은 햇빛도 들어오지 않고 공기도 잘 통하지 않아 눅눅하고 곰팡이가 피어 있을 것입니다. 여러 가지 병균들도 있고, 물건들은 뽀얀 먼지로 뒤덮여 있을 것입니다. 그런데 그 방에 창문이 생겨서 신선한 공기가 들어오고 햇빛이 들어온다면 어떤 일이 생길까요? 눅눅하던 방이 뽀송뽀송해지고, 햇빛이 들어오면서 모든 곰팡이가 사라지고, 더러운 것이 드러나 깨끗하게 청소할 수 있게 될 것입니다.

이런 일이 이사야서 60장에서 일어났습니다. 이스라엘은 포로생활 중 말할 수 없는 고통 속에서 살았습니다. 마치 습기, 쓰레기가 가득한 곳에서 사는 것 같았습니다. 그런데 햇빛이 없던 방에서 살던 이스라엘에게 갑자기 빛이 나타났습니다. 이스라엘은 환희와 감격 가운데 새롭게 회복된 시온의 영광을 시적으로 표현합니다.

일어나라 빛을 발하라 이는 네 빛이 이르렀고 여호와의 영광이 네 위에 임하였음이니라(사 60:1).

이스라엘은 어둠이었습니다. 그런데 하나님의 영광이 이스라엘을 비추기 시작한 것입니다. 태양이 뜨면 새벽이 가고 얼었던 대지가 녹습니다. 모든 어둠이 사라지고 밝은 빛 앞에 만물이 드러납니다. 꽃은 생기를 얻고 만물에 활력이 생깁니다. 이것이 빛의 힘입니다. 내 힘으로는 자신을 밝힐 수 없습니다.

그런데 어느 날 온갖 갈등, 절망, 어둠이 짙게 깔려 있는 내 인생에 빛이 들어왔습니다. 이 빛이 들어와서 점점 환하게 내면세계를 비추자 인생이 달라진 것입니다. 공부를 하거나 도를 닦거나 명상을 한다고 자신에게 있는 어둠이 사라지지 않습니다. 그러나 빛이 오면 어둠은 순식간에 사라집니다.

그 안에 생명이 있었으니 이 생명은 사람들의 빛이라(요 1:4).

예수 그리스도는 생명입니다. '예수를 믿는다'는 것은 '예수 안에 있는 생명이 내 안으로 들어온다'는 뜻입니다. 예수 안에 있는 생명은 사람들의 빛입니다. 그래서 그분을 만나면 희망이 싹트고 생기가 돌고 기쁨이 솟아나고 얼굴에 웃음이 가득하게 됩니다. 예수님이 빛이기 때문입니다. '빛'을 다른 말로 말하면 '하나님의 영광'입니다. 거룩한 영광입니다. 이 영광의 빛이 우리의 내면세계와 인생을 비추면 우리 안에 있던 모든 어둠, 그림자와 쓰레기 같은 인생이 한순간에 바뀝니다. 예수님이 자신을 "세상의 빛"이라

고 말씀하셨습니다(요 8:12). 예수 안에 있는 생명의 빛이 예수님을 따르는 사람, 예수님을 믿는 사람, 예수님을 받아들이는 사람을 모두 비출 것입니다.

이 빛이 비추면 무슨 일이 일어날까요?

> 보라 어둠이 땅을 덮을 것이며 캄캄함이 만민을 가리려니와 오직 여호와께서 네 위에 임하실 것이며 그의 영광이 네 위에 나타나리니(사 60:2).

우리가 하나님의 이름을 부르고, 하나님의 은총을 생각할 때 하나님의 영광이 우리 위에 나타납니다. 따라서 여호와의 영광이 비출 때 어둠 속으로 파고들어가지 말고 빛으로 나와야 합니다. 하나님의 영광 가운데 나와야 합니다. 우리의 내면세계를 하나님의 영광의 빛 가운데 드러내야 합니다. 그러면 우리 안에 있던 모든 어둠의 세력, 죽음의 세력, 저주의 세력, 고통의 세력, 절망의 세력들이 순식간에 다 없어집니다.

겨울이 지나면 봄이 오듯이 빛이 오면 어둠은 사라집니다. 어둠, 좌절, 절망이 문제가 아니라 희망, 빛, 꿈이 없는 것이 문제입니다. 만약 우리에게 어떤 절망과 좌절이 있다 할지라도 희망과 꿈과 미래와 축복이 있다면 아무런 문제가 되지 않을 것입니다. 우리가 해야 할 일은 우리 안의 부정적인 생각, 패배주의적 생각을 단호하게

끊는 것입니다.

과거와 단절하십시오. 과거와 단절하지 않고는 미래로 가지 못합니다. 마귀는 끊임없이 우리에게 열등감과 좌절감을 심으려 합니다.

예수님 앞으로 나오십시오. 그러면 우리 인생이 달라지기 시작할 것입니다. 하나님의 영광의 빛이 오면 우리 안에 빛이 생기고, 빛이 생기면 어둠이 사라집니다. 그러면 주변 사람들이 우리에게로 몰려오기 시작합니다. 멀리 떠났던 자녀들이 돌아옵니다.

> 나라들은 네 빛으로, 왕들은 비치는 네 광명으로 나아오리라(사 60:3).

하나님의 영광의 빛이 이스라엘에게 비추면 열방의 모든 나라들이 이스라엘에게 돌아올 것입니다. 열방의 모든 왕들이 다 돌아올 것입니다. 이스라엘에게 비춰진 하나님의 영광의 빛 때문입니다. 우리가 예수님을 믿으면 예수님 안에 있는 빛으로 인해 사람들이 우리를 좋아하게 될 것입니다. 우리 옆으로 오려고 할 것입니다. 사람만 오는 것이 아니라 물질도, 축복도, 건강도 올 것입니다. 이 모든 것이 빛을 따라서 몰려오게 되어 있습니다.

영광의 빛으로 돌아오는 사람들

봄이 오면 봄의 소리가 들리듯이 빛이신 하나님, 소망의 하나님께서 오시면 우리 인생의 미래가 보입니다. 하나님의 영광 가운데 환상을 보고, 축복의 소리를 듣고, 긍정적인 소리를 듣고, 내 미래를 환히 볼 수 있게 됩니다. 이런 사람은 사업도 잘됩니다. 사업을 잘하려고 해서 잘되는 것이 아니라 빛이 있기 때문에 사업이 잘되는 것입니다. 축복받겠다고 아우성을 쳐 봐야 축복이 오지 않습니다. 하나님의 영광이 있으면 축복이 따라옵니다. 따라서 우리는 축복을 받으려고 하지도 말고 성공하려고 하지도 말고, 건강해지려고 하지도 말고, 오직 하나님을 붙잡아야 합니다. 그러면 이 모든 것이 따라옵니다.

> 네 눈을 들어 사방을 보라 무리가 다 모여 네게로 오느니라 네 아들들은 먼 곳에서 오겠고 네 딸들은 안기어 올 것이라(사 60:4).

눈을 감으면 사람들이 떼로 몰려오는 것이 보입니다. 아들딸들이 다시 하나님 품으로 돌아오는 환상이 보입니다. 영광의 빛이 있으면 동서남북에서 사람들이 몰려옵니다.

동경 사이타마에서 가진 모임에서 2만 명의 사람들이 모인 적이 있었습니다. 그중에는 예수를 믿지 않는 사람들도 있었습니다. 센다이의 경우 기독교인 모임 중 제일 많이 모인 것이 5백 명이었다

고 합니다. 그래서 처음에 2천 5백석 회관을 빌리자 일본 목사님들이 겁에 질렸습니다. 그런데 시간이 되니까 사람들이 그 회관을 가득 메웠습니다. 이 사람들이 다 어디서 왔겠습니까? 하나님께서 보내 주신 것입니다.

환상이 없고 꿈이 없는 사람은 인생이 지루합니다. 우리에게는 미래를 보는 축복이 있어야 합니다. 현재 내가 하는 일이 고통스럽고 어렵지만 이대로 계속 밀고 나가면 열방에서 사람들과 축복이 몰려온다는 환상을 가지십시오. 이런 관점에서 우리나라는 희망이 있습니다. 정치를 잘하거나 국방이 안전하기 때문이 아닙니다. 우리나라가 하나님을 신뢰하기 때문입니다. 환상이 있으면 세상이 달라집니다. 환상이 있으면 얼굴이 상기되고 흥분합니다. 환상이 있으면 감동이 있습니다.

> 그때에 네가 보고 기쁜 빛을 내며 네 마음이 놀라고 또 화창하리니 이는 바다의 부가 네게로 돌아오며 이방 나라들의 재물이 네게로 옴이라(사 60:5).

산에 올라가 드넓게 펼쳐진 세상을 바라보십시오. 밤하늘에 무수히 떠 있는 별들을 바라보십시오. 가슴이 두근거리고 흥분되지 않습니까? 이것이 살아 있다는 증거입니다. 예수를 믿는 것은 이런 것입니다. 하나님을 생각하면 가슴이 두근거리고, 하나님께서 주신

영광과 꿈과 비전을 보면 미래가 보이고, 사람들이 몰려오는 환상이 보이는 것입니다. 이때 영광과 성공과 축복이 같이 따라옵니다.

> 허다한 낙타, 미디안과 에바의 어린 낙타가 네 가운데에 가득할 것이며 스바 사람들은 다 금과 유향을 가지고 와서 여호와의 찬송을 전파할 것이며(사 60:6).

사람들이 하나님께 오는데 빈손이 아니라 금과 유향을 들고 온다고 했습니다. 어린 낙타까지 데리고 그 땅을 밟는다고 했습니다.

우리가 한 것도 없는데 사업이 잘되고, 인간관계도 좋아지고, 축복이 쏟아집니다. 이것은 하나님을 믿는 사람들이 누려야 할 당연한 축복입니다. 부자가 되는 것만이 축복은 아니지만 축복을 받으면 부요하게 됩니다. 건강하게 됩니다. 모든 것이 형통하게 됩니다.

흘러넘치는 축복

> 게달의 양 무리는 다 네게로 모일 것이요 느바욧의 숫양은 네게 공급되고 내 제단에 올라 기꺼이 받음이 되리니 내가 내 영광의 집을 영화롭게 하리라(사 60:7).

하나님께서 제물로 쓰실 것을 다 가져오게 하십니다. 그래서 풍성하게 하고 나눠 주게 하십니다. 우리만 축복을 받는 것이 아니라 다른 사람도 받게 하십니다. 우리는 다 건강하고 축복받고 풍성해서 남에게 베풀 수 있는 자들이 되어야 할 것입니다. 장학금도 많이 주고, 가난한 사람도 많이 도와주고, 소외된 사람들도 한없이 도와주고, 빌리는 사람이 아니라 빌려 주는 사람이 되어야 합니다. 이런 일은 하나님의 영광이 우리에게 올 때 가능해집니다. 우리가 하나님을 기뻐하면 하나님께서 우리 마음의 소원을 이루어 주십니다.

한국 교회는 이 민족을 살리는 교회가 되어야 합니다. 한국 교회 때문에 대한민국이 복을 받고, 이 민족이 통일이 되고, 세상에 가난하고 병든 어린아이들이 구원받는 축복이 있기를 바랍니다.

저 구름같이, 비둘기들이 그 보금자리로 날아가는 것같이 날아오는 자들이 누구냐 곧 섬들이 나를 앙망하고 다시스의 배들이 먼저 이르되 먼 곳에서 네 자손과 그들의 은금을 아울러 싣고 와서 네 하나님 여호와의 이름에 드리려 하며 이스라엘의 거룩한 이에게 드리려 하는 자들이라 이는 내가 너를 영화롭게 하였음이라(사 60:8-9).

기가 막힌 장면입니다. 자녀들이 금과 은을 싣고 배를 타고 오고 있습니다. 하나님의 축복이 쏟아지는 것입니다. 머지않은 미래에 하나님께서 행하실 이런 놀라운 축복들을 보고, 듣고, 만질 수 있

는 우리가 되어야 할 것입니다.

> 내가 노하여 너를 쳤으나 이제는 나의 은혜로 너를 불쌍히 여겼은
> 즉 이방인들이 네 성벽을 쌓을 것이요 그들의 왕들이 너를 섬길 것
> 이며(사 60:10).

한때는 하나님께서 노여움으로 치셨지만 지금은 은혜의 때입니
다. 과거는 과거로 잊으십시오. 이제 은혜의 때가 되었습니다. 하
나님께서 우리에게 영광의 빛을 주셔서 우리 인생을 통째로 바꾸
겠다고 하십니다. 우리가 노력해서 바뀌는 것이 아니라 하나님께
서 바꾸시는 것입니다.

> 네 성문이 항상 열려 주야로 닫히지 아니하리니 이는 사람들이 네
> 게로 이방 나라들의 재물을 가져오며 그들의 왕들을 포로로 이끌어
> 옴이라 너를 섬기지 아니하는 백성과 나라는 파멸하리니 그 백성들
> 은 반드시 진멸되리라(사 60:11-12).

성문은 밤낮으로 닫히지 않고 언제나 열려 있습니다. 축복의 문
이 열려 있는 것입니다. 그런데 12절에서 "너를 섬기지 아니하는
백성과 나라는 파멸"할 것이라고 하셨습니다. 축복은 모든 사람에
게 주어지지 않습니다. 너도 축복받고 나도 축복받으면 축복이 특

별하지 않습니다. 그런 면에서 사랑은 편애입니다. 그러나 걱정하지 마십시오. 우리는 선택받았기 때문입니다.

하나님께서 아브라함에게 "너를 축복하는 자에게는 내가 복을 내리고 너를 저주하는 자에게는 내가 저주하리니 땅의 모든 족속이 너로 말미암아 복을 얻을 것이라"(창 12:3)고 약속하셨습니다. 하나님께서 우리를 축복하시고 선택하셨습니다. 이런 축복은 하나님을 섬기는 것으로 나타납니다.

> 레바논의 영광 곧 잣나무와 소나무와 황양목이 함께 네게 이르러 내 거룩한 곳을 아름답게 할 것이며 내가 나의 발 둘 곳을 영화롭게 할 것이라(사 60:13).

이것이 우리의 궁극적인 목표입니다.

> 너를 괴롭히던 자의 자손이 몸을 굽혀 네게 나아오며 너를 멸시하던 모든 자가 네 발 아래에 엎드려 너를 일컬어 여호와의 성읍이라, 이스라엘의 거룩한 이의 시온이라 하리라(사 60:14).

우리의 마음속에 성령의 감동이 임하여 이러한 비전이 잉태되기를 바랍니다. 이것은 무당이 주는 축복이 아닙니다. 점쟁이들이 말하는 축복이 아닙니다. 여호와 하나님께서 주시는 영광의 축복입니다.

43

하나님만이
저의 영원한 영광입니다

이사야 60:15-22

다가오는 영광스러운 미래

우리 인생은 두 가지에 영향을 받습니다. 첫째, 지금까지 살아온 과거입니다. 둘째, 앞으로 살아갈 미래입니다. 고통스러워하는 사람들의 대부분은 과거의 영향을 받습니다. 과거의 사건, 과거의 상처 때문에 현재 고통을 받습니다. 그러나 기쁨이 충만한 사람들은 대부분 미래의 영향을 받습니다. 과거의 고통은 생각하지 않고 미래의 영광과 환상을 현재에서 받아들입니다.

> 전에는 네가 버림을 당하며 미움을 당하였으므로 네게로 가는 자가 없었으나 이제는 내가 너를 영원한 아름다움과 대대의 기쁨이 되게 하리니(사 60:15).

"전에는 네가…없었으나"라는 말은 과거의 이야기입니다. 그리고 "이제는"은 현재와 미래의 이야기입니다. 이스라엘 백성들이 경험한 쓰라린 과거는 세 가지입니다. 첫째, 버림을 받았습니다. 둘째, 미움을 받았습니다. 셋째, 옆을 지나가는 사람이 없었습니다. 사람들이 다 떠나간 것입니다. 이 얼마나 외롭고 힘들고 고통스러운 과거입니까. 그런데 하나님께서 이 불행한 과거에 개입하

셔서 이제는 대대로 기쁨이 되게 하겠다고 하십니다.

내가 소리를 지른다고, 내가 나를 높인다고 높아지지 않습니다. 하나님께서 나를 인정해 주셔야 합니다. 하나님께서 우리를 높이셔야 합니다. 하나님께서 "이제는 내가 너를 영원한 아름다움과 대대의 기쁨이 되게 하겠다"고 하셨습니다. 이스라엘 백성들에게는 쓰라린 상처와 아픔이 있었습니다. 그들은 바벨론에게 포로로 잡혀갔을 뿐만 아니라 신앙의 중심인 성전을 빼앗겼습니다. 예배를 드릴 수가 없었습니다. 일터와 가족이 모두 사라졌습니다. 폐허가 되어 희망이 없었습니다. 이것이 그들의 과거였습니다.

우리의 과거는 어떻습니까? 벌레가 와서 내 인생을, 내 육신을 다 갉아먹은 것 같은, 내 영혼이 전부 없어지는 것 같은 영적 경험들이 있지는 않습니까? 그렇게 죽을 뻔하고 모든 것을 포기한 어느날, 갑자기 아침에 해가 떠오르듯이 빛이 비칩니다. 어둠이 지나고 그 빛에 모든 사물이 보이기 시작합니다. 내 영혼에 그런 일이 생깁니다. 태양이 떠올라 온 우주 만물에 찬란한 빛을 비추는 것입니다. 이스라엘 백성들은 이것을 "하나님의 영광"이라고 표현합니다.

내가 노하여 너를 쳤으나 이제는 나의 은혜로 너를 불쌍히 여겼은 즉(사 60:10상).

이 말씀처럼 하나님께서는 비록 과거에는 노여움 때문에 이스

라엘을 쳤지만 이제는 은혜를 베풀겠다고 하십니다.

그때에 너희는 그 가운데서 행하여 이 세상 풍조를 따르고 공중의 권세 잡은 자를 따랐으니 곧 지금 불순종의 아들들 가운데서 역사하는 영이라 전에는 우리도 다 그 가운데서 우리 육체의 욕심을 따라 지내며 육체와 마음의 원하는 것을 하여 다른 이들과 같이 본질상 진노의 자녀이었더니(엡 2:2-3).

이것이 우리의 영적 과거입니다. 우리는 세상 풍속을 따랐고, 허물과 죄 속에 살았고, 공중의 권세 잡은 자를 따라 산 진노의 자녀였습니다. 그런데 하나님께서 은혜를 베푸신 것입니다.

긍휼이 풍성하신 하나님이 우리를 사랑하신 그 큰 사랑을 인하여 허물로 죽은 우리를 그리스도와 함께 살리셨고 (너희는 은혜로 구원을 받은 것이라) 또 함께 일으키사 그리스도 예수 안에서 함께 하늘에 앉히시니 이는 그리스도 예수 안에서 우리에게 자비하심으로써 그 은혜의 지극히 풍성함을 오는 여러 세대에 나타내려 하심이라(엡 2:4-7).

교회는 예배에 집중해야 합니다. 목사가 아니라 예수님을 보고 하나님을 바라봐야 합니다. 목사는 예배의 중심이 아닙니다. 목사도 하나님을 예배하는 예배자입니다. 우리 모두는 하나님께 집중

해야 합니다.

우리는 모두 예수도, 복음도 모르고 어둠 가운데서 살았습니다. 어떤 이는 술, 담배, 도박, 이혼, 자살, 죽음, 절망 속에서 살았습니다. 그랬던 우리가 예수님을 만나서 성령 충만한 사람이 되더니 사역자, 선교사, 목사가 되어 남을 돕고, 기쁨을 주고, 평화를 심는 사람이 된 것입니다.

굴곡진 삶의 여정들은 우리나라의 과거에도, 이스라엘의 과거에도 있습니다. 우리의 과거는 비참했지만 그것 때문에 현재를 괴롭히지 마십시오. 우리의 과거는 힘들었으나 현재는 달라질 것이고 우리 미래는 영광스러울 것입니다. 지금은 은혜받을 만한 때요, 구원의 날입니다(고후 6:2).

하나님의 영광이 가득한 나라

그렇다면 하나님께서 주시는 은혜와 회복의 축복은 무엇입니까?

네가 이방 나라들의 젖을 빨며 뭇 왕의 젖을 빨고 나 여호와는 네 구원자, 네 구속자, 야곱의 전능자인 줄 알리라 내가 금을 가지고 놋을 대신하며 은을 가지고 철을 대신하며 놋으로 나무를 대신하며 철로 돌을 대신하며 화평을 세워 관원으로 삼으며 공의를 세워 감독으로 삼으리니(사 60:16-17).

첫째, 부와 권력과 기쁨입니다. 과거는 지나갔고 회복이 왔습니다. 깊은 밤이 지나면 새벽이 오고, 새벽이 오면 태양이 뜨고, 태양이 뜨면 우리 인생에 환한 대로가 열립니다. 그토록 우리를 괴롭혔던 것은 지나가고 새로운 미래의 행복한 역사가 올 것입니다.

하나님께서 이방 나라의 모든 부와 권력과 기쁨을 주십니다. 우리가 갖고 있는 것은 별것 아니지만 하나님께서는 한 단계 업그레이드 해 주십니다. 우리가 갖고 있는 것이 청동이면 금이 되고, 철이면 은이 되고, 나무면 청동이 되고, 돌이면 철이 될 것입니다.

둘째, 평화와 질서입니다. 하나님께서는 부와 명예와 축복만 주시는 것이 아닙니다. 평화의 통치 원리와 질서의 열린 사회를 주시겠다고 하셨습니다.

"화평을 세워 관원으로 삼으며 공의를 세워 감독으로 삼으리니"(사 60:17)라는 말씀처럼 하나님께서는 경제적 풍성함뿐만 아니라 화평과 공의를 주십니다. 하나님께서는 먼저 경제적 부흥을 주십니다. 우선 먹고 살아야 하기 때문입니다. 그러나 배가 부르다고 다 행복하지는 않습니다. 마음이 편해야 합니다. 그래서 화평과 공의를 주시는 것입니다.

다시는 강포한 일이 네 땅에 들리지 않을 것이요 황폐와 파멸이 네 국경 안에 다시 없을 것이며 네가 네 성벽을 구원이라, 네 성문을 찬송이라 부를 것이라(사 60:18).

평화의 시대, 정의로운 사회가 오면 폭력의 소문이 없을 것입니다. 요즘 우리나라에는 폭력사건, 살인사건이 자주 일어납니다. 그러나 폭행, 불의, 부패, 무질서, 마약, 살인, 자살, 테러 등 모든 것들은 사라질 것입니다. 온 백성이 평화롭고 질서 있고 의롭고 행복하고 한 사람도 억울한 것이 없는 사회가 올 것입니다.

셋째, 영적인 축복입니다. "네가 네 성벽을 구원이라, 네 성문을 찬송이라 부를 것이라"(사 60:18)는 말씀처럼 영적인 축복을 주십니다.

하나님께서 주시는 첫 번째 축복은 경제적인 축복, 두 번째 축복은 사회적, 도덕적, 윤리적인 축복이었습니다. 그리고 세 번째 축복은 영적 축복입니다. 우리의 집은 구원의 성벽이요, 찬송의 문이 될 것입니다. 축복의 구체적인 모습은 이렇습니다.

다시는 낮에 해가 네 빛이 되지 아니하며 달도 네게 빛을 비추지 않을 것이요 오직 여호와가 네게 영원한 빛이 되며 네 하나님이 네 영광이 되리니(사 60:19).

이 말씀을 보니 요한계시록 21장이 떠오릅니다. 새 하늘과 새 땅이 있어 처음 하늘과 처음 땅은 없어졌다고 했습니다(계 21:1). 하나님께서 새 하늘과 새 땅을 우리에게 주신 것입니다. 예수님도 "그런즉 너희는 먼저 그의 나라와 그의 의를 구하라 그리하면 이 모든

것을 너희에게 더하시리라"(마 6:33)고 하셨습니다.

우리가 궁극적으로 원하는 나라는 국민이 모두 부자가 되는 나라, 평화가 있는 나라가 아닙니다. 낮에 해가 더 이상 비출 필요가 없고, 밤에 달이 비출 필요가 없는 나라입니다. 여호와께서 우리의 영원한 빛이 되시고 하나님이 우리의 영광이 되시는 나라입니다.

우리나라는 주변 강대국 속에서 살고 있습니다. 그런데 그런 강대국처럼 되는 것이 목표가 되어서는 안 됩니다. 하나님께서 분명히 우리에게 물질의 축복을 주시고 평화와 정의를 주시지만, 우리는 해도, 달도, 별도 필요 없는 영원히 하나님의 영광이 비치는 나라를 향해 나아가야 합니다.

이 나라를 사모하십시오. 하나님의 영광의 빛이 태양과 달과 별을 대신할 것입니다. 이 영광이 나타나면 사람들이 몰려오고, 열방의 왕이 몰려오고, 은과 금이 몰려오고, 성전이 회복되며, 평화와 정의 사회가 구현될 것입니다. 우리가 진정으로 추구해야 할 대한민국은 육적인 대한민국이 아니라 영적인 대한민국입니다.

다시는 네 해가 지지 아니하며 네 달이 물러가지 아니할 것은 여호와가 네 영원한 빛이 되고 네 슬픔의 날이 끝날 것임이라(사 60:20).

우리나라에 이런 비전이 있기를 소망합니다. 우리의 목표가 단지 경제 살리기, 부정부패 뿌리 뽑기 등이 되어서는 안 됩니다. 우

리의 궁극적인 목표는 하나님의 영광입니다. 해도 달도 필요 없는 하늘의 나라입니다.

> 네 백성이 다 의롭게 되어 영원히 땅을 차지하리니 그들은 내가 심은 가지요 내가 손으로 만든 것으로서 나의 영광을 나타낼 것인즉 (사 60:21).

앞으로 도래할 나라의 백성은 법이 필요 없습니다. 모두 법과 질서를 지키고 남에게 폐를 끼치지 않습니다. 이것은 하나님의 작품입니다. 올바르게 사는 백성, 강력한 국가, 하나님의 영광이 나타나는 나라는 하나님의 작품입니다. 대한민국이 부정부패가 없고, 돈 잘 벌고, 질서를 잘 지키는 정도의 나라가 아니라 하나님의 영광과 완전히 하나가 되는 나라가 되어야 할 것입니다.

> 그 작은 자가 천 명을 이루겠고 그 약한 자가 강국을 이룰 것이라 때가 되면 나 여호와가 속히 이루리라(사 60:22).

가장 작은 사람이 천 명으로 불어난다고 약속하셨습니다. 성경의 법칙은 보통 30배, 60배, 100배인데 이사야서에는 천 배가 되었습니다. 작은 자가 천 명으로 불어나고 약한 사람이 강한 민족이 될 것입니다.

44

주 여호와의 영이
내게 내리셨습니다

이사야 61:1-62:12

성령과 부르는 회복의 노래

이스라엘의 회복은 다른 말로 시온의 회복이고, 시온의 회복은 다른 말로 온 인류의 회복입니다. 죽을 것 같은 바벨론 포로생활을 하면서 이스라엘 백성들이 가장 원했던 것은 회복이었습니다. 사실 회복은 우리 모두의 주제입니다. 교회에도, 가정에도, 우리에게도 회복이 필요합니다. 건강, 관계, 사업 등 모든 부분에서 회복이 필요합니다.

이사야서 60장부터는 회복에 관한 노래가 나옵니다.

일어나라 빛을 발하라 이는 네 빛이 이르렀고 여호와의 영광이 네 위에 임하였음이니라 보라 어둠이 땅을 덮을 것이며 캄캄함이 만민을 가리려니와 오직 여호와께서 네 위에 임하실 것이며 그의 영광이 네 위에 나타나리니 나라들은 네 빛으로, 왕들은 비치는 네 광명으로 나아오리라(사 60:1-3).

회복이란 하나님의 영광의 광채가 우리에게 임한 것을 의미합니다. 우리는 아무것도 아닌 어둠, 쓰레기였는데 갑자기 빛이 온 것입니다. 빛이 오니 어둠이 사라지고, 어둠이 사라질 때 모든 저

주, 죄, 절망, 좌절, 병, 가난, 미움도 소리 없이 떠났습니다. 이것이 회복입니다.

이사야서 61장에도 회복에 대한 말씀이 나오는데 조금 표현이 다릅니다. 회복은 성령의 기름 부으심이라고 말씀합니다. 하나님의 영광이 있는 곳에 성령이 임재하십니다. 성령은 바람이고 숨결입니다. 구약에서는 '하나님의 영', '하나님의 신'이라 표현했지만 신약에서는 '성령'이라고 표현했습니다.

주 여호와의 영이 내게 내리셨으니 이는 여호와께서 내게 기름을 부으사 가난한 자에게 아름다운 소식을 전하게 하려 하심이라 나를 보내사 마음이 상한 자를 고치며 포로된 자에게 자유를, 갇힌 자에게 놓임을 선포하며 여호와의 은혜의 해와 우리 하나님의 보복의 날을 선포하여 모든 슬픈 자를 위로하되 무릇 시온에서 슬퍼하는 자에게 화관을 주어 그 재를 대신하며 기쁨의 기름으로 그 슬픔을 대신하며 찬송의 옷으로 그 근심을 대신하시고 그들이 의의 나무 곧 여호와께서 심으신 그 영광을 나타낼 자라 일컬음을 받게 하려 하심이라(사 61:1-3).

"주 여호와의 영이 내게 내리셨으니"라는 말씀으로 회복을 표현하고 있습니다. 바람이 불면 잘난 사람이나 못난 사람이나 그 바람을 맞게 되어 있습니다. 마찬가지로 주의 영이 임하면 기름 부음을

받게 되어 있습니다. 하나님의 영광의 빛이 임했습니다. 우리가 원하든 원하지 않든 이미 하나님의 회복의 영이, 영광의 빛이 우리에게 온 것입니다. 그래서 우리 안에 있는 그림자는 소리 없이 떠나게 됩니다.

우리가 준비되지 않아도, 자격이 없어도 성령은 오십니다. 성령이 오시면 기름을 부으십니다. 여기서 말하는 기름이 무엇인지 복잡하게 생각할 필요가 없습니다. 기름이 없으면 자동차는 가지 못합니다. 기계는 기름을 칠하지 않으면 돌아가지 않습니다. 치유를 위해 기름을 바릅니다. 이처럼 기름은 상징적인 것이 아니라 우리가 일상적으로 말하는 실제적인 것입니다.

'기름을 부었다'라는 뜻의 이름이 '메시아'입니다. 메시아는 히브리어로 '기름 부음을 받은 자'라는 뜻입니다. 구약에서는 왕과 예언자와 제사장에게만 기름을 부었습니다. 왕과 예언자와 제사장 역할을 온전히 할 수 있는 분은 인류에서 오직 한 사람, 예수 그리스도뿐입니다. 이분이 메시아입니다. 신약에서는 메시아라는 말을 헬라어로 '크리스토스'라고 했습니다. 역시 기름 부음을 받은 자라는 뜻입니다. 메시아는 가난한 사람들에게 좋은 소식을 전합니다. 복음은 부요한 사람에게 오는 것이 아닙니다. 오만한 사람, 잘난 사람, 똑똑한 사람, 권력이 있는 사람, 세상을 통치하는 사람에게는 예수님이 들어올 자리가 없습니다. 심령이 가난한 사람이 복이 있습니다. 육체적, 영적, 정신적으로 가난한 사람, 비어 있

는 사람에게는 복음이 옵니다.

그렇다면 메시아가 그들에게 전하는 소식은 무엇입니까? '첫째, 마음이 상한 자를 치유하고 감싸준다. 둘째, 포로에게 자유를 선포한다. 셋째, 갇힌 사람은 풀어 준다. 넷째, 하나님의 은혜의 해와 하나님의 보복의 날을 선포한다. 다섯째, 슬퍼하는 모든 사람을 위로한다'입니다. 이것이 기쁜 소식, 아름다운 소식, 좋은 소식입니다. 마음이 가난한 자, 마음이 상한 자를 위로하시고, 포로에게 자유를 주시고, 갇힌 자를 풀어 주시고, 슬퍼하는 자를 위로해 주신다는 놀라운 기쁜 소식이 성령의 기름 부음을 통해 나타납니다.

기름 부으심의 열매

이사야서에 나타난 성령의 기름 부음은 매우 중요해서 예수님이 직접 이 말씀을 해명하신 적이 있습니다. 예수님이 바리새인과 이야기하시다가 이사야서 61장을 보라고 하셨습니다. 그리고 예수님 자신이 기름 부음 받은 자임을 말씀하십니다.

주의 성령이 내게 임하셨으니 이는 가난한 자에게 복음을 전하게 하시려고 내게 기름을 부으시고 나를 보내사 포로된 자에게 자유를, 눈먼 자에게 다시 보게 함을 전파하며 눌린 자를 자유롭게 하고 주의 은혜의 해를 전파하게 하려 하심이라 하였더라(눅 4:18-19).

성령의 기름 부으심이 있으면 다섯 가지 결과가 나타납니다.

첫째, 폐허가 된 시온이 아름다운 도시로 재건됩니다.

> 그들은 오래 황폐하였던 곳을 다시 쌓을 것이며 옛부터 무너진 곳
> 을 다시 일으킬 것이며 황폐한 성읍 곧 대대로 무너져 있던 것들을
> 중수할 것이며(사 61:4).

무너진 성읍이 재건될 것입니다. 기름 부음을 받은 메시아가 오
시면 무너졌던 성들이 다시 쌓여지고 건물들이 재건된다는 것입
니다.

둘째, 이방인들이 돌아옵니다.

> 외인은 서서 너희 양 떼를 칠 것이요 이방 사람은 너희 농부와 포도
> 원지기가 될 것이나(사 61:5).

이스라엘을 공격하던 이방인 바벨론이 이스라엘을 섬기게 된다
는 것입니다. 모든 이방인들이 와서 우리 양 떼를 치고 우리 밭과
포도원을 갈아 주고 일하는 일이 벌어집니다. 우리의 원수들이 우
리의 종이 될 줄로 믿습니다. 우리를 괴롭히던 사람들의 상전노릇
하며, 우리에게 명령하던 사람들이 반대로 우리 밑에 와서 일하게
된다는 축복입니다.

셋째, 메시아의 기쁜 소식이 오면 시온이 여호와의 제사장이 되고 하나님의 일꾼이 된다는 것입니다.

오직 너희는 여호와의 제사장이라 일컬음을 받을 것이라 사람들이 너희를 우리 하나님의 봉사자라 할 것이며 너희가 이방 나라들의 재물을 먹으며 그들의 영광을 얻어 자랑할 것이니라(사 61:6).

회복이 되면 스스로 "나는 하나님의 제사장이다", "하나님의 일꾼이다"라고 말합니다. 다윗은 "내 하나님의 성전 문지기로 있는 것이 좋사오니"(시 84:10)라고 했습니다.

우리는 하나님 나라의 일꾼, 하나님 나라의 집사가 되어야 합니다. 보통 일할 때는 돈을 벌기 위해, 자기 성취감을 위해 일을 합니다. 그러나 하나님을 위해 일하는 것은 우리를 위한 것이 아닙니다. 하나님을 위해서 우리의 시간, 돈, 정열을 바치는 것입니다. 그래도 아깝지 않습니다. 성령의 기름 부음이 있으면 우리는 하나님의 자녀뿐만 아니라 여호와의 제사장, 하나님의 일꾼이라고 불릴 것입니다.

넷째, 수치도 갑절이나 받았지만 영광도 상속도 배로 받을 것입니다.

너희가 수치 대신에 보상을 배나 얻으며 능욕 대신에 몫으로 말미

암아 즐거워할 것이라 그리하여 그들의 땅에서 갑절이나 얻고 영원한 기쁨이 있으리라(사 61:7).

이 말씀을 보면 "영원한 기쁨이 있으리라"고 했습니다. 수치를 받은 만큼 명예가 오고, 영원한 기쁨을 주시겠다고 했습니다. 그 기쁨은 영원합니다.

다섯째, 하나님께 복을 받은 자손임을 열방이 알게 될 것입니다.

여러 나라, 여러 민족에게 알려지고, 보는 사람마다 하나님께 복을 받은 자손임을 인정하게 될 것입니다.

무릇 나 여호와는 정의를 사랑하며 불의의 강탈을 미워하여 성실히 그들에게 갚아 주고 그들과 영원한 언약을 맺을 것이라 그들의 자손을 뭇 나라 가운데에, 그들의 후손을 만민 가운데에 알리리니 무릇 이를 보는 자가 그들은 여호와께 복받은 자손이라 인정하리라(사 61:8-9).

본문 8절을 보면 하나님이 어떤 분이신지에 대한 이야기가 나옵니다.

첫째, 하나님은 공의를 사랑하시고, 불의를 미워하십니다. 교회가 거짓으로 가득 차면 하나님은 교회를 싫어하실 것입니다. 그러기에 우리는 의로운 사람, 진실한 사람, 깨끗한 사람, 공의로운 사

람이 되어야 합니다.

둘째, 하나님은 강도질하고 약탈하는 것을 싫어하십니다. 남의 것을 빼앗은 것이 있다면 돌려주십시오. 하나님께서는 우리의 권력, 돈, 힘으로 약자의 것을 취한 사람을 싫어하십니다.

셋째, 하나님은 고생한 사람에게 반드시 대가를 주시는 분입니다. 고생을 많이 한 사람은 억울해할 필요가 없습니다. 하나님께서 반드시 갚아 주실 것입니다.

넷째, 하나님은 영원한 언약을 주시는 분입니다.

> 내가 여호와로 말미암아 크게 기뻐하며 내 영혼이 나의 하나님으로 말미암아 즐거워하리니 이는 그가 구원의 옷을 내게 입히시며 공의의 겉옷을 내게 더하심이 신랑이 사모를 쓰며 신부가 자기 보석으로 단장함 같게 하셨음이라(사 61:10).

눈물과 피눈물, 억울함과 분함이 있을지라도 하나님을 생각하면서 기뻐할 수 있기를 바랍니다. 환경과 조건을 초월한 기쁨, 이것이 우리에게 있기를 기도합니다.

> 땅이 싹을 내며 동산이 거기 뿌린 것을 움돋게 함같이 주 여호와께서 공의와 찬송을 모든 나라 앞에 솟아나게 하시리라(사 61:11).

이것은 모든 구원의 근거입니다. 하나님은 모든 나라들 앞에서 정의와 찬양이 싹트게 하고 자라게 하고 열매 맺게 하십니다. 메시아는 약속대로 오셨습니다. 역사는 예수님이 오시기 전과 후로 나누어집니다. 예수님이 오신 후 역사는 새로워졌습니다. 메시아는 가난한 자에게 기쁜 소식을 전합니다. 메시아가 오셨기 때문에 시온이 재건되고, 이방인이 돌아옵니다. 시온은 하나님의 제사장이 되고 일꾼이 되고 복된 자손임을 세상이 인정하게 되었습니다. 메시아 때문에 시온에는 감사와 찬양과 기쁨이 넘쳐납니다.

감사와 찬양과 기쁨은 인위적으로 만들지 못합니다. 내가 감사하고 싶고, 기뻐하고 싶고, 찬양하고 싶다고 되지 않습니다. 하나님께서 주시는 샘솟는 기쁨이 우리 안에 충만해야 가능합니다.

시온의 의가 빛같이 임하는 은혜

나는 시온의 의가 빛같이, 예루살렘의 구원이 횃불같이 나타나도록 시온을 위하여 잠잠하지 아니하며 예루살렘을 위하여 쉬지 아니할 것인즉(사 62:1).

'잠잠히 있지 않을 것이다. 내가 쉬지 않을 것이다'라는 말씀에서 시온을 반드시 회복시키려는 하나님의 의지와 열정을 보게 됩

니다. 그런데 우리가 고통 가운데 있을 때는 하나님이 나를 잊으신 것 같은 생각이 들고 열등감이 생깁니다. 이렇게 내가 아프고 힘들고 어려운데 왜 하나님은 응답하지 않으시는가 하는 생각이 듭니다. 이럴 때 상처를 받습니다. '하나님이 나를 잊으신 것 같다. 나한테 관심이 없으신 것 같다'는 사탄의 생각에 빠져들기 쉽습니다.

이사야 62장을 보면 하나님께서 시온에 아름다운 새 이름을 주시고, 새 면류관을 주시고, 새로운 신부처럼 만들어 주신다고 하셨습니다. 그 내용을 묵상하면 황홀하기만 합니다. 우리가 인생을 살아갈 때 결론을 알면 아주 쉬워집니다. 대개 사람들이 결론을 몰라서 불안해합니다. 과정은 방황해도 괜찮습니다. 결론만 확실하다면 말입니다. 우리는 구원받았습니다. 저주가 떠나갔습니다. 하나님의 자녀가 되었습니다. 의롭다 함을 받았습니다. 예수님이 십자가에 못 박혀 죽으심으로 우리의 결론은 이미 매듭지어졌습니다. 사실 과정은 힘이 듭니다. 과정은 안개 속을 걷는 것과 같습니다. 우리는 이런 과정에 빠질 필요가 없습니다. 하나님께서 우리 인생을 만들어가는 중에 계시기 때문입니다. 현재가 확실한 사람은 아무도 없습니다. 과정은 결론이 아닙니다. 이 과정은 지나갈 것입니다. 하나님의 때가 되어 하나님의 방법으로 이루어지는 것을 기다리십시오. 미래를 알고, 결론을 알면 현재가 아주 쉬워집니다. 하나님은 쉬지 않으십니다.

"시온의 의가 빛같이, 예루살렘의 구원이 횃불같이 나타난다"라

는 표현은 회복이 시작되었다는 것을 의미합니다. 시작은 미미합니다. 조그맣게 보입니다. 현재라는 것은 언제나 불안하고 미완성이며 보잘것없습니다. 그러나 하나님의 말씀은 확실하고 예언은 분명합니다.

하나님께서는 시온에게 주신 다섯 가지 축복을 말씀하십니다.

첫째, 시온에게 새 이름을 주셨습니다.

> 이방 나라들이 네 공의를, 뭇 왕이 다 네 영광을 볼 것이요 너는 여호와의 입으로 정하실 새 이름으로 일컬음이 될 것이며(사 62:2).

우리는 지금까지 옛 이름을 가지고 살아왔습니다. 그러나 그 이름으로는 축복을 받을 수가 없습니다. 이제는 하나님께서 새로운 비전, 새로운 이름을 주시겠다고 말씀하십니다. 미래에 대한 확실한 예언입니다. 사람들은 "네 공의를 보고, 왕들이 네 영광을 볼 것이라"고 말씀하십니다. 주변 사람들이 나 때문에 다들 깜짝 놀란다는 것입니다. 우리가 아무리 가난하고 힘들어도 힘을 합하면 못할 것이 없습니다. 세계도 구원할 저력이 우리에게 있습니다. 원망하고 불평하고 남을 비판하고 욕만 하면 아무것도 못하지만 서로 격려하고 부족한 것을 인정하고 도와주면 기막힌 기적의 나라를 만들어 낼 것입니다.

둘째, 새 면류관을 주십니다.

너는 또 여호와의 손의 아름다운 관, 네 하나님의 손의 왕관이 될 것이라(사 62:3).

하나님은 시온에게 승리의 면류관, 화려한 면류관, 영광의 면류관을 씌워 주신다고 했습니다. 면류관을 씌워 주신다는 말은 승리와 통치를 의미합니다. 모든 이방인들과 열왕에게 존경과 사랑을 받게 하시고, 하나님의 손에는 면류관이 있고 하나님의 손바닥에는 왕관이 있다고 말씀하고 계십니다. 시온을 이렇게 만들어 주신다고 하셨습니다. 우리의 과거를 보면 미래가 상상이 안 되지만 하나님께서는 우리의 과거와 상관없이 전혀 새로운 영광스런 미래를 우리에게 주십니다.

셋째, 시온을 아름다운 신부, 하나님이 기뻐하시는 신부처럼 불러 주신다고 했습니다.

다시는 너를 버림받은 자라 부르지 아니하며 다시는 네 땅을 황무지라 부르지 아니하고 오직 너를 헵시바라 하며 네 땅을 뿔라라 하리니 이는 여호와께서 너를 기뻐하실 것이며 네 땅이 결혼한 것처럼 될 것임이라(사 62:4).

하나님께서 우리를 너무 사랑하셔서 기뻐하는 신부처럼 만나 주시겠다고 했습니다. 여기에서 두 가지 비유를 하고 있는데, 하나

는 '너를 버림받은 자처럼 취급하지 않겠다'는 것이고, 또 다른 하나는 '네 땅을 황무지라 부르지 않겠다'는 것입니다. 하나님께서는 저주스런 옛 이름인 "버림받은 자, 황무지"라는 표현을 바꾸셔서 긍정적이고 아름다운 이름으로 불러 주셨습니다. 하나님께서는 시온을 너무 좋아하셔서 신랑이 신부를 좋아하는 것같이 좋아하겠다고 하셨습니다. 하나님이 우리를 신부처럼 맞이해 주시겠다고 하셨습니다.

> 마치 청년이 처녀와 결혼함같이 네 아들들이 너를 취하겠고 신랑이 신부를 기뻐함같이 네 하나님이 너를 기뻐하시리라(사 62:5).

하나님이 우리를 사랑하듯이 우리도 다른 이들과 사랑의 관계를 맺어야 합니다. 말 한마디라도 따뜻하게 하고 어루만져 주고 상처를 치유해 주는 행복한 가정이 되십시오. 행복한 부부가 되십시오. 여기에 나오는 행복한 가정에 대한 꿈과 비전, 이미지가 우리에게 있어야 합니다.

넷째, 파수꾼을 세워 주신다는 약속을 하십니다.

> 예루살렘이여 내가 너의 성벽 위에 파수꾼을 세우고 그들로 하여금 주야로 계속 잠잠하지 않게 하였느니라 너희 여호와로 기억하시게 하는 자들아 너희는 쉬지 말며 또 여호와께서 예루살렘을 세

위 세상에서 찬송을 받게 하시기까지 그로 쉬지 못하시게 하라(사 62:6-7).

하나님은 우리에게 파수꾼을 주신다고 하셨습니다. 파수꾼은 24시간 주야로 경계하는 사람입니다. 파수꾼에게는 시온을 깨우는 역할이 있습니다. 파수꾼은 예언자들입니다. 이것을 이단들이 사용합니다. 자기가 파수꾼이라는 것입니다. 기성 교회가 성경도 모르고 구원도 모르는 교회라며 사람들을 미혹합니다. 그러나 진정한 파수꾼의 역할은 하나님께 끊임없이 중보기도 하는 것입니다.

다섯째, 원수를 물리치시고 악한 무리들을 쫓아내 주시겠다고 하십니다.

여호와께서 그 오른손, 그 능력의 팔로 맹세하시되 내가 다시는 네 곡식을 네 원수들에게 양식으로 주지 아니하겠고 네가 수고하여 얻은 포도주를 이방인이 마시지 못하게 할 것인즉 오직 추수한 자가 그것을 먹고 나 여호와를 찬송할 것이요 거둔 자가 그것을 나의 성소 뜰에서 마시리라 하셨느니라(사 62:8-9).

아무리 농사를 잘해도 원수가 와서 먹어 버립니다. 나는 죽도록 고생해서 농사를 지어 놓으면 이방인이 와서 다 먹어 버립니다. 하지만 하나님께서 이를 막아 주시겠다고 하십니다. "네가 고생해서

얻은 추수를 네가 먹으라"고 말씀하십니다.

> 성문으로 나아가라 나아가라 백성이 올 길을 닦으라 큰 길을 수축
> 하고 수축하라 돌을 제하라 만민을 위하여 기치를 들라(사 62:10).

또한 하나님께서는 "성문으로 나아가라"고 말씀하십니다. 백성
들이 다시 돌아올 길을 만들라고 하셨습니다. 큰길을 돋고 돌들을
치우고 깃발을 올려서 많은 백성들이 그 앞으로 오게 하라고 말씀
하십니다. 이 얼마나 장엄하게 승리하는 크리스천의 모습입니까.

> 여호와께서 땅 끝까지 선포하시되 너희는 딸 시온에게 이르라 보라
> 네 구원이 이르렀느니라 보라 상급이 그에게 있고 보응이 그 앞에
> 있느니라 하셨느니라 사람들이 너를 일컬어 거룩한 백성이라 여호
> 와께서 구속하신 자라 하겠고 또 너를 일컬어 찾은 바 된 자요 버림
> 받지 아니한 성읍이라 하리라(사 62:11-12).

하나님은 우리를 "거룩한 백성, 여호와께서 구속하신 자, 찾은
바 된 자, 버림받지 않은 성읍"이라고 말씀하십니다. 구원자가 오
는 환상, 떠나간 백성들이 돌아오는 환상이 여기에 있습니다.

8부

새 하늘과 새 땅으로
우리 안에 오실 하나님

이사야 63:1- 66:24

하나님의 심판으로 세상이 정리되고
전에 없던 새 하늘과 새 땅이 나타납니다.
분열과 속박이 없는 하나님의 나라에서 우리는 모두 하나입니다.

45

심판은 구원의
다른 이름입니다

이사야 63:1-14

하나님의 심판은 정의의 결과

인간이 가장 행복할 때는 언제입니까? 인간이 변할 수 있는 때는 언제입니까? 선을 행할 때가 아닙니다. 왜냐하면 우리는 선을 행할 능력이 없기 때문입니다. 인간이 가장 행복할 때는 용서받을 때입니다. 사랑받을 때입니다. 성경에서도 그렇게 말하고 있습니다. 행복한 사람은 자기의 허물과 죄를 용서받는 사람입니다. 우리는 어차피 죄를 가지고 있습니다. 다 숨겨 놓고 있을 뿐입니다.

사람들의 죄에는 들킨 죄가 있고 안 들킨 죄가 있습니다. 현대인들의 특징은 죄를 안 들키는 기술을 배운다는 것입니다. 죄는 짓되 안 들키게 지으라고 합니다. 그래서 늘 불안하고 죄책감을 가지고 있습니다.

하나님은 이스라엘을 사랑했습니다. 시온을 괴롭히고 짓이기고 수십 년 동안 폭력을 행사했던 나라가 있었는데, 그 나라가 바로 에돔이었습니다. 에돔은 이스라엘의 원수를 상징적으로 표현합니다. 에돔의 수도가 보스라입니다. 하나님께서 이 에돔을 심판하고 있습니다.

자격 없는 시온, 가치 없는 시온, 용서받을 수 없는 시온이었는데 하나님께서 특별한 은혜로 시온을 구원해 주셨습니다. 시온의

구원은 에돔의 멸망을 의미합니다. 에돔이 멸망해야 시온이 구원을 받습니다.

> 에돔에서 오는 이 누구며 붉은 옷을 입고 보스라에서 오는 이 누구냐 그의 화려한 의복 큰 능력으로 걷는 이가 누구냐 그는 나이니 공의를 말하는 이요 구원하는 능력을 가진 이니라(사 63:1).

여기서 질문하는 사람은 예언자입니다. 예언자가 환상을 보았습니다. 시온을 괴롭히는 이 에돔 땅에서 한 사람이 걸어오는 것입니다. 그 사람은 자세히 보면 주홍빛 옷을 입고 걸어오고 있습니다. 더 자세히 보니 에돔의 수도인 보스라에서 걸어오는 것입니다. 광채로 옷을 입고 용맹스럽게 터벅터벅 걸어옵니다. 예언자가 세 가지 질문을 합니다. "에돔에서 온 사람은 누구냐?", "에돔의 수도에서 주홍빛 옷을 입고 오는 사람은 누구냐?", "광채 나는 옷을 입고 큰 능력으로 걷는 분은 누구냐?" 바로 그분은 에돔을 심판하고 보스라를 짓이기셨던 하나님이십니다. 하나님께서는 "나는 공의를 말하며 구원하는 능력을 가진 이다"라고 말씀하십니다. 심판이란 정의를 말합니다. 세상에 정의롭지 못한 사람이 심판을 할 때가 있습니다. 칼날을 들고 사람을 죽이고 나라를 빼앗곤 합니다. 하지만 그것은 제대로 된 심판이 아닙니다. 진짜 심판은 하나님의 정의를 말합니다.

어찌하여 네 의복이 붉으며 네 옷이 포도즙 틀을 밟는 자 같으냐 만민 가운데 나와 함께한 자가 없이 내가 홀로 포도즙 틀을 밟았는데 내가 노함으로 말미암아 무리를 밟았고 분함으로 말미암아 짓밟았으므로 그들의 선혈이 내 옷에 튀어 내 의복을 다 더럽혔음이니(사 63:2-3).

하나님께서는 포도원에서 포도주를 만드는 예로 심판에 대해 설명하십니다. 하나님께서 포도 알을 짓이기시듯이 에돔을 짓이기고 보스라를 짓이겨서 원수를 파멸시킨다는 것입니다. 하지만 그것이 일방적으로 복수하는 것이 아니라 하나님의 정의의 결과라는 것입니다. 농부가 포도를 발로 짓밟을 때 즙이 터져 나오는데 이때 입고 있던 옷이 빨갛게 물듭니다. 바로 이 모습이 에돔에서 나오실 때 붉은 옷을 입고 나오는 모습입니다. 보스라에서 나오실 때 큰 능력으로 걷고 있는 모습과 같은 것입니다.

단순한 복수는 사람을 죽입니다. 그러나 정의로운 복수는 하나님의 심판입니다. 우리가 언젠가는 이런 세상을 살고 떠나야 합니다. 내가 살아온 만큼, 내가 행동한 만큼 그 결과를 하나님께서 물으실 것입니다. 그래서 우리가 꼭 해야 할 일은 죽기 전에 회개하는 것입니다. 내가 숨겨 온 과거를 그냥 숨겨 놓고 떠나면 그 대가를 치러야 합니다. 그렇기 때문에 예수님이 우리를 위해서 십자가에 못 박혀 돌아가시고 우리의 죄를 용서할 길을 마련해 놓으신 것입니다. 예수님이 예수 믿는 사람은 원수 갚지 말라고 하셨

는데 심판은 다릅니다. 악에 대한 심판, 정의에 대한 심판을 성경에서는 "복수"라고 표현합니다. 사랑은 우리가 해야 하지만 원수에 대한 징벌은 하나님이 하십니다.

심판의 특징은 정의로운 것입니다. 이것은 복수하는 것이 아니고 정의의 결과로서의 심판입니다. 따라서 이 심판은 사람이 끼어들지 못합니다. 어떤 국가가 와서 심판을 해주지 않습니다. 정의로운 심판은 하나님만이 단독으로 하십니다.

이는 내 원수 갚는 날이 내 마음에 있고 내가 구속할 해가 왔으나 내가 본즉 도와주는 자도 없고 붙들어 주는 자도 없으므로 이상하게 여겨 내 팔이 나를 구원하며 내 분이 나를 붙들었음이라 내가 노함으로 말미암아 만민을 밟았으며 내가 분함으로 말미암아 그들을 취하게 하고 그들의 선혈이 땅에 쏟아지게 하였느니라(사 63:4-6).

여기서 분명하고 확실하게 보여 주는 것은 누구의 도움도 없이 하나님께서 홀로 이 심판을 외롭게 하셨다는 사실입니다. 시온이 외롭게 에돔에게 환란을 당할 때 시온을 도와줄 분, 복수를 해주시는 분은 하나님 외에 아무도 없습니다. 우리는 가끔 하나님 외에도 나를 도와줄 대상이 있다고 착각합니다. 그러나 진짜 어려우면 아무도 도움이 되지 않습니다. 고난의 깊은 곳에 들어가면 하나님밖에 없습니다. 그래서 우리가 하나님 앞에 서게 되는 것입니다. 그

때 나의 벌거벗은 모습이 드러나게 됩니다. 시온을 도와줄 수 있는 분은 하나님이십니다. 이스라엘의 70년의 포로생활에서 건져 줄 수 있는 분은 하나님이십니다. 본질적인 도움은 하나님밖에 없습니다. 에돔에 대해서는 하나님께서 심판하셨지만 그것은 시온에 대한 하나님의 사랑입니다.

조건 없는 하나님의 사랑과 용서

하나님께서 시온에게 행하신 것은 첫째, 조건 없는 은혜입니다. 이스라엘은 하나님 앞에 설 자격이 없습니다. 뭔가를 잘했다든지 회개를 했다든지 선을 행했다든지 한 것이 없습니다. 이렇게 하나님 앞에 설 만한 자격이 하나도 없었는데도 하나님께서 받아주신 것입니다. 그것을 가리켜 은혜라고 합니다. 하나님 앞에 설 만한 것이 하나도 없을지라도 걱정하지 마십시오. 그런 사람도 하나님은 받아주십니다. 그 사람의 기도를 들어주십니다. 하나님이 이스라엘에게, 시온에게 행하신 것은 무조건 은혜를 베풀고 사랑하기로 결정하신 것입니다.

둘째, 시온에게 하신 것은 이스라엘의 찬양을 받으신 것입니다.

내가 여호와께서 우리에게 베푸신 모든 자비와 그의 찬송을 말하며 그의 사랑을 따라, 그의 많은 자비를 따라 이스라엘 집에 베푸신 큰

은총을 말하리라(사 63:7).

이스라엘은 하나님의 조건 없는 사랑을 받다 보니 변하기 시작했습니다. 착한 일을 해서 변한 것이 아닙니다. 인간은 쉽게 변하지 않습니다. 아무리 가르치고 노력해도 그 본성이 바뀌기가 어렵습니다. 하지만 사랑하면 변합니다. 용서하면 변합니다.

성경에 나오는 인물 가운데 간음하다가 현장에서 잡힌 여자가 있습니다. 사람들이 이 여자를 끌고 예수 앞에 와서 반드시 돌로 쳐서 죽여야 한다고 했습니다. 그때 예수님이 "너희 중에 죄 없는 자가 먼저 돌로 치라"(요 8:7)고 했더니 돌을 들고 있던 사람들이 다 도망갔습니다. 이때 예수님이 하신 말씀이 중요합니다. 예수님은 "여자여 너를 고발하던 그들이 어디 있느냐 너를 정죄한 자가 없느냐"(요 8:10)라고 말씀하십니다. 야단치고 도덕적으로 설교할 줄 알았는데 예수님이 하신 말씀은 "너를 고발하던 사람은 다 어디 갔느냐?"였던 것입니다. 또한 예수님은 "나도 너를 정죄하지 아니하노니 가서 다시는 죄를 범하지 말라"(요 8:11)고 말씀하십니다. 이 여자는 떠나면서 '저분은 누굴까?' 하고 생각하며 울기 시작했을 것입니다. 예수님과 헤어진 후에는 마음속 깊은 곳에서 예수님의 사랑과 용서와 은혜를 경험하며 눈물과 감사로 살았을 것입니다.

사랑해야 사람이 변합니다. 용서해야 변합니다. 따지면 변하지 않습니다. 은혜를 베풀어야 사람이 변합니다. 이것이 시온을 향

한 하나님의 방법이었습니다. 하나님은 시온을 그렇게 사랑했습니다. 이것이 인류를 향하신 하나님의 사랑의 방법입니다. 이스라엘은, 시온은 하나님의 사랑을 기억했습니다. 하나님께서 베푸신 은혜를 찬양했습니다. 크신 은혜와 풍성한 사랑에 이스라엘은 녹기 시작했습니다.

우리의 죄가 진홍같이 붉을지라도, 우리의 죄가 아무리 많을지라도 하나님의 사랑보다 우리의 죄가 더 크지는 않습니다. 하나님은 우리를 용서하기를 원하십니다. 사랑하기를 원하십니다.

> 그가 말씀하시되 그들은 실로 나의 백성이요 거짓을 행하지 아니하는 자녀라 하시고 그들의 구원자가 되사 (사 63:8).

하나님께서 시온에게 "너는 나의 백성"이라고 말씀하십니다. "너는 거짓을 행하지 아니하는 자녀"라고도 말씀하십니다. 이 의미는 '내가 너를 신뢰한다'는 것입니다. 하나님은 우리를 믿어 주십니다. 우리가 하는 것은 매번 배신인데, 하나님은 매번 믿어 주십니다. 하나님은 또 "내가 너의 구원자가 되어 주겠다"고 말씀하십니다.

그렇지만 인간은 어떻습니까? 이스라엘은 어떻습니까? 정반대입니다.

> 그들의 모든 환난에 동참하사 자기 앞의 사자로 하여금 그들을 구

원하시며 그의 사랑과 그의 자비로 그들을 구원하시고 옛적 모든 날에 그들을 드시며 안으셨으나(사 63:9).

하나님께서 고난에 동참해 주십니다. 우리가 고난당할 때 말로만 하시지 않고 진짜 고난에 동참해 주신 것입니다. 말로 사랑하는 것보다 몸으로 사랑하는 것은 감동이 있습니다. 하나님께서 우리를 사랑하시는 방법은 고난에 동참하는 사랑입니다. 하나님이 천사를 보내지 않고 친히 사람으로 오셨습니다. 그분이 예수 그리스도이십니다. 하나님은 우리를 관념적으로 사랑하신 것이 아니라 긍휼로 사랑하셨고, 하루 이틀 사랑하신 것이 아니라 긴 세월 동안 우리를 고쳐 주시고 안아 주셨습니다.

그들이 반역하여 주의 성령을 근심하게 하였으므로 그가 돌이켜 그들의 대적이 되사 친히 그들을 치셨더니 백성이 옛적 모세의 때를 기억하여 이르되 백성과 양 떼의 목자를 바다에서 올라오게 하신 이가 이제 어디 계시냐 그들 가운데에 성령을 두신 이가 이제 어디 계시냐 그의 영광의 팔이 모세의 오른손을 이끄시며 그의 이름을 영원하게 하려 하사 그들 앞에서 물을 갈라지게 하시고(사 63:10-12).

이스라엘 백성들이 광야를 걷다가 두 가지가 생각났습니다. 첫째는 홍해 사건입니다. 이스라엘 백성들이 앞으로도 뒤로도 땅 속

으로도 하늘 위로도 갈 수 없는 절체절명의 위기인 홍해 앞에 섰을 때, 여차 하면 애굽 군대에게 잡히고 앞에는 강이 있어 빠져 죽을 수밖에 없는 그 순간에 하나님께서 홍해 바다에 길을 내시고 바로의 군대의 추격을 막아 주셨습니다. 이스라엘 백성들은 그것을 기억한 것입니다. 둘째는 성령을 보내 준 사건을 기억했습니다. 그러면서 그들의 마음이 하나님 앞으로 돌아오기 시작합니다.

누가복음에 나오는 탕자 이야기를 알 것입니다. 탕자가 어떻게 아버지의 품으로 돌아갈 수 있었을까요? 그것은 아버지의 오랜 기다림 때문입니다. '누군가 나를 위해 기다리고 있다. 용서하고 있다. 누군가 나를 사랑하고 있다. 절대 나를 포기하지 않고 기다리고 있다'라는 생각이 탕자로 하여금 회개하게 만든 것입니다. '저 사람 앞에 가면 내가 살겠지. 나를 용서해 주겠지. 저 사람은 나를 기다려 주겠지' 하는 생각을 하는 그 순간에 우리는 변합니다.

그들을 깊음으로 인도하시되 광야에 있는 말같이 넘어지지 않게 하신 이가 이제 어디 계시냐 여호와의 영이 그들을 골짜기로 내려가는 가축같이 편히 쉬게 하셨도다 주께서 이와 같이 주의 백성을 인도하사 이름을 영화롭게 하셨나이다 하였느니라(사 63:13-14).

시편 23편이 생각나는 말씀입니다. 골짜기로 내려가는 가축들을 상상해 보십시오. 잔잔한 시냇가와 푸른 초장으로 나를 인도하

시는 하나님을 떠올려 보십시오. 하나님은 우리를 반드시 구원하십니다. 축복하십니다. 우리를 선한 길로 인도해 주십니다. 원수의 목전에서 내게 상을 베푸시고 사망의 음침한 골짜기를 다닐지라도 해를 두려워하지 않게 하시고 궁극적으로 하나님께서 축복의 잔을 높이 들게 만들어 주십니다. 안심하고 세상을 향해 나아가십시오. 우리가 부딪히는 사건마다 하나님께서 미리 길을 예비하시고 축복해 주실 것입니다.

46

하나님의 자비와 사랑을
바라며 기도합니다

이사야 63:15 - 64:12

기도로 사는 하나님의 백성

성경을 보면 아주 유명한 기도가 많이 있습니다. 대표적인 것이 아브라함의 중보기도입니다. 다윗의 기도도 유명합니다. 그는 시편을 만들었습니다. 예수님을 태어나게 했던 마리아의 소원과 찬양을 담은 기도도 있습니다. 그러나 무엇보다도 기도의 모델은 주기도문입니다. 예수님께서는 '중언부언하지 말고 기도를 이렇게 하라'고 하셨습니다. 요한복음 17장에는 위대한 예수님의 중보기도가 한 장 전체에 나옵니다. 이처럼 이스라엘 백성들은 기도를 먹고 살았던 민족이었습니다. 하나님의 사람의 특징은 기도로 숨을 쉬고 기도로 먹고 사는 것입니다.

본문 말씀을 보면 이스라엘 백성들이 현실의 고통 앞에서 예언을 들을 때는 희망에 찼습니다. 예언자를 통해 이스라엘은 회복되고 하나님께서 다시 들어서 쓰신다는 예언의 말씀을 들을 때 이스라엘 백성들은 희망차고 기쁨이 충만했습니다. 하지만 현실로 돌아와서는 고통스러웠습니다. 그래도 현실 속에서 고통을 잊을 수 있었던 것은 예언의 말씀 때문이었습니다. 우리는 예언의 말씀을 들으면 현실의 고통을 이겨 낼 수가 있습니다.

현실의 고통 앞에서 이스라엘 백성들은 두 가지 기도를 합니다.

우선 탄원 기도를 합니다. '하나님, 너무나 힘이 듭니다. 고통스럽습니다. 어렵습니다. 도와주십시오.' 하며 하소연하는 기도를 하게 됩니다. 탄원 기도를 하다 보면 자신의 잘못을 발견하고 깨닫게 됩니다. 기도를 깊이 하다 보면 하나님을 발견하고 자신을 발견합니다. 기도를 깊이 하면 자신의 허물을 알게 됩니다. 이스라엘 백성도 마찬가지였습니다. 그들의 기도는 탄원 기도에서 고백의 기도로 바뀝니다.

이스라엘 백성이 한 네 종류의 기도

첫째, 이스라엘의 기도는 긍휼히 여겨 달라는 탄원 기도였습니다.

> 주여 하늘에서 굽어 살피시며 주의 거룩하고 영화로운 처소에서 보옵소서 주의 열성과 주의 능하신 행동이 이제 어디 있나이까 주께서 베푸시던 간곡한 자비와 사랑이 내게 그쳤나이다 주는 우리 아버지시라 아브라함은 우리를 모르고 이스라엘은 우리를 인정하지 아니할지라도 여호와여, 주는 우리의 아버지시라 옛날부터 주의 이름을 우리의 구속자라 하셨거늘 여호와여 어찌하여 우리로 주의 길에서 떠나게 하시며 우리의 마음을 완고하게 하사 주를 경외하지 않게 하시나이까 원하건대 주의 종들 곧 주의 기업인 지파들을 위하사 돌아오시옵소서(사 63:15-17).

기도를 읽어 보니 하나님 앞에서 하소연하는 듯 들립니다. 그들은 이스라엘의 현실적인 고통과 아픔을 하늘 보좌에서 굽어 살펴 달라고 하나님께 기도를 드리고 있습니다. 어떤 기도가 응답이 빠를까요? 어떤 기도를 하나님이 원하실까요? 하나님께서도 때로 조용한 기도를 좋아하십니다. 그러나 어떤 때는 절규의 기도를 들으십니다.

처음에 살려 달라고 외치며 하소연하던 자가 이제는 "하나님은 나의 아버지십니다"라는 기도를 합니다. 이것은 '하나님이 내 아버지시라면 두려울 것이 없습니다'라는 뜻입니다. 지금 아버지와 나 사이에 껄끄러운 감정 때문에 문제가 생긴 것이지 아버지는 나를 사랑하고 신뢰한다는 것입니다. 절규 속에서 갑자기 이런 기도가 나왔습니다. 기도할 때 가장 큰 문제는 아버지에 대한 의심이 드는 것입니다. 의심하지 않고 하나님을 신뢰한다면 그분은 우리에게 상상할 수 없는 큰일을 행하실 것입니다.

이스라엘 백성은 "하나님은 내 아버지십니다. 하나님은 나를 낳으셨습니다"라고 기도하고 있습니다. 이런 기도를 하면서 이스라엘 백성들은 반어법식으로 기도를 합니다. '우리로 하여금 주의 길을 떠나 헤매지 않게 하옵소서'를 "여호와여 어찌하여 우리로 주의 길에서 떠나게 하시며"로 말하고 있습니다. 이것은 '우리를 방황하지 않게 해주십시오. 우리를 떠나지 않게 해주십시오'라는 의미입니다. "우리의 마음을 완고하게 하사 주를 경외하지 않게

하시나이까"는 '하나님, 우리 마음이 확정되어서 하나님을 두려워하게 해주십시오'라는 의미입니다. 하나님을 두려워하지 않는 마음이 자꾸 생기기 때문에 이런 기도를 하는 것입니다.

둘째, 이스라엘은 성소를 기억하고 자신을 기억해 달라는 기도를 합니다.

> 주의 거룩한 백성이 땅을 차지한 지 오래지 아니하여서 우리의 원수가 주의 성소를 유린하였사오니 우리는 주의 다스림을 받지 못하는 자 같으며 주의 이름으로 일컬음을 받지 못하는 자같이 되었나이다(사 63:18-19).

성소가 이미 이방인의 손에 의해 짓밟혔기 때문에 가족이 다 헤어졌고 일터도 다 없어졌다고 말하고 있습니다. 이스라엘 백성들은 영혼의 고향인 성소를 다 잃어버렸습니다. 과거에는 성소를 청소하고 예배도 드리며 성소 중심으로 살았습니다. 하지만 그 소중한 성소를 빼앗긴 것입니다. 약탈을 당한 것입니다. 약탈을 당하니까 하나님이 우리를 잊어버리셨다고 생각하게 됐습니다. 옛날에는 성소를 지켰는데 악한 원수들이 성소를 빼앗아 버리는 바람에 지금은 아무것도 하지 못하고 성소 주변을 돌고 있는 것입니다.

신앙생활을 할 때 때로는 은혜가 충만합니다. 성령이 내 안에서 살아 있는 생물처럼 펄펄 뛰는 때가 있습니다. 하지만 어떤 때는

지루하고 힘들고 모든 것이 감각이 없을 때가 있습니다. 신앙생활에서 가장 중요한 것은 갈망입니다. 목이 마르는 것처럼 영적으로도 하나님에 대해 목이 타야 합니다. 어떤 사람의 얼굴을 보면 욕심만 많고 영적이지 않습니다. 그런데 어떤 사람은 사업도 하고 세상에서 일도 하지만 그 얼굴을 보면 영혼의 고뇌가 있습니다. 영적인 얼굴이 있습니다. 하나님에 대한 갈망입니다.

하나님의 긍휼한 마음을 기다리는 영적 태도를 다른 말로 하면 가난한 마음입니다. '마음이 가난한 자는 복이 있다'는 그 가난한 마음입니다. 이러한 하나님에 대한 열정, 하나님에 대한 갈망이 하나님께로 가는 지름길입니다. 이스라엘은 "성전을 회복시켜 주십시오. 하나님, 나는 잊힌 존재입니까? 나는 성전으로 들어갈 수 없는 잊힌 이방인입니까? 하나님, 나를 기억해 주십시오"라는 기도를 합니다.

셋째, 하나님께서 하늘에서 강림하사 열방이 벌벌 떨게 해달라는 기도입니다.

원하건대 주는 하늘을 가르고 강림하시고 주 앞에서 산들이 진동하기를 불이 섶을 사르며 불이 물을 끓임 같게 하사 주의 원수들이 주의 이름을 알게 하시며 이방 나라들로 주 앞에서 떨게 하옵소서 주께서 강림하사 우리가 생각하지 못한 두려운 일을 행하시던 그때에 산들이 주 앞에서 진동하였사오니 주 외에는 자기를 앙망하는 자를 위하여 이런 일을 행한 신을 옛부터 들은 자도 없고 귀로 들은 자도

없고 눈으로 본 자도 없었나이다(사 64:1-4).

악인이 멸망하고 원수가 패배해서 도망가며 벌벌 떠는 모습을 상상해 본 적이 있습니까? 우리는 대개 원수들에게 기가 질려 있습니다. 세상에 기가 질려 있습니다. 자신감이 없는 것입니다. 이 예언자의 기도는 그런 것이 아닙니다. 하늘을 찢으시고 하나님께서 내려오셔서 위엄과 능력과 권세를 보여 주시자 원수들이 벌벌 떨며 도망간다는 이야기입니다. 사탄이 꼬리를 내리고 도망갈 것입니다. 마귀가 우리 앞에서 큰소리칠 이유가 없습니다. 기죽지 마십시오. 그들이 벌벌 떨어야 합니다. 세상이 벌벌 떨어야 합니다. 원수들이 벌벌 떨어야 합니다. 우리는 늠름한 장수와 같은 사람들입니다.

넷째, 시온은 하소연하고 탄원하면서 자기 자신의 범죄에 대해서 솔직히 고백하고 절망합니다.

주께서 기쁘게 공의를 행하는 자와 주의 길에서 주를 기억하는 자를 선대하시거늘 우리가 범죄하므로 주께서 진노하셨사오며 이 현상이 이미 오래 되었사오니 우리가 어찌 구원을 얻을 수 있으리이까 무릇 우리는 다 부정한 자 같아서 우리의 의는 다 더러운 옷 같으며 우리는 다 잎사귀같이 시들므로 우리의 죄악이 바람같이 우리를 몰아가나이다 주의 이름을 부르는 자가 없으며 스스로 분발하

여 주를 붙잡는 자가 없사오니 이는 주께서 우리에게 얼굴을 숨기시며 우리의 죄악으로 말미암아 우리가 소멸되게 하셨음이니이다 (사 64:5-7).

때로는 하나님 앞에 진솔한 고백이 필요합니다. 여기서 그들은 "우리가 계속 잘못을 저질러서 주 앞에서 노여움을 샀습니다. 우리는 모두 부정한 사람이 되었습니다. 우리가 했던 의로운 행동은 더러운 옷이었습니다. 나무처럼 시들었고 우리 죄가 우리를 쓸어버렸습니다. 아무도 주의 이름을 부르지 않고 주를 붙들려고 애쓰지 않았습니다. 주께서 우리에게 얼굴을 숨기셨고 죄 때문에 우리를 녹이셨습니다"라는 아홉 가지 고백을 합니다. 이런 고백을 할 때는 눈물이 있고 비참함이 있고 얼굴이 찡그러졌을 것입니다. 얼굴이 찡그러지는 것은 그들이 새로 태어나는 것을 의미합니다.

우리는 진흙, 주는 토기장이

이제 황폐한 시온을 구원해 달라는 탄원의 기도를 시작합니다.

그러나 여호와여, 이제 주는 우리 아버지시니이다 우리는 진흙이요 주는 토기장이시니 우리는 다 주의 손으로 지으신 것이니이다 여호와여, 너무 분노하지 마시오며 죄악을 영원히 기억하지 마시옵소서

구하오니 보시옵소서 보시옵소서 우리는 다 주의 백성이니이다 주의 거룩한 성읍들이 광야가 되었으며 시온이 광야가 되었으며 예루살렘이 황폐하였나이다 우리 조상들이 주를 찬송하던 우리의 거룩하고 아름다운 성전이 불에 탔으며 우리가 즐거워하던 곳이 다 황폐하였나이다 여호와여 일이 이러하거늘 주께서 아직도 가만히 계시려 하시나이까 주께서 아직도 잠잠하시고 우리에게 심한 괴로움을 받게 하시려나이까(사 64:8-12).

이 기도 가운데 기막힌 통찰력 있는 발견이 있습니다. 눈물을 흘리고 얼굴을 찡그리고 가슴을 쥐어짜는 고백의 기도를 하다가 문득 "하나님은 우리 아버지십니다"라는 말이 튀어나옵니다. 삶이 너무 힘들고 고통스러워서 울 수도 있고 통곡하고 원망할 수도 있습니다. 그러다가도 "그러나 여호와여, 주는 우리의 아버지십니다. 우리는 주의 진흙이고 주는 토기장이십니다. 우리는 모두 주의 손이 만드신 작품입니다"라는 고백이 튀어나옵니다. 하나님의 위대한 창조의 섭리를 깨달은 순간입니다.

'하나님은 우리 아버지십니다. 나는 이렇게 짓이겨지고 버려지는 막그릇처럼 느껴졌지만 나중에 알고 보니 하나님이 빚으신 토기였습니다. 나는 진흙이었고, 하나님은 그 진흙을 가장 아름다운 예술 작품으로 만드시는 토기장이였습니다. 그래서 내 인생은 폐품이 아니고 하나님이 만드신 위대한 걸작품입니다'라고 고백하

십시오. 우리의 존재와 가치, 우리의 영광스런 모습이 되살아나는 기쁨이 느껴집니다.

이스라엘의 탄원과 고백의 기도의 근거는 두 가지입니다.

첫째, '하나님은 내 아버지시다'라는 믿음입니다. 이 믿음이 있어야 탕자가 돌아옵니다. 탕자가 쥐엄나무의 열매를 먹으며 이국에서 거지가 되었을 때, 아버지께 돌아오는 용기를 낼 수 있었던 것은 '그가 내 아버지다'라는 생각 때문이었습니다. 우리는 고아가 아닙니다. 죽어도 천국에 갑니다. 우리가 자격이 없어도 하나님의 자녀입니다. 우리가 밑바닥까지 갔더라도 하나님의 자녀임은 변함없습니다. 우리는 내 아버지의 집으로 돌아갈 수 있습니다.

둘째, 하나님의 은혜와 긍휼과 자비입니다. 하나님은 우리를 긍휼히 여기시고 우리의 행위를 따지지 않으시고 우리의 존재 자체를 받아들이십니다.

여호와의 인자와 긍휼이 무궁하시므로 우리가 진멸되지 아니함이니이다 이것들이 아침마다 새로우니 주의 성실하심이 크시도소이다(애 3:22-23).

우리가 아직 죄인 되었을 때에 그리스도께서 우리를 위하여 죽으심으로 하나님께서 우리에 대한 자기의 사랑을 확증하셨느니라(롬 5:8).

우리가 비록 탕자라 할지라도 우리는 돌아갈 집이 있습니다. 하나님 아버지는 우리를 거절하지 않으십니다. 우리를 받아들이실 것입니다. 하나님의 은혜와 자비는 무한하십니다. 하나님의 용서는 끝이 없으십니다. 두려워하지 말고 다시 희망을 가지십시오. 아버지의 품으로 돌아오십시오.

47

불순종으로 제멋대로 사는 인생들이었습니다

이사야 65 : 1-16

제멋대로 사는 두 부류의 사람

나는 나를 구하지 아니하던 자에게 물음을 받았으며 나를 찾지 아
니하던 자에게 찾아냄이 되었으며 내 이름을 부르지 아니하던 나라
에 내가 여기 있노라 내가 여기 있노라 하였노라(사 65:1).

여기서 '나를 구하지 않던 사람들, 나를 찾지 않던 사람들, 내 이
름을 부르지 않던 사람들'은 하나님 없이 살아왔던 이방인을 의미
합니다. 비록 이방인이었지만 그들은 하나님을 알게 됐을 때 하나
님께 찾아왔고 하나님의 이름을 부르는 영광을 갖게 됩니다. 참 신
기합니다. 하나님께서는 전혀 구원받지 못할 것 같은 사람들을 만
나 주십니다. 마치 니느웨 도성 사람들이 제멋대로 살다가 요나의
설교를 듣고 한꺼번에 돌아와서 재를 뒤집어쓰고 회개하는 모습
처럼 참 신비스런 사건입니다.
　로마서에서도 이사야서를 인용한 내용이 나옵니다.

이사야는 매우 담대하여 내가 나를 찾지 아니한 자들에게 찾은 바
되고 내게 묻지 아니한 자들에게 나타났노라 말하였고(롬 10:20).

사도 바울은 이사야서에 나온 이 예언의 말씀을 신약에서 예수님을 만난 다음에 깨달았습니다. 그런데 본문 2절에서는 정반대의 사건이 전개됩니다. 유대인들은 하나님을 믿지만 결정적인 순간에 하나님께 등을 돌리고 제멋대로 행동하고 불순종하는 비극적인 사건이 전개됩니다.

> 내가 종일 손을 펴서 자기 생각을 따라 옳지 않은 길을 걸어가는 패역한 백성들을 불렀나니(사 65:2).

하나님께서 '너희들이 결국 형식으로만 하나님을 섬겼지 내용으로는 하나님을 거절하고 있구나'라고 하시면서 하루 종일 손을 펴셨습니다. 사도 바울은 이 말씀을 이렇게 요약했습니다.

> 이스라엘에 대하여 이르되 순종하지 아니하고 거슬러 말하는 백성에게 내가 종일 내 손을 벌렸노라 하였느니라(롬 10:21).

결론은 둘 다 제멋대로 사는 사람들인데 하나님께서 이방인에게는 환영을 받고 환영받아야 할 이스라엘에게는 거역을 당했다는 것입니다. 믿었던 사람에게 거역을 당했을 때 하나님의 마음은 말할 수 없이 고통스럽고 슬펐을 것입니다. 제멋대로 사는 사람들, 고집불통으로 사는 사람들에게는 두 가지 특징이 있습니다. 첫째

는 불순종이고, 둘째는 거역입니다.

하나님을 속이고 배신하는 이스라엘

불순종하고 거역한 유대인들은 더 나아가 하나님을 속이고 배신합니다. 어떻게 하나님의 백성인 이스라엘이 하나님을 믿는 척하면서 배신을 할 수 있을까요?

> 곧 동산에서 제사하며 벽돌 위에서 분향하여 내 앞에서 항상 내 노를 일으키는 백성이라 그들이 무덤 사이에 앉으며 은밀한 처소에서 밤을 지내며 돼지고기를 먹으며 가증한 것들의 국을 그릇에 담으면서(사 65:3-4).

어떤 사람들은 멀쩡한 집을 놔두고 뒷골목이나, 무덤 안에 숨어서 삽니다. 대개 도박을 하거나 음모를 꾸밀 때 이런 장소에서 합니다. 본문에서도 그들은 비밀스러운 장소에서 밤을 새웠다고 했습니다. 성경에서 먹지 말라고 하는 부정한 음식인 돼지고기를 골라먹고 좋아하면서 하나님께서 모르실 것이라고 생각했습니다.

> 사람에게 이르기를 너는 네 자리에 서 있고 내게 가까이하지 말라 나는 너보다 거룩함이라 하나니 이런 자들은 내 코의 연기요 종일

타는 불이로다(사 65:5).

 그들은 가장 더러운 짓만 골라서 하고 있기 때문에 이미 거룩해질 것도 없습니다. 그런데도 자기들은 종교적으로 거룩하기 때문에 이방인들이 자기들과 같이 살면 이방인도 거룩해질 것이라고 착각하고 있는 것입니다. 마치 자기들이 무엇이라도 된 것처럼 생각하자 하나님께서 화가 나셨습니다. 이러한 하나님의 엄청난 분노를 "코의 연기요 종일 타는 불이로다"라고 표현하고 있습니다. 하나님께서는 못된 짓을 하는 사람들과 제멋대로 사는 사람들에게 분노할 뿐만 아니라 복수를 하시겠다고 말씀하셨습니다. 그것이 바벨론 포로생활이었습니다.

 보라 이것이 내 앞에 기록되었으니 내가 잠잠하지 아니하고 반드시 보응하되 그들의 품에 보응하리라 너희의 죄악과 너희 조상들의 죄악은 한 가지니 그들이 산 위에서 분향하며 작은 산 위에서 나를 능욕하였음이라 그러므로 내가 먼저 그들의 행위를 헤아리고 그들의 품에 보응하리라 여호와가 말하였느니라(사 65:6-7).

 차라리 하나님을 믿지 않고 하나님을 대적하는 사람은 회개의 가능성이 많습니다. 그러나 교회에 들어와서 신앙생활을 한다고 하면서, 하나님께서 기뻐하시지 않는 것을 눈치 보면서 몰래 행하

는 사람들이 있습니다. 이러한 모습들 때문에 하나님께서는 굉장히 마음이 상해 있습니다. 두 번 속게 된 것입니다. 한 번 죄를 짓는 것뿐만 아니라 죄를 안 짓는 척하면서 죄를 짓기 때문에 하나님의 마음은 몹시 불편하고 배신감이 들게 됩니다.

인간의 문제는 여러 가지가 있겠지만 가장 큰 문제는 불순종의 문제입니다. 사람들의 마음속에 거역하는 마음, 반항하는 마음이 있다는 것입니다. 지옥이란 어떤 곳일까요? 지옥을 만드는 방법은 간단합니다. 서로 비판하고 정죄하고 고발하고 화내고 싸우면 지옥입니다. 가장 무서운 것은 비판의 영이 들어오는 것입니다. 모든 일을 비판하고 고발해서 해결하려고 합니다. 이해하고 수용하고 다시 한 번 생각해 보지 않고 작은 일만 생겨도 고발해 버립니다.

차분하게 앞뒤를 따져보고 순서를 잡고, 참을 것은 참고, 이야기할 것은 이야기한다면 그는 정말 성숙한 인간일 것입니다. 그러나 우리는 대체로 순종을 통해서 문제를 해결하지 않고 반항과 통곡을 통해서, 소리를 질러서 문제를 해결하려고 합니다. 그렇다고 문제의 결과가 좋아지지도 않습니다. 더 비참해질 뿐입니다. 사탄은 우리에게 불순종의 영을 집어넣어서 "싸워라. 고발해라. 화를 내라"고 말합니다. 아무리 좋은 일도 뒤집으라고 말합니다. 그래서 우리가 사는 세상을 스스로 지옥으로 만드는 것입니다.

순종하고 수용하고 이해하는 영이 있으면 서로 용서하고 사랑하게 됩니다. 행복은 수용하고 이해하며 용서할 때 옵니다. 조용히

이야기하고 하나님을 생각하십시오. 예수님은 "엘리 엘리 라마 사박다니"를 외치실 때도, 창에 찔리실 때도, 가시 면류관을 쓰실 때도, 로마 병정에게 끌려가실 때도 소리를 지르지 않으셨습니다. 그냥 침묵하셨습니다. 작은 신음소리만 내셨습니다. 그것이 순교입니다. 하나님의 본질은 긍휼입니다. 사랑입니다. 심판하시고 복수하시면서도 하나님의 마음 한구석에는 사랑이 있습니다. 궁극적으로 우리를 다시 회복시키고 구원시키십니다.

회복의 그루터기를 남기시는 하나님

> 여호와께서 이와 같이 말씀하시되 포도송이에는 즙이 있으므로 사람들이 말하기를 그것을 상하지 말라 거기 복이 있느니라 하나니 나도 내 종들을 위하여 그와 같이 행하여 다 멸하지 아니하고 내가 야곱에게서 씨를 내며 유다에게서 나의 산들을 기업으로 얻을 자를 내리니 내가 택한 자가 이를 기업으로 얻을 것이요 나의 종들이 거기에 살 것이라(사 65:8-9).

포도송이를 다 땄지만 나중에 포도즙이 조금 있다고 말하고 있습니다. 그것마저 다 따 버리지 않겠다고 했습니다. 포도즙에는 축복이 남아 있기 때문입니다. 하나님께서는 그것을 긍휼의 씨앗으

로 삼으신다고 하십니다. 하나님의 백성이 진노를 받아서 죽게 되었지만 진노와 파멸이 전부가 아닙니다. 하나님께서는 긍휼의 포도즙을 남겨 두십니다. 9절을 보면 다 망했는데 하나님이 망하지 않게 하셨습니다. 야곱으로부터 자손이 나오고 유다로부터 내 산들을 차지하게 할 후손이 나온다고 하십니다. 그다음에 내가 뽑은 사람들이 유업을 물려받는다고 하셨습니다. 하나님께서 내 자손, 내 후손, 내 유업을 우리를 통해서 이루겠다고 약속하셨습니다.

우리는 하나님의 자손입니다. 후손입니다. 유업입니다. 정말 존재할 만한 이유가 없는 그런 죄를 지었다고 해도 하나님께서는 회복의 그루터기를 남겨 두시고, 포도즙을 남겨 두시고, 거기에 씨가 나오게 하시고 후손과 유업이 나오게 해주신다고 약속하셨습니다. 믿음이라는 것은 이 약속을 믿는 것입니다. 믿음이 있는 사람은 어떤 어려움이 생겨도 마음에 안심이 있습니다. 불안해하지 않습니다.

하나님에 대한 긍정적인 믿음의 생각이 들어오면 내가 어떤 조건에 있을지라도 하나님께서는 협력하여 선을 만드십니다. 자손, 후손, 유업은 이스라엘의 구원이요, 회복이요, 희망입니다. 이것은 하나님의 비전이요, 하나님의 꿈입니다. 그래서 가장 절망적일 때 하나님은 메시아를 이야기합니다.

우리의 인생이 가장 절망적일 때 마음속에 하나님을 기억하시기 바랍니다. 이제는 더 이상 길이 없고 끝이라고 생각할 때 내 의

식과 내 언어, 사고의 틀 가장 깊은 곳에 하나님이 계십니다. 하나님은 언제까지나 우리를 사랑하십니다.

> 사론은 양 떼의 우리가 되겠고 아골 골짜기는 소 떼가 눕는 곳이 되어 나를 찾은 내 백성의 소유가 되려니와(사 65:10).

하나님은 양 떼들에게 푸른 초장과 잠자는 시냇물을 준비하고 계십니다. 그런데 이스라엘 백성들은 하나님 앞에 죄를 짓고 있습니다.

> 오직 나 여호와를 버리며 나의 성산을 잊고 갓에게 상을 베풀며 므니에게 섞은 술을 가득히 붓는 너희여 내가 너희를 칼에 붙일 것인즉 다 구푸리고 죽임을 당하리니 이는 내가 불러도 너희가 대답하지 아니하며 내가 말하여도 듣지 아니하고 나의 눈에 악을 행하였으며 내가 즐겨하지 아니하는 일을 택하였음이니라(사 65:11-12).

하나님 앞에 이런 일을 행해서는 안 되었습니다. 조금만 겸손하고 순종했으면, 조금만 자기를 포기했으면 좋았을 텐데 밥상을 다 뒤집어 버린 것입니다. 이것이 슬픈 역사입니다. 여기서 중요한 것은 선택의 문제입니다.

'하나님을 선택할 것이냐, 우상을 선택할 것이냐'입니다. 그 선

택의 몫은 우리의 것입니다.

> 이러므로 주 여호와께서 이와 같이 말씀하시니라 보라 나의 종들은
> 먹을 것이로되 너희는 주릴 것이니라 보라 나의 종들은 마실 것이
> 로되 너희는 갈할 것이니라 보라 나의 종들은 기뻐할 것이로되 너
> 희는 수치를 당할 것이니라 보라 나의 종들은 마음이 즐거우므로
> 노래할 것이로되 너희는 마음이 슬프므로 울며 심령이 상하므로 통
> 곡할 것이며(사 65:13-14).

하나님을 선택한 종들과 하나님을 선택하지 않은 사람들이 있
습니다. 하나님을 선택한 주의 종들은 배불리 먹고 물을 마시고 기
뻐하고 즐겁게 환호성을 지르지만, 우상을 선택한 사람들은 배고
프고 목마를 것이고 부끄러움을 당할 것이고 울부짖고 통곡할 것
이라고 하십니다.

예수를 믿을 것이냐 말 것이냐는 선택입니다. 생명을 위해 하나
님을 선택하시기 바랍니다. 작은 쾌락, 작은 이익 때문에 하나님의
엄청난 축복의 그릇을 놓치지 마십시오. 하나님을 부인하고 하나
님을 떠난 역사치고 행복한 역사가 없습니다.

세상에서 가장 무서운 것은 무신론입니다. 하나님을 인정하지
않는 것입니다. 물질 중심, 진화론 중심, 휴머니즘 중심으로 살아
가는 이들이 많습니다. 그들은 기독교가 믿는 신이 인간이 만들어

놓은 가짜 신이라고 주장합니다. 무신론보다 더 무서운 것은 가짜 신입니다. 가짜 신은 우상이고 미신입니다. 오늘날 기독교의 위기는 참 하나님을 가짜 신으로 전락시켜 놓은 것입니다. 최고의 높은 신앙을 천박하게 만들어 놓았기 때문에 교회가 세상으로부터 손가락질을 받습니다. '너희 하나님이나 세상의 가짜 신들이나 별반 다름이 없다. 왜냐하면 너희 하는 꼴을 보니까 그렇다'고 세상이 비판합니다.

우리 하나님은 창조주 하나님이시고, 사랑의 하나님이시고, 질서의 하나님, 정의의 하나님이십니다. 하나님을 섬기고 경외했던 역사는 평화로웠습니다. 그러나 종교의 이름으로 전쟁을 하는 십자군 전쟁이나 잘못된 신이 들어올 때는 무신론과 더불어 세상은 비참해졌습니다. 하나님은 때로는 이스라엘 백성들을 바벨론 포로에 집어넣기도 하시지만 궁극적으로 해방과 자유를 주시는 하나님이십니다. 우리에게 고난도 주셨지만 영광과 기쁨도 주시는 하나님이십니다.

> 또 너희가 남겨 놓은 이름은 내가 택한 자의 저줏거리가 될 것이니라 주 여호와 내가 너를 죽이고 내 종들은 다른 이름으로 부르리라 (사 65:15).

고난도 주셨지만 새 이름도 우리에게 주실 것이라고 하십니다.

이러므로 땅에서 자기를 위하여 복을 구하는 자는 진리의 하나님을 향하여 복을 구할 것이요 땅에서 맹세하는 자는 진리의 하나님으로 맹세하리니 이는 이전 환난이 잊어졌고 내 눈 앞에 숨겨졌음이라(사 65:16).

성실하신 하나님은 히브리어로 '엘로헤(Elohe) 아멘'이라고 합니다. 진실하신 하나님, 정의로우신 하나님이라는 뜻입니다. 우리 하나님은 아멘의 하나님이십니다. 신실하신 하나님이십니다. 정의의 하나님이십니다. 궁극적으로 우리를 승리하게 하시는 하나님이십니다. 하나님이 살아 계심을 믿으십시오. 의심의 안개, 고통의 현실이 다 지나고 난 후에 보이는 하나님의 인자하고 정의롭고 사랑스러운 얼굴이 해처럼 우리에게 비칠 것입니다.

48

새 창조는
하나님의 역사입니다

이사야 65:17-25

무(無)에서 유(有)를 창조하신 하나님

> 보라 내가 새 하늘과 새 땅을 창조하나니 이전 것은 기억되거나 마음에 생각나지 아니할 것이라(사 65:17).

새 하늘과 새 땅은 사람이 만든 것도, 사람이 상상한 것도 아닙니다. 하나님 나라의 첫 번째 특징은 창조되는 것입니다. 이것은 한 번도 상상해 본 일이 없는, 한 번도 경험해 본 일이 없는, 한 번도 우리가 가져 본 일이 없는 아주 새로운 나라입니다. 그런 나라를 하나님께서 예비하시고 약속하신 것입니다.

우리가 예수 그리스도를 영접한 순간, 하나님을 만난 순간 가장 먼저 경험하는 것이 하나님의 나라를 느끼는 것입니다. 그래서 가장 불행한 사람은 교회를 다니고 예수를 믿으면서도 하나님의 나라를 못 느끼는 사람입니다. 눈 뜨기 시작하고 느끼기 시작하고 경험하기 시작하면 초막이나 궁궐이나 내 주 예수 모신 곳이 그 어디나 하늘나라입니다. 세상에 없는 평화와 기쁨과 환희와 감격을 죽어서 천국 가서 느끼는 것이 아니라 살아 있는 이 순간에 경험하는 것입니다.

하나님 나라는 창조되는 것이라고 했는데 이 창조라는 말을 좀 더 면밀히 살펴볼 필요가 있습니다. 이 말은 우리가 흔히 쓰는 '창조'라는 단어가 아닙니다. 우리가 '발견했다, 창조했다'라는 것은 새로운 것이 없습니다. 성경에서 말한 것처럼 해 아래 알고 보면 새로운 것이 없습니다. 몰랐던 것이고 발견되지 않았던 것을 알게 된 것뿐이지 우리가 만들어 낸 것은 아닙니다. 하나님이 만들어 놓은 것을 인간이 그 후에 발견했을 뿐입니다.

'창조'라는 말은 히브리어로 '아사'(Asa)라고 하는데 이는 유(有)에서 유(有)를 만드는 것입니다. 있는 것에서 있는 것을 만드는 것입니다. 그런데 본문 말씀에 사용된 '창조'는 '태초에 하나님이 천지를 창조하셨다'는 말씀에서 사용된 '바라'(Bara)라는 단어를 씁니다. 하나님이 천지창조를 하셨을 때는 무(無)에서 유(有)를 만드는 창조입니다. 인간이 만드는 창조는 유(有)에서 유(有)를 만드는 창조이고, 하나님이 만드시는 창조는 무(無)에서 유(有)를 만드는 창조입니다.

예를 들면, 태초에 하나님이 빛이 있으라 하니까 빛이 생겼습니다. 그 전에는 빛이라는 개념이 없었습니다. 우주만물 모든 것은 무(無)였습니다. 그런데 하나님께서 해와 달, 우주를 만드신 것입니다. 또 인간도 어떤 선(先) 물질이 있었던 것이 아닙니다. 하나님이 무(無)에서 유(有)를 창조한 것이 아담과 하와입니다.

이렇게 새 하늘과 새 땅은 하나님이 천지창조처럼 새롭게 창조

하신 하나님만의 세계입니다. 하나님이 새 하늘과 새 땅을 만들 때 미리 계시가 있었습니다.

다시는 낮에 해가 네 빛이 되지 아니하며 달도 네게 빛을 비추지 않을 것이요 오직 여호와가 네게 영원한 빛이 되며 네 하나님이 네 영광이 되리니 다시는 네 해가 지지 아니하며 네 달이 물러가지 아니할 것은 여호와가 네 영원한 빛이 되고 네 슬픔의 날이 끝날 것임이라(사 60:19-20).

이 세상의 핵심은 해입니다. 해가 없으면 세상이 존재하지 않습니다. 하지만 새 하늘과 새 땅에서는 낮에 해가 없고 밤에 달도 없다고 했습니다. 해가 지지 않고 달이 더 이상 기울지 않는다고 했습니다. 하나님이 태양이시라는 것입니다. 하나님이 우리의 영원한 빛이 된다고 했습니다. 해 아래 있으면 슬픔이 있고 눈물이 있고 고통이 있고 죽음이 있습니다. 그러나 슬픔도 고통도 눈물도 죽음도 새 하늘과 새 땅에는 없습니다. 그래서 우리가 경험해 보지 못한, 상상해 보지 못한, 하나님이 새롭게 창조하신 그곳이 새 하늘과 새 땅입니다.

'새 하늘과 새 땅'에는 '새'라는 수식어가 붙습니다. 새것은 뜯으면 헌것이 됩니다. 새로울 때는 흥미가 있어도 헌것이 되면 싫증을 냅니다. 그런데 새 하늘과 새 땅은 새롭고, 또 새롭고, 또 새롭습니

다. 항상 새롭습니다. 그래서 새 하늘과 새 땅은 감동입니다. 그런 나라가 하나님의 나라입니다.

요한계시록에 있는 "또 내가 새 하늘과 새 땅을 보니 처음 하늘과 처음 땅이 없어졌고 바다도 다시 있지 않더라"(계 21:1)는 말씀에서 그 핵심적인 내용이 나타나 있습니다. 새 하늘과 새 땅은 예전에 있었던 것도 아니고 사람이 상상했던 것도 아니며 하나님이 우리를 위해서 창조하신 것이라는 의미입니다.

> 너희는 내가 창조하는 것으로 말미암아 영원히 기뻐하며 즐거워할지니라 보라 내가 예루살렘을 즐거운 성으로 창조하며 그 백성을 기쁨으로 삼고(사 65:18).

기쁨과 즐거움이 있는 새 예루살렘

새 하늘과 새 땅은 기뻐하고 영원히 즐거워할 수 있는 곳입니다. 영원히 기뻐해야 할 것이 있고 영원히 찬양해야 할 것이 있습니다. 그것이 새 하늘과 새 땅입니다. 이 새 하늘과 새 땅은 새 나라인데 거기에 중심 도시가 있습니다. 예루살렘입니다. 예루살렘도 두 개가 있습니다. 헌 예루살렘이 있고, 새 예루살렘이 있습니다. 헌 예루살렘은 지금 이스라엘에 가면 볼 수 있습니다. 그런데 하나님께서는 새 예루살렘이 있다고 하셨습니다. 신랑을 위해서 신부가 단

장하는 것처럼 새 예루살렘이 오고 있다고 했습니다. 마지막으로 나라가 있고, 도성이 있으면, 그 도성에 사는 백성도 있어야 합니다. 그 백성은 새 백성입니다.

새 하늘과 새 땅, 새 예루살렘, 새 백성, 이렇게 삼박자가 맞춰지는 것입니다. 새 하늘과 새 땅은 별명이 있습니다. 기쁨과 즐거움의 새 하늘과 새 땅, 기쁨의 예루살렘입니다. 지금의 예루살렘은 팔레스타인과 싸우는 비극적 예루살렘입니다. 폭탄이 터지고 테러가 일어나는 예루살렘입니다. 그것은 하나님이 만든 예루살렘이 아닙니다. 새 예루살렘은 샬롬의 예루살렘입니다. 거기에는 기쁨이 있고 영원한 즐거움이 있습니다.

> 내가 예루살렘을 즐거워하며 나의 백성을 기뻐하리니 우는 소리와 부르짖는 소리가 그 가운데에서 다시는 들리지 아니할 것이며 (사 65:19).

또한 새 하늘과 새 땅은 아비규환이 없는 곳입니다. 다른 말로 하면 눈물과 통곡과 슬픔과 절망이 없는 곳입니다. 상상만 해도 전율이 올만큼 충격적이고 감동적인 하나님의 나라입니다. 우리가 예수 그리스도를 믿고 영접하는 순간에 하나님 나라의 백성으로, 자녀로 삼아 주시겠다고 했으니 이것은 정말 엄청난 축복입니다.

거기는 날 수가 많지 못하여 죽는 어린이와 수한이 차지 못한 노인
이 다시는 없을 것이라 곧 백 세에 죽는 자를 젊은이라 하겠고 백 세
가 못 되어 죽는 자는 저주받은 자이리라(사 65:20).

이 말은 새로 창조된 새 하늘과 새 땅에는 생명이 충분히 보장된
다는 것입니다. 생명이 충분히 보장될 뿐만 아니라 하늘에서는 영
원한 생명이 약속되어 있다는 뜻입니다. 여기에 "어린이", "노인",
"백 세"라는 말이 나오는데 이것은 계시의 관점에서 구약 시대의
사람들에게 보여 주는 영원이라는 설명입니다. 세상에 태어나 우
리는 병들고 여러 가지 재앙과 재난으로 인해 죽습니다. 그러나 하
나님의 나라는 그런 것이 없습니다.

그들이 가옥을 건축하고 그 안에 살겠고 포도나무를 심고 열매를
먹을 것이며 그들이 건축한 데에 타인이 살지 아니할 것이며 그들
이 심은 것을 타인이 먹지 아니하리니 이는 내 백성의 수한이 나무
의 수한과 같겠고 내가 택한 자가 그 손으로 일한 것을 길이 누릴 것
이며(사 65:21-22).

새 하늘과 새 땅은 안녕과 안정과 번영이 약속된 정직한 나라입
니다. 우리나라뿐 아니라 전 세계는 불법의 나라입니다. 다 안 그
런 척하고 살 뿐입니다. 정도의 차이만 있고 모두 비슷합니다. 잘

사는 사람은 상상하지 못할 만큼 잘살고, 가난한 사람은 상상할 수 없이 가난하게 살고, 억울한 사람은 상상할 수 없이 억울하고, 악한 사람은 상상할 수 없이 악합니다. 그런데 본문에서 사람마다 자기가 지은 집에서 자기가 산다고 했습니다.

하나님의 나라에서는 자기가 지은 집을 적군이 와서 빼앗아 가지 않고 전쟁이 없다고 말합니다. 하나님의 나라는 자기가 농사지은 것을 자기가 먹는다고 했습니다. 내가 심은 포도나무를 내가 따먹는다고 했습니다. 하나님의 나라는 백향목과 상수리나무와 같이 잘 뻗은 나무처럼 쑥쑥 뻗은 나무와 같은 나라입니다.

> 그들의 수고가 헛되지 않겠고 그들이 생산한 것이 재난을 당하지 아니하리니 그들은 여호와의 복된 자의 자손이요 그들의 후손도 그들과 같을 것임이라(사 65:23).

사람들은 다 행복하기를 원합니다. 행복한 결혼을 하고 행복한 자식을 낳기 원합니다. 그런데 세상살이가 뜻대로 되지 않습니다. 이 세상이 죄악의 세상이기 때문입니다. 세상은 아비규환의 세상이고 불합리와 부조리의 세상입니다. 그런데 새 하늘과 새 땅이 오면 헛고생하지 않을 것이라고 했습니다. 또한 불행의 씨앗이 될 자식을 낳지 않을 것이라고 했습니다. 지나온 삶이 불행의 씨앗이었다 할지라도 하나님을 믿는 순간, 예수 그리스도를 영접하는 순간, 하나

님의 나라가 우리에게 임하는 순간 불행의 씨앗은 사라져 버립니다. 여호와께 복 받는 백성이 되고 그들과 그 자손도 그렇게 될 것입니다. 하나님의 나라는 저주가 없고 불행이 없고 실패가 없습니다.

우리는 축복의 자식입니다. 축복의 도구입니다. 이제부터 우리로 말미암아 우리 인생과 후손이 축복을 받게 될 것입니다. 저주는 끝났습니다. 불행은 끝났습니다. 아무도 막을 수 없는 이 세상의 불행의 파도를 예수님이 막아 주셨습니다. 사탄을 뿌리째 뽑아 주신 것입니다.

> 그들이 부르기 전에 내가 응답하겠고 그들이 말을 마치기 전에 내가 들을 것이며 이리와 어린 양이 함께 먹을 것이며 사자가 소처럼 짚을 먹을 것이며 뱀은 흙을 양식으로 삼을 것이니 나의 성산에서는 해함도 없겠고 상함도 없으리라 여호와께서 말씀하시니라(사 65:24-25).

새 하늘과 새 땅이 있으면 기도는 이미 응답되었고, 응답되고 있다고 말씀합니다. 그들이 부르기 전에 내가 대답하고 기도하기 전에 이미 들으셨다고 하십니다. 이처럼 하나님의 나라는 신비스러운 것입니다. 세상은 늑대가 어린 양을 잡아먹습니다. 그런데 하나님의 나라는 늑대와 어린 양이 함께 풀을 뜯어먹습니다. 사자는 고기를 먹지 풀을 먹지 않습니다. 그런데 그때가 되면 사자가 소처럼

풀을 뜯어먹는다고 했습니다. 다른 동물을 죽이지 않는다는 것입니다. 뱀도 다른 동물을 해하지 않고 흙을 먹는다고 했습니다. 그 거룩한 산에는 어디서든 서로 해치거나 죽이는 일이 없다고 했습니다.

아비규환의 생존 경쟁 속에서 서로 죽이고 먹고 먹히는 비참한 살육이 일어나지 않는 곳이 바로 하나님의 나라입니다. 이 말을 뒤집어 보면 이 세상은 서로 음모를 꾸미고 사기치고 속이면서 사는 세상입니다. 도덕과 윤리를 말하면서 안 그런 척하고 삽니다. 인간의 속은 전쟁입니다. 인간의 속은 이미 죽음입니다. 그래서 불안하고 외롭습니다. 절망적입니다. 인간은 한순간도 긴장을 놓지 않고 죽는 순간까지 불안하기에 눈을 뜨고 죽습니다. 그것이 인간의 운명이고 인간의 모습입니다.

그러나 구원과 회복으로 우리는 달라졌습니다. 우리는 다른 사람과 똑같이 죽이고 미워하면서 사는 것이 아니라 용서하면서 살고, 베풀면서 살아야 합니다. 이 험한 세상을 승리하면서 살고, 웃으면서 살고, 사랑하면서 살아야 합니다.

49

참된 예배의 삶으로
돌이키겠습니다

이사야 66 : 1- 4

예배의 내용을 보시는 하나님

이사야서의 마지막 장인 66장은 꼼꼼히 보아야 내용을 제대로 파악할 수 있습니다. 여기서는 중요한 세 가지 내용이 나오는데, 첫째는 책망과 경고입니다. 하나님께서는 우리를 향해 끊임없이 사랑의 책망과 경고를 하십니다. 둘째는 위로와 격려입니다. 하나님께서는 책망과 경고만 하시지 않고 반드시 위로와 격려를 해주십니다. 이 위로와 격려는 구원과 회복의 지름길입니다. 셋째는 최후 심판과 새 시대의 도래입니다. 하나님께서 우리를 위해 준비하신 영광스런 나라가 여기에 담겨 있습니다. 우선 하나님께서 이스라엘 백성에게 주시는 사랑의 채찍과 경고에 관한 내용부터 살펴보겠습니다.

하나님은 이스라엘을 향해 무엇을 책망하시고 경고하신 것일까요? 여러 가지가 있겠지만 가장 중요한 것은 예배에 관한 것입니다. 이스라엘 백성들이 포로생활에서 벗어나 하나님의 특별한 은혜로 고국에 돌아왔을 때 그들이 처음 목격한 것은 무너진 제단이었습니다. 성전이 훼파되고 성곽이 무너진 비참한 현실이었습니다. 그들의 마음은 굉장히 조급했습니다. 그들은 성전을 재건하고 성곽을 회복시키는 데 심혈을 기울였습니다. 문제는 성곽을 재건

하고 성전을 다시 짓는 데 열심을 내다보니 하나님에 대해서는 관심이 없고 집에 대해서만 관심을 갖게 되었습니다. 여기서 하나님이 속이 상하셨습니다.

교회는 건물이 있어야 하지만 건물이 교회는 아닙니다. 교회는 교파에 소속되어 있지만 교파가 교회는 아닙니다. 우리는 하나님을 믿으면서도 형식과 전통에 너무 치중하게 됩니다. 그것을 열심히 하다 보니 막상 주인공은 간 곳이 없고 비본질적인 형식만 붙드는 것을 하나님 믿는 것으로 착각할 때가 많습니다. 특별히 교회를 오래 다녔거나 신앙생활에 익숙한 사람은 더욱 그렇습니다. 하나님이 이스라엘 백성들에게 책망하시고 경고하시는 첫 번째 말씀은 진정한 예배의 대상은 하나님이시라는 것입니다. 하나님께 신령과 진정으로 예배드리는 것에 전심전력을 다하는 것이 예배라는 것입니다. 그 성전이 무엇으로 지어졌느냐는 중요하지 않습니다. 지상에 있는 건물이 아무리 좋고 기념비적으로 만들어졌다고 하더라도 천지를 지으신 하나님만큼 좋고, 우주만물보다 더 위대하겠습니까? 형식도 중요하겠지만 형식보다 더 중요한 것은 내용입니다.

> 여호와께서 이와 같이 말씀하시되 하늘은 나의 보좌요 땅은 나의 발판이니 너희가 나를 위하여 무슨 집을 지으랴 내가 안식할 처소가 어디랴(사 66:1).

지상의 성전이란 우주 안에 있는 성냥갑에 불과합니다. 인간은 그 성전을 지어 놓고 하나님께 거기에 들어가 계시라고 합니다. 성전보다 더 크신 분인데 성전 안에만 계실 수 있겠습니까? 성전을 지어 놓고 마치 큰일을 이룬 것처럼 자랑한다면 하나님께서 웃으십니다. 진정한 예배란 웅장한 건물에서 예배하는 것이 아니라 우주 만물을 창조하시고 인간을 구원하신 위대한 하나님께 경배와 찬양을 드리는 것입니다.

모든 것은 하나님이 손수 지으신 것이고 하나님께로부터 오지 않은 것이 하나도 없습니다.

나 여호와가 말하노라 내 손이 이 모든 것을 지었으므로 그들이 생겼느니라(사 66:2 상).

모든 것이 하나님의 것인데 우리는 마치 종교적 행위에 있어서는 인간이 하는 것처럼 착각에 빠질 때가 있습니다. 예배란 하나님의 능력과 영광과 위엄을 찬양하는 것입니다.

여호와여 위대하심과 권능과 영광과 승리와 위엄이 다 주께 속하였사오니 천지에 있는 것이 다 주의 것이로소이다 여호와여 주권도 주께 속하였사오니 천지에 있는 것이 다 주의 것이로소이다 여호와여 주권도 주께 속하였사오니 주는 높으사 만물의 머리이심이니이

다(대상 29:11).

시편에는 예배가 하나님의 위대함을 찬양하는 것이라고 기록되어 있습니다.

> 내 영혼아 여호와를 송축하라 여호와 나의 하나님이여 주는 심히
> 위대하시며 존귀와 권위로 옷 입으셨나이다(시 104:1).

그분께 예배하고 그분이 좋아하는 것을 우리가 좋아하고, 그분이 기뻐하는 것을 기뻐하고, 그분이 원하는 것을 우리가 원하는 것이 참된 예배입니다.

하나님께서는 이스라엘 백성에게 참된 예배자에 대한 말씀도 하십니다.

> 무릇 마음이 가난하고 심령에 통회하며 내 말을 듣고 떠는 자 그 사
> 람은 내가 돌보려니와(사 66:2 하).

이 말씀은 마태복음 5장에 나오는 팔복을 연상하게 합니다. '마음이 가난한 자는 복이 있다'는 팔복의 이야기와 아주 흡사합니다. 하나님이 기뻐하시는 사람, 하나님이 굽어보는 사람은 누구이며, 하나님께서 받으시는 예배는 어떤 사람이 드리는 예배일까요?

여기에는 세 종류의 사람이 있습니다. 첫째, 학대를 받아서 괴로워하는 사람입니다. 다른 말로 표현하면 마음이 가난한 사람입니다. 둘째, 마음이 찢어지고 깨진 사람입니다. 다른 말로 하면 마음이 애통하는 사람입니다. 셋째, 하나님 말이라면 벌벌 떠는 사람입니다. 무서워서 벌벌 떠는 것이 아니라 하나님을 경외하는 사람, 두려워하는 사람, 다른 말로 하면 온유한 사람입니다. 그 사람이 드리는 예배를 하나님은 기뻐하십니다. 이 말을 좀 다른 각도에서 보면 예배에 익숙한 사람의 예배는 하나님께서 그리 기뻐하시지 않습니다. 그 안에는 진실과 눈물과 갈급함이 없기 때문입니다. 하나님께서는 형식에 따라 드리는 예배와 그 사람에 대해서는 별로 관심이 없으십니다.

하나님이 거부하시는 예배

그렇다면 하나님은 구체적으로 어떤 사람의 예배를 거부하고 싶어하실까요? 하나님은 종교적이고 전통적이고 형식적인 예배를 싫어하십니다.

소를 잡아 드리는 것은 살인함과 다름이 없이 하고 어린 양으로 제사드리는 것은 개의 목을 꺾음과 다름이 없이 하며 드리는 예물은 돼지의 피와 다름이 없이 하고 분향하는 것은 우상을 찬송함과 다

름이 없이 행하는 그들은 자기의 길을 택하며 그들의 마음은 가증한 것을 기뻐한즉(사 66:3).

하나님께서 받으시기 거북한 예배는 예배를 제사처럼 생각하는 사람의 예배입니다. 제사란 율법에 규정한 대로 소를 잡고 양을 잡아 피를 뿌리는 것입니다. 소와 양을 드릴 수가 없을 때는 곡식으로 제사를 드렸습니다. 또 소와 양을 잡아 피를 뿌리고 곡식으로 제물을 드릴 때는 향을 피웠습니다. 그러나 진정으로 통회하는 마음, 회개하는 마음, 갈급한 마음, 상한 심령이 없이 드리는 제사는 하나님께 무거운 짐이 된다고 하셨습니다. 그것은 익숙하게 형식적으로 하기 때문에 그렇습니다. 마음에 없는 예배를 드리기 때문에 하나님께서는 관심이 없다고 말씀하십니다.

'소나 양을 잡아 피를 뿌리는 것은 사람을 죽여서 피를 흘리는 것과 무엇이 다르고 개의 목을 꺾는 것과 무엇이 다르냐'고 하셨습니다. 뿐만 아니라 이런 예배는 우상에 무릎을 꿇는 것과 무엇이 다르냐고 하십니다. 이런 예배는 아무리 오랜 세월 동안 드려도 의미가 없을 뿐만 아니라 하나님을 욕보이는 행위에 불과합니다. 감동이 없는 예배에 대해 하나님께서 경고하시고 책망하십니다.

나 또한 유혹을 그들에게 택하여 주며 그들이 무서워하는 것을 그들에게 임하게 하리니 이는 내가 불러도 대답하는 자가 없으며 내

가 말하여도 그들이 듣지 않고 오직 나의 목전에서 악을 행하며 내가 기뻐하지 아니하는 것을 택하였음이라 하시니라(사 66:4).

하나님께서는 "내가 불러도 대답하지 않고 내가 말해도 그들이 듣지 않고 내 눈에 거슬리는 일만 했다"고 말씀하십니다. 여기서 우리는 하나님의 법칙을 발견하게 됩니다. 그것은 우리가 하나님을 기뻐하면 하나님도 기뻐하시고, 우리가 하나님이 싫어하고 가증한 일만 골라서 고집대로 행하면 하나님도 우리가 싫어하는 것을 우리에게 임하게 해주신다는 것입니다.

하나님을 가까이하라 그리하면 너희를 가까이하시리라 죄인들아 손을 깨끗이 하라 두 마음을 품은 자들아 마음을 성결하게 하라(약 4:8).

하나님은 나에게로 가까이 오면 나도 너희한테 가까이 가겠다고 말씀하십니다. 이 말을 뒤집어 보면 우리가 하나님을 멀리하면 하나님께서도 우리를 멀리하시겠다는 것입니다. 이것이 하나님의 법칙입니다. 우리는 하나님께 가까이 가야 합니다. 그래야 하나님이 더 가까이 오십니다. 하나님을 기뻐하십시오. 그러면 하나님은 더 기뻐하실 것입니다.

한번 교회에 안 가기 시작하면 교회에 안 갈 이유가 자꾸 생깁니다. 나중에는 더 멀리 가서 돌아온 탕자의 주인공이 됩니다. 잘못

된 예배에서 오는 우리의 편견과 고집을 꺾어야 합니다. 그렇지 않으면 우리에게 무서운 것이 임하게 되고 괴로움을 겪게 됩니다. 불의한 자들에게 주시는 세 가지 책망과 경고는 '불러도 대답이 없었고, 말해도 듣지 않았고, 하나님이 싫어하는 것만 골라서 했다'는 것입니다.

우리는 고난을 겪을 때 고난의 원인에 대해서는 깊이 생각하지 않고 고난에서 빠져나올 구멍만 찾습니다. 그 상황이 힘들기 때문입니다. 이것은 마치 가인의 모습과 같습니다. 가인이 동생 아벨을 죽였습니다. 그리고 하나님께서 가인에게 "네 동생 아벨이 어디 있느냐"고 물으시자 가인이 "제가 아벨을 지키는 자입니까?"라고 대답했습니다. 가인에게 심판이 왔을 때 "내 벌이 너무 무거워 견디기가 어렵습니다"라고 하소연합니다. 우리 인간은 자기가 잘못한 것은 감추고 생각하기 싫어하면서, 당하고 있는 상황은 억울해하고 불편해합니다. 죄인이란 도망자와 같습니다. 회개하기 전에는 안식처와 피난처가 없습니다.

예배는 최고의 우선순위

우리에게 있어서 예배보다 더 중요한 것은 없습니다. 우리가 하는 모든 행위 중에서 예배보다 더 중요한 우선순위는 없습니다. 우리의 인생에서 가장 중요한 것은 하나님께 드리는 진정한 예배입니

다. 하나님의 위대하심과 영광스러움을 찬양하는 것이 최고의 우선순위입니다. 예배가 진정으로 드려지면 모든 것이 만사형통합니다. 사역도 삶도 술술 풀립니다.

형식적이고 습관적인 예배를 중지해야 합니다. 예배의 형식과 시간은 그리 중요하지 않습니다. 다만 진지하고 진실하게 하나님을 만나는 영적 경험이 필요합니다. 참된 예배의 대상이신 하나님을 경험하고 신령과 진정으로 예배드리며 찬양하는 것이 중요하다는 사실을 가슴 깊이 새기십시오. 참된 예배자는 마음이 가난한 사람이요, 마음이 애통하는 사람이요, 온유하고 겸손한 마음으로 하나님께 예배를 드리는 사람입니다. 하나님께서 그 예배를 받아 주십니다.

예수께서 이르시되 네 마음을 다하고 목숨을 다하고 뜻을 다하여 주 너의 하나님을 사랑하라 하셨으니 이것이 크고 첫째 되는 계명이요(마 22:37-38).

하나님께서는 마음과 뜻과 정성을 다하여 하나님을 사랑하라고 하십니다.

제가 교회를 시작할 때 열두 가정으로 출발했습니다. 저는 정말 예수님이 원하시는 교회를 꿈꾸었고, 하나님이 기뻐하시는 교회의 모습에 대해 오랫동안 고민했습니다. 그 고민의 해답이 바로 사

도행전과 같은 교회였습니다.

　교인들에게도 행함으로 얻어지는 교회가 아니라 인격적인 변화를 통해 세워지는 교회를 만들자고 했습니다. 그래서 의도적으로 사역을 멈추고, 직분 타이틀도 붙이지 않았습니다. 모두가 형제자매로 모여서 예배드리고 성경공부하고 기도했습니다. 작은 모임이었지만 그 안에는 충만한 영적 은혜가 있었습니다. 그런데 교회가 커지고 은혜를 많이 받다 보니 사역이 많아졌습니다. 사역이 많아지니 초창기의 마음을 잃어버렸습니다. 하나님 중심으로 생각하고 행위보다는 본질을 더 우선순위에 두었던 것을 잊은 것입니다.

　우리는 기도와 말씀으로 돌아가야 합니다. 예배로 돌아가야 합니다. 그러면 하나님께서 샘물이 솟듯이 풍성한 은혜를 부어 주실 것입니다. 우리의 신앙도 본질로 돌아가야 합니다. 말씀과 기도로 돌아가고 예배로 돌아가고 가난한 마음으로 돌아가서 하나님을 경외하십시오. 그분께 영광을 돌리십시오. 그럴 때 우리 안에 하나님의 기적이 나타나게 될 것입니다.

50

하나님의 위로와 약속으로
평강을 누립니다

이사야 66:5-14

원수를 대적하시는 하나님

하나님은 잘못한 사람들, 하나님을 등진 사람들에 대해 책망하시고 경고하십니다. 그러나 하나님께 돌아오고 회개하는 사람에게는 격려와 위로가 있습니다. 하나님의 위로와 격려는 하나님의 희망과 약속을 의미합니다. 하나님은 다시 회복시켜 주실 때 희망을 주시고 미래를 주시고 새 하늘과 새 땅을 약속하십니다. 바로 그 약속이 위로와 격려가 됩니다.

본문 말씀을 세 토막으로 구분해서 읽어 보십시오. 5-6절, 7-9절, 10-14절로 나누어 읽으면 주제가 분명히 드러납니다. 5-6절의 이야기는 너를 조롱하던 원수들, 대적들이 거꾸로 수치를 당할 것이라는 이야기입니다. 7-9절까지는 하나님의 나라, 희망의 나라, 새 하늘과 새 땅이 오는데 이것은 놀랍게도 고난 없이 순탄하게 잉태할 것이라는 내용입니다. 10-14절까지는 하나님께서 드디어 즐거움과 기쁨으로 이스라엘 백성들을 위로하고 소망을 주신다는 내용입니다.

여호와의 말씀으로 말미암아 떠는 자들아 그의 말씀을 들을지어다
이르시되 너희 형제가 너희를 미워하며 내 이름으로 말미암아 너희

를 쫓아내며 이르기를 여호와께서는 영광을 나타내사 너희 기쁨을
우리에게 보이시기를 원하노라 하였으나 그들은 수치를 당하리라
하셨느니라(사 66:5).

여호와를 대적하는 무리들은 언제나 여호와를 경외하고 두려워
하는 자를 무시하고 조롱합니다. 어쩌면 이것이 크리스천의 현주
소일지도 모릅니다. 우리는 세상에서 환영받는 사람들이 아닙니
다. 핍박만 받지 않아도 다행입니다. 특별히 요즘에는 교회를 조롱
하고 핍박하고 무시하려는 반기독교적인 경향이 시대의 사상처럼
나타나고 있습니다. 우리는 세상을 살아가면서 늘 비판적이고 냉
소주의적으로 사물을 보는 사람을 조심해야 합니다. 근본적으로
사람을 무시하고 조롱하는 이는 누구에게나 불행하고 나쁜 영향
력을 줍니다.

사람을 무시하고 조롱하는 데는 두 가지 이유가 있습니다. 첫째,
상처가 깊기 때문입니다. 둘째, 자신보다 훌륭하고 정직한 사람을
보면 견디지 못하기 때문입니다. 그래서 그 사람을 공격하고 그 사
람의 약점을 드러내는 일을 합니다. 더구나 하나님을 두려워하고
경외하는 자를 견딜 수 없어 합니다.

떠드는 소리가 성읍에서부터 들려오며 목소리가 성전에서부터 들리
니 이는 여호와께서 그의 원수에게 보응하시는 목소리로다(사 66:6).

"떠드는 소리가 성읍에서부터 들려온다"는 말은 포로로 잡혀 있던 이스라엘이 귀향해 성읍으로 돌아와 너무 좋아서 소리를 지른다는 것을 의미합니다. 기쁨의 소리를 외치는 것을 조롱하는 사람들이 듣게 된다는 것입니다. 이것이 앙갚음입니다. "목소리가 성전에서부터 들린다"는 것은 무너진 성전을 재건하면서 들리는 소리입니다. 망치 소리와 벽돌 소리가 얼마나 신나고 즐거운 소리겠습니까? 바로 원수들에게 이 소리를 듣게 해주겠다는 것입니다. 하나님을 대적하고 조롱하고 예수 믿는 사람들을 따돌린 사람들은 결과적으로 부끄러움을 당합니다. 이것이 하나님의 섭리입니다. 그들은 나중에 정말 하나님 앞에서 수치를 겪게 될 것입니다.

새로운 나라와 민족의 탄생

새로운 개념으로 새로운 나라와 새로운 민족이 신기한 방법으로 탄생된다는 것입니다.

> 시온은 진통을 하기 전에 해산하며 고통을 당하기 전에 남아를 낳았으니(사 66:7).

아이를 낳는 여인의 비유입니다. 임신한 여자가 해산달이 돼서 아이를 낳게 되면 예외 없이 진통을 합니다. 산고를 겪습니다. 산

고를 겪고 난 다음에 아이가 태어납니다. 그러나 7절을 보니 시온이 진통을 하기도 전에 아이를 낳아 버렸습니다. 이것은 하나님의 언약의 백성들이 바벨론 포로라는 극심한 고통을 겪었지만 나라가 약속대로 태어날 때는 고통 없이 태어난다는 것입니다. 순산한다는 것입니다. 이스라엘 나라를 하나님께서 해방시켜 주신 것은 이스라엘 백성들이 노력하고 애쓰고 독립운동을 해서 된 것이 아니라는 것입니다.

전 세계에서 독립운동이 일어나고 있고, 우리나라도 선조들이 8.15 해방 전에 독립을 위해서 많은 투쟁과 희생을 했습니다. 그러나 우리가 독립운동을 해서 무력으로 다시 나라를 찾은 것이 아닙니다. 하나님께서 어느 한순간에 갑자기 상상할 수 없는 방법으로 막판 뒤집기를 하신 것입니다. 산고 없이 아기가 쑥 나온 것은 하나님의 축복이고 약속입니다. 이것은 새로운 개념입니다.

통일도 하나님의 방법으로 합니다. 그렇기 때문에 너무 조급할 필요도 없고 너무 방심할 필요도 없습니다. 하나님이 하시는 일이기 때문입니다. 우리 인생에 있어서도 다 죽어가는 사람이 하루아침에 살아날 수도 있고, 다 망하는 기업이 하루아침에 뒤집어질 수도 있습니다. 그것이 하나님의 방법입니다.

이러한 일을 들은 자가 누구이며 이러한 일을 본 자가 누구이냐 나라가 어찌 하루에 생기겠으며 민족이 어찌 한순간에 태어나겠느냐

그러나 시온은 진통하는 즉시 그 아들을 순산하였도다(사 66:8).

이것은 상상할 수 없는 일이고 불가능한 일입니다. 어떻게 하루 만에 땅이 생기고 한 민족이 생겨날 수 있다는 말입니까. 여기서 이성과 믿음의 문제가 생깁니다. 이성으로는 이해하기 어려운 이야기입니다. 이것이 진화론과 창조론의 차이이고, 하나님의 방법과 사람들의 방법의 차이입니다. 그래서 정치도 사람의 정치가 있고, 하나님의 정치가 있습니다. 열왕기상하, 사무엘상하에는 하나님의 정치가 있습니다. 그런데 우리는 사람의 정치만 보며 한탄해하고 힘들어합니다.

하나님을 믿는다는 것은 무엇을 의미합니까? 하나님의 일을 신뢰한다는 것을 의미합니다. 일제 치하 시절 이 땅에서 고난받던 백성들 중 어느 누가 8.15 해방을 상상했겠습니까? 감옥에서 순교를 당하는 사람도, 농민들도, 일반 백성도 일본의 세력에서 벗어날 것이라고는 생각하지 못했습니다. 그러나 하나님이 하셨습니다. 이 세상은 하나님의 역사와 사람의 역사로 만들어져가고 있습니다.

여호와께서 이르시되 내가 아이를 갖도록 하였은즉 해산하게 하지 아니하겠느냐 네 하나님이 이르시되 나는 해산하게 하는 이인즉 어찌 태를 닫겠느냐 하시니라(사 66:9).

이것을 가리켜 우리는 하나님의 계획과 섭리라고 말합니다. 하나님이 아이를 낳게 하는데 누가 막을 것이며 하나님께서 아이를 태어나게 하려는데 누가 태를 닫겠느냐는 것입니다. 이스라엘 백성을 포로에서 귀환시키고 시온을 회복시켜서 새로운 약속의 민족으로 삼으신 것은 하나님의 뜻과 계획이기 때문에 어떤 왕국, 어떤 제왕, 어떤 세력도 막지 못한다는 것입니다.

앞으로도 지구의 종말이 올 때까지 얼마만큼이나 더 살아야 할지 모릅니다. 세계 역사는 어떻게 바뀔지 아무도 모릅니다. 그러나 분명한 것은 하나님의 역사는 아무도 막지 못한다는 것입니다. 우리 인생을 향한 하나님의 역사는 아무도 방해할 수 없습니다. 하나님의 역사는 실패하는 법이 없습니다. 반드시 이루어집니다.

하나님께서 하시고자 하면 하루아침에 나라를 세우시고 없애 버리기도 하십니다. 물론 하나님이 하신다고 우리는 손 놓고 아무것도 안 해도 되는 것은 아닙니다. 끊임없이 사랑을 베풀어야 합니다.

시온을 향한 기쁨의 선포

하나님께서는 시온에게 책망과 경고도 하셨지만 위로와 격려를 주십니다. 대적 원수의 수치는 곧 하나님을 사모하는 자에게는 영광이 됩니다. 그래서 시온의 기쁨이 선포됩니다.

예루살렘을 사랑하는 자들이여 다 그 성읍과 함께 기뻐하라 다 그 성읍과 함께 즐거워하라 그 성을 위하여 슬퍼하는 자들이여 다 그 성의 기쁨으로 말미암아 그 성과 함께 기뻐하라(사 66:10).

예루살렘을 사랑하는 사람들과 예루살렘을 두고 슬퍼하는 사람이 동일인임을 의미합니다. 하나님의 백성, 이스라엘 백성들은 예루살렘을 너무나 사랑했습니다. 말로 표현할 수 없을 정도로 사모하고 사랑했습니다.

요즘 예루살렘의 회복을 위해 기도하는 사람들이 이런 마음을 가지고 있습니다. 예루살렘이 회복되기를 원하는 것입니다. 예루살렘을 사랑하는 사람들은 그 성읍과 함께 기뻐하고 즐거워하라고 하십니다. 왜냐하면 예루살렘 성은 회복되었기 때문입니다. 포로에서 귀환되었기 때문입니다.

저는 우리 민족에게도 함께 기뻐하고 소리 지르고 즐거워하는 축복이 있기를 바랍니다. 하나님의 나라는 새롭고 또 새롭고 또 새로운 것입니다. 인간이 가진 것은 새로울 것이 별로 없습니다. 인생을 오래 살면 삶이 허무하고 신기한 것이 하나도 없습니다. 그러나 영적으로 거듭나고 구원받으면 어린아이처럼 변합니다. 신기함이 있고 감동과 눈물이 있습니다. 이것이 묘한 것입니다. 우리가 육체로는 경험할 수 없는 영적 감동이 있습니다.

"예루살렘을 위하여 슬퍼하는 자들"이란 이스라엘이 조국을 빼

앗기고 성전이 파괴되고 성읍이 파괴되었을 때, 예루살렘이 무너졌을 때 예루살렘을 사랑했던 것만큼 슬퍼했던 사람들입니다. 그러나 그 성읍과 함께 매우 기뻐하게 된 것입니다. 사랑했기에 기뻐하고 즐거워하라고 하십니다. 동시에 슬퍼했기에 포로에서 해방되었을 때 매우 기뻐하라고 하십니다.

크리스천의 삶의 본질은 기쁨입니다. 통곡과 슬픔이 아니라 기뻐하는 것입니다. 그래서 사도 바울도 "주 안에서 항상 기뻐하라 내가 다시 말하노니 기뻐하라"(빌 4:4)고 말했습니다. 우리는 어떤 핍박과 고난 속에 있을지라도 기뻐할 줄 알아야 합니다. 환경을 뛰어넘어 환경을 재창조해서 기쁨의 장소로 만들어야 합니다. 기뻐하고 즐거워한다는 말은 이스라엘의 회복과 승리를 의미하는 것입니다. 동시에 이스라엘을 향한 위로와 격려를 의미합니다. 아무리 수술하고 병이 들고 장례식을 치른다고 할지라도 그것과 상관없이 인생을 즐기고 기뻐하십시오. 이것이 이스라엘을 향한 하나님의 명령입니다.

이사야가 하나의 예화를 이야기합니다. 이것은 하나의 그림인데, 어머니 품속에서 풍만한 젖을 빠는 순수하고 평화로운 어린 아기에 관한 그림입니다.

너희가 젖을 빠는 것같이 그 위로하는 품에서 만족하겠고 젖을 넉넉히 빤 것같이 그 영광의 풍성함으로 말미암아 즐거워하리라(사 66:11).

이 말씀을 처음 대할 때는 언뜻 그 의미를 이해하기 어렵습니다. 이것은 비유인데, 갓 태어난 아기가 어머니 품속에 안겨 젖을 빨면서 잠을 자는 모습입니다. 폭탄이 터지고 총소리가 나도 어머니 품속에 있는 아기는 안심하고 잠을 잡니다. 바로 이것을 비유로 보여주는 것입니다. 천지가 무너져도 어린 아기의 얼굴에는 평화가 있습니다. 하늘의 평화가 젖을 빠는 어린 아기에게 있습니다.

> 여호와께서 이와 같이 말씀하시되 보라 내가 그에게 평강을 강같이, 그에게 뭇 나라의 영광을 넘치는 시내같이 주리니 너희가 그 성읍의 젖을 빨 것이며 너희가 옆에 안기며 그 무릎에서 놀 것이라 (사 66:12).

여기서 하나님의 세 가지 축복이 나타납니다.

첫째, 젖먹이 아기에게 평화의 강물이 흐르는 것처럼 예루살렘에 평강의 강물이 흐르게 한다는 것입니다. 평화를 위해 대모를 할 수는 없습니다. 평화를 만들자고 횃불을 들 수는 없습니다. 이것은 비폭력주의자가 자기의 비폭력을 열심히 이야기했는데 상대방이 설득당하지 않으니까 폭력을 휘두르는 것과 같습니다. 폭력으로는 평화가 오지 않습니다.

그러면 어떻게 해야 평화가 임하는 것일까요? 우선 기도해야 합니다. 그리고 평화의 사도들이 필요합니다. 평화의 선교사는 십자

가를 져야 합니다. 남을 죽이는 것이 아니라 내가 죽어야 합니다. 우리는 다른 사람을 죽임으로 평화를 가져오려고 합니다. 그러나 십자가는 내가 지는 것입니다.

둘째, 여러 나라의 재물들이 들어와서 범람하는 시내처럼 넘치게 하겠다고 했습니다. 무역이 잘되고 전 세계의 재화가 범람하는 시냇물처럼 넘치게 하겠다는 것입니다. 우리나라 경제가 잘되어야 남을 도와줄 수 있습니다. 남에게 베풀어 주고 꾸어 주는 축복된 삶이 우리의 삶이 되기를 기도합니다.

셋째, 하나님의 품에 안겨서 젖을 빨고 무릎에 안겨서 응석을 부린다는 것입니다. 참 아름다운 모습입니다. 이것이 하나님의 위로와 격려입니다.

> 어머니가 자식을 위로함같이 내가 너희를 위로할 것인즉 너희가 예루살렘에서 위로를 받으리니(사 66:13).

하나님께서 위로를 주시겠다고 하니 위로를 받습니다. 그 가운데 기쁨이 샘솟습니다.

> 너희가 이를 보고 마음이 기뻐서 너희 뼈가 연한 풀의 무성함 같으리라 여호와의 손은 그의 종들에게 나타나겠고 그의 진노는 그의 원수에게 더하리라(사 66:14).

'마음이 기쁘다'는 것은 눈물이 있고 감동이 있다는 것입니다. 우리 인생은 너무나 삭막해서 눈물이 없습니다. 다 말라서 흐를 눈물이 없고 감동이 없습니다. 성경에서 "뼈"라는 것은 하나의 고통을 의미합니다. 슬픔을 의미합니다. 수난과 고통을 말할 때 뼈를 이야기합니다. '뼈가 꺾어진다'든지 '내 뼈가 쇠잔한다'는 표현을 씁니다. 그런데 그 뼈가 연한 순같이, 나무같이 자란다고 했습니다. "너희 뼈가 연한 풀의 무성함 같다"고 했습니다. 또한 주의 종들에게는 여호와의 손이 드러나겠지만 대적들에게는 여호와의 분노가 나타나게 될 것이라고 했습니다.

믿음이란 하나님의 약속과 희망을 받아들이는 것을 의미합니다. 믿음이란 내 생각 대신에 하나님의 생각을 받아들이는 것입니다. 믿음이란 나의 꿈 대신에 하나님의 꿈을 받아들이는 것입니다. 우리는 하나님의 위로와 약속을 믿어야 합니다. 그것을 우리의 것으로 만들어야 합니다. 우리의 인생과 환경이 아무리 어렵고 힘들어도 그것과 상관없이 기뻐하고 즐거워해야 합니다. 뼈가 자라는 것 같은 그런 축복이 우리 안에 피어나기를 기도합니다.

51

하나님의 영광으로
당신의 나라가 임합니다

이사야 66:15-24

새 하늘과 새 땅을 위한 심판

어떤 이들은 하나님은 사랑이시기 때문에 심판은 없을 것이라고 합니다. 과연 그럴까요? 성경은 심판에 대해 뭐라고 이야기할까요? 심판이 있다면 이 세상은 어떻게 될까요? 이 질문에 대해 성경은 분명하게 이야기합니다. 태초에는 천지창조가 있었고, 종말에는 최후의 심판이 있다고 말입니다. 그렇다면 최후의 심판으로 다 끝나는 것일까요? 아닙니다. 최후의 심판 뒤에는 새 하늘과 새 땅이 있습니다.

이사야서의 마지막 부분인 66장에도 이와 마찬가지로 두 가지 결론이 나옵니다. 최후의 심판과 새 하늘과 새 땅입니다. 하나님께서 왜 심판을 하십니까? 죄로 더럽혀진 세상을 그냥 두면 새 하늘과 새 땅이 오지 않기 때문입니다. 몸이 더러우면 새 옷을 입지 못합니다. 마찬가지로 새 하늘과 새 땅, 천국을 사모한다면 이 세상의 더러운 모든 것을 씻어야 합니다. 한번 죽는 것은 사람에게 정해진 운명입니다(히 9:27). 피할 수 없습니다. 그래서 지혜로운 자는 죽음을 준비합니다. 죽지 않을 것처럼 살지 말고 죽을 것처럼 사십시오.

하지만 죽음이 끝은 아닙니다. 만약 죽음이 끝이라면 우리는 개, 소, 말, 돼지 같은 존재일 것입니다. 그러나 사람은 다릅니다. 죽음

이후에 심판이 있습니다. 우리가 우리를 심판하는 것이 아니라 나를 지으신 분, 천지를 창조하신 분이 죄를 심판하십니다.

보라 여호와께서 불에 둘러싸여 강림하시리니 그의 수레들은 회오리바람 같으리로다 그가 혁혁한 위세로 노여움을 나타내시며 맹렬한 화염으로 책망하실 것이라(사 66:15).

심판자이신 하나님은 세 가지 모습으로 우리에게 오십니다.

첫째, 하나님은 불을 타고 오십니다. 이것은 불로 심판한다는 뜻입니다. 노아 시대에는 물로 세상을 심판하셨지만 이 시대에는 불로 심판하십니다. 온 우주가 화염에 휩싸일 것입니다. 하나님께서 불로 오시기 때문입니다.

둘째, 하나님은 하늘의 군대를 동원해서 오십니다. 이것을 15절에서는 "그의 수레들"이라고 했습니다. 수레는 전쟁할 때 쓰는 것입니다. 전사들이 수레를 타고 회오리바람처럼 오는 웅장한 모습을 표현하고 있습니다. 하나님은 그렇게 오실 것입니다.

셋째, 맹렬한 화염을 내뿜고 오십니다. 심판은 장난이 아닙니다. 한번 야단맞고 마는 것이 아닙니다. 씨가 사라지고 근거가 없어지는 것입니다.

여호와께서 불과 칼로 모든 혈육에게 심판을 베푸신즉 여호와께 죽

임당할 자가 많으리니(사 66:16).

성경 말씀을 보면 두 가지 심판의 도구가 나옵니다. 바로 "불"과 "칼"입니다. 고대 전쟁은 불과 칼의 전쟁이었습니다. 불로 화살을 쏘고 칼로 도륙합니다. 이 고대 전쟁의 모습으로 심판을 설명하고 있습니다. 현대 전쟁이라면 원자탄이 터지고, 지구상의 유전이 터지고 화염에 싸일 것입니다.

그런데 이런 불만 있는 것은 아닙니다. 모세는 떨기나무 속에서 불을 보았는데 나무가 타지 않았습니다. 창세기 3장을 보면 하나님께서 생명나무를 화염검으로 지키게 하셨습니다. 엘리사는 사환에게 산에 가득한 불 말과 불 수레를 보여 주었습니다. 요한계시록을 보면 이러한 모습들을 자세히 알 수 있습니다.

하나님은 심판을 다 준비하셨습니다. 불도 준비하셨습니다. 불 수레와 불 말을 준비하셨습니다. 이제 회오리바람처럼 죄를 지은 인류를 향하여 소돔과 고모라를 쓸어버리듯이 최후의 심판을 준비하고 계십니다.

그러면 하나님은 누구를 심판하십니까? 17절에 심판받는 사람에 대한 이야기가 나옵니다.

스스로 거룩하게 구별하며 스스로 정결하게 하고 동산에 들어가서 그 가운데에 있는 자를 따라 돼지고기와 가증한 물건과 쥐를 먹는

자가 다 함께 망하리라 여호와의 말씀이니라(사 66:17).

"스스로 거룩하게 구별하며 스스로 정결하게 한다"라는 말이 좋은 의미인 것 같지만 사실은 우상숭배를 하는 사람을 말합니다. 우상을 숭배하는 사람들도 종교적인 의식을 준비하기 전에 자기를 거룩하게 하고, 몸을 정결하게 합니다. 이것은 하나님께 드리는 예배가 아니라 심판을 받을 자들이 행하는 종교적인 행위를 설명하는 것입니다.

이런 사람들은 끝장이 날 것입니다. 하나님께서 쓸어버리시기 때문입니다. "돼지고기"와 "가증한 물건"과 "쥐를 먹는 자"는 하나님께서 가장 싫어하시는 것입니다. 우상을 숭배하는 자들이 이런 것들을 먹는다는 것입니다. 종말에는 심판이 있습니다. 노아 시대에 물의 심판이 있기 전에는 아무도 그것을 경험하지 못했습니다. 불의 심판도 아무도 모릅니다. 그러나 반드시 있습니다. 우리는 그때를 준비해야 합니다.

그렇다면 종말이 끝입니까? 아닙니다. 종말이 끝이라면 모든 것이 파괴되어야 합니다. 종말이 끝이 아닌 이유는 종말 이후에 새 하늘과 새 땅이 있기 때문입니다. 우리의 초점은 종말이 아니라 새 하늘과 새 땅입니다. 하나님께서 우리에게 주시는 것은 종말이 아닙니다. 예수 그리스도를 믿는 사람들에게는 심판이 지나갑니다. 하나님의 사람들에게는 심판이 지나갑니다. 그러나 가증스러

운 사람들, 우상숭배하는 사람들, 하나님의 뜻대로 살지 않는 사람들은 심판을 받게 될 것입니다.

우리에게 남은 것은 심판이 아니라 새 하늘과 새 땅입니다. 새 하늘과 새 땅은 심판이라는 과정을 반드시 거쳐야만 갈 수 있습니다. 심판 없이 새 하늘과 새 땅은 오지 않습니다. 심판을 통해 우상숭배자들, 살인자들, 간음하는 자들, 점술가들, 가증한 사람들이 끝이 납니다. 반대로 경건한 자들, 예비된 자들에게는 새 시대가 열립니다. 시온의 새로운 도성에서 하나님을 예배하고 그분의 영광을 찬양하고 감사와 기쁨의 축제를 즐기게 될 것입니다.

열방을 향한 구원의 섭리

내가 그들의 행위와 사상을 아노라 때가 이르면 뭇 나라와 언어가 다른 민족들을 모으리니 그들이 와서 나의 영광을 볼 것이며(사 66:18).

여기서 이사야서의 결론을 봅니다.

첫째, 하나님께서 심판할 자를 심판하신다는 것입니다.

이것은 "내가 그들의 행위와 사상을 알기" 때문입니다. 하나님은 악한 자들, 대적들의 행동과 생각을 아십니다. 여기서 '안다'는

것은 '심판한다'는 뜻입니다. 하나님께서는 그들을 잘 알기 때문에 정확하게 심판하실 것입니다. 악인을 심판하는 것이 전반부라면 후반부는 모든 열방과 민족에서 경건한 사람들과 하나님을 경외하는 사람들을 불러 모으셔서 구원하시는 것입니다. 이사야서에서는 구약에서 이방인을 불러 모으시겠다는 하나님의 계획이 나타나고 있습니다. 이것은 이스라엘 사람들에게는 굉장히 충격적이었습니다. 이스라엘 백성들은 자기들만 구원받는 줄 알았습니다. 자기들이 조금 실수는 했지만 선택받은 백성, 선민인 이스라엘만 하나님께서 구원하신다고 생각했습니다. 그런데 자신들도 심판받게 되어 있다는 것입니다.

둘째, 이방인이라도 하나님께서 구원하신다는 것입니다.

"때가 이르면 뭇 나라와 언어가 다른 민족들을 모으리니"라고 하셨습니다. 이것은 이방인을 가리키는 말입니다. 이스라엘이 아니라 모든 열방, 모든 민족, 모든 나라와 선택받지 못한 백성들에게도 하나님께서 구원의 손을 펴신다는 것입니다. '그들을 내 소유로 삼을 것이다'라는 말씀입니다. 우리는 선민이 아닙니다. 그러나 하나님은 우리를 부르셨습니다. 지금 보면 선민인 이스라엘보다 우리가 예수를 더 열정적으로 믿습니다. 놀라운 일입니다. 하나님은 원근 각처에서 다 불러오겠다고 하셨습니다. 이것이 하나님의 초청입니다.

내가 그들 가운데에서 징조를 세워서 그들 가운데에서 도피한 자를 여러 나라 곧 다시스와 뿔과 활을 당기는 룻과 및 두발과 야완과 또 나의 명성을 듣지도 못하고 나의 영광을 보지도 못한 먼 섬들로 보내리니 그들이 나의 영광을 뭇 나라에 전파하리라(사 66:19).

하나님께서 이방인을 불러 모아 두 가지를 주신다고 했습니다. 징조와 선교의 사명입니다. 마치 신약의 사도행전 같지 않습니까? 하나님은 이사야서 마지막 부분에 하나님의 심판과 더불어 이방인을 불러 능력과 이적과 사인을 주겠다고 하십니다. 그들이 상상할 수 없고 가본 적도 없는 아주 먼 곳까지 미전도 종족에게까지 가서 복음을 전하게 하겠다는 것입니다.

신약 시대에 사는 우리는 이 예언을 빨리 이해하지만 구약 시대 사람들은 이 예언이 무슨 말인지 알 수 없었을 것입니다. 상상할 수도 없는 일이기 때문입니다. 신약에 와서야 그것이 맞는 말이고 예언인 것을 알 수 있는 것입니다. 하나님께서 징조를 세워 열방으로 파송해서 내 명성을 들은 적도 없고, 본 적도 없는 여러 나라에 영광을 알게 하겠다고 하십니다. 이것은 보통 일이 아닙니다. 왜 우리가 일본, 대만, 남미, 중국에 갑니까? 왜 우리가 전 세계에 선교사를 보내려고 합니까? 이 예언의 응답이기 때문입니다. 우리가 난생 보지도 듣지도 못한 백성들, 민족들을 위해 왜 그곳으로 달려갑니까? 이 예언 때문입니다.

이 말씀에 여러 가지 지명이 나옵니다. "다시스"는 성지에서 최서단 항구이고, "뿔"은 북아프리카이며, "룻"은 나일강 하류이고, "두발"은 유프라테스 강 상류, "야완"은 그리스 헬라 사람들입니다. 다시 말하면 시온에서 가장 멀리 있는 도시들입니다. 이 도시들에게로 가서 여호와의 영광을 선포하도록 하겠다는 것입니다. 이것이 이사야 66장의 마지막 절에 있는 예언입니다. 이 말씀을 들으니 사도행전의 말씀이 떠오릅니다.

> 오직 성령이 너희에게 임하시면 너희가 권능을 받고 예루살렘과 온 유대와 사마리아와 땅 끝까지 이르러 내 증인이 되리라 하시니라(행 1:8).

그렇다면 누가 하나님의 뜻을 위해 자신의 모든 것을 버리고 떠날 수 있을까요?

> 나 여호와가 말하노라 이스라엘 자손이 예물을 깨끗한 그릇에 담아 여호와의 집에 드림같이 그들이 너희 모든 형제를 뭇 나라에서 나의 성산 예루살렘으로 말과 수레와 교자와 노새와 낙타에 태워다가 여호와께 예물로 드릴 것이요(사 66:20).

이스라엘 자손을 하나님의 영광으로 데려온다고 말씀하십니다.

시온의 영광스런 산으로 데려와서 하나님께 영광을 올리도록 한다는 것입니다. 한번은 대만에 갔다가 굉장히 놀란 적이 있었습니다. 대만이 우리나라와 굉장히 비슷했기 때문입니다. 대만은 지난 10년 동안 잘못된 정치 지도자를 만나 나라가 극도로 혼란스러워졌고 황폐해졌습니다. 그러다가 하나님을 향한 열정이 피어올라 복음의 황금기를 맞고 있습니다. 남미도 마찬가지입니다. 그들은 문을 활짝 열고 우리 크리스천들이 오기만을 기다리고 있습니다. 그들이 얼마나 열심이고 영적으로 갈급한지 이루 말할 수가 없습니다.

하나님은 살아 계시고 지금 여기에 계십니다. 우리와 함께 계십니다. 우리를 전 세계에 내보내서 하나님의 이름을 부르지 못한 사람들, 하나님의 명성을 알지 못하는 사람들에게 하나님의 영광을 알게 하려 하십니다.

새 하늘과 새 땅, 그 놀라운 하나님 나라

나는 그 가운데에서 택하여 제사장과 레위인을 삼으리라 여호와의 말이니라(사 66:21).

이방인을 불러서 복음을 전하게 하고 그들 중에서 제사장과 레위 사람으로 세우겠다는 말씀입니다. 사실 이것은 말이 안 됩니다.

어떻게 이방인이 레위 사람이 되겠습니까? 그런데 그렇게 하시겠다는 것입니다.

> 내가 지을 새 하늘과 새 땅이 내 앞에 항상 있는 것같이 너희 자손과 너희 이름이 항상 있으리라 여호와의 말이니라 여호와가 말하노라 매월 초하루와 매 안식일에 모든 혈육이 내 앞에 나아와 예배하리라(사 66:22-23).

이것이 이사야서의 결론이자 요한계시록의 결론입니다. 우리가 궁극적으로 보는 것은 심판이 아니라 새 하늘과 새 땅입니다. 우리는 이 세상에서 밥 먹고 잠자고 일하지만 우리의 나라는 새 하늘과 새 땅입니다. 하나님의 나라는 이미 우리 안에 와 있습니다.

> 유대인이나 헬라인이나 차별이 없음이라 한 분이신 주께서 모든 사람의 주가 되사 그를 부르는 모든 사람에게 부요하시도다(롬 10:12).

> 너희는 유대인이나 헬라인이나 종이나 자유인이나 남자나 여자나 다 그리스도 예수 안에서 하나이니라(갈 3:28).

죄는 인간을 구별합니다. 죄는 인간을 분열합니다. 죄는 인간을 속박합니다. 그러나 하나님의 나라는 구별도, 분열도, 속박도 없습

니다. 가난한 자나 부요한 자, 배운 자나 못 배운 자가 다 하나입니다. 이것이 교회요, 하나님의 나라입니다.